中华人民共和国海船船员适任考试培训教材
交通运输类"十四五"创新教材
符合《海船船员培训大纲（2021版）》《海船船员考试大纲（2022版）》要求

驾驶专业

船舶管理

（船长/大副）

中国海事服务中心 组织编审
陈秋妹 范中洲 陶肆 崔建辉 ◎ 主编

大连海事大学出版社
DALIAN MARITIME UNIVERSITY PRESS

图书在版编目(CIP)数据

船舶管理：船长/大副 / 陈秋妹等主编. — 大连：大连海事大学出版社，2022.5(2024.8重印)
中华人民共和国海船船员适任考试培训教材
ISBN 978-7-5632-4251-1

Ⅰ.①船… Ⅱ.①陈… Ⅲ.①船舶管理—资格考试—教材 Ⅳ.①U692

中国版本图书馆CIP数据核字(2022)第065775号

大连海事大学出版社出版

地址：大连市黄浦路523号　邮编：116026　电话：0411-84729665(营销部) 84729480(总编室)
http://press.dlmu.edu.cn　E-mail:dmupress@dlmu.edu.cn

大连金华光彩色印刷有限公司印装　　大连海事大学出版社发行

2022年5月第1版　　2024年8月第4次印刷
幅面尺寸：184 mm × 260 mm　　印张：47.25　　字数：1118千

出版人：刘明凯

责任编辑：张　华　　责任校对：刘若实
封面设计：解瑶瑶　　版式设计：解瑶瑶

ISBN 978-7-5632-4251-1　　定价：142.00元

中华人民共和国海船船员适任考试
培训教材编审委员会

主　　任：孙玉清

委　　员：（按姓氏笔画排名）

王　勇　刘正江　刘红明　吴宗保　赵友涛　施祝斌
姚　杰

审定委员会

主　　任：孙玉清

委　　员：（按姓氏笔画排名）

王　捷　王平义　王明春　吕　明　刘锦辉　李忆星
李建国　杨甲奇　肖亚明　吴丽华　张庆宇　张守波
陈晓琴　苗永臣　范　鑫　林　毅　周明顺　唐强荣
黄江昆　景向伟

编写委员会

主　　任：刘正江　赵友涛

执行主任：王　勇

副 主 任：（按姓氏笔画排名）

丁振国　万　红　马洪涛　王　琪　王　磊　王进博
王松明　王明雨　方　磊　邓志华　曲　涛　朱耀辉
刘月鹏　刘芳武　刘金华　刘宗朴　刘宪珍　许　亮
李　志　李　翼　李先强　李江华　李明阳　杨延存
杨志勇　杨神化　何　毅　何江华　闵金卫　汪益兵
张　洋　张世峰　陈东水　邵国余　林叶锦　林杰民
周兆欣　郑学贵　赵丽君　赵宏革　俞万能　俞文胜

前言

为有效履行经修正的《1978年海员培训、发证和值班标准国际公约》(STCW公约)等国际公约，进一步规范海船船员培训行为，确保船员培训质量，根据《中华人民共和国船员条例》《中华人民共和国船员培训管理规则》，交通运输部编制了《海船船员培训大纲(2021版)》，自2021年10月1日起施行。

为了更好地指导帮助船员进行适任考试前的培训，促进高素质船员队伍建设，中国海事服务中心组织全国有丰富教学、培训经验和航海实践经验的专家共同编写了本套教材。本套教材严格按照《海船船员培训大纲(2021版)》编写，符合培训大纲对船员适任培训的要求，具有权威、准确、系统、实用的特点，重点突出船员适任和航海实践需掌握的知识，旨在培养船员具备在实践中应用知识的能力，可作为船舶工具书使用。

本套教材包括：

《船舶管理(船长/大副)》《船舶操纵与避碰——船舶操纵(船长/大副)》《船舶操纵与避碰——船舶避碰与值班(船长/大副)》《航海英语(船长)》《航海英语(大副)》《航海学——天文、地文、仪器(船长/大副)》《航海学——航海气象与海洋学(船长/大副)》《船舶结构与货运(大副)》《船舶操纵与避碰——船舶避碰与值班(二/三副)》《船舶操纵与避碰——船舶操纵(二/三副)》《船舶管理(二/三副)》《船舶结构与货运(二/三副)》《航海学——航海气象与海洋学(二/三副)》《航海学——天文、地文、仪器(二/三副)》《航海英语(二/三副)》《值班水手业务》；

《GMDSS 英语阅读》《GMDSS 综合业务》《GMDSS 英语听力与会话》《GMDSS设备操作》；

《轮机英语(轮机长/大管轮)》《船舶动力装置(轮机长)》《船舶管理(轮机长/大管轮)》《主推进动力装置(大管轮)》《船舶辅机(大管轮)》《轮机工程基础(大管轮)》《船舶电气与自动化(船舶电气)(大管轮)》《船舶电气与自动化(船舶自动化)(大管轮)》《轮机英语(二/三管轮)》《船舶管理(二/三管轮)》《主推进

动力装置(二/三管轮)》《船舶辅机(二/三管轮)》《轮机工程基础(二/三管轮)》《船舶电气与自动化(船舶电气)(二/三管轮)》《船舶电气与自动化(船舶自动化)(二/三管轮)》《值班机工业务》;

《电子电气员英语》《船舶电气(电子电气员)》《船舶机舱自动化》《信息技术与通信导航系统》《船舶管理(电子电气员)》《电子技工业务》《电子技工英语》《电子电气员英语听力与会话》《电子技工英语听力与会话》。

本套教材的编写、出版工作,得到了各海事管理机构、航海教育培训机构、航运企业等单位的关心和大力支持,特致谢意。

中国海事服务中心

2021年11月

扫码学习《深入学习贯彻党的二十大精神　加快建设交通强国当好中国式现代化开路先锋》

编者的话

本书根据STCW 78/10公约以及交通运输部颁布的《海船船员培训大纲（2021版）》编写，适用于无限航区和沿海航区各等级的船长/大副岗位适任证书考试培训。本教材也可作为航海院校师生的教学参考书。

本书力求覆盖《海船船员培训大纲（2021版）》对船长/大副的培训要求的全部内容，并考虑到《海船船员考试大纲（2022版）》新增考点内容，帮助学员顺利地通过适任考试，并尽可能陈述、分析了海上实际工作中常遇到的各种问题，以加强对船舶驾引人员工作能力的培养。

本书共分为二十章，内容包括：船舶与船员管理实务；国际海事公约；海洋环境保护；国内海事法规；航运公司船舶安全营运与防污染管理；船舶检验；风险控制与危机管理；船舶应急；领导与管理技能；船舶修理；海上运输相关知识；班轮运输、集装箱运输与多式联运；不定期船运输业务；海上旅客运输与海上拖航；船舶碰撞；海难救助；共同海损；海事赔偿责任限制和船舶油污损害赔偿；海上船舶保险与船东互助保险；海事争议处理。

本书由陈秋妹、范中洲、陶肆、崔建辉任主编（排名不分先后），卢海萍、贾在明、张玉喜、张斗胜任副主编（排名不分先后），刘永利、金建元任主审。全书由陈秋妹统稿。本书编写人员及分工如下：大连财经学院卢海萍；中远海运特运船管部苏裕；大连海事大学范中洲、张玉喜、张文博；天津理工大学崔建辉；青岛远洋船员职业学院陈秋妹、贾在明、李春生；江苏海事职业技术学院陶肆、张斗胜。苏裕、贾在明编写了第一章；范中洲、崔建辉编写了第二章；崔建辉、范中洲编写了第三章；陶肆、卢海萍编写了第四章；李春生编写了第五章第一和第五节、陈秋妹编写了第五章第二节、贾在明编写了第五章第三节、崔建辉编写了第五章第四节；张斗胜、卢海萍编写了六章；贾在明、崔建辉编写了第七章；贾在明、苏裕编写了第八章；张文博、崔建辉编写了第九章；李春生、陶肆编写了第十章；张玉喜、李春生编写了第十一章；陈秋妹、贾在明编写了第十二章；陈秋妹、崔建辉编写了第十三章；陈秋妹、陶肆编写了第十四章；陈秋妹、张玉喜编写了第十五、十六章；陈秋妹、范中洲编写了第十七、十八、二十章；陈秋妹、苏裕编写了第十九章。

本书在编写过程中，得到了各航海院校、航运企业领导和专家的大力支持与帮助，在此表示衷心感谢！由于编者水平有限，时间仓促，书中不足之处在所难免，敬请前辈、同行和广大读者不吝指正。

《船舶管理》考试大纲
新增知识点

编　者

2022年4月

目录

第一章

船舶与船员管理实务

本章学习目标

《海船船员培训大纲（2021版）》

3.8.4 掌握船员工作秩序管理、船舶生活秩序管理、船员管理、船舶证书、船员证书管理、法定记录管理等

3.8.5 掌握海事定义、海事报告、海事证据、海事声明、海事分析

本章主要介绍了船长的法定职责和大副的职责；船员工作秩序与船舶生活秩序管理；船舶证书与法定记录管理；船员及其证件管理；海上交通事故处理与分析。本章内容适用于海船3 000总吨及以上船长和500~3 000总吨船长。

第一节 船长与大副职责

一、船长的法定职责

船长是一船之长，其法律地位不同于一般船员，因此，各国法律均赋予船长一定的权力和职责。

(一)《海商法》的规定

我国《海商法》明确规定船长具有下列法定职责：

1. 驾驶和管理船舶的职责

（1）船长在其职权范围内发布的命令，船员、旅客和其他在船人员都必须执行。

（2）船长应当采取必要的措施，保护船舶和在船人员、文件、邮件、货物以及其他财产。

（3）船长管理船舶和驾驶船舶的责任，不因引航员引领船舶而解除。

2. 惩罚犯罪的职责

（1）为保障在船人员和船舶的安全，船长有权对在船上进行违法犯罪活动的人员采取禁闭或者其他必要措施，并防止其隐匿、毁灭、伪造证据。

（2）船长采取上述措施，应当制作案情报告书，由船长和两名以上在船人员签字，连同人犯送交有关当局处理。

3. 自然人出生与死亡的公证职责

船长应当将船上发生的出生或者死亡事件记入航海日志，并在两名证人的参加下制作证明书。死亡证明书应当附有死者遗物清单。死者有遗嘱的，船长应当予以证明。死亡证明书和遗嘱由船长负责保管，并送交家属或者有关方面。

4. 紧急情况下采取非常措施的应急职责

船舶发生海上事故，危及在船人员和财产的安全时，船长应当组织船员和其他在船人员尽力施救。在船舶的沉没、毁灭等不可避免的情况下，船长可以做出弃船决定。但是，除紧急情况外，应当报经船舶所有人同意。

5. 在法律规定范围内的代理职责

（1）遇险船舶的船长有权代表船舶所有人、船上财产所有人订立救助合同。

（2）提单由载货船舶的船长签发的，视为代表承运人签发。

6. 船长的救助义务

（1）船长在不严重危及本船和船上人员安全的情况下，有义务尽力救助海上人命。

（2）船舶发生碰撞，当事船舶的船长在不严重危及本船和船上人员安全的情况下，对于相碰的船舶和船上人员必须尽力施救。

（二）《海上交通安全法》的规定

2021年9月1日修订的《中华人民共和国海上交通安全法》第四章对船长的职权和责任也有明确的规定，详见第三章第一节。

（三）《船员条例》的规定

（1）船长在其职权范围内发布的命令，船舶上所有人员必须执行。高级船员应当组织下属船员执行船长命令，督促下属船员履行职责。

（2）船长管理和指挥船舶时，应当符合下列要求：

①保证船舶和船员携带符合法定要求的证书、文书以及有关航行资料；

②保证船舶和船员在开航时分别处于适航、适任状态，按照规定保障船舶的最低安全配员，保证船舶的正常值班；

③对本船船员进行日常训练和考核，在本船船员的船员服务簿内如实记载船员的履职情况；

④保障船舶上人员和临时上船人员的安全；

⑤制订船舶应急计划并保证其有效实施；

⑥船舶进港、出港、靠泊、离泊，通过交通密集区、危险航区等区域，或者遇有恶劣天气和海况，或者发生水上交通事故、船舶污染事故、船舶保安事件以及其他紧急情况时，应当在驾驶台值班，必要时应当直接指挥船舶；

⑦执行海事管理机构有关水上交通安全和防治船舶污染的指令，船舶发生水上交通事故或者污染事故时，应向海事管理机构提交事故报告；

⑧船舶发生事故，危及船舶上人员和财产安全时，应当组织船员和船舶上其他人员尽力施救；

⑨弃船时，应当采取一切措施，首先组织旅客安全离船，然后安排船员离船，船长应当最后离船。在离船前，船长应当指挥船员尽力抢救航海日志、机舱日志、油类记录簿、无线电台日志、本航次使用过的航行图和文件，以及贵重物品、邮件和现金等。

（3）船长、高级船员在航次中，不得擅自辞职、离职或者中止职务。

二、船长的基本权力

我国《中华人民共和国船员条例》规定，船长在保障水上人身与财产安全、船舶保安、防治船舶污染水域方面，具有独立决定权，并负有最终责任。船长为履行职责，可以行使下列权力：

（1）决定船舶的航次计划，对不具备船舶安全航行条件的，可以拒绝开航或者续航；

（2）对船员用人单位或者船舶所有人下达的违法指令，或者可能危及有关人员、财产和船舶安全或者可能造成水域环境污染的指令，可以拒绝执行；

（3）发现引航员的操纵指令可能对船舶航行安全构成威胁或者可能造成水域环境污染时，应当及时纠正、制止，必要时可以要求更换引航员；

（4）当船舶遇险并严重危及船舶上人员的生命安全时，可以决定撤离船舶；

（5）在船舶的沉没、毁灭不可避免的情况下，可以决定弃船，但是，除紧急情况外，应当报经船舶所有人同意；

（6）对不称职的船员，可以责令其离岗；

（7）船舶在海上航行时，为保障船舶上人员和船舶的安全，可以依照法律的规定对在船舶上进行违法犯罪活动的人采取禁闭或者其他必要措施。

三、大副基本职责

大副是船长的助手、替代人，除参加航行和停泊值班外，在船长的领导下全面负责甲板部的工作，主管货物运输和甲板部的维修保养工作：

（1）主持甲板日常工作，制订并组织实施甲板各项工作计划；

（2）负责甲板部安全生产，保证安全管理体系在甲板部的有效运行；

（3）保证甲板部门和轮机部门的良好沟通协作；

（4）履行航行值班和停泊值班职责，协助船长做好航行安全工作；

（5）熟悉并遵守值班、联系制度，以及安全航行、技术操作方面的规章；

（6）主管货物运输：保证货舱适货，合理积载，安全装卸和认真谨慎管理货物，防止货损、货差，正确签署大副收据，并在船长的指示下交接货物；

（7）严格遵守有关国际公约以及国内强制性法律、法规，执行IMO、主管机关、船级社、行业组织推荐的规则、标准和指南，遵守港口有关法律、法规；

（8）严格遵守MARPOL公约以及地区性或港口国防止船舶污染的特殊规定，防止甲板部发生任何形式的污染事故；

（9）负责组织船体结构、甲板设备及属具的维修保养、检查和记录；

（10）负责编制甲板部年度、季度和航次保养计划；

（11）负责汇总和编制甲板部的船舶修理计划和修理单；厂修时，负责甲板部的监修和自修；

（12）负责并督促做好甲板部备件、物料、工具、劳保品的申领、验收、保管和使用；负责管理甲板部物料消耗报表；

（13）负责保管甲板部有关图纸、技术资料、业务单证以及全船备用钥匙或通用钥匙；

（14）负责保管航海日志、垃圾记录簿，以及油船上的油类记录簿、原油洗舱手册（油船）；

（15）按规定审阅和签署航海日志，检查并指导二副和三副正确记载航海日志；

（16）督促三副和水手长做好救生、消防、堵漏设备及各种应变器材的养护工作；

（17）负责淡水舱、压载舱和货舱污水的测量记录和管理；

（18）在船舶进行应急演习和应急时，担任现场指挥（机舱演习除外）；

（19）按船长要求，根据全船总的船员培训计划，制订本部门具体船员在船培训计划，并组织实施；定期、有计划地组织本部门船员学习船舶安全生产规章制度以及船舶防污、应急方面的知识与技能和货运管理知识；

（20）负责安排和具体指导驾驶实习生完成实习任务；

（21）对甲板部船员的业务水平以及工作责任心情况进行考核和鉴定，提出对他们的奖惩、任免建议；

（22）负责船舶伙食管理和卫生管理；

（23）在未配备船医的船上，负责医疗工作；

（24）船长因故不能履行职务或新接任船长未到任前，临时代理船长职务；

（25）完成船长交与的其他工作。

除了以上基本职责外，各航运公司在本公司体系文件中均详细规定了大副更加具体的职责，这些具体职责根据各公司营运特点以及船队结构不同而略有差异。船舶大副，在任职期间应详细阅读公司体系文件相关内容，要熟知本岗位的具体职责，并认真履行岗位职责。

第二节 船员工作秩序与船舶生活秩序管理

一、船员工作秩序管理

作为一船之长，有责任带领全体船员共同维护船舶的正常工作秩序，有义务带领全体船员共同遵守船舶的劳动生产纪律。船长应在各部门长的配合下，做好以下工作：

（1）注意协调各部门之间的关系，协调普通船员和高级船员之间的关系，对不服从部门长领导并且工作懈怠者进行批评教育和（或）处罚。

（2）亲自并督促各部门长经常检查航行值班制度、驾驶与轮机联系制度、交接班制度、港内停泊护船制度、船舶升降国旗制度、危险品装卸作业场所监护制度、明火作业场所监护制度、封闭舱室作业监护制度、梯口值班制度、来访者登记与陪同制度等船舶安全生产规章制度的执行情况。

（3）航行期间，为确保船舶航行安全，应采取以下措施：

①驾驶台是船舶航行的指挥中心，航行中，除船舶领导和当值人员外，其他人员非工作需要，不得随意进入。

②驾驶台当值人员必须严肃认真，集中精力工作，不做与值班无关的事。除船长和引航员外，任何人不得坐着值班，也不得在驾驶台用餐和睡眠。

③未经船长或值班驾驶员同意，瞭望者不得擅离岗位。进出港口，按船长的指示安排瞭望。

④航行中，操舵室的门窗任何时候都不可全部关闭，尤其是能见度不良时，瞭望人员应在船头或两翼甲板值守。

⑤夜间航行时严禁有碍正常航行的灯光外露。

⑥为了夜间航行安全，船长应将有关航行要求及注意事项详细而明确地写入夜航命令簿，并放入海图室内规定地点。

（4）为保证船舶停泊安全和保持船舶正常的工作和生产秩序，应对港内值班和护船人员做出适当的安排：

①甲板部停泊值班人员组成应包括一名值班驾驶员和至少一名值班水手，装运散装危

险货物的船舶，甲板部停泊值班人员组成应包括一名值班驾驶员和若干名值班水手；

②经船长同意，配有驾助的可由驾助代替大副值班，但大副仍应在船上负责；

③无论何时，船长和大副、轮机长和大管轮不能同时离船；

④锚泊或装卸重大件货物、添加燃油淡水、排注压载水时，木匠和水手长不能同时离船。

（5）在港内停泊时，应按要求留足护船人员，以适应船舶日常的生产管理以及安全、应急等的需要：

①船舶在港内系泊期间，护船人数应不少于全船总人数的1/3；

②船舶在港内系挂浮筒或锚泊期间，护船人数应不少于全船总人数的1/2；

③油船、装有危险品的船舶在港停泊期间，护船人数应不少于全船总人数的1/2；

④在台风或冬季强冷空气过境时，如船长认为有必要，全体船员都应留船、护船；

⑤如港口当局对护船人员的数量有要求，则应满足该要求；

⑥特种船和定员少的船舶，船长有权视具体情况临时决定护船人数；

⑦因故不能参加港内停泊值班时，普通船员必须经过部门负责人的同意，三副、三管轮以上的船员必须经船长本人同意，并指定适当的人员代替。

（6）要求各部门长严格执行船员登岸请、销假制度，对船员请假超期不归或漏船者按规定严肃处置。

二、船舶生活秩序管理

作为船舶行政首长，船长有义务带领全体船员共同维护船舶的正常生活秩序。

（1）船长应在各部门长的配合下，做好以下工作：

①制止船员倒买倒卖、以物易物、擅自出售船上的油料、物料、备件或私分船舶物品；

②教育和监督船员不得利用修船或购买船用备件、物料和伙食之便谋取个人私利；

③教育和监督船员不得购买、索要、接收、藏匿、传看淫秽、反动图书和音像制品；

④严禁船员打架斗殴和赌博；

⑤教育和监督船员做好反走私、反偷渡的工作；

⑥禁止船员携带违禁物品出、入境等。

（2）在和各部门长协商一致的情况下，按规定、有计划地组织船员业务学习和在船培训，有计划地安排船员公休。

（3）督促大副和船上的伙管会严格执行船舶伙食管理制度，审批船舶伙食采购计划，在用现金购买伙食时审核购买单据。

（4）督促各部门经常保持船舶良好的卫生状况，督促事务部门搞好厨房卫生，定期组织检查，以保持整洁、舒适的生活和工作环境。

（5）督促大副（或船医）按规定组织船员进行健康检查，按要求组织船员进行预防接种。

（6）航行中，出现在船人员患病或发现在船人员患有或者疑似患有严重威胁他人健康的传染病时，应当立即启动相应的应急预案，应及时向公司和/或有关主管机关报告，并采取有效的医疗、救护、消毒、隔离措施。在危及在船人员生命的情况下，船长应将详情和具体急救要求立即报告公司，根据公司指示（在定期租船条件下还应考虑租家的意见），将船舶迅速驶往最近的有医疗条件的港口。

（7）发现船员伤病不适合在船工作的，船长应及时向公司船员管理部门报告。

（8）协助做好船员思想工作，在可能的情况下，帮助解决船员的实际困难。

（9）控制船员酗酒和在航行中饮用烈性酒。船长在反酗酒方面的职责主要有：

①应态度鲜明地反对任何人在任何场合下的酗酒行为。应经常告诫船员，尽管饮酒是一种个人行为，但在船上酗酒可能带来严重后果，酒精会使人反应迟钝、思维滞缓、行动难以自控，酗酒者值班将给船舶安全带来威胁。酗酒行为也将给酗酒者的自身安全带来威胁。

②严格执行关于控制饮酒方面的规定，值班人员在值班前4 h内禁止喝酒，且值班期间血液中的酒精含量不超过0.05%，或呼吸中酒精浓度不高于0.25 mg/L。

③对于违反饮酒规定者，应停止其值班并给予警告；对因酗酒而影响工作者，应给予严重警告；对严重酗酒闹事而危及船舶安全者，可以采取将其禁闭、令其反省的惩戒手段，并可要求公司给予其行政处罚；对不听劝告的经常酗酒者，可决定让其立即下船，按严重失职遣返处理。

（10）严禁船员吸食、注射毒品和贩毒

①毒品的种类

《中华人民共和国禁毒法》规定：毒品，是指鸦片、海洛因、甲基苯丙胺（冰毒）、吗啡、大麻、可卡因，以及国家规定管制的其他能够使人形成瘾癖的麻醉药品和精神药品。毒品还包括但不限于：罂粟、可卡因、安非他命、氟西汀、潘他唑、哌替啶、摇头丸等。

②船长反毒品职责

i.停靠世界毒品主要产地和走私毒品严重的地区和港口，应组织船员加强巡逻值班，并坚持梯口值班制度；发现有走私毒品可疑的人员和迹象，应严加控制；督促各部门长对船舶公共场所及有关舱室，在不影响安全和作业的前提下加封上锁；装货时应根据所在港口的情况，进行监装和必要的检查；装货完毕应组织对货舱进行检查，并及时关舱，封闭所有进入货舱的通道；对集装箱货物，在检查时应注意箱体是否完整，铅封是否完好。

ii.发现毒品后，按下列办法处置：

- 在国内港口发现毒品，保护好现场，并立即报告公司和当地公安机关。
- 在公海航行或抵港前发现毒品时，可将毒品移至安全地点保存，并立即将有关情况报告公司，按公司指示处理。应将发现的时间、地点、毒品种类、数量、外形包装、发现人和现场见证人等详细记录，并对毒品来源进行初步调查和判断，组织对全船进行彻底检查，以防止另外还有毒品藏匿于船上。
- 在停靠国外港口期间发现毒品，应立即进行拍照和保护现场，并通知我驻外使领馆或航运代表，按使领馆或航运代表的指示处理，同时报告公司。

iii.负责控制使用船上以急救为目的配备的少量处方麻醉药品，到港时应如实申报。

iv.采取必要的措施，严禁船员吸毒、贩毒或协助贩毒。教育并严禁船员为国内外亲友及其他人员私自捎带任何物品出、入境，防止在不知情的情况下传送毒品。

v.挂靠美国港口的船舶时，带领船员认真执行与美国海关签订的“共同反毒协议”。

第三节 船舶证书与法定记录管理

一、船舶主要证书与文件

（一）国际航行船舶

SOLAS公约第2部分附件1规定了从事国际航行的各种不同类型的船舶应随船携带相应的主要船舶证书与文件，主要船舶证书与文件是船舶进出港时港口当局检查的重要内容之一。如果发现证书和文件不齐或有失效者，将延滞船舶离港，直至备齐或办妥证书才准予离港。中国籍国际航行船舶应携带证书及其有效期一览表如表1-1所示。有关中国籍海船应持有的证书的详细要求，可查询《中华人民共和国海事局关于发布海船应持证书、文书的公告》或其更新公告。

表1-1　中国籍国际航行船舶应携带证书及其有效期一览表

编号	证书名称	适用船舶									证书最长有效期
		客船	油船	集装箱船	散货船	滚装船	通用货船	散装有毒液体船	化学品船	液化气船	
1	船舶国籍证书	√	√	√	√	√	√	√	√	√	5年
2	最低安全配员证书	√	√	√	√	√	√	√	√	√	5年
3	客船安全证书及免除证书	√									1年
4	货船构造安全证书及免除证书		√	√	√	√	√	√	√	√	5年
5	货船设备安全证书及免除证书和记录簿		√	√	√	√	√	√	√	√	5年
6	货船无线电安全证书及免除证书和记录簿		√	√	√	√	√	√	√	√	5年
7	船舶入级证书	√	√	√	√	√	√	√	√	√	5年

续表

编号	证书名称	适用船舶									证书最长有效期
		客船	油船	集装箱船	散货船	滚装船	通用货船	散装有毒液体船	化学品船	液化气船	
8	符合证明(副本)	√	√	√	√	√	√	√	√	√	5年
9	船舶安全管理证书	√	√	√	√	√	√	√	√	√	5年
10	海事劳工证书	√	√	√	√	√	√	√	√	√	5年
11	国际船舶保安证书	√	√	√	√	√	√	√	√	√	5年
12	国际载重线证书或免除证书	√	√	√	√	√	√	√	√	√	5年
13	国际吨位证书	√	√	√	√	√	√	√	√	√	长期有效
14	国际防止油污证书	√	√	√	√	√	√	√	√	√	5年
15	国际防止散装有毒液体物质污染证书							√			5年
16	国际防止生活污水污染证书	√	√	√	√	√	√	√	√	√	5年
17	国际防止空气污染证书	√	√	√	√	√	√	√	√	√	5年
18	国际船舶压载水管理证书	√	√	√	√	√	√	√	√	√	5年
19	国际散装运输危险化学品适装证书				√				√		5年
20	国际散装运输液化气体适装证书									√	5年
21	装载危险货物符合证明	√		√	√	√	√				5年
22	国际能效证书	√	√	√	√	√	√	√	√	√	长期有效
23	船舶卫生控制证书/船舶卫生控制免除证书	√	√	√	√	√	√	√	√	√	6个月
24	电台执照	√	√	√	√	√	√	√	√	√	5年

(二)国内沿海航行的船舶

国内航行中国籍船舶(海船)证书一览表见表1-2。有关中国籍海船应持有的证书的详细要求，可查询《中华人民共和国海事局关于发布海船应持证书、文书的公告》或其更新公告。

表1-2 国内航行中国籍船舶（海船）证书一览表

编号	证书名称	适用船舶											证书最长有效期
		客船	油船	集装箱船	散货船	滚装船	通用货船	海上高速船	化学品船	液化气船	散装有毒物质船	载运包装危险货物的船	
1	国籍证书	√	√	√	√	√	√	√	√	√	√	√	5年
2	最低安全配员证书	√	√	√	√	√	√	√	√	√	√	√	5年
3	海上货船适航证书		√	√	√	√	√	√	√	√	√	√	5年
4	海上客船适航证书	√											2年
5	海上船舶吨位证书	√	√	√	√	√	√	√	√	√	√	√	长期有效
6	海上船舶防止油污证书	√	√	√	√	√	√	√	√	√	√	√	5年
7	海上船舶载重线证书	√	√	√	√	√	√	√	√	√	√	√	5年
8	海上船舶散装运输危险化学品适装证书								√				5年
9	海上船舶散装运输液化气体适装证书									√			5年
10	海上高速船安全证书						√						5年
11	海上船舶免除证书	√	√	√	√	√	√	√	√	√	√	√	对应相关证书
12	海上船舶乘客定额证书	√											长期有效
13	海上船舶临时乘客定额证书	√											单一航次或几个月
14	海上船舶危险品适装证书											√	单一航次或几个月
15	高速客船操作安全证书	√						√					5年
16	海上船舶防止生活污水污染证书	√	√	√	√	√	√	√	√	√	√	√	5年
17	海上船舶防止散装运输有毒物质污染证书										√		5年
18	船公司符合证明（DOC）副本	√	√	√	√	√	√	√	√	√	√	√	5年
19	船舶安全管理证书	√	√	√	√	√	√	√	√	√	√	√	5年

二、船舶证书和文件的管理

船舶证书和文件的管理是船长的主要业务之一。船长应通过认真学习有关国际公约和国内法规，了解船舶证书和文件配备方面的要求，做好船舶证书和文件的管理工作。

（1）为了便于船舶证书、文件的管理和取用，船长应将船舶主要证书和文件适当地加以分类，并按一定的顺序放在不同的证书和文件簿内，放置在船长房间内便于取用和保管的地方。

（2）船长应经常查看船舶证书有效期及检验情况一览表，对由自己负责保管的船舶证书的有效期、换证检验以及期间检验、定期检验、年度检验、坞检/船底外部检查的时间真正做到心中有数。对船公司送船要求船长确认的船舶证书一览表，船长应认真进行核对。若一览表中的记载与船舶保存的证书不一致，应立即通知船公司。

（3）船长应注意，除办理进出港手续、船舶检验、船舶安全检查或港口国检查等需出示证书的情况外，不得将船舶证书和文件提供给其他外人查阅或复印，以免给船公司带来不必要的损失。

（4）船舶代理因办理船舶进出口手续，需要借用船舶证书时，应对借用的证书开具借用清单，并在该借用清单上签字。船长应将船舶代理开具的借用船舶证书清单置于证书簿内。代理返还证书时，船长应对照借用清单一一点收。有些港口允许使用船舶证书的复印件办理相关手续，在这样的港口可以考虑使用船舶证书的复印件办理相关手续。

（5）船长应妥善存放、保管好船舶证书。作废的旧证书不要立即丢弃，可集中放置在相应的船舶证书簿的后面保存一段时间。在换发新的船舶国籍证书和最低安全配员证书时，需要交回旧证书，因此这两本旧证书不需要在船上保存。

（6）船长每次收到新证书，都应详细阅读其上的内容，并注意其上签署或签注的内容。如船舶的结构、设备无变化，通常货船的构造安全证书、设备安全证书、无线电安全证书的记录簿不换新，因此船长应记住及时将未换新的记录簿附在已换新的证书后面。

（7）一些船检机构在完成船舶检验后，会将船舶证书的正、副本以及两份相同的检验报告一起交给船长，船长应将证书正本和一份检验报告留船，证书副本以及另一份检验报告应及时地寄送船公司的有关部门。

三、与船舶证书管理有关的知识

（一）证书的展期和宽限期

（1）展期是指在未到证书上规定的检验期前向主管机关或船检机构提出申请，经批准获得的证书检验期的展延。展期的目的仅为允许船舶完成到达检验港口的航程，且仅在适当合理的情况下才能准予。另一种展期情况是签发的证书有效期少于5年，而该种证书的最大有效期为5年，在经过对船舶的附加检验后，主管机关或船检机构可以把证书的有效期展延至该种证书的最长有效期。

（2）宽限期是指未按规定进行展期的船舶，主管机关可给予自该证书所示的期满之日起至多1个月的证书有效期。

（3）为使船舶完成到达检验港口的航程而予以的证书展期一般不超过3个月，持有这种展期证书的船舶在到达检验的港口后，不得再凭此证书离开港口。已予以展期的证书不得再享有宽限期。

（4）证书有效期的展期或给予宽限期均需主管机关或验船机构或经其授权的验船师在原证书上签注，注明将证书展期至何时或给予证书的宽限期至何时。换证检验完成后，新证书的有效期应从现有证书展期前的失效期起算，不得超过最长有效期。

（5）船舶检验已完成但新证书还未到船，经主管机关或验船机构或其授权的验船师在原证书上签注，可以将该证书的有效期展延，其延长期限最长不超过5个月，直到新证书到船。实践中有采用签发短期证书的方式来代替这种证书有效期的展延，新证书到船后，这种短期证书即告失效。

（二）免除证书

（1）免除证书仅适用于公约和法规要求的法定证书，如客船安全证书、货船构造安全证书、货船设备安全证书、货船无线电安全证书、载重线证书等，是这些法定证书的配套证书，免除证书本身不能单独使用。

（2）对于通常不从事国际航行的船舶，在特殊情况下需要进行一次国际航行，经船方申请与船检机构认可，可发给有效期仅为一个航次的免除证书。

（3）对于某些新型船舶或有特殊用途、特殊构造的船舶，不能完全满足签发某证书的公约或法规要求，但经船检机构或验船师的检验，认为不会影响到船舶在海上的安全航行，可以签发该证书的免除证书，这样的免除证书的有效期与该证书的有效期相同，并应按相同的规定进行签署和换证。

（4）免除证书应放在船上，在证书中应说明免除该船舶执行公约的要求。

（三）证书的失效或终止有效

有下列情况之一，可以使得船舶证书终止有效：

（1）船舶未能在规定的时间内完成证书检验，也未申请展期或宽限期。

（2）船舶进行了重大的改装而未申请检验。

（3）涉及船舶安全和防污染的修理、改装等事先未征得船检部门的同意。

（4）发生影响船级和船舶安全的重大海损、机损事故后未及时申请检验。

（5）有下列情况之一者，可以使得船舶证书失效：

①各种终止船舶证书有效的情况持续超过一定的时间；

②证书有效期已到，但未申请换证检验；

③船舶变更船旗国；

④船舶实际装载情况和营运条件与证书的要求不符；

⑤发现有影响船级的缺陷，或发现使安全设备、防污染设备失效的缺陷，又不能按要求进行必要的修理等。

（四）证书遗失的处理

（1）我国海事管理机构或中国船级社签发的证书如在国内遗失，应立即向发证机构申报遗失经过并申请补发。

（2）我国海事管理机构颁发的国籍证书如在国外遗失，船长可向我驻外使领馆报告遗失经过，并由我使领馆核发临时国籍证书，有效期为1年。在临时国籍证书的1年有效期内，如果船舶回到国内港口，需立即办理正式的国籍证书，否则临时国籍证书自动失效。如船上有国籍证书的副本或复印件，可请我驻外使领馆进行公证，经过公证后的国籍证书的副本或复印件可代替国籍证书使用，但在船舶回到国内港口后应立即办理正式的国籍证书。

（3）我国船检部门颁发的法定证书如在国外遗失，应电告国内船东报告发证机构，要求补发新证书并寄至预定的港口。如船上有法定证书的副本或复印件，可请我驻外使领馆进行公证，经过公证后的这些法定证书的副本或复印件可以代替正本使用，但在船舶回到国内港口后应立即办理正式的法定证书。

（4）船舶的船级证书如在国外遗失，应电告国内船东与发证的船级社商定解决办法。

四、法定记录管理

（一）航海日志的管理

航海日志是反映船舶运输生产工作的原始记录和重要法定文件，为了准确、完善、科学和规范地记载并反映船舶运输过程的真实情况，确保船舶安全营运，国家质量技术监督局发布了GB 18093—2000《航海日志》，已于2001年1月1日起实施。本标准由交通运输部提出，包括航海日志记载的基本要求、管理要求、记载内容、记录符号等，适用于所有国际航行的中国籍海船和500总吨以上沿海航行的中国籍船舶。

1.航海日志记载的基本要求

（1）航海日志必须严格、认真、如实地记载。

（2）航海日志应使用不褪色的蓝黑或黑墨水，用中文（地名、人名、船名等可写原文）和规定的缩写代号或符号记载。字体端正、清楚、简练，不得任意删改或涂抹，如记错或漏写，应将错误字句用红墨水笔画一横线删去，被删字句应清楚可见，改正人在改正字句后加括弧签字。

（3）船舶主要资料经船长审查后应由大副负责填入航海日志。

（4）航海日志的左、右页应依时间对应顺序记录。

（5）大副应每天查阅记录是否符合要求，并逐日签字，船长对监督航海日志记载的正确和完整应负全部责任，并逐日签字。

（6）根据记载内容，事后能重新绘出当时航迹和反映出当时航行和生产的主要情况。

2.航海日志左页和右页的记载

1）航海日志左页的记载

航海日志左页记载的内容包括航行记录、气象和海况记录、舱水测量记录、中午测算四个部分。

（1）航行记录

①除每班记录两次外，当航向、风流压差值、罗经改正量有变动时，应增加记录次数；

②记录计程仪读数，精确到0.1 n mile；

③实测时速，记录实测船位取得的平均时速；

④推进器转速，记录推进器转速表每分钟的平均转速，转速变换频繁时记“不定”。

（2）气象、海况记录

每班记录两次，当遇恶劣天气或天气突变时应增加观测和记录次数。

（3）舱水测量记录

每日0800、1600测量两次，大副班记录，必要时应增加测量次数并记录。

（4）中午测算

每日中午由二副统计填入，实际航程是根据实测船位所得的航迹线上的实际里程。

2）航海日志右页的记载

（1）记事栏记载内容

①无论航行、停泊或修理，凡有关船舶动态现象及动作，当班驾驶员均应按时间顺序逐行详细记录，交班时应在本班栏右下角签字。

②抵离港前，对影响航行安全的主要航行设备的试验和检查结果、船首尾吃水、特种船舶的特殊操作进行记录。

③离靠码头（浮筒）泊位时

扼要记载操纵措施、引航员姓名其上下船时间和地点；拖船船名及靠上和解拖时间及动态；系上第一根缆和靠妥时间；开始解缆和解掉最后一根缆的时间；抛锚及锚抛妥或开始绞锚及锚离底时间；泊位名称；锚位以及水深底质；左（右）锚及锚链长；号灯和号型；备车、用车、完车和定速时间；船位以及调头等情况。

④航行中

凡与海图作业有关的事务，以及用以保证航行安全的操作、观测、计算结果、采取的措施都应记载，主要包括但不限于下列内容：船位，天测、推算和交接班船位应准确到分以下小数点一位的纬度和经度记载。陆测、测深、雷达和无线电助航仪器等船位，应记其观测数据，若出现位移差时，应记其数据以及采取的措施；经长时间航行初显的重要物标或经过重要物标的时间、方位和距离；进出分道通航区域或特殊区域的时间以及经过主要航标的时间和正横距离；改变航向的时间、船位和计程仪度数、罗经改正量的测算时间和数据（如条件允许每班或转向后，应测算罗经差）；计程仪开启、停止时间，计程仪改正量及测校的时间、数据和方法；开始或停止使用风流压差的时间、船位、风向、风速、流向及流速的数据；发现对我船安全有影响的来船情况，及避让中采取的重要措施和时间；

气象和海洋情况发生突变的时间及所采取的安全措施；货舱的检查和保管货物的措施；每班巡回检查的情况；航道及航标变异，发现漂浮物和其他异常情况；日出、日没和开关航行灯、升降国旗及各种信号的时间，拨钟时间和数据；发生海事的情况，自救或救助他船的经过、措施及效果；自动舵与手操舵转换的时间。

⑤停泊时

锚泊、系泊及移泊情况、气象、水文情况，日出和日落、升降旗和号型、号灯开关时间；装卸货时应计开工/停工时间、舱号和原因、各舱装卸货情况、船舶首尾吃水、安全巡视情况、上下客时间、油船洗舱、排注压载水的时间和情况；补给淡水和燃料的时间及数量、船舶主要部分及设备的预防检修措施、船舶厂修的主要项目及进度情况。

（2）重大事项记事栏

由船长或大副填写，记载船上非经常性及重大事件。如发生海事、人员伤亡事故；对救生、消防及防污染设备检查的时间和情况；应急演习的时间、地点及经过情况；离港货物、燃料、淡水、压载总量及旅客人数，船首尾吃水，稳性数据，上下客时间及安全措施，船长和大副调动交接手续办理完毕的时间以及航海日志记载中有严重错漏的更正。

3.航海日志的管理

（1）航海日志由中华人民共和国海事局统一编号制作，由中华人民共和国海事局授权单位登记并签发，登记时应注明所签发航海日志的编号、上册航海日志的编号及签发机关。

（2）航海日志必须严格、认真地保管。

（3）航海日志每册为100页（必须有漆封），按顺序记载，不得撕毁或增添，大副应负责航海日志的保管，用完后存船2年，以后送船舶所有人保存5年方可销毁。

（4）船舶发生海事时，船长应将航海日志及有关海图妥善保管，弃船时将其带下，以供海事调查之用。

（二）车钟记录簿管理规定

车钟记录簿是船舶重要法定文书之一，甲班部和轮机部均应配备，由驾驶员和轮机员记录。

（1）每艘船舶均应配备2本车钟记录簿，驾驶台和机舱各1本，同时启用和使用。

（2）启用新的车钟记录簿之前，应认真检查记录簿的页数，如有空白、缺页等，则不能使用。车钟记录簿启用前应在封面填上船名、部门，并盖上船章。

（3）车钟记录簿必须按扉页标准符号填写，填写内容准确、字体端正，不得揩擦涂改。若必须改正时应用一红横线划去，并由填写人在改正处签名或盖章，划去部分要求能看清原始记录的内容。

（4）若带有车钟记录自动打印装置并在使用着，应在每次使用前核对时间等相关数据，必要时，应进行调整，并标示船舶相应的动态信息，每次使用结束后，相应操作的驾驶员应签名。

（5）车钟记录簿用完后，由船长、轮机长负责保存，保存期为2年，如涉及海事，需保存至海事处理完毕。

（三）防污记录簿的审签与管理

船长对防污记录簿（指油类记录簿、货物记录簿、垃圾记录簿、压载水记录簿等）的审签与管理职责有：

（1）对防污记录簿记载的正确、真实和完整负责。

（2）熟悉防污记录簿的记载和保管要求。

（3）审签防污记录簿时应注意：在进行各种涉及油类、散装有毒液体物质、船舶垃圾、船舶压载水作业时，有关人员是否按规定填写了相应的防污记录簿；是否正确使用了防污记录簿中规定的作业代号和细目数码；记录的污染物排放与接收情况与实际是否相符合；是否有自己不知情的超标排放和违规排放；有关人员是否按规定在每项记录后进行了签署。

（4）对在审签防污记录簿时发现的问题，应及时向轮机长、大副等有关人员了解情况，如防污设备方面存在问题，应及时研究处置方案和应急措施，如属于填写和记录错误，应组织有关人员及时予以更正。

（5）防污记录簿每记完一页，应及时地予以审阅、签署。

（6）在发生船舶污染事故时，应主管部门的要求，将有关防污记录簿中的记录制成副本并予以签证，作为处理船舶污染事故的原始证据。

（7）油类记录簿和货物记录簿用完后应在船上保管3年；垃圾记录簿、压载水记录簿等用完后应在船上保管2年，然后按照公司的规定进行处理。

第四节 船员及船员证件管理

一、船员管理

（一）船员的系统化管理

为保证船舶的正常营运，船长应当重视船员的组织化管理、素质管理和响应管理，三者构成船上船员的系统化管理，不可偏废。船长应了解船员的组织化管理、素质管理和响应管理的相关知识。

1. 船员的组织化管理

船员的组织化管理由以下要素构建：

（1）最低安全配员的要求；
（2）船员的组织系统以及相应的职务规则；
（3）船员对组织纪律、劳动纪律的遵守；
（4）船员劳动权益的保护；
（5）有关船员任用、奖惩、评价等方面的管理制度等。

2. 船员素质管理

（1）船员素质包括其职业道德、技术素质、身体素质、心理素质、心理能力和语言能力等；
（2）船员素质管理就是要使船员的素质达到和保持适于完成预定航运任务的职业素质；
（3）STCW公约规范了船员的最低技术素质；
（4）船上应按有关计划对船员进行适当的培训和教育，以保持船员具有一定的职业素质。

3. 船员响应管理

（1）船员响应管理是指促使既定素质的船员积极响应组织化管理的途径；
（2）船员响应管理的途径包括权力强制、利益激励、群体影响、人际关系和沟通、领导行为影响等。

（二）有关船员响应管理的部分理论

1. 需要层次理论

（1）船员的需要是由不同层次的需要构成的。
（2）船员的需要依次为生理需要、安全需要、社交需要、尊重需要和自我实现需要。
（3）船员对生理、安全、社交、尊重、自我实现的需要一般是依次上升的。

2. 群体影响

（1）群体是指为了一个特定目标而由个体组成的集合体。群体可分为正式群体和非正式群体。船上的正式群体是指船上正式的、有固定编制并有着明确的权力、义务和职责分工的船员群体；船上的非正式群体是指船上没有明文规定而自然形成的船员群体。
（2）船上的非正式群体对船员响应的影响或积极或消极。
①船上的非正式群体的积极作用在于：对正式途径难以处理的事情，有时可以通过和非正式群体的沟通而得以解决；可以协调正式群体中的人际关系，减少正式群体实施目标时的阻力；当个别船员遭受挫折和困难时，可以通过非正式群体获得发泄的通道，从而使其获得社会满足感；可使船舶或部门领导改变错误的领导观念，矫正不合理的管理措施，因而对正式群体产生制衡作用。
②船上的非正式群体的消极作用主要表现在：易产生帮派和小圈子，不利于正式群体

的团结与稳定；当与正式群体的目标、任务和要求相矛盾时，可能会妨碍正式群体决策的顺利执行；易传播小道消息，滋生谣言，混淆视听，给正式群体各项工作带来困难。

3. 人际关系和沟通

（1）人际关系是指个体或群体彼此寻求满足的心理状态。

（2）沟通是指意见及信息的一种交流。

（3）有效的沟通是船舶安全和管理的一个基础。

（4）良好的人际关系和沟通能使船员之间团结互助，和睦友好；增进了解，取得谅解；相互配合，取长补短；统一意志，同舟共济；良好的人际关系和沟通有利于船舶的安全和管理，有利于船员的身心健康。

（三）船员管理实务

根据船员管理理论，船长可以从以下几个方面着手做好船员的管理工作：

1. 在船员组织化管理方面

（1）保证船舶实际配员满足最低安全配员的要求；

（2）督促船员按公司职务规则的规定认真履行自己的职责；

（3）督促船员认真执行值班规则，操作规程，安全生产规章，以及船员纪律（包括组织纪律、劳动纪律和涉外纪律）；

（4）根据国际公约和船旗国有关船员管理方面的法规，维护船员的基本权利；

（5）认真执行公司有关船员任用、奖惩、评价等方面的管理制度和规定。

2. 在船员素质管理方面

（1）注意培养船员的爱岗敬业精神以及为雇主提供优良服务的雇员意识等职业道德素质。

（2）尽可能为船员提供一个良好的工作和生活环境，从而保证船员的身心健康。

（3）在任务繁重、人手紧张、航行条件恶劣的情况下，做出合理安排，以保持船员身心健康，不至于因疲劳过度、情绪不稳定、心境不佳等而出现身心的不适任。

（4）对新到任的船员进行必要的评估，确定他们是否熟悉自己的职责，是否熟悉和本职相关的设备及技术操作，是否熟悉船上的有关规章制度，能否与相关部门和船员进行有效的交流和协作，其职业素质是否达到并能保持适于完成预定航运任务的水平。

（5）按有关计划进行培训和教育，以保持船员的技术素质。在执行特殊任务需要特殊的知识和技能时，船长应对船员予以适当培训。

3. 在船员响应管理方面

（1）因人而异，根据船员不同层次的需要因势利导。

（2）充分运用各种激励理论，激励船员积极响应组织化管理。

（3）充分利用船上的正式和非正式群体对船员响应管理的影响力。除了充分利用船上正式群体的影响力外，对船上有正面影响的非正式群体，应予以适当鼓励；对有负面影响的非正式群体，应因势利导，使其与正式群体和睦相处，进而发挥其长处；对负面影响较大的非正式群体，应予以抑制、分化；对负面影响非常大的非正式群体，在不得已时，船长应报请公司调离其骨干。

（4）与船员并在船员之间建立良好的人际关系和相互沟通，以获得船员对管理的积极响应。

（5）船长应充分展示自己的领导行为影响力。船长的领导行为，直接影响着船员对组织化管理的响应程度，直接影响着船员的行为和目标的实现。

二、船员证件管理

（一）船员证件的种类

船员证件包括船员任职所需的证书、船员身份证明类文件、船员健康和疫苗接种证书、船员在船服务方面的证明等。

（1）船员任职所需的证书包括：适任证书、单项专业培训合格证书、特殊培训合格证书、专业培训与特殊培训免除证书等。

①适任证书，包括任职资格证书以及GMDSS操作员适任证书等，由海事管理机构颁发。

②单项专业培训合格证书，包括基本安全培训、精通救生艇筏和救助艇培训、精通快速救助艇培训、高级消防培训、精通急救培训、船上医护培训、保安意识培训、负有指定保安职责培训和船舶保安员培训等。

③特殊培训合格证书，包括油船和化学品船货物操作基本培训、油船货物操作高级培训、化学品船货物操作高级培训、液化气船货物操作基本培训、液化气船货物操作高级培训、客船船员特殊培训、大型船舶操纵特殊培训、高速船船员特殊培训、船舶装载散装固体危险和有害物质作业船员特殊培训、船舶装载包装危险和有害物质作业船员特殊培训、极地水域船舶操作船员基本培训、极地水域船舶操作船员高级培训、使用气体或者其他低闪点燃料船舶船员基本培训和使用气体或者其他低闪点燃料船舶船员高级培训等。

（2）船员身份证明类文件包括：海员证、护照、身份证等。

①海员证是船员出入国境和在境外通行使用的有效身份证件，颁发给在国际航线上航行的中、外籍船舶上工作的中国籍船员，由海事管理机构颁发。

②部分国家要求船员持有护照。护照为出国人员的有效身份证件，因公出国的护照需要由外交部门签发；船员可持由公安出入境管理部门签发的因私出国护照。

（3）船员健康和接种证书有海员健康证书、疫苗接种或其他预防措施证书等。海员健康证书和疫苗接种或其他预防措施证书是在国际航行船舶上服务的船员必备的证件，在办理船舶进出港口卫生检疫手续时向港口卫生当局出示。

（4）船员资格和在船服务情况证明文件。船员服务簿是船员注册的证明文件，同时可以用来记录船员的海上服务资历及培训情况，是船员申办各类适任证书的证明文件之一。

（二）船长应熟悉船员证件的作用及有效期

（1）参加航行和轮机值班的船员适任证书有效期不超过5年，不参加航行和轮机值班的船员适任证书长期有效。

（2）除非STCW公约有新的规定，单项专业培训合格证书和特殊培训合格证书有效期分为5年有效期或长期有效两种。

（3）海员证的有效期不超过5年。

（4）因私出国护照的有效期不超过10年。

（5）船员服务簿长期有效。

（6）海员健康证书的有效期最长为2年，对于年龄小于18周岁的海员，则有效期最长为1年。

（7）预防接种证书根据接种疫苗的不同而有不同的有效期。经常接种的霍乱疫苗的有效期为3年（口服药丸），黄热病疫苗的有效期为长期有效。

（8）船长应注意由自己负责保管的船员证件的有效期，必要时应通知船公司，以免因船员证件的失效而给船员以及船舶带来各种麻烦和损失。

（9）船员所持海员证在境外过期、遗失、被盗、损毁，或者船员因紧急情况需下船转乘其他交通工具回国，且本人未持有其他有效旅行证件的，可以向中国驻外使馆、领馆或者外交部委托的其他驻外机构申请旅行证。

（10）船员健康证书以及接种证书到期时，可通过代理安排船员进行健康检查和疫苗接种。

（三）船长应亲自保管或指定专人妥善保管船员的证件

（1）船员上船任职，应将适任证书、单项专业培训合格证书、特定类型船舶船员特殊培训合格证书、海员证、船员服务簿、海员健康证书以及预防接种证书等交给船长，船长可出具收据。

（2）船员在船任职期间，船长应将船舶名称、总吨位和主机功率，船员在船实际担任的职务、开始任职时间与地点正确地填入船员服务簿内的“任解职记载”内；船员在正式职务交接离船前，船长应将解职时间与地点等正确地填入船员服务簿内的“任解职记载”内并签字和加盖船章。如持簿人在同一船上晋升，船长应在该船员的服务簿上另起一行填写其职务晋升的日期、地点和新职务。船长本人的上船任职日期和地点，由该船即将离任的船长填写；解职离船的日期和地点，由该船的接任船长填写并签名。船长的任职和解职时间与地点也可由公司的船员调配部门填写并盖船员调配章。

（3）船员正式职务交接离船时，船长应将船员证件一一清点交还给船员，并可要求船员在有关文件或船员证件一览表上签字，确认证件已交还给本人。

（4）如船公司对船员证书管理另有规定，则船长应认真执行公司有关船员证书管理方面的规定。

（5）船长应对伪造、涂改、买卖、租借、冒用船员证件给予必要的监督和处置。根据我国国内有关法规，对伪造、变造、涂改，买卖、租借、转让，冒用船员适任证书的，海事管理机构可吊销适任证书并处以不超过违法所得3倍的罚款，没有违法所得的，可处以不超过10 000元的罚款。对伪造船员证件者，根据我国治安管理处罚法，最高可处以15天行政拘留。

第五节 海上交通事故处理与分析

一、海事定义

广义上的海事，泛指航运（海事事务）和海上的一切相关事项，如航海、造船、验船、海事海商法、海损事故处理等。

狭义上的海事，属于安全范畴，专指船舶、海上设施在航行、停泊和作业中发生的海损事故，即海上事故或海上意外事故。航海界将海事作为海上事故、海损事故、海难事故的简称。

（一）水上交通事故的分类

为了与国际海事组织MSC/Cir.953、MEPC/Cir.352通函保持一致，便于将事故或船舶遇险信息向上一级组织报告，统一我国水上交通事故的类型、分级标准和统计口径，交通运输部发布了《中华人民共和国水上交通事故统计办法》（中华人民共和国交通运输部令2021年第23号），对事故类型、事故等级、事故分级标准等做了定义。

水上交通事故按照下列分类进行统计：碰撞事故；搁浅事故；触礁事故；触碰事故；浪损事故；火灾、爆炸事故；风灾事故；自沉事故；操作性污染事故；其他引起人员伤亡、直接经济损失或者水域环境污染的水上交通事故。

（二）水上交通事故的等级

1.除了操作性污染事故之外的水上交通事故，按照人员伤亡、直接经济损失分为以下等级：

（1）特别重大事故，指造成30人以上死亡（含失踪）的，或者100人以上重伤的，或者1亿元以上直接经济损失的事故；

（2）重大事故，指造成10人以上30人以下死亡（含失踪）的，或者50人以上100人以下重伤的，或者5 000万元以上1亿元以下直接经济损失的事故；

（3）较大事故，指造成3人以上10人以下死亡（含失踪）的，或者10人以上50人以下重伤的，或者1 000万元以上5 000万元以下直接经济损失的事故；

（4）一般事故，指造成1人以上3人以下死亡（含失踪）的，或者1人以上10人以下重伤的，或者1 000万元以下直接经济损失的事故。

事故发生在海上的，其等级划分的直接经济损失标准按照国务院批准的相关规定执行。

2.因水上交通事故引起水域环境污染的事故，按照船舶溢油数量、直接经济损失分为以下等级：

（1）特别重大事故，指船舶溢油1 000 t以上致水域环境污染的，或者在海上造成2亿元以上、在内河造成1亿元以上直接经济损失的事故；

（2）重大事故，指船舶溢油500 t以上1 000 t以下致水域环境污染的，或者在海上造成1亿元以上2亿元以下、在内河造成5 000万元以上1亿元以下直接经济损失的事故；

（3）较大事故，指船舶溢油100 t以上500 t以下致水域环境污染的，或者在海上造成5 000万元以上1亿元以下、在内河造成1 000万元以上5 000万元以下直接经济损失的事故；

（4）一般事故，指船舶溢油100 t以下致水域环境污染的，或者在海上造成5 000万元以下、在内河造成1 000万元以下直接经济损失的事故。

二、海上交通事故处理

船舶一旦发生海上交通事故，船长应立即着手对之进行处理，争取使得事故所造成的损失减小到最低限度，同时应注意为海事的日后争议处理做好准备工作。

通常，在发生海上交通事故后，船长应注意做好以下工作：

（1）迅速组织船员弄清船舶损失的基本情况以及当时船舶所处的环境。

（2）立即与轮机长、大副等研究决定抢险方案，组织船员针对不同的事故采取相应的措施，必要时可以请求救助。

（3）尽快将事故发生的时间、地点、经过情况、事故性质、已知损失情况、有无人员伤亡、正在采取和准备采取的抢救措施、需要何种援（帮）助等电告船公司，听取公司指示。

（4）做好与海事处理有关的材料的收集工作。

（5）拟写好海事声明和（或）海事报告。

（6）在到达避难港或第一到达港后及时办理海事声明和（或）海事报告的递交与签证（签注）工作。

（7）及时和船舶代理或船公司的航运代表以及保险公司和（或）保赔协会取得联系，汇报情况，听取指示，请求他们协助进行海事处理。

（8）注意船舶证书的有效性问题。如果估计或已确定事故造成了船体的损伤，应向到达港的海事主管机关报告，并通知船旗国海事主管机关以及负责签发证书的船检机构。船上应做好船舶临时检验和（或）附加检验的准备工作。

（9）根据需要，安排对船舶进行临时或永久性修理。在此之前，可考虑申请必要的公证检验，并取得检验报告。

（10）对受损货物进行妥善处理，包括申请必要的货物受损情况公证检验并取得检验报告。对需要转船运输的货物尽早安排转船运输。

（11）迅速办好有关保全措施，提供和（或）要求对方提供可靠担保，如他船或他方拒绝提供担保，必要时可考虑申请扣船或对货物行使留置权。

（12）接待船公司、代理公司、保险公司、保赔协会等部门的派员，介绍情况，听取意见，协助他们进行海事处理工作。

（13）整理好与海事处理有关的各种材料，如海事声明、海事报告；航海日志摘要、轮机日志摘要、车钟记录簿摘要；验船师报告、事故见证人陈述书、损害情况报告书及损害情况照片或简图；船舶安全证书以及其他有关证书的复印件；海事处理费用清单、船舶修理费用清单、船员工资清单、燃物料及淡水消耗清单；载货清单、船舶配载图；船舶保险单等，做好海事争议处理的准备工作。

三、海事报告与海事声明的递交

（一）海事报告的递交

（1）海事报告是船舶在航行或停泊时发生海事，已经对船舶、货物、水域环境造成事实上的损害且损害结果已明确，为了说明事故发生的原因、经过及造成损害的情况，并要求有关方面对损害予以赔偿，由船长向海事主管当局、保险部门或其他有关方面提交的书面报告。海事报告应当包括下列内容：

①船舶、设施概况和主要性能数据；

②船舶、设施所有人、经营人或管理人的名称、地址；

③事故发生的时间和地点；

④事故发生时的水文、海况、气象、通航环境情况；

⑤船舶、设施的损害，货物的损失、人员伤亡以及水域环境污染等情况；

⑥事故发生的详细经过，发生碰撞事故的还应当附船舶、设施的相对运动示意图；

⑦船舶、设施沉没的沉没概位；

⑧与事故有关的其他情况。

海上事故报告必须内容真实，不得隐瞒事实或者提供虚假情况。

（2）船长拟写好海事报告后，应让了解该海事经过情况的船员2~3人签字见证，并附航海日志和轮机日志的摘录，以及验船师、潜水员、引航员、拖船船长等人的报告和其他必要的材料，由船长签字盖章后，在事故发生后的一定时间内，将该报告递交第一到达港的海事主管当局。船长应将经海事主管当局签证的海事报告妥善地寄送船公司。船长可根据船公司的指示，将经海事主管当局签证的海事报告（复印件）寄保险公司或保赔协会、船籍港海事主管当局、有事故调查权的海事主管当局以及与事故有关的其他关系方。

实践中，当船舶发生火灾、爆炸、触礁、搁浅、碰撞、浪损、沉没、失踪、污染、适航性机件或重要属具的损坏或灭失、共同海损事故，造成人员、船舶、货物的伤亡或损害以及水域污染时，船长应拟写并递交海事报告，并附上相关文件：

①有关船舶技术状态的记载；

②航海日志和轮机日志的摘要（发生事故前12 h起），必要时应附航海日志和轮机日志；

③有关海图和原航线、船位等记录（标明发生事故前后的船舶动态）；

④受损部位的简图；

⑤与海损事故有关的其他文件。

（二）海事声明的递交

（1）海事声明是船舶在航行或停泊时遭遇自然灾害或意外事故，估计可能发生船货损害或损害难以避免，但实际情况又不详时，由船长代表承运人向有关方提出要求免责或保留索赔权利的一种书面声明。

（2）船长拟写好海事声明后，应让了解该事故情况的有关船员2~3人在上面签字，以作为见证人，然后附上航海日志的摘录等，由船长签字盖章后，在船舶进入第一靠港一定时间内（一般为24 h以内）或开舱卸货前，正式向港口当局或船旗国驻当地使领馆或当地的公证人递交，并取得签证，作为具有证据效力的法律文件。

（3）海事局是海事声明签注的主管机关。各级海事管理机构具体负责本辖区内海事声明的签注工作。

（4）海事管理机构应当事船舶申请办理海事声明签注时，对海事声明的内容进行书面审查，签注“准予备查”以表明船方向海事管理机构申报过有关海事声明事项的行为。

（5）海事管理机构受理海事声明签注申请应满足以下要求：

①船舶应在事发后抵达第一港24 h内向当地海事管理机构递交海事声明；船舶抵港前已发生或可能引起货舱货物受到损害的，应在开舱前向海事管理机构递交海事声明材料。

②海事声明签注申请人（以下统称“申请人”）应为船长，但可由其他相关人员代为提交。在提交申请时，提交人应出示证明其身份的证件（海员证等国家规定的证件，下同）原件校验。

③海事声明文书可一式多份。

④船舶递交海事声明时，应当随文附送一份证明材料的复印件，包括船长证书、船舶国籍（或登记）证书、船员名单、天气报告（如相关）及其他相关材料，以证明申报的内容。

⑤申请人必须在海事声明上签字和加盖船章，并应有不少于两名见证人的签字及其身份证件的复印件。

⑥海事声明应当使用中文或中英文对照。

（6）船长可在递交海事声明后一定期限内（一般在获得海事声明签注后7日内）或在开舱卸货后，根据已清楚的船货损失情况，拟写并递交“延伸海事声明”，作为对已递交的海事声明所陈述的事实的补充和最终证据，该声明也应取得有关机构的签证。

（7）如委托船舶代理代为递交海事声明或延伸海事声明时，应要求代理尽快办理声明的签证，并将经过有关机构签证的声明尽早带回交给船长。

（8）遇有下列情况，船长应考虑递交海事声明：航行途中遇8级及8级以上大风浪，估计可能造成船货损坏时；由于恶劣天气而长期关闭通风道，估计可能造成舱内货物湿损或霉变时；航行途中遇恶劣天气，致使船舶剧烈摇晃，可能导致舱内货物倒塌移位，造成货物损坏时；货物装船过程中，其质量有缺陷，已在大副收据上做了批注，估计经过长途运输，货物质量有可能进一步恶化时；在航行途中，由于船员管船过失，估计可能造成货物损坏时；发生海事，但未发现明显的船壳或机械损伤以及货物受损，为了向有关方面保留索赔的权力时；收货人未按提单条款提货，或发现无人认领货物，而不得不将货物卸岸存放时；发生共同海损时。

（9）海事声明主要内容应当包括：

①船舶基本概况：船舶名称、国籍、船籍港、船舶识别号或IMO编号、所有人、经营人和管理人（如有）名称。

②船舶装载货物情况：出发港和目的港、客货情况。

③海事声明事项相关的情况：时间、地点、气象、海况、事件主要过程、所采取的措施及损坏或可能损坏等。

（三）海事报告与海事声明的区别

海事报告与海事声明是两种不同性质的文件，其主要区别如下：

（1）一般情况下海事声明不作为一项证据文件，仅供备案而已。海事报告则是一份具有证据力的文件，是解决赔偿问题的一个证件。

（2）海事声明提出的受损内容是预测的，甚至是想象的，包括货损情况是不明确的。海事报告提出的受损内容则是真实的，货损情况业已明确。

（3）海事声明应在船舶抵达第一港、在开舱之前提交。海事报告则是在船舶受损情况明确、在开舱验明货损情况后提交。

（4）海事声明无须抄送给货主或对方，也不一定要向卸货港方提出。海事报告则要抄送给货主或对方，同时一定要向卸货港方提交。

四、海事证据

船舶、设施发生水上交通事故，应当向主管机关递交事故报告书和有关资料，并接受调查处理。事故的当事人和有关人员在接受主管机关调查时，必须如实提供水上交通事故的调查材料。这些材料作为水上交通事故调查中的证据，以证明水上交通事故真实情况的一切事实活动。

（一）证据的性质

水上交通事故调查具有行政执法调查的性质，因而水上交通事故调查所搜集的证据，是行政诉讼法所要求的证据。

（二）证据的基本特征

（1）证据的客观性：证据的事实以及它们与案件事实的各种联系，是客观存在且不以人们的主观意志为转移的。

（2）证据的关联性：证据必须是客观事实，但并不是一切客观事实都可以作为证据。只有与事件有关联性的客观事实才可以作为证据。证据的关联性具有如下两方面含义，即证据事实必须与事件事实有客观联系和必须能据以证明案件事实情况。

（3）证据的合法性：证据必须是法定人员依照法定程序和方法收集或提供的；证据必须有合法的来源；证据必须具备合法的形式；证据必须经合法程序查证属实。

（三）证据的种类

水上交通事故调查中的证据有以下几种：书证；物证；视听资料；证人证言；当事人陈述；鉴定结论；勘察笔录、调查笔录、现场笔录；其他可以证明事实的证据。

（四）证据的搜集

事故现场与事故过程密切相关，因而，事故调查一般都从现场调查开始。事故现场对查明事故原因至关重要，但由于自然条件变化或其他原因，事故现场可能会变动，事故痕迹可能会消失，现场物件可能会变化、消失或变得难以提取，船上当事人或有关人员也可能会离船、分散等，因此，证据的搜集必须及时主动、全面客观、深入细致，以获得充分、真实的材料。

搜集证据应注意以下两点：一是证据的客观性、相关性和合法性；二是证据保全。应尽可能将证据形成书面材料，并建立档案。

1. 现场勘查

现场勘查是调查人员对发生水上交通事故的现场进行勘视、检测、测量、绘图、拍照、录像等活动。

2. 搜集物证

通过现场搜集的物证一般包括以下几种，但不限于此：

（1）事故现场照片和事故所涉及的任何机械、设备、属具、链条、钢丝绳、索具或紧固装置等的照片；

（2）受损部位的照片；

（3）与事故有关的机器、设备、属具、链条、钢丝绳、绳索或紧固装置中的损伤或破裂部件或其照片；

（4）人们可能吞服、吸入或接触的那些能导致中毒或伤害的物质或材料的样本；

（5）在碰撞或触损事故中，有关船舶、设施或被碰物体上剥损或刮伤的油漆表面的物质样本和擦痕照片等；

（6）涉嫌引起火灾或爆炸的货物、物质或材料的样本或照片；

（7）对于锅炉爆炸或损坏事故，有关的锅炉水、锅炉水添加剂和锅炉部件的样本；

（8）对于机器损坏事故，有关的燃油、润滑油和冷却剂的样本；

（9）由于移动或其他原因已危及船舶或人命安全的任何货物的样本或照片。

搜集属于船上的或在船上的物证时，应把它们的状况和用途通知船长或值班驾驶员，如果可能，船长应该在场或有一位船长指定的负责人在场。获取物证的记录应由物证取样人、物证所有人或当事人共同签字确认。

如果物证已损坏，或留作他用，则应在原地拍下这一物证的照片。如果作为物证的物品可能会受到污染而影响其价值，或者该样本要用于分析，则应将它装在合适的容器中并加封。

为了便于保管，调查人员应确保每件物证上都系牢一个标签，标明物品的来源、物品的简况、识别码或编码、取样人员姓名及其所属单位。

3. 查询证人

证人即事故当事人和有关人员，是指了解事故主要或部分事实（事故经过和结果）的人员。通常情况下，事故发生时负责船舶航行、停泊或作业的人员，如船长（或幸存的最高职位驾驶员）、值班驾驶员、轮机长（或幸存的最高轮机员）、值班轮机员以及舵工、瞭望水手和机舱人员是最主要的证人，在某些情况下其他人员，如船东、造船师、旅客、托运人、代理人以及周围他船船员及岸上旅客、工作人员等，都可能成为证人。

证人所做的口头或书面陈述即证人证言或当事人陈述，对于证明事故事实是非常重要、不可缺少的。因此，查询证人是证据搜集的一项重要工作。

4. 书证和视听材料的搜集

书证和视听材料是用文字记载或用符号、声音、图像等表达的，反映船舶及其机器、设备的性能与技术状况，船舶航行、停泊的动态和作业情况，以及事故发生经过的证据，其内容对事故的真实情况具有证明作用。

调查中应搜集的文书资料包括：

（1）船舶的基本资料，如船舶概况、船舶入级证书或船舶检验证书、登记证书、船舶最低安全配员证书、ISM规则要求的证书等；

（2）航海日志、轮机日志、车钟日志、报务日志、航行记录、测深记录、夜航命令簿、罗经差记录等原始记录；

（3）航行设备、仪器的性能、技术参数的原始文书资料；

（4）相关海图和有关航海出版物，以及最近发布的航海通告和无线电航行警告；

（5）公司常规命令或操作手册、安全手册；

（6）船位报告记录、航行计划；

（7）船舶布置图，船舶原始建造资料；

（8）船舶稳性资料、船舶操作特性资料、货物配载图、装货作业记录等资料；

（9）航次维护计划、修理申请记录、机器设备操作和维护手册；

（10）潮汐表或事故发生水域的海面高度记录；

（11）天气预报或水上交通事故发生区域当时的气象记录；

（12）船舶交通管理中心有关的信息记录，包括磁带；

（13）搜集的书证和视听材料可以是原件，也可以抄录、复印、拍照，所有资料应让当事人签字认定并加盖船章。

5. 检验和鉴定意见

检验和鉴定意见是指由船级社、检验检疫、技术监督以及公安消防等检验或鉴定部门进行检验或鉴定并做出的检验或鉴定结论性意见。

检验报告和鉴定意见对于证明事故损害的范围和程度，证明事故的部分事实或情节，分析事故的技术原因或因素，以及认定事故原因均起着非常重要的作用。

调查人员可以要求船长、设施负责人申请当地或船舶第一到达港的检验、鉴定部门进行检验或鉴定，必要时，亦可委托有关单位或部门进行该项检验或鉴定，以便获得以下检验或鉴定意见：

（1）如果事故造成船舶或设施发生损害的，应有船舶检验部门出具的检验报告副本；

（2）如果事故造成货物发生损害的，应有检验检疫部门出具的检验报告副本；

（3）如果发生火灾、爆炸事故的，则应有公安消防鉴定部门或有关部门的火灾原因鉴定书副本；

（4）如果事故所涉及的范围超出了调查官所学的专业，或遇到一些需要运用科学技术或工艺上的专门知识才能正确判断的问题，还应求助于具有合适专业知识的专家学者，由专家学者进行分析研究，提出结论性意见或做出技术鉴定。

（五）海事证据保全

海事证据保全是指海事法院根据海事请求人的申请，对有关海事请求的证据予以提取、保存或者封存的强制措施。海事证据保全的目的是保护当事人的权利，保证海事审判任务的完成。海事请求人申请海事证据保全，应当向海事法院提交书面申请。申请书应当载明请求保全的证据、该证据与海事请求的联系、申请理由。海事法院受理海事证据保全申请，可以责令海事请求人提供担保。海事请求人不提供担保的，驳回其申请。海事证据保全只能依据海事请求人的申请，海事法院不能依职权采取海事证据保全措施。

1. 海事证据保全的适用

海事证据保全的适用条件仅适用于对有关采取海事证据保全，应当具备下列条件：

（1）请求人是海事请求的当事人；

（2）请求保全的证据对该海事请求具有证明作用；

（3）被请求人是与请求保全的证据有关的人；

（4）情况紧急，不立即采取证据保全就会使该海事请求的证据灭失或者难以取得。

对海事请求的证据进行保全，不适用于对其他证据的保全。

2. 海事证据保全的程序

（1）当事人在起诉前申请海事证据保全，应当向被保全的证据所在地海事法院提出，并向海事法院提交书面申请。申请书应当载明请求保全的证据、该证据与海事请求的联系、申请理由。

（2）海事请求人在申请海事证据保全时，海事法院可以责令请求人提供担保。海事请求人的担保应当提交给海事法院。海事担保的方式为提供现金或保证、设置抵押或质押。

（3）海事法院接受申请后，应当在48 h内做出裁定。裁定采取海事证据保全措施的，应当立即执行；对不符合海事证据保全条件的，裁定驳回其申请。

（4）当事人对裁定不服的，可以在收到裁定书之日起5日内申请复议一次。海事法院应当在收到复议申请之日起5日内做出复议决定。复议期间不停止裁定的执行。被请求人申请复议的理由成立的，应当将保全的证据返还被请求人。

（5）海事法院进行海事证据保全，根据具体情况，可以对证据予以封存，也可以提取复制件、副本，或者进行拍照、录像，制作节录本、调查笔录等。确有必要的，也可以提取证据原件。

（6）海事请求人申请海事证据保全错误的，应当赔偿被请求人或者利害关系人因此所遭受的损失。

五、事故原因分析

事故原因分析就是在调查取证的基础上，对所有证据进行分析、审查和判断，以掌握事故发生的过程和结果，查明事故原因。深入分析典型的个案事故和群案统计事故原因，能够得出本质化和普遍化的安全建议和事故预防措施，从而促进水上运输安全。

水上事故发生的直接原因是人的不安全行为、物的不安全状态和不良环境，而引发不安全行为、不安全状态和不良环境的原因是对事故基本要素的管理不当。事故原因分析的基本思路是将调查中所获得的杂乱无章的信息归纳为几种基本要素，分析各要素在事故中的作用机理，查找事故原因。

（一）基本要素分析

从“人—船—环境”所构成的系统来分析，可将导致水上交通事故的基本要素归纳为：

1. 船舶要素

船舶要素有时会成为事故的主要原因，特别是船舶倾覆或沉没的事故，以及在船舶失控的情况下发生的事故。船舶由船体、动力系统、助航设备、操纵设备、通信设备、消防救生设备和货物系统等部分组成。因此，船舶要素包括操纵设备、助航设备的性能和状况，造船材料及质量，船体结构、强度、密封性和分舱布置，船舶的吃水、稳性和惯性等。

2. 环境要素

环境要素包括气象、海况，水文条件；通航环境，如通航密度、航道水深、靠（锚）泊条件、背景灯光、水下障碍物、助航标志与设施的状况等；安全信息等。

3. 货物要素

货物要素包括货物的特性，货物的隔离、积载，货物运输和贮存过程的管理等。

4. 人员要素

在事故中，人的因素往往是触发要素，其中船员又是最主要的。船员的身体状况、知识水平（包括对专业知识、航行规则、有关法律法规的掌握和理解等）、航海技能（包括判断能力、应变能力、操纵能力等）、思想意识（包括职业道德、安全意识、工作态度、责任心等）以及航海经验等，都直接影响船员的行为，对事故起决定性作用。其他人员如引航员、码头工人、验船师等，也会在履行各自职责时出现差错或过失，成为事故发生的因素。

（二）条件要素分析

基本要素是系统固有要素。单个要素或多个要素综合作用，在满足安全管理不当或处置不当的条件下，都可以引发不安全行为或不安全状态或不良环境，并最终导致事故的发生。

安全管理包括单个要素的安全管理和整个系统的安全管理，涉及的单位和部门有船舶、船东、港口、修造船厂、船舶检验、引航和海事机关等，主要是日常的安全管理。大多数事故都与安全管理有关，安全管理通常是事故深层次的原因。管理原因应从如下两个主要方面分析：

1. 船舶管理

（1）有没有制定完善的安全操作规程；
（2）是否对安全漠不关心，对已发现的问题不及时解决；
（3）有没有严格执行监督检查制度；
（4）是否指挥错误，甚至违章指挥；
（5）是否人员培训不足，致使不能正确判断险情和事故的发展；
（6）是否检修制度不严，没有及时检修已出现故障的设备，使设备带病运转等。

2. 岸基管理

（1）公司管理；

（2）港口管理；

（3）海事机关、船舶检验、引航体系管理等。

（三）原因分析

水上交通事故分析就是在调查的基础上，从基本要素和条件要素分析着手，由表及里地进行，找出事故的成因。一般按如下步骤进行：

（1）汇总所有调查材料，通过对材料的审查、判断及分析，筛选出能反映事故事实的证据。对证据进行分类、整理、归纳，找出导致事故发生的相关要素。

（2）根据所掌握的证据，逐步分析以下内容：受损部位、损害程度、事故态势、事故种类、不安全状态、不安全行为、不安全环境等。

（3）运用因果分析法，分析各致因要素和相关要素在事故中所处的地位及其相互之间的关系，即各致因要素在事故中的作用机理，决定哪些是直接原因，哪些是间接原因；如两艘航行船舶在海上发生碰撞事故，其直接原因一般是不安全行为，具体来说就是船员在瞭望、对危险局面的判断、避碰行动和对避碰行动的评估等方面存在不足的结果。

（4）进一步分析各要素。对每一要素以是否应制定特别管理规定，是否有管理规定，是否执行了有关管理规定，有关管理规定是否合理和是否指定人员负责该项工作，是否明确了职责，是否为指定人员完成指定的职责进行了必要的安排等问题为主线逐步深入，直至找出引发致因要素的管理原因和存在的不足问题。

（5）根据调查所确定事实和分析的结论，判明责任、提出安全管理建议。进行事故原因分析，可以采取集体讨论的方式，必要时，还可以通过水上交通事故调查专家委员会或专家组的咨询、分析和鉴定，听取各方面的意见，避免形成片面的观点，以获得正确的分析结果。

第二章

国际海事公约

本章学习目标

《海船船员培训大纲（2021版）》

3.1 监督和控制法定要求的遵守以及保证海上人命安全与保护海洋环境

.1 掌握按规定要求随船携带的证书和文件，如何取得这些文件以及这些文件的有效期

.2 掌握《国际载重线公约》的功用、框架、适用范围、基本要求及检验与证书

.3 掌握《国际海上人命安全公约》的功用、构架、适用范围、检验与证书、航行安全、货物装运、危险货物的装运、船舶安全营运管理、加强海上安全的特别措施、加强海上保安的特别措施、散货船附加安全措施

.4 掌握港口国监督概述、港口国检查、违规与滞留、报告要求、关于滞留船舶的指南、最低配员标准和发证、证书及文件清单、港口国检查备忘录组织

.6 掌握国际卫生条例的定义、公共卫生措施、受染交通工具、入境口岸的船舶、卫生文件

.7 掌握海事劳工公约的主要内容与框架、海员上船工作的最低要求、就业条件、健康保护、医疗、福利及社会保障

.9 掌握联合国海洋法等国际公约

实施船舶安全管理的重要依据是国际公约和国家的法律法规。联合国及其专门机构（国际海事组织和国际劳工组织等）为建立和维护国际航运业的通行机制和准则做了大量的工作。IMO不仅制定和通过了诸多涉及船舶安全、保安以及防污染等方面需要各缔约国遵守的公约、协定和议定书，而且提出了建议性的规则、决议、指南、建议案以及通函等。本章重点介绍联合国及IMO出台的涉及海事方面重要的国际公约和相关规定。

本章内容仅适用于无限航区3 000总吨及以上船长和大副，以及500~3 000总吨船长和大副。

第一节 联合国海洋法公约

一、公约简介

（一）功用

联合国成立后，各国经济发展对海洋的依赖度大幅度提高。人们认识到，为了协调各国在开发和利用海洋活动中的关系，确立综合性海洋法律制度至关重要。1958年，联合国在日内瓦召开了第一次海洋法会议，制定了《日内瓦公约》，后经多方努力，在充分协商的基础上，终于在1982年12月10日在蒙特哥湾通过了《联合国海洋法公约》（United Nations Convention on the Law of the Sea，UNCLOS 1982）。该公约已于1994年11月16日生效，根据联合国官方网站，截止到2018年2月，批准和加入该公约的国家和地区共168个。我国于1996年6月7日向联合国交存批准书，1996年7月7日，公约对我国生效。

UNCLOS 1982被称为“海洋的宪法”，并被认为和《联合国宪章》齐名，对国际社会做出了杰出贡献。许多国际海事公约，如IMO围绕着海上安全和海洋环境保护组织制定的许多海事公约，就是在《联合国海洋法公约》架构的海洋管理的基本框架下制定的。IMO在其组织制定的有关公约中也具体说明，其文本的任何规定都不得妨碍任何国家在《联合国海洋法公约》所反映的国际习惯法下的权利和义务。

（二）构架

UNCLOS 1982建立了各国对所有海洋事务的行为关系的原则和标准，涉及的内容包括领海和毗连区、用于国际航行的海峡、群岛国、专属经济区、大陆架、公海、岛屿制度、闭海或半闭海、内陆国出入海洋的权利和过境自由、国际海底、海洋环境的保护和保全、海洋科学研究、海洋技术的发展和转让、争端的解决等各项法律制度，共17个部分320条，另有9个附件和1个最后文件。

UNCLOS 1982设定了船旗国、港口国和沿海国管辖的性质、程度和不同海域，领海、公海、专属经济区、国际海峡等的法律地位。公约在“海上安全和防止、减少和控制污染”“船舶设计、构造、人员配备或装备”“海上避碰”“指定或制定海道和分道通航”“核能船舶”等方面都建立了一般原则，同时又明确了各缔约国的义务。

（三）UNCLOS 1982关于海域的划分及其法律地位

1. 内水

除在群岛国情形另有规定外，领海基线向陆一面的水域构成国家内水的一部分。

泛指的“内水”系指一国领海基线和陆上国境线所包围的水域，包括湖泊、河流及其河口、内海、港口、港湾、海峡以及其他位于领海基线以内的水域。陆地内的水域称为内陆水，领海基线与陆地之间的水域称为内海水。海洋法公约将内海水简称为“内水”。

内水同陆地领土一样，是沿海国领土的组成部分，沿海国对其拥有完全的排他的主权。沿海国有权制定自己的内水制度，有权禁止外国籍船舶进入其内水航行。

2. 领海

领海是沿海国主权所及的在其陆地领土及其内水以外邻接的一带海域，此项主权及于领海的上空及其海床和底土。每个国家的领海宽度不应超过12 n mile。

领海基线是陆地及内水与领海的分界线，是划定领海、毗连区、专属经济区和大陆架等区域的基准线。划定领海基线的方法有两种：正常基线和直线基线。测算领海宽度的正常基线是沿海国官方承认的大比例尺海图所标明的沿岸低潮线。直线基线是连接沿岸各适当点而形成的一条基线，在岸线较为复杂的情况下，划定直线基线较为合适。UNCLOS 1982规定了直线基线应遵循的一些原则，两种基线方法可以交替使用。

所有国家，不论是沿海国还是内陆国，其船舶均享有无害通过领海的权利。通过是指穿过领海但不进入内水或停靠内水以外的泊船处或港口设施；或驶往或驶出内水或停靠这种泊船处或港口设施。对于停船和锚泊仅限于通常航行所附带发生的或不可抗力或遇难所必要的或为救助遇险或遭难的人员、船舶和飞机。通过应继续不停和迅速进行。无害通过是指：

（1）通过只要不损害沿海国的和平、良好秩序或安全，就是无害的。这种通过的进行应符合本公约和其他国际法规则。

（2）如果外国船舶在领海内进行下列任何一种活动，其通过即应视为损害沿海国的和平、良好秩序或安全：

①对沿海国的主权、领土完整或政治独立进行任何武力威胁或使用武力，或以任何其他违反《联合国宪章》所体现的国际法原则的方式进行武力威胁或使用武力；

②以任何种类的武器进行任何操练或演习；

③任何目的在于搜集情报使沿海国的防务或安全受损害的行为；

④任何目的在于影响沿海国防务或安全的宣传行为；

⑤在船上起落或接载任何飞机；

⑥在船上发射、降落或接载任何军事装置；

⑦违反沿海国海关、财政、移民或卫生的法律和规章，上下任何商品、货币或人员；

⑧违反本公约规定的任何故意和严重的污染行为；

⑨任何捕鱼活动；

⑩进行研究或测量活动；

⑪任何目的在于干扰沿海国任何通信系统或任何其他设施或设备的行为；

⑫与通过没有直接关系的任何其他活动。

沿海国可根据公认的国际规则制定对航行安全及海上交通管理制定无害通过其领海的法律和规章。在实践中，大多数国家都认为只有外国非军用船舶享有无害通过权，外国军用船舶不能适用无害通过权。

3. 毗连区

毗连区是指领海以外且毗连领海的一个区域，从领海基线量起，不得超过24 n mile。毗连区由沿海国依需要而设立。沿海国可在毗连其领海称为毗连区的区域内，行使为下列事项所必要的管制：

（1）防止在其领土或领海内违犯其海关、财政、移民或卫生的法律和规章；

（2）惩治在其领土或领海内违犯上述法律和规章的行为。

4. 专属经济区

专属经济区是领海以外并邻接领海的一个区域，从领海基线量起，不应超过200 n mile。专属经济区已超过国家领土的范围，沿海国对该区域不享有完全的主权，沿海国主要是对其自然资源享有主权权力，对专属经济区内水域和海底自然资源享有人工岛屿、设施和结构的建造和使用、海洋科学研究、海洋环境的保护和保全的管辖权。

在专属经济区内，所有国家，不论为沿海国还是内陆国，在本公约有关规定的限制下，享有规定的航行和飞越的自由，铺设海底电缆和管道的自由，以及与这些自由有关的海洋其他国际合法用途，诸如同船舶和飞机的操作及海底电缆和管道的使用有关的并符合本公约其他规定的那些用途。但是各国在专属经济区内根据本公约行使其权利和履行其义务时，应适当顾及沿海国的权利和义务，并应遵守沿海国按照本公约的规定和其他国际法规则所制定的与本部分不相抵触的法律和规章。

5. 大陆架

大陆架是地质地理学上的概念，是指从海岸起在海水下由陆地向外自然延伸的地势平缓的海底区域的海床及底土。

UNCLOS 1982规定，沿海国的大陆架包括其领海以外依其陆地领土的全部自然延伸，扩展到大陆边外缘的海底区域的海床和底土，如果从测算领海宽度的基线量起到大陆边的外缘的距离不到200 n mile，则扩展到200 n mile的距离。

沿海国为勘探大陆架和开发其自然资源的目的，对大陆架行使主权，该权利是专属性的，即：如果沿海国不勘探大陆架或开发其自然资源，任何人未经沿海国明示同意，均不得从事这种活动；沿海国对大陆架的权利并不取决于有效或象征的占领或任何明文公告。

6. 公海

公海是指不包括在国家的专属经济区、领海或内水或群岛国的群岛水域内的全部海域。公海对所有国家开放，不论其为沿海国或内陆国。公海自由是在UNCLOS 1982和其他国际法规则所规定的条件下行使的。公海自由包括：航行自由、飞越自由、铺设海底电缆和管道的自由、建造国际法所容许的人工岛屿和其他设施的自由、捕鱼自由、科学研究自由。

公海应只用于和平目的；任何国家不得有效地声称将公海的任何部分置于其主权之下；任何国家的船舶，不论沿海国或内陆国，均有权在公海上悬挂船旗国的国旗航行。

7. 用于国际航行的海峡

（1）国际航行海峡的概念

国际航行海峡是指两端连接公海或专属经济区可供海船通过的海峡。

（2）过境通行权

在国际海峡中，所有船舶均享有过境通行的权利，过境通行不应受阻碍。

过境通行是指专为在公海或专属经济区的一个部分和公海或专属经济区的另一部分之间的海峡继续不停和迅速过境的目的而行使航行和飞越自由。

（3）船舶在过境通行时的义务

船舶在行使过境通行权时应：

①毫不迟延地通过海峡；

②不对海峡沿岸国的主权、领土完整或政治独立进行任何武力威胁或使用武力，或以任何其他违反《联合国宪章》所体现的国际法原则的方式进行武力威胁或使用武力；

③除因不可抗力或遇难而有必要外，不得从事其继续不停和迅速过境的通常方式所附带发生的活动以外的任何活动；

④遵守一般接受的关于海上安全的国际规章、程序和惯例，包括《国际海上避碰规则》；

⑤遵守一般接受的关于防止、减少和控制来自船舶污染的国际规章、程序和惯例。

（4）海峡沿岸国的义务

海峡沿岸国不应妨碍过境通行，并应将其所知的海峡内对航行有危险的任何情况妥为公布。过境通行不应予以停止。

二、UNCLOS 1982涉及的紧追权和登临权

（一）紧追权

沿海国主管当局有充分理由认为外国船舶违犯该国法律和规章时，可对该外国船舶进行紧追。

紧追须在外国船舶或其小艇之一在追逐国的内水、群岛水域、领域或毗连区内时开始，而且只有追逐未曾中断，才可在领海或毗连区外继续进行。当外国船舶在领海或毗连区内接获停驶命令时，发出命令的船舶并无必要也在领海或毗连区内。如果外国船舶位于毗连区内，沿海国对其的追逐只有在设立毗连区所保护的权利遭到侵犯的情形下才可进行。对于外国船舶在专属经济区内或在大陆架上，包括大陆架上设施周围的安全地带内，违反沿海国适用于专属经济区或大陆架的法律和规章的行为，可以比照适用紧追权。紧追权在被追逐的船舶进入其本国领海或第三国领海时立即终止。

紧追权只可由军舰、军用飞机或其他有清楚标志可以识别的为政府服务并经授权紧追的船舶或飞机行使。

追逐只有在外国船舶视听所及的距离内发出视觉或听觉的停驶信号后，才可开始。行使追逐使命的船舶应该有清楚标志可供识别。

在无正当理由行使紧追权的情况下，在领海以外被命令停驶或被逮捕的船舶，对于可能因此遭受的任何损失或损害应获赔偿。

（二）登临权

登临权是指一国军舰在公海上遇到有嫌疑的除军舰和政府公务船以外的外国船舶，有登临检查的权利。

如有以下合理的理由，军舰、军用飞机或经正式授权并有清楚标志可以识别的为政府服务的任何其他船舶或飞机在公海上具有登临权：该船从事海盗行为；该船从事奴隶贩卖；该船从事未经许可的广播；该船没有国籍；该船虽悬挂外国旗帜或拒不展示其旗帜，而事实上却与该军舰属同一国籍。

另外，根据《1969年公海干预油污染事故公约》，各缔约国在发生海上事故或与之有关的行为之后，如能有根据地预计到会造成很大的有害后果，则可在公海上采取必要的措施，以防止、减轻或消除对其沿岸海区或有关利益产生严重的和紧急的油污危险或油污威胁。

第二节 国际海上人命安全公约

一、公约简介

（一）功用

《国际海上人命安全公约》（The International Convention for the Safety of Life at Sea, SOLAS）是一个旨在对船舶及设备、船员操作、公司管理和船旗国管理等实施有效控制从而保障海上人命安全的国际公约，也是保障海上人命安全方面最古老、最重要的公约。现行SOLAS公约为《1974年国际海上人命安全公约》（SOLAS 1974），该公约于1980年5月25日起生效。我国政府于1980年1月7日核准了该公约。SOLAS 1974的1978年议定书和1988年议定书分别于1981年5月1日和2000年2月3日生效。

SOLAS公约每年均有诸多修正案，这些修正案除正文条款和附则Ⅰ第一章之外的附则，大多按照“默认程序”生效。截止到2021年9月29日，SOLAS 1974共有167个缔约国，合计商船总吨位占世界商船总吨位的99.89%。

（二）构架

SOLAS公约的结构为：公约正文条款、1988年议定书条款、公约附则、公约附件和附属于公约的单项规则。

SOLAS 1974的附则共十五章，即：第Ⅰ章总则；第Ⅱ章构造；第Ⅲ章救生设备与装置；第Ⅳ章无线电通信设备；第Ⅴ章航行安全；第Ⅵ章货物和燃油运输；第Ⅶ章危险货物运输；第Ⅷ章核能船舶；第Ⅸ章船舶安全营运管理；第Ⅹ章高速船的安全措施；第Ⅺ-1章加强海上安全的特别措施；第Ⅺ-2章加强海上保安的特别措施；第Ⅻ章散货船的附加安全措施；第XIII章符合性验证；第XIV章极地水域营运船舶的安全措施；第XV章载运超12名工业人员船舶的安全措施。

鉴于SOLAS公约内容的迅速扩充，现多采用简单明了的公约附则，而将其技术细则集中成单项规则置于公约附则之外的做法。这些单项规则包括：国际消防安全系统规则（FSS规则）、救生设备规则（LSA规则）、国际海运危险货物规则（IMDG规则）、国际海运固体散装货物规则（IMSBC规则）、货物积载和系固安全操作规则（CSS规则）、船舶装运木材甲板货安全操作规则（CTDC规则）、国际散装谷物安全装运规则（IBGC规则）、散货船安全装卸操作规则（BLU规则）、国际散装运输危险化学品船舶构造和设备规则（IBC规则）、国际散装运输液化气体船舶构造和设备规则（IGC规则）、国际高速船安全规则（HSC规则）、国际船舶安全营运和防止污染管理规则（ISM规则）、国际船舶和港口设施保安规则（ISPS规则）、完整稳性规则（IS规则）、船上噪声等级规则（Noise规则）、极地水域船舶航行安全规则（Polar规则）、载运工业人员船舶的国际安全规则（IP规则）等。

（三）适用范围

SOLAS 1974仅适用于从事国际航行的船舶，但不适用于总吨位小于500总吨的货船、军用舰艇和运兵船、非机动船、制造简陋的木船、非营业性的游艇和渔船。

SOLAS 1974各章节的适用范围有所不同，需见各章节的具体规定。

二、船舶检验与证书

SOLAS 1974要求缔约国无论采取何种方式，都应充分保证船舶检验和检查的全面性和有效性。

缔约国所属船舶经检验合格并取得相应证书后才能从事国际航行。对非缔约国船舶，保证不给予更为优惠的待遇。

（一）检验的种类

1. 客船的检验

客船应接受下列规定的检验：

（1）初次检验：在船舶投入营运前进行。

（2）换证检验：每12个月进行一次。

（3）附加检验：在船舶发生事故或发现缺陷而进行修理后或在进行任何重大的修理或换新后，根据情况进行的全面或部分的检验。

2. 货船救生设备和其他设备的检验

500总吨及以上的货船救生设备和其他设备应接受下列规定的检验：

（1）初次检验：在船舶投入营运前进行。

（2）换证检验：间隔期不超过5年。

（3）定期检验：在货船设备安全证书的第2个或第3个周年日的前或后3个月内进行，该检验应替代1次年度检验。

（4）年度检验：在货船设备安全证书的每一周年日的前或后3个月内进行；定期检验和年度检验应在货船设备安全证书上签署。

（5）附加检验：在船舶发生事故或发现缺陷而进行修理后或在进行任何重大的修理或换新后，根据情况进行的全面或部分的检验。

3. 货船无线电装置的检验

300总吨及以上的货船无线电装置应接受下列规定的检验：

（1）初次检验：在船舶投入营运前进行。

（2）换证检验：间隔期不超过5年。

（3）定期检验：在货船无线电安全证书的每一周年日的前或后3个月内进行；定期检验应在货船无线电安全证书上签署。

（4）附加检验：在船舶发生事故或发现缺陷而进行修理后或在进行任何重大的修理或换新后，根据情况进行的全面或部分的检验。

4. 货船结构、机器和设备的检验（货船设备安全证书或货船无线电安全证书所含的项目除外）

500总吨及以上的货船结构、机器和设备应接受下列规定的检验：

（1）初次检验：在船舶投入营运前进行，包括船底外部的检查。

（2）换证检验：间隔期不超过5年。

（3）中间检验：在货船构造安全证书的第2个或第3个周年日的前或后3个月内进行，该检验应替代1次年度检验。

（4）年度检验：在货船构造安全证书的每一周年日的前或后3个月内进行。

（5）船底外部检查：在任何5年期内，应至少进行2次检查。但在任何情况下，任何2次这种检查的间隔期不得超过36个月。

（6）附加检验：在船舶发生事故或发现缺陷而进行修理后或在进行任何重大的修理或换新后，根据情况进行的全面或部分的检验。

*中间检验、年度检验和船底外部检查均应在货船构造安全证书上签署。

（二）检验后状况的维持

（1）应保持船舶及其设备状况符合本公约的各项规定，以确保船舶在所有方面保持适于出海航行而不危及船舶及船上人员。

（2）对船舶进行的任何检验完成后，未经主管机关许可，已经检验的结构布置、机器、设备及其他项目均不得做任何变动。

（3）当船舶发生事故或发现缺陷，对该船的安全或其救生设备或其他设备的有效性或完整性产生影响时，该船船长或船东应尽早向负责签发有关证书的主管机关、指定的验船师或认可的组织报告。该主管机关、指定的验船师或认可的组织应立即着手调查以确定是否需要进行必要的检验。如果该船在另一缔约国的港口内，船长或船东还应立即向该港口国的有关当局报告，而指定的验船师或认可的组织应查明已进行了此项报告。

（三）船舶安全证书的签发及其有效期

1. 证书的签发或签署

（1）船舶经初次检验或换证检验，符合SOLAS公约要求的，主管机关签发下列证书：客船安全证书；货船构造安全证书，货船设备安全证书，货船无线电安全证书（货船安全证书可取代货船构造安全证书、货船设备安全证书、货船无线电安全证书）；免除证书。

（2）这些证书均应由主管机关或其授权的任何个人或组织签发或签署，在任何情况下，主管机关应对该证书负有全部责任。

（3）缔约国政府应主管机关的申请，可对船舶进行检验，如确信符合本公约规则的要求，应按规定对该船签发或授权签发证书，并在适用时为该船证书进行签署或授权签署。

2. 安全证书的有效期

（1）客船安全证书的有效期自签发之日起不应超过12个月，货船构造安全证书、货船设备安全证书和货船无线电安全证书的有效期应由主管机关规定，但自签发之日起不得超过5年。免除证书的有效期不得超过与该证书相关的证书的有效期。

（2）换证检验后证书有效期

①如换证检验在现有证书期满之日前3个月内完成，则新证书应从该换证检验完成之日起：对客船，自现有证书期满之日起不超过12个月的日期内有效；对货船，自现有证书期满之日起不超过5年的日期内有效。

②如换证检验在现有证书期满之日后完成，则新证书应从该换证检验完成之日起：对客船，自现有证书期满之日起不超过12个月的日期内有效；对货船，自现有证书期满之日起不超过5年的日期内有效。

③如换证检验在现有证书期满之日前3个月前完成，则新证书应从该换证检验完成之日起：对客船，自换证检验完成之日起不超过12个月的日期内有效；对货船，自换证检

验完成之日起不超过5年的日期内有效。

（3）除客船安全证书外，如果所发证书的有效期限少于5年，在进行相应检验的情况下，主管机关可延长证书的有效期至其最长期限。

（4）如果换证检验已完成，而新证书在现有证书期满之日前不能签发或不能存放在船上，主管机关授权的人员或组织可在现有证书上签署，签署后的证书自期满之日起不超过5个月的期限内应视为有效。

（5）如果证书期满时船舶不在应进行检验的港口，在正当合理的情况下，主管机关可延长该证书的有效期，但此项展期仅以能使船舶完成其驶抵上述港口航次为限。展期期限不得超过3个月，经展期的船舶在抵达应进行检验的港口后，不得因有此项展期而在未获得新证书前驶离该港口。

（6）发给短途航行船舶的证书未按规定展期的，主管机关可给予自该证书期满之日起至多1个月的宽限期。

（四）船舶安全证书的中止有效

在下列情况下船舶安全证书终止有效：船舶在规定期限内，未进行规定的检查或检验时；证书未按本规则规定予以签署时；船舶变更船旗国时。

三、构造

（一）驾驶台对推进机器的控制

（1）来自驾驶台对推进机器的指令，应能在主机控制室或适当的推进装置控制位置显示。

（2）对推进机器的遥控在同一时间只能在一处进行。在每一控制地点应有一个指示器以指明哪个控制地点正在控制推进机器。驾驶室和机器处所之间的控制转换应只能在主机处所或主机控制室内进行。

（3）对于安全操作船舶所必需的所有机器，即使自动或遥控系统的任何部分发生故障，也应能就地进行控制。

（4）自动遥控系统的设计应使其发生故障时能发出报警。除主管机关认为不可行外，螺旋桨的预设转速和推力方向应保持到进行就地控制为止。

（5）驾驶室应安装指示器，以指示固定螺距桨转速和转动方向或可调螺距桨转速和螺距位置。

（6）起动失败的连续自动起动次数应加以限制，以确保足够的起动空气压力。应设有报警装置，以指示仍然能进行推进装置起动操作的最低起动空气压力。

（二）驾驶室与机器处所之间的通信

（1）应至少设有两套独立的设备，将驾驶室的指令传至机器处所或控制室中通常控制发动机的位置：其中一套应为在机器处所和驾驶室均能以视觉方式显示指令和响应的车钟。其他能控制发动机的任何处所也应配备适当的通信设备。

（2）对于1994年10月1日或以后建造的船舶，适用规定如下：从驾驶室到机器处所或控制室中通常控制推进器速度和方向的位置上至少应设置两套独立的通信设施，其中一套应为在机器处所和驾驶室均能直接显示指令和回令的车钟。其他任何可以控制推进器速度和方向的位置也应配备适当的通信设施，以便接收来自驾驶室和机舱的指令。

（三）应急电源

（1）船舶应设有一独立的应急电源。当船舶横倾达22.5°或纵倾达10°或在这些范围内的任何组合的倾角时，能向规定的场所全额、定功率供电。应急供电时间客船应能保证36 h、货船应能保证18 h，但货船的救生艇、筏登乘集合地点、登乘地点及其外的应急照明的供电时间只需保证3 h。

（2）应急电源可以是一台独立的发电机，当主发电机发生故障时，应急发电机应能自动起动。应急电源也可以是一组蓄电池。

（四）应急拖带程序

船舶须配备船舶专用应急拖带程序。该程序须备于船上供应急情况下使用，并须根据船上现有装置和可用设备制定。

（五）噪声的防护

1 600总吨及以上船舶的构造应按《船上噪声等级规则》降低船上噪声并保护人员免受噪声伤害。

四、航行安全

（一）船舶配员要求

（1）适用公约的每艘船舶，应备有一份由主管机关签发的最低安全配员证书或等效文件。船舶实际配员不得低于最低安全配员证书或等效文件的要求。

（2）对所有船舶，为确保船员有效履行安全事项，应规定一种工作语言并将其记录于船舶航海日志。

（3）在适用公约的船舶上，应使用英语作为驾驶台的工作语言，用以进行驾驶台对驾驶台、驾驶台对岸的安全通信以及用于引航员和驾驶台值班人员之间在船上的通信，除非直接参与通信的人员都讲英语以外的一种共同语言。

（二）船载航行系统和设备的配备要求

（1）不论船舶尺度，所有船舶应具有：

①1台不依赖于任何动力的标准磁罗经；

②1只不依赖于任何动力的方位盘或罗经方位装置；

③用于随时按真实值校正艏向和方位的装置；

④纸海图和航海出版物，或电子海图显示与信息系统（ECDIS）；

⑤当海图和航海出版物的功能全部或部分由电子装置来完成时，需配置ECDIS的后备装置，如合适的对开纸质航海图；

⑥1台全球导航卫星系统或陆地无线电导航系统的接收机；

⑦若船舶驾驶台是完全封闭的和除非主管机关另有规定，1套声音接收系统，应使得值班驾驶员能够听到声音信号并确定其方向；

⑧1部电话，用于同应急操舵位置交换航向信息；

（2）所有150总吨及以上的船舶和不论尺度大小的客船，还应设有：

①1台可与可进行互换的备用磁罗经，或其他装置，用于通过替换或双套设备执行相应的功能；

②1套白昼信号灯，或其他装置，用于在白天和夜晚通过灯光进行联络，使用电源，但非唯一依靠船上电源供电；

③1套驾驶台航行值班报警系统（BNWAS），船舶在海上航行途中的任何时候，驾驶台航行值班报警系统均应保持运行。

（3）所有300总吨及以上的国际航行船舶、500总吨及以上的非国际航行货船以及不论尺度大小的客船，应配备1台自动识别系统（AIS），该设备应：

①自动向配有相应设备的岸台、其他船舶和飞机提供信息，包括船舶识别码、船型、船位、航向、航速、航行状况以及其他与安全有关的信息；

②自动从其他装有类似设备的船舶接收这种信息；

③监视和跟踪其他船舶；

④与岸基设施交换数据。

（4）所有500总吨及以上的船舶，还应设有：

①1台陀螺罗经；

②1台陀螺罗经艏向复示器；

③1台陀螺罗经方位复示器；

④舵、螺旋桨、推力、螺距和工作模式指示器，所有这些指示器都应在指挥驾驶位置清晰可读；

⑤1台自动跟踪仪。

（5）所有3 000总吨及以上的船舶，还应设有：

①1台3 GHz雷达，或第2台9 GHz雷达；

②第2台自动跟踪仪。

（6）所有10 000总吨及以上的船舶，还应设有：

①1台自动雷达标绘仪，与1台指示船舶相对于水的航速和航程的装置相连，用于自动标绘至少20个其他目标的距离和方位；

②1套艏向或航迹控制系统。

（7）所有50 000总吨及以上的船舶，还应设有：

①1台回转速率指示仪，用于确定和显示回转速率；

②1台航速和航程测量装置，用于指示船舶前进方向和横向的相对于地的航速和航程。

（8）2026年1月1日及其后建造的3 000总吨及以上的集装箱船和散货船应配备电子倾斜仪或以其他方式来测定、显示和记录船舶的横摇运动。

（9）从事国际航行的所有客船、客滚船以及2002年7月1日或以后建造的3 000总吨及以上的所有其他船舶，应按要求配备航行数据记录仪（VDR）。从事国际航行的未配备VDR的现有货船，应配备简易的航行数据记录仪（S-VDR）。

（10）对从事国际航行的客船和300总吨及以上的货船，应配备船舶远程识别和跟踪设备（LRIT）。船长在特殊的情况下可以关闭LRIT设备或不提供LRIT信息。

（11）从事国际航行的船舶应按要求装设电子海图显示与信息系统（ECDIS）。

（三）引航员登离船装置

1. 一般规定

（1）供引航员登离船使用的所有装置均应能达到使引航员安全登离船的目的。它们只能用于人员的登离船。

（2）引航员登离船装置的安放和引航员的登离船，应由负责的驾驶员进行监督。该驾驶员应配有能与驾驶台联系的通信设备，还应安排和护送引航员经由安全通道前往和离开驾驶台。

2. 登离船装置

（1）应提供使引航员在船舶的任意一舷都能安全地登离船的装置。

（2）所有船舶，当从海平面至船舶入口或出口处的距离超过9 m，并欲将舷梯或其他安全方便的装置与引航员软梯一起供引航员登离船使用时，应在每舷装有这种设备，除非该设备可被移动以供任一舷使用。

（3）引航员软梯应：

①爬高不小于1.5 m，离水面高度不超过9 m；

②避开任何可能的船舶排放孔；

③在平行船体长度范围内，并尽可能在船中一半船长范围内；

④每级踏板稳固地紧靠船舷；

⑤单根长度应能从船舶的入口或出口处抵达水面，应为所有装载状况和船舶纵倾及15°的不利横倾留出充分的余量；

⑥水面至登船处的距离超过9 m时，应用一个舷梯或其他同样安全方便的装置与引航员软梯相连，舷梯的设置应导向船尾。

3. 船舶甲板入口

须配备供任何人员登船和离船的装置，以确保在引航员软梯的上端或任何舷梯或其他设施的上端与船舶甲板之间有安全、方便和无障碍的通道。如果这种通道是：

（1）在栏杆或舷墙中开门，并应设有适当的扶手。

（2）舷墙梯，则须设有两根扶手支柱，其基部或接近基部处以及较高的几处应以刚性方式系固在船舶结构上。舷墙梯须牢牢地固定在船舶上，以防翻转。

4. 舷门

供引航员登离船用的舷门不应向外开启。

5. 引航员机械升降器

不应使用引航员机械升降器。

6. 相关设备

在人员登离船时，应准备好下述设备以便随时可用：两根直径不小于28 mm且不大于32 mm的安全绳、带有自亮灯的救生圈、撇缆绳、支柱和舷墙梯。

7. 照明

须配备充足照明，以照亮舷外的登离船装置和甲板上人员登船和离船位置。

（四）每日报告

每艘500总吨及以上、航程超过48 h的国际航行船舶应向其公司提交每日报告，公司应保留该报告和航行期间的所有后续每日报告。每日报告可通过任何方式发送，但应在报告中所述船位确定后尽快发送至公司。可使用自动报告系统，但自动报告系统应包括其发送内容的记录功能并且这些功能以及与定位设备的接口应由船长定期核验。报告应包含下列内容：船舶的位置；船舶的航向和航速；影响船舶航行或船舶正常安全营运的任何外部和内部状况的细节。

（五）危险通报及要求的信息

每艘船的船长如遇到危险的冰、危险的漂浮物，或其他任何对航行的直接危险，或热带风暴，或遇到伴随强风的低于冰点的气温致使上层建筑严重积聚冰块，或者未曾收到暴风警报而遇到蒲福风级10级或10级以上的风力时，均有责任自行采取一切措施将此信息通知附近各船及主管当局。发送这种信息的形式不受限制，可用明语（最好用英文）或用国际信号码语发送。

在危险通报内要求有下列信息：

（1）冰、漂浮物及其他对航行的直接危险：

①所观测到的冰、漂浮物或危险的种类。

②最后所观测到的冰、漂浮物或危险的位置。

③最后所观测到的危险的时间和日期（协调世界时）。

（2）热带气旋（风暴）：

①遭遇热带气旋的报告书。每当船长有充分理由确信附近正在形成或存在热带气旋

时，即须发送信息。

②观测的时间、日期（协调世界时）和船舶的位置。

③在通报内应尽可能包括下列信息：

i.气压，最好是修正过的气压；

ii.气压趋势（过去3 h内气压的变化）；

iii.真风向；

iv风力（蒲福风级）；

v.海况（小浪、中浪、大浪、巨浪）；

vi.涌级（弱涌、中涌、强涌）及涌浪来自的真方向，涌的周期或长度（短、中、长）也会有重要性；

vii.船舶真航向及航速。

（3）在船长已报告热带气旋或其他危险的风暴后，只要该船仍处于受风暴影响的情况下，建议船长（但非强制性）在可行时做进一步观测并每小时发一次通报，但无论如何间隔期不宜超过3 h。

（4）虽未收到风暴警报而风力已达蒲福风级10级或10级以上。当遇到这种风暴时，通报中可不包括有关海况和涌级的细节。

（5）伴随强风的低于冰点的气温致使上层建筑严重积聚冰块：

①时间和日期（协调世界时）；

②气温；

③海水温度（如可行）；

④风力和风向。

（六）遇险通信义务及程序

（1）处于能提供援助位置的船舶的船长在收到来自任何方面的关于海上人员遇险的信息后，有义务立即全速前往提供援助，如有可能并通知遇险人员或搜救机构，本船正在全速前往援助中。不论遇险人员的国籍或身份或其被发现时的状况，均适用此提供援助的义务。如果收到遇险报警的船舶不能前往援助，或因情况特殊认为前往援助不合理或不必要，该船长必须将未能前往援助遇险人员的理由载入航海日志，并考虑到IMO的建议，通知相应的搜救机构。

（2）遇险船舶的船长或有关的搜救机构在尽可能与应答过遇险信号的各船船长协商后，有权召请其中被遇险船舶的船长或搜救机构认为最有能力给予援助的1艘或数艘船舶，被召请的1艘或数艘船舶的船长有义务履行应召，继续全速前往援助遇险人员。

（3）当船长获知一艘或数艘其他船舶已被召请并正在履行应召，而其船舶未被召请时，应予解除前往援助的义务。如有可能，应将这个决定通知其他被召请的船舶和搜救机构。

（4）当一艘船舶的船长从遇险人员或搜救机构或已抵达遇险人员处的另一船舶的船长获知不再需要提供援助时，应予解除立即前往援助的义务，如果其船舶已被召请，则不予解除履行应召义务，继续全速前往援助遇险人员。

（5）对被救上船的海上遇险人员，船长应在船舶能力和条件范围内，给予他们人道待遇。

（七）操舵装置的试验和演习

（1）船舶开航前12 h内，应由船员对操舵装置进行核查和试验。

（2）核查和试验应包括：

①按照所要求的操舵装置能力进行操满舵试验；

②操舵装置及其联动部件的外观检查；

③驾驶室与舵机舱之间通信手段的工作试验。

（3）在驾驶室及舵机舱内，应有永久显示操舵装置遥控系统和操舵装置动力装置转换程序的简单操作说明，并附有方框图。

（4）所有与操舵装置的操作和/或维修有关的船舶驾驶员，应熟悉装在船上的操作系统的操作以及从一个系统转换到另一系统的程序。

（5）除上述常规核查和试验外，至少每3个月应进行一次应急操舵演习，以练习应急操舵程序。操舵演习应包括在操舵装置室内的直接控制，与驾驶室的通信程序，以及转换动力供应的操作（如适用时）。

（6）对于从事短期航行的船舶，主管机关可免除上述开航前的核查和试验的要求，但这些船舶每周至少应进行一次这样的核查和试验。

（7）进行核查和试验的日期，以及进行应急操航装置演习的日期和详细内容应做记录。

（八）安全航行和避免危险情况

（1）船长在开航前应确保预定航程已根据有关区域的相应海图和航海出版物做了计划。

（2）航程计划应确定一条航线，该航线应：

①考虑任何相关的船舶航线划定系统；

②确保有足够的海上水域空间作为船舶全航程的安全通道；

③预计所有已知的航行危险和不利的天气条件；

④考虑适用的海洋环境保护措施，并尽可能避免可能对环境造成破坏的行为和活动。

（九）船长决定权

船东、租船人、船舶经营公司或任何他人均不得阻止或限制船长根据其专业判断做出或执行为海上人命安全和保护海洋环境所必需的任何决定。

五、货物和燃油运输

（一）货物资料

（1）托运人应在装货前及早向船长或其代表提供关于该货物的相应资料，以便能实施为此种货物的正确积载和安全运输所必要的预防措施。此类资料应在货物装船前以书面形式和相应的运输单证予以确认。

（2）货物资料应包括：

①对于杂货和以货物单元运输的货物，应有货物的一般说明、货物或货物单元的毛重和货物的任何有关特性；

②对如为固体散货，按照IMSBC规则要求的资料。

（3）在货物单元装船前，托运人应确保这类货物单元的毛重与运输单证中表明的毛重一致。

（4）如果货物载运在集装箱，除了在底盘或拖车上载运的集装箱托运上/下短途国际航行的滚装船以外，总重量应由承运商验证，或通过：

①校正和核准的设备对包装集装箱称重；或

②对所有包装和货物的称重，包括托盘、垫舱材料和其他打包至集装箱上的系固材料的重量，使用集装箱包装完成时所在的政府主管当局批准的认可方法，将集装箱的皮重加到每一单块重量总和上。

（5）集装箱承运商应确保验证总重量描述在承运文件中，承运文件应：

①由承运商特别授权的人签字；且

②足够提前地提交给船东或其代表和目的地代表，如船东或其代表要求，应用来准备船舶积载图。

（6）如果承运文件，就包装集装箱而言，没有提供验证总重量，且船东或其代表和目的地代表没有获得包装集装箱的验证总重量，则其不应装载上船。

（二）谷物以外固体散装货物的特别规定

1. 装运的可接受性

在固体散装货物装船前，船长应获得关于船舶稳性和标准装载状态下货物分布的综合资料。提供此种资料的方法，应使主管机关满意。

2. 散装固体货物的装卸和积载

（1）码头代表是指船舶装卸货物的码头或其他设施使用方指定的人员，其负责该码头或设施对特定船舶进行作业。

（2）为防止船体结构中产生过大应力，船舶应配备一份手册，其应使用为负责货物作业的高级船员所熟悉的语言编写。如该种语言不是英文，则船上还应配备一份用英文写成的手册。该手册应至少包括下列内容：

①稳性资料；

②加压载和减压载的速率和能力；

③内底板上单位表面积的最大允许载荷；

④每舱最大允许载荷；

⑤有关船体结构强度的一般装卸须知，包括在装卸货物、压载作业及航行期间的最不利操作状况的任何限制；

⑥任何特别的限制，例如主管机关或由其认可的组织所施加的最不利操作状况的限制；

⑦如要求强度计算，在装卸货物及航行期间船体上的最大允许载荷和力矩。

（3）固体散装货物在装货或卸货之前，船长和码头代表应商定一项计划，该计划应确保在装卸货物期间不超过船上的允许应力和力矩，还应包括装卸货物的次序、数量及速率，并考虑装卸货物的速度、船上添注口的数量及减压载或加压载的能力。该计划及其后的任何修改，应提交给港口国的有关当局。

（4）船长和码头代表应确保装卸货物作业按照商定的计划进行。

（5）如果在装卸货物期间，主管机关或由其认可的组织对船舶所做的任一限制已经超出，或者如果装卸继续进行下去可能导致超出，则船长有权中止装卸作业，并有责任将此通知批准这个计划的港口国有关当局。船长和码头代表应确保采取纠正措施。当卸货时，船长和码头代表应确保卸货方法不损坏船体结构。

（6）船长应确保船上人员连续不断地监视货物装卸作业。如有可能，在装卸货期间应定期校核吃水，以确认提供的吨位数。每次测得的吃水和吨位数应记入货物日志。如发现与商定的计划有显著偏差，则应调整货物装卸或压载作业，或两者都调整，以确保偏差被纠正。

（三）货船装运谷物的要求

（1）载运谷物的货船应符合IBGC规则的要求，并持有一份该规则要求的批准文件。

（2）没有这种批准文件的船舶，在船长使主管机关或代表主管机关的装货港的缔约国政府确信该船所提出的装载状况符合IBGC规则的要求之前，不应装载谷物。

六、危险货物运输

（一）包装危险货物运输

1. 单证

（1）与包装危险货物运输相关的信息和集装箱/车辆装箱证书应符合IMDG规则的相关规定，并可供港口国当局指定的人员或组织使用。

（2）每艘载运包装危险货物的船舶应具有一份特别清单、舱单或积载图，按IMDG规则的相关规定，列出船上危险货物及其位置。船舶驶离前应备有一份这些单证的副本，以供港口国当局指定的人员或组织使用。

2. 货物系固手册

在整个航程中，货物、货物单元和货物运输单元，应按照主管机关认可的货物系固手册进行装载、堆放和系固。

（二）固体散装危险货物的装运

除另有明文规定外，本部分适用于本公约规则所适用的所有船舶和小于500总吨的货船关于固体散装危险货物的运输。

1. 单证

（1）在有关海运固体散装危险货物的所有单证中，货物的名称应使用适当的运输名称（不应单独使用商品名称）。

（2）每艘装运固体散装危险货物的船舶应具有一份特别清单或舱单，列出船上危险货物及其位置。标明所有危险货物的类别并表明其在船上位置的详细的配载图，可用来代替上述特别清单或舱单。船舶驶离前应备有一份这些单证的副本，以供港口国当局指定的人员或组织使用。

2. 积载和隔离要求

（1）固体散装危险货物应按其性质，安全和适当地予以装载和堆装。对于互不相容的货物，应将其彼此分开。

（2）不应载运易于自热或自燃的固体散装危险货物，除非已采取了适当的预防措施以使发生火灾的可能性减至最小。

（3）会产生危险蒸气的固体散装危险货物应堆装在有良好通风的货物处所内。

（三）涉及危险货物的事故报告

在发生包装的危险货物或固体散装危险货物从船上落入海中灭失或可能灭失的事故时，船长或该船的其他负责人应立即将此类事故的详细情况尽可能全面地向最近的沿岸国报告。

七、船舶安全营运管理

（一）适用

ISM规则适用于下列各类船舶（不论其建造日期）：客船（包括高速客船）；500总吨及以上的油船、化学品液货船、气体运输船、散货船和高速货船；500总吨及以上其他货船和海上移动式钻井平台。

（二）安全管理要求

（1）公司和船舶应符合ISM规则的要求。

（2）船舶应由持有符合证明的公司营运。

（三）发证

（1）应为每个符合ISM规则要求的公司签发符合证明。该证明文件应由主管机关、主管机关认可的组织或应主管机关的请求由另一缔约国政府签发。

（2）船上应存有一份符合证明的副本，以使船长在被要求验证时出示。

（3）主管机关或主管机关认可的组织应为每艘船舶签发SMC证书。在签发SMC证书前，主管机关或其认可的组织应验证该公司及其船上管理系按经认可的安全管理体系进行营运。

（四）审核与控制

（1）主管机关、应主管机关请求另一缔约国政府或主管机关认可的组织，应定期审核船舶管理体系是否正常运行。

（2）要求持有SMC证书的船舶，均应受到港口国的控制。

（五）体系的保持

应按ISM规则的规定保持安全管理体系。

八、加强海上安全的特别措施

（一）船舶识别号

（1）应给每艘100总吨及以上的客船以及300总吨及以上的货船提供一个船舶识别号。

（2）船舶识别号应永久性地标记在以下位置：

①在船尾或船体中部左舷和右舷的最深核定载重线以上，或上层建筑左舷或右舷或上层建筑正面的可见位置，或者，就客船而言，应将该标志标注在从空中可见的水平表面。

②在船舶内部的机器处所、泵舱或滚装处所的舱壁上也要标注IMO编号。

（3）该永久性标记应清晰可见，与船体上的任何其他标记分开，并应涂成有对比性的颜色。

（4）该永久性标记可制成凸出的字符，或刻入或用中心冲头冲制或使用可确保该标记不易被擦除的任何其他标识船舶识别号的等效方法制成。

（二）连续概要记录

（1）主管机关应向船舶签发一份连续概要记录（CSR），以便在船上提供一份关于船舶历史的记录。

（2）连续概要记录应包含船旗国国名、注册日期、船舶识别号、船名、船籍港、注册船东及其注册地址、注册船东识别号、注册的光船租赁人姓名及其注册地址（如适用）、公司的名称，其注册地址及其开展安全管理活动的地址、公司识别号、入级船级社名称、签发符合证明和安全管理证书以及国际船舶保安证书的主管机关和该船终止在该国注册的日期等信息。上述信息的任何改变都应记录在连续概要记录中，以便提供与船舶历史有关的最新信息。

（3）对连续概要记录的任何已有记载均不得修改、删除或以任何方式擦除或涂改。

（4）连续概要记录应保存在船上，并应随时可供检查。

（三）加强检验

散货船和油船，应按《2011年国际散货船和油船检验期间加强检验程序规则》（2011年ESP规则）执行加强检验程序。

（四）关于操作要求的港口国控制

负责港口国监督检查的官员可在有明显依据认为船长或船员不熟悉与船舶安全有关的船上主要操作程序时，进行操作性检查。进行港口国监控的缔约国政府应采取措施，确保船舶只在其状况符合SOLAS公约的要求后才能开航。

（五）围蔽处所大气检测仪器

每艘按照公约第Ⅰ章适用的船舶，应携带一个适当的便携式大气检测仪器或仪表。在进入这些围蔽处所前，作为最低要求，这些仪器应能测量氧气、可燃气体或蒸汽、硫化氢和一氧化碳的含量。其他要求携带的仪器可满足本条。应有适当的方式校准所有这些仪器。

九、加强海上保安的特别措施

（一）适用范围

加强海上保安的特别措施适用于从事国际航行的客船（包括高速客船）、500总吨及以上的货船（包括高速货船），和服务于此类国际航行船舶的港口设施。

（二）缔约国政府的保安责任

（1）主管机关应为悬挂其船旗的船舶规定保安等级并保证向其提供保安等级方面的

信息。

（2）缔约国政府应为其领土内的港口设施和进入其港口前的船舶或在其港口内的船舶规定保安等级，并确保向它们提供保安等级方面的信息。

（3）缔约国政府应提供一个联络点，船舶能够通过该联络点请求建议或援助。

（4）如果确定了存在攻击风险，有关缔约国应将当前的保安等级、应采取的任何保安措施等告知有关船舶及其主管机关。

（三）对船舶的要求

（1）船舶在进入缔约国境内的港口之前，或在缔约国境内的港口期间，如果主管机关为其规定的保安等级低于缔约国规定的保安等级，船舶应符合缔约国规定的保安等级要求。

（2）船舶应对向更高保安等级的改变做出迅速反应。

（四）船舶保安警报系统

（1）船舶保安警报系统启动后，应：

①向主管当局（此种情况下可包括公司）发送船对岸保安警报；

②不向任何其他船舶发送船舶保安警报；

③不在船上发出任何警报；

④在关闭和（或）复位前持续发送船舶保安警报。

（2）船舶保安报警系统应：

①能够从驾驶台和至少一个其他位置启动；

②船舶保安警报系统启动点的设计应能防止误发船舶保安警报。

（五）对船舶的威胁

（1）缔约国政府应规定保安等级并确保向在其领海内运营或已向其通知进入其领海的意图的船舶提供保安等级信息。

（2）缔约国政府应提供一个联络点，船舶能够通过该联络点请求建议或援助。

（3）如果确定了存在攻击风险，有关缔约国应将当前的保安等级、应采取的任何保安措施等告知有关船舶及其主管机关。

（六）船长对船舶安全和保安的决定权

（1）船长依照其专业判断而做出或执行为维护船舶安全或保安所必需的决定，应不受公司、承租人或任何他人的约束。这包括拒绝人员（经确认的缔约国政府正式授权的人员除外）或其物品上船和拒绝装货，包括集装箱或其他封闭的货运单元。

（2）如果依照船长的专业判断，在船舶操作中出现适用于该船的安全和保安要求之间发生冲突的情况，船长应执行为维护船舶安全所必需的要求。在这种情况下，船长可以实施临时性保安措施并应随即通知主管机关，如情况适宜，还应随即通知该船所在或拟进入的港口所属缔约国政府。根据本条采取的任何此类临时性保安措施应尽最大可能相当于主要的保安等级。在识别这种情况后，主管机关应确保此类冲突得以解决并使其再次发生的可能性减至最低。

（七）监督和符合措施

1. 对在港船舶的控制

船舶位于另一缔约国港口时，该缔约国正式授权的官员有权登船核查所要求的证书是否符合规定。如果有明确理由相信船舶不符合要求，可能会对船舶采取控制措施，包括检查船舶、推迟船期、扣留船舶、限制操作或将船舶驱逐出港。

2. 对意图进入另一缔约国港口的船舶的控制

（1）港口国正式授权的官员可要求船舶在进港前向港口国提供以下方面的信息：

①船舶具有有效证书及证书签发机关名称；

②船舶的保安等级；

③以前挂靠港口的保安等级；

④以前挂靠港口时采取的特别和附加保安措施；

⑤以前进行船对船活动期间维持的适当保安程序；

⑥其他实用保安信息。

（2）船长可以拒绝提供该信息，但须明白不提供该信息可能导致拒绝该船进港。

（3）该船保存上述信息的范围为其所停靠的前10个港口设施。

（4）该船所拟进入港口的缔约国政府正式授权的官员在收到上述信息后，如有明显理由确信该船不符合ISPS规则A部分的要求，则应与该船及其主管机关或在该船与其主管机关之间建立通信联系，以纠正不符合的情况。如果上述通信未能解决问题，或该官员有其他明显理由确信该船不符合ISPS规则A部分的要求，则该官员可对该船采取规定的步骤。

（5）此类步骤如下：

①要求纠正不符合的情况；

②要求该船驶往该缔约国政府领海或内陆水域中的一个指定位置；

③如果该船在所拟进入港口的缔约国政府的领海内，则对该船进行检查；

④拒绝该船进港。

缔约国政府在开始采取任何此类步骤之前，应将其意图通知该船。船长可以根据收到的信息，撤销船舶进入该港的意图。

3. 附加规定

（1）港口国在采取有关措施时要及时通知主管机关、认可的保安组织和IMO。如果拒绝船舶入港或将船舶驱逐出港，还要通知船舶下一预期挂靠港口和相关沿岸国。

（2）只有在构成紧迫威胁且无适当办法消除时才能采取拒绝船舶入港或驱逐船舶出港的极端措施，且各种措施和步骤须在不符合的情况得到纠正并使主管机关满意时停止。

（3）在采取措施时要尽力避免使船舶受到不当滞留或延误，受到不当滞留或延误的船舶有权要求赔偿。

十、散货船附加安全措施

散货船除符合其他各章的适用要求外，还应符合散货船附加安全措施的要求。散货船系指主要用于运输散装干货的船舶，包括诸如矿砂船和兼装船等船型。

（一）破损稳性要求

（1）船长150 m及以上，设计用于载运密度为1 000 kg/m^{3}及以上的固体散装货物，于1999年7月1日或以后建造的单舷侧结构散货船，当装载至夏季载重线时，应在所有装载工况下均能承受任一货舱进水，并能按相关规定在令人满意的平衡状态下保持漂浮。

（2）船长150 m及以上，设计用于载运密度为1 000 kg/m^{3}及以上的固体散装货物，于2006年7月1日或以后建造，纵舱壁任一部分均在舷内$B/5$或11.5 m（取较小者）范围（在核定的夏季载重线处自舷侧向船内垂直于中心线方向量取）内的双舷侧结构散货船，当装载至夏季载重线时，应在所有装载工况下均能承受任一货舱进水，并能按相关规定在令人满意的平衡状态下保持漂浮。

（3）船长150 m及以上，载运密度为1 780 kg/m^{3}及以上的固体散装货物，于1999年7月1日以前建造的单舷侧结构散货船，当装载至夏季载重线时，应在所有装载工况下均能承受最前部货舱进水，并能按相关规定在令人满意的平衡状态下保持漂浮。

（二）结构强度

（1）船长150 m及以上，设计用于载运密度为1 000 kg/m^{3}及以上的固体散装货物，于1999年7月1日或以后建造的单舷侧结构散货船，应在所有装载和压载工况下均有足够强度承受任一货舱进水至该进水状况下船舶的舷外水位，并计及舱内进水所产生的动力影响，同时考虑IMO通过的建议案。

（2）船长为150 m及以上，设计用于载运密度为1 000 kg/m^{3}及以上的固体散装货物，于2006年7月1日或以后建造，纵舱壁任一部分均在舷内$B/5$或11.5 m（取较小者）范围（在核定的夏季载重线处自舷侧向船内垂直于中心线方向量取）内的双舷侧结构散货船，应符合上述第1条的结构强度规定。

（三）检验和维护保养

（1）船长为150 m及以上，船龄为10年及以上，于1999年7月1日以前建造的单舷侧结构散货船，除非满足下述条件之一，不得载运密度为1 780 kg/m^{3}及以上的固体散装货物：

①按要求的加强检验程序通过了定期检验；或

②所有货舱按要求的加强检验程序通过了与定期检验同样范围的检验。

（2）散货船应符合规定的维护保养要求和经IMO修正的《散货船舱口盖船东检查和维护标准》。

第三节 国际载重线公约

一、公约简介

（一）功用

《国际载重线公约》（The International Convention on Load Lines，LL）是一个关于国际航行船舶载重限额和勘划最小干舷所依据原则和规定的国际公约。现行的LL公约为《1966年国际载重线公约》（LL 1966），该公约于1968年7月21日正式生效。我国于1973年10月5日有保留地接受该公约，该公约于1974年1月5日对我国生效。LL 1966的1988年议定书于2000年2月3日生效。

截止到2021年9月29日，LL 1966有167个缔约国，合计商船总吨位占世界商船总吨位的99.89%。

（二）构架

《经1988年议定书修订的1966年国际载重线公约》由正文和四个附则构成。正文共34条，主要有定义、适用范围、检验、证书的颁发机关和有效期限，以及对公约实施情况的监督等。附则Ⅰ为“载重线核定规则”，按航区、季节和船舶类型规定了勘划载重线的技术规则，并根据船舶强度、结构、水密性和稳性等规定了相应的标准。附则Ⅱ为“地带、区域和季节期”，规定了各种载重线的适用航区和季节。附则Ⅲ为“证书”，规定了国际载重线证书和国际载重线免除证书的格式。附则Ⅳ为“符合性验证”，缔约国政府均应接受IMO按审核标准进行的定期审核，以验证其是否符合并实施了本公约的要求。

（三）适用范围

（1）LL 1966适用于下列从事国际航行的船舶：

①在各缔约国政府国家登记的船舶；

②在本公约扩大适用的领土内登记的船舶；

③悬挂缔约国政府国旗但未登记的船舶。

（2）LL 1966不适用于：军舰；长度小于24 m的新船；小于150总吨的现有船舶；非营业性游艇；渔船。本公约的任何规定并不适用于专在规定的特定水域航行的船舶。

二、基本要求

（一）勘划标志

凡适用本公约的船舶，只有已经按照本公约的规定进行检验和勘划标志，保证具有公约规定的最小干舷，并备有国际载重线证书，或者合乎本公约规定的条件，备有国际载重线免除证书，方被允许从事国际航行。

（二）不给予非缔约国的船舶优惠待遇

各缔约国应保证对悬挂非本公约缔约国国旗的船舶不给予优惠对待。

（三）载重线浸没

（1）除下述两种情况外，船舶两舷相对于该船所在季节及其所在地带或区域的载重线，不论船舶在出海时、在航行中或在到达时都不应被水浸没。

（2）船舶在相对密度为1.000的淡水中时，其相应载重线可以被浸没到国际载重线证书上指出的淡水宽限。若该相对密度不是1.000时，此宽限应以1.025和实际相对密度的差数按比例决定。

（3）船舶从江河或内陆水域的港口驶出时，准许超载量至多相当于从出发港至海口间所消耗的燃料和其他一切物料的重量。

三、检验与证书

（一）检验

凡适用本公约的船舶，应接受下列检验：

1. 初次检验

在船舶投入营运前进行的对船舶和设备的全面检查。

2. 换证检验

保证船体结构、设备、布置、材料和构件尺寸完全符合本公约要求。换证检验的间隔期由主管机关决定，一般不得超过5年。

3. 年度检验

在证书周年日期前或后3个月内进行，以保证：

（1）船体或上层建筑没有发生可以影响计算和确定载重线位置的变化；

（2）开口防护装置和设施、栏杆、排水舷口及船员舱室出入口的设施等保持在有效状态；

（3）干舷标志正确和永久地标示着；

（4）备有船舶重大的修理、改装或改建以及与之有关的舾装资料。

年度检验应在国际载重线证书或国际载重线免除证书上签署。

对船舶进行的上述任何检验完成以后，凡经检验的船体结构、设备、装置、材料或构件尺寸未经主管机关许可不得变动。

（二）证书

1. 证书的签发

对于按本公约要求进行检验和勘划标志的船舶，应签发国际载重线证书；对于根据本公约有关规定给予免除的任何船舶，应签发国际载重线免除证书。上述证书应由主管机关或其正式授权的人员或组织签发，不论属于何种情况，主管机关应对证书完全负责。另外，该证书还可授权另一缔约国政府签发。

2. 证书的有效期

（1）国际载重线证书及其免除证书的有效期由主管机关规定，但不得超过5年。

（2）换证检验后，如果新证书在现有证书失效前不能发给船舶，则其检验人员或机构可延长现有证书的有效期，但不得超过5个月。

（3）由主管机关根据本公约规定颁发的国际载重线免除证书，应遵守与国际载重线证书的换证、签署、延期和吊销相同的程序，该证书有效期最长为5年。

（4）对仅在特殊情况下需要进行一次国际航行的船舶，只要主管机关认为该船满足所承担航次安全的要求，即可颁发国际载重线免除证书，其有效期应仅限于该航次。

（5）如果证书失效时船舶不在预定进行检验的港口，主管机关可展延证书的有效期，以允许船舶完成到达预定检验港口的航次，而且仅在正当和合理的情况下才可办理。展期不得大于3个月，被同意证书展延的船舶抵达预定检验港口后，必须取得新证书后方可离港。

3. 证书的中止有效和失效

（1）如果船体或上层建筑已发生实质性变动，以致有必要增大干舷；或年度检验中规定的有关装置和设备未能保持有效状态；或证书上没有签署表明船舶已按规定进行年度检验；或船体结构强度降低到不安全的程度时，国际载重线证书中止有效。

（2）主管机关颁发的证书，在该船改悬另一国（无论是否是缔约国）国旗时失效。

第四节 国际劳工组织公约

一、2006年海事劳工公约

国际劳工组织（ILO）自2001年以来，经过近5年的努力，整合并修订了自20世纪20年代以来的现有ILO的68个公约及建议书，形成了一个综合性海事劳工公约，并于2006年2月23日在日内瓦举行的第94届大会暨第十届海事大会上以绝对多数票通过了《2006年海事劳工公约》（Maritime Labour Convention 2006，MLC 2006公约）。MLC 2006公约已历经2014、2018年两次修正。2018修正案于2020年12月26日生效。

（一）主要内容与框架

MLC 2006在构架上共分三个层次，即正文条款、规则和技术守则，其中守则分为A部分的强制性标准和B部分的建议性导则。规则和守则在内容上分为五个标题，标题一为“海员上船工作的最低要求”；标题二为“就业条件”；标题三为“起居舱室娱乐设施、食品和膳食服务”；标题四为“健康保护、医疗、福利及社会保障”；标题五为“遵守与执行”。

（二）适用范围

MLC 2006公约适用于任何吨位的通常从事商业活动的所有海船。200总吨以下国内航行船舶可免除守则中的有关要求。公约规定，公约生效后，舱室标准对现有船舶将不进行追溯。

（三）海员的就业和社会权利

（1）每一海员均有权获得符合安全标准的安全且受保护的工作场所。
（2）每一海员均有权获得公平的就业条件。
（3）每一海员均有权获得体面的船上工作和生活条件。
（4）每一海员均有权享受健康保护、医疗、福利措施及其他形式的社会保障。

（四）海员上船工作的最低要求

1. 最低年龄

（1）应禁止16岁以下的人员受雇、受聘或到船上工作。
（2）应禁止18岁以下的海员在夜间工作。

（3）应禁止雇佣或聘用18岁以下的海员从事可能损害其健康或安全的工作。

2. 体检证书

（1）海员在上船工作之前持有有效的体检证书，证明其健康状况适合其将在海上履行的职责。

（2）体检证书应由有正规资格的医师签发。对视力证书可由经主管当局认可的具备签发证书资格的人员签发。

（3）每份体检证书应特别载明：

①有关海员的听力和视力以及从事那些对色觉有要求的人员的色觉视力全部符合要求；

②该海员未患有任何由于在海上工作而可能会加重，或使其变得不适合从事此种工作或威胁船上其他人员健康的疾患。

（4）体检证书的最长有效期为2年，除非海员低于18岁，在这种情况下体检证书的最长有效期应为1年。

（5）色觉视力证书的最长有效期应为6年。

（6）在紧急情况下，主管当局可以允许没有有效体检证书的海员工作直至该海员可以从合格的医师那里取得一份体检证书的下一停靠港，条件是所允许的期间不超过3个月并且海员持有最近过期的体检证书。

（7）如果在某航行途中证书到期，该证书应继续有效至该海员能够从合格医师那里取得体检证书的下一停靠港，条件是这段时间不超过3个月。

（8）在通常从事国际航行的船舶上工作的海员的体检证书至少必须用英文写成。

3. 培训和资格

（1）除非海员经过培训或经证明适任或者具备履行其职责的资格，否则不得在船上工作。

（2）除非海员成功地完成了船上个人安全培训，否则不得允许其在船上工作。

（五）就业条件

1. 海员就业协议

（1）各成员方应通过法律或条例要求悬挂其旗帜的船舶符合下述要求：

①在悬挂其旗帜的船舶上工作的海员应持有一份由海员和船东或船东的代表双方签署的海员就业协议。

②签署海员就业协议的海员在签字前应有机会对协议进行审查和征询意见，还要为海员提供其他必要的便利，确保其在充分理解了其权利和义务后自由达成协议。

③有关船东和海员应各持有一份经签字的海员就业协议原件。

④应采取措施确保包括船长在内的海员在船上可以容易地获得关于其就业条件的明确信息，并且这些信息，包括一份海员就业协议的副本，还应能够供主管当局的官员（包括

船舶所挂靠港口的官员）查验。

⑤应发给海员一份载有其船上就业记录的文件。

（2）海员就业协议均应包括以下细节：

①海员的全名、出生日期或年龄及出生地；②船东的名称和地址；③订立海员就业协议的地点及日期；④海员将担任的职务；⑤海员的工资数额；⑥带薪年假的天数；⑦协议的终止及其终止条件；⑧将由船东提供给海员的健康津贴和社会保障保护津贴；⑨海员获得遣返的权利；⑩提及集体谈判协议，如适用；⑪ 国家法律所要求的其他细节。

（3）海员和船东提前终止海员就业协议需提前7天发出通知。

（4）各成员国应确保海员就业协议在由于海盗或者针对船舶的武装劫持等行为，导致的海员被劫持期间持续有效，不管这份就业协议是否已经到期，或者任何一方申明暂停或者终止合同。

2. 工资

（1）应给海员一个应得报酬和实付数额的月薪账目，包括工资、额外报酬、货币兑换率。

（2）船东应采取措施，为海员提供一种将其收入的全部或部分转给其家人或受赡养人或法定受益人的方式。

（3）除非另行规定，货币兑换率应根据国家法律或条例采用主要市场汇率或官方公布的汇率，而不得对海员不利。

（4）一旦海员因海盗或者针对船舶的武装劫持等行为导致海员被俘在船或被劫持离船，其海员就业协议及其相关集体协议或适用的国内法规中的工资和其他权利，包括家庭汇款，在海员整个被劫持期间也应该持续地支付，直至海员被释放，或者在被劫持期间死亡。

3. 工作或休息时间

（1）海员的正常工时标准应以每天8 h、每周休息1天和公共节假日休息为依据。

（2）工作或休息时间应做如下限制：

①最长工作时间：在任何24 h时段内不得超过14 h；在任何7天时间内不得超过72 h。

②最短休息时间：在任何24 h时段内不得少于10 h；在任何7天时间内不得少于77 h。

（3）休息时间最多可分为两段，其中一段至少要有6 h，且相连的两段休息时间的间隔不得超过14 h。

（4）集合、消防和救生艇训练以及国家法律、条例和国际文件规定的训练应以对休息时间的影响最小和不会造成疲劳的方式进行。

（5）在某一海员处于随时待命的情况下，例如机舱处于无人看管时，如果海员因被招去工作打扰了正常的休息时间，则应给予充分的补休。

（6）在容易进入的地点张贴一份船上工作安排表，该表格应至少包括每一岗位的下列内容：

①在海上和在港口的工作时间表；

②国家法律或条例或适用的集体协议所要求的最长工作时间和最短休息时间。

（7）上述表格应按标准化的格式以船上的一种或多种工作语言和英文制订。

（8）保持对海员的日工作时间或其日休息时间进行记录。海员应得到一份由船长或船长授权人员以及海员本人签字认可的有关其本人记录的副本。

（9）本标准的任何规定不得妨碍船长出于船舶、船上人员或货物的紧急安全需要，或出于帮助海上遇险的其他船舶或人员的目的而要求一名海员从事任何时间工作的权利。为此，船长可中止工作时间或休息时间安排，要求一名海员从事任何时间的必要工作，直至情况恢复正常。一旦情况恢复正常，船长应尽快地确保所有在计划安排的休息时间内从事工作的海员获得充足的休息时间。

4. 休假的权利

（1）带薪年休假的权利应以每服务一个月最低2.5天为基础加以计算。合理的缺勤不应被视作年假。

（2）在年休假期间的报酬水平应为国家法律或条例或适用的海员就业协议中规定的海员正常报酬水平。对于受雇期短于1年的海员，或在雇佣关系终止的情况下，休假的权利应按比例计算。

（3）下述情况不应算作带薪年休假的一部分：

①船旗国认可的公共和传统假日，不论其是否发生在带薪年休假假期内；

②因患病或受伤或因生育而不能工作的期间；

③在履行就业协议期间准许海员的短期上岸休息；

④任何类型的补休。

5. 遣返

（1）在规定的情形和条件下，海员有权利得到遣返而不向他们收取费用。

（2）海员在以下情形有权利得到遣返：

①就业协议到期；

②就业协议被船东终止，或被海员出于合理的理由终止；

③如果海员不再具备履行其就业协议中职责的能力或在具体情形下不能指望其履行这些职责；

④海员在船上已服务最长期间（这段时间应少于12个月）。

（3）禁止船东要求海员在开始受雇时预付遣返费用，禁止船东从海员的工资或其他收益中扣回遣返费用，除非根据国家法律或条例或其他措施或适用的集体谈判协议，海员出现严重失职而被遣返。

（4）属于就业协议终止和海员不能履行职责的情况为：

①因患病或受伤或其他健康问题需要其遣返且身体状况适于旅行时；

②在船舶失事时；

③在由于破产、变卖船舶、改变船舶登记或任何其他类似原因船东不能继续履行其作为海员雇佣者的法律或契约义务时；

④在船舶驶往国家法律或条例或海员就业协议所界定的战乱区域而海员不同意前往的

情况下；

⑤根据仲裁裁定或集体协议而终止或中断雇佣，或出于其他类似原因终止雇佣。

（5）船东应承担以下遣返费用：

①到达选定的遣返目的地的旅费；

②从海员离船时起至抵达遣返目的地时止的食宿费；

③如果本国法律、条例或集体协议有规定，从海员离船时起至抵达遣返目的地时止的工资和津贴；

④将海员个人行李30 kg至遣返目的地的运输费；

⑤必要时，提供医疗使海员身体状况适合前往遣返目的地的旅行。

（6）船东应负责通过适当和迅速的方式对遣返做出安排。通常的旅行方式应为乘坐飞机。成员方应规定海员可被遣返的目的地。目的地应包括可视为海员与之存在着实质性联系的国家，即：

①海员同意接受雇用的地点；

②集体协议约定的地点；

③海员的居住国；

④可能在聘用时双方同意的其他地点。

（7）海员应有权从规定的目的地中选择其将被遣返的地点。

6.船舶灭失或沉没时对海员的赔偿

（1）在任何船舶灭失或沉没的各种情况下，船东应就这种灭失或沉没所造成的失业向船上每个海员支付赔偿。

（2）上述规定应不妨碍海员根据有关成员方关于船舶灭失或沉没而造成损失或伤害国家法律可能享有的其他权利。

7. 船员遗弃与财务担保

（1）如果船东违反本公约的要求或海员就业协议的条款，有以下行为之一时，海员应视为已被遗弃：

①未支付海员的遣返费用；或

②未向海员提供必要的照料和援助；或

③以其他方式单方断绝其与海员的关系，包括未支付契约工资达至少两个月的时间。

（2）各成员方须确保悬挂其旗帜的船舶配备了符合标准要求的财务担保系统。

（3）财务担保系统须依据标准向在悬挂成员方旗帜的船舶上被遗弃的任何海员提供直接获取的渠道、充分的覆盖范围以及快速的财务援助。

（4）对海员必要的照料和扶助须包括：充足的食品、住所、饮用水供给、在船上生存所必需的燃料以及必要的医护。

（5）需携带海事劳工证书和海事劳工的船舶，在船上携带财务担保提供方签发的财务担保证书或其他证明文件。一份副本须张贴在船上海员能够到达的显著位置。

（6）财务担保证书或其他证明文件须载有本规则相关附录要求的信息，其须为英文或附有英语译文。

（7）遣返费用须覆盖适宜和迅捷的旅行方式，通常是乘坐飞机，并包括提供从海员离船时至海员到家的食宿，必要的医护，个人物品的通行和运输以及因遗弃造成的任何其他合理费用或花费。

8. 配员水平

各成员方应要求悬挂其旗帜的所有船舶考虑海员的疲劳以及航行的性质和条件，在船上配有充足数目的海员以确保船舶的安全、高效操作，并充分注意到在各种条件下的保安。

（六）健康保护、医疗、福利和社会保障

1. 船上医疗

（1）主管当局应通过一个标准的海员医疗报告表格，供船长和相关的岸上和船上医疗人员使用。填好后的该表格其内容应予保密，只应用于方便海员的治疗。

（2）各成员方应通过法律和条例对悬挂其旗帜的船舶规定船上医务室及医疗设施和设备以及培训的要求。国家法律或条例最低限度应规定以下要求：

①所有船舶均应携带医药箱、医疗设备和医疗指南，具体内容由主管当局规定并受到主管当局的定期检查；国家要求应考虑到船舶类型、船上人员的数量及航次性质、目的地和航程以及相关的国家和国际的建议医疗标准。

②载员100人或以上，通常从事3天以上国际航行的船舶应配备一名医生负责提供医疗。

③应要求不配备医生的船舶，要么在船上至少有1名海员，其一部分正式职责是负责医疗和管理药品，要么船上至少有1名海员胜任提供医疗急救。

④不是专职医生但负责船上医疗的人员应满意地完成了符合经修正的STCW公约要求的培训；被指定提供医疗急救的海员应满意地完成了符合STCW公约要求的医疗急救培训。

（3）主管当局应通过一个预先安排的机制，保证船舶在海上能够每天24 h均可得到通过无线电或卫星通信提供的医疗指导，包括专家指导。医疗指导，包括船舶与岸上提供医疗咨询的机构通过无线电台或卫星通信进行的医疗信息沟通，均应由所有船舶免费使用，无论其悬挂哪一国旗帜。

2. 船东的责任

（1）船东应根据以下最低标准，对船上工作的所有海员的健康保护和医疗负责。

①对于在其船上工作的海员，船东应有责任对海员从开始履行职责之日起到其被视为妥善遣返之日期间所发生的或源自这些日期间的就业的疾病和受伤承担费用；

②船东应提供财务担保，保证对海员因工伤、疾病或危害而死亡或长期残疾的情况提供国家法律或海员就业协议或集体协议所确定的赔偿；

③船东应有责任支付医疗费用，包括治疗及提供必要的药品和治疗设备，以及在外的膳宿，直到该患病或受伤海员康复，或直到该疾病或机能丧失被宣布为永久性的；

④如果发生海员受雇期间在船上或岸上死亡的情况，船东应有责任支付丧葬费用。

（2）国家法律或条例可以把船东支付医疗和膳宿费用的责任限制在从受伤或患病之日起不少于16周的期限内。

（3）如果疾病或受伤造成工作能力丧失，则船东应有责任：

①只要患病或受伤海员还留在船上或者在海员根据本公约得到遣返以前，向其支付全额工资；

②从海员被遣返或到达上岸之时起直到身体康复，或直到有权根据有关成员方的法律获得保险金（如果早于康复的话），按照国内法律或条例或集体协议的规定向其支付全额或部分工资。

（4）国家法律或条例可将船东向一名离船海员支付全部或部分工资的责任限制在从患病或受伤之日起不少于16周的期限内。

（5）国家法律或条例可在以下情况下排除船东的责任：

①在船舶服务之外发生的其他受伤；

②受伤或患病是因患病、受伤或死亡海员的故意不当行为所致；

③在接受雇用时故意隐瞒的疾病或病症。

（6）船东责任保险或担保。

在船上应携带船东责任保险或财务担保证书，确保按标准来赔偿所界定的契约性索赔（即上述船东的责任下的赔偿责任），一份副本须张贴在船上海员能够到达的显著位置。对契约性赔偿的索赔可由相关海员或其最近亲属或海员的代表或指定受益人直接提出。

3. 保护健康和安全及防止事故

（1）各成员方应确保悬挂其旗帜的船舶上的海员得到职业健康保护，并且在一个安全和卫生的环境下在船上生活、工作和培训。

（2）各成员方应为悬挂其旗帜的船舶制定和颁布关于职业安全和健康管理的国家导则。

（3）各成员方应为悬挂其旗帜的船舶规定职业安全和健康保护及防止事故的标准。

4. 获得使用岸上福利设施

（1）各成员方应确保如果存在岸上福利设施，应易于供海员使用。

（2）成员方还应为挂靠在其港口的船舶上的海员提供充分的福利设施与服务。

5. 社会保障

（1）各成员方应确保所有海员，以及按其国家法律的规定，其受赡养人能够获得符合守则的社会保障的保护。

（2）各成员方承诺根据其本国情况采取措施，独自或通过国际合作，逐步为海员提供全面的社会保障的保护。

（3）成员方应确保受到其社会保障法律管辖的海员，以及在其国家法律规定的范围内，其受赡养人有权享受不低于岸上工人所享受的社会保障的保护。

二、1976年商船最低标准公约

国际劳工局理事会召集国际劳工组织全体成员于1976年10月13日在日内瓦举行第62届会议上通过了《1976年商船最低标准公约》（ILO No.147）。

（一）公约的主要内容

（1）缔约国须制定国内法律或条例，为在其领土上登记的船舶做出如下规定：

①安全标准，其中包括资格、工作时间和配员标准，以确保船上人命安全；

②适当的社会保障措施；

③船上工作条件和船上居住安排符合缔约国和国际协议要求，并符合本公约附录中的标准。

（2）缔约国对在其领土上登记的船舶，就下述方面行使有效管辖权或控制：

①国家法律或条例规定的安全标准，其中包括任职资格、工作时间和配员标准；

②国家法律或条例规定的社会保障措施；

③国家法律或条例规定的或主管法院以对有关船东和海员有同等约束力的方式规定的船上工作条件和船上居住安排。

（3）确保在其领土上登记的船舶雇佣海员受过严格训练，能胜任其工作。对涉及在其领土上登记的船舶的任何严重海上事故，尤其那些涉及人身伤亡的事故进行正式调查，这种调查的最终报告在正常情况下应予以公开发表。

（4）当船员、专业机构、协会、工会或通常关心该船舶安全的任何人员发现船舶在营运或在港期间有不符合本公约要求的情况，或接到相关报告时，可以向登记国当局提出控告，同时采取必要措施，以改变船上对安全或健康有明显危害的任何环境。

（二）公约的附录

《1976年商船最低标准公约》的技术标准都在其附录的21个相关公约中体现，包括：《最低年龄公约》《船东责任公约》《海员疾病保险公约》《医疗和疾病津贴公约》《海员体格检查公约》《防止海员工伤事故公约》《海员起居舱室公约》《船上船员食品和膳食公约》《高级船员适任证书公约》《海员协议条款公约》《海员遣返公约》《结社自由和组织权利保护公约》《组织权利和集体谈判保护公约》《海员工时和船舶配员公约》《海员身份证公约》等。

第五节 港口国监督程序

一、港口国监督概述

港口国监督（Port State Control，PSC），是指港口当局根据有关国际公约规定的标准，对进入其港口的外国籍船舶实施的一种监督与控制，以确保船舶及其设备符合国际公约要求，船员配备和操作符合适用的国际规范。通过PSC检查，纠正与消除受检船舶所存在不符合标准的缺陷，以确保船舶航行、人身和财产的安全以及保护海洋环境，促进国际经济贸易的发展和航运经营水平的提高。

（一）港口国监督程序的构成

2021年12月25日在英国伦敦召开了IMO第32次大会，会议通过了A.1155(32)决议，对A.1138(31)决议进行了修正，形成了《2021年港口国监督程序》。

港口国监督检查程序意在为实施港口国监督检查提供基本的指导，并在检查的实施、船舶及其设备或船员所存在的缺陷的识别、监督程序的适用等方面提供相对统一的处理原则。

《2021年港口国监督程序》由5章正文和19个附录构成。

1. 第1章总则

内容包括该程序的目的、适用的公约、引言、港口国监督条款、对非缔约方的船舶和低于公约尺度的船舶的不优惠政策、有关定义，以及港口国监督检查官（PSCO）的专业资历、资格和培训要求。

2. 第2章港口国检查

内容包括概述、初始检查、PSCO的一般程序指南、明显依据和详细检查。

3. 第3章违规与滞留

内容包括低于标准船舶的识别、关于缺陷信息的提交、针对低标准船舶的港口国行动、港口国采取纠正措施的责任、船舶滞留指南、中止检查、纠正缺陷和解除滞留的程序。

4. 第4章报告要求

内容包括港口国报告、船旗国报告、按照MARPOL公约对认定的缺陷或排放的报告。

5. 第5章审议程序

内容包括意见报告等。

（二）适用

（1）《2021年港口国监督程序》适用于以下公约所管辖的船舶，即监督检查所依据的国际公约：

①经修订的《1974年国际海上人命安全公约》；

②《1974年国际海上人命安全公约1988年议定书》；

③《1966年国际载重线公约》；

④《1966年国际载重线公约1988年议定书》；

⑤《经1978年议定书和1997年议定书修订的1973年国际防止船舶造成污染公约》；

⑥经修订的《1978年海员培训、发证和值班标准国际公约》；

⑦《1969年国际船舶吨位丈量公约》；

⑧《国际控制有害船舶防污底系统公约》；

⑨《1972年国际海上避碰规则公约》；

⑩《1969年国际油污损害民事责任公约》；

⑪《经1992年议定书修订的1969年国际油污损害民事责任公约》；

⑫《2001年国际燃油污染损害民事责任公约》；

⑬《2004年国际船舶压载水和沉淀物控制与管理公约》；

⑭《2007年内罗毕国际残骸清除公约》。

（2）对非缔约国的船舶不给予更优惠的待遇。

（3）在实施港口国监督时，各缔约国应依据已生效的且被其接受的公约条款开展检查。

（4）相关的公约条款允许船旗国主管机关给予豁免、允许等效措施和批准替代设计和安排。如港口国当局对于是否批准过豁免、等效措施或替代设计和安排存在疑问，应尽可能与船旗国主管机关进行确认。

（5）免除证书的签发是船旗国主管机关在确保船舶和人员安全的基础上，提高船舶最大营运效益的一种方式。

如果港口国按照国际劳工组织《1976年商船（最低标准）公约》进行港口国监督，则此类检查的指导应参考ILO出版物《船上劳动条件检查：程序指南》。

（三）港口国监督的依据

港口国监督检查的依据包括：

（1）经1988年议定书修订的SOLAS第Ⅰ章第19条，第Ⅸ章第6.2条，第Ⅺ-1章第4条和第Ⅺ-2章第9条；

（2）经1988年议定书修订的LL第21条；

（3）MARPOL公约第5、6条，其附则Ⅰ第11条，附则Ⅱ第16.9条，附则Ⅲ第8条，附则Ⅳ第13条，附则Ⅴ第8条和附则Ⅵ第10条；

（4）STCW公约第Ⅹ条；

（5）Tonnage第12条；

（6）AFS第11条；

（7）BWM公约第9条。

这些公约条款均规定了公约缔约国对挂靠其港口的外国籍船舶实施监督应遵循的程序。此外，特定的港口国监督谅解备忘录组织及其国内立法也有实施港口国监督检查的程序。

（四）定义

（1）明显依据：船舶及其设备或其船员实质上不符合有关公约要求的证据，或者船长或船员不熟悉有关船舶安全和防止污染的基本程序的证据。

（2）缺陷：所发现的不符合有关公约要求的情况。

（3）滞留：当船舶和船员实质上不符合适用公约的要求时，港口国为保证该船在开航后不会对船舶和船上人员构成危险或对海洋环境构成不合理的威胁所采取的干涉行动，无论这种行动是否影响到船舶的正常离港计划。

（4）初步检查：到船上访问，已查实有关证书和其他文件的有效性，船舶、其设备和船员的总体情况。

（5）详细检查：当有明显依据认为船舶及其设备或船员的状况实质上不符合证书所载情况时所进行的检查。

（6）PSCO：经有关公约缔约国的主管机关正式授权执行港口国监督检查，并只对该缔约国负责的人员。

（7）低标准船舶：在船体、机器、设备或操作安全方面实质上低于有关公约要求的标准，或船员不符合安全配员文件的船舶。

二、港口国检查

（一）概述

（1）根据有关公约的规定，各缔约国可在其港口由PSCO对外国籍船舶进行检查。

（2）此类检查可依据下述情况进行：

①该缔约国的决定；

②应另一缔约国请求或依据另一缔约国提供的关于船舶的信息；

③由船员、专业机构、协会、工会或其他与船舶、船员、乘客安全、海洋环境保护有关的个人提供的关于船舶的信息。

（3）当缔约国委托指定的官员或认可组织对悬挂本国国旗的船舶实施检验和检查时，

他们应清楚按照适用公约的规定，外国籍船舶应接受由港口国正式授权的官员进行的港口国监督，包括登轮、检查、纠正措施和可能的滞留。

（4）应尽可能避免不适当滞留或延误船舶，如果船舶遭受不适当的滞留或延误，船舶有权对所受到的损失或损害提出索赔。

（二）初始检查

（1）按照适用公约的监督程序，港口国收到关于某船的信息后，在到该船并在登轮前，PSCO可从船舶的外观，观察其油漆涂层、锈蚀或凹陷或尚未修理的损伤，获得有关该轮保养状况的印象。

（2）PSCO应尽早弄清船舶类型、建造年份和船舶尺度，以便决定应该适用哪些公约条款。

（3）PSCO登轮向船长或船上负责的高级船员说明来意后，应查验船舶的有关证书和文件。

（4）如果证书均有效，并且PSCO总的印象和目测观察确认该船维护保养良好，PSCO通常可将检查局限于举报或观察到的缺陷（如有）。

（5）进行初始检查时，PSCO应检查相关证书和其他文书的有效性，也应查看船舶的总体状况，包括船上设备、驾驶台、包括艏楼甲板在内的整个甲板、货舱区域、机舱和引航员登离船装置。

（6）如果PSCO根据总的印象和所观察到的情况认为有明显依据证明该船及其设备或船员实质上不符合要求，则PSCO应进行详细的检查。

（三）明显依据和详细检查

（1）PSCO在本国管辖的港口或近海装卸站检查要求持有公约证书的外轮时，除非有明显依据认为船舶状况或其设备实质上与证书所载内容不符，否则这种检查应局限于核实船舶是否具备有效的证书和其他有关文件，以及包括船舶设备和船员在内的船舶总体状况。

（2）进行详细检查的“明显依据”包括：

①缺乏公约要求的主要设备或布置；

②审阅船舶证书发现一张或几张明显失效；

③船舶未携带、未保持或不正确保持所要求的文件；

④根据PSCO的印象和观察，发现了可对船舶的结构、水密或风雨密完整性构成严重威胁的船体或结构腐蚀或缺陷；

⑤根据PSCO的印象和观察，发现在安全、防止污染或航行设备方面存在严重缺陷；

⑥资料或证据表明船长或船员不熟悉涉及船舶安全或防止污染的基本操作，或者这样的操作未被执行；

⑦主要船员间或同船上其他人员间不能够相互交流；

⑧错误遇险报警信号不能根据适当的取消程序停止发出；

⑨收到的报告或投诉中含有船舶处在低标准状态的信息。

（3）详细检查

如果船舶未携带有效的证书，或PSCO有明显依据认为船舶或设备的状况与证书所载内容有重大不符，或船长或船员不熟悉基本的船上主要操作程序，PSCO应要求对该船进行详细检查。

三、违规与滞留

（一）低标准船的认定

如果船舶的船壳、机器、设备，或安全操作和环境保护实质上低于有关公约要求的标准，或船舶不符合安全配员文件的要求，则该船舶将被认为是低于标准的船舶，包括：

（1）缺少公约要求的主要设备或装置，应虑及船旗国主管机关签发的免除证书；

（2）设备或装置不符合公约的相关规定，应虑及船旗国主管机关签发的免除证书；

（3）船舶或其设备的实质性损蚀，例如由于维护不良；

（4）船员对主要操作程序的操作不熟练或不熟悉；

（5）配员不足或持证船员不足。

（二）对低于标准船舶采取的行动

（1）各当局收到关于认为某船低于标准或具有污染危险的信息后，应立即对此事进行调查并依据具体情况的需要采取行动。

（2）当PSCO确认一艘船为低于标准船舶时，港口国应立即确保在该船开航前采取纠正措施以保证船舶、旅客和船员的安全并消除对海上环境的损害威胁。

（三）滞留船舶

《2021年港口国监督程序》附录2中给出了关于滞留船舶的指南，不过，只参照定性的缺陷清单来确定船舶是否低于标准并不够。

（四）中止检查

（1）在特殊情况下，PSCO从详细检查中，并综合考虑船员的情况，发现船舶及其设备的总体情况明显低于标准时，可以中止检查。

（2）中止检查前，PSCO应记录下有关方面的可滞留缺陷。

（3）中止检查可以持续至有关责任方已采取必要措施并保证船舶符合有关公约的要求。

（4）当船舶处于被滞留、检查被中止的情况下，港口国当局应立即向有关各方发出通知。通知应包括滞留情况，并说明检查已经中止，并将持续到港口国当局被通知说明船舶已经符合了所有有关规定。

（五）纠正缺陷和解除滞留的程序

（1）PSCO应尽力确保所有发现的缺陷被纠正。

（2）如果存在明显危害安全或环境的缺陷，除导致滞留的缺陷不能在检查港纠正的外，PSCO应保证在船舶被允许开航前，该危害已被消除。为此，应采取适当行动，包括滞留或正式禁止船舶继续某项作业，原因是这些缺陷会给继续作业带来严重危险。

（3）当导致滞留的缺陷不能在检查港纠正时，港口国当局可以允许该船驶往最近的修理港，该修理港由船长选择并经港口国当局同意，前提是船舶必须满足港口国当局和船旗国当局一致同意的限制条件。这些限制条件旨在于确保船舶开航后，不会危害旅客和船员的安全，不会危害其他船舶，不会对海洋环境造成不合理的威胁。这些限制条件可包括来自船旗国已经对该船舶采取纠正措施的确认。在这种情况下，港口国当局将通知船舶下一挂靠港口的当局、船旗国并通知经授权的机构（如适合）。

（4）除导致滞留的缺陷和检查港不能纠正的导致滞留缺陷外，在船舶已尽一切努力以纠正其他缺陷后，可以被允许驶往其他能够纠正这些缺陷的港口。

（5）如果带着检查港不能纠正的导致滞留缺陷的船舶在未满足检查港当局做出的限制条件的情况下开航，港口国当局应立即警示下一港口（如知道）、船旗国和其他认为必要的当局。

（6）如果带着检查港不能纠正的导致滞留缺陷的船舶没有驶往指定的修理港口，修理港的港口国当局应立即警示船旗国和滞留该船的港口国以便其采取适当措施，并通知其他认为必要的当局。

四、港口国报告要求

（1）港口国当局应确保在检查结束后向船长提供一份文件，说明检查的结果、PSCO采取的措施细节和船长和/或公司应采取的纠正措施清单。此种报告应符合附录要求的格式。

（2）在进行港口国监督时，如果一缔约国拒绝一外轮进入其管辖下的港口或海上系泊点，则无论是否是由于收到了关于低于标准船舶情报，均应向船长和船旗国提供拒绝进入的理由。

（3）如果滞留船舶，在可行范围内应尽快至少向船旗国主管机关发出初步通知。如果是口头通知，应随后予以书面确认。

（4）IMO港口国监督程序的检查报告。

PSC检查报告包括Form A（表A）和Form B（表B）。

①表A主要包括：签发报告的主管机关的名称和地址等；签发报告的送交对象；被检查船舶的基本情况及其相关证书的情况；管理公司信息；被检查的船舶船长签字；检查日期和地点；检查中是否发现缺陷；是否需要滞留；签发报告的PSCO姓名和签字等。

②表B主要包括：签发报告的主管机关的名称和地址等；签发报告的送交对象；被检

查船舶的基本情况；检查日期地点；缺陷性质、参照公约和采取的行动；签发报告的PSCO姓名和签字等。

如检查中没有发现缺陷，只填写表A即可。检查报告应至少留船保持2年，须随时供PSCO查阅。

（5）如果允许该船带已知缺陷开航，港口国当局应将全部事实告知该船适当的下一挂靠港、船旗国并通知经授权的机构（如适合）。

五、附录摘选

（一）附录2：关于滞留船舶的指南

1.涉及缺陷纠正和船舶滞留的原则

（1）在做出关于缺陷是否纠正或船舶滞留的决定时，PSCO应考虑按本监督程序开展详细检查的结果和附录中的滞留指南；

（2）PSCO应运用专业判断来决定是否滞留船舶直至缺陷被纠正，或允许船舶在没有对安全、健康或环境造成不合理危险的情况下开航，并考虑到预定航次的特定环境。

2.涉及最低安全配员和STCW公约相关证书的滞留

因船舶未按相应的最低安全配员和STCW公约相关证书要求的操作而采取滞留之前，应考虑下列因素，并应充分虑及STCW公约的相关要求：

（1）预定航次或服务的长度和性质；

（2）缺陷是否危及船舶、船上人员和环境的安全；

（3）船员的休息时间是否已适当记录，或有证据表明船舶多次不能保证船员的最低休息时间；

（4）船舶尺度、船型和所配备的设备；

（5）货物性质。

3.滞留船舶的程序

（1）在做出是否滞留船舶的专业判断，PSCO应采用以下判定标准：

①时机：对于不能安全开航的船舶在初次检查时就应被滞留，不必考虑船舶在港时间的长短；

②复检标准：如果船上的缺陷严重到足以使PSCO在开航前返船验证缺陷已被纠正时，则该船将被扣留。

（2）需要PSCO返船复查表明了缺陷的严重程度。

（3）在决定船舶存在的缺陷是否严重到实施滞留时，港口国检查官首先将评估：

①船舶是否具有有效的证书和相关文件；

②船舶是否配有最低安全配员证书所要求的船员。

（4）在检查期间，港口国检查官会进一步评估船舶和船员在未来的整个航行中是否能够做到：

①安全地航行；

②安全地装卸、运输货物及监视货物的状况；

③安全地进行机舱操作；

④维护正常的推进和操舵；

⑤必要时能在船上任何部位进行有效的灭火；

⑥必要时能迅速安全地弃船或有效地救助；

⑦防止环境污染；

⑧保持足够的稳性；

⑨保持足够的水密完整性；

⑩必要时进行遇险中的通信；

⑪ 为船上人员提供安全及健康的条件。

（5）如果这些评估所得出的结论中有否定的，综合考虑发现的所有缺陷，应考虑对该船实施滞留，某些性质不太严重的缺陷组合起来也可能构成对船舶的滞留。对于不能安全开航的船舶，不管该船在港停留时间是长是短，应在第一次检查时对其实施滞留。

4.缺少有关公约要求的有效证书可以作为滞留船舶的依据。

5.导致滞留的缺陷项目。

下列缺陷清单是根据有关公约和/或规则分类的，这些缺陷被认为性质严重，会导致对船舶的滞留。此清单并非完整无遗，旨在于对相关项目给出例子。

以下这些缺陷可认为其严重性足以导致船舶的滞留：

①属于SOLAS公约范围的缺陷

i.推进器和其他基本机器以及电气装置不能正常运行；

ii.机舱太脏，舱底积聚过量的油污水，机舱管路的隔热层包括气管被油污污染。舱底水泵系统不能正常运行；

iii.应急发电机、照明、蓄电池及开关失灵而不能正常使用；

iv.主辅操舵机械操作失灵；

v.个人救生设备、救生艇筏和降落装置的短缺、容量不够或严重损坏，可参照MSC.1/Circ.1490/Rev.1中详细规定；

vi.探火系统、火灾报警器、消防设备、固定灭火系统、通风筒关闭装置、防火挡板及速闭阀等，因短缺、不符合要求或严重损坏而无法实现其既定功效；

vii.油船货物甲板区域的防火设施短缺、严重损坏或不符合要求；

viii.号灯、号型和声响信号的短缺，不符合要求或严重损坏；

ix.用于遇险和安全通信的无线电设备短缺或失灵；

x.应配备的导航设备缺失或无法正常操作；

xi.缺乏正确海图和/或所有其他本航程所需的航海出版物；

xii.货泵舱缺乏防火花的通风装置；

xiii.在操作性要求的控制程序方面存在的严重缺陷；

xiv.船员的数量、组成或其证书与安全配员文件不符；

xv.船舶没有履行加强检验程序；

xvi.要求强制使用的航行数据记录仪（VDR）缺失或失灵。

②属于《1966年国际载重线公约》（LL 1966）范围的缺陷

i.甲板及船体的外板和扶强材的关键区域存在着损坏、锈蚀或凹陷，并已影响到船舶的适航性或局部负载强度，除非经过批准的临时修理后航行到下一港口做永久性修复；

ii.一个被确认的稳性不足的情况；

iii.缺乏经批准的、足够的和可靠的稳性资料，这些资料应能使船长快速简单地安排船舶的装载和压载作业，在整个航程的各个阶段和各种情况下保持一定的安全稳性，并避免对船体结构产生任何无法承受的应力；

iv.关闭装置、舱口关闭系统和水密门的短缺，严重损坏或变形；

v.超载；

vi.吃水标志短缺或严重不清楚；

vii.甲板排水设施不能令人满意或者操作状态不佳。

③属于MARPOL公约附则Ⅰ范围的缺陷

i.油水过滤设备或15ppm报警装置、排油监控系统的短缺、严重坏损或无法正常操作；

ii.残油舱剩余容量和污水舱容积不能满足计划航行的需要；

iii.没有油类记录簿；

iv.安装了未经批准的旁通排放管路；

v.未能满足MARPOL公约附则Ⅰ第20.4条（油船的双壳体和双层底的要求）或第20.7条（状况评估计划）的替代要求；

vi.机器处所内积聚了含油舱底水和/或油残渣。

④属于MARPOL公约附则Ⅱ范围的缺陷

i.缺少《程序和布置手册》；

ii.货物没有被确定类别（MARPOL公约中关于有毒液体的X、Y、Z、OS四种类别）；

iii.没有货物记录簿；

iv.未经批准安装旁通排放管路。

⑤属于MARPOL公约附则Ⅲ范围的缺陷

i.缺少有效的载运危险货物符合证明（如适用）；

ii.开航前，缺少危险货物载运清单或者详细的积载图；

iii.积载和隔离不符合IMDG规则7.1、7.2、7.4、7.5和7.6章节的要求；

iv.船舶载运的危险货物与该船危险货物载运符合证明的规定不符；

v.船舶载运危险货物的包装破损或泄露；

vi.从事货物特定操作的船上人员并不熟悉其职责，由此可能带来与货物相关的危险，在此情形下，需要采取相应的措施。

⑥属于MARPOL公约附则Ⅳ范围的缺陷

i.缺少有效的国际防止生活污水污染证书（ISPP）；

ii.污水处理计划未经主管机关认可和证明；

iii.生活污水处理装置失效；

iv.船员不熟悉生活污水的排放要求。

⑦属于MARPOL附则Ⅴ的范围的缺陷

i.缺少垃圾管理计划；

ii.无垃圾记录簿；

iii.船上人员不熟悉垃圾管理计划的处理和排放要求。

⑧属于MARPOL公约附则Ⅵ范围的缺陷

i.缺少有效的国际防止空气污染证书或相关国际防止柴油机污染空气证书（EIAPP）和技术案卷；

ii.2000年1月1日及以后安装的功率大于130 kW的船用柴油机，或2000年1月1日及以后重大改装过的船用柴油机不符合《2008年氮氧化物技术规则》；

iii.船上使用的燃油中硫含量超过相应的限制；

iv.在硫氧化物排放控制地区营运时船上使用燃油的硫含量超过允许的限制；

v.不符合减排的等效布置；

vi.船用焚烧炉不符合相关要求；

vii.船长或船员不熟悉防止空气污染设备的基本操作程序；

viii.缺少有效的国际能效管理证书（IEEC）；

ix.船上缺少有关燃油消耗报告的符合性声明。

⑨属于STCW公约范围的缺陷

i.船员未持有证书、未持有相应适当的证书、未持有有效的免除证书或不能提供已向主管机关申请签注的文件证明；

ii.未满足主管机关的有关安全配员的要求；

iii.航行或轮机值班安排与主管机关对该船规定的要求不一致；

iv.缺少有资质操作安全航行、安全通信或防止海上污染关键设备的值班人员；

v.在航行开始时及随后的换班过程中，未能提供经充分休息且适于值班的人员；

vi.不能提供值班船员对船舶安全和防污染责任专业熟练的证据。

（二）附录7：操作性要求监督指南（仅适用于大副）

第1部分　检查程序

1.引言

（1）如果在港口国监督检查期间，PSCO有明确根据，可按照本决议检查船上的下列操作程序。

（2）但是，在行使本导则建议的监督时，PSCO不应包括任何操作测试或施加船长认为会危及船舶、船员、乘客、监督员或货物安全的实际要求。在要求任何实际操作监督前，PSCO应审查培训和演习记录，并应视情检查相关的安全设备及其保养记录。例如，通过验证演习记录、保养记录、实际检查和船员实际演示呼吸装置、安全背带和空气测试装置，围蔽处所进入演习无需实际进入围蔽处所即可获得充分验证。

（3）在实行操作监督时，PSCO应尽可能确保不会对船长负责的船上的正常操作(例如装卸货物和装压载水)造成干扰，PSCO也不应要求演示对船舶造成不必要延误的操作。

（4）在评估遵守操作要求的程度后，PSCO必须利用专业判断，确定全体船员的操作效率是否足以使船舶出航而不危及船舶或船上人员，或对海洋环境构成不合理的危害威胁。

（5）在评估船员开展操作演练的能力时，应使用经修正的STCW公约规定的海员熟悉和基本安全培训强制性最低要求为标准。

（6）定义和缩略语

①操作监督：监督检查以确认船长和船员熟悉有关船舶和船员安全以及环境保护的关键的船上程序，并能够应用这些程序。这包括检查交流和互动的有效性以及船员的熟悉程度，包括人机界面。

②功能性测试：测试一个项目以证明设备的正确操作和功能。功能性测试可在初始或更加详细的检查期间进行。

2.操作要求的更详细的检查

（1）更详细的检查应评估相关船员操作与其职责相关的关键的船上设备的能力。负责的船员必须能够独立地操作此类设备，并且必须注意确保在被要求证明他们的理解时，在整个过程中他们不会得到指导。

（2）更详细的检查应评估船员对与其角色、船舶安全和环境保护相关的关键的船上程序的熟悉程度。

（3）PSCO应对交流和互动的有效性以及船员的熟悉程度，包括人机界面，进行全面评估。

（4）PSCO可使用下面规定的项目作为评估船长或船员操作船舶能力的指南。预期的结果是有效地评估对操作要求的遵守情况，以便在必要时采取纠正措施。

（5）演习

更详细的检查可能包括演练。如果要进行演练，则应以安全速度进行。PSCO不应期待见到包括演习在内的实时操作。应注意确保所有船员都熟悉他们的职责和设备。必要时，如果PSCO认为船员的做法不安全，或者真的出现紧急情况，应停止或暂停演练。此外，还应考虑以下事项：此外，还应考虑以下事项：

PSCO应与船长一起设计演练所依据的紧急情景。经验表明，当PSCO设计和控制情景时(与船长合作)，方能达到最佳评估。

在涉及多名船员的任何操作活动之前和之后，PSCO与船舶人员的主要成员之间举行会议至关重要。初始通报会应用于概括性地阐明将如何开展活动，还应使船舶工作人员能够认出正在目睹活动的PSCO。

（6）关于操作要求的检查结果和结论的会议

在检查结束时，PCSCO应与船长召开会议，以确保对详细检查的结果和任何结论达成共识，以查明任何不足和操作活动不满足所要求的标准的情况(如有)。

3.交流

（1）PSCO可确定关键船员是否能以不妨碍船舶安全操作的方式相互交流，并视情况与乘客交流，特别是在紧急情况下。

（2）PSCO可问船长使用何种语言为工作语言，而且可以核实是否该语言记录在航海日志中。

（3）PSCO可保证关键船员在检查或演练期间能够相互理解。被指定帮助乘客的船员应能够在紧急情况中为乘客提供必要的信息。

（4）由于PSCO和不讲英语的船员之间存在的语言困难，可能导致说明开展检查和任何相关演习的意图变得困难。在发现不令人满意的检查结果时，需要细心；这是为了确保区分对PSCO的误解与在潜在要求上的失误。

4.从操作要求对船舶进行评估

（1）如果在更详细的检查中发现了以下任何一项，可考虑扣留船舶：

①甲板高级船员和船员未能监督货物装载操作并采取适合该货物的预防措施。

②缺乏对航行设备的操作和限制或如何测试此类设备(包括航行灯)的认识。

③甲板高级船员无法演示ECDIS和综合导航系统等基本导航设备的操作，包括对此类系统的监控和询问警报。

④有证据表明船舶的航行以不安全的方式进行，包括但不限于：未按照船上程序监控船舶位置；未能通过使用多种获得定位的手段来核实定位的准确性；未能正确计划和评估航程；将船舶驶入危险或禁区。

⑤不熟悉无线电通信设备的操作和测试和/或向船舶提供海上安全信息的机制的甲板高级船员。

⑥相关高级船员和船员不熟悉应急消防泵或固定消防系统释放系统等消防设备的启动位置或启动操作。

⑦相关高级船员和船员对起居舱室、机舱和其他保护区内通风站的位置、操作和覆盖范围缺乏认识。

⑧高级船员和船员不知道起居舱室和机舱内火警指示器的位置。

⑨相关高级船员和船员不知道主机和辅机燃油切断快速关闭阀的位置和操作。

⑩相关高级船员和船员不知道救生设备的操作以及如何有效地测试这些设备。

⑪相关高级船员和船员不熟悉旨在防止海上污染的设备或程序的操作。

⑫对人命和环境构成风险的不安全操作的证据。

（2）港口监督官员的观察必须与满足公约要求直接相关。关于缺陷，需要注意的关键点是安装和操作必要的设备并不能满足公约所要求的能力，除非船长和船员熟悉设备的操作和培训公约要求的相关程序。比如：轮机员无法从机舱外演示按照SOLAS公约规定的燃油阀的操作；轮机员无法演示按照MARPOL公约附则Ⅳ要求的生活污水处理设施的操作；驾驶员无法演示规划和实施航道通行的过程，且无法演示如何使用ECDIS确定船舶位置。

关于评估遵守操作要求的详细指南

（1）本附录第2部分提供了有关检查领域的详细指南。详细指南分为日常活动的遵守和应急防备的评估方法。在情况允许的情况下，应对两者的遵守进行评估。

（2）PSCO应考虑要求在船舶记录表明未按照公约要求进行特定演练的方面要求进行

演练。

目睹和评估演练：

（1）如果演练将涉及乘客，明智的做法是在演练开始前尽量多通知船长，以便船长将演练情况通知乘客。该信息应以相关路线的所有相关语言的公告进行广播。演练期间应以适当的间隔重复播报。演练结束应向乘客宣布。

在进行演练期间，PSCO应考虑询问船员，特别是那些被指派协助任何乘客的船员，以便了解船上的安全意识。

在目睹演练时，PSCO应寻求：

①证实船员遵守应变部署表对他们的要求。

②证实有足够的人员被指派到各个小组以应付分配给他们的职责。

③证实各小组、小组长和驾驶台之间存在有效的通信手段且交换了相关信息。

④证实船员作为团队的工作效率。这将以对人员的提问和对其行动的观察为依据。应注意各小组在其集合站集中的响应时间。应注意各小组对计划外事件的反应。

⑤证实船员的关键成员能相互理解。

⑥证实所用设备的效率，例如：失火报警可听得见和有效；防火门和水密门按要求关闭；个人消防设备看来保养完善。

⑦证实响应时间被认为足够快，同时考虑到船舶的尺寸和失火、人员和消防设备的位置。和

在撤离和弃船演练时：

①确认乘客/船员从下层甲板的逃生布置是适当的，清楚标明集合点或集合站，船员熟悉船舶的布局并能够应对情况的变化，例如引导乘客避开充满烟雾的区域。

②确认降艇人员是熟练的，并且船只已经降下并做好登船准备，且部署了辅助设备。

如果PSCO确定，船员不熟悉他们的职责或不能安全操作救生和消防设备，PSCO应停止演练，通知船长演练不成功并利用他们的专业判断制定下一步措施，同时注意到这将为更详细的检查确立明显理由的可能性。

在评估遵守操作要求的程度后，PSCO应做出专业判断，确定全体船员的操作熟悉程度是否足以使船舶出航而不危及船舶或船上人员，或对海洋环境构成不合理的危害威胁。

按操作要求的扣船：

①在操作要求方面，不达标的船舶为："操作熟练程度不足，或船员不熟悉关键的操作程序"。

②在此情况下，公约的相关操作要求规定要求港口国在发现船长和/或船员不熟悉关键的船上程序时采取必要的行动以使船舶符合要求，包括SOLAS公约、MARPOL公约、STCW公约的相关条款的要求。

第2部分 具体检查活动的指南

1.日常活动检查

本部分为第1部分中描述的特定检查活动提供了详细指南，这些活动涉及评估日常活

动是否符合操作要求。

（1）驾驶台操作

①PSCO可能确定负责航行值班的高级船员是否熟悉：驾驶台控制，导航设备，自动舵和手动舵间的切换，以及船舶的操纵性能。

②负责航行值班的所有高级船员对所有安全和导航设备的位置和操作应具备知识。这些高级船员应熟悉在一切情形里适用于船舶航行的程序，并应意识到一切可利用的信息。

③PSCO还可能核实高级船员对一切可利用信息的熟悉程度，例如船舶的操纵特点、救生信号、时新的航海图书、有关驾驶台程序的核查清单、说明书、手册。

④高速船艇驾驶证包括该船可以运营的最大有义波高（和气垫船的风力）的限制。在对高速船开展检查时，PSCO可通过航海日志和气象记录核实这些限制是否得到遵守。

⑤PSCO可能核实高级船员对诸如定期测试和检查设备、变换操舵模式、发信号、通信、报警系统、操纵、紧急情况和填写航海日志等程序的熟悉程度。

（2）货物操作

①PSCO可能确定被指派有关货物和货物设备的具体职责的船舶人员熟悉那些职能、货物造成的任何危险以及这方面要采取的措施。

②对于固体散装货物运输，PSCO应酌情核实货物按照船舶装载计划装货并按照船舶与码头商定的船舶卸货计划卸货，同时考虑到装载仪（如配备）提供的信息。

③PSCO在适当时可能确定负责的船员是否熟悉《国际海运固体散装货物规则》的有关规定，特别是关于含水量限制和货物平舱的规定。此外，负责的船员应具有关于《木材甲板货物运输船安全使用规则》和经正的《货物积载和系固安全实用规则》的国际海事组织建议性规则的适当知识。

④一些散装运输的固体物质会由于其化学性质和物理特性而在运输过程中造成威胁。《国际固散规则》第2节介绍了一般注意事项。《国际固散规则》第4节含有对托运人施加的、为保证货物安全运输提供一切必要信息的义务。PSCO可能确定一切相关细节，包括一切相关的试验证书，已经由托运人提供给船长。

⑤对某些货物，例如易流态化的货物，给出了特别注意事项。PSCO可能确定，对易流态化货物和散装固体危险废物运输的船舶的稳性，是否特别注意到所有注意事项。

⑥负责货物装卸和作业的高级船员和油船、化学品船和液化气体运输船的关键船员应熟悉货物和货物设备和《国际散化规则》和《国际气体规则》有关章节规定的安全措施。

⑦对于散装谷物运输，依照《1974年安全公约》第Ⅵ章C部分和强制性的《国际散装谷物安全运输规则》。

⑧PSCO可能确定操作和卸货手册是否包括港口安全装卸作业以及驳运条件的所有相关信息。

（3）操作机器

①PSCO可能确定船舶人员是否熟悉其操作关键机器的相关职责，例如：应急和备用电源；辅助舵机；舱底水和消防泵；在紧急情况中至关重要的任何其他设备。

②PSCO可能核实负责的船舶人员是否熟悉，特别是涉及应急发电机在发动引擎之前必须的行动，结合启动能源发动引擎的各种可能性，在发动引擎的首次尝试失败时的程

序；涉及备用发电机的引擎，以自动或手动方式发动备用引擎的可能性，停电程序；载荷分布系统。

③PSCO可能核实负责的船舶人员是否知悉，特别是：本船采用何种辅助舵机系统；如何识别出正在运行的舵机装置；需要采取启动辅助舵机。

④PSCO可能核实负责的船舶人员是否熟悉，特别是：对于舱底水泵：船上安装的舱底水泵（包括应急舱底水泵）的数量和位置；所有这些舱底水泵的启动程序；需要操作的有关阀门；以及舱底水泵操作失败的最常见原因及其可能的解决办法；对于消防泵：船上安装的消防泵的数量和位置（包括应急消防泵）；所有这些泵的启动程序；需要要操作的有关阀门。

⑤PSCO可能核实负责的船舶人员是否熟悉，特别是：救生艇引擎和（或）救助艇引擎的发动和维护；通常从驾驶台控制的那些系统的机旁控制程序；使用应急和完全独立的无线电装置电源；电池的保养程序；水密门和防火门的紧急停止、探火系统和报警系统操作（储能系统）；主辅机冷却水和润滑油系统从自动到手动控制的转换。

（4）手册、说明书等

①PSCO可能确定有关船员是否能够理解手册、说明书等给出的有关船舶及其设备安全状况和操作的信息，而且他们意识到保养、定期测试、培训、演练和填写日志的要求。

②船上应专门提供以下信息，PSCO可能确定它是否以船员能理解的一种或多种语言写成，而且有关船员们是否意识到该内容并能够据情况做出反应：

（i）关于船上灭火和遏制火势的所有设备和装置的保养和操作说明应放在一起，存在易于取用之处，随时可用；

（ii）出现紧急情况时需要遵守的明确须知应提供给船上每一位人员；

（iii）有关语言的图示和说明应张贴在客舱并展示在集合站和其他乘客处所的显眼处，告知乘客其集合站、在紧急情况中必须采取的重要行动和穿戴救生衣的方法；

（iv）在救生船艇及其降放控制器上或周围，应有招贴和标志，并须明示控制器的用途和操作设备的程序以及给出有关须知和警告；

（v）救生设备船上保养须知；

（vi）在每一船员餐厅和文娱室或每一船员客舱，应配备培训手册。该培训手册可包含数卷，它含有关于船上救生设备和最佳求生方法的须知和信息；

（vii）在适用时，船上油污应急计划或船舶有毒液体物质海上污染应急计划；

（viii）稳性小册子、有关的稳性计划和稳性资料，以及经批准的油船的稳性仪。

（5）机器处所的油类和含油混合物

①PSCO可能确定是否已满足MARPOL公约附则Ⅰ的全部操作要求，同时考虑到产生的油脚量；污油舱和舱底水储存舱的容量和油水分离器的功率。

②应检查油类记录簿。PSCO可能确定是否使用过接收设施并注意到指称的任何此类设施不足。

③PSCO可能确定负责的高级船员是否熟悉污油和舱底水处理。船舶机舱含油污水处理系统导则的有关项目可用做指导。考虑到上述内容，PSCO可能确定污油舱的空量是否足以容纳下一预定航程期间产生的污油。

④在其他港口的接收设施由于不足而没有使用时，PSCO应建议船长，遵照报告港口接收设施不足的格式，向船旗国报告该接收设施不足。

（6）油船货物处所装卸和清洁程序

①PSCO可能确定是否已经满足MARPOL公约附则Ⅰ或Ⅱ的全部操作要求，同时考虑到油船的种类和所运货物的种类，包括检查油类记录簿和（或）货物记录簿。PSCO可能确定是否已经使用港口接收设施并注意到指称的任何此类设施不足。

②对运载油类的液货船装卸和清洁程序的控制。

③对运载有毒液体物质的液货船装卸和清洁程序的控制。

④在其他港口的接收设施由于不足而没有使用时，PSCO应建议船长，遵照可能经修正的第MEPC.1/Circ.834/Rev.1号通函，向船旗国报告该接收设施不足。

⑤垃圾记录薄可以电子格式呈交。应查看主管机关的声明以接受该电子记录薄。如果无法提供声明，则需呈交纸质记录薄以供检查。

⑥在允许船舶带着超过在航行期间可排入海洋的有毒液体物质的残余物量驶往下一港口时，应确定残余物可由该港口接收。同时，在实际可行的情况下，应告知该港口。

（7）包装危险货物和有害物质

①PSCO可能确定船上是否备有所要求的、运载包装危险货物和有害物质的船运文件，以及危险货物和有害物质是否正确积载和分隔，而且船员熟悉在涉及此类包装货物的紧急情况中应采取的关键行动。

②1984年9月1日或以后建造的500总吨以上船舶的船型和货物处所以及1992年2月1日或以后建造的小于500总吨船舶的船型和货物处所，应完全符合《1974年安全公约》第Ⅱ-2章的要求。

③MARPOL公约附则Ⅲ含有运载《国际危规》中定为海洋污染物的包装有害物质的要求。被确定为海洋污染物的货物应按照MARPOL公约附则Ⅲ加标签和积载。

④PSCO可能确定船上是否有符合证明以及船舶人员是否熟悉主管机关提供作为构造和设备遵守要求的证据的这一证明。

（8）垃圾

①PSCO可能确定是否已满足MARPOL公约附则Ⅴ的所有操作要求。PSCO可能确定是否已经使用过接收设施并注意到指称的任何此类设施不足。

②经修正的《〈2017年MARPOL公约〉附则Ⅴ的实施导则》[第MEPC.295(71)号决议]旨在帮助船舶操作人员满足附则Ⅴ和国内法的要求。

③PSCO可能确定是否：船舶人员意识到这些导则，尤其是有关垃圾管理和船舶人员熟悉MARPOL公约附则Ⅴ规定的在特殊区域内外处置和排放的要求，并意识到根据MARPOL公约附则Ⅴ确定为特殊区域的海区。

④在其他港口的接收设施由于不足而没有使用时，PSCO应建议船长，向船旗国报告该接收设施不足。

（9）生活污水

①PSCO可能确定：是否已遵守MARPOL公约附则Ⅳ的全部操作要求。PSCO可能确定是否已经使用生活污水处理系统、粉碎和消毒系统或储存舱并注意到指称的任何系统或

储存舱不足；有关的船舶人员熟悉生活污水处理系统、粉碎和消毒系统或储存舱的正确操作。

②PSCO可能确定有关的船舶人员是否熟悉MARPOL公约附则Ⅳ第11条的要求。

③在其他港口的接收设施由于不足而没有使用时，PSCO应建议船长，向船旗国报告该接收设施不足。

（10）防止空气污染

PSCO可能确定是否：

①船长或船员熟悉防止排放消耗臭氧物质的程序，以及当具有等效安排时的防止排放硫的程序。

②船长或船员按照其技术档案熟悉正确操作和保养柴油机。

③船长或船员已采取必要的换油程序或等效做法，与表明遵守硫氧化物控排区相联系。

④船长或船员熟悉垃圾筛选程序，以确保不会焚烧被禁止的垃圾。

⑤船长或船员熟悉MARPOL公约按照操作手册的船上焚烧炉操作。

⑥当船舶位于规定挥发性有机混合物排放的缔约国管辖范围内的港口或码头时，船长或船员认识到挥发性有机混合物的排放规定；而且，如果船舶界定为公约规定的液货船，船长或船员熟悉主管机关认可的蒸气收集系统的正确操作。

⑦船长或船员熟悉MARPOL公约附则Ⅵ第18条要求的燃油装舱单和保留的样本方面的燃料油交付程序。

2.评估应急防备和演练

本部分为有关评估应急防备和演练的特定检查活动提供了详细指南。

（1）集合部署表

①通过询问船员相关问题，PSCO可确定船员是否意识到他们在集合部署表中的职责，且他们熟悉指定给他们的职责并知道他们应该履行其职责的位置。这可以在演练之前或演练期间进行，例如询问客船上的楼梯指南。

②为确定集合部署表是否最新，PSCO可要求一份最新的船员名单。

③PSCO可保证集合部署表展示在全船显眼位置，包括驾驶台、机舱和船员居住舱室。在决定集合部署表是否符合规定时，PSCO可核证是否：集合部署表表明为不同船员指定的职责；集合部署表详细规定哪些高级船员被指定保证救生和消防设备维持良好状态并准备好随时使用；集合部署表详细规定可能失去能力的关键人员的替补，同时考虑到不同的紧急情况可能需要不同的行动；集合部署表表明为船员指定的在紧急情况下与乘客有关的职责；客船上使用的集合部署表的格式经过核准而且以船旗国要求的一种或多种语言以及英语写成。

④为确定集合部署表是否最新，PSCO可要求一份最新的船员名单(若有的话)，以便核实这一点。

⑤PSCO可确定为救生艇筏（救生艇或救生筏）船员指定的职责是否符合规定，核实一名甲板部高级船员或持证人员负责所使用的各救生艇筏。

⑥每艘机动救生筏须配备一名能够操作发动机和进行细微调整的人员。

（2）演练期间的交流

①PSCO可确定关键船员是否能以不妨碍船舶安全操作的方式相互交流，并视情况与乘客交流，特别是在紧急情况下。

②就演练而言，关键船员可以是但不限于：驾驶台团队，包括必须能够与岸上和其他船舶进行交流的GMDSS操作员；消防的船员；破损控制的船员；准备救生艇筏的船员；客船上的集合乘客的人员。

③PSCO应核实船舶的工作语言。被指定协助乘客的船员应该能够在紧急情况下向乘客提供必要的信息。

④PSCO应确定，如果在演练中使用了UHF或VHF手持无线电，则船员熟悉该设备，他们知道接收盲点/盲区以及可用的替代通信方法。

⑤在进行演习时，PSCO应确定，驾驶台上有足够的人员以做出决定，在必要时驾驶船舶并处理可能发生的大量通信。

⑥当船舶遇到困难时，很可能需要诸如船舶营运人和区域救援协调中心等岸基组织的参与。PSCO应确认，船长和船员知道进行所需的岸基通信的程序以及如何建立此类通信。

（3）搜救计划

对客船，PSCO可核实船上有一份经批准的、在紧急情况中与有关搜救服务合作的计划。

（4）消防和弃船演练

①目睹消防和弃船演练的PSCO应保证船员熟悉其职责和正确使用船上的装置和设备。

②在设定演练情景、目睹演练并最后评估演练标准时，重要的是要强调，PSCO不是期待特殊的演练，特别是在货船上。要令PSCO满意的要点是：万一发生船上紧急情况，船员能组织成有效的团队以处理该紧急情况吗？船员能有效交流吗？船长能控制局面而且信息是来自/通往指挥中心吗？万一情况失控，船员能安全弃船吗？

③重要的是，在设定情景时，PSCO向船长解释清楚在演练过程中要求和期待什么，同时考虑到可能有语言困难。PSCO不应恫吓，不应在演练过程中干预，也不应提供建议。PSCO应往后站仅观察，做好记录。重要的是要强调，PSCO的作用不是教导或培训而是目睹。

④演练应以安全速度进行。PSCO不应期待见到实时开展的操作演练。在演练过程中，应注意确保每人都熟悉自己的职责和熟悉设备。必要时，如果PSCO认为船员的做法不安全，或者真出现紧急情况，应停止演练。

（5）消防演练

①PSCO可目睹由集合部署表上指定的船员开展的消防演练。在与船长协商后，可选择船上一个或多个具体位置模拟火情。可派一名船员到有关位置启动失火报警系统和使用其他发出警报的手段。

②在该位置上，PSCO能够向船员描述火情迹象，并观察火情报告如何传到驾驶台和破损控制中心。在这一时刻，大部分船舶会向船员发出报警，将灭火小组集合到他们的集

合站。PSCO应观察灭火小组到达现场、取出灭火设备并扑灭模拟的火。小组长们应视情况向他们的船员发出指示，并把报告情况的话传回驾驶台或破损控制中心。应看到灭火的船员正确戴上和使用个人设备。PSCO应查明所有器具是完整的。仅召集戴上用具的船员是不能令人满意的。可通过选择一位船员扮演伤者，观察船员对人员受伤做出的反应。

PSCO应观察如何传递消息以及担架和医疗小组如何响应。正确抬着担架穿过窄小的过道、门和梯道是困难的事，需要实践；

③演练应尽实际可能像真实情况那样进行；

④被指定其他与演练有关的职责的那些船员，例如照管应急发电机、二氧化碳间、洒水器和应急消防泵的船员，也应参与演练。PSCO可请那些船员解释他们的职责，并在可能时演示他们的熟练程度；

⑤在客船上，应特别注意被指定负责关闭手动操作门和阻火器的船员。这些关闭装置应由演练过程中负责模拟火情区域的人员操作。没有被指派到灭火小组的船员一般会被派到乘客居住处所的各个位置，以帮助撤离乘客。应请这些船员解释他们的职责和各种应急信号的含义，并指出有关区域的两个逃生通道，以及乘客在何处报到。被指定帮助乘客的船员应能够至少交流足够的信息，将乘客导向合适的集合和登艇站。

（6）弃船演练

①在与船长协商之后，PSCO可以要求一艘或多艘救生艇筏的弃船演练。该演练的实质是，救生艇筏配备集合部署表上指定的船员并由他们操作。如果可能，PSCO应把救助艇列入演练范围。《1974年安全公约》第Ⅲ章规定了弃船培训和演练的具体要求，其中下列原则最为相关。

②演练应尽实际可能像实际紧急情况那样进行。

③弃船演练应包括公约规定的内容。

④如果在演练过程中降下的救生艇不是救助艇，救助艇也应降下，同时考虑到在尽可能短时间内登、放艇。不要求在降放和回收救生艇过程中要有人在艇内，为演练目的而在降放过程中处于艇内的人数应由船长酌定。这样做的目的是减少降放和回收过程中的事故风险。

⑤各救生艇筏的存放应处于一直随时可用状态，以便两名船员可以在不到5 min时间内为登、放艇做好准备。

（7）封闭处所进入和救助演习

①经与船长磋商，PSCO可以要求开展封闭处所进入和救助演习。该演习的本质是确认船员熟悉进入封闭处所和安全救助人员的程序，能够演示封闭处所进入和救助演习，且在按计划进入封闭处所和(或)在紧急情况下进入封闭处所时，能够有效沟通。

②可挑选一个假定的封闭处所作为演习地点；无需挑选一个真正的封闭处所。

③PSCO应检查封闭处所的结构，演习的情景和适用的集合部署表上所列负责的高级船员。

④封闭处所进入和救助演习应包括：检查和使用进入所需的个人防护装备；检查和使用通信设备和程序；检查和使用测量封闭处所内气体的仪器；检查和使用救助设备和程序；急救和复苏技术说明。

（8）应急操舵演习

①经与船长磋商，PSCO可以要求应急操舵演习。该演习的本质是确认船员熟悉应急操舵的程序。

②PSCO可以检查驾驶台和舵机间的程序和通信方式。

③应急操舵演习应包括：在舵机间的直接操控；驾驶台的通信程序；对适用的替代动力的操作。

（9）破损控制图和船上油污应急计划和船舶海上污染应急计划

①PSCO可能确定客船上是否配备破损控制图以及船员是否熟悉他们的职责并正确使用船舶的破损控制设施和设备。同样适用于所有船舶上的油污应急计划和船舶海上污染应急计划（如适用）。

②PSCO可能确定船舶的高级船员是否意识到他们可利用的破损控制小册子的内容或破损控制图的内容。

③可能请高级船员解释在各种破损状态下该采取的行动。

④还可能请高级船员解释水密舱室的边界、其中的开口和关闭装置、其任何控制装置的位置以及纠正进水造成的任何侧倾的布置。

⑤高级船员对其船舶万一发生破损和一舱进水的纵倾和稳性影响以及要采取的应对措施应具备扎实的知识。

（10）防火控制图

①PSCO可能确定是否配备防火控制图或小册子以及船员是否熟悉防火控制图或小册子中的信息，油船船员应熟悉经批准的稳性仪。

②PSCO可能核实永久地张贴防火控制图以便为船舶高级官员提供指导。或者，还有防火控制图信息的小册子可提供给每一位高级船员，还应在船上易于到达之处随时提供一份。控制图和小册子应保持时新，任何改动应尽快反映在其中。

③PSCO可能确定负责的高级船员，特别是被指定集合部署表上有关职责者，意识到防火控制图和小册子提供的信息和在发生火情时如何行动。

④PSCO可能保证负责船舶的高级船员熟悉构成各防火区的主要构件和不同舱室的通道。

（三）附录8：ISM规则港口国监督导则（仅适用于大副）

1.总则

（1）《安全管理规则》通过SOLAS公约强制化。

（2）主管机关负责验证是否遵守《安全管理规则》的要求并向公司签发符合证明及向船舶签发安全管理证书。也可由主管机关或被认可组织（RO）开展该验证。

（3）PSCO不履行安全管理审核。《安全管理规则》审核是船旗国和公司的责任，且不属于港口国监督的范畴。PSCO对船舶进行的检查是一个抽样的过程，是在特定一天对船舶总体状态的记录。

（4）安全管理体系文件使用的是船舶的工作语言，PSCO可能无法理解。如果PSCO只能在他们可以理解其语言的船舶上审查安全管理体系文件，则该程序可能无法协调统一。

2.检查船舶

（1）初次检查

应按照《港口国监督程序》开展初次检查。在初次港口国监督检查中，PSCO应通过检查符合证明和安全管理证书，以验证船舶是否按照SOLAS公约的规定携带了国际安全管理规则的证书，需要考虑以下内容:

①船上应有符合证明的副本。但是按照SOLAS公约的规定，符合证明的副本无须核证或验证。符合证明的副本应有所要求的签注。

②只有在营运公司持有此类型船舶有效的符合证明时，安全管理证书才有效。安全管理证书中的船舶类型应包含在符合证明中，且符合证明与安全管理证书上的公司资料应一致。安全管理证书应有所要求的签注。

③临时符合证明的有效期不得超过12个月。临时安全管理证书的有效期不得超过6个月。在特殊情况下，或应另一国政府主管机关的要求，主管机关可将临时安全管理证书的有效期延长至期满之日起不超过6个月。

④在按照其内部程序准备长效证书时，被认可组织可签发不超过5个月的短期符合证明或安全管理证书。如果换证验证已经完成，且在现有证书到期日期之前，新的安全管理证书无法签发或放置在船上，主管机关或被认可组织可签注现有证书。此种证书应在期满之日起不超过5个月内被视为有效。

⑤如果安全管理证书到期时，船舶不在其被验证的港口，主管机关可延长安全管理证书的有效期，但给予此种延期仅限于允许船舶完成其到达被验证港口的航行，且只有在适当和合理的情况下才这样行事。

⑥任何安全管理证书的延期时间不得超过3个月，且获延期的船舶不应在抵达其被验证的港口后，在没有获得新的安全管理证书的情况下，凭借此延期离开该港口。当完成换证验证后，新的安全管理证书的有效期应在给予延期之前的，自现有安全管理证书期满之日起不超过5年内有效。

⑦如果在按照《港口国监督程序》和导则进行的初次检查中未发现与技术或操作有关的缺陷，则无须考虑《安全管理规则》方面。

（2）明显理由

①由于PSCO在港口国监督检查中不开展安全管理体系的安全管理审核，明显理由根据在此不适用。

②明显理由与后续更加详细的检查仅针对与技术或操作有关的缺陷。

（3）更详细的检查

对技术或运营有关的缺陷进行更详细的检查，则应按照《港口国监督程序》进行。在检查过程中发现的任何技术和与操作有关的缺陷，应由PSCO使用其专业判断单独或共同予以考虑，以表明：

①这些并未显示实施《安全管理规则》失败或缺乏有效性；或

②实施《安全管理规则》失败或缺乏有效性。

如果存在之前港口国监督检查中尚待解决的与安全管理相关的缺陷，且当前的港口国监督检查是在3个多月之后，PSCO将在本次港口国监督检查期间，通过检查导致签发安全管理缺陷的先前港口国监督检查报告的技术和/或操作缺陷方面，以验证公司所采取任何纠正行动的有效性。

3.后续行动

（1）技术、操作和安全管理缺陷

①《港口国监督程序》中所列关于报告和纠正技术或操作缺陷以及扣留和释放船舶的原则均适用。

②如果有报告的技术或操作缺陷，则：

无论是可滞留船舶还是不可滞留船舶，如果未显示实施《安全管理规则》失败或缺乏有效性，那么，均不应在港口国监督检查报告中报告安全管理缺陷。

其中至少一个不可滞留船舶的缺陷表明实施《安全管理规则》失败或缺乏有效性，港口国监督检查报告中将报告不可滞留的安全管理缺陷，并要求在3个月内采取纠正措施。

单独不会导致滞留船舶但是共同则需滞留船舶，表明实施《安全管理规则》严重失效或缺乏有效性，港口国监督检查报告中将报告安全管理缺陷，要求在解除滞留船舶之前，主管机关或被认可组织开展安全管理审核。

其中至少一个可滞留船舶的缺陷表明实施《安全管理规则》的严重失效或缺乏有效性，港口国监督检查报告中将报告可滞留的安全管理缺陷，要求在解除滞留船舶之前，主管机关或被认可组织开展安全管理审核。

如果PSCO认为一个或多个技术和/或操作缺陷与《安全管理规则》相关，则应将其记录为只有一个安全管理缺陷。

③PSCO将验证任何纠正措施的有效性。如果在对要求3个月内对与安全管理缺陷有关方面的纠正措施的检查发现不满意，则将提出新的可滞留船舶的安全管理缺陷，要求主管机关或被认可组织开展安全管理审核。在这种情况下，PSCO应采用以下程序：

在导致签发之前安全管理缺陷的相同方面记录一个或多个技术或操作缺陷，无论是否可以滞留船舶；

将缺陷标记为“安全管理相关的”，并附加以下文字：“此缺陷表明，在________港口国监督检查中发现未有效实施《安全管理规则》的安全管理缺陷”；

记录一个新的可滞留船舶的安全管理缺陷，要求在解除滞留船舶之前，主管机关或被认可组织开展安全管理审核。

（2）不足以扣船的缺陷

符合证明、临时符合证明、安全管理证书或临时安全管理证书中的轻微打印错误应在港口国监督检查报告中被记录为与证书有关的技术缺陷，而非记录为安全管理缺陷。

4.可滞留船舶的缺陷

（1）技术和/或操作性质的缺陷单独或共同表明了实施《安全管理规则》的严重失效或缺乏有效性的客观证据；

（2）船上无安全管理证书、临时安全管理证书和/或符合证明副本或临时符合证明；

（3）船上无有效的安全管理证书或临时安全管理证书；

（4）安全管理证书的中期验证过期；

（5）安全管理证书失效且无主管机关进行延期的客观证据，或主管机关已经撤销安全管理证书；

（6）符合证明或临时符合证明失效或被撤销；

（7）安全管理证书或临时安全管理证书上标明的船舶类型未列在符合证明或临时符合证明上；

（8）船上无符合证明年度验证的证据；

（9）符合证明副本上的证书编号和签注页不相同；

（10）符合证明或临时符合证明上的公司名称、公司地址或签发政府当局与安全管理证书或临时安全管理证书上的不一致。

5.报告

（1）技术和操作相关的缺陷

①按照《港口国监督程序》，所有技术和/或操作缺陷应在港口国监督检查报告中被记录为一个单独的缺陷。

②带有符合证明/安全管理证书或临时符合证明/安全管理证书缺陷项的技术缺陷应在港口国监督检查报告中分别被记录为符合证明或安全管理证书的缺陷编号。

（2）安全管理缺陷

如果PSCO已经考虑了所发现的技术和/或操作缺陷，并做出结论认为这些提供了实施《安全管理规则》的失效、严重失效或缺乏效率的客观证据，应在港口国监督检查报告中记录为安全管理缺陷。

（四）附录11：关于海员发证、配员和休息时间的港口国监督官员导则

1.配员

（1）如果船舶已按照其船旗国颁发的安全配员证书或其等效文件进行了配员，则PSCO应认可该船已安全配员，除非该证书或文件的签署明显忽略了有关文件所规定的原则。

（2）如果实际船员人数或组成与配员证书不符，港口国应要求船旗国就是否允许该船在其实际人数和组成的情况下开航提出意见。此种要求或答复应以迅捷的方式进行，双方均可要求采用书面形式通信。如果船员实际人数和组成仍未符合安全配员证书，或船旗国主管机关未提出该船可以开航，在充分考虑滞留的标准后，可考虑对该船予以滞留。

（3）如果船舶不具备安全配员证书或其等效文件，港口国应要求船旗国明确其所要求的船员人数和组成并尽快签发配员文件。

（4）如果船员实际人数和组成与收到的船旗国的具体规定不符，应适用上述（2）的程序。

（5）如果船旗国对此要求不做反应，将被视为明显依据对该船进行详细检查，以确

保船员人数和组成满足要求。在考虑了滞留标准并在保证安全的前提下，方可允许该船开航。但在任何此类情况下，所适用的最低标准不应严于适用于悬挂该港口国国旗船舶的标准。

2. 按照STCW 78公约进行的监督

PSCO进行的监督应局限于下列内容：

（1）核实船上要求持证的船员均持有适当的证书或有效的免除证书，或提供已向主管机关提交办理签注申请的证明文件；

（2）核实船上船员人数和船员证书符合与其适用的主管机关有关安全配员的要求；

（3）如果由于发生下述情况，有明显依据认为船舶未能保持上述标准，评估船上船员保持公约要求的值班标准的能力：

①船舶发生碰撞、触底或搁浅；

②船舶在航行中、在锚地或在泊位发生任何国际公约确定的非法物质排放；

③船舶采用不稳定或不安全的方式操纵，未遵守本组织通过的船舶定线措施或安全航行的惯例和程序；

④以其他危及人员、财产或环境的方式或危及保安的方式操纵船舶。

六、港口国检查备忘录组织

港口国谅解备忘录是指港口国当局建立并保持有效的港口国监督体系，以促成各成员方有效、统一执行IMO或ILO相关国际公约，以达到对外国籍商船实施港口国监督，确保其符合相应的标准，并最终消除低标准船在该区域内的运营。世界上主要PSC检查合作组织与国家如下：

（一）巴黎谅解备忘录（Paris MoU）

该备忘录于1982年7月1日签署。当前，巴黎备忘录地区的成员达到27个，包括比利时、保加利亚、加拿大、克罗地亚、塞浦路斯、丹麦、爱沙尼亚、芬兰、法国、德国、希腊、冰岛、爱尔兰、意大利、拉脱维亚、立陶宛、马耳他、荷兰、挪威、波兰、葡萄牙、罗马尼亚、俄罗斯、斯洛文尼亚、西班牙、瑞典、英国等。

巴黎谅解备忘录是世界上成立最早的备忘录组织，也是最有影响力的备忘录组织之一，其推出的新选船机制已在全世界范围内得到推广。

（二）拉丁美洲协定（Viña del Mar Agreement）

拉丁美洲协定于1992年11月5日签署。拉丁美洲协定的当前地区成员共有15个，即阿根廷、玻利维亚、巴西、智利、哥伦比亚、古巴、委内瑞拉、乌拉圭、多米尼加、秘鲁、巴拿马、墨西哥、洪都拉斯、危地马拉、厄瓜多尔等。

（三）东京谅解备忘录或亚太地区备忘录（Tokyo MoU）

东京谅解备忘录于1993年12月1日签署，我国于1994年4月11日签署加入。当前，其成员遍布太平洋东西两岸，包括中国、日本、韩国、菲律宾、加拿大、俄罗斯、澳大利亚、智利、斐济、印度尼西亚、马来西亚、马绍尔群岛、越南、瓦努阿图、泰国、新加坡、秘鲁、巴布亚新几内亚、新西兰等。

（四）加勒比地区谅解备忘录（Caribbean MoU）

该备忘录于1996年2月9日签署，共有24个成员，即安圭拉岛、安提瓜岛和巴布达岛、阿鲁巴岛、巴哈马、巴巴多斯、伯利兹、古巴、库拉索岛、百慕大群岛、英属维尔京群岛、开曼群岛、多米尼加岛、格林纳达、圭亚那、牙买加、梦特色拉特岛、荷兰、荷属安的列斯、圣基茨和尼维斯、圣卢西亚岛、圣文森特和格林纳丁斯、苏里南、特立尼达和多巴哥、特克斯和凯斯群岛等。

（五）地中海谅解备忘录（Mediterranean MoU）

该备忘录于1997年7月11日签署，共有10个成员包括阿尔及利亚、塞浦路斯、埃及、以色列、约旦、黎巴嫩、马耳他、摩洛哥、突尼斯、土耳其等。

（六）印度洋谅解备忘录（Indian Ocean MoU）

该备忘录于1998年6月5日签署，共有21个成员，包括澳大利亚、孟加拉国、科摩罗、吉布提、厄立特里亚、埃塞俄比亚、留尼旺（法）、印度、伊朗、肯尼亚、马尔代夫、毛里求斯、莫桑比克、缅甸、阿曼、塞舌尔、斯里兰卡、苏丹、南非、坦桑尼亚、也门等。

（七）阿布扎谅解备忘录（Abuja MoU）

该备忘录于1999年10月22日签署，也称为“非洲西部和中部备忘录”（West and Central Africa MOU），共有22个成员，包括安哥拉、贝宁湾、喀麦隆、佛得角、刚果、科特迪瓦、刚果民主共和国、赤道几内亚、加蓬、冈比亚、加纳、几内亚、几内亚比绍、利比里亚、毛里塔尼亚、纳米比亚、尼日利亚、圣多美和普林西比、塞拉利昂、多哥、南非、塞内加尔等。

（八）黑海谅解备忘录（Black Sea MoU）

该备忘录于2000年4月7日签署，共有6个成员，包括保加利亚、格鲁吉亚、罗马尼亚、俄罗斯、土耳其和乌克兰等。

（九）利雅得谅解备忘录（Riyadh MoU）或海湾地区谅解备忘录（Gulf Region）

该备忘录于2004年6月30日签署，共有6个成员，包括巴林、科威特、阿曼、卡塔尔、沙特阿拉伯和阿联酋等。

（十）美国海岸警卫队（USCG）

美国由USCG实施独立的港口国监督检查。

现在PSC网络已覆盖了世界绝大部分的港口和地区。这些地区的港口国监督组织的建立和运行为提高船舶营运的安全性和防止船舶污染海洋环境起到了积极而有效的作用。

第六节 国际卫生条例

一、条例简介

《国际公共卫生条例》于1951年经第四届世界卫生大会通过，作为防止指定传染病在国际传播的措施以及这些疾病的报告和通知病例要求的第一个单一国际法规。其宗旨是最大限度地防止疾病在国际传播，保障安全，同时又尽可能小地干扰世界交通运输和贸易。该条例于1969年为《国际卫生条例》所取代，其后于1973年经修订增加了对霍乱的检疫，并于1981年做出修订，取消了对天花的国境卫生检疫。1969年版《国际卫生条例》主要针对鼠疫、霍乱和黄热病三种传染病实施国境卫生检疫。2005年版《国际卫生条例》（International Health Regulations，IHR）共66条9个附件，于2007年6月15日起生效。

二、定义

（1）“受染”是指受到感染或污染或携带感染或污染源以至于构成公共卫生危害的人员、行李、货物、集装箱、交通工具、物品、邮包或骸骨。

（2）“受染地区”是指世卫组织依据本条例明确建议采取卫生措施的某个地理区域。

（3）“主管当局”是指根据本条例负责执行和采取卫生措施的当局。

（4）“灭鼠”是指在入境口岸采取卫生措施控制或杀灭行李、货物、集装箱、交通工具、设施、物品和邮包中存在的传播人类疾病的啮齿类媒介的程序。

（5）“消毒”是指采用卫生措施利用化学或物理制剂的直接作用控制或杀灭人体或动物身体表面或行李、货物、集装箱、交通工具、物品和邮包中（上）的传染性病原体的程序。

（6）“除虫”是指采用卫生措施控制或杀灭行李、货物、集装箱、交通工具、物品和邮包中传播人类疾病的昆虫媒介的程序。

（7）“卫生措施”是指为预防疾病或污染传播实行的程序，不包括执行法律或安全措施。

（8）“感染”是指感染性病原体进入人体和动物身体并在体内发育或繁殖，并可能构成公共卫生危害。

（9）“检查”是指由主管当局或在其监督下检查地区、行李、集装箱、交通工具、设施、物品或邮包（包括相关资料和文件），以确定是否存在公共卫生危害。

（10）“隔离”是指将病人或受染者或受染的行李、集装箱、交通工具、物品或邮包与其他个人和物体隔离，以防止感染或污染扩散。

（11）“检疫”是指限制有嫌疑但无症状的个人或有嫌疑的行李、集装箱、交通工具或物品的活动和（或）将其与其他的个人和物体隔离，以防止感染或污染的可能传播。

三、公共卫生措施

（一）到达和离开时的卫生措施

缔约国出于公共卫生目的可要求在（运输工具）到达或离开时，了解有关旅行者旅行路线，以确认到达前是否在受染地区或其附近进行过旅行或可能接触感染或污染，以及检查旅行者的健康文件（如果按IHR需要此类文件）。

（二）过境船舶

缔约国在下列情况下不得采取卫生措施：

（1）不是来自受染地区，在前往另一国家领土港口的途中经过该缔约国领土的沿海运河或航道的船舶，在主管当局监督下应当允许任何此类船舶添加燃料、水、食物和供应品；

（2）通过该缔约国管辖的航道，但不在港口或沿岸停靠的任何船舶。

四、受染交通工具和入境口岸的船舶

（一）受染交通工具

（1）如果根据公共卫生危害的事实和证据发现交通工具舱内存在着临床迹象或症状和情况（包括感染和污染源），主管当局应当认为该交通工具受染，并可对交通工具进行消毒、除污、除虫或灭鼠。

（2）主管当局可执行补充卫生措施，包括必要时隔离交通工具，以预防疾病传播。

（3）如果入境口岸的主管当局不具备执行本条要求的控制措施的实力，受染交通工具在符合以下条件的情况下可允许离港：

①主管当局应当在离港之际向下一个已知入境口岸的主管当局提供信息；

②如为船舶，则在船舶卫生控制措施证书中应当注明所发现的证据和需要采取的控制措施，应当允许任何此类船舶在主管当局监督下添加燃料、水、食品和供应品。

（二）入境口岸的船舶

（1）除另有规定之外，不应当因公共卫生而阻止船舶在任何入境口岸停靠。但是，如果入境口岸不具备执行IHR规定的卫生措施的能力，可命令船舶在自担风险的情况下驶往可到达的最近适宜入境口岸，除非该船舶有会使更改航程不安全的操作问题。

（2）除另有规定之外，缔约国不应当出于公共卫生理由拒绝授予船舶“无疫通行”；特别是不应当阻止它上下乘员、装卸货物或储备用品，或添加燃料、水、食品和供应品。缔约国可在授予“无疫通行”前进行检查，若舱内发现感染或污染源，则可要求进行必要的消毒、除污、灭虫或灭鼠，或者采取其他必要措施防止感染或污染传播。

（3）在可行的情况下和按上一款，缔约国如根据船舶到达前收到的信息认为该船舶的到达不会引起或传播疾病，则应当通过无线通信或其他通信方式授予无疫。

（4）船长或其代理在到达目的地港口前应当将舱内任何显示出某种传染病迹象的患病者的情况或存在公共卫生危害的证据在船长获知存在这类病情或公共卫生危害后便尽早通知港口管制部门。此信息必须立即告知港口的主管当局。在紧急情况下，船长应直接向有关港口主管当局通报此类信息。

（5）如由于非船长所能控制的原因，嫌疑受染或受染的船舶停泊于不是原定到达的港口，则应当采取以下措施：

①船长或其他负责人应当尽一切努力立即与最近的主管当局联系；

②除非出于紧急情况或与主管当局进行联系的需要，或得到主管当局的批准，否则搭乘船舶的旅客不得离开船舶附近，也不得从船舶附近移动货物；

③在执行主管当局要求的所有卫生措施后，如果此类措施圆满完成，则船舶可继续前往原定停泊的港口，或如因技术原因不能在这里停泊，可前往位置方便的港口。

（6）虽然有本条所含的条款，船长可为了舱内旅客的健康和安全而采取认为必需的紧急措施。船长应就按本款采取的任何措施尽早告知主管当局。

五、卫生文件

（一）疫苗接种或其他预防措施证书

（1）按IHR或建议对旅行者进行的疫苗接种或预防措施以及与此相关的证书应当符合IHR附件6（疫苗接种、预防措施和相关证书）的规定，适用时应当符合IHR附件7（对于特殊疾病的疫苗接种或预防措施）要求有关特殊疾病的规定。

2014年5月，第67届世界卫生大会通过了WHA67.13号决议（2014年），对条例附件7进行更新和修订，于2016年7月11日生效并对条例所有缔约国具有法律约束力。主要修改内容包括：在国际旅行方面，黄热病疫苗接种国际证书的有效期以及黄热病疫苗接种后防止感染的保护效果从10年改为接种者（旅行者）终生。因此，自2016年7月11日起，任何缔约国都不得作为入境条件要求国际旅行者重新接种或续种黄热病疫苗，不论其持有的是现有证书还是新证书，也不论证书的初次签发日期是何时。

这些证书的终生有效期对2016年7月11日以后签发的证书以及此前已经签发的证书自动适用。

（2）除非主管当局有可证实的迹象和（或）证据表明疫苗接种或其他预防措施无效，否则持有疫苗接种或其他预防措施证书的旅行者不应当由于证明中提及的疾病而被拒绝入境，即使该旅行者来自受染地区。

（二）航海健康申报单

（1）船长在到达缔约国领土的第一个停靠港口前应当查清船上的健康状况，而且除非缔约国不要求，否则船长应当在船舶到达后，或到达之前（如果船舶有此配备且缔约国要求事先提交），填写航海健康申报单，并提交给该港口的主管当局；如果带有船医，航海健康申报单则应当有后者的副签。

（2）船长或船医（如果有）应当提供主管当局所要求的有关国际航行中船上卫生状况的任何信息。

（3）缔约国可决定：

①免予所有到港船舶提交航海健康申报单；或

②根据对来自受染地区的船舶的建议，要求提交航海健康申报单或要求可能携带感染或污染的船舶提交此文件。

（三）船舶卫生控制证书

（1）船舶免于卫生控制证书和船舶卫生控制证书的有效期最长应为6个月。如果所要求的检查或控制措施不能在港口完成，则此期限可延长1个月。

（2）如果未出示有效的船舶免于卫生控制证书或船舶卫生控制证书，或在舱内发现公共卫生危害的证据，则缔约国可根据相应条款行事。

（3）只要有可能，控制措施就应当在船舶和船舱腾空时进行。如果船舶有压舱物，则应在装货前进行。

（4）如需要采取控制措施，并圆满完成，主管当局应当签发船舶卫生控制证书，注明发现的证据和采取的控制措施。

（5）主管当局如对船舶无感染或污染（包括媒介和宿主）状况表示满意，可在规定的任何港口签发船舶免于卫生控制措施证书。当船舶和船舱腾空时或只剩下压舱物或其他材料（按其性质和摆放方式可对船舱进行彻底检查）时只有对船舶进行检查后一般才应签发证书。

（6）如果执行控制措施的港口主管当局认为，由于执行措施的条件有限，不可能取得满意的结果，则主管当局应当在船舶卫生控制证书上如实注明。

第七节 国际航行船舶应随船携带的证书和其他文件

船舶根据其类型、吨位、船长、航区、用途、货载等不同而需配备各类证书和文件。船舶的证书和文件是船舶抵达、停留和离开港口时港口当局检查的重要内容之一，也是船舶正常营运必须具备的条件。

IMO便利委员会在其第41届会议上，海上环境保护委员会在其第70届会议上，海上安全委员会在其第97届会议上，法律委员会在其第104届会议上，通过了《2017年要求船上具备的证书和文件清单》的通函。应具备的所有证书必须有效，如相关国际公约或文件有要求时，应以与其范本一致的格式编制。

以下参考上述通函和《2021年港口国监督程序》〔A.1155(31)〕附录12（证书及文件清单），列出船上应携带的证书及文件清单，不包括其他国际组织或政府当局要求的证书或文件。

一、适用相关公约的所有船舶应具备的证书和文书

（一）国际吨位公约要求的吨位证书

国际吨位证书（1969）长期有效，对按《国际吨位公约1969》确定了总吨位和净吨位的每艘船舶，应签发国际吨位证书（1969）。

（二）国际载重线公约要求的证书

1. 国际载重线证书

视具体情况按《1966年国际载重线公约》或经其1988年议定书修订的该公约的规定，对已经检验并勘划载重线标志的每艘船舶，应根据该公约的规定签发国际载重线证书。

证书有效期不超过5年。

2. 国际载重线免除证书

对根据载重线公约或经1988年议定书修订的该公约第6条的规定准予免除的任何船舶，应签发国际载重线免除证书。

证书有效期依免除类别不超过5年或单航次有效。

（三）SOLAS公约要求的证书

1. 免除证书

根据SOLAS公约各条款的规定，对船舶准予免除某项规定后，除签发本条所述的证书以外，还应予签发免除证书。

有效期不应长于其有关证书的有效期限。

2. 涂层技术案卷

涂层技术案卷包含涂装于所有类型船舶专用海水压载舱和船长150 m及以上的散货船双舷侧处所涂层系统技术条件，船厂和船东的涂装工做记录，涂层系统的详细标准，工作说明书，检查、维护、保养修理和修理报告，应在船舶整个寿命期间保存在船上并予以维护。

3. 应急拖带程序

所有船舶须配备船舶专用应急拖带程序。该程序须备于船上供应急情况下使用，并依照IMO制定的导则制定。

4. 建造图纸

在2007年1月1日或以后建造的船上，应保存一套建造完工图纸和表明任何后续结构改装的其他图纸。

5. 船舶建造案卷

包含具体信息的船舶建造案卷，应保存在下列船长150 m及以上的下列油船，和在货物处所中建有单层甲板、顶边舱和底边舱的船长为150 m及以上的下列散货船，不包括矿砂船和兼装船：

（1）2016年7月1日或以后签订建造合同；

（2）虽无建造合同，但2017年7月1日或以后安放龙骨或处于类似建造阶段；

（3）2012年7月1日或以后交船，其所携船舶建造案卷应有规则和指南规定的资料，并在船舶整个寿命期间视具体情况更新以便利安全操作、维护、保养、检验、修理和应急措施。

6. 噪声检验报告

根据SOLAS公约和《船上噪声等级规则》（Noise规则），适用于1 600总吨及以上的新船，不包括动力支承船、高速船、渔船、铺管船、起重船、海上移动式钻井平台、非商业用游艇、军舰和运兵船、非机械推进船舶、打桩船和挖泥船。船上应始终携有一份噪声检验报告并可供船员使用。

7. 稳性资料

根据SOLAS公约和LL公约，所有客船不论其大小和所有船长为24 m及以上的货船，应在完工后进行倾斜试验和确定其稳性要素。应向船长提供稳性资料，其中包括的必需资料应能使船长能在各种营运工况下以迅速而简便的方式得到关于船舶稳性的准确指导以维持所要求的完整稳性和破损稳性。对于散货船，散货船手册中所需资料可包括在稳性资料中。

8. 破损控制图和手册

在客船和货船上应有永久展示的控制图，该图清晰地标明各层甲板及各货舱的水密舱室限界、限界上的开口及其关闭装置和关闭装置的控制位置，以及扶正由于浸水产生的横倾的装置。应给船上高级船员提供包含上述资料的小册子。

9. 操纵手册

船上应备有试航时的停车滑行时间、艏向和船舶航行距离的记录，以及为确定多螺旋桨船舶在一个或几个螺旋桨失效时的航行和操纵能力所做试验的结果，以供船长或指定人员使用。

10. 替代设计与布置的证明

如适用，船上应备有经主管机关认可的证明有关替代设计与布置符合公约规定的评估报告的副本。

11. 维护保养图

维护保养图应包括关于SOLAS公约要求的防火系统和灭火系统及设备的必需信息。对于液货船和载客36人以上的客船，需符合额外的规定要求。

12. 船上培训和演习记录

应按SOLAS公约相关条款的规定进行消防演习并做记录。

13. 消防安全培训手册

培训手册应用船舶的工作语言写成，并应在每一船员餐厅和娱乐室或在每一船员居住舱室配备一份培训手册。手册应包含公约所要求的须知和资料。这些资料的一部分可以用视听辅助教材形式提供，用以替代手册。

14. 防火控制图/小册子

总布置图应永久展示以指导高级船员，图上应清楚地标明每层甲板的控制站，各防火区段连同探火和失火报警系统及灭火设备等细节。作为替代，经主管机关决定，上述细节可列入一份小册子，每个高级船员人手一份，另有一份应始终放于船上易于获取的地方，以供随时取用。控制图和小册子应保持更新；任何改动应尽可能随时记录。应在甲板室外面有明显标志的风雨密盒中永久存放一套防火控制图的副本或一份含有防火控制图的小册子，供岸上消防人员使用。

15. 消防安全操作手册

消防安全操作手册应包含与消防安全有关的船舶安全操作和货物装卸操作的必需信息和须知。手册应用船舶的工作语言写成，并应在每一船员餐厅和娱乐室或在每一船员居住舱室配备一份手册。该手册可与消防安全培训手册合并。

16. 直升机设施操作手册

每一直升机设施，如配备，应备有一份操作手册，包括一份对安全预防措施、程序和设备要求的说明和一份检查清单。此手册可为船舶应急响应程序的一部分。

17. 当前救生艇承载释放系统更换装置的验收证明

对所有船舶，在不迟于2014年7月1日以后第1个计划的干坞期，但不迟于2019年7月1日，其不符合《国际救生设备规则》要求的救生艇承载释放装置须更换为符合该规则的设备。

18. 应变部署表与应变须知

所有船舶应备有满足公约相关条款要求的应变部署表和应变须知，并应在全船各显著部位展示，包括驾驶室、机舱和船员起居处所。

如为客船，这些须知应使用船旗国要求的一种或数种语言以及英文写成。

19. 船舶具体的营救落水人员的计划和程序

所有船舶应备有具体的营救落水人员的计划和程序。2014年7月1日以前建造的船舶，应在2014年7月1日以后的第一次设备安全定期检验或换证检验（取较早者）之前符合本要求。客滚船符合客滚船救助设备的要求应视为符合本条要求。本计划和程序应视为ISM规则第8章要求的应急部署的一部分。

20. 培训手册

培训手册可分成若干分册，应包含关于船上所配备的救生设备和最佳救生方法的须知和资料并应用易懂的措辞写成，如有可能应配以图解说明。这些资料的任何部分都可以用视听辅助教材形式提供，用以替代手册。

21. 无线电记录

应保存一份使主管机关满意并符合《无线电规则》要求的无线电记录，该记录应记载对于海上人命安全显然具有重要性的与无线电通信业务有关的所有遇险事故。

22. 最低安全配员证明

SOLAS公约第Ⅰ章所适用的每艘船舶，均应备有一份主管机关签发的适当的安全配员文件或等效文件，作为最低安全配员的证据。

23. 航行数据记录仪系统符合证书

航行数据记录仪系统，包括所有传感器，应做年度性能试验。试验应由认可的试验或检修机构进行，以验证所记录数据的精度、持续时间和可恢复性。此外还应进行试验和检查，以确定所有防护外罩和辅助定位装置的适用性。船上应保留一份由试验机构颁发的载明符合日期和适用性能标准的符合证书。

24. AIS测试报告

自动识别系统（AIS）应由认可的验船师或认可的试验或检修机构进行年度测试。应在船上保留一份试验报告的副本，且该报告应符合海安会相关通函附件所载的标准格式。

25. 海图和航海出版物

用于预定航程的海图和航海出版物应充足并保持更新。电子海图显示与信息系统（ECDIS）也被视为满足此处的海图配备要求。

26. LRIT符合性测试报告

在符合性测试合格后，主管机关或代表主管机关进行符合性测试的ASP应签发符合性测试报告，该报告的格式应参照海安会相关通函所载的范本。

27. 国际信号规则和一份IAMSAR手册第Ⅲ卷

须配备无线电装置的所有船舶应备有《国际信号规则》；所有船舶均应备有一份最新的《国际航空和海上搜救（IAMSAR）手册》第Ⅲ卷。

28. 引航员登乘软梯记录

所有引航员软梯应使用标签或其他永久性标记清晰地标识供引航员登离船使用，从而能为检验、检查和保持记录识别每个装置。船上对于所标识的软梯投入使用和进行任何修理的日期应保留一份记录。

29. 航行活动的记录

所有从事国际航行的船舶应在船上保留一份有关航行活动和事件的记录，包括演习和出发前测试。如果船舶的航海日志中未记载这种信息，则应以主管机关认可的其他形式做记录。

30. 货物系固手册

在整个航程中，除散装固体和液体货物以外的所有货物、货物单元和货物运输单元，应按照主管机关认可的《货物系固手册》进行装载、积载和系固。对于具有滚装处所的船舶，应在离开泊位之前按照《货物系固手册》完成所有这些货物、货物单元和货物运输单元的系固。载运除固体和液体散货外的各种货物的所有类型的船舶均须备有《货物系固手册》，该手册的编制标准至少应与本组织制定的指南相当。

31. 物质安全数据单（MSDS）

载运经1978年议定书修订的《1973年国际防止船舶造成污染公约》附则Ⅰ第1条中定义的油类或燃油的船舶，应在装载散装货油或添加燃油前，按IMO制定的建议案备有物质安全数据单。

32. 安全管理证书

主管机关或其认可的组织应为每艘船舶签发安全管理证书。在签发安全管理证书前，主管机关或其认可的组织应验证该公司及其船上管理符合经认可的安全管理体系的要求。

证书有效期不超过5年。

33. 符合证明

应为符合ISM规则要求的每一公司签发符合证明。船上应存有一份该证明的副本。

证书有效期不超过5年。

34. 国际船舶保安证书（ISSC）或临时国际船舶保安证书

主管机关或其认可的组织应为每艘船舶签发国际船舶保安证书（ISSC）以验证船舶符合SOLAS公约第Ⅺ-2章和ISPS规则A部分的海上保安规定。可按ISPS规则A部分的相关条款签发临时ISSC。

证书有效期不超过5年。

35. 连续概要记录（CSR）

对公约第Ⅰ章适用的每艘船舶应签发连续概要记录。连续概要记录就其中所记录的信息在船上提供一份船舶历史记录。

36. 船舶保安计划和相关记录

每艘船舶应在船上备有一份经主管机关批准的船舶保安计划。该计划应对ISPS规则A部分中定义的3个保安等级做出规定。船舶保安计划所涉及的下列活动的记录应至少按主管机关规定的最少期限保存在船上：

（1）培训和演习；

（2）保安威胁和保安事件；

（3）保安状况受到破坏；

（4）保安等级的变化；

（5）关于诸如对船舶或对船舶所在或曾停留港口设施的特定威胁等船舶直接保安状况的通信；

（6）保安活动的内部审核和评审；

（7）船舶保安评估的定期评审；

（8）船舶保安计划的定期评审；

（9）保安计划任何修正案的执行；

（10）船上任何保安设备的维护保养、校准和测试，包括船舶保安警报系统的测试。

（四）MARPOL公约要求的证书和文书

1. 国际防止油污证书

对驶往MARPOL其他缔约国管辖范围内的港口或近海装卸站的150总吨及以上的任何油船以及400总吨及以上的任何其他船舶，经按MARPOL附则Ⅰ规定检验之后，应签发国际防止油污证书。该证书视具体情况附有非油船船舶构造和设备记录（格式A）或油船船舶构造和设备记录（格式B）。

证书有效期不超过5年。

2. 油类记录簿

每艘150总吨及以上的油船以及每艘400总吨及以上除油船外的其他船舶，均应备有一份油类记录簿第Ⅰ部分（机器处所作业）。每艘150总吨及以上的油船，还应备有一份油类记录簿第Ⅱ部分（货物/压载作业）。

3. 船上油污应急计划

每艘150总吨及以上的油船和每艘400总吨及以上除油船外的其他船舶，均应在船上备有一份经主管机关批准的船上油污应急计划。

4. 国际防止生活污水污染证书

按MARPOL附则Ⅳ第4条的规定对要求符合该附则的规定并驶往其他缔约国管辖范围内的港口或近海装卸站的任何船舶进行初次或换证检验后，应签发国际防止生活污水污染证书。

证书有效期不超过5年。

5. 生活污水排放速率批准书

除客船外的所有船舶在所有区域和客船在特殊区域以外，集污舱中储存的未经处理的生活污水应以经主管机关根据IMO制定的标准中等速率排放。

6. 垃圾管理计划

每艘100总吨及以上的船舶和每艘核定载运15名或以上人员的船舶，均应备有一份船员应遵守的垃圾管理计划。

7. 垃圾记录簿

驶往其他缔约国管辖范围内的港口或近海装卸站的每艘400总吨及以上的船舶和每艘

核定载运15名或以上人员的船舶，以及所有从事海底勘探和开发的固定和浮动平台，均应备有一份垃圾记录簿。

8. 国际防止空气污染证书

对1997年议定书生效以前建造的船舶应签发国际防止空气污染证书。对任何驶往其他缔约国管辖范围内的港口或近海装卸站的400总吨及以上的船舶和驶往1997年议定书其他缔约国主权或管辖海域的平台和钻井装置应签发国际防止空气污染证书。

证书有效期不超过5年。

9. 国际能效证书

对任何驶往其他缔约国管辖范围内的港口或近海装卸站的400总吨及以上的船舶，在按规定进行了检验后，应在其开航前为其签发国际能效证书。

10. 消耗臭氧物质记录簿

具有含消耗臭氧物质的可重新充注系统且受MARPOL附则Ⅵ第6.1条约束的每艘船舶，应保留一份消耗臭氧物质记录簿。

11. 燃油转换程序和航海日志（燃料转换记录）

使用分开的燃油以符合MARPOL附则Ⅵ第14.3条并进入或离开排放控制区域的船舶，应携有一份书面程序表明如何进行燃油转换。在进入排放控制区域前完成燃油转换作业或在离开该区域后开始燃油转换作业时，应将每一燃油舱中的低硫燃油的容量以及日期、时间及船舶位置记录在主管机关规定的航海日志中。

12. 制造厂的焚烧炉操作手册

按MARPOL附则要求，安装的焚烧炉应配有一份制造厂的操作手册，其应与焚烧炉放在一起。

13. 燃油交付单和交付燃油的代表样品

燃油交付单和交付燃油的代表样品应按照MARPOL附则Ⅵ相关条款要求保存在船上。

14. 能效设计指数技术案卷

能效设计指数技术案卷适用于属于MARPOL附则Ⅵ相关条款的一个或多个类别的船舶。

15. 船舶能效管理计划（SEEMP）

400总吨及以上的所有船舶，不包括平台（包括FPSO和FSU）和钻井装置，不论其采用何种推进方式，应在船上保存一份具体的船舶能效管理计划（SEEMP）。该计划可为船舶安全管理体系（SMS）的一部分。

16. 焚烧炉型式认可证书

2000年1月1日或以后建造的船舶上的每一焚烧炉或2000年1月1日或以后安装在船上的每一焚烧炉均应符合公约要求。符合该要求的每一焚烧炉应经主管机关根据IMO制定的船上焚烧炉标准技术条件予以认可。

主管机关可以允许在2005年5月19日以前安装上船的焚烧炉免除上述要求，只要该船仅航行于悬挂其国旗的该国主权或管辖的水域内。

（五）氮氧化物技术规则（NO_x Technical规则）要求的证书和文书

1. 发动机国际防止空气污染证书（EIAPP证书）

有效的EIAPP证书证明船用发动机符合适用的氮氧化物排放限值。

2. 技术案卷

每一安装在船上的发动机均应备有一份技术案卷。该技术案卷应由发动机发证申请方编制并经主管机关认可，并要求在发动机的整个船上使用期内伴随发动机。技术案卷应包括NO_x技术规则中所述的资料。

3. 发动机参数记录簿

如使用符合NO_x技术规则的发动机参数检查方法验证符合性，对发动机在其前期发证后进行的任何调整或改装均应完整记录在发动机参数记录簿上。

（六）STCW公约要求证书和文书

1. 船长、高级船员或普通船员证书

对满足《1978年海员培训、发证和值班标准国际公约》所附STCW规则规定的工作、年龄、健康、培训、资格和考试要求并使主管机关满意的申请者，应签发船长、高级船员或普通船员证书。证书的格式满足STCW规则的要求。证书的正本必须保存在持证者工作的船上。

2. 休息时间记录

海员（值班人员）每天休息时间记录应保留在船上。

（七）《2001年国际控制船舶有害防污底系统公约》（AFS公约）证书和文书

1. 国际防污底系统证书

对400总吨及以上从事国际航行的船舶（固定或浮动平台、FSU和FPSO除外），应在检查和检验后签发国际防污底系统证书以及防污底系统记录。

2. 防污底系统声明

船长24 m或以上但小于400总吨的从事国际航行的船舶（固定或浮动平台、FSU和FPSO除外）应有船东或船东授权代理机构签署的声明。

3. 防污底系统记录

国际防污底系统证书和防污底系统声明还应辅以适当的单证（例如油漆收据或承包商的发票）或包括适当的签字。

4. 涂层技术卷宗

涂层技术卷宗包括：如使用封闭涂层，应包括封闭涂层的相关信息，如名称、类型、颜色等；涂装施工程序，包括清除原涂层的程序（如适用）；防污底系统的材料安全数据单（MSDS）或类似文件。

（八）BWM 2004公约要求的证书和文书

1. 国际压载水管理证书

400总吨及以上适用BWM公约的船舶，固定或浮动平台、FSU和FPSO除外，应经检验后签发国际压载水管理证书。

证书有效期不超过5年。

2. 压载水管理计划

每一船舶均应在船上携带并实施压载水管理计划。此种计划应由主管机关核准并计及本组织制定的指南。

3. 压载水记录簿

每一船舶均应在船上备有至少载有规定信息的压载水记录簿。该记录簿可以是一种电子记录系统，或可以被列入其他记录簿或系统中。压载水记录簿的记录事项应在完成最后一项记录后在船至少保留2年；此后至少3年的期限内由公司控制。

（九）其他公约或规则要求的证书或文件

1. 关于燃油油污损害民事赔偿责任的保险或其他财务担保的证书

根据《2001年国际燃油污染损害民事责任公约》（Bunkers 2001），对每艘大于1 000总吨的船舶，在当事国的有关当局确定该船已符合规则相关条款的要求后，应签发一份证明按照本公约的规定，其保险或其他财务担保有效的证书。对于在某一当事国登记的船舶，该证书应由该船登记国的有关当局签发或核准；对于不在某一当事国登记的船舶，该证书可由任何当事国的有关当局签发或核准。当事国可授权某机构或其认可的组织签发该证书。

2. 关于船舶残骸清除责任的保险证书或其他财务担保

根据《2007年内罗毕国际船舶残骸清除公约》（Nairobi WRC 2007），300总吨及以上的船舶应持有经缔约国相关主管机关证实符合本公约12.1条的保险证明或其他财务担保。对于在某一当事国登记的船舶，该证书应由该船登记国的有关当局签发或核准；对于不在某一当事国登记的船舶，该证书可由任何当事国的有关当局签发或核准。强制保险证书的格式应依照本公约附则规定的格式。

3. 港口国监督检查报告

根据《2021年港口国监督程序》〔A.1155(32)〕，港口国监督检查报告应至少留船保存2年，须随时供PSCO查阅。

二、除所有船舶所列证书以外，客船还应该持有的证书和文书

（一）SOLAS公约要求的证书

1. 客船安全证书

客船经检查和检验并符合1974年SOLAS公约第Ⅱ-1章、第Ⅱ-2章、第Ⅲ章、第Ⅳ章和第Ⅴ章要求以及其他有关要求之后，应签发客船安全证书。应永久附有一份客船安全证书的设备记录（格式P）。

证书有效期不超过12个月。

2. 船长决策支持系统

所有客船应在驾驶室设有一个处理紧急情况的船长决策支持系统。

3. 搜救合作计划

适用公约第Ⅰ章的客船应备有在紧急情况下与相应搜救机构合作的计划。

4. 操作限制清单

适用公约第Ⅰ章的客船应在船上保存一份该船所有操作限制的清单，清单中应包括对SOLAS任何一条规则的免除、航区限制、天气限制、海况限制、许用负荷限制、纵倾限制、航速限制以及其他任何限制，不论这些限制是由主管机关强制规定还是在设计或建造阶段就已制定。

（二）其他证书和文书

1. 特种业务客船安全证书和特种业务客船舱室证书

根据《1971年特种业务客船协定》的规定签发特种业务客船安全证书。特种业务客船

舱室证书应根据《1973年特种业务客船舱室要求议定书》的规定签发。

证书有效期不超过12个月。

2. 关于乘客伤亡责任的保险证书或其他财务担保

根据《1974年海上旅客及其行李运输雅典公约》（简称《1974年雅典公约》）（PAL 1974），允许载客12人及以上的船舶应持有一份经缔约国相应主管机关证实符合本公约规定的保险证明或其他财务担保。对于在某一当事国登记的船舶，该证书应由该船登记国的有关当局签发或核准；对于不在某一当事国登记的船舶，该证书可由任何当事国的有关当局签发或核准。强制保险证书的格式应依照本公约附件规定的格式。

三、除所有船舶所列证书以外，货船还应持有的证书和文书

（一）SOLAS公约

1. 货船构造安全证书

对500总吨及以上的货船，经检验满足1974年SOLAS公约所述关于货船检验的要求，并符合除关于灭火设备和防火控制图要求以外的第Ⅱ-1章和第Ⅱ-2章适用的要求，应签发货船构造安全证书。

证书有效期不超过5年。

2. 货船设备安全证书

对500总吨及以上的货船，经检验符合1974年SOLAS公约第Ⅱ-1章、第Ⅱ-2章、第Ⅲ章和第Ⅴ章以及公约任何其他有关要求，应签发货船设备安全证书。应永久附有一份货船设备安全证书的设备记录（格式E）。

证书有效期不超过5年。

3. 货船无线电安全证书

对安装无线电装置（包括用于救生设备上的无线电装置）的300总吨及以上的货船，经检验符合1974年SOLAS公约第Ⅳ章以及公约任何其他有关要求，应签发货船无线电安全证书。应永久附有一份货船无线电安全证书的设备记录（格式R）。

证书有效期不超过5年。

4. 货船安全证书

对经检验符合经1988年议定书修订的1974年SOLAS公约第Ⅱ-1章、第Ⅱ-2章、第Ⅲ章、第Ⅳ章和第Ⅴ章以及公约其他有关要求的货船，可签发货船安全证书，以代替货船构造安全证书、货船设备安全证书和货船无线电安全证书。应永久附有一份货船安全证书的设备记录（格式C）。

证书有效期不超过5年。

5. 船舶结构通道手册

本条适用于2006年1月1日或以后建造的500总吨及以上的油船，和20 000总吨及以上的散货船。船上用于全面检查、近观检查和测厚用的通道，应在经主管机关批准的船舶结构通道手册中说明。船上应保留一份最新版本的船舶结构通道手册。

6. 货物资料

托运人应在装货前向船长或其代表提供关于该货物的相应资料，此类资料以书面形式确认。对散货船，上述资料应包括货物密度。

7. 散货船手册

为使船长能防止船体结构中产生过大应力，应给装卸固体散装货物的船舶配备一份SOLAS公约第Ⅵ/7.2条所述的手册。该手册应由主管机关或其代表签署，以表明其符合SOLAS公约第Ⅻ/4、5、6和7条的适用要求。可不专设一份手册，而将所需资料纳入完整稳性手册。

8. 加强检验报告案卷

散货船和油船应具有一份符合《散货船和油船检验期间加强检验程序指南》附件A和附件B规定的检验报告案卷和支持性文件。

9. 散货船的装卸计划

固体散装货物在装货或卸货之前，船长和码头代表应商定一项计划，该计划应确保在装卸货物期间不超过船上的允许应力和力矩，还应包括装卸货物的次序、数量及速率，并考虑到装卸货物的速度、船上添注口的数量及减压载或加压载的能力。该计划及其后的任何修改，应提交给港口国的有关当局。

10. 载运谷物批准文书和谷物装载手册

载运谷物的货船应符合《国际散装谷物安全装运规则》（简称《国际谷物规则》）的要求，并持有一份该规则要求的批准文件。没有这种批准文件的船舶，在船长使主管机关或代表主管机关的装货港的缔约国政府确信该船所提出的装载工况符合《国际谷物规则》的要求之前，不应装载谷物。

应提供以手册的形式编印的资料，以便能使船长确保该船在国际航程中装运散装谷物时符合《国际谷物规则》。

（二）MARPOL公约

1. 清洁压载舱操作手册

在1982年6月1日或以前交船的40 000载重吨及以上采用清洁压载舱的成品油油船，

均应备有一份详细说明该系统并列有操作程序的清洁压载舱操作手册，该手册应使主管机关满意，并应包括满足相关条款所述技术条件中所列的全部资料。如果进行影响该清洁压载舱系统的变更，则该操作手册应做相应的修订。

2. 状况评估计划（CAS）符合证明和CAS最终报告和审核记录

对每艘根据状况评估计划（CAS）的要求进行检验并查明符合要求的油船，主管机关应签发符合证明。此外，经主管机关审核以签发符合证明的CAS最终报告的副本以及相关的审核记录的副本，应随符合证明一起放在船上。

3. 分舱和稳性资料

应按认可的格式，向适用MARPOL附则Ⅰ第28条的每艘油船提供为保证符合本条各项规定所必需的关于货油装载和分布的资料和关于船舶符合本条所规定破舱稳性衡准的能力资料。

4. 最近一次压载航行的排油监控系统记录

根据MARPOL附则Ⅰ第3条的4和5的规定，每艘150总吨及以上的油船应装有一个经主管机关认可的排油监控系统。该系统应装有一个记录器，以提供每海里排放升数和总排放量或含油量和排放率的连续记录。这种记录应能鉴别时间和日期，并应至少保存3年。

5. 排油监控（ODMC）操作手册

每艘设有排油监控系统的油船应备有符合主管机关批准的操作手册的系统操作说明书。

6. 原油洗舱操作和设备手册（COW手册）

每艘采用原油洗舱系统的油船，均应备有一份详细说明该系统及设备并规定操作程序的操作和设备手册。该手册应使主管机关满意，并应包括MARPOL附则Ⅰ第35条所述技术条件中所列的全部资料。

7. STS作业计划和STS作业记录

从事STS作业的任何油船应不迟于2011年1月1日或以后进行的船舶第一次年度、中间或换证检验之日在船上携有一份规定如何进行STS作业的计划（STS作业计划）。每艘油船的STS作业计划应经主管机关认可。STS作业计划应使用船上的工作语言编写。

STS作业记录应在船上留存3年，并随时可供检查。

8. 挥发性有机化合物（VOC）管理计划

载运原油且MARPOL附则Ⅵ第15.1条适用的油船应在船上备有一份挥发性有机化合物管理计划并执行该计划。

（三）其他公约或规则要求的证书或文件

1. 稳性仪的认可文件

所有适用IBC规则、IGC规则、BCH规则、GC规则的船舶，应配备能进行完整和破损稳性要求的符合性验证并经主管机关参照IMO建议的性能标准认可的稳性仪，在2016年1月1日以后但不迟于2021年1月1日的初次计划换证检验时符合本要求。主管机关应签发一份稳性仪的认可文件。四个规则的中文名称分别为：

（1）IBC 规则——《国际散装运输危险化学品船舶构造与设备规则》；

（2）IGC 规则——《国际散装运输液化气体船舶构造和设备规则》；

（3）BCH 规则——《散装运输危险化学品船舶构造和设备规则》；

（4）GC 规则——《散装运输液化气体船舶构造和设备规则》。

2. 关于油污损害民事赔偿责任的保险或其他财务担保的证书（选项一）

根据CLC 1969，对每艘载运2 000 t以上散装货油的船舶，均应给其签发一份证明其保险或其他财务担保有效的证书。该证书应由该船登记国的有关当局在确定该船已符合CLC公约第Ⅶ条1的要求之后签发或核准。

3. 关于油污损害民事赔偿责任的保险或其他财务担保的证书（选项二）

根据CLC 1992，对每艘载运2 000 t以上散装货油的船舶，在缔约国的有关当局确定该船已符合第Ⅶ条1的要求之后，应签发一份证明按1992年CLC公约的规定，其保险或其他财务担保有效的证书。对于在缔约国登记的船舶，该证书应由该船登记国的有关当局签发；对于不在缔约国登记的船舶，该证书可由任一缔约国的有关当局签发或核准。

四、特种船舶的证书

除所有船舶和货船所列的证书外，特种用途的船舶还需携带以下证书：

（一）任何载运散装运输有毒液体物质的船舶

根据MARPOL公约，应携带以下证书：

1. 国际防止散装运输有毒液体物质污染证书（NLS证书）

对驶往MARPOL公约其他缔约国管辖范围内的港口或装卸站的散装运输有毒液体物质的任何船舶，经按MARPOL附则Ⅱ第8条的规定检验之后，应签发国际防止散装运输有毒液体物质污染证书（NLS证书）。关于化学品液货船，分别根据BCH规则和IBC规则的规定所签发的散装运输危险化学品适装证书和国际散装运输危险化学品适装证书，应与

NLS证书具有同等的效力和得到同样的承认。

证书有效期不超过5年。

2. 货物记录簿

散装运输有毒液体物质的船舶，均应备有一份符合附则Ⅱ附录Ⅱ规定格式的货物记录簿，不论其是作为船舶正式航海日志的组成部分，还是另外形式均可。

3. 程序和布置手册（P&A手册）

每艘核定散装运输有毒液体物质的船舶，均应持有一份经主管机关认可的程序和布置手册。

4. 船上有毒液体物质污染海洋应急计划

每艘150总吨及以上核定散装运输有毒液体物质的船舶，均应按照MARPOL附则Ⅱ第17条规定，持有一份经主管机关认可的船上有毒液体物质污染海洋应急计划。

（二）化学品液货船

1. 散装运输危险化学品适装证书

根据BCH规则，对经初次检验或定期检验之后，符合BCH规则的有关要求的国际航行化学品液货船，应签发散装运输危险化学品适装证书，该证书的标准格式见BCH规则附录。

证书有效期不超过5年。

注：按MARPOL附则Ⅱ的规定，对于1986年7月1日以前建造的化学品液货船，该规则是强制性的。

2. 国际散装运输危险化学品适装证书

对经初次检验或定期检验之后，符合IBC规则的有关要求的国际航行化学品液货船，应签发国际散装运输危险化学品适装证书，该证书的标准格式见IBC规则附录。

证书有效期不超过5年。

注：按1974年SOLAS公约第Ⅶ章和MARPOL附则Ⅱ的规定，对于1986年7月1日或以后建造的化学品液货船，该规则是强制性的。

（三）气体运输船

1. 散装运输液化气体适装证书

根据GC规则，对经初次检验或定期检验之后，符合GC规则有关要求的气体运输船，应签发散装运输液化气体适装证书，该证书的标准格式见GC规则附录。

证书有效期不超过5年。

2. 国际散装运输液化气体适装证书

根据IGC规则，对经初次检验或定期检验之后，符合IGC规则有关要求的气体运输船，应签发国际散装运输液化气体适装证书，该证书的标准格式见IGC规则附录。

证书有效期不超过5年。

注：按1974年SOLAS公约第Ⅶ章的规定，对于1986年7月1日或以后建造的气体运输船，该规则是强制性的。

（四）高速船

1. 高速船安全证书

根据SOLAS公约，在初次检验或定期检验完成后，对符合1994年HSC规则或2000年HSC规则（视具体情况而定）要求的高速船，应签发高速船安全证书。

证书有效期不超过12个月。

2. 高速船营运许可证

根据HSC规则，对符合1994年HSC规则或2000年HSC规则（视具体情况而定）要求的高速船，应签发高速船营运许可证书。

（五）载运危险货物的船舶

载运危险货物船舶需具备特殊要求的符合证明。

根据SOLAS公约，主管机关应向船舶提供一份适当的证明，作为其构造和设备符合1974年SOLAS公约第Ⅱ-2/19条要求的证据。除固体散装危险货物外，对于被确定为第6.2和7类的货物和数量有限的危险货物，不要求危险货物证书。

（六）载运包装危险货物的船舶

如适用，载运包装危险货物的船舶还应携有危险货物舱单或积载图。

每艘载运包装危险货物的船舶应具有一份特别清单或舱单，按照IMDG规则的分类，列出船上危险货物及其位置。每艘载运固体散装危险货物的船舶应具有一份特别清单或舱单，列出船上危险货物及其位置。标明所有危险货物的类别并表明其在船上位置的详细的积载图，可用来代替上述特别清单或舱单。离港前应备有一份上述单证的副本，以供港口国当局指定的个人或组织使用。

（七）运营在极地水域的船舶

1. 极地水域运作船舶证书

适用《极地规则》的每艘船舶须在船上具备有效极地证书。该证书须包括一份补页记录本规则所要求的设备。

证书的有效期不超过5年。

2. 极地水域运作手册

适用《极地规则》的每艘船舶须在船上具备极地水域运作手册。该手册符合本规则相关条款的规定。

（八）其他船舶

运输密封装辐射性核燃料、钚和强放射性废料的船舶和核能船舶另有证书配备的要求。另外，对特殊用途船舶、近海供应船、载客潜水艇、动力支撑船、移动式海上钻井平台、地效翼船有非强制性的证书和文件的要求。

五、其他国际组织或政府当局要求的证书或文件

（一）国际劳工组织要求的证书或文件

（1）海事劳工证书（MLC 2006）；（2）海员就业协议（MLC 2006）；（3）海事劳工符合声明（Part Ⅰ and Ⅱ）；（4）健康证书（ILO Convention No.73或MLC 2006）；（5）船员（全体船员）工作或休息时间记录（ILO Convention No.180或MLC 2006）；（6）起货设备记录簿（ILO Convention No.32 & No.152）；（7）装卸设备证书（ILO Convention No.134 & No.32）；（8）海员遣返保险或财务担保证书（MLC 2006）；（9）船东责任保险或财务担保证书（MLC 2006）；

（二）国际卫生组织要求的证书或文件

（1）船舶卫生控制证书或免于卫生控制证书（国际卫生条例）；（2）船员接种证书；（3）药品配备证明。

（三）国际电信联盟(ITU)要求证书或文书

（1）电台执照；（2）岸基维修协议；（3）《国际信号规则》《IAMSAR》第三卷；（4）EPIRB等无线电设备测试报告。

（四）其他证书

（1）登记证书或其他国籍文书（UNCLOS）；（2）船级社所签发的有关船体强度和机器装置的入级证书；（3）进入保赔协会证书；（4）船舶保险单（如适用）。

第三章

海洋环境保护

本章学习目标

《海船船员培训大纲（2021版）》

3.1 监督和控制法定要求的遵守以及保证海上人命安全与保护海洋环境

.5 掌握《国际防止船舶造成污染公约》的功用、构架、公约议定书、防止油类污染规则、防止散装有毒液体物质污染规则、防止海运包装有害物质污染规则、防止生活污水污染规则、防止垃圾污染规则、防止大气污染规则（沿海航区不适用）

.8 掌握压载水和沉积物控制与管理公约(沿海航区不适用)

.10 掌握国内相关法规，包括海洋环境保护法、防治船舶污染海洋环境管理条例和船舶大气污染物排放控制区实施方案。

3.11 收集和报告船舶能耗数据（仅适用船长）

.1 了解船舶能效概念

.2 了解船舶节能减排的概念

.3 掌握船舶能耗数据收集范围和收集方法

.4 掌握数据质量保证计划

.5 掌握船舶能耗数据报告的内容、程序和格式要求

为了保护海洋环境的需要，防治船舶污染海洋环境，IMO 制定和通过了诸多防止、减少和控制海洋环境污染的公约，主要包括：《经 1978 年议定书修订的 1973 年国际防止船舶造成污染公约》（及其议定书）、《1972 年防止倾倒废物和其他物质污染海洋的公约》（及其修正案和议定书）、《2004 年国际压载水和沉淀物控制与管理公约》、《2001 年控制船舶防污底系统国际公约》、《2009 年香港国际安全与无害环境拆船公约》（尚未达到生效条件）等。

此外，涉及船舶污染干预和赔偿的重要公约还有：《1969 年公海干预油污染事故公约》（及其议定书）、《1990 年国际油污防备、反应与合作公约》（及其议定

书)、《1969年国际油污损害民事责任公约》(及其议定书)、《1971年设立国际油污损害赔偿基金公约》(及其议定书)、《2001年国际燃油污染损害责任公约》、《2007年内罗毕国际船舶残骸清除公约》和《1996年国际载运有毒有害物质污染责任和赔偿公约》等。

为保护和改善海洋环境，保护海洋资源，防治污染损害，我国在防治船舶污染管理方面制定的综合性和专门法律及行政法规主要有：《中华人民共和国海洋环境保护法》《中华人民共和国大气污染防治法》《中华人民共和国水污染防治法》《中华人民共和国防治船舶污染海洋环境管理条例》。另外，交通运输部还制定了《船舶及其有关作业活动污染海洋环境防治管理规定》《防治船舶污染内河水域环境管理规定》《船舶污染海洋环境应急防备和应急处置管理规定》《关于印发珠三角、长三角、环渤海（京津冀）水域船舶排放控制区实施方案的通知》等船舶防污染管理规定。

本章内容适用于3 000总吨及以上船长和大副，以及500~3 000总吨船长和大副。

第一节 国际防止船舶造成污染公约

一、功用与构架

（一）功用

《1973年国际防止船舶造成污染公约》由国际海事组织（IMO）在1973年10月8日至11月2日召开的国际海洋污染会议上通过。随后在1978年2月6日至17日召开的国际油船安全和防污染会议通过议定书对本公约进行修订，经1978年议定书修订的公约全称为《经1978年议定书修订的1973年国际防止船舶造成污染公约》(MARPOL 73/78，简称73/78防污公约)。本公约于1983年10月2日生效。我国于1983年7月1日加入MARPOL公约，成为该公约的缔约国。

MARPOL 73/78公约是世界上最重要的防止船舶污染海洋环境的国际公约之一。该公约旨在将向海洋倾倒污染物、排放油类以及向大气中排放有害气体等污染降至最低的水平，以防止由于违反公约排放有害物质或含有此类有害物质的废液而污染海洋环境。

（二）构架

现行的防污公约包括公约正文、2个议定书和6个技术性附则。历年来已有诸多IMO修正案对MARPOL公约进行了修订。

二、公约议定书

（一）议定书的内容

1. 议定书Ⅰ——关于涉及有害物质事故报告的规定

议定书Ⅰ是依据公约正文第8条（涉及有害物质的事故报告）的规定制定的。

2. 议定书Ⅱ——仲裁

议定书Ⅱ是依据公约正文第10条（争议的解决）的规定制定的。

（二）议定书Ⅰ的主要内容

1. 报告的责任

（1）发生涉及本议定书所述事故的任何船舶的船长或负责管理该船的其他人员，应毫不延迟地尽可能按照本议定书的规定，对事故做出详细的报告。

（2）如果涉事船舶被放弃，或者该船所做的报告不完整或得不到该船的报告，则该船的船东、租船人、经理人或经营人，或者他们的代理人，应尽可能担负起本议定书中所规定的船长的报告责任。

2. 报告的时间

当事故涉及下列情况时应进行报告：

（1）排放超过允许排放标准或无论何种原因有可能排放油类或有毒液体物质，包括为保障船舶安全或救护海上人命而进行的排放。

（2）排放或可能排放包装形式的有害物质，包括装在货运集装箱、可移动式罐柜、公路和铁路槽罐车以及船载驳船中的有害物质。

（3）船长为15 m或以上的船舶发生的损坏、故障或失灵：

①影响船舶安全，包括但不限于碰撞、搁浅、火灾、爆炸、结构失效、浸水以及货物移动；

②导致影响航行安全，包括但不限于操舵装置、推进装置、发电系统和船上主要导航设备的故障或失灵。

（4）船舶营运期间排放油类或有毒液体物质超过本公约允许的排放量或瞬间排放速率。

3. 报告的内容

在任何情况下，报告应包括：
（1）涉及船舶的特征；
（2）事故的时间、类型和地理位置；
（3）涉及有害物质的数量和类别；
（4）救助和救捞措施。

4. 补充报告

根据规定有责任发送报告的任何人，如有可能：
（1）应在必要时对最初的报告提出补充并提供有关事态进一步发展的情况；
（2）应尽可能满足受影响国家索取有关补充资料的要求。

5. 报告的程序

（1）通过可利用的最快的电信通信渠道并尽可能最优先地将报告发送给最近的沿海国。

（2）公约缔约国应按照IMO制定的指南颁发或敦促颁发有关在报告有害物质事故时应遵循的程序规则或指令。

三、附则Ⅰ：防止油类污染规则

防止油类污染规则是必选规则，于1983年10月2日生效。我国于1983年7月1日加入该公约成为缔约国。截止到2021年9月10日，共有160个国家加入本规则，合计商船总吨位占世界商船总吨位的98.86%。

（一）定义

（1）“油类”系指包括原油、燃油、油泥、油渣和炼制品（本公约附则Ⅱ所规定的石油化学品除外）在内的任何形式的石油，包括本附则附录中所列的物质。

（2）“油性混合物”系指含有任何油分的混合物。

（3）“燃油”系指船舶所载有并用作其推进和辅助机器的燃料的任何油类。

（4）“油船”系指建造为或改造为主要在其货物处所装运散装油类的船舶，并包括全部或部分装运散装货油的兼用船，本公约附则Ⅱ中定义的任何“有毒液体物质货船”和经修正的SOLAS公约定义的任何气体运输船。

（5）“最近陆地”系指距按照国际法划定领土所属领海的基线，但在澳大利亚东北海面另有规定的除外。

（6）“特殊区域”系指这样的一个海域，在该海域中，由于其海洋学和生态学的情况以及其交通的特殊性质等方面公认的技术原因，需要采取特殊的强制办法以防止油类物质污染海洋。本附则的特殊区域包括：地中海区域、波罗的海区域、黑海区域、红海区域、海湾区域、亚丁湾区域、南极区域（南纬60°以南的区域）、西北欧水域（包括北海及其入口，爱尔兰海及其入口，克尔特海，英吉利海峡及其入口以及紧靠爱尔兰西部的大西洋东北海域）、阿拉伯海的阿曼区域和南非南部水域。

（7）"油量瞬间排放率"系指任一瞬间每小时排油的升数除以同一瞬间船速节数之值。

（8）"污油水舱"系指明确指定用于收集舱柜排出物、洗舱水和其他油性混合物的舱柜。

（9）"清洁压载"系指自上次装油后的舱内的压载，该舱已进行清洗，其清洁程度即使在晴好天气从一静态船舶中将该舱中的排出物排入清洁而平静的水中时，也不会在水面或邻近的海岸线上产生可见的油迹，或形成油泥或乳化物沉积于水面以下或邻近的海岸线上。如果该压载是通过经主管机关认可的排油监控系统排出的，而根据这一系统的测定查明该排出物的含油量不超过15ppm，则尽管出现可见的油迹，仍应确定该压载是清洁的。

（10）"专用压载"系指装入舱内的压载水，该舱与货油和燃油系统完全隔绝并固定用于装载压载，或用于装载本公约各附则中所指的各种油类或有毒液体物质以外的压载或货物。

（11）"残油（油泥）"系指船舶正常操作过程中产生的残余废油产物，例如由主机或辅机的燃油或润滑油净化产生的残余废油产物，来自滤油设备的分离废油、滴油盘收集的废油，以及废弃液压油和润滑油。

（12）"残油（油泥）舱"系指储存残油（油泥）的舱柜，通过标准排放接头和其他任何认可的处理措施可从该舱直接处理油泥。

（13）"含油舱底水"系指可能被由机器处所中的渗漏或维护工作产生的油污染的水。进入舱底水系统（包括舱底水井、舱底水管系、内底或舱底水储存柜）的任何液体被视为含油舱底水。

（14）"含油舱底水储存柜"系指在其排放、过驳或处理前收集含油舱底水的舱柜。

（15）"电子记录簿"系指经主管机关批准，用于以电子形式记录本附则所规定的排放、过驳和其他操作所需项目的装置或系统，以替代硬拷贝记录簿。

（二）适用范围

除另有明文规定外，本附则的规定应适用于所有船舶。

（三）检验与发证

（1）每艘150总吨及以上的油船和400总吨及以上的其他船舶应进行下列规定的检验：初次检验、换证检验、中间检验、年度检验和附加检验。检验应确保其结构、设备、系统、附件、布置和材料完全符合本附则的适用要求。

（2）对驶往本公约其他缔约国所管辖的港口或近海装卸站的150总吨及以上的油船和400总吨及以上的任何其他船舶，在进行初次检验或换证检验后，应签发国际防止油污证书（International Oil Pollution Prevention Certificate，IOPP证书）。

（3）IOPP证书应由主管机关或经其正式授权的任何个人或组织签发或签署。在任何情况下，主管机关对证书负有全部责任。

（4）应主管机关的申请，公约缔约国政府可对船舶进行检验，如确信符合本附则的规定，应对该船签发或授权签发国际防止油污证书。签发的证书具有同等效力和得到同样的承认。对于悬挂非缔约国国旗的船舶，不得签发国际防止油污证书。

（5）国际防止油污证书的有效期限应由主管机关规定，但不得超过5年。

（6）国际防止油污证书，在下列任一情况下即应中止有效：

①相关检验未在规定的期限内完成；

②在中间检验和年度检验未按规定予以签署；

③船舶变更船旗国。

（四）对所有船舶机器处所的要求

1. 残油（油泥）舱

（1）所有400总吨及以上的船舶应设有残油舱，并应设置足够的容量。

（2）残油舱应设有指定的泵，以便从残油舱中泵吸残油，按照规定的处置方式进行处置。

（3）残油舱与舱底水系统、舱底水储存舱、内底和油水分离器之间，不应设有排放连接（残油舱中沉淀水可通过泄放管泄放至舱底水储存舱或污水井），残油舱排放管路与舱底水排放管路可通过共用排放管连接到标准排放接头，但不允许将残油舱驳至舱底水系统。

（4）除标准排放接头以外，不应设有其他直接舷外排放的管路布置。

（5）油舱的设计和建造应便于舱的清洗及将残余物排至接收设施（1979年12月31日前交船的船舶尽实际可能满足该条要求）。

（6）对于2017年1月1日前建造的船舶，应不迟于2017年1月1日后首次换证检验满足上述（3）的要求。

2. 标准排放接头

为了使接收设备的管路能与船上机舱舱底和残油（油泥）舱残余物的排放管路相连接，在两条管路上均应装有标准排放接头。

3. 滤油设备

（1）任何400总吨及以上但小于10 000总吨的船舶，应装有确保通过该系统排放入海的含油混合物的含油量不超过15ppm的滤油设备。

（2）任何10 000总吨及以上的船舶，应装有确保通过该系统排放入海的含油混合物的含油量不超过15ppm，且系统应装有报警装置，在不能保持这一标准时发出报警。该系统还应装有在排出物的含油量超过15ppm时能确保自动停止油性混合物排放的装置。

（五）对油船货物区域的要求

1. 专用压载舱

（1）每艘在1982年6月1日以后交船的载重量为20 000 t及以上的原油油船以及每艘载重量为30 000 t及以上的成品油油船，均应设置专用压载舱。

（2）每艘在1982年6月1日或以前交船的载重量为40 000 t及以上的成品油油船，均应设置专用压载舱。

2. 完整稳性和稳性仪

（1）每艘在2002年2月1日或以后交船的5 000载重吨及以上的油船，在可能出现的货物和压载水最恶劣装载工况（符合良好操作惯例且包括液货过驳作业的中间阶段）下的任何营运吃水，应符合油船完整稳性衡准。

（2）所有油船应配备能进行完整和破损稳性要求的符合性验证，并经主管机关参照IMO建议的性能标准认可的稳性仪：

①2016年1月1日以前建造的油船，应在2016年1月1日或以后但不迟于2021年1月1日的船舶初次计划的换证检验时符合本条；

②但对于2016年1月1日以前建造的船上配备的稳性仪，如能进行完整和破损稳性的符合性验证并使主管机关满意，则不必替换；

③主管机关应签发一份稳性仪的认可文件。

3. 污油水舱

（1）150总吨及以上的油船，应设有符合要求的污油水舱装置。

（2）70 000载重吨及以上的油船，至少应设置两个污油水舱。

4. 泵吸、管路和排放布置

（1）每艘油船在其开敞甲板上两舷应设置连接接收设备的排放汇集管，以排放污压载水或污油水。

（2）每艘150总吨及以上的油船，允许装设排放货物区域的压载水或油污水入海的管路，应通至开敞甲板或通至最深压载状态时水线以上的舷侧。

5. 排油监控系统

（1）150总吨及以上的油船，应装有一个经主管机关批准的排油监控系统。

（2）排油监控系统应设有一个记录器，用以提供每海里排放升数和总排放量或含油量和排放率的连续记录。这种记录应能鉴别时间和日期，并至少应保存3年。

（3）每当有排出物排放入海时，排油监控系统即应开始工作，并应确保在油量瞬间排放率超过规定的30 L/n mile时，即自动停止排放任何油性混合物。

（4）排油监控系统遇到任何故障即应停止排放。排油监控系统如遇任何故障，可使用一种手工操作的替代方法，但该有缺陷的装置应尽快予以修复。

6. 油/水界面探测器

150总吨及以上的油船应备有经主管机关认可的有效的油水界面探测器，以能迅速而准确地测定污油水舱中的油/水分界面，其他舱柜如需进行油水分离并拟从其中将排出物直接排放入海者，也应有这种探测器。

7. 对原油洗舱的要求

每艘在1982年6月1日以后交船的20 000载重吨及以上的原油油船，应设置使用原油洗舱的货油舱清洗系统。原油洗舱装置及其附属设备与布置，应符合主管机关所制定的要求。这些要求至少应包括IMO通过的相关技术条件的全部规定。

（六）操作性排油的控制

1. 除另有规定外，应禁止将任何油类或油性混合物排放入海

另有规定情况下的排放包括“例外”情况下的排放和满足相关规定条件下的“达标排放”。例外排放包括以下情况：

（1）将油类或油性混合物排放入海，系为保障船舶安全或救护海上人命所必需者。

（2）将油类或油性混合物排放入海，系由于船舶或其设备损坏而导致；但须在发生损坏或发现排放后，为防止排放或使排放减至最低限度，已采取了一切合理的预防措施；但是，如果船东或船长是故意造成损坏，或轻率行事而又知道可能会招致损坏，则不在此列。

（3）将经主管机关批准的含油物质排放入海，用以对抗特定污染事故，以使污染损害减至最低限度。但任何这种排放，均应经拟进行排放所在地区的管辖国政府批准。

2. 对所有船舶机器处所的排油控制

（1）特殊区域以外的排放

应禁止400总吨及以上的船舶将油类或油性混合物排放入海，但全部满足下列条件者除外：

①船舶在航行途中；

②油性混合物经滤油设备予以处理；

③未经稀释的排出物含油量不超过15ppm；

④油性混合物不是来自油船的货泵舱的舱底；

⑤如是油船，油性混合物未混有货油残余物。

（2）特殊区域以内的排放

应禁止400总吨及以上的船舶将油类或油性混合物排放入海，但全部满足下列条件者除外：

①船舶在航行途中；

②油性混合物经装有报警装置并能在排出物的含油量超过15ppm时自动停止的滤油设备予以处理；

③未经稀释的排出物含油量不超过15ppm；

④油性混合物不是来自油船的货泵舱的舱底；

⑤如是油船，油性混合物未混有货油残余物。

（3）在南极区域，禁止任何船舶将任何油类或油性混合物排放入海。

3. 对油船货物区域的排油控制

（1）特殊区域外的排放

除另有规定外，应禁止将油船货物区域的油类或油性混合物排放入海，但全部满足下列条件者除外：

①油船不在特殊区域之内；

②油船距最近陆地50 n mile以上；

③油船在航行途中；

④油量瞬间排放率不超过30 L/n mile；

⑤排放入海的总油量，对于在1979年12月31日或以前交船的油船而言，不得超过这项残油所属的该种货油总量的1/15 000，对于在1979年12月31日以后交船的油船而言，不得超过这项残油所属的该种货油总量的1/30 000；

⑥油船所设的污油水舱和排油监控系统正在运转。

清洁或专用压载的排放不适用于此条规定。

（2）特殊区域内的排放

除另有规定外，油船在特殊区域内时，应禁止将其货物区域的油类或油性混合物排放入海，但此规定不适用于清洁或专用压载的排放。

（七）油类记录簿

1. 油类记录簿的配备

每艘150总吨及以上的油船以及400总吨及以上的非油船，均应备有油类记录簿第Ⅰ部分（机器处所的作业）。每艘150总吨及以上的油船，应备有油类记录簿第Ⅱ部分（货油/压载的作业）。

2. 油类记录簿的记载

油类记录簿不论是作为船上的正式航海日志的一部分，还是作为应经主管机关考虑IMO指定的指南予以批准的电子记录簿，或作为其他文件，均应按本附则附录所规定的格式。每当船舶进行下列任何一项作业时，均应逐舱填写油类记录簿。

（1）油类记录簿第Ⅰ部分，即机器处所的作业：

①燃油舱的压载或清洗；

②燃油舱污压载水或洗舱水的排放；

③残油（油泥）的收集和处理；

④机器处所所积存的舱底水向舷外排放或处理；

⑤添加燃油或散装润滑油。

如发生本附则所述的"例外"情况，或者发生意外排放或其他异常排油情况时，应在油类记录簿第Ⅰ部分中说明这种排放的情况和理由。滤油设备的任何故障均应记入油类记录簿第Ⅰ部分。

（2）油类记录簿第Ⅱ部分，即货油和压载的作业：

①货油的装载；

②航行中货油的过驳；

③货油的卸载；

④货油舱和清洁压载舱的压载；

⑤货油舱的清洗（包括原油洗舱）；

⑥压载的排放，但从专用压载舱排放者除外；

⑦排放污油水舱的水；

⑧污油水舱排放作业后，所使用的阀门或类似装置的关闭；

⑨污油水舱排放作业后，为清洁压载舱与货油和扫舱管路隔离所需阀门的关闭；

⑩残油的处理。

如发生本附则所述的"例外"情况，或者发生意外排放或其他异常排油情况时，应在油类记录簿第Ⅱ部分中说明这种排放的情况和理由。排油监控系统的任何故障均应记入油类记录簿第Ⅱ部分。

3. 油类记录簿的管理与检查

（1）应及时将每项作业详细地记入油类记录簿，以使与该项作业相应的所有项目均有记录，每项完成的作业，应由高级船员或有关作业的负责人签字，且每填完一页或一组电子记录应由船长签字。对持有国际防止油污证书的船舶，油类记录簿的记录应至少使用英文、法文或西班牙文的其中一种语言。如同时使用船旗国的官方语言，则在有争议或分歧时，应以该国官方语言为准。

（2）油类记录簿的存放位置应易于在任何合理时间随时可供检查，并且除未配备船员的被拖船舶外，均应存放船上。油类记录簿应在进行最后一项记录后保存3年。

（3）公约缔约国政府的主管当局，可对停靠本国港口或近海装卸站的适用本附则的任何船舶检查油类记录簿，并可将记录簿中任何记录制成副本，也可要求船长证明该副本是该项记录的真实副本。任何经船长证明为船上油类记录簿第Ⅰ部分中某项记录的真实副本者，在任何法律诉讼中应可作为该项记录中所述事实的证据。

（八）船上油污应急计划

有关船上油污应急计划的规定，见第七章"船舶应急"。

四、附则Ⅱ：控制散装有毒液体物质污染规则

控制散装有毒液体物质污染规则也是必选规则，于1987年4月6日生效。我国于1983

年7月1日加入该公约成为缔约国。截止到2021年9月10日，共有160个国家加入本规则，合计商船总吨位占世界商船总吨位的98.86%。

（一）定义

（1）“清洁压载”系指装入一个舱内的压载水，该舱自上次用于装载含有X、Y或Z类物质的货物以来，已予彻底清洗，所产生的残余物也已按本附则的相应要求全部排空。

（2）“专用压载”系指装入一个舱内的压载水，该舱与货物和燃油系统完全隔离并固定用于装载压载水，或固定用于装载本公约各附则中所定义的各种油类或有毒液体物质以外的压载水或货物。

（3）“液体物质”系指在温度为37.8 ℃时，绝对蒸气压力不超过0.28 MPa的物质。

（4）“有毒液体物质”系指《国际散装化学品规则》第17或18章的污染类别栏中所指明的或根据本附则规定经临时评定列为X、Y或Z类的任何物质。

（5）“残余物”系指任何需处理的有毒液体物质。

（6）“残余物/水混合物”系指以任何目的加入水的残余物（例如油舱清洗、加压载水、舱底含油污水）。

（7）“化学品液货船”系指经建造为或改建用于散装运输《国际散装化学品规则》第17章所列的任何一种液体货品的船舶。

（8）“有毒液体物质液货船”系指经建造为或改建用于散装运输有毒液体物质货物的船舶，包括本公约附则Ⅰ定义的核准用于散装运输全部或部分有毒液体物质货物的油船。

（二）适用范围

（1）除另有明文规定外，本附则的规定应适用于所有核准散装运输有毒液体物质的船舶。

（2）受本公约附则Ⅰ规定约束的货物，如装载于有毒液体物质液货船的装货处所，还应适用本公约附则Ⅰ的相应要求。

（三）有毒液体物质的分类

就本附则而言，有毒液体物质应分为下列4类：

1. X类

这类有毒液体物质如从洗舱或排压载的作业中排放入海，将被认为会对海洋资源或人类健康产生重大危害，因而应严禁向海洋环境排放该类物质。

2. Y类

这类有毒液体物质如从洗舱或排压载的作业中排放入海，将被认为会对海洋资源或人类健康产生危害，或对海上的休憩环境或其他合法利用造成损害，因而对排放入海的该类物质的质和量应采取限制措施。

3. Z类

Z类有毒液体物质如从洗舱或排压载的作业中排放入海，将被认为会对海洋资源或人类健康产生较小的危害，因而对排放入海的该类物质应采取较为宽松的限制措施。

4. 其他物质

其他物质以OS（其他物质）形式被列入《国际散装化学品规则》第18章污染类别栏目中的物质，并经评定认为不能列入本附则所定义的X、Y或Z类物质之内，因为这些物质如从洗舱或排压载的作业中排放入海，目前认为对海洋资源、人类健康、海上休憩环境或其他合法利用并无危害。排放仅含有被列为“其他物质”的物质的舱底水或压载水或其他残余物或混合物，不受本附则任何要求的约束。

（四）检验和发证

（1）散装运输有毒液体物质的船舶，应进行初次检验、换证检验、中间检验、年度检验和附加检验，确保其结构、设备、系统、附件、布置和材料完全符合本附则的适用要求。

（2）对驶往本公约其他缔约国管辖的港口或装卸站的拟散装运输有毒液体物质的船舶，进行初次检验或换证检验后，应签发国际防止散装运输有毒液体物质污染证书（International Pollution Prevention Certificate for the Carriage of Noxious Liquid Substances in Bulk，NLS证书）。在中间检验和年度检验后应在该证书上签署。

（3）证书应由主管机关或经其正式授权的任何个人或组织签发或签署。在任何情况下，主管机关对证书负有全部责任。本公约缔约国政府应主管机关的申请，可对船舶进行检验，如确信符合本附则的规定，应对该船签发或授权签发国际防止散装运输有毒液体物质污染证书，对于悬挂非缔约国国旗的船舶，不得签发国际防止散装运输有毒液体物质污染证书。

（4）国际防止散装运输有毒液体物质污染证书的有效期限由主管机关规定，但不得超过5年。

（五）程序和布置手册

（1）核准装运X、Y或Z类物质的每艘船舶应备有经主管机关批准的《程序和布置手册》。该手册应有符合本附则的标准格式。如为国际航行船舶，其所使用的语言既非英语、法语或非西班牙语，则文本内容应包括其中一种语言的译文。

（2）手册的主要目的是为船舶高级船员确定实际布置和为符合本附则要求所必须遵循的货物装卸、洗舱、污水处理及液货舱压载和排压载的所有操作程序。

（六）货物记录簿

1.格式要求

适用本附则的船舶，应备有一份规定格式的货物记录簿。记录簿不论是作为船舶正式航海日志的一部分，还是作为应经主管机关考虑IMO指定的指南予以批准的电子记录簿，或作为其他文件，均应按本附则附录所规定的格式。

2. 货物记录簿的记载

（1）在完成了下列规定的任何操作后，均应将该操作立即记入货物记录簿：

①装货；

②货物的内部驳运；

③卸货；

④按照船舶的《程序和布置手册》进行强制预洗；

⑤除强制预洗外的液货舱清洗（其他预洗作业、最后清洗、通风等）；

⑥洗舱水排放入海；

⑦液货舱压载；

⑧液货舱压载水排放；

⑨意外的或其他例外排放；

⑩由授权检查员控制；

⑪ 附加作业程序及说明。

（2）任何有毒液体物质或含有这种物质的混合物的意外排放，或发生本附则“例外”排放时，均应记入货物记录簿，说明这种排放的情况和理由。

3. 货物记录簿的管理

（1）每项记录应由高级船员或有关作业的负责人签字，且每填完一页应由船长签字。对持有NLS证书的船舶，货物记录簿中的记录应至少使用英文、法文或西班牙文的其中一种语言。如同时使用船旗国的官方语言，则在有争议或分歧时，应以该国官方语言为准。

（2）货物记录簿的存放位置应易于在任何合理时间随时可供检查，并且除未配备船员的被拖船舶外，均应存放在船上。货物记录簿应在进行最后一项记录后保存3年。

（3）缔约国政府的主管当局可上船检查货物记录簿，并可将该记录簿中的任何记录制成副本，也可要求船长证明该副本是该项记录的真实副本。任何经船长证明为船上货物记录簿中某项记录的真实副本者，在任何法律诉讼中应可作为该项记录中所述事实的证据。

（七）船上有毒液体物质海洋污染应急计划

有关船上有毒液体物质海洋污染应急计划的规定，见第七章“船舶应急”。

五、附则Ⅲ：防止海运包装有害物质污染规则

防止海运包装有害物质污染规则是任选规则，于1992年7月1日生效。我国于1994年9月13日加入该规则，1994年12月13日起对我国生效。截止到2021年9月10日，共有150个国家加入本规则，合计商船总吨位占世界商船总吨位的98.33%。

（一）定义

（1）“有害物质”是指IMDG规则中确定为海洋污染物的物质或满足本附则附录所述标准的物质。

（2）“包装形式”是指IMDG规则所规定的有害物质的盛装形式。

（二）适用范围

（1）本附则适用于所有装运包装形式的有害物质的船舶。

（2）除符合本附则各项规定外，应禁止装运有害物质。

（3）作为本附则的补充，每一缔约国政府应颁布或促使颁布关于包装、标志、标签、单证、积载、限量和例外的详细要求，以防止或最大限度减少有害物质对海洋环境的污染。

（4）曾经用于装运有害物质的空的容器，除非已采取适当的预防措施，保证其中已没有危害海洋环境的残余物，否则将其本身视为有害物质。

（5）本附则的要求不适用于船用物料及设备。

（三）包装

根据其所装的特定物质，包装件应能使其对海洋环境的危害减至最低限度。

（四）标志和标签

（1）盛装有害物质的包装件，应加上永久的标记或标签，以指明根据IMDG规则的相关规定该物质为有害物质。

（2）在盛装有害物质包装件上加标记和标签的方法应符合IMDG规则的相关规定。

（五）货运单证

（1）有关载运有害物质的运输信息应符合IMDG规则的相关规定，并应向港口国当局指定的个人或组织提供。

（2）每艘装运有害物质的船舶，应具有一份特别清单、舱单或积载图，按IMDG规则的相关规定列明船上所装的有害物质及其位置。离港前应备有一份上述单证的副本，以供港口国当局指定的个人或组织使用。

本条所指“单证”并不排除使用电子数据处理（EDP）和电子数据交换（EDI）传输技术作为书面单证的辅助手段。

（六）积载与限量

（1）有害物质应予以正确积载和系固，以使对海洋环境的危害减至最低限度，而不致损害船舶和船上人员的安全。

（2）对于海洋环境危害很大的某些有害物质，根据充分的科学和技术上的理由，可能必须禁止载运，或对任一船舶的装载数量加以限制。在限制数量时应考虑船舶的大小、结构和设备，同时还应考虑有害物质的包装和内在性质。

（七）关于操作要求的港口国控制

（1）当船舶停靠在另一缔约国港口或近海装卸站时，该船应接受该缔约国正式授权官员根据本附则进行的有关操作要求的检查。

（2）如有明显理由确信该船船长或船员不熟悉船上主要的防止有害物质污染程序，则该缔约国应采取包括进行详细的检查在内的措施，并按要求确保该船在按本附则的要求调整至正常状态前，不得开航。

六、附则Ⅳ：防止船舶生活污水污染规则

防止船舶生活污水污染规则是任选规则，于2003年9月27日生效。2007年2月2日对我国生效。截止到2021年9月10日，共有146个国家加入本规则，合计商船总吨位占世界商船总吨位的96.32%。

（一）定义

1. 生活污水

生活污水系指：

（1）任何型式的厕所和小便池的排出物和其他废弃物；

（2）医务室（药房、病房等）的面盆、洗澡盆和这些处所排水孔的排出物；

（3）装有活畜禽货的处所的排出物；

（4）混有上述排出物的其他废水。

2. 集污舱

集污舱系指用于收集和储存生活污水的舱柜。

3. 特殊区域

特殊区域系指这样的一个海域，在该海域中由于其海洋学和生态学的情况以及其交通

的特殊性质等方面公认的技术原因，需要采取特殊的强制办法以防止生活污水污染海洋。本规则的特殊区域包括波罗的海区域和IMO按指定防止船舶生活污水造成污染特殊区域的标准和程序指定的任何其他海域。

对波罗的海特殊区域的生效日期规定如下：

（1）对于新客船，生效日期为2019年6月1日。

（2）现有客船：

①对于直接驶往或驶离特殊区域外的港口和驶往或驶离位于特殊区域内28°10′E以东的港口且不停靠特殊区域内任何其他港口的现有客船，2023年6月1日；

②上述以外的现有客船，2021年6月1日。

4. 新客船

新客船系指：

（1）于2019年6月1日或以后订立建造合同的，或无建造合同时，于2019年6月1日或以后安放龙骨或处于类似建造阶段的客船；或

（2）2021年6月1日后两年或以上时间交付的客船。

（二）适用范围

本附则规定应适用于400总吨及以上或小于400总吨且核准载运15人以上的国际航行的船舶。

（三）检验和证书

（1）要求符合本附则各项规定的每艘船舶，应进行初次检验、换证检验和附加检验，确保其结构、设备、系统、附件、布置和材料完全符合本附则的适用要求。

（2）经初次检验或换证检验后，应签发国际防止生活污水污染证书（International Sewage Pollution Prevention Certificate，ISPP证书）。该证书应由主管机关或经其正式授权的任何个人或组织签发或签署。在任何情况下，主管机关对证书负有全部责任。也可委托另一缔约国签发或签署。

（3）ISPP证书的有效期限由主管机关规定，但不得超过5年。

（四）生活污水系统

（1）要求符合本附则各项规定的每艘船舶，均应配备下列之一的生活污水系统：

①生活污水处理装置，该装置应经主管机关型式认可。

②经主管机关认可的生活污水粉碎和消毒系统。

③集污舱，该集污舱的容量应参照船舶营运情况、船上人数和其他相关因素，能存放全部生活污水，并使主管机关满意。集污舱的构造应使主管机关满意，并应设有能指示其集存数量的目视装置。

（2）客船的特殊要求

要求符合本附则各项规定且需在特殊区域内排放生活污染的每艘客船，均应配备下列之一的生活污水系统：

①生活污水处理装置。该装置应经主管机关型式认可，并考虑到IMO制定的标准和试验方法。

②集污舱。该集污舱的容量应参照船舶营运情况、船上人数和其他相关因素，能存放全部生活污水，并使主管机关满意。集污舱的构造应使主管机关满意，并应设有能指示其集存数量的目视装置。

（五）标准排放接头

（1）为了使接收设备的管路能与船上的排放管路相连接，两条管路均应装有标准排放接头；

（2）对于专项营运的船舶，即客渡船，船舶排放管路可选择配备一个主管机关接受的排放接头，如快速连接接头。

（六）生活污水排放

（1）除客船外的船舶在所有区域排放生活污水以及客船在特殊区域外排放生活污水。

除本附则规定的“例外”情况外，应禁止将生活污水排放入海，但下列情况除外：

①船舶在距最近陆地3 n mile以外，使用经认可的生活污水粉碎和消毒系统，排放业经粉碎和消毒的生活污水，或者在距最近陆地12 n mile以外排放未经粉碎和消毒的生活污水。但在任何情况下，不得将集污舱中储存的生活污水或源自装有活体动物处所的生活污水顷刻排光，而应在航行途中，船舶以不小于4 kn的船速航行时，以中等速率排放。排放率应经主管机关根据IMO制定的标准予以批准。

②船舶配备经批准的生活污水处理装置正在运转，该装置已由主管机关验证符合本附则的相关操作要求，且排出物在其周围的水中不应产生可见的漂浮固体，也不应使水变色。

（2）客船在特殊区域内排放生活污水。

除本附则规定的“例外”情况外，还应禁止客船在特殊区域内排放生活污水：

①对新客船，应在IMO确定的日期禁止在特殊区域内排放生活污水，但不早于2019年6月1日；

②对现有客船，应在IMO确定的日期禁止在特殊区域内排放生活污水，但不早于2021年6月1日。

但满足下述条件者除外：船舶所设经认可的生活污水处理装置正在运转，该装置已由主管机关验证符合本附则所述的操作要求，且排出物在其周围的水中不应产生可见的漂浮固体，也不应使水变色。

（3）如生活污水与MARPOL其他附则要求的废弃物或废水混在一起时，则除符合本附则的要求外，还应符合其他附则的要求。

（七）关于操作要求的港口国控制

（1）当船舶在另一缔约国的港口或近海装卸站时，如有明显理由确信该船船长或船员不熟悉船上主要的防止生活污水污染程序，则该船应接受该缔约国正式授权的官员根据本附则进行的有关操作要求的检查。

（2）在此情况下，该缔约国应采取措施，确保该船在按本附则的要求调整至正常状态前，不得开航。

七、附则Ⅴ：防止船舶垃圾污染规则

防止船舶垃圾污染规则也是任选规则，于1988年12月31日生效。我国于1988年11月21日加入该规则，自1989年2月21日起对我国生效。截止到2021年9月10日，共有155个国家加入本规则，合计商船总吨位占世界商船总吨位的98.49%。

（一）定义

（1）“动物尸体”系指任何作为货物被船舶载运并在航行中死亡或被实施安乐死的动物尸体。

（2）“货物残留物”系指本公约其他附则未规定的、货物装卸后在甲板上或舱内留下的任何货物残余，包括装卸过量或溢出物，不管其是在潮湿还是在干燥的状态下，抑或是夹杂在洗涤水中，但不包括清洗后甲板上残留的货物粉尘或船舶外表面的灰尘。

（3）“食用油”系指任何用于或准备用于食物烹制或烹调的可食用油品或动物油脂，但不包括使用这些油进行烹制的食物本身。

（4）“生活废弃物”系指其他附则未规定的、在船上起居处所产生的所有类型的废弃物。生活废弃物不包括灰水。

（5）“渔具”系指任何以捕捉、控制以便随后捕捉或收获海洋或淡水生物为目的而布设于水面、水中或海底的实物设备或其任何部分或部件组合。

（6）“食品废弃物”系指船上产生的任何变质或未变质的食料，包括水果、蔬菜、奶制品、家禽、肉类产品和食物残渣。

（7）“垃圾”系指产生于船舶正常营运期间并需要连续或定期处理的各种食品废弃物、生活废弃物、操作废弃物、所有的塑料、货物残留物、焚烧炉灰、食用油、渔具和动物尸体，但本公约其他附则中所界定的或列出的物质除外。垃圾不包括因航行过程中的捕鱼活动和为把包括贝类在内的渔产品安置在水产品养殖设施内，以及把捕获的包括贝类在内的渔产品从此类设施转到岸上加工的运输过程中产生的鲜鱼及其各部分。

（8）“焚烧炉灰渣”系指用于垃圾焚烧的船用焚烧炉所产生的灰和渣。

（9）“操作废弃物”系指其他附则未规定的、船舶正常保养或操作期间在船上收集的或是用以储存和装卸货物的所有固体废弃物（包括泥浆）。操作废弃物也包括货舱洗舱水和外部清洗水中所含的清洗剂和添加剂。考虑IMO制定的导则，操作废弃物不包括灰水、舱底水或船舶操作所必需的其他类似排放物。

（10）“所有塑料”系指所有含有或包括任何形式塑料的垃圾，其中包括合成缆绳、合成纤维渔网、塑料垃圾袋和塑料制品的焚烧炉灰。

（11）“特殊区域”系指某一海域，在该海域中，由于其海洋地理和生态条件以及其运输的特殊性等公认的技术原因，需要采取特殊的强制办法以防止垃圾污染海洋。本附则的特殊区域指地中海区域、波罗的海区域、黑海区域、红海区域、海湾区域、北海区域、南极区域（南纬60°以南的海域）和大加勒比海区域（墨西哥湾和加勒比海本身）。

（12）“电子垃圾”（E垃圾）系指船舶正常操作和生活区域的电气和电子设备，包括所有零配件、半成品和耗材，丢弃时属于设备的一部分，存在可能对人体健康和/或环境造成危害的物质。

（二）适用范围

除另有明文规定外，本附则须适用于所有船舶。

（三）垃圾处理规定

1. 禁止排放垃圾入海的一般规定

（1）除允许排放的情况和例外规定外，禁止排放任何垃圾入海。

（2）除本附则例外规定外，禁止排放任何塑料入海，包括但不限于合成绳、合成纤维渔网、塑料垃圾袋和塑料制品的焚烧灰渣。

（3）除本附则例外规定外，禁止排放食用油入海。

（4）例外。

以下情况是不适用于排放要求的例外情况，包括：

①船上排放垃圾，系为保障船舶及船上人员安全或救护海上人命所必需者；

②垃圾意外落失系由于船舶或其设备遭到损坏的缘故，但须在发生损坏前后，为防止意外落失或使落失减至最低限度，已采取了一切合理的预防措施；

③渔具从船上意外落失，但须为防止这种落失，已采取了一切合理的预防措施；

④船上排放渔具，系为保护海洋环境或为保障该船或其船员的安全；

⑤船舶在航行途中，如将食品废弃物留存船上会明显对船上人员产生即刻健康风险，航行途中的要求应不适用于这些食品废弃物的排放。

2. 在特殊区域之外排放垃圾

（1）仅当船舶处于在航状态且尽可能远离最近陆地时，方允许在特殊区域之外向海洋排放以下垃圾，但无论如何须：

①在距最近陆地不少于3 n mile处排放业经粉碎机或研磨机处理后的食品废弃物。这种经粉碎或研磨后的食品废弃物须能通过筛眼不大于25 mm的粗筛。

②未经粉碎机或研磨机处理过的食品废弃物，在距最近陆地不少于12 n mile处排放。

③对于无法以常用卸载方法回收的货物残留物，在距最近陆地不少于12 n mile的地方排放。但是，根据本附则附录规定的衡准，这些货物残留物不得含有任何被列为有害海洋环境的物质。

④对于动物尸体，考虑IMO制定的导则，其排放须尽可能远离最近陆地。

（2）货舱、甲板和外表面清洗水中含有的清洁剂或添加剂可以排放入海，但这些物质不得危害海洋环境。

（3）固体散装货物（谷物除外）已按本附则附录分类，并由托运人申明其是否对海洋环境有害。

（4）当垃圾中掺入其他禁止排放或有不同排放要求的物质，或是被此种物质污染时，须适用更为严格的要求。

3. 特殊区域内的垃圾排放

（1）仅当船舶处于在航状态并遵守以下规定时，方允许在特殊区域内向海洋排放以下垃圾：

①排放食品废弃物入海须尽可能远离最近陆地，但距最近陆地或最近冰架须不少于12 n mile。该食品废弃物须业经粉碎或研磨处理且须能通过筛眼不大于25 mm的粗筛。食品废弃物须未受任何其他类型的垃圾污染。不允许在南极区域排放外来的禽类产品，包括家禽和家禽部分，除非其已经过无菌处理。

②对于无法以常用卸载方法回收的货物残留物，须在满足下列所有条件后方可排放：

i.根据本附则附录规定的衡准，在舱室洗涤水中包含的货物残余中无任何被分类为对海洋环境有害的物质；

ii.固体散装货物（谷物除外）应按本附则附录分类，并由托运人申明其是否对海洋环境有害；

iii.根据本组织制定的指南，在舱室洗涤水中包含的清洁剂或添加剂中无任何被分类为对海洋环境有害的物质；

iv.驶离港和下一个到达港都在特殊区域内且船舶在这两个港口间航行时不会驶离特殊区域；

v.根据IMO制定的指南，这些港口不具备合适的接收设备。

vi.在满足以上要求的前提下，含有货物残余的货舱洗涤水应尽可能远离最近陆地或最近冰架排放，但距最近陆地或最近冰架应不少于12 n mile。

（2）可将甲板和外表面洗涤水中包含的清洁剂或添加剂排放入海，但根据IMO制定的导则，这些物质必须对海洋环境无害。

（3）对南极区域，除适用于上述（1）规定外，还适用于下列规定：

①各缔约国承担义务保证为在其港口内的来往于南极区域的船舶，按其使用需要尽快设置接收所有船舶垃圾的足够的设备，而不对船舶造成不当延误。

②各缔约国应确保悬挂本国国旗的所有船舶在进入南极区域前，船上具有足够的能力留存在该区域作业时产生的所有垃圾，并已签订协议，保证船舶离开该区域后将这些垃圾排入接收设备。

（4）如果垃圾与其他被禁止排放或具有不同排放要求的物质混在一起或被其污染，则应适用其中更为严格的要求。

（四）公告牌、垃圾管理计划和垃圾记录

1. 公告牌

（1）总长在12 m及以上的船舶以及固定或浮动平台，均须张贴公告牌，根据具体情况告知船员和乘客有关垃圾的排放要求。

（2）公告牌须使用船员的工作语言，对于航行于本公约其他缔约国管辖权限范围内的港口或离岸式码头的船舶，还须使用英语、法语或西班牙语。

2. 垃圾管理计划

100总吨及以上的船舶和经核准载运15人或以上的船舶以及固定或浮动平台，须配备垃圾管理计划，且船员均须执行。该计划须提供书面的有关垃圾减少、收集、存储、加工和处理，包括船上设施使用的程序。该计划还须指定一名或多名人员负责执行垃圾管理计划。该计划须基于IMO制定的导则并使用船员的工作语言书写。

3. 垃圾记录簿

（1）垃圾记录簿的配备

驶向本公约其他缔约国管辖权范围内的港口或离岸式码头的400总吨及以上的船舶和经核准载运15人或以上的船舶，均须配备垃圾记录簿。垃圾记录簿不论是作为船舶正式航海日志的一部分，还是作为应经主管机关考虑IMO指定的指南予以批准的电子记录簿，或作为其他文件，均应按本附则附录中所规定的格式。

（2）垃圾的种类

就本记录簿第Ⅰ和Ⅱ部分（或船舶的正式航海日志）记录而言，垃圾分类如下：

①第Ⅰ部分(所有船舶)：

i.塑料；

ii.食品废弃物；

iii.生活废弃物；

iv.食用油；

v.焚烧炉灰渣；

vi.作业废弃物；

vii.动物尸体；

viii.渔具；

ix.e垃圾。

②第Ⅱ部分(载运固体散装货物船舶)：

i.货物残余（非HME）；

ii.货物残余（HME）。

注：HME（Harmful to the Marine Environment）对海洋环境有害。

船上的垃圾量应以立方米估算，如可能，按照种类分别估算。

（3）垃圾记录簿的记载

①每次排放入海或排至某一接收设施，或者完成的焚烧作业，须及时记录在垃圾记录簿中并且由主管高级船员在排放或焚烧作业的当日签署。每填完一页或一组电子记录项目，应由船长签字。垃圾记录簿每页记录完成时须由船长签字。垃圾记录簿须至少使用英语、法语或西班牙语填写。如垃圾记录簿同时还以船舶的船旗国官方语言填写的，在出现争执或不一致情况时，须以船旗国官方语言填写的为准。

②每次排放入海记录应包括日期和时间、船位（纬度和经度）、垃圾种类和被排放垃圾的估算量。对于货物残余的排放，除上述外还应记录排放开始和结束的位置。

③每次完成的焚烧记录应包括焚烧作业开始和结束的日期、时间、船位（纬度和经度）、焚烧的垃圾种类和每种被焚烧垃圾的估算量。

④每次排放至港口接收设备或另一艘船舶的记录应包括排放的日期和时间、港口或设备或船名、被排放垃圾的种类和每种被排放垃圾的估算量。

⑤垃圾记录簿连同从接收设备获得的收据应存放于船上在所有合理时间随时可供检查的地方。该记录簿应自最后一次记录日期起保留2年。

⑥如发生任何排放或意外落失，应在垃圾记录簿中记入排放或落失的日期和时间、该排放或落失时港口或船位（纬度和经度）和水深（如已知）、该排放或落失的原因、排放或落失的物品明细、排放或落失的垃圾种类、每种垃圾的估算量，以及为防止或尽量减少这种排放或意外落失已采取的合理预防措施。

（4）垃圾记录簿的管理

本公约缔约国的主管当局可对停靠本国港口或离岸式码头的、本条对其适用的任何船舶上的垃圾记录簿或航海日志进行检查，并可将记录簿中任何记录制作副本，也可要求船长证明该副本是有关记录的真实副本。所有经船长证明是船舶垃圾记录簿或船舶航海日志某项记录的真实副本，须可在任何的诉讼程序中作为该项记录中所记录事实的证据。

主管当局对垃圾记录簿或船舶官方日志的检查以及制作被证明的副本须尽可能迅速进行，不使船舶发生不当延误。

八、附则Ⅵ：防止船舶造成大气污染规则

防止船舶造成大气污染规则也是任选规则，于2005年5月19日生效。我国于2006年5月19日加入该规则，自2006年8月19日起对我国生效。截止到2018年2月8日，共有89个国家加入本规则，合计商船总吨位占世界商船总吨位的96.18%。

（一）适用范围

除另有明文规定外，本附则的规定应适用于所有船舶。

（二）定义

（1）“排放控制区”系指要求对船舶排放采取特殊强制措施以防止、减少和控制NO_x或SO_x和颗粒物质或所有3种排放类型造成大气污染以及随之对人类健康和环境造成不利影响的区域。

氮氧化物（NO_x）的控制区包括北美区域、美国加勒比海区域、波罗的海和北海以及IMO根据本附则附录设定的衡准和程序而指定的任何其他海域，包括任何港口区域。

硫氧化物（SO_x）和颗粒物质排放控制区应包括：波罗的海区域、北海区域、北美区域、美国加勒比海区域和IMO根据本附则附录中设定的衡准和程序而指定的任何其他海域，包括任何港口区域。

（2）获得的能效设计指数（Attained EEDI）系指单艘船舶按本附则计算方法获得的能效设计指数值。

（3）规定的能效设计指数（Required EEDI）系指本附则规定对特定船型和尺度所允许的获得的能效设计指数（Attained EEDI）最大值。

（三）检验和发证

1. 国际防止空气污染证书

（1）对每艘400总吨及以上的船舶应进行以下规定的检验：初次检验、换证检验、中间检验、年度检验、附加检验，确保其设备、系统、附件、布置和材料完全符合本附则的适用要求。

（2）驶往其他缔约国管辖范围的港口或近海装卸站的所有400总吨及以上的船舶在按规定进行了初次或换证检验后，应发给国际防止空气污染证书（International Air Pollution Prevention Certificate，IAPP证书）。该证书应由主管机关或经其正式授权的任何个人或组织签发或签署。在任何情况下，主管机关对该证书负有全部责任。

缔约国应主管机关的申请，可对船舶进行检验，如确信符合本附则的规定，应对该船签发或授权签发国际防止空气污染证书，并在适用时，按本附则的规定，为该船签署或授权签署证书。对悬挂非缔约国国旗的船舶，不得签发国际防止空气污染证书。

（3）国际防止空气污染证书的有效期限应由主管机关规定，但不得超过5年。

2. 国际能效证书

适用于能效管理规则的船舶，还应进行下列规定的检验：

（1）初次检验，在新船投入营运前和签发国际船舶能效证书之前进行。检验应验证船舶的“获得的能效设计指数”符合能效管理规则的要求，并且船上有符合附则要求的船舶能效管理计划（SEEMP）。如船舶发生重大改建后，应根据情况进行全面或部分检验。以确保必要时“获得的能效设计指数”经重新计算满足本附则的要求。

（2）对任何驶往其他缔约国管辖范围的港口或近海装卸站的400总吨及以上的船舶，在按规定进行了检验后，应在其开航前为其签发国际能效证书。该证书应由主管机关或经其正式授权的任何组织签发或签署。在任何情况下，主管机关对证书负有全部责任。

缔约国应主管机关的申请，可对船舶进行检验，如确信符合本附则的规定，应对该船签发或授权签发国际能效证书，并在适用时，按本附则的规定，为该船签署或授权签署证书。对悬挂非缔约国国旗的船舶，不得签发国际能效证书。

（3）除另有的规定外，国际能效证书应在船舶整个寿命期间内有效，在下列任一情况下应中止有效：

①如果船舶退出营运或船舶经重大改建后对其签发新证书；

②船舶变更船旗国。只有当换发新证书的政府确信该船符合《船舶能效规则》的要求时，才能签发新的证书。

3. 符合声明——燃油消耗报告

（1）收到船舶燃油消耗报告的数据后，主管机关或经其正式授权的任何组织应确定数据是否已按本附则要求报告，如是，应不晚于日历年开始的5个月向船舶签发燃油消耗符合声明。在任何情况下，主管机关对符合声明承担全部责任。

（2）收到船舶在转换主管机关或公司时的燃油消耗报告数据后，主管机关或经其正式授权的任何组织应立刻确定数据是否已按本附则要求报告，如是，应向船舶签发燃油消耗符合声明。在任何情况下，主管机关对符合声明承担全部责任。

（3）签发的符合声明应从符合声明签发的日历年至下一个日历年的前5个月内有效。转换主管机关或公司时签发的符合声明应从符合声明签发的日历年至下一年的前5个月内有效。所有符合声明应至少在其有效期内保存在船上。

（四）关于操作要求的港口国控制

（1）当船舶停靠在另一缔约国所管辖的港口或近海装卸站时，如有明显理由确信该船船长或船员不熟悉船上主要的防止船舶造成空气污染程序，该船应接受该缔约国正式授权的官员根据本附则进行的有关操作要求的检查。

（2）在此情况下，该缔约国应采取措施，确保该船在按本附则的要求调整至正常状态前，不得开航。

（五）排放控制要求

1. 消耗臭氧物质

（1）应禁止消耗臭氧物质的任何故意排放。故意排放包括在系统或设备的维护、检修、修理或处置过程中发生的排放，但故意排放不包括与消耗臭氧物质的回收或再循环相关的微量释放。

（2）从事国际航行的400总吨及以上的船舶应保存一份含消耗臭氧物质的设备清单。

（3）如上述船舶拥有含消耗臭氧物质的可重新充注系统的船舶应保存一份消耗臭氧物质记录簿。经主管机关批准，该记录簿可以是现有航海日志或电子记录簿的一部分。可被视为电子记录簿的条件是该电子记录系统由主管机关在2020年10月1日或以后但不迟于2025年10月1日进行的第一次国际防止空气污染证书换证检验时或以前批准，同时考虑到本组织制定的指南。

（4）消耗臭氧物质记录簿中的物质应按其质量单位（kg）记录，且在任何情况下都应及时记入下列内容：

①含消耗臭氧物质的设备的全部或部分重新充注；

②含消耗臭氧物质的设备的修理或维护；

③消耗臭氧物质向大气的排放，包括故意排放和非故意排放；

④消耗臭氧物质向陆基接收设备的排放；

⑤向船舶供应消耗臭氧物质。

2. 氮氧化物（NO_x）

（1）氮氧化物的控制应适用于：

①每台安装在船上的输出功率超过130 kW的船用柴油机；

②每台2000年1月1日或以后经重大改装的、输出功率超过130 kW的船用柴油机。

（2）不适用于应急情况使用的，或仅为安装船上的仅在应急情况下使用的任何装置或设备提供动力的船用柴油机，或仅用于安装救生艇上的在应急情况下使用的船用柴油机。

3. 硫氧化物（SO_x）和颗粒物质（PM）

（1）船上使用的任何燃油的硫含量不应超过下述极限值：

2012年1月1日及以后3.50%*m*/*m*和2020年1月1日及以后0.50%*m*/*m*。

（2）当船舶在排放控制区域内航行时，船上使用的燃油的硫含量不应超过下述极限值：0.10%*m*/*m*。

（3）燃油硫含量应由供应商按本附则的要求提供文件证明。

（4）使用不符合本条（2）规定燃油进入或离开本条（1）所述排放控制区域的船舶，应携有一份书面程序表明燃油转换如何完成，在其进入排放控制区域之前规定足够的时间对燃油供给系统进行全面冲洗，以去除硫含量超过本条（2）所规定的适用硫含量的所有燃油。在燃油转换作业进入排放控制区域以前完成或离开该区域后开始时，应将每一燃油舱中的低硫燃油的容积以及日期、时间及船舶位置记录在主管机关规定的航海日志或电子记录簿中。

4. 挥发性有机化合物（VOC）

（1）在缔约国管辖的对液货船产生的挥发性有机化合物排放控制的港口或装卸站，液货船应配备由主管机关认可的蒸气排放收集系统，并应在这些货物装载过程中使用该系统。

（2）载运原油的液货船应备有并实施经主管机关认可的VOC管理计划。

5. 船上焚烧

（1）船上焚烧应只允许在船上焚烧炉中进行。

（2）应禁止下列物质在船上焚烧：

①附则Ⅰ、Ⅱ或Ⅲ规定的货物残余物或有关的被污染的包装材料；

②多氯联苯（PCB）；

③附则Ⅴ定义的含有超过微量重金属的垃圾；

④含有卤素化合物的精炼石油产品；

⑤不在船上产生的污泥和油渣；

⑥废气清洗系统的残余物。

（3）应禁止在船上焚烧聚氯乙烯（PVC），但在已颁发IMO型式认可证书的船上焚烧炉内焚烧除外。

（六）燃油的质量

（1）本附则适用的每一艘船舶，应以燃油交付单的方式对交付并作为船上燃烧用的燃油的细节加以记录，该交付单应至少包括：接受燃油的船舶名称和IMO编号、港口、交付开始日期、船用燃油供应商名称、地址和电话号码、产品名称、数量（公吨）、15 ℃时的密度、含硫量，一份由燃油供应商代表签署和证明的声明，证明所供燃油符合本附则的质量（含硫量）要求。

（2）燃油交付单在船上的存放位置应易于在任何合理时间随时可供检查，并应在燃油交付船上之后保存3年。

（3）燃油交付单应按IMO制定的指南规定附有一份所交付燃油的代表样品。该样品应由供应商代表和船长或负责加油作业的高级船员在完成加油作业后密封并签署，并应由船方控制直到燃油被基本消耗掉，但无论如何，其保存期自加油日期算起应不少于12个月。

（4）缔约国应保证其指定的合适的当局：

①保持一份当地燃油供应商的登记表；

②要求当地供应商提供要求的燃油交付单和样品，并由燃油供应商书面证明该燃油符合本附则的质量要求；

③要求当地供应商保存一份燃油交付单的副本至少3年，以供港口国必要时检查和核实；

④对被发现所供燃油与燃油交付单所述内容不符的燃油供应商采取适当措施；

⑤将任何船舶收到不符合燃油质量的情况通知其主管机关。

（七）极地规则

为增进船舶在偏远、脆弱和潜在严酷的极地水域操作安全，并减轻对极地地区居民和环境的影响，国际海事组织分别在2015年5月召开的第68届海上环境保护委员会通过了

《国际极地水域操作船舶规则》（以下简称《极地规则》），以MEPC.265(68)决议通过了MARPOL公约附则Ⅰ、Ⅱ、Ⅳ和Ⅴ修正案，于2017年1月1日生效，适用于MARPOL附则Ⅰ、附则Ⅱ、附则Ⅳ和附则Ⅴ要求的极地水域航行的船舶。

《极地规则》Ⅱ-A部分共有5章：第1章防止油污染、第2章防止有毒液体物质污染、第3章防止海运包装有害物质污染（留空白）、第4章防止生活污水污染和第5章防止垃圾污染等方面的章节内容，是在MARPOL公约附则Ⅰ、Ⅱ、Ⅳ和Ⅴ的基础上，对极地水域营运的船舶提出了更严格的操作和构造保护要求：

（1）防止油类污染，规定零排放要求，所有新建A和B类船，载运油类及含油污水舱柜采用双壳双底保护结构；

（2）防止有毒液体污染，规定零排放要求；

（3）防止船舶生活污水污染，限制在远离冰架/陆缘固定冰或高冰密集度区域排放；

（4）防止垃圾污染，限制在远离冰架/陆缘固定冰或高冰密集度区域排放：

（5）食品废弃物必须粉碎。

第二节 国际船舶压载水和沉积物控制与管理公约

随着人们对海洋环境保护意识的提高，船舶压载水的加装和排放所引发的相关环境问题，特别是有害水生物和病原体转移造成的危害，引起了社会各层面的广泛关注。研究表明，许多种细菌、植物和动物会以不同的形式存活于压载水中，在一个海域加装的压载水中所含有的物种会在船舶到达另一海域港口装货时被排入当地的水体中，一些物种会对当地的经济和环境造成灾难性的后果。

IMO自20世纪90年代初就将解决船舶压载水问题纳入其海上环境保护委员会的议程进行全面的研究，相继通过了多个指导性文件或大会决议，以指导船舶压载水的控制和管理。在2004年2月9日至13日召开的IMO外交大会上通过了《国际船舶压载水和沉积物控制与管理公约》。

公约采用明示接受程序，即公约将在合计商船总吨位不少于世界商船总吨位35%的至少30个国家签署并对批准、接受或核准无保留，或交存了必要的批准、接受、核准或加入文件12个月后生效。

2016年9月8日，IMO宣布，缔约国船舶吨位总数占比已经达到35.14%，缔约国（地区）总数达到52个，已经完全满足了触发公约生效的条件，公约于2017年9月8日正式生效。截止到2021年9月29日，共有86个国家加入本公约，合计商船总吨位占世界商船总吨位的91.12%。

一、国际船舶压载水和沉积物控制与管理公约

（一）定义

（1）“压载水”系指为控制船舶纵倾、横倾、吃水、稳性或应力而在船上摄入的水及其悬浮物。

（2）“压载水管理”系指旨在消除、无害处置、防止摄入或排放压载水和沉积物中的有害水生物和病原体的机械、物理、化学和生物的单一或综合方法。

（3）“有害水生物和病原体”系指如被引入海洋，包括河口，或引入淡水水道则可能危害环境、人体健康、财产或资源、损害生物多样性或妨碍此种区域的其他合法利用的水生物或病原体。

（4）“沉积物”系指船内压载水的沉淀物质。

（二）适用范围

（1）除本公约中另有明文规定者外，本公约应适用于：

①有权悬挂某一当事国国旗的船舶；

②无权悬挂某一当事国国旗，但在一当事国管辖下营运的船舶。

（2）本公约不应适用于：

①设计或建造成不承载压载水的船舶；

②仅在某一当事国管辖水域内营运的该当事国的船舶；

③仅在某一当事国管辖水域内营运、此种免除需经该当事国授权的另一当事国的船舶；

④仅在一个当事国的管辖水域内和在公海上营运的船舶；

⑤任何军舰、海军辅助船或由国家拥有或营运并在其时仅用于政府非商业服务的其他船舶；

⑥船上密封舱柜中的不排放的永久性压载水。

（3）对于非本公约当事国的船舶，当事国应用本公约的必要要求，以确保不给予此类船舶更为优惠的待遇。

（三）船舶检查

（1）本公约适用的船舶，当在另一当事国的任何港口或离岸码头中时，可能要接受该当事国经正式授权的官员的检查，以确定该船是否符合本公约。除船舶未持有有效证书或有明确根据外，任何此种检查均应限于：

①核实船上持有有效证书，如其有效，则应被接受。

②检查压载水记录簿。

③进行船舶压载水取样。但是，分析样品所需的时间不得被用作不适当地迟延船舶的操作、运动或离开的根据。

（2）如果船舶未持有有效证书或根据船舶或其设备的状况与证书细节认为明确有重大不符；或者船长或船员不熟悉压载水管理的重要船上程序或未执行此类程序，则可进行详细检查。在此情况下，进行检查的当事国应采取步骤确保该船在未能做到排放压载水而不会对环境、人体健康、财产或资源形成损害威胁前不得进行此种排放。

（四）对违规事件的侦查和对船舶的控制

（1）各当事国应在侦查违规事件和执行本公约规定方面进行合作。

（2）如果侦查到船舶违反了本公约，船舶有权悬挂其国旗的当事国和/或船舶在其港口或离岸码头作业的当事国，除可采取本公约规定的任何处罚或行动外，还可警告、扣押或驱逐该船。但是，该船在其港口或离岸码头作业的当事国可允许此种船舶离开港口或离岸码头，以便排放压载水或驶往最近的适当修理厂或接收设备，条件是这样做不会危害环境、人体健康、财产或资源。

（3）如果取样导致表明该船对环境、人体健康、财产或资源构成威胁的结果或证实从另一港口或离岸码头收到的此种信息，则该船在其水域营运的当事国应禁止此种船舶排放压载水，直至该威胁消除。

（4）如果某一当事国收到任何当事国的调查要求并有船舶正以或曾以违反本公约规定的方式营运的充分证据，则亦可在该船进入其管辖的港口或离岸码头时对其进行检查。此种调查的报告应送交要求调查的当事国和有关船舶的主管机关的主管当局，以便采取适当行动。

二、船舶压载水和沉积物控制与管理规则

（一）定义

（1）“压载水容量”系指船上用于承载、装填或排放压载水的任何液舱、处所或舱室，包括被设计成允许承载压载水的任何多用途液舱、处所或舱室的总体积容量。

（2）“距最近陆地”系指距按国际法确定所述领土之领海的基线，在澳大利亚东北海岸外的另有规定的除外。

（3）“活性物质”系指对“有害水生物和病原体”有一般或特定作用或有一般或特定抵抗作用的物质或生物，包括病毒或真菌。

（二）压载水管理计划

每一船舶均应在船上携带并实施压载水管理计划。此种计划应由主管机关核准并计及IMO制定的指南。压载水管理计划是各船特定的并应至少：

（1）详述该船和涉及本公约要求的压载水管理的船员的安全程序；

（2）详述实施本公约中所载的压载水管理要求和补充性的压载水管理做法所应采取的行动；

（3）详述沉积物的海上处置程序和岸上处置程序；

（4）包括与将在其水域中进行海上排放的国家的当局协调涉及海上排放的船上压载水管理的程序；

（5）指定在船上负责确保计划得到正确实施的高级船员；

（6）载有本公约规定的船舶报告要求；

（7）以船舶的工作语言写成。如果使用的语言不是英文、法文或西班牙文，则应包括其中一者的译文。

（三）压载水记录簿

（1）每一船舶均应在船上备有至少载有规定信息的压载水记录簿。该记录簿可以是一种电子记录系统，或可以被列入其他记录簿或系统中。

（2）压载水记录簿的记录事项应在完成最后一项记录后在船至少保留2年；此后至少3年的期限内由公司控制。

（3）在排放压载水时，或在发生压载水的其他意外或异常排放时，应在压载水记录簿中做出记录，说明排放的情况和理由。

（4）压载水记录簿应在所有合理时间随时可供检查；对于被拖带的无人船舶，可放在拖船上保存。

（5）每一压载水作业均应及时在压载水记录簿中做出充分记录。每一记录均应由负责有关作业的高级船员签字，每一被填写页均应由船长签字。压载水记录簿中的记录事项应以该船的工作语言填写。如果该语言不是英文、法文或西班牙文，则该记录事项应载有其中一种语言的译文。当以船舶有权悬挂其国旗的国家的官方国家语言填写的记录事项也被使用时，在发生争端或有不一致时，应以此种记录事项为准。

（6）经当事国正式授权的官员，当船舶在该当事国的港口或离岸码头中时，可在本条适用的任何船上检查压载水记录簿，并可制作任何记录事项的副本和要求船长认证：该副本是真实副本。经此种认证的任何副本应在任何诉讼中被允许作为记录事项中所述事实的证据。压载水记录簿的检查和认证副本的制作应在不造成船舶不适当迟延的情况下从速进行。

（四）船舶压载水管理

（1）新船在交船时应安装BWMS（即符合压载水性能标准，只要其设有压载舱）。

（2）现有船，曾在2014年9月8日及以后且在2017年9月8日前完成IOPP换证检验的船舶，在2017年9月8日及之后的首次IOPP换证检验时应安装BWMS。

（3）现有船，未在2014年9月8日及以后且在2017年9月8日前完成IOPP换证检验的船舶，在2019年9月8日及之后的首次IOPP换证检验时应安装BWMS。

（4）不适用IOPP检验的现有船舶，在主管机关确定的时间，且不迟于在2024年9月8日安装BWMS。

注：“新船”系指在2017年9月8日及以后建造的船舶。“现有船”即非“新船”的

船舶。

（五）压载水交换

（1）为符合压载水交换标准而进行压载水更换的船舶：

①凡可能时，均应在距最近陆地至少200 n mile、水深至少200 m的地方进行此种压载水交换并考虑IMO制定的指南；

②当船舶不能按上述规定进行压载水交换时，在尽可能远离最近陆地并在所有情况下距最近陆地至少50 n mile、水深至少200 m的地方进行此种压载水交换。

（2）在距最近陆地的距离或水深不符合上述规定的海区中，应视情与邻近或其他国家协商并考虑IMO制定的指南，港口国可指定船舶进行压载水交换的地区。

（3）不应为符合更换压载水的任何特定要求而要求船舶偏离其预定航行或推迟航行。

（4）如船长合理地确定由于恶劣天气、船舶设计或应力、设备失灵或任何异常状况压载水交换会威胁船舶的安全或稳性、其船员或旅客，则应视情可不进行压载水交换。

（5）当船舶被要求进行压载水交换但却未更换时，其理由应在压载水记录簿中做出记录。

（六）船舶沉积物管理

（1）所有船舶均应按本船的压载水管理计划的规定清除和处置被指定承载压载水的处所中的沉积物。

（2）2009年及以后建造的船舶的设计和建造应考虑IMO制定的指南，在不降低安全或营运效率的情况下做到：将沉积物的摄入和有害夹带减至最低限度，便于沉积物的清除和提供用于沉积物清除和取样的安全通道。

（七）高级和普通船员的职责

高级和普通船员应熟知其在供职船舶实施其特定压载水管理方面的职责并应在与其职责相应的程度上熟知船舶的压载水管理计划。

（八）压载水管理标准

1. 压载水交换标准

（1）进行压载水交换的船舶的压载水体积更换率应至少为95%。

（2）对于使用泵入–排出法更换压载水的船舶，3倍于每一压载水舱体积的泵透，应视为达到压载水更换标准。少于该体积3倍的泵透，如船舶能证明达到了至少95%的体积交换，则也可被接受。

2. 压载水性能标准

进行压载水管理的船舶的排放应达到每立方米中最小尺寸大于或等于50 μm的可生存生物少于10个，每毫升中最小尺寸小于50 μm但大于或等于10 μm的可生存生物少于10个；并且，指示微生物的排放不应超过规定浓度。

（九）压载水管理系统的认可要求

（1）用于符合本公约的压载水管理系统必须由主管机关认可并考虑IMO制定的指南。

（2）使用活性物质或含有一种或多种活性物质的制剂来符合本公约的压载水管理系统，应由IMO制定的程序认可。该程序应陈述对活性物质及其建议的应用方法的认可或该认可的撤销。

（3）用于符合本公约的压载水管理系统必须对船舶及其设备和船员均安全。

（4）2020年10月28日及以后安装上船的BWMS都应按照BWMS规则认可，在此日期之前安装上船的BWMS可根据具体情况满足不同的标准。

（十）压载水管理的检验和发证

（1）适用本公约400总吨及以上的船舶，应接受初次检验、换证检验、中期检验、年度检验、附加检验，以确保压载水管理计划及任何相关结构、设备、系统、配件、装置和材料或工艺完全符合本公约的要求。

（2）通过上述检验后，向其颁发国际压载水管理证书。证书应由主管机关或由其正式授权的任何人员或组织颁发或签注。无论如何，主管机关均对证书承担完全责任。主管机关也可委托另一当事国进行检验，并颁发和签注证书。

（3）证书的有效期由主管机关规定，但不超过5年。

第三节 国内环境保护法规

一、中华人民共和国海洋环境保护法

新修订的《中华人民共和国海洋环境保护法》自2000年4月1日起施行，并分别于2014年、2016、2017年和2023年进行了四次修正。最新修正后的《中华人民共和国海洋环境保护法》自2024年1月1日起施行。本法共9章124条，以下主要介绍与船舶及有关作业活动污染防治有关的内容。

（一）总则

1. 目的、适用范围、原则和义务

（1）目的

为了保护和改善海洋环境，保护海洋资源，防治污染损害，保障生态安全和公众健康，维护国家海洋权益，建设海洋强国，推进生态文明建设，促进经济社会可持续发展，实现人与自然和谐共生，根据宪法，制定本法。

（2）适用范围

本法适用于中华人民共和国管辖海域。

在中华人民共和国管辖海域内从事航行、勘探、开发、生产、旅游、科学研究及其他活动，或者在沿海陆域内从事影响海洋环境活动的任何单位和个人，应当遵守本法。

在中华人民共和国管辖海域以外，造成中华人民共和国管辖海域环境污染、生态破坏的，适用本法相关规定。

（3）原则

海洋环境保护应当坚持保护优先、预防为主、源头防控、陆海统筹、综合治理、公众参与、损害担责的原则。

（4）义务

任何单位和个人都有保护海洋环境的义务，并有权对污染海洋环境、破坏海洋生态的单位和个人，以及海洋环境监督管理人员的违法行为进行监督和检举。

从事影响海洋环境活动的任何单位和个人，都应当采取有效措施，防止、减轻海洋环境污染、生态破坏。排污者应当依法公开排污信息。

2. 管理体制

（1）国务院生态环境主管部门负责全国海洋环境的监督管理，负责全国防治陆源污染物、海岸工程和海洋工程建设项目（以下称工程建设项目）、海洋倾倒废弃物对海洋环境污染损害的环境保护工作，指导、协调和监督全国海洋生态保护修复工作。

（2）国务院自然资源主管部门负责海洋保护和开发利用的监督管理，负责全国海洋生态、海域海岸线和海岛的修复工作。

（3）国务院交通运输主管部门负责所辖港区水域内非军事船舶和港区水域外非渔业、非军事船舶污染海洋环境的监督管理，组织、协调、指挥重大海上溢油应急处置。海事管理机构具体负责上述水域内相关船舶污染海洋环境的监督管理，并负责污染事故的调查处理；对在中华人民共和国管辖海域航行、停泊和作业的外国籍船舶造成的污染事故登轮检查处理。船舶污染事故给渔业造成损害的，应当吸收渔业主管部门参与调查处理。

（4）国务院渔业主管部门负责渔港水域内非军事船舶和渔港水域外渔业船舶污染海洋环境的监督管理，负责保护渔业水域生态环境工作，并调查处理前款规定的污染事故以外的渔业污染事故。国务院发展改革、水行政、住房和城乡建设、林业和草原等部门在各自职责范围内负责有关行业、领域涉及的海洋环境保护工作。

（5）海警机构在职责范围内对海洋工程建设项目、海洋倾倒废弃物对海洋环境污染损

害、自然保护地海岸线向海一侧保护利用等活动进行监督检查，查处违法行为，按照规定权限参与海洋环境污染事故的应急处置和调查处理。

（6）军队生态环境保护部门负责军事船舶污染海洋环境的监督管理及污染事故的调查处理。

（7）沿海县级以上地方人民政府对其管理海域的海洋环境质量负责。国家实行海洋环境保护目标责任制和考核评价制度，将海洋环境保护目标完成情况纳入考核评价的内容。

（8）沿海县级以上地方人民政府可以建立海洋环境保护区域协作机制，组织协调其管理海域的环境保护工作。跨区域的海洋环境保护工作，由有关沿海地方人民政府协商解决，或者由上级人民政府协调解决。跨部门的重大海洋环境保护工作，由国务院生态环境主管部门协调；协调未能解决的，由国务院作出决定。

（9）国务院和沿海县级以上地方人民政府应当将海洋环境保护工作纳入国民经济和社会发展规划，按照事权和支出责任划分原则，将海洋环境保护工作所需经费纳入本级政府预算。

（二）船舶及有关作业活动污染防治

（1）在中华人民共和国管辖海域，任何船舶及相关作业不得违法向海洋排放船舶垃圾、生活污水、含油污水、含有毒有害物质污水、废气等污染物，废弃物，压载水和沉积物及其他有害物质。

船舶应当按照国家有关规定采取有效措施，对压载水和沉积物进行处理处置，严格防控引入外来有害生物。从事船舶污染物、废弃物接收和船舶清舱、洗舱作业活动的，应当具备相应的接收处理能力。

（2）船舶应当配备相应的防污设备和器材。船舶的结构、配备的防污设备和器材应当符合国家防治船舶污染海洋环境的有关规定，并经检验合格。

船舶应当取得并持有防治海洋环境污染的证书与文书，在进行涉及船舶污染物、压载水和沉积物排放及操作时，应当按照有关规定监测、监控，如实记录并保存。

（3）船舶应当遵守海上交通安全法律、法规的规定，防止因碰撞、触礁、搁浅、火灾或者爆炸等引起的海难事故，造成海洋环境的污染。

（4）国家完善并实施船舶油污损害民事赔偿责任制度；按照船舶油污损害赔偿责任由船东和货主共同承担风险的原则，完善并实施船舶油污保险、油污损害赔偿基金制度，具体办法由国务院规定。

（5）～（14）
详见二维码

二、防治船舶污染海洋环境管理条例

2009年9月9日国务院令第561号公布《防治船舶污染海洋环境管理条例》，自2010年3月1日起施行。至2019年3月19日，本条例已历经六次修订。本条例共9章76条。

（一）总则

（1）为了防治船舶及其有关作业活动污染海洋环境，根据《中华人民共和国海洋环境保护法》，制定本条例。

（2）防治船舶及其有关作业活动污染中华人民共和国管辖海域适用本条例。

（3）防治船舶及其有关作业活动污染海洋环境，实行预防为主、防治结合的原则。

（4）国务院交通运输主管部门主管所辖港区水域内非军事船舶和港区水域外非渔业、非军事船舶污染海洋环境的防治工作。海事管理机构依照本条例规定具体负责防治船舶及其有关作业活动污染海洋环境的监督管理。

（5）任何单位和个人发现船舶及其有关作业活动造成或者可能造成海洋环境污染的，应当立即就近向海事管理机构报告。

（二）防治船舶及其有关作业活动污染海洋环境的一般规定

（1）船舶的结构、设备、器材应当符合国家有关防治船舶污染海洋环境的技术规范以及中华人民共和国缔结或者参加的国际条约的要求。

（2）船舶应当依照法律、行政法规、国务院交通运输主管部门的规定以及中华人民共和国缔结或者参加的国际条约的要求，取得并随船携带相应的防治船舶污染海洋环境的证书、文书。

（3）中国籍船舶的所有人、经营人或者管理人应当按照国务院交通运输主管部门的规定，建立健全安全营运和防治船舶污染管理体系。海事管理机构应当对安全营运和防治船舶污染管理体系进行审核，审核合格的，发给符合证明和相应的船舶安全管理证书。

（4）港口、码头、装卸站以及从事船舶修造的单位应当配备与其装卸货物种类和吞吐能力或者修造船舶能力相适应的污染监视设施和污染物接收设施，并使其处于良好状态。

（5）港口、码头、装卸站以及从事船舶修造、打捞、拆解等作业活动的单位应当制定有关安全营运和防治污染的管理制度，按照国家有关防治船舶及其有关作业活动污染海洋环境的规范和标准，配备相应的防治污染设备和器材。

（6）船舶所有人、经营人或者管理人应当制定防治船舶及其有关作业活动污染海洋环境的应急预案，并报海事管理机构备案。港口、码头、装卸站的经营人以及有关作业单位应当制定防治船舶及其有关作业活动污染海洋环境的应急预案，并报海事管理机构和环境保护主管部门备案。

（7）船舶、港口、码头、装卸站以及其他有关作业单位应当按照应急预案，定期组织演练，并做好相应记录。

（三）船舶污染物的接收

（1）船舶处置污染物，应当在相应的记录簿内如实记录。

船舶应当将使用完毕的船舶垃圾记录簿在船舶上保留2年；将使用完毕的含油污水、含有毒有害物质污水记录簿在船舶上保留3年。

（2）船舶污染物接收单位接收船舶污染物，应当向船舶出具污染物接收单证，经双方签字确认并留存至少2年。

污染物接收单证应当注明作业双方名称，作业开始和结束的时间、地点，以及污染物种类、数量等内容。船舶应当将污染物接收单证保存在相应的记录簿中。

（四）船舶污染事故应急处置

1. 应急处置与报告

（1）本条例所称船舶污染事故，是指船舶及其有关作业活动发生油类、油性混合物和其他有毒有害物质泄漏造成的海洋环境污染事故。

（2）船舶在中华人民共和国管辖海域发生污染事故，或者在中华人民共和国管辖海域外发生污染事故造成或者可能造成中华人民共和国管辖海域污染的，应当立即启动相应的应急预案，采取措施控制和消除污染，并就近向有关海事管理机构报告。

（3）发现船舶及其有关作业活动可能对海洋环境造成污染的，船舶、码头、装卸站应当立即采取相应的应急处置措施，并就近向有关海事管理机构报告。

（4）接到报告的海事管理机构应当立即核实有关情况，并向上级海事管理机构或者国务院交通运输主管部门报告，同时报告有关沿海设区的市级以上地方人民政府。

2. 弃船时的处置与报告

（1）船舶发生事故有沉没危险，船员离船前，应当尽可能关闭所有货舱（柜）、油舱（柜）管系的阀门，堵塞货舱（柜）、油舱（柜）通气孔。

（2）船舶沉没的，船舶所有人、经营人或者管理人应当及时向海事管理机构报告船舶燃油、污染危害性货物以及其他污染物的性质、数量、种类、装载位置等情况，并及时采取措施予以清除。

3. 海事管理机构的措施

（1）发生船舶污染事故，海事管理机构可以采取清除、打捞、拖航、引航、过驳等必要措施，减轻污染损害。相关费用由造成海洋环境污染的船舶、有关作业单位承担。

（2）需要承担前款规定费用的船舶，应当在开航前缴清相关费用或者提供相应的财务担保。

4. 消油剂的使用

处置船舶污染事故使用的消油剂，应当符合国家有关标准。

三、船舶大气污染物排放控制区实施方案

为贯彻实施《中华人民共和国大气污染防治法》，推进绿色航运发展和船舶节能减排，减少船舶在我国重点区域的大气污染物排放，2015年12月2日交通运输部印发《珠三角、长三角、环渤海(京津冀)水域船舶排放控制区实施方案》。在实施此方案的基础上，2018年11月30日，交通运输部印发《船舶大气污染物排放控制区实施方案》。

（一）工作目标

通过设立船舶大气污染物排放控制区，降低船舶硫氧化物、氮氧化物、颗粒物和挥发性有机物等大气污染物的排放，持续改善沿海和内河港口城市空气质量。

（二）适用对象

本方案适用于在排放控制区内航行、停泊、作业的船舶。

（三）排放控制区范围

本方案所指排放控制区包括沿海控制区和内河控制区。

（1）沿海控制区范围为沿海60个点依次连线以内的海域，其中海南水域范围为该区域的20个点依次连线以内的海域。

（2）内河控制区范围为长江干线（云南水富至江苏浏河口）、西江干线（广西南宁至广东肇庆段）的通航水域。

（四）控制要求

1.硫氧化物和颗粒物排放控制要求

（1）2019年1月1日起，海船进入排放控制区，应使用硫含量不大于0.5%*m*/*m*的船用燃油，大型内河船和江海直达船舶应使用符合新修订的船用燃料油国家标准要求的燃油；其他内河船应使用符合国家标准的柴油。

（2）2020年1月1日起，海船进入内河控制区，应使用硫含量不大于0.1%*m*/*m*的船用燃油。

（3）2020年3月1日起，未使用硫氧化物和颗粒物污染控制装置等替代措施的船舶进入排放控制区只能装载和使用按照本方案规定应当使用的船用燃油。

（4）2022年1月1日起，海船进入沿海控制区海南水域，应使用硫含量不大于0.1%*m*/*m*的船用燃油。

（5）适时评估船舶使用硫含量不大于0.1%*m*/*m*的船用燃油的可行性，确定是否要求自2025年1月1日起，海船进入沿海控制区使用疏含量不大于0.1%*m*/*m*的船用燃油。

2.氮氧化物排放控制要求

（1）2000年1月1日及以后建造或进行船用柴油发动机重大改装的国际航行船舶，所使用的单台船用柴油发动机输出功率超过130 kW的，应满足《国际防止船舶造成污染公约》第一阶段氮氧化物排放限值要求。

（2）2011年1月1日及以后建造或进行船用柴油发动机重大改装的国际航行船舶，所使用的单台船用柴油发动机输出功率超过130 kW的，应满足《国际防止船舶造成污染公约》第二阶段氮氧化物排放限值要求。

（3）2015年3月1日及以后建造或进行船用柴油发动机重大改装的中国籍国内航行船舶，所使用的单台船用柴油发动机输出功率超过130 kW的，应满足《国际防止船舶造成污染公约》第二阶段氮氧化物排放限值要求。

（4）2022年1月1日及以后建造或进行船用柴油发动机重大改装的、进入沿海控制区海南水域和内河控制区的中国籍国内航行船舶，所使用的单缸排量大于或等于30 L的船用柴油发动机应满足《国际防止船舶造成污染公约》第三阶段氮氧化物排放限值要求。

（5）适时评估船舶执行《国际防止船舶造成污染公约》第三阶段氮氧化物排放限值要求的可行性，确定是否要求2025年1月1日及以后建造或进行船用柴油发动机重大改装的中国籍国内航行船舶，所使用的单缸排量大于或等于30 L的船用柴油发动机满足《国际防止船舶造成污染公约》第三阶段氮氧化物排放限值要求。

3.船舶靠港使用岸电要求

（1）2019年1月1日及以后建造的中国籍公务船、内河船舶（液货船除外）和江海直达船舶应具备船舶岸电系统船载装置，2020年1月1日及以后建造的中国籍国内沿海航行集装箱船、邮轮、客滚船、3 000总吨及以上的客船和5万吨级及以上的干散货船应具备船舶岸电系统船载装置。

（2）2019年7月1日起，具有船舶岸电系统船载装置的现有船舶（液货船除外），在沿海控制区内具备岸电供应能力的泊位停泊超过3 h，或者在内河控制区内具备岸电供应能力的泊位停泊超过2 h，且不使用其他等效替代措施的（包括使用清洁能源、新能源、船载蓄电装置或关闭辅机等），应使用岸电。2021年1月1日起，邮轮在排放控制区内具备岸电供应能力的泊位停泊超过3 h，且不使用其他等效替代措施的，应使用岸电。

（3）2022年1月1日起，使用的单台船用柴油发动机输出功率超过130 kW，且不满足《国际防止船舶造成污染公约》第二阶段氮氧化物排放限值要求的中国籍公务船、内河船舶（液货船除外），以及中国籍国内沿海航行集装箱船、客滚船、3 000总吨及以上的客船和5万吨级及以上的干散货船，应加装船舶岸电系统船载装置，并在沿海控制区内具备岸电供应能力的泊位停泊超过3 h，或者在内河控制区内具备岸电供应能力的泊位停泊超过2 h，且不使用其他等效替代措施时，应使用岸电。

（4）鼓励中国航运企业和经营人对拥有的规定之外船舶加装船舶岸电系统船载装置，并在排放控制区内具备岸电供应能力的泊位停泊时使用岸电。

4.其他规定

（1）船舶可使用清洁能源、新能源、船载蓄电装置或尾气后处理等替代措施满足船舶排放控制要求。采取尾气后处理方式的，应当安装排放监测装置，产生的废水废液应当按照有关规定进行处理。

（2）鼓励其他内河水域所在的地方人民政府参照内河控制区的要求，对海船进入本水域所使用的燃油硫含量提出控制要求。

（3）2020年1月1日及以后建造的150总吨及以上中国籍国内航行油船进入排放控制区，应具备码头油气回收条件，鼓励满足安全要求时开展油气回收。国际航行船舶应符合

《国际防止船舶造成污染公约》关于挥发性有机物的排放控制要求。

（4）船舶应严格执行其他现行国际公约和国内法律法规、标准规范关于大气污染物的排放控制要求。

另外，我国台湾地区和香港特区也发布了具体的船舶燃油排放控制要求。

第四节 收集和报告船舶能耗数据

为履行国际公约缔约国政府义务，夯实我国船舶节能减排工作，我国颁布了一系列涉及船舶能效管理和数据收集的办法、标准与指南。本节结合公约、法规要求介绍能耗数据收集的实务与报告的内容、程序和格式要求。

一、收集船舶能耗数据法规要求

全球气候变暖已成为世界关注的主要环境问题，相关国际组织与各国政府都在积极采取措施以减少CO_2等温室气体的排放。IMO一直致力于推动航运业的温室气体减排工作，将降低船舶碳排放列为重点管理措施。为有效控制船舶营运对环境造成的污染，减少来自船舶燃油及其燃烧过程中任何物质的排放，2011年7月15日，IMO海上环境保护委员会通过MEPC.203（62）决议，将“船舶能效规则”纳入MARPOL 73/78附则Ⅵ第4章，确定了新造船“船舶能效设计指数”（EEDI）和营运船“船舶能效管理计划”（SEEMP）、“能效营运指标”（EEOI）要求，于2013年1月1日生效。这既是IMO历史上首次通过适用于所有国家船舶的与减少温室气体排放相关的强制性能效标准，也是人类历史上第一个专门针对国际海运的温室气体减排的法律文件。

2016年IMO海上环境保护委员会通过MEPC.278（70）号决议，是关于MARPOL 73/78附则Ⅵ的新规定22A《船舶燃油消耗数据的收集与报告》，要求5 000总吨及以上的国际航行船舶从2019年1月1日起按SEEMP所述方法以每年或相应月份收集和报告燃油的消耗，以提高船舶能效，降低排放。2021年6月，其又通过了MEPC.328（76），对国际航行的现有船舶提出了“能效指数”（EEXI）的限制要求，并将于2023年1月1日起实施。由此，全球航运企业将面临更加严格的节能减排履约要求。

（一）船舶能效与节能减排概述

1.船舶能效概念

船舶能效，是船舶能源利用效率，即得到的结果与所使用的能源之间的关系。“能效营运指标”（EEOI），是船舶单位运输作业所排放CO_2量，即消耗燃油所排放的CO_2与货物的数量和运输距离乘积和的比值，用来衡量阶段时间船舶营运能效的高低。

MARPOL 73/78附则Ⅵ第4章“船舶能效规则”要求船舶在设计阶段达到“船舶能效设计指数”（EEDI），反映船舶满载正常航行过程中，单位船舶载重吨、单位船舶航程的主机和航行所需辅机消耗燃料排放的CO_2质量。其值越大，表明船舶能效水平越低；反之，船舶能效水平越高。

2.船舶节能减排

航运公司要实现降低船舶能耗、提高能源利用效率、减少CO_2排放的总体要求，根据MARPOL 73/78附则Ⅵ第4章“船舶能效规则”，在船舶运营过程中，船舶经营人应建立有效的船舶能效管理机制，编制船舶能效管理计划（SEEMP），通过详细的策划、实施、监控、自我评估与改进五个步骤来不断完善船队的整体经营结构，进一步优化产业结构，降低能耗。

船舶节能减排可以减少燃料消耗量和燃料费用达到降低船舶营运成本的经济目的，还可以减少各类氮氧化物和温室气体排放，减轻对水体和大气的污染。根据IMO于2012年3月通过的MEPC.213（63）决议《船舶能效管理计划制定导则》，实现船舶营运燃油能效的最佳操作导则，船舶节能减排可以考虑采取以下措施：

1）提高燃油效能

（1）优化航线

通过仔细规划航线和执行规划航线来优化航线并提高船舶运行效率。优化航线会花费些时间，可以使用多种专业软件来协助完成。

（2）气象导航

气象导航对特定航线上的节能有很好的效果，对于所有类型船舶和许多贸易区域具有商业效益。

（3）及时沟通

与下一个港口提前进行良好的沟通，可以及早知悉泊位的可用性，以便于采用最佳航速。最佳港口作业涉及包括港口不同装载的顺序变化。应鼓励港口当局最大限度提高效率，尽可能地减少时间延迟。

（4）航速优化

航速优化会节约很多燃油费用。最佳航速意味着在该航速下，航行时每吨海里使用的燃料最少。最佳航速并不是指最小航速。实际上，以小于最佳航速的速度航行会消耗更多的燃料而不是更少的燃料。应参照发动机制造商的功率、燃油消耗曲线和船舶螺旋桨曲线来优化航速。还应该考虑，在许多租船合同内，航速由租船方而不是船舶经营者确定。在洽谈租船合同时应尽力鼓励船舶以最佳航速营运。

（5）最佳轴功率

以固定转速（RPM）营运与通过发动机功率连续调整航速相比，采用固定转速的营运效率高。

2）优化船舶运行

（1）优化纵倾

大多数船舶设计成以一定的航速和一定的燃油消耗量载运指定数量的货物。不管是满载还是空载，纵倾对船舶通过水的阻力有很大影响，优化船舶纵倾能够节省很多燃料。对于不同的吃水，船舶受到的最小的阻力的最佳纵倾是不同的。

（2）优化压载

调整压载时应考虑满足最佳纵倾和船舶操纵性能的要求，以及通过良好的货物规划实现的最佳压载条件。优化压载状态时，应遵循船舶压载水管理计划中规定的限制、条件和压载管理安排。压载状态对操纵性能和自动舵的设定影响很大，减少的压载水量并不意味着能效最高。

（3）改进螺旋桨和螺旋桨浸水因素

螺旋桨的选型通常在船舶设计和建造阶段已经确定，但螺旋桨设计的新技术已使后期改进螺旋桨设计成为可能，可以达到更好的燃油经济型。这仅是值得考虑因素之一，毕竟螺旋桨只是推进系统中的一部分，单独改变螺旋桨可能对效率没有影响，甚至可能增加燃油消耗量。使用一些装置，例如鳍和/或喷嘴，提高螺旋桨浸水，会增加推进效能功率并减少燃料消耗。

（4）优化舵和航向控制系统（自动舵）的使用

自动航向和操舵控制系统技术已有很大改进。现代自动操舵仪可通过减少“偏离轨道”航行距离来节省大量的燃料，即通过较少和较小的修正进行较好的航向控制可将由于舵阻力造成的损失降至最低。可以考虑在现有船舶上改装更有效的自动舵，还可以考虑改造舵叶设计，比如改造为“扭流”舵。

（5）船体保养

船体阻力可通过新技术-涂层系统进行优化，可以对船体状况进行定期的水中检查。螺旋桨的清洁和抛光或甚至适当的涂层会大大提高燃油能效。港口国应认识到并为进行水中船体清洁提高便利。一般来说，船体越平滑，燃油效率越好。

（6）推进系统

船用柴油机具有很高的热效率（约50%）。该优异的性能仅可能被燃料电池技术的平均热效率60%超越，这是因为可以系统地将热量和机械损失降至最低，特别是新的电子控制发动机能提高能效。但是，这需要对相关人员进行特定培训，为谋求利益最大化，也是考虑的因素。

（7）推进系统保养

在公司计划保养计划时，依照制造商的说明书进行保养也应保持效率。使用发动机状况监测对于保持高效运行是很有用的。提高发动机能效的附加方法可包括：使用燃料添加剂、调整汽缸润滑油消耗、阀改进、扭矩分析和自动发动机监测系统。

（8）废热回收

废热回收现在对于一些船舶来说是商用技术。废热回收系统使用来自废气的热损失进行发电或用轴马达进行辅助推进。

(9) 优化船队管理

更好地调配船队同样具有重要意义，例如可能通过调整船队计划避免或减少长压载航程。

(10) 改进货物装卸

货物装卸在大多数情况下由港口控制，应研究与船舶和港口要求相适应的最佳解决方案。

(11) 能源管理

对船上供电进行审视，可以发现潜在的意想不到的提供能效之处。但是，应注意在关闭供电（例如照明）时避免产生新的安全危险。隔热是一种显而易见的节能方式。冷藏集装箱装载位置的优化，有利于减少压缩机组的传热影响。可以与货舱加热、通风等结合在一起考虑。也可考虑使用较低能耗的水冷却冷藏装置。

(12) 燃料类型

使用新出现的替代燃料可以减少CO_2的排放，但应考虑其适用性。

(13) 其他措施

可考虑开发用于计算燃料消耗建立排放“足迹”、优化作业以及确定改进目标和跟踪过程的计算机软件。使用可再生的能源，例如风、太阳能（或光电）电池技术，已在近年来大大改进并应视作可适用于船上。在一些港口，一些船舶可使用岸上供电，但这通常旨在提高港口区域的空气质量。如果岸基电源是碳效的，可能有净效益。船舶可考虑使用岸上供电（如可用）。可以考虑风力协助推进的可行性。尽量寻找质量更好的燃料，以便尽量减少提供给定功率输出所需的燃料量。

(14) 措施的兼容性

以上推荐了现有船舶能效提高的各种办法。虽然有许多可供选择的办法，但不一定都是适用的，往往取决于船舶所处的地区和从事的航线。如果要最有效地利用这些办法，可能需要取得若干不同利益相关方的同意和支持。

(15) 船龄和船舶营运服务年限

由于高油价，上述的所有措施都具有成本效益的潜在优势。先前考虑的负担不起或不划算的措施可能现在可行，并值得重新考虑。很明显，是否具有成本效益优势在很大程度上受到船舶剩余服务年限和燃料费用的影响。

(16) 贸易和航行区域

船舶从事的贸易和航行区域也决定某些措施的可行性。与常规货物运输船相比，在海上进行服务的船舶，比如从事铺设管路、地震勘测、海洋定点天气观察、挖泥的船舶，可能会选择不同的减碳方法。每个航运公司的每艘船都有其独特的方法来实现最有效的措施组合。

（二）MARPOL 73/78 附则Ⅵ船舶能效规则

1.适用范围

(1) 船舶能效规则适用于所有400总吨及以上的船舶，但不适用于：

①仅航行于其船旗国主权或管辖范围的水域内的船；

②非机动船，以及包括FPSO、FSU和钻井装置的平台，不论其推进方式。

（2）获得的能效设计指数（Attained EEDI）和规定的能效设计指数（Required EEDI）不应适用于具有非常规推进的船舶和具有破冰能力的货船，但适用于2019年9月1日或以后交付的具有非常规推进的豪华邮轮和具有常规推进和非常规推进的LNG运输船。

（3）主管机关可对400总吨及以上的船舶免除适用Attained EEDI和Required EEDI的要求。但以下400总吨及以上的船舶并不能免除：

①在2017年1月1日或以后签订建造合同；

②虽无建造合同，但在2017年7月1日或以后安放龙骨或处于类似建造阶段；

③在2019年7月1日或以后交船；

④新船或在2017年1月1日或以后进行重大改建的现有船舶。

2.Attained EEDI

对船型为散货船、气体运输船、液货船、集装箱船、杂货船、冷藏货船、兼用船、客船、滚装货船（车辆运输船）、滚装货船、滚装客船、LNG运输船和豪华邮轮的以下船舶计算Attained EEDI：

（1）每艘新船；

（2）每艘经过重大改建的新船；

（3）每艘经过重大改建的，且因改建范围过大而被主管机关视为新造船的新船或现有船。

Attained EEDI应具体到各船，并应显示船舶能效方面的估计性能，且附有EEDI技术案卷，案卷中包含用以计算Attained EEDI所必要的信息并说明计算过程。Attained EEDI应经主管机关或经其正式授权的组织基于EEDI技术案卷进行验证。

3.Required EEDI

对船型为散货船、气体运输船、液货船、集装箱船、杂货船、冷藏货船、兼用船、LNG运输船和豪华邮轮以下船舶计算Required EEDI：

（1）每艘新船；

（2）每艘经过重大改建的新船；

（3）每艘经过重大改建的，且因改建范围过大而被主管机关视为新造船的新船或现有船。

适用的船舶的Attained EEDI不大于Required EEDI。

4.船舶能效管理计划（SEEMP）

（1）每艘船舶应在船上保存一份特定的船舶能效管理计划（SEEMP）。该计划可为船舶安全管理体系（SMS）的一部分。

（2）在2018年12月31日或以前，对于5 000总吨及以上的船舶，SEEMP应包括一份对用于收集规定数据的方法的说明，以及对用于将数据报告给船舶主管机关的程序的说明。

（3）SEEMP应按IMO通过的指南制定。

5.现有船舶能效指数（EEXI）

EEXI与EEDI（新船能效设计指数）要求类似，MEPC.328（76）要求的EEXI（Required Energy Efficiency Existing Ship Index）基本等同于2022年4月1日生效的对新造船的Required EEDI要求（EEDI Phase 2或Phase 3，视船型而定），但对部分船型有所放宽。对于先期已满足EEDI要求的船舶，仍应满足EEXI要求，部分船舶需采用限制功率或其他技术措施提高能效才能满足EEXI限制要求。

（三）我国有关船舶能耗数据收集办法及行业标准

2020年10月30日交通运输部发布了推荐性行业标准《船舶能耗数据收集与报告技术要求》（JT/T 1340—2020），其规定了船舶能耗数据收集范围、船舶能耗及相关数据收集方法、数据质量保证计划以及数据报告等要求，供航运企业收集和报送数据、主管部门和认可组织开展核实时参照使用。本标准自2021年2月1日起实施，使用过程中应与《中华人民共和国船舶能耗数据收集管理办法》配套使用。

为做好船舶能耗数据收集和碳强度管理工作，根据《中华人民共和国船舶及其有关作业活动污染海洋环境防治管理规定》和我国缔结加入的《国际防止船舶造成污染公约》，中华人民共和国海事局制定了《船舶能耗数据和碳强度管理办法》，自2022年12月22日起施行，有效期五年。本办法适用于400总吨及以上中国籍船舶及进出我国港口的外国籍船舶。军事船舶、渔业船舶和体育运动船艇不适用本办法。中华人民共和国海事局统一负责船舶能耗数据管理工作，负责中国籍国际航行船舶碳强度管理工作。各级海事管理机构和地方交通运输主管部门按照职责具体负责本辖区船舶能耗数据收集、报告管理及监督检查工作。各级海事管理机构具体负责本辖区船舶碳强度监督检查工作。中国海事局授权的直属海事局(以下简称被授权的直属海事局)具体负责全国船舶能耗数据的统计、分析和验证，并具体负责中国籍国际航行船舶碳强度管理有关实施工作。中国海事局授权的船舶检验机构具体负责中国籍国际航行船舶能效指数数据收集、核验工作。

二、船舶能耗数据收集实务

船舶应当按照《船舶能耗数据和碳强度管理办法》及《船舶能耗数据收集与报告技术要求》（JT/T 1340）收集和报告船舶能耗数据。

（一）船舶能耗数据收集范围

1.《船舶能耗数据和碳强度管理办法》有关数据收集和报告的规定

（1）中国籍国际航行船舶及进出我国港口的外国籍船舶应当按照《船舶能效管理计划》的要求在船舶日志或者其他相关文书上记录船舶能耗数据。

（2）中国籍国内航行海船、内河船舶应当记录每日或者每一航次的船舶能耗数据，可采取电子记录或纸质记录方式，记录格式见附件。

（3）船舶记录的能耗数据应当保存至少2年，以备海事管理机构检查。

（4）中国籍国内航行海船应当在办理出港报告时向海事管理机构或者地方交通运输主管部门报告上一航次的船舶能耗数据。符合以下情形之一的中国籍国内航行海船可以采用月度报告：

①在固定水域范围内航行且单航次的航行时间不超过4 h的船舶；

②在固定航线航行且单航次的航行时间不超过24 h的船舶。

采用月度报告的中国籍国内航行海船应当于每月10日前向任一挂靠港口所在地的海事管理机构或者地方交通运输主管部门报告上一自然月的汇总数据。

内河船舶应当于每年4月1日前向船籍港海事管理机构或者地方交通运输主管部门报告上一日历年的船舶能耗汇总数据。

（5）中国籍国际航行船舶及外国籍船舶应当在境内办理出口岸手续或出港报告时向海事管理机构报告上一航次船舶能耗数据。

中国籍国际航行船舶应当在境外港口离港前向被授权的直属海事局报告上一航次船舶能耗数据。

（6）船舶应当通过中国海事局确定的相关海事信息平台或系统（以下称信息平台）报告本办法要求的船舶能耗数据。因特殊情况无法报告时，船舶应当在具备报告条件后5个工作日内完成船舶能耗数据补报。

（7）中国籍国际航行船舶应当按照《国际防止船舶造成污染公约》要求向船舶检验机构报告船舶能效指数数据。

船舶检验机构应当对船舶能效指数数据进行核验，并在规定的时间内将经核验的数据报送至被授权的直属海事局。

（8）船舶应当如实报告船舶能耗数据及船舶能效指数数据，并对数据的完整性、真实性、准确性负责。

船舶检验机构应当对经核验的船舶能效指数数据的完整性、真实性、准确性负责。

2.《船舶能耗数据收集与报告技术要求》的规定

根据我国《船舶能耗数据收集与报告技术要求》的规定，船舶能耗及相关数据项目见表3-1。

表3-1　船舶能耗及相关数据项目

序号	数据项目	释义	单位
1	航行距离	船舶以运输或相关作业为目的，依靠自有动力相对于陆地的实际航行距离	海里(n mile)或公里(km)
2	航行时间	船舶以运输或相关作业为目的，依靠自有动力航行的时间	小时(h)

（续表）

序号	数据项目	释义	单位
3	营运时间	船舶技术状况完好可以从事运输及相关作业的时间，包括航行时间、停泊时间及其他作业时间。船舶带货修理等仍然从事运输及相关作业的情形应计入营运时间	小时(h)
4	客货周转量	船舶客货装载量(或折算装载量)与对应运输距离的乘积	吨海里(t· n mile)或其他
5	燃料消耗量	船舶营运期间各类燃料的消耗量	吨(t)或其他
6	岸电使用时间	船舶靠泊期间使用岸电的时长	小时(h)
7	岸电消耗量	船舶靠泊期间所消耗的岸电量	千瓦时(kW· h)

（二）船舶能耗数据收集方法

根据我国《船舶能耗数据收集与报告技术要求》的规定，船舶能耗及相关数据项目的收集方法涉及船舶运输活动数据收集、船用燃料消耗数据收集和岸电消耗量统计。

（1）船舶运输活动数据收集

船舶运输活动数据收集针对船舶航行距离、航行时间、营运时间、客货周转量可根据航海日志、轮机日志、提单、舱单、正午报告及航次报告等进行收集。

（2）船用燃料消耗数据收集

应收集报告期内船上全部燃料消耗。若船舶使用多种燃料，各类燃料消耗数据应分别收集。船用燃料消耗量的收集主要有燃油舱测量法、BDN 加总法、流量计法。可视情况选择上述任何一种方法，或组合使用多种方法。在同一个报告期内，宜采用相同方法进行船用燃料消耗数据收集，若改变数据收集方法，应予记录并说明。

（3）岸电消耗量统计

船舶消耗的岸电量根据电能计量器具显示的用电量进行统计。

（三）中国籍国际航行船舶碳强度管理

根据《船舶能耗数据和碳强度管理办法》的规定，船舶碳强度管理是指为控制船舶温室气体排放强度而开展的相关管理工作，包括船舶能效管理和营运碳强度管理等。

（1）中国籍国际航行船舶应当符合《国际防止船舶造成污染公约》中船舶能效指数的相关要求，并取得《国际能效证书》。

（2）中国籍国际航行船舶应当按照规定编制《船舶能效管理计划》，提交至被授权的直属海事局验证，并将通过验证的《船舶能效管理计划》保存在船。

5 000 总吨及以上中国籍国际航行船舶《船舶能效管理计划》通过验证的，被授权的直属海事局应当向其发放《船舶能效管理计划符合性确认书》。《船舶能效管理计划符合性确认书》的具体格式及内容根据《国际防止船舶造成污染公约》要求和管理需要确定。

船舶所有人、经营人或者管理人应当保证《船舶能效管理计划》的有效实施。

（3）5 000总吨及以上中国籍国际航行船舶变更所有人、经营人或者管理人的，发生重大改建的，或者被授权的直属海事局在抽查审核其《船舶能效管理计划》的实施情况时发现不符合要求的，应当按照要求重新编制《船舶能效管理计划》并提交至被授权的直属海事局验证，通过验证的，由被授权的直属海事局发放新的《船舶能效管理计划符合性确认书》。

（4）5 000总吨及以上中国籍国际航行船舶应当按照要求，于每年3月31日前向被授权的直属海事局报告上一日历年的船舶年度能耗数据及相关证明文件，并将船舶年度能耗报告数据及其原始数据留存至次年年底。

适用于《国际防止船舶造成污染公约》附则Ⅵ第28条的船舶，还须同时报告上一日历年达到的符合《国际防止船舶造成污染公约》要求的年度营运碳强度指标及相关证明文件。

（5）被授权的直属海事局应当对收到的船舶年度能耗报告数据进行验证，依据《国际防止船舶造成污染公约》要求，核定船舶达到的年度营运碳强度指标并评定年度营运碳强度等级。

船舶年度营运碳强度等级分为A、B、C、D、E，对应优秀、良好、合格、较差、极差的船舶营运能效水平。

（6）船舶能耗报告和营运碳强度评级符合《国际防止船舶造成污染公约》要求，需要海事管理机构提供《燃油消耗报告和营运碳强度评级符合声明》的，被授权的直属海事局应当予以提供。

《燃油消耗报告和营运碳强度评级符合声明》的具体格式及内容根据《国际防止船舶造成污染公约》要求和管理需要确定，并应当在船上留存5年。

（7）船舶年度营运碳强度等级评定结果为E级或者连续三年为D级的，应当立即制定整改行动计划并纳入《船舶能效管理计划》中，并于当年的4月30日之前，将修订后的《船舶能效管理计划》提交至被授权的直属海事局验证。

修订后的《船舶能效管理计划》通过验证的，由被授权的直属海事局向船舶发放《燃油消耗报告和营运碳强度评级符合声明》及新的《船舶能效管理计划符合性确认书》。

（8）5 000总吨及以上中国籍国际航行船舶转为外国籍，或变更所有人、经营人或者管理人的，应当在变更完成之日起1个月内，向被授权的直属海事局报告上一日历年的能耗数据和变更完成日之前当年的能耗数据。被授权的直属海事局应当对报告的数据进行验证，并向符合要求的船舶发放相应的《燃油消耗报告和营运碳强度评级符合声明》。

如前款所述船舶已经按照上述第（4）条报送上一年度相关数据的，可不再重复报送。

（9）对于年度营运碳强度评级为A、B的船舶，各级海事管理机构可适当降低碳强度管理监督检查频次。

（四）数据质量保证计划

根据我国《船舶能耗数据收集与报告技术要求》的规定，公司应为每艘船舶制订数据质量保证计划，并指定专人负责，确保所收集数据的完整性和真实性。数据质量保证计划应至少包括下列内容：

（1）及时发现数据收集过程中产生系统性偏差或错误的方法，以及校正程序；

（2）减小数据收集过程中的随机误差的措施；

（3）避免重复或遗漏收集数据的措施；

（4）在数据采集设备发生故障的情况下，对缺失数据的补救措施；

（5）采用既定数据收集方法的依据，以及改变数据收集方法的记录和说明等。

根据我国《船舶能耗数据和碳强度管理办法》的规定，各级海事管理机构和地方交通运输主管部门应当按照中国海事局制定的监督管理指南，依职责实施监督检查。被授权的直属海事局在对中国籍国际航行船舶年度能耗数据验证中发现问题的，应当移交该船舶船籍港所在地的海事管理机构按照有关法律法规和本办法的要求实施检查。海事管理机构发现船舶未按规定报告船舶能耗数据的，应当依照《中华人民共和国船舶及其有关作业活动污染海洋环境防治管理规定》等规定和本办法的要求予以处理。海事管理机构和地方交通运输主管部门发现船舶能耗数据报告错误的，应当督促船舶在接到通知之日起3个工作日内重新报送。

三、船舶能耗数据报告的内容、程序和格式要求

（一）船舶能耗数据报告的内容

根据我国《船舶能耗数据收集与报告技术要求》的规定，报告期内所收集的数据应按规定报告相关海事管理机构或经其授权的船舶检验机构。若按航次收集数据，且航次跨越不同的报告期，则所收集的数据应计入航次结束时刻所在的报告期。上报数据应至少包括以下船舶基本信息、船舶运输活动数据和船舶能耗数据及相关信息。

1.船舶基本信息

船舶基本信息、报告说明及要求见表3-2。

表3-2　船舶基本信息、报告说明及要求

序号	项目	报告说明及要求
1	船名	包括船舶的中文名和英文名（如有）
2	公司名	负责数据收集和报告的公司全称
3	船舶识别信息	对于国际航行船舶，为IMO编号，即根据IMO第A.1078（28）分配的特有标识码；对于其他船舶，为船舶识别号，即依照我国相关法规取得的用于永久识别船舶的唯一编码
4	船旗国(地区)	船舶在报告期内所持有的船籍
5	船舶类型	按营运区域划分，包括国际航行船舶、国内航行海船和内河船三类。符合下列情形之一的海船应以适当形式注明： （1）在固定水域范围内航行且单次航行时间不超过4 h； （2）在固定定线航行且单次航行时间不超过24 h
6	船舶种类	包括散货船、气体运输船、液货船、集装箱船、杂货船、冷藏船、兼用船、滚装车辆运输船、滚装货船（不含车辆运输船）、客船、客滚船等
7	建造时间	签订建造合同的时间。若无建造合同，应以安放龙骨或处于类似建造阶段的时间计
8	总吨(GT)	应以船舶吨位证书报告
9	净吨(NT)	应以船舶吨位证书报告
10	总载重吨(DWT)	如适用，指在密度为1 025 kg/m³的水中，船舶夏季装载吃水和空载吃水排水量的差值，单位为吨（t）
11	集装箱箱位量	如适用，指船舶可装载集装箱的额定数量，单位为TEU
12	额定载客量	如适用，指客船（包括客滚船）可载运乘客的额定数量，单位为人
13	船舶能效设计指数	如适用，应以船舶国际能效证书附件中载明的“达到的能效设计指数”（Attained EEDI）报告
14	冰级	如适用，以《极地水域营运船舶国际规则》中的定义报告
15	设计航速	如适用，指船舶满载排水量时的最大持续航速，单位为海里/小时（节）（n mile/h）或千米/小时（km/h）
16	主机额定功率	主机铭牌上标注的最大连续输出功率，单位为千瓦（kW）
17	副机额定功率	副机铭牌上标注的额定功率，单位为千瓦（kW）
18	岸电船载装置	岸电船载装置安装情况，应以实际情况报告“有”或“无”，如有，填写靠港期间平均用电负荷，装置额定电压、电流以及用电频率
19	尾气处理装置	尾气处理装置安装情况，应以实际情况报告“有”或“无”

2.船舶运输活动数据

船舶运输活动数据主要包括下列内容：

（1）货物周转量，单位为吨海里（t·n mile）或吨千米（t·km）；

（2）集装箱周转量（如适用），单位为标准箱海里(TEU·n mile)或标准箱千米(TEU·km);

（3）客运周转量（如适用），单位为人海里或人千米；

（4）航行距离，单位为海里（n mile）或千米（km）；

（5）航行时间，单位为小时（h）；

（6）营运时间，单位为小时（h）。

3.船舶能耗数据及相关信息

船舶能耗数据及相关信息主要包括下列内容：

（1）各类船用燃料消耗量，单位为吨（t）；

（2）各类船用燃料对应的数据收集方法；

（3）岸电使用时间，单位为小时（h）；

（4）岸电消耗量，单位为千瓦时（kW·h）；

（5）其他能源种类及消耗量。

（二）船舶能耗数据报告的程序

1.MARPOL 73/78 附则Ⅵ船舶燃油消耗数据的收集和报告程序

（1）从2019年开始，每艘5 000总吨及以上的船舶应按SEEMP所述方法在该年及以后每年或相应月份（不足一年的）收集规定的数据。

（2）每艘船舶应在每年年末对在该日历年或相应的月份（不足1年）收集的数据进行合计。

（3）在每年末以后3个月内，船舶应通过电子通信并使用IMO制定的标准格式向主管机关或经其正式授权的任何组织报告本附则规定的每一项数据的合计值。

（4）如船舶从一个主管机关转至另一个主管机关，船舶应在转完的当天或尽实际可能靠近的时间将本附则规定的该年中转出主管机关所对应的时间段的合计数据向转出的主管机关或经其正式授权的任何组织报告，并在主管机关要求时，报告未合计数据。

（5）如船舶从一个公司转至另一个公司，船舶应在转完的当天或尽实际可能靠近的时间将本附则规定的该年中转出该公司所对应的时间段的合计数据报告其主管机关或经其正式授权的任何组织，并在主管机关要求时，报告未合计数据。

（6）如同时从一个主管机关转至另一个主管机关和从一个公司转至另一个公司，依照船舶从一个主管机关转至另一个主管机关的规定报送数据。

（7）数据应按主管机关制定的程序进行验证，并考虑IMO拟制定的指南。

（8）应向IMO船舶燃油消耗数据库提交的信息：

①船舶身份：IMO编号；

②提交数据所针对的日历年时间段：开始日期（年/月/日）和结束日期（年/月/日）；

③船舶技术特性：船型或其他说明、总吨、净吨、载重吨、超过130 kW主辅往复式内燃机的功率输出、EEDI（如适用）、冰级（如适用）；

④燃油消耗，燃油类型以及用于收集燃油消耗数据的方法；

⑤航行距离；

⑥航行小时数。

2.《船舶能耗数据收集与报告技术要求》的规定

我国《船舶能耗数据收集与报告技术要求》规定数据报告包括航次报告和年（月）报告。

（1）航次报告

若按航次报告，还应增加上一停靠港口名称及靠离泊时刻和本次停靠港口名称及靠泊时刻。

（2）年（月）报告

若按年（月）报告，还应增加报告期的起、止日期和报告期内发生转换船旗（公司）的情形。

（三）船舶能耗数据报告的格式要求

根据我国《船舶能耗数据和碳强度管理办法》的规定，中国籍国内航行海船、内河船舶应当记录每日或者每一航次的船舶能耗数据，可采取电子记录或纸质记录方式，记录格式见表3-3和表3-4。

1.国内航行船舶能耗数据收集记录表（航次记录）（见表3-3）填表说明

（1）靠泊时间系指至靠好码头泊位、锚地或浮筒，系妥第一根缆绳或抛下第一个船锚时的时间，精确到分钟。

（2）能源消耗，当船舶使用能源多于两种时，可以自行增加能源消耗种类，如种类3、种类4等以适用本船。

（3）岸电使用时长系指船舶靠泊期间使用岸电的时长，保留小数点后两位；消耗电量系指船舶靠泊期间所消耗的岸电量。

（4）航行距离系指船舶以运输或相关作业为目的，依靠自有动力相对于陆地的实际航行距离，国内航行海船以海里计，内河船舶以公里计。

（5）航行时间系指船舶以运输或相关作业为目的，依靠自有动力航行的时间，保留小数点后两位。

（6）营运时间系指船舶技术状况完好可以从事运输及相关作业的时间，包括航行时间、停泊时间及其他作业时间，保留小数点后两位；船舶带货修理等仍然从事运输及相关作业的情形应计入营运时间。

（7）客货量填写参照以下方法收集：

①对于散货船、气体运输船、液货船、杂货船、冷藏船、兼用船、滚装货船（车辆运输船）和滚装货船，为所载货物总质量，单位为吨（t）；

②对于集装箱船，为所载运集装箱标准箱数量（TEU）；

③对于混装集装箱及其它货物的船舶，为所载运集装箱质量与其他货物质量的总和，单位为吨（t）；

④对于客船（包括客滚船），为实际乘客数量（人），实际乘客数量难以统计时以额定载客人数代替；

⑤在无法获得箱货实际质量的情况下，一个重载标准箱（TEU）可按10 t折算，一个空载TEU可按2 t折算。

（8）航次，是指船舶以上一次靠泊时间为起点、本次靠泊时间为终点的相邻两次靠泊期间的航行、停泊和作业。

表3-3　国内航行船舶能耗数据收集记录表（航次记录）

船名：　　船舶识别号：　　主机额定功率（kW）：　　副机额定功率（kW）：　　锅炉额定功率（kW）：

船舶能源种类：A.重(质)燃(料)油(HFO) B.轻(质)燃(料)油(LFO) C.船用重柴(MDO) D.船用轻柴油(MGO) E.内河船用燃料油 F.丙烷 G.丁烷 H.液化天然气(LNG) I.甲醇 J.乙醇 K.氨 L.氢 M.电能 N.其他

船舶能源消耗收集方法：A.燃油舱测量法；B.加油签收单(BDNs)加总法；C.燃油消耗流量计法；D.其他(据实填写收集方法)

能耗数据收集	港口名称及靠泊时间				能源消耗						岸电使用		距离	时间		客货量			收集人
日期时间	上一港	时间	本港	时间	种类1	数量	收集方法	种类2	数量	收集方法	使用时长(h)	消耗电量(kW·h)	航行距离(n mile或km)	航行时间(h)	营运时间h	货物总质量(t)	集装箱(TEU)	载客(人)	

船长签字：　　　　　　日期：

2.国内航行船舶能耗数据收集记录表（每日记录）（见表3-4）填表说明

（1）能源消耗，当船舶使用能源多于两种时，可以自行增加能源消耗种类，如种类3、种类4等以适用本船。

（2）岸电使用时长系指船舶靠泊期间使用岸电的时长，保留小数点后两位；消耗电量系指船舶靠泊期间所消耗的岸电量。

（3）航段为每日实际航次编号。

（4）航行距离系指船舶以运输或相关作业为目的，依靠自有动力相对于陆地的实际航行距离，国内航行海船以海里计，内河船舶以公里计。

（5）航行时间系指船舶以运输或相关作业为目的，依靠自有动力航行的时间，保留小数点后两位。

（6）营运时间系指船舶技术状况完好可以从事运输及相关作业的时间，包括航行时间、停泊时间及其他作业时间，保留小数点后两位；船舶带货修理等仍然从事运输及相关作业的情形应计入营运时间。

（7）客货量填写参照以下方法收集：

①对于散货船、气体运输船、液货船、杂货船、冷藏船、兼用船、滚装货船（车辆运输船）和滚装货船，为所载货物总质量，单位为吨（t）；

②对于集装箱船，为所载运集装箱标准箱数量（TEU）；

③对于混装集装箱及其它货物的船舶，为所载运集装箱质量与其他货物质量的总和，单位为吨（t）；

④对于客船（包括客滚船），为实际乘客数量（人），实际乘客数量难以统计时以额定载客人数代替；

⑤在无法获得箱货实际质量的情况下，一个重载标准箱（TEU）可按10 t折算，一个空载TEU可按2 t折算。

表3-4　国内航行船舶能耗数据收集记录表（每日记录）

船名：　船舶识别号：　主机额定功率（kW）：　副机额定功率（kW）：　锅炉额定功率（kW）：

船舶能源种类：A.重（质）燃（料）油（HFO）B.轻（质）燃（料）油（LFO）C.船用重柴油（MDO）D.船用轻柴油（MGO）E.内河船用燃料油 F.丙烷 G.丁烷 H.液化天然气（LNG）I.甲醇 J.乙醇 K.氨 L.氢 M.电能 N.其他

船舶能源消耗收集方法：A.燃油舱测量法；B.加油签收单（BDNs）加总法；C.燃油消耗流量计法；D.其他（据实填写收集方法）

能耗数据收集	港口	能源消耗						岸电使用		航段	距离	客货量			收集人
日期时间		种类1	数量	收集方法	种类2	数量	收集方法	使用时长（h）	消耗电量（kW·h）		航行距离（n mile或km）	货物总质量(t)	集装箱（TEU）	载客（人）	
										航段1					
										航段2					
										……					
										航段1					
										航段2					
										……					
										航段1					
										航段2					
										……					

（续表）

										航段1					
										航段2					
										……					
										航段1					
										航段2					
										……					
										航段1					
										航段2					
										……					

船长签字： 日期：

第四章

国内海事法规

本章学习目标

《海船船员培训大纲（2021版）》

3.1 监督和控制法定要求的遵守以及保证海上人命安全与保护海洋环境的措施

.10 掌握国内相关法规

国内海事行政法规是为更好地实施国际协定和公约而制定的。本章主要介绍《中华人民共和国海上交通安全法》《中华人民共和国海船船员适任考试和发证规则》《中华人民共和国海船船员值班规则》《中华人民共和国船舶登记条例》《中华人民共和国船舶最低安全配员规则》《中华人民共和国海员船上工作和生活条件管理办法》《船舶引航管理规定》《船舶交通管理系统安全监督管理规则》《中国船舶报告系统管理规定》《中华人民共和国船舶安全监督规则》《海船船员船上培训管理办法》《海运固体散装货物安全监督管理规定》《船舶载运危险货物安全监督管理规定》《船舶港内安全作业监督管理办法》《中华人民共和国海上交通事故调查处理条例》《中华人民共和国海上船舶污染事故调查处理规定》《中华人民共和国船员条例》《中华人民共和国海上海事行政处罚规定》《中华人民共和国船员违法记分办法》《船舶进出中华人民共和国口岸检查办法》《国际航行船舶出入境检验检疫规定》与《国内航行海船法定检验技术规则》。

本章内容适用于海船500总吨及以上船长和大副，但是《船舶进出中华人民共和国口岸检查办法》《国际航行船舶出入境检验检疫规定》不适用沿海航区，《国内航行海船法定检验技术规则》不适用无限航区。

第一节●海上交通安全法

为了加强海上交通管理，维护海上交通秩序，保障生命财产安全，维护国家权益，特制定《中华人民共和国海上交通安全法》，自1984年1月1日起实施。这是我国第一部海上交通安全管理的基本法律，实施三十多年以来，对保障船舶、设施和人命财产安全发挥了重要的作用。

2016年11月7日，全国人民代表大会常务委员会对本法进行小幅度修订。随着改革开放日益深化和经济社会快速发展，现行法律已不能适应海运事业发展和海上交通安全管理的新形势、新要求。为此，2021年4月29日，第十三届全国人民代表大会常务委员会第二十八次会议对本法进行了大幅度的修订，自2021年9月1日起施行。

新修订的《海上交通安全法》共10章122条，其力求从事前制度防范、事中事后加强监管、强化应急处置等方面完善制度设计，全方位落实安全管理要求，优化海上交通条件，提高安全保障水平；强化船舶、船员管理，规范海上交通行为；严控行政许可事项，规范行政执法行为；完善海上搜救机制，健全事故调查处理制度；对各类违法行为设定严格的法律责任，强化责任追究，为建设海洋强国、促进海洋经济发展、保护海上人身和财产安全等提供有力的法律支撑。

涉及管理级船员岗位适任的主要内容如下：

一、总则

1.适用范围

本法适用于在中华人民共和国管辖海域内从事航行、停泊、作业以及其他与海上交通安全相关的活动。

2.主管机关

国务院交通运输主管部门主管全国海上交通安全工作。国家海事管理机构统一负责海上交通安全监督管理工作，其他各级海事管理机构按照职责具体负责辖区内的海上交通安全监督管理工作。

3.国家保障

（1）国家依法保障交通用海。海上交通安全工作坚持安全第一、预防为主、便利通行、依法管理的原则，保障海上交通安全、有序、畅通。各级人民政府及有关部门应当支持海上交通安全工作，加强海上交通安全的宣传教育，提高全社会的海上交通安全意识。

（2）国家依法保障船员的劳动安全和职业健康，维护船员的合法权益。

（3）各级人民政府及有关部门应当支持海上交通安全工作，加强海上交通安全的宣传教育，提高全社会的海上交通安全意识。

（4）国家鼓励和支持先进科学技术在海上交通安全工作中的应用，促进海上交通安全现代化建设，提高海上交通安全科学技术水平。

4.相关单位与个人的基本义务与权利

从事船舶、海上设施航行、停泊、作业以及其他与海上交通相关活动的单位、个人，应当遵守有关海上交通安全的法律、行政法规、规章以及强制性标准和技术规范；依法享有获得航海保障和海上救助的权利，承担维护海上交通安全和保护海洋生态环境的义务。

二、船舶、海上设施与船员

1.船舶检验与登记

（1）中国籍船舶、在中华人民共和国管辖海域设置的海上设施、船运集装箱，以及国家海事管理机构确定的关系海上交通安全的重要船用设备、部件和材料，应当符合有关法律、行政法规、规章以及强制性标准和技术规范的要求，经船舶检验机构检验合格，取得相应证书、文书。证书、文书的清单由国家海事管理机构制定并公布。

（2）设立船舶检验机构应当经国家海事管理机构许可。

（3）持有相关证书、文书的单位应当按照规定的用途使用船舶、海上设施、船运集装箱以及重要船用设备、部件和材料，并应当依法定期进行安全技术检验。

（4）船舶依照有关船舶登记的法律、行政法规的规定向海事管理机构申请船舶国籍登记、取得国籍证书后，方可悬挂中华人民共和国国旗航行、停泊、作业。

2.建立并运行安全和防污染体系及保安制度的要求

（1）中国籍船舶所有人、经营人或者管理人应当建立并运行安全营运和防治船舶污染管理体系。海事管理机构经对前款规定的管理体系审核合格的，发给符合证明和相应的船舶安全管理证书。

（2）中国籍国际航行船舶的所有人、经营人或者管理人应当依照国务院交通运输主管部门的规定建立船舶保安制度，制订船舶保安计划，并按照船舶保安计划配备船舶保安设备，定期开展演练。

3.对船员的要求

（1）中国籍船员和海上设施上的工作人员应当接受海上交通安全以及相应岗位的专业

教育、培训。

（2）中国籍船员应当依照有关船员管理的法律、行政法规的规定向海事管理机构申请取得船员适任证书，并取得健康证明。

（3）外国籍船员在中国籍船舶上工作的，按照有关船员管理的法律、行政法规的规定执行。

（4）船员在船舶上工作，应当符合船员适任证书载明的船舶、航区、职务的范围。

4.海事劳工证书

（1）中国籍船舶的所有人、经营人或者管理人应当为其国际航行船舶向海事管理机构申请取得海事劳工证书。

（2）船舶取得海事劳工证书应当符合下列条件：

①所有人、经营人或者管理人依法招用船员，与其签订劳动合同或者就业协议，并为船舶配备符合要求的船员；

②所有人、经营人或者管理人已保障船员在船舶上的工作环境、职业健康保障和安全防护、工作和休息时间、工资报酬、生活条件、医疗条件、社会保险等符合国家有关规定；

③所有人、经营人或者管理人已建立符合要求的船员投诉和处理机制；

④所有人、经营人或者管理人已就船员遣返费用以及在船就业期间发生伤害、疾病或者死亡依法应当支付的费用提供相应的财务担保或者投保相应的保险。

（3）海事劳工证书颁发及监督检查的具体办法由国务院交通运输主管部门会同国务院人力资源社会保障行政部门制定并公布。

5.船员境外突发事件应急处置

（1）船员境外突发事件应急处置由船员派出单位所在地的省、自治区、直辖市人民政府负责，船员户籍所在地的省、自治区、直辖市人民政府予以配合。

（2）中华人民共和国驻外国使馆、领馆和相关海事管理机构应当协助处置船员境外突发事件。

三、海上交通条件和航行保障

1.海上交通功能区域

（1）国务院交通运输主管部门统筹规划和管理海上交通资源，促进海上交通资源的合理开发和有效利用。海上交通资源规划应当符合国土空间规划。

（2）海事管理机构根据海域的自然状况、海上交通状况以及海上交通安全管理的需要，划定、调整并及时公布船舶定线区、船舶报告区、交通管制区、禁航区、安全作业区和港外锚地等海上交通功能区域。

（3）海事管理机构划定或者调整船舶定线区、港外锚地以及对其他海洋功能区域或者用海活动造成影响的安全作业区，应当征求渔业渔政、生态环境、自然资源等有关部门的意见。为了军事需要划定、调整禁航区的，由负责划定、调整禁航区的军事机关做出决定，海事管理机构予以公布。

2.海上交通支持服务系统

（1）任何单位、个人不得损坏海上交通支持服务系统或者妨碍其工作效能。

（2）建设建筑物、构筑物，使用设施设备可能影响海上交通支持服务系统正常使用的，建设单位、所有人或者使用人应当与相关海上交通支持服务系统的管理单位协商，做出妥善安排。

3.岸基无线电台（站）

（1）船舶在中华人民共和国管辖海域内通信需要使用岸基无线电台（站）转接的，应当通过依法设置的境内海岸无线电台（站）或者卫星关口站进行转接。

（2）承担无线电通信任务的船员和岸基无线电台（站）的工作人员应当遵守海上无线电通信规则，保持海上交通安全通信频道的值守和畅通，不得使用海上交通安全通信频率交流与海上交通安全无关的内容。

（3）任何单位、个人不得违反国家有关规定使用无线电台识别码，影响海上搜救的身份识别。

4.航标保护

任何单位、个人发现下列情形之一的，应当立即向海事管理机构报告；涉及航道管理机构职责或者专用航标的，海事管理机构应当及时通报航道管理机构或者专用航标的所有人：

（1）助航标志或者导航设施位移、损坏、灭失。

（2）有妨碍海上交通安全的沉没物、漂浮物、搁浅物或者其他碍航物。

（3）其他妨碍海上交通安全的异常情况。

5.引航管理

（1）下列船舶在国务院交通运输主管部门划定的引航区内航行、停泊或者移泊的，应当向引航机构申请引航：

①外国籍船舶，但国务院交通运输主管部门经报国务院批准后规定可以免除的除外。

②核动力船舶、载运放射性物质的船舶、超大型油船。

③可能危及港口安全的散装液化气船、散装危险化学品船。

④长、宽、高接近相应航道通航条件限值的船舶。

上述第③项、第④项船舶的具体标准，由有关海事管理机构根据港口实际情况制定并公布。

（2）船舶自愿申请引航的，引航机构应当提供引航服务。

（3）引航机构应当及时派遣具有相应能力、经验的引航员为船舶提供引航服务：

①引航员应当根据引航机构的指派，在规定的水域登离被引领船舶，安全谨慎地执行船舶引航任务。被引领船舶应当配备符合规定的登离装置，并保障引航员在登离船舶及在船上引航期间的安全。

②引航员引领船舶时，不解除船长指挥和管理船舶的责任。

6.海上保安

（1）国务院交通运输主管部门根据船舶、海上设施和港口面临的保安威胁情形，确定并及时发布保安等级。

（2）船舶、海上设施和港口应当根据保安等级采取相应的保安措施。

四、航行、停泊和作业

1.对法定证书、资料及人员的配备要求

（1）船舶航行、停泊、作业，应当持有有效的船舶国籍证书及其他法定证书、文书，配备依照有关规定出版的航海图书资料，悬挂相关国家、地区或者组织的旗帜，标明船名、船舶识别号、船籍港、载重线标志。

（2）船舶应当满足最低安全配员要求，配备持有合格有效证书的船员。

（3）海上设施停泊、作业，应当持有法定证书、文书，并按规定配备掌握避碰、信号、通信、消防、救生等专业技能的人员。

2.对船舶的要求

（1）船舶应当在其船舶检验证书载明的航区内航行、停泊、作业。船舶航行、停泊、作业时，应当遵守相关航行规则，按照有关规定显示信号、悬挂标志，保持足够的富余水深。

（2）船舶应当配备航海日志、轮机日志、无线电记录簿等航行记录，按照有关规定全面、真实、及时记录涉及海上交通安全的船舶操作以及船舶航行、停泊、作业中的重要事件，并妥善保管相关记录簿。

（3）船舶应当在符合安全条件的码头、泊位、装卸站、锚地、安全作业区停泊。船舶停泊不得危及其他船舶、海上设施的安全。

（4）船舶进出港口、港外装卸站，应当符合靠泊条件和关于潮汐、气象、海况等航行条件的要求。

（5）船舶在航行中应当按照有关规定开启船舶的自动识别、航行数据记录、远程识别和跟踪、通信等与航行安全、保安、防治污染相关的装置，并持续进行显示和记录。

（6）船舶进出港口、锚地或者通过桥区水域、海峡、狭水道、重要渔业水域、通航船舶密集的区域、船舶定线区、交通管制区，应当加强瞭望、保持安全航速，并遵守前述区域的特殊航行规则。船舶穿越航道不得妨碍航道内船舶的正常航行，不得抢越他船船首。超过桥梁通航尺度的船舶禁止进入桥区水域。

（7）船舶不得违反规定进入或者穿越禁航区。

（8）船舶进出船舶报告区，应当向海事管理机构报告船位和动态信息。

（9）船舶载运或者拖带超长、超高、超宽、半潜的船舶、海上设施或者其他物体航行，应当采取拖拽部位加强、护航等特殊的安全保障措施，在开航前向海事管理机构报告航行计划，并按有关规定显示信号、悬挂标志；拖带移动式平台、浮船坞等大型海上设施的，还应当依法交验船舶检验机构出具的拖航检验证书。

（10）国内航行船舶进出港口、港外装卸站，应当向海事管理机构报告船舶的航次计划、适航状态、船员配备和客货载运等情况。

（11）下列外国籍船舶进出中华人民共和国领海，应当向海事管理机构报告：

①潜水器；

②核动力船舶；

③载运放射性物质或者其他有毒有害物质的船舶；

④法律、行政法规或者国务院规定的可能危及中华人民共和国海上交通安全的其他船舶。

前款规定的船舶通过中华人民共和国领海，应当持有有关证书，采取符合中华人民共和国法律、行政法规和规章规定的特别预防措施，并接受海事管理机构的指令和监督。

3.对船舶所有人的要求

（1）船舶所有人、经营人或者管理人不得指使、强令船员违章冒险操作、作业。

（2）任何单位、个人不得拆封、拆解、初始化、再设置航行数据记录装置或者读取其记录的信息，但法律、行政法规另有规定的除外。

4.船长职责

（1）船长应当在船舶开航前检查并在开航时确认船员适任、船舶适航、货物适载，并了解气象和海况信息以及海事管理机构发布的航行通告、航行警告及其他警示信息，落实相应的应急措施，不得冒险开航。

（2）船长负责管理和指挥船舶。在保障海上生命安全、船舶保安和防治船舶污染方面，船长有权独立做出决定。船长应当采取必要的措施，保护船舶、在船人员、船舶航行文件、货物以及其他财产的安全。船长在其职权范围内发布的命令，船员、乘客及其他在船人员应当执行。

（3）为了保障船舶和在船人员的安全，船长有权在职责范围内对涉嫌在船上进行违法犯罪活动的人员采取禁闭或者其他必要的限制措施，并防止其隐匿、毁灭、伪造证据。

船长采取前款措施，应当制作案情报告书，由其和两名以上在船人员签字。中国籍船舶抵达我国港口后，应当及时将相关人员移送有关主管部门。

（4）发现在船人员患有或者疑似患有严重威胁他人健康的传染病的，船长应当立即启动相应的应急预案，在职责范围内对相关人员采取必要的隔离措施，并及时报告有关主管部门。

（5）船长在航行中死亡或者因故不能履行职责的，应当由驾驶员中职务最高的人代理船长职务；船舶在下一个港口开航前，其所有人、经营人或者管理人应当指派新船长接任。

5.船员职责

（1）船员应当按照有关航行、值班的规章制度和操作规程以及船长的指令操纵、管理船舶，保持安全值班，不得擅离职守。

（2）船员履行在船值班职责前和值班期间，不得摄入可能影响安全值班的食品、药品或者其他物品。

6.主管机关的权限

（1）许可及例外

①国际航行船舶进出口岸，应当依法向海事管理机构申请许可并接受海事管理机构及其他口岸查验机构的监督检查。海事管理机构应当自受理申请之日起五个工作日内做出许可或者不予许可的决定。

②外国籍船舶临时进入非对外开放水域，应当依照国务院关于船舶进出口岸的规定取得许可。

③除依照本法规定获得进入口岸许可外，外国籍船舶不得进入中华人民共和国内水；但是，因人员病急、机件故障、遇难、避风等紧急情况未及获得许可的可以进入。

外国籍船舶因前款规定的紧急情况进入中华人民共和国内水的，应当在进入的同时向海事管理机构紧急报告，接受海事管理机构的指令和监督。海事管理机构应当及时通报管辖海域的海警机构、就近的出入境边防检查机关和当地公安机关、海关等其他主管部门。

④中华人民共和国军用船舶执行军事任务、公务船舶执行公务，遇有紧急情况，在保证海上交通安全的前提下，可以不受航行、停泊、作业有关规则的限制。

（2）超长、超高、超宽的船舶或者操纵能力受到限制的船舶进出港口、港外装卸站可能影响海上交通安全的，海事管理机构应当对船舶进出港安全条件进行核查，并可以要求船舶采取加配拖船、乘潮进港等相应的安全措施。

（3）有下列情形之一，对海上交通安全有较大影响的，海事管理机构应当根据具体情况采取停航、限速或者划定交通管制区等相应交通管制措施并向社会公告：

①天气、海况恶劣；

②发生影响航行的海上险情或者海上交通事故；

③进行军事训练、演习或者其他相关活动；

④开展大型水上水下活动；

⑤特定海域通航密度接近饱和；

⑥其他对海上交通安全有较大影响的情形。

（4）国务院交通运输主管部门为维护海上交通安全、保护海洋环境，可以会同有关主管部门采取必要措施，防止和制止外国籍船舶在领海的非无害通过。

五、海上客货运输安全

（1）除进行抢险或者生命救助外，客船应当按照船舶检验证书核定的载客定额载运乘客，货船载运货物应当符合船舶检验证书核定的载重线和载货种类，不得载运乘客。

（2）客船载运乘客不得同时载运危险货物。

乘客不得随身携带或者在行李中夹带法律、行政法规或者国务院交通运输主管部门规定的危险物品。

（3）客船应当在显著位置向乘客明示安全须知，设置安全标志和警示，并向乘客介绍救生用具的使用方法以及在紧急情况下应当采取的应急措施。乘客应当遵守安全乘船要求。

（4）船舶载运货物，应当按照有关法律、行政法规、规章以及强制性标准和技术规范的要求安全装卸、积载、隔离、系固和管理。

（5）船舶载运危险货物，应当持有有效的危险货物适装证书，并根据危险货物的特性和应急措施的要求，编制危险货物应急处置预案，配备相应的消防、应急设备和器材。

（6）对托运人托运危险货物的要求

①托运人托运危险货物，应当将其正式名称、危险性质以及应当采取的防护措施通知承运人，并按照有关法律、行政法规、规章以及强制性标准和技术规范的要求妥善包装，设置明显的危险品标志和标签。

②托运人不得在托运的普通货物中夹带危险货物或者将危险货物谎报为普通货物托运。

③托运人托运的货物为国际海上危险货物运输规则和国家危险货物品名表上未列明但具有危险特性的货物的，托运人还应当提交有关专业机构出具的表明该货物危险特性以及应当采取的防护措施等情况的文件。

④货物危险特性的判断标准由国家海事管理机构制定并公布。

（7）船舶、海上设施从事危险货物运输或者装卸、过驳作业，应当编制作业方案，遵守有关强制性标准和安全作业操作规程，采取必要的预防措施，防止发生安全事故。

六、海上搜寻救助

（1）海上遇险人员依法享有获得生命救助的权利。生命救助优先于环境和财产救助。

（2）海上搜救工作应当坚持政府领导、统一指挥、属地为主、专群结合、就近快速的原则。

（3）国家建立海上搜救协调机制，统筹全国海上搜救应急反应工作，研究解决海上搜救工作中的重大问题，组织协调重大海上搜救应急行动。协调机制由国务院有关部门、单位和有关军事机关组成。

中国海上搜救中心和有关地方人民政府设立的海上搜救中心或者指定的机构（以下统

称海上搜救中心）负责海上搜救的组织、协调、指挥工作。

（4）沿海县级以上地方人民政府应当安排必要的海上搜救资金，保障搜救工作的正常开展。

（5）海上搜救中心各成员单位应当在海上搜救中心统一组织、协调、指挥下，根据各自职责，承担海上搜救应急、抢险救灾、支持保障、善后处理等工作。

（6）国家设立专业海上搜救队伍，加强海上搜救力量建设。专业海上搜救队伍应当配备专业搜救装备，建立定期演练和日常培训制度，提升搜救水平。

国家鼓励社会力量建立海上搜救队伍，参与海上搜救行动。

（7）船舶、海上设施、航空器及人员在海上遇险的，应当立即报告海上搜救中心，不得瞒报、谎报海上险情。

船舶、海上设施、航空器及人员误发遇险报警信号的，除立即向海上搜救中心报告外，还应当采取必要措施消除影响。

其他任何单位、个人发现或者获悉海上险情的，应当立即报告海上搜救中心。

（8）发生碰撞事故的船舶、海上设施，应当互通名称、国籍和登记港，在不严重危及自身安全的情况下尽力救助对方人员，不得擅自离开事故现场水域或者逃逸。

（9）遇险的船舶、海上设施及其所有人、经营人或者管理人应当采取有效措施防止、减少生命财产损失和海洋环境污染。

船舶遇险时，乘客应当服从船长指挥，配合采取相关应急措施。乘客有权获知必要的险情信息。

船长决定弃船时，应当组织乘客、船员依次离船，并尽力抢救法定航行资料。船长应当最后离船。

（10）船舶、海上设施、航空器收到求救信号或者发现有人遭遇生命危险的，在不严重危及自身安全的情况下，应当尽力救助遇险人员。

（11）在中华人民共和国缔结或者参加的国际条约规定由我国承担搜救义务的海域内开展搜救，依照本章规定执行。

中国籍船舶在中华人民共和国管辖海域以及海上搜救责任区域以外的其他海域发生险情的，中国海上搜救中心接到信息后，应当依据中华人民共和国缔结或者参加的国际条约的规定开展国际协作。

七、海上交通事故调查处理

（1）船舶、海上设施发生海上交通事故，应当及时向海事管理机构报告，并接受调查。

（2）海上交通事故根据造成的损害后果分为特别重大事故、重大事故、较大事故和一般事故。事故等级划分的人身伤亡标准依照有关安全生产的法律、行政法规的规定确定；事故等级划分的直接经济损失标准，由国务院交通运输主管部门会同国务院有关部门根据海上交通事故中的特殊情况确定，报国务院批准后公布施行。

（3）特别重大海上交通事故由国务院或者国务院授权的部门组织事故调查组进行调

查，海事管理机构应当参与或者配合开展调查工作。

其他海上交通事故由海事管理机构组织事故调查组进行调查，有关部门予以配合。国务院认为有必要的，可以直接组织或者授权有关部门组织事故调查组进行调查。

海事管理机构进行事故调查，事故涉及执行军事运输任务的，应当会同有关军事机关进行调查；涉及渔业船舶的，渔业渔政主管部门、海警机构应当参与调查。

（4）调查海上交通事故，应当全面、客观、公正、及时，依法查明事故事实和原因，认定事故责任。

（5）海事管理机构可以根据事故调查处理需要拆封、拆解当事船舶的航行数据记录装置或者读取其记录的信息，要求船舶驶向指定地点或者禁止其离港，扣留船舶或者海上设施的证书、文书、物品、资料等并妥善保管。有关人员应当配合事故调查。

八、监督管理

（1）海事管理机构对在中华人民共和国管辖海域内从事航行、停泊、作业以及其他与海上交通安全相关的活动，依法实施监督检查。

海事管理机构依照中华人民共和国法律、行政法规以及中华人民共和国缔结或者参加的国际条约对外国籍船舶实施港口国、沿岸国监督检查。

海事管理机构工作人员在执行公务时，应当按照规定着装，佩戴职衔标志，出示执法证件，并自觉接受监督。

海事管理机构依法履行监督检查职责，有关单位、个人应当予以配合，不得拒绝、阻碍依法实施的监督检查。

（2）海事管理机构实施监督检查可以采取登船检查、查验证书、现场检查、询问有关人员、电子监控等方式。

载运危险货物的船舶涉嫌存在瞒报、谎报危险货物等情况的，海事管理机构可以采取开箱查验等方式进行检查。海事管理机构应当将开箱查验情况通报有关部门。港口经营人和有关单位、个人应当予以协助。

（3）海事管理机构对船舶、海上设施实施监督检查时，应当避免、减少对其正常作业的影响。

除法律、行政法规另有规定或者不立即实施监督检查可能造成严重后果外，不得拦截正在航行中的船舶进行检查。

（4）船舶、海上设施对港口安全具有威胁的，海事管理机构应当责令立即或者限期改正、限制操作，责令驶往指定地点、禁止进港或者将其驱逐出港。

船舶、海上设施处于不适航或者不适拖状态，船员、在海上设施上的相关人员未持有有效的法定证书、文书，或者存在其他严重危害海上交通安全、污染海洋环境的隐患的，海事管理机构应当根据情况禁止有关船舶、海上设施进出港，暂扣有关证书、文书或者责令其停航、改航、驶往指定地点或者停止作业。船舶超载的，海事管理机构可以依法对船舶进行强制减载。因强制减载发生的费用由违法船舶所有人、经营人或者管理人承担。

船舶、海上设施发生海上交通事故、污染事故，未结清国家规定的税费、滞纳金且未提供担保或者未履行其他法定义务的，海事管理机构应当责令改正，并可以禁止其离港。

（5）外国籍船舶可能威胁中华人民共和国内水、领海安全的，海事管理机构有权责令其离开。

外国籍船舶违反中华人民共和国海上交通安全或者防治船舶污染的法律、行政法规的，海事管理机构可以依法行使紧追权。

（6）任何单位、个人有权向海事管理机构举报妨碍海上交通安全的行为。海事管理机构接到举报后，应当及时进行核实、处理。

（7）海事管理机构在监督检查中，发现船舶、海上设施有违反其他法律、行政法规行为的，应当依法及时通报或者移送有关主管部门处理。

九、法律责任

（1）处罚种类

海事管理机构可以根据违法行为的类型和严重程度给予责任单位、人员下列处罚：

①责令改正；

②罚款；

③暂扣船员适任证书；

④吊销船员适任证书；

⑤责令船舶停止作业或者航行；

⑥没收船舶。

（2）交通运输主管部门、海事管理机构及其他有关部门的工作人员违反本法规定，滥用职权、玩忽职守、徇私舞弊的，依法给予处分。

（3）因海上交通事故引发民事纠纷的，当事人可以依法申请仲裁或者向人民法院提起诉讼。

（4）违反本法规定，构成违反治安管理行为的，依法给予治安管理处罚；造成人身、财产损害的，依法承担民事责任；构成犯罪的，依法追究刑事责任。

十、附则

（1）本法下列用语的含义

①船舶，是指各类排水或者非排水的船、艇、筏、水上飞行器、潜水器、移动式平台以及其他移动式装置。

②海上设施，是指水上水下各种固定或者浮动建筑、装置和固定平台，但是不包括码头、防波堤等港口设施。

③内水，是指中华人民共和国领海基线向陆地一侧至海岸线的海域。

④施工作业，是指勘探、采掘、爆破，构筑、维修、拆除水上水下构筑物或者设施，航道建设、疏浚（航道养护疏浚除外）作业，打捞沉船沉物。

⑤海上交通事故，是指船舶、海上设施在航行、停泊、作业过程中发生的，由于碰撞、搁浅、触礁、触碰、火灾、风灾、浪损、沉没等原因造成人员伤亡或者财产损失的事故。

⑥海上险情，是指对海上生命安全、水域环境构成威胁，需立即采取措施规避、控制、减轻和消除的各种情形。

⑦危险货物，是指国际海上危险货物运输规则和国家危险货物品名表上列明的，易燃、易爆、有毒、有腐蚀性、有放射性、有污染危害性等，在船舶载运过程中可能造成人身伤害、财产损失或者环境污染而需要采取特别防护措施的货物。

（2）对外国籍船舶的规定

①外国籍公务船舶在中华人民共和国领海航行、停泊、作业，违反中华人民共和国法律、行政法规的，依照有关法律、行政法规的规定处理。

②在中华人民共和国管辖海域内的外国籍军用船舶的管理，适用有关法律的规定。

（3）中华人民共和国缔结或者参加的国际条约同本法有不同规定的，适用国际条约的规定，但中华人民共和国声明保留的条款除外。

第二节 船舶登记和出入境管理

一、船舶登记条例

为了加强国家对船舶的监督管理，保障船舶登记有关各方的合法权益，1994年6月2日，中华人民共和国国务院颁布了《中华人民共和国船舶登记条例》，该条例于1995年1月1日起开始实施。2014年7月29日《国务院关于修改部分行政法规的决定》对本条例进行了修正。

（一）总则

1. 应登记船舶

下列船舶应当依照本条例规定进行登记：

（1）在中华人民共和国境内有住所或者主要营业所的中国公民的船舶。

（2）依据中华人民共和国法律设立的主要营业所在中华人民共和国境内的企业法人的船舶。但是，在该法人的注册资本中有外商出资的，中方投资人的出资额不得低于50%。

（3）中华人民共和国政府公务船舶和事业法人的船舶。

（4）中华人民共和国海事管理机构认为应当登记的其他船舶。

（5）军事船舶、渔业船舶和体育运动船艇的登记依照有关法规的规定办理。

2. 主管机关

中华人民共和国海事局是船舶登记主管机关。各港的海事管理机构是具体实施船舶登记的机关。

（二）船舶登记种类

1. 船舶所有权登记

（1）因购买、新造、继承、赠予、依法拍卖以及法院判决取得的船舶，应进行船舶所有权登记。

（2）对符合本条例规定的，应当自收到申请之日起7日内向船舶所有人颁发船舶所有权登记证书，授予船舶登记号码，并在船舶登记簿中载明相关事项。

（3）船舶所有权登记证书长期有效，除非船舶所有权转移或船舶灭失。

2. 船舶国籍登记

船舶国籍登记程序如下：船舶所有人首先申办船舶所有权登记，取得的船舶所有权登记证书后，再向船舶检验部门申办船舶法定检验，取得法定检验证书，最后申办船舶国籍登记，取得船舶国籍证书。

3. 其他船舶登记

除船舶所有权登记和船舶国籍登记外，在特定情况下，还需为船舶办理抵押登记、光船租赁登记、变更登记、注销登记。

（三）船员配备

在中国籍船舶上应持适任证书的船员，必须持有相应的中华人民共和国船员适任证书。

（四）船名与船籍港

（1）一艘船舶只准使用一个名称。船名由船籍港船舶登记机关核定。船名不得与登记在先的船舶重名或者同音。

（2）船舶登记港为船籍港，由船舶所有人依据其住所或者主要营业所所在地就近选择，但是不得选择两个或者两个以上的船舶登记港。

（五）船舶国籍与国籍证书

（1）船舶经依法登记，取得中华人民共和国国籍，方可悬挂中华人民共和国国旗航行；未经登记的，不得悬挂中华人民共和国国旗航行。船舶不得具有双重国籍。凡在外国登记的船舶，未中止或者注销原登记国国籍的，不得取得中华人民共和国国籍。

（2）船舶国籍证书的有效期为5年。临时船舶国籍证书的有效期一般不超过1年。以光船租赁条件从境外租进的船舶，临时船舶国籍证书的期限可以根据租期确定，但是最长不得超过2年。光船租赁合同期限超过2年的，承租人应当在证书有效期内，到船籍港船舶登记机关申请换发临时船舶国籍证书。临时船舶国籍证书和船舶国籍证书具有同等法律效力。

船舶所有人在境外发现船舶国籍证书遗失或者污损时，应当向中华人民共和国驻外大使馆、领事馆申请办理临时船舶国籍证书，但是必须在抵达本国第一个港口后及时向船籍港船舶登记机关申请换发船舶国籍证书。

（六）船舶标志和公司旗

（1）船舶标志包括船首两舷和船尾标明船名；船尾船名下方标明船籍港；船名、船籍港下方标明汉语拼音；船首和船尾两舷标明吃水标尺；船舶中部两舷标明载重线。

（2）同一公司的船舶只准使用一个船舶烟囱标志、公司旗，由船籍港船舶登记机关审核。船舶烟囱标志、公司旗不得与登记在先的船舶烟囱标志、公司旗相同或者相似。

业经登记的船舶烟囱标志、公司旗属登记申请人专用，其他船舶或者公司不得使用。

二、国际航行船舶进出中华人民共和国口岸检查办法

为了加强对国际航行船舶进出中华人民共和国口岸的管理，便利船舶进出岸，提高口岸效能，国务院颁布了《国际航行船舶进出中华人民共和国口岸检查办法》，本办法于1995年3月21日起施行。根据2019年3月2日《国务院关于修改部分行政法规的决定》修订。

（一）总则

1. 适用范围

本办法适用于进出中华人民共和国口岸的国际航行船舶及其所载船员、旅客、货物和其他物品。

2. 主管机关

中华人民共和国海事管理机构、中华人民共和国海关（以下简称海关）、中华人民共和国出入境边防检查机关是负责对船舶进出中华人民共和国口岸实施检查的机关（以下统称检查机关）。海事管理机构负责召集有其他检查机关参加的船舶进出口岸检查联席会议，研究、解决船舶进出口岸检查的有关问题。

3. 检查原则

检查机关及其工作人员必须秉公执法、恪尽职守，及时实施检查和办理船舶进出口岸的申请。

（二）定义

1. 国际航行船舶

国际航行船舶是指进出中华人民共和国口岸的外国籍船舶和航行国际航线的中华人民共和国国籍船舶。

2. 口岸

口岸是指国家批准可以进出国际航行船舶的港口。

3. 船方

船方是指船舶所有人或者经营人。

（三）申报与检查办法

（1）船舶进出中华人民共和国口岸，由船方或其代理人依照本办法有关规定办理进出口岸手续。除下列情形外，检查机关不登船检查：

①对来自疫区的船舶，载有检疫传染病染疫人、疑似检疫传染病染疫人、非意外伤害死亡且死因不明尸体的船舶，未持有卫生证书或者证书过期或者卫生状况不符合要求的船舶，海关应当在锚地实施检疫；

②海关对来自动植物疫区的船舶和船舶装载的动植物、动植物产品及其他检疫物，可以在锚地实施检疫。

（2）船方或其代理人应当在船舶预计抵达口岸7日前（航程不足7日的，在驶离上一口岸时），填写《国际航行船舶进口岸申请书》，报请抵达口岸的海事管理机构审批。拟进入长江水域的船舶，船方或其代理人应当在船舶预计经上海港区7日前（航程不足7日的，在驶离上一口岸时），填写《国际航行船舶进口岸申请书》，报请抵达口岸的海事管理机构审批。

（3）船方或其代理人应当在船舶预计抵达口岸24 h前（航程不足24 h的，在驶离上一口岸时），将抵达时间、停泊地点，靠泊、移泊计划，及船员、旅客的有关情况报告检查机关。

（4）船方或其代理人在船舶抵达口岸前未办妥进口岸手续的，须在船舶抵达口岸24 h内到检查机关办理进口岸手续。船舶在口岸停泊时间不足24 h的，经检查机关同意，船方或其代理人在办理进口岸手续时，可以同时办理出口岸手续。

（5）船方或其代理人在船舶抵达口岸前已经办妥进口岸手续的，船舶抵达后即可上下人员、装卸货物和其他物品。船方或其代理人在船舶抵达口岸前未办妥进口岸手续的，船舶抵达后，除检查机关办理进口岸检查手续的工作人员和引航员外，其他人员不得上下船舶、不得装卸货物和其他物品；船舶进出的上一口岸是中华人民共和国口岸的，船舶抵达后即可上下人员、装卸货物和其他物品，但是应当立即办理进口岸手续。

（6）海关对船舶实施电讯检疫。持有卫生证书的船舶，其船方或其代理人应向海关申请电讯检疫。

（7）船方或其代理人应当在船舶驶离口岸前4 h内（船舶在口岸停泊时间不足4 h的，在抵达口岸时），到检查机关办理必要的出口岸手续。有关检查机关应当在《船舶出口岸手续联系单》上签注；船方或其代理人持《船舶出口岸手续联系单》和海事管理机构要求的其他证件、资料，到海事管理机构领取出口岸许可证。

（8）船舶领取出口岸许可证后，情况发生变化或者24 h内未能驶离口岸的，船方或其代理人应当报告海事管理机构，由海事管理机构商其他检查机关决定是否重新办理出口岸手续。

（9）定航线、定船员并在24 h内往返一个或者一个以上航次的船舶，船方或其代理人可以向海事管理机构书面申请办理定期进出口岸手续。受理申请的海事管理机构商其他检查机关审查批准后，签发有效期不超过7天的定期出口岸许可证，在许可证有效期内对该船舶免办进口岸手续。

三、国际航行船舶出入境检验检疫管理办法

为加强国际航行船舶出入境检验检疫管理，便利国际航行船舶进出我国口岸，根据《中华人民共和国国境卫生检疫法》及其实施细则、《中华人民共和国进出境动植物检疫法》及其实施条例、《中华人民共和国进出口商品检验法》及其实施条例以及《国际航行船舶进出中华人民共和国口岸检查办法》的规定，国家质量监督检验检疫总局（以下简称国家质检总局）颁布了《国际航行船舶出入境检验检疫管理办法》。本办法自2003年3月1日起施行。

2018年3月6日国家质量监督检验检疫总局对本办法做了第一次修正，海关总署在2018年4月28日和5月29日对本办法做了两次修正，自2018年7月1日起施行。

（一）总则

1. 适用范围

国际航行船舶进出口岸应当按照本办法规定实施检验检疫。

2. 主管机关

海关总署主管船舶进出中华人民共和国国境口岸的检验检疫工作。主管海关负责所辖地区的船舶进出口岸的检验检疫和监督管理工作。

（二）入境检验检疫

（1）入境的船舶必须在最先抵达口岸的指定地点接受检疫，办理入境检验检疫手续。

（2）船方或者其代理人应当在船舶预计抵达口岸24 h前（航程不足24 h的，在驶离上一口岸时）向海关申报，填报入境检疫申报书。

（3）需接受入境检疫的船舶，在航行中发现检疫传染病、疑似检疫传染病，或者有人非因意外伤害而死亡并死因不明的，船方必须立即向入境口岸海关报告。

（4）海关对申报内容进行审核，确定以下检疫方式：锚地检疫；电讯检疫；靠泊检疫；随船检疫。

（5）海关对存在下列情况之一的船舶应当实施锚地检疫：

来自检疫传染病疫区的；来自动植物疫区，国家有明确要求的；有检疫传染病病人、疑似检疫传染病病人，或者有人非因意外伤害而死亡并死因不明的；装载的货物为活动物的；发现有啮齿动物异常死亡的；废旧船舶；未持有有效的除鼠证书或免予除鼠证书的；船方申请锚地检疫的；海关工作需要的。

（6）持有我国海关签发的有效交通工具卫生证书，并且没有上述第（5）项所列情况的船舶，经船方或者其代理人申请，海关应当实施电讯检疫。船舶在收到海关同意电讯检疫的批复后，即视为已实施电讯检疫。船方或者其代理人必须在船舶抵达口岸 24 h 内办理入境检验检疫手续。

（7）对未持有有效交通工具卫生证书，且没有实施锚地检疫的船舶，或者因天气、潮水等原因无法实施锚地检疫的船舶，经船方或者其代理人申请，海关可以实施靠泊检疫。

（8）海关对旅游船、军事船、要人访问所乘船舶等特殊船舶以及遇有特殊情况的船舶，如船上有病人需要救治、特殊物资急需装卸、船舶急需抢修等，经船方或者其代理人申请，可以实施随船检疫。

（9）接受入境检疫的船舶，必须按照规定悬挂检疫信号，在海关签发入境检疫证书或者通知检疫完毕以前，不得解除检疫信号。除引航员和经海关许可的人员外，其他人员不准上船；不准装卸货物、行李、邮包等物品；其他船舶不准靠近；船上人员，除因船舶遇险外，未经海关许可，不得离船；检疫完毕之前，未经海关许可，引航员不得擅自将船舶引离检疫锚地。

（10）办理入境检验检疫手续时，船方或者其代理人应当向海关提交航海健康申报书、总申报单、货物申报单、船员名单、旅客名单、船用物品申报单、压舱水报告单及载货清单，并提交《船舶卫生控制免除证书》《船舶卫生控制证书》《交通工具卫生证书》《预防接种证书》《健康证书》以及航海日志等有关资料。

（11）海关实施登轮检疫时，应当在船方人员的陪同下，根据检验检疫工作规程实施检疫查验。

（12）海关对经检疫判定没有染疫的入境船舶，签发《船舶入境卫生检疫证》；对经检疫判定染疫、有染疫嫌疑或者来自传染病疫区应当实施卫生除害处理的或者有其他限制事项的入境船舶，在实施相应的卫生除害处理或者注明应当接受的卫生除害处理事项后，签发《船舶入境检疫证》；对来自动植物疫区经检疫判定合格的船舶，应船舶负责人或者其代理人要求签发《运输工具检疫证书》；对须实施卫生除害处理的，应当向船方出具《检验检疫处理通知书》，并在处理合格后，应船方要求签发《运输工具检疫处理证书》。

（三）出境检验检疫

（1）出境的船舶在离境口岸接受检验检疫，办理出境检验检疫手续。

（2）出境的船舶，船方或者其代理人应当在船舶离境前4 h内向海关申报，办理出境检验检疫手续。已办理手续但出现人员、货物的变化或者因其他特殊情况24 h内不能离境的，须重新办理手续。

船舶在口岸停留时间不足24 h的，经海关同意，船方或者其代理人在办理入境手续时，可以同时办理出境手续。

（3）对装运出口易腐烂变质食品、冷冻品的船舱，必须在装货前申请适载检验，取得检验证书。未经检验合格的，不准装运。

装载动植物、动植物产品和其他检疫物出境的船舶，应当符合国家有关动植物防疫和检疫的规定，取得运输工具检疫处理证书。对需实施除害处理的，在做除害处理并取得运输工具检疫处理证书后，方可装运。

（4）办理出境检验检疫手续时，船方或者其代理人应当向海关提交航海健康申报书、总申报单、货物申报单、船员名单、旅客名单及载货清单等有关资料，如果入境时已提交且无变动的可免于提供。

（5）经审核船方提交的出境检验检疫资料或者经登轮检验检疫，符合有关规定的，海关签发交通工具出境卫生检疫证书，并在船舶出口岸手续联系单上签注。

（四）监督管理

（1）海关对航行或者停留于口岸的船舶实施监督管理，对卫生状况不良和可能导致传染病传播或者病虫害传播扩散的因素提出改进意见，并监督指导采取必要的检疫处理措施。

（2）海关接受船方或者其代理人的申请，办理船舶除鼠证书或免于除鼠证书（或者延期证书）、船舶卫生证书等有关证书。

（3）船舶在口岸停留期间，未经海关许可，不得擅自排放压舱水、移下垃圾和污物等，任何单位和个人不得擅自将船上自用的动植物、动植物产品及其他检疫物带离船舶。

（4）海关对船舶上的动植物性铺垫材料进行监督管理，未经海关许可不得装卸。

（5）船舶应当具备并按照规定使用消毒、除虫、除鼠药械及装置。

（6）来自国内疫区的船舶，或者在国内航行中发现检疫传染病、疑似检疫传染病，或者有人非因意外伤害而死亡并死因不明的，船舶负责人应当向到达口岸海关报告，接受临时检疫。

第三节●船员管理有关法规

一、船员条例

为了加强船员管理，提高船员素质，维护船员的合法权益，保障水上交通安全，保护水域环境，制定《中华人民共和国船员条例》。本条例2007年4月14日国务院第494号令发布，经过2013年7月18日、2013年12月7日、2014年7月29日、2017年3月1日、2019年3月2日和2020年3月27日六次修订。

（一）总则

1. 适用范围

中华人民共和国境内的船员注册、任职、培训、职业保障以及提供船员服务等活动，适用本条例。

2. 主管机关

国务院交通主管部门主管全国船员管理工作。国家海事管理机构依照本条例负责统一实施船员管理工作。

负责管理中央管辖水域的海事管理机构和负责管理其他水域的地方海事管理机构（以下统称海事管理机构），依照各自职责具体负责船员管理工作。

（二）船员注册和任职资格

（1）本条例所称船员，是指依照本条例的规定取得船员适任证书的人员，包括船长、高级船员、普通船员。

①船长，是指依照本条例的规定取得船长任职资格，负责管理和指挥船舶的人员。

②高级船员，是指依照本条例的规定取得相应任职资格的大副、二副、三副、轮机长、大管轮、二管轮、三管轮、通信人员以及其他在船舶上任职的高级技术或者管理人员。

③普通船员，是指除船长、高级船员以外的其他船员。

（2）申请船员适任证书，应当具备下列条件：

①年满18周岁（在船实习、见习人员年满16周岁）且初次申请不超过60周岁；

②符合船员任职岗位健康要求；

③经过船员基本安全培训。

参加航行和轮机值班的船员还应当经过相应的船员适任培训、特殊培训，具备相应的船员任职资历，并且任职表现和安全记录良好。

国际航行船舶的船员申请适任证书的，还应当通过船员专业外语考试。

（3）申请船员适任证书，可以向任何有相应船员适任证书签发权限的海事管理机构提出书面申请，并附送申请人符合上述第（2）项规定条件的证明材料。对符合规定条件并通过国家海事管理机构组织的船员任职考试的，海事管理机构应当发给相应的船员适任证书及船员服务簿。

（4）船员适任证书应当注明船员适任的航区（线）、船舶类别和等级、职务以及有效期限等事项。

参加航行和轮机值班的船员适任证书的有效期不超过5年。

船员服务簿应当载明船员的姓名、住所、联系人、联系方式、履职情况以及其他有关事项。

船员服务簿记载的事项发生变更的，船员应当向海事管理机构办理变更手续。

（5）中国籍船舶的船长应当由中国籍船员担任。

（6）曾经在军用船舶、渔业船舶上工作的人员，或者持有其他国家、地区船员适任证书的船员，依照本条例的规定申请船员适任证书的，海事管理机构可以免除船员培训和考试的相应内容。具体办法由国务院交通主管部门另行规定。

（7）中国籍船舶在境外遇有不可抗力或者其他特殊情况，无法满足船舶最低安全配员要求，需要由本船下一级船员临时担任上一级职务时，应当向海事管理机构提出申请。海事管理机构根据拟担任上一级船员职务船员的任职资历、任职表现和安全记录，出具相应的证明文件。

（8）以海员身份出入国境和在国外船舶上从事工作的中国籍船员，应当向国家海事管理机构指定的海事管理机构申请中华人民共和国海员证。申请中华人民共和国海员证，应当符合下列条件：

①是中华人民共和国公民；

②持有国际航行船舶船员适任证书或者有确定的船员出境任务；

③无法律、行政法规规定禁止出境的情形。

（9）海事管理机构应当自受理申请之日起7日内做出批准或者不予批准的决定。予以批准的，发给中华人民共和国海员证；不予批准的，应当书面通知申请人并说明理由。

（10）中国海员证是中国籍船员在境外执行任务时表明其中华人民共和国公民身份的证件。中国海员证遗失、被盗或者损毁的，应当向海事管理机构申请补发。船员在境外的，应当向我国驻外使馆、领馆申请补发。中国海员证的有效期不超过5年。

（11）持有中华人民共和国海员证的船员，在其他国家、地区享有按照当地法律、有关国际条约以及中华人民共和国与有关国家签订的海运或者航运协定规定的权利和通行便利。

（12）在中国籍船舶上工作的外国籍船员，应当依照法律、行政法规和国家其他有关规定取得就业许可，并持有国务院交通主管部门规定的相应证书和其所属国政府签发的相关身份证件。

（13）在中华人民共和国管辖水域航行、停泊、作业的外国籍船舶上任职的外国籍船员，应当持有中华人民共和国缔结或者加入的国际条约规定的相应证书和其所属国政府签发的相关身份证件。

（三）船员职责

（1）船员在船工作期间，应当符合下列要求：

①携带本条例规定的有效证件；

②掌握船舶的适航状况和航线的通航保障情况，以及有关航区气象、海况等必要的信息；

③遵守船舶的管理制度和值班规定，按照水上交通安全和防治船舶污染的操作规则操纵、控制和管理船舶，如实填写有关船舶法定文书，不得隐匿、篡改或者销毁有关船舶法定证书、文书；

④参加船舶应急训练、演习，按照船舶应急部署的要求，落实各项应急预防措施；

⑤遵守船舶报告制度，发现或者发生险情、事故、保安事件或者影响航行安全的情况，应当及时报告；

⑥在不严重危及自身安全的情况下，尽力救助遇险人员；

⑦不得利用船舶私载旅客、货物，不得携带违禁物品。

（2）船长为履行职责，可以行使的权力见本书第一章第一节相关内容。

（四）船员职业保障

（1）船员用人单位和船员应当按照国家有关规定参加工伤保险、医疗保险、养老保险、失业保险以及其他社会保险，并依法按时足额缴纳各项保险费用。

（2）船员用人单位应当为在驶往或者驶经战区、疫区或者运输有毒、有害物质的船舶上工作的船员，办理专门的人身、健康保险，并提供相应的防护措施。

（3）船舶上船员生活和工作的场所，应当符合国家船舶检验规范中有关船员生活环境、作业安全和防护的要求。

（4）船员用人单位应当为船员提供必要的生活用品、防护用品、医疗用品，建立船员健康档案，并为船员定期进行健康检查，防治职业疾病。船员在船工作期间患病或者受伤的，船员用人单位应当及时给予救治。

（5）船员用人单位应当依照有关劳动合同的法律、法规和中华人民共和国缔结或者加入的有关船员劳动与社会保障国际条约的规定，与船员订立劳动合同。

（6）船员工会组织应当加强对船员合法权益的保护，指导、帮助船员与船员用人单位订立劳动合同。

（7）船员用人单位应当根据船员职业的风险性、艰苦性、流动性等因素，向船员支付合理的工资，并按时足额发放给船员。任何单位和个人不得克扣船员的工资。

船员用人单位应当向在劳动合同有效期内的待派船员，支付不低于船员用人单位所在地人民政府公布的最低工资。

（8）船员在船工作时间应当符合国务院交通主管部门规定的标准，不得疲劳值班。

（9）船员除享有国家法定节假日的假期外，还享有在船舶上每工作2个月不少于5日的年休假。船员用人单位应当在船员年休假期间，向其支付不低于该船员在船工作期间平均工资的报酬。

（10）船员在船工作期间，有下列情形之一的，可以要求遣返：

①船员的劳动合同终止或者依法解除的；

②船员不具备履行船上岗位职责能力的；

③船舶灭失的；

④未经船员同意，船舶驶往战区、疫区的；

⑤由于破产、变卖船舶、改变船舶登记或者其他原因，船员用人单位、船舶所有人不能继续履行对船员的法定或者约定义务的。

（11）船员可以从下列地点中选择遣返地点：

①船员接受招用的地点或者上船任职的地点；

②船员的居住地、户籍所在地或者船籍登记国；

③船员与船员用人单位或者船舶所有人约定的地点。

（12）船员的遣返费用由船员用人单位支付。遣返费用包括船员乘坐交通工具的费用、旅途中合理的食宿及医疗费用和30 kg行李的运输费用。

（13）船员的遣返权利受到侵害的，船员当时所在地民政部门或者中华人民共和国驻境外领事机构，应当向船员提供援助；必要时，可以直接安排船员遣返。

（五）船员培训和船员服务

（1）申请在船舶上工作的船员，应当按照国务院交通主管部门的规定，完成相应的船员基本安全培训、船员适任培训。在危险品船、客船等特殊船舶上工作的船员，还应当完成相应的特殊培训。

（2）船员服务机构为船员提供服务，应当诚实守信，不得提供虚假信息，不得损害船员的合法权益。

（3）从事向中国籍船舶派遣船员业务的机构，应当按照《中华人民共和国劳动合同法》的规定取得劳务派遣许可。

（4）船员服务机构为船员用人单位提供船舶配员服务，应当按照相关法律、行政法规的规定订立合同。船员服务机构为船员用人单位提供的船员受伤、失踪或者死亡的，船员服务机构应当配合船员用人单位做好善后工作。

二、海船船员适任考试和发证规则

为了提高海船船员素质，保障海上人命和财产安全，保护海洋环境，根据《中华人民共和国海上交通安全法》《中华人民共和国船员条例》以及我国缔结或者加入的有关国际公约，制定了《中华人民共和国海船船员适任考试和发证规则》。本规则于2020年11月1日实施。2022年交通运输部对其进行修改，于2022年4月12日生效。

（一）总则

1.适用范围

本规则适用于为取得中华人民共和国海船船员适任证书（以下简称适任证书）而进行的考试以及适任证书、适任证书特免证明和外国适任证书承认签证的签发与管理。

2.主管机关

交通运输部主管全国海船船员适任考试和发证工作。

交通运输部海事局在交通运输部的领导下，对海船船员适任考试和发证工作进行统一管理。

交通运输部海事局所属的各级海事管理机构按照交通运输部海事局确定的职责范围具体负责海船船员适任考试和发证工作。

3.原则

海船船员适任考试和发证应当遵循公平、公正、公开、便民的原则。

（二）适任证书基本信息

（1）适任证书包含以下基本内容：持证人姓名、性别、出生日期、国籍、持证人签名及照片；证书编号；持证人适任的航区、职务；发证日期和有效期；签发机关名称和签发官员署名；规定需要载明的其他内容。

（2）参加航行和轮机值班的适任证书还应当包含证书等级、职能，有关国际公约的适用条款，持证人适任的船舶种类、主推进动力装置类型、特殊设备操作等内容。

（3）持证人适任的航区分为无限航区和沿海航区，但无线电操作人员适任的航区分为A1、A2、A3和A4海区。

（三）船员职务分类

1.参加航行和轮机值班的船员

（1）船长；

（2）甲板部船员：大副、二副、三副、高级值班水手、值班水手，其中大副、二副、三副统称为驾驶员；

（3）轮机部船员：轮机长、大管轮、二管轮、三管轮、电子电气员、高级值班机工、值班机工、电子技工，其中大管轮、二管轮、三管轮统称为轮机员；

（4）无线电操作人员：一级无线电电子员、二级无线电电子员、通用操作员、限用操作员。

2.不参加航行和轮机值班的船员

(四)船员职能分工

(1)船员职能根据分工分为：航行；货物操作和积载；船舶作业和人员管理；轮机工程；电气、电子和控制工程；维护和修理；无线电通信。

(2)船员职能根据技术要求分为管理级、操作级和支持级。

(五)适任证书等级

1.船长、大副、轮机长、大管轮适任证书等级分为无限和沿海两个航区，其中无限航区适任证书分为两个等级，沿海航区适任证书分为三个等级。

(1)一等适任证书：适用于3 000总吨及以上或者主推进动力装置3 000 kW及以上的船舶；

(2)二等适任证书：适用于500总吨及以上至3 000总吨或者主推进动力装置750 kW及以上至3 000 kW的船舶；

(3)三等适任证书：适用于未满500总吨或者主推进动力装置未满750 kW的船舶。

2.二副、三副、二管轮、三管轮适任证书等级分为无限和沿海两个航区，其中无限航区适任证书适用于500总吨及以上或者主推进动力装置750 kW及以上的船舶，沿海航区适任证书分为两个等级。

(1)一等适任证书：适用于500总吨及以上或者主推进动力装置750 kW及以上的船舶；

(2)二等适任证书：适用于未满500总吨或者主推进动力装置未满750 kW的船舶。

3.高级值班水手、高级值班机工适任证书适用于500总吨及以上或者主推进动力装置750 kW及以上的船舶。

4.值班水手、值班机工适任证书等级分为无限和沿海两个航区，其中无限航区适任证书适用于500总吨及以上或者主推进动力装置750 kW及以上的船舶；沿海航区适任证书分为两个等级：

(1)一等适任证书：适用于500总吨及以上或者主推进动力装置750 kW及以上的船舶；

(2)二等适任证书：适用于未满500总吨或者主推进动力装置未满750 kW的船舶。

5.电子电气员和电子技工适任证书适用于主推进动力装置750 kW及以上的船舶。

6.在拖船上任职的船长和甲板部船员所持适任证书等级与该拖船的主推进动力装置功率的等级相对应。

7.不参加航行和轮机值班的船员适任证书不分等级。

适任证书持有人应当在适任证书适用范围内担任职务或者担任低于适任证书适用范围的职务。但担任值班水手职务的船员必须持有值班水手或者高级值班水手适任证书，担任值班机工职务的船员必须持有值班机工或者高级值班机工适任证书。

（六）适任证书的签发

1.取得适任证书，应当具备下列条件：

（1）年满18周岁（在船实习、见习人员年满16周岁）且初次申请不超过60周岁；

（2）符合船员任职岗位健康要求；

（3）经过船员基本安全培训；

（4）通过相应的适任考试。

参加航行和轮机值班的船员还应当经过相应的船员适任培训、特殊培训，具备相应的船员任职资历，并且任职表现和安全记录良好。国际航行船舶的船员申请适任证书的，还应当通过船员专业外语考试。

2.不参加航行和轮机值班的海船船员申请适任证书的，应当提交下列材料：

海船船员适任证书申请表；海船船员健康证明；身份证件；符合海事管理机构要求的照片；基本安全培训合格证。

3.参加航行和轮机值班的海船船员初次申请适任证书的，应当取得上述第2.条规定的不参加航行和轮机值班的海船船员适任证书，并提交下列材料：

（1）海船船员适任证书申请表；

（2）海船船员健康证明；

（3）身份证件；

（4）符合海事管理机构要求的照片；

（5）基本安全培训合格证；

（6）专业技能适任培训合格证；

（7）岗位适任培训证明或者航海教育毕业证书；

（8）船员服务簿；

（9）船上见习记录簿；

（10）适任考试合格证明；

（11）现持有的适任证书。

4.参加航行和轮机值班的海船船员申请适任证书所载职务晋升、航区扩大、吨位或者功率提高的，应当提交上述第3.条规定的材料。

5.持有三副、三管轮适任证书申请二副、二管轮适任证书者，免于提交上述第3.条第（7）（9）（10）项规定的材料。按照本规则规定免于船上见习者，免于提交上述第3.条第（9）项规定的材料。

6.海事管理机构对于发证申请，经审核符合本规则规定条件的，应当按照《中华人民共和国行政许可法》《交通行政许可实施程序规定》的要求签发相应的适任证书。对初次申请适任证书的船员，海事管理机构应当同时配发船员服务簿。

参加航行和轮机值班的船员适任证书有效期不超过5年，不参加航行和轮机值班的船员适任证书长期有效。适任证书有效期截止日期不超过持证人65周岁生日。

7.持有船长和高级船员适任证书者，满足下列条件之一，可以在适任证书有效期届满前12个月内或者届满后3个月内向有相应管理权限的海事管理机构申请适任证书再有效：

（1）从申请之日起向前计算5年内具有与其适任证书所记载范围相应的不少于12个月的海上服务资历，且任职表现和安全记录良好。其中，无限航区的船员不少于6个月是在无限航区的船舶上任职；船长、轮机长担任大副、大管轮或者二副、二管轮担任三副、三管轮的，可以作为原职务适任证书再有效的海上任职资历。

（2）从申请之日起向前计算6个月内具有与其适任证书所记载范围相应的不少于3个月的海上服务资历，且任职表现和安全记录良好。

8.未满足本规则上述7.条规定的船长和高级船员，申请适任证书再有效的，应当符合下列规定：

（1）未满足第7.条规定，或者适任证书过期3个月及以上5年以下的，应当参加模拟器培训和知识更新培训，并通过相应的抽查项目的评估；

（2）适任证书过期5年及以上10年以下的，应当参加模拟器培训和知识更新培训，并通过相应的抽查科目的理论考试和项目的评估；

（3）适任证书过期10年及以上的，应当参加模拟器培训和知识更新培训，通过相应的抽查科目的理论考试和项目的评估，并在适任证书记载的相应航区、等级范围内按照《船上见习记录簿》规定完成不少于3个月的船上见习。

9.适任证书的补发

适任证书损坏或者遗失时，持证人除应当向原证书签发的海事管理机构提交补发申请及规则规定的材料外，还应当满足下列要求：

（1）适任证书损坏的，应当缴回被损坏的证书原件；

（2）适任证书遗失的，应当提交证书遗失说明。

补发的适任证书的有效期截止日期与原适任证书的有效期截止日期相同。

10.因违反海事行政管理规定被吊销适任证书者，自证书被吊销之日起2年后，通过低一级职务的适任考试，可以按照本规则规定提交相应材料，向原签发适任证书的海事管理机构申请低一级职务的适任证书。海事管理机构对通过适任考试的，应当签发其相应的适任证书。

11.曾在内河船舶、海洋渔业船舶或者军事船舶上任职的人员，具备下列条件的，可以按照交通运输部海事局的规定申请相应的适任证书：

（1）拟申请证书的等级和职务不高于其在内河船舶、海洋渔业船舶或者军事船舶上相应的证书等级和职务，其中可以申请的职务最高为大副或者大管轮；

（2）在内河船舶、海洋渔业船舶或者军事船舶上的水上任职资历能够与本规则规定的海上任职资历相适应，且任职表现和安全记录良好；

（3）参加相应的岗位适任培训，并通过与申请职务相应的理论考试和评估。

12.特殊类型船舶船员的特殊要求

（1）拟在油船、化学品船、液化气船、客船、高速船、使用气体或者其他低闪点燃料船舶等特殊类型船舶或者极地水域船舶上任职的，还应当按照相关规定完成相应的特殊培训，并取得培训合格证。

（2）在两港间航程50 n mile及以上的客船上服务的船长、大副、二副、三副、轮机长、大管轮、二管轮、三管轮，都应当持有适用于相应航区的一等适任证书。

（3）申请适用于两港间航程50 n mile及以上客船驾驶员、船长适任证书的，应当具备下列条件：

①申请适用于客船三副适任证书者，应当在其他种类的500总吨及以上海船上担任三副满12个月，任职表现和安全记录良好，并至少在客船上任见习三副3个月；或者通过三副适任考试，在客船上完成18个月的船上见习，任职表现和安全记录良好；

②申请适用于客船二副适任证书者，应当在其他种类的500总吨及以上海船上担任二副满12个月，任职表现和安全记录良好，并至少在客船上任见习二副3个月；或者持有客船三副适任证书并在相应航区、船舶等级的海船上担任三副不少于12个月，任职表现和安全记录良好，其中曾经担任客船三副至少6个月；

③申请适用于客船大副适任证书者，应当在其他种类的3 000总吨及以上海船上担任大副满24个月，任职表现和安全记录良好，并至少在客船上任见习大副3个月；或者持有客船二副适任证书并在相应航区、船舶等级的海船上担任二副不少于12个月，其中曾经担任客船二副至少6个月，通过大副考试，至少在客船上任见习大副3个月，任职表现和安全记录良好；

④申请适用于客船船长适任证书者，应当在其他种类的3 000总吨及以上海船上担任船长满24个月，任职表现和安全记录良好，并至少在客船上任见习船长3个月；或者持有客船大副适任证书并在相应航区、船舶等级的海船上担任大副不少于18个月，任职表现和安全记录良好，其中曾经担任客船大副至少6个月，通过船长考试，且至少在客船上任见习船长3个月。

（七）适任考试

1.适任考试包括理论考试和评估：

（1）理论考试以理论知识为主要考试内容，重点对海船船员专业知识的掌握和理解程度进行测试。

（2）评估通过对相应船舶、模拟器或者其他设备的操作，国际通用语言听力测验与口试等方式，重点对海船船员专业知识综合运用、操作及应急等能力进行技能测评。

2.适任考试科目、大纲由交通运输部海事局统一制定并公布。相关海事管理机构应当在职责范围内制订并公布适任考试具体计划，明确适任考试的时间、地点、申请程序等相关信息。

3.符合本规则申请海船船员适任证书要求，申请参加相应适任考试的，应当按照公布的申请程序向有相应权限的海事管理机构提供下列信息：

（1）身份证件；

（2）所申请考试的适任证书类别；

（3）符合海事管理机构要求的照片；

（4）相应培训证明和海上任职资历。

4.海事管理机构应当于适任考试开始5日前向申请人发放准考证，并告知申请人查询适任考试成绩的途径等事项。适任考试有科目或者项目不及格的，可以在初次适任考试准考证签发之日起3年内申请5次补考。逾期不能通过全部适任考试的，所有适任考试成绩失效。海事管理机构应当在考试结束后10日内公布成绩。适任考试成绩自全部理论考试和评估成绩均合格之日起5年内有效。

（八）特免证明

中国籍船舶在境外遇有不可抗力或者其他导致持证船员不能履行职务的特殊情况，无法满足船舶最低安全配员要求，需要由本船下一级船员临时担任上一级职务时，应当到签发该船员适任证书的海事管理机构办理特免证明事宜。

1.办理船长、驾驶员、轮机长、轮机员特免证明的，应当符合下列条件：

（1）办理船长、轮机长特免证明的，应当持有大副或者大管轮适任证书，并在自办理之日起前5年内，具有不少于12个月的不低于其适任证书所记载船舶、航区、职务的任职资历，任职表现和安全记录良好，且船长、轮机长不能履行职务的情况是因不可抗力原因造成；

（2）办理大副、大管轮特免证明的，应当持有二副、二管轮适任证书，并在自办理之日起前5年内，具有不少于12个月的不低于其适任证书所记载船舶、航区、职务的任职资历，且任职表现和安全记录良好；

（3）办理二副、二管轮特免证明的，应当持有三副、三管轮适任证书，并在自办理之日起前5年内，具有不少于6个月的不低于其适任证书所记载船舶、航区、职务的任职资历，且任职表现和安全记录良好；

（4）办理三副、三管轮特免证明的，应当持有高级值班水手、值班水手或者高级值班机工、值班机工适任证书，并在自办理之日起前5年内，具有不少于12个月的不低于其适任证书所记载船舶、航区、职务的任职资历，任职表现和安全记录良好。

上述船员以外的其他船员，不予办理特免证明。

2.办理特免证明的，应当向海事管理机构提交包含下列内容的材料：

（1）办理理由；

（2）船舶名称、航行区域、停泊港口；

（3）拟办理签发对象的资历情况；

（4）相关证明材料。

海事管理机构应当核实有关情况，对符合规定条件的，应当在3日内办理有效期不超过6个月的特免证明，但船长或者轮机长特免证明的有效期不超过3个月。不符合条件的，应当在3日内告知申请人不予办理特免证明的理由。一艘船舶上同时持特免证明的船长和高级船员总共不得超过3名。

3.当事船舶抵达中国第一个港口后，特免证明自动失效。失效的特免证明应当及时缴回原办理的海事管理机构。航运公司应当及时为当事船舶安排持相应适任证书的人员补充空缺职位。

（九）承认签证

持有经修正的《1978年海员培训、发证和值班标准国际公约》（以下简称STCW公约）缔约国签发的外国船长和高级船员适任证书的船员在中国籍船舶上任职的，应当取得由海事管理机构签发的外国船员适任证书的承认签证。

1.申请承认签证的，应当向海事管理机构提交下列材料：

（1）所属缔约国签发的适任证书原件；

（2）表明申请人符合STCW公约和所属缔约国有关船员管理规定的证明文件；

（3）申请人的海船船员身份证件。

2.交通运输部海事局应当按照STCW公约和本规则规定的标准、条件等内容，对申请承认签证船员所属缔约国的有关船员管理制度从下列方面进行评价：

（1）有关船员适任培训、考试及发证制度是否符合STCW公约要求；

（2）是否按照STCW公约要求建立了有效的船员质量标准控制体系；

（3）船员适任条件等相关要求是否低于本规则规定的相关标准。

对于按照本条进行评价的结果表明该缔约国的有关船员管理制度不低于STCW公约及本规则相关要求，我国可以与之签署船员证书互认协议。船员持有与我国签署船员证书互认协议的缔约国所签发的船员证书，方可向我国申请承认签证。其中，签发船长、大副、轮机长、大管轮适任证书承认签证前，申请人还应当参加与申请职务相应的海上交通安全、环境保护等方面的培训，并经海事管理机构考核合格。

3.承认签证的有效期不得超过被承认适任证书的有效期，且最长不得超过5年。当被承认适任证书失效时，相应的承认签证自动失效。

（十）航运公司及相关机构的责任

1.航运公司及相关机构应当保证被指派任职的船员满足下列要求：

（1）持有适当、有效的适任证书，熟悉自身岗位职责；

（2）熟悉船舶的布置、装置、设备、工作程序、特性和局限性等相关情况；

（3）具有良好工作语言运用及沟通能力，确保在紧急情况下和执行安全、防污染和保安职能时，能够有效履行职责。

2.航运公司及相关机构应当建立并完善船员培训制度，按照以下要求加强对本公司、机构船员的培训：

（1）按照交通运输部海事局的规定制定并执行有关培训、见习等方面的培训计划，并在培训、见习记录簿内如实填写或者记载；

（2）采取有效措施，确保应当由本公司、机构负责的其他各类船员培训有效实施。

3.航运公司及相关机构应当备有完整、最新的船员管理法规和相关国际公约。

4.航运公司及相关机构应当建立船员档案，对船员录用、培训、资历、健康状况以及有关船员考试、证书持有情况等信息进行连续有效的记录和管理，并确保可以供随时查询。

（十一）监督管理

1.海事管理机构应当对船员履行职责、安全记录等情况进行监督检查，加强对船员适任能力的监管。

2.有下列情形之一的，海事管理机构可以组织对负有责任的船员适任能力进行考核：

（1）船舶发生碰撞、搁浅或者触礁的；

（2）在航行、锚泊或者靠泊时，从船上非法排放物质的；

（3）违反航行规则的；

（4）以其他危及海上人命、财产安全和海洋环境的方式操作船舶的。

按照本条对船员进行适任能力考核的，应当根据本规则规定的船员适任要求通过抽考、现场考核等方式进行。对于考核结果表明船员不再符合适任条件的，海事管理机构应当注销其适任证书或者承认签证。

3.按照上述第2.条规定被注销适任证书的船员，可以按照海事管理机构的要求参加低一级职务的评估，海事管理机构签发与其考核结果相适应的适任证书。

4.负责船员适任考试和发证的海事管理机构应当配备满足适任考试、发证要求的人员、设备、场地和资料，建立相关的质量管理体系并通过交通运输部海事局的审核。

5.海事管理机构应当加强对从事船员适任考试、发证工作人员岗位培训和考核。不符合上岗条件的，不得从事船员适任考试、发证工作。

6.海事管理机构应当建立船员信息数据库、船员证书电子登记系统等船员档案，并按照交通运输部海事局的规定具备相应信息的查询功能。

7.海事管理机构应当公开海船船员适任考试和发证管理的事项、办事程序、举报电话等信息，自觉接受社会的监督。

8.除海事管理机构依法实施外，任何机构和个人不得以任何理由扣留或者吊销船员适任证书。

三、船舶最低安全配员规则

为确保船舶的船员配备，足以保证船舶安全航行、停泊和作业，防治船舶污染环境，依据《中华人民共和国海上交通安全法》《中华人民共和国内河交通安全管理条例》和中华人民共和国缔结或者参加的有关国际条约，制定本规则。本规则于2004年6月30日发布，2014年9月5日和2018年11月28日交通运输部做出修正，最新修订自2018年11月28日起施行。

（一）总则

（1）适用范围：中华人民共和国国籍的机动船舶的船员配备和管理，适用本规则。

本规则对外国籍船舶做出规定的，从其规定。

军用船舶、渔船、体育运动船艇以及非营业的游艇，不适用本规则。

（2）主管机关：中华人民共和国海事局是船舶安全配员管理的主管机关。各级海事管理机构依照职责负责本辖区内的船舶安全配员的监督管理工作。

（3）本规则所要求的船舶安全配员标准是船舶配备船员的最低要求。

（4）船舶所有人（或者其船舶经营人、船舶管理人，下同）应当按照本规则的要求，为所属船舶配备合格的船员，但是并不免除船舶所有人为保证船舶安全航行和作业增加必要船员的责任。

（二）最低安全配员原则

（1）确定船舶最低安全配员标准应综合考虑船舶的种类、吨位、技术状况、主推进动力装置功率、航区、航程、航行时间、通航环境和船员值班、休息制度等因素。

（2）船舶在航行期间，应配备不低于按本规则要求（如表4-1所示，2021年9月1日交通运输部海事局发布规范性文件——海船员〔2021〕160号，《中华人民共和国海事局关于调整海船最低安全配员有关事项的通知》）所确定的船员构成及数量。高速客船的船员最低安全配备应符合交通部颁布的《高速客船安全管理规则》（交通部令1996年第13号）的要求。

表4-1　海船甲板部最低安全配员表

船舶种类、航区吨位或总功率		一般规定	附加规定
一般船舶	3 000总吨及以上	船长、大副、二副、三副各1人，值班水手或者高级值班水手3人（国际航行船舶配备高级值班水手2人，值班水手1人）	连续航行时间不超过36 h，可减免三副和值班水手各1人
	500总吨及以上至未满3 000总吨	（1）船长、大副、三副各1人，值班水手或者高级值班水手3人（国际航行船舶配备高级值班水手2人，值班水手1人）	连续航行时间不超过36 h，可减免值班水手1人；连续航行时间不超过8 h，可再减免三副1人
客船	500总吨及以上	（2）配有与救生艇数量相等的持有精通救生艇筏及救助艇操纵证书的人员（不包括船长和大副）	连续航行时间超过24 h，须增加二副1人。连续航行时间不超过8 h，可减免二副和值班水手各1人

注：1.实际配员超过10人(含10人)的国际航行船舶，应至少额外配备1名船上厨师；

2.载员100人及以上且航行时间在3天以上国际航行船舶须配备1名医生；

3.船舶在中途港或海上作业点停留时间不超过4 h的，计入连续航行时间；

4.低级岗位可由持有相应等级适任证书的较高级岗位船员担任，也可由持有较高等级适任证书的同级岗位船员担任。

（3）规则附录列明的减免规定是根据各类船舶在一般情况下制定的，海事管理机构在核定具体船舶的最低安全配员数额时，如认为配员减免后无法保证船舶安全时，可不予减免或者不予足额减免。

（4）船舶所有人可以根据需要增配船员，但船上总人数不得超过经中华人民共和国海事局认可的船舶检验机构核定的救生设备定员标准。

（三）最低安全配员管理

（1）中国籍船舶配备外国籍船员应当符合以下规定：

①在中国籍船舶上工作的外国籍船员，应当依照法律、行政法规和国家其他有关规定取得就业许可；

②外国籍船员持有合格的船员证书，且所持船员证书的签发国与我国签订了船员证书认可协议；

③雇佣外国籍船员的航运公司已承诺承担船员权益维护的责任。

（2）中国籍船舶应当按照本规则的规定，持有海事管理机构颁发的船舶最低安全配员证书。

在中华人民共和国内水、领海及管辖海域的外国籍船舶，应当按照中华人民共和国缔结或者参加的有关国际条约的规定，持有其船旗国政府主管机关签发的船舶最低安全配员证书或者等效文件。

（3）船舶所有人应当在申请船舶国籍登记时，按照本规则的规定，对其船舶的最低安全配员如何适用本规则附录相应标准予以陈述，并可以包括对减免配员的特殊说明。

海事管理机构应当在依法对船舶国籍登记进行审核时，核定船舶的最低安全配员，并在核发船舶国籍证书时，向当事船舶配发船舶最低安全配员证书。

（4）在境外建造或者购买并交接的船舶，船舶所有人应当向所辖的海事管理机构提交船舶买卖合同或者建造合同及交接文件、船舶技术和其他相关资料办理船舶最低安全配员证书。

（5）海事管理机构核定船舶最低安全配员时，除查验有关船舶证书、文书外，还可以就本规则第（二）（1）条所述的要素对船舶的实际状况进行现场核查。

（6）船舶在航行、停泊、作业时，必须将船舶最低安全配员证书妥善存放在船备查。

船舶不得使用涂改、伪造以及采用非法途径或者舞弊手段取得的船舶最低安全配员证书。

（7）船舶所有人应当按照本规则的规定和船舶最低安全配员证书载明的船员配备要求，为船舶配备合格的船员。

（8）船舶所有人应当在船舶最低安全配员证书有效期截止前1年以内，或者在船舶国籍证书重新核发或者相关内容发生变化时，凭原证书向船籍港的海事管理机构办理换发证书手续。

（9）证书污损不能辨认的，视为无效，船舶所有人应当向所辖的海事管理机构申请换发。证书遗失的，船舶所有人应当书面说明理由，附具有关证明文件，向船籍港的海事管理机构办理补发证书手续。

换发或者补发的船舶最低安全配员证书的有效期，不超过原发的船舶最低安全配员证书的有效期。

（10）船舶状况发生变化需改变证书所载内容时，船舶所有人应当向船籍港的海事管理机构重新办理船舶最低安全配员证书。

（11）在特殊情况下，船舶需要在船籍港以外换发或者补发船舶最低安全配员证书，经船籍港海事管理机构同意，船舶当时所在港口的海事管理机构可以按照本规定予以办理并通报船籍港海事管理机构。

（12）船舶最低安全配员证书由中华人民共和国海事局统一印制，其编号应与船舶国籍证书的编号一致，有效期的截止日期与船舶国籍证书有效期的截止日期相同。

四、海员船上工作和生活条件管理办法

为了保护海员的合法权益，规范海员的船上工作和生活条件，根据船员条例以及我国缔结或者参加的相关国际条约，交通运输部制定了《中华人民共和国海员船上工作和生活条件管理办法》。本办法自2013年7月26日起施行。为推进国内沿海航行船舶履行《2006年海事劳工公约》，2018年12月7日交通运输部对本办法的适用范围进行修订，于2019年1月1日起实施。

（一）总则

1. 适用范围

在中国籍国际航行船舶和国内沿海航行船舶上的海员工作和生活条件，适用本办法。

军事船舶、公务船舶、渔业船舶、体育运动船艇，以及仅在港区、内河和遮蔽水域及紧邻水域航行、作业的船舶除外。

2. 主管机关

国家海事管理机构负责海员船上工作和生活条件的管理工作。各级海事管理机构根据授权具体负责海员船上工作和生活条件的监督检查工作。

（二）起居舱室和娱乐设施

（1）船东应当提供保持海员健康的起居舱室环境，应当确保以下船舶设备、设施和建造要求（房间和其他起居舱室空间的尺寸；通风和供暖；噪声和振动及其他环境因素；卫生设施及更衣室；照明；餐厅；医务室）持续符合船舶检验技术规范的规定，并取得船员舱室设备的证明文件。

（2）船长或者经船长授权的海员应当每周对起居舱室进行检查，确保起居舱室保持健康、卫生和安全舒适的状况，并保存检查记录。

（3）船东应当为海员免费提供船上的娱乐和福利设施。船东为海员提供的船岸电话通信、电子邮件、互联网和邮件的投递，不得收取额外的费用。

（4）船东应当为海员提供可阅读和集中学习的场所和设施。

（5）船东应当采取适当的措施，在满足保安审查的条件下，保证船舶在港口停留期间允许海员的亲属和朋友登船探视。

（6）船东应当在满足船舶安全条件的情况下允许海员的配偶陪同其航海。海员的配偶应当投有充分的人身意外和疾病保险，船东应当为其获得这种保险给予必要的帮助。

（7）船长或者经船长授权的海员应当负责船上娱乐设施的管理和维护。

（三）膳食服务

（1）在船上从事膳食服务的海员应当具备相应的知识和技能，并按有关要求经过培训。

（2）配员10人及以上的船舶应当配备船上厨师。船上厨师因疾病或者死亡等特殊情况无法承担厨师工作的，经海事管理机构同意并签发特免证明后，可由膳食服务辅助人员替代船上厨师，直到下一个方便的挂靠港或时间不超过1个月。

（3）配员少于10人的船舶，可不配备船上厨师，由膳食服务辅助人员替代。

（4）船上应当成立膳食委员会，负责船上膳食管理，保证在良好卫生条件下为海员提供符合标准的膳食，并将膳食费用使用情况、食品和饮用水采购情况、膳食安排计划定期向船上全体海员公示。

（5）船东应当考虑海员数量、文化和宗教背景以及航线长度和性质等因素，为船舶配备充分的厨具和餐具，并免费向海员提供数量、质量和营养价值等方面均满足实际需要的食品和饮用水。

（6）船长或者经船长授权的海员应当根据船舶航行的实际情况至少每周对船上食品、饮用水和膳食服务设施等情况进行检查，并保存检查记录。

（四）医疗和健康保障

（1）船东应当采取积极、有效的预防和保障措施，防止海员在船工作期间发生与职业有关的事故和疾病。船东应当为海员提供职业安全、健康保护及事故预防的培训。

（2）载员100人及以上并且航程在3天以上的国际航行船舶应当至少配备1名专职医生负责船上的医疗服务。

无须配备医生的船舶，应当至少有1名海员负责船上的急救、医护和药品管理工作。其中负责船上急救工作的海员应当持有精通急救培训合格证，负责船上医护和药品管理工作的海员应当持有船上医护培训合格证。

（3）船东应当根据船舶的类型、船上人员的数量、航次性质、目的地和航程，按照《船舶与海上设施法定检验规则》的要求为其船舶配备足够的医疗设施和设备，以及国际船舶医疗指南和能获得医疗指导的无线电台清单。

（4）船长或者负责医疗、急救和药品管理的海员应当妥善维护船上配备的医疗设施、设备和指南，每年对全部药品的标签、有效期、存放条件、用法用量以及医疗设备的功能等至少进行一次全面检查，并保持检查记录。

（5）船东应当向在船工作的海员提供免费医疗和健康保护，包括基本的牙科治疗，并及时提供合理的就医便利。

（6）船东应当保证船舶具有通过无线电或者卫星通信获得医疗指导的能力。国家海事管理机构制定标准的中英文对照海员医疗报告表，供船长和相关的岸上和船上医疗人员使用。医疗报告表内容只限于对海员的疾病治疗，接触到医疗报告表的人员应当对内容予以保密。

（7）船东应当按照国家海事管理机构颁布的与海员职业安全健康管理有关的导则建立并实施船上职业安全和健康保护及事故预防的方针和计划，明确规定船东、海员和其他有关人员的责任和义务，并特别注意未成年海员的安全和健康，确保在其船上工作的海员得到职业健康保护，并且能在安全和卫生的船上环境中生活、工作和培训。

（8）船东应考虑国际有关标准和导则的要求，及时对船上发生的职业事故或职业疾病向第一抵达港和船籍港海事管理机构报告。

（9）发生职业事故的船舶在其国内第一抵达港的海事管理机构应在船舶抵港后及时对职业事故进行调查。

（10）船东应每年对职业安全与健康管理情况进行风险评估。配员5人及以上的船舶应当成立由船长负责的船舶安全委员会。

（11）船舶安全委员会应当承担履行和实施船舶职业安全和健康方针、计划的具体责任，并对在船上工作的海员定期开展相关职业安全和健康保护及事故预防等内容的培训。

（12）船舶安全委员会会议每3个月应当至少举行1次，做好会议记录并形成安全委员会报告，由船长签字确认后随船备查。

（五）工资支付

（1）船东应当至少每月向海员支付一次工资，采取汇款方式支付的，船东、海员用人单位不得收取额外的服务费用。船东应当每月在船上以书面形式告知海员其月薪账目，月薪账目应当至少包括上船协议约定的工资项目、额外报酬、应付报酬、实付数额。

海员确需查询工资实际支付情况的，船东有责任协助海员获得相关的信息，并不得收取额外的服务费。船上支付的劳动报酬采用的货币兑换率应当按照有利于海员的标准确定，且不得低于当日国家银行执行的外汇汇率标准。

（2）海员在船期间需将其工资的全部或者部分转给其家人、受赡养人或者法定受益人时，船东应当为其提供便利。

（六）上船协议

（1）船东或者船东代表应当与上船工作或者实习、见习的海员订立书面上船协议。上船协议应当由船东与海员协商一致，并经双方在协议文本上签字或者盖章生效。协议文本原件应当由双方各执一份。上船协议和适用的集体合同应具有中英文文本，其正本或者复印件应当随船备查。

（2）船东使用船员服务机构为船舶提供船员配员服务的，应当将船员服务机构许可证复印件、配员协议和配员名单随船备查。

（3）船员服务机构不得利用各种方式、机制或清单来阻止或阻挠海员获得其所称职的工作。

（4）船员服务机构不得因提供就业机会而向海员个人收取费用，也不得要求海员提供抵押金或担保金等，但海员取得健康证书、护照或其他个人旅行证件以及国家法律规定的其他费用除外。海员的签证费用由船东承担。

（5）船员服务机构应当建立一个保护机制，通过保险或适当的等效措施，赔偿由于服务机构或有关船东未能按上船协议履行对海员的义务而可能给海员造成的资金损失。

（6）船东与海员协商一致，可以提前解除上船协议，但应当至少提前7天以书面形式通知对方。船东应当将上船协议签订方的名称、协议期限、服务的船名等相关信息报船籍港海事管理机构备案。

（七）未成年海员的特殊保护

（1）船东仅能安排未成年海员在船上实习或者见习，且实习和见习工作不得危及未成年海员的健康和安全。

（2）船东不得安排未成年海员从事以下范围的实习和见习工作：

①搬运重物作业；

②进入锅炉、液舱和隔离舱；

③置身于有害的噪声和振动中；

④操作起重机械或其他动力设备或器械，或向操作此类机械的人员发信号；

⑤操作系泊中拖缆或锚泊设备；

⑥索具作业；

⑦恶劣天气中在高处或甲板上工作；

⑧电气设备维护；

⑨接触有潜在危害的物质，或诸如危险或有毒物质等有害的物理试剂及受到电离辐射；

⑩清洗厨房机械；

⑪ 操控小艇。

（3）船东不得安排未成年海员在夜间工作，但是根据国家海事管理机构规定的符合STCW公约的船上见习或者实习要求开展的夜航训练除外。

（4）船东不得聘用未成年海员担任船上厨师。

（5）船东应当确保未成年海员在船见习或者实习的时间不能超过每日8 h、每周40 h，且在日间正餐有至少1 h的休息时间以及每连续工作2 h后有15 min的休息时间。

由于未成年海员被安排见习和实习的岗位培训的需要不能满足本条前款规定的，船长应当说明原因，做好记录并签名。

（6）未成年海员首次在国际航行船舶上实习或者见习4个月后，表现出不适应海上生活的，船东应当尽快安排其在合适的港口遣返。

五、海船船员船上培训管理办法

为规范海船船员船上培训行为，加强船上培训管理，依据《中华人民共和国船员条例》《中华人民共和国船员培训管理规则》《中华人民共和国海船船员适任考试和发证规则》《中华人民共和国船舶安全监督规则》和《中华人民共和国海船船员值班规则》等相关规定以及经修订的《1978年海员培训、发证和值班标准国际公约》，中华人民共和国海事局制定本办法，自2019年1月20日起实施。

（一）总则

1.适用范围

本办法适用于为取得中华人民共和国海船船员适任证书、培训合格证或者船员履职而进行的船上培训，包括船上见习、船上熟悉培训、船上知识更新培训。

（1）船上见习，包括职务晋升船上见习、吨位（功率）提高船上见习和培训合格证船上见习；

（2）船上熟悉培训，是指船员履职前在船开展的安全熟悉培训、保安熟悉培训、液货船货物特性和操作熟悉培训等岗位熟悉培训；

（3）船上知识更新培训，是指航运公司为本公司自有船员在船开展的适任证书和培训合格证再有效知识更新培训。

2.主管机关

中华人民共和国海事局是船上培训的主管机关。各级海事管理机构在主管机关确定的职责范围内，具体负责船上培训的监督管理。船上见习记录簿样式由主管机关统一制定和发布。公司如自行编制船上见习记录簿的，其内容不得低于主管机关发布的船上见习记录簿规定的要求。

（二）培训主体与职责

1.培训主体

（1）公司是实施船上培训的责任主体，应制订并完善船上培训管理制度，指定专人负责，保障船上培训的有效实施，并保持完整的培训记录。

（2）公司和开展培训的船舶应根据船上培训的种类、船舶类型、航区（线）、货物作业条件等，分别制订船上培训计划和船上培训实施计划。

（3）公司应编制船上培训记录簿，用于记录船员在船培训情况。

（4）公司应对安排上船任职的船员，开展岗位熟悉培训，以确保船员熟悉其具体职责，以及与其日常或应急职责有关的所有船舶布置、装置、设备、程序和船舶特性等。

（5）开展船上见习的公司应满足以下要求：

①拥有自有或管理的船舶，或者与航运公司签订包含船上见习内容的配员协议，或者与航运公司签订配员协议及船上见习协议；

②学员舱室、生活和培训条件满足相关国际公约和国内法规的要求；

③已建立船上培训管理制度；

④公司培训师、船上培训师具备与所开展的船上培训相适应的培训能力。

(6) 开展船上知识更新培训的航运公司应满足以下要求：

①具有所开展知识更新培训所需的教学资料和设施设备；

②具有经过适当培训的公司培训师；

③已将知识更新培训纳入公司安全管理体系，并取得符合证明（DOC）。

(7) 开展船上见习的公司和船上知识更新培训的航运公司，应将船上培训计划、学员名单、船长、船上培训师名单及资历等信息报送公司所在地辖区海事管理机构。

2.培训职责

(1) 公司负责组织和安排船上培训，履行下列职责：

①指定负责船上培训的部门和公司培训师；

②制订船上培训管理制度和船上培训计划；

③选定培训船舶；

④负责公司培训师、船上培训师的管理；

⑤对船上培训实施跟踪管理；

⑥为船上见习的学员出具公司的鉴定意见；

⑦每年1月份向海事管理机构报告上一年度船上见习和船上知识更新培训的开展情况。

(2) 公司培训师应由具有实际担任管理级职务不少于3年且持有有效适任证书的自有船员担任，且与开展培训的船舶类型、吨位（主机功率）和航区（线）相适应并经过公司组织的适当培训。

公司培训师负责拟定公司的船上培训计划，检查船上培训计划的执行情况，检查相关记录簿的记载情况，并签署公司的鉴定意见。

(3) 船上培训师由开展培训船舶的船长根据培训任务指定船上经验丰富的船员担任，负责船上见习的船上培训师职务应不低于学员的见习职务。船上培训师主要履行以下职责：

①结合船舶航行任务制订船上培训实施计划，做好包括安全预防措施在内的训练准备；

②按船上培训实施计划开展培训，督促和指导学员完成相关培训任务，并检查学员的培训记录；

③评估船上见习学员的见习完成情况和效果，公正、客观地签署评估意见。

(4) 船长全面管理船上培训工作，审核船上培训实施计划，定期检查学员的培训情况，确保船上培训师有效履行职责和船上培训计划有效实施；负责签署或授权轮机长签署学员船上培训的意见。

（三）船上培训的组织实施

(1) 公司应按照体系管理要求、相应制度、船上培训计划及规定的船上培训内容，组织实施船上培训。

（2）公司和开展培训的船舶，应确保开展船上培训不影响船舶的航行安全和正常操作，使船上培训师有适当的时间和精力从事相应的船上培训工作。

（3）公司应在学员开展船上见习前，向辖区海事管理机构报送船上见习信息表。公司安排船长和高级船员见习时，每艘船舶同一职务同时在船见习不得超过2人。

（4）学员在船上培训期间，应在每项培训完成后在船上培训记录簿中如实记载。学员在船上见习期间，应在船上培训师的指导下完成规定内容的培训，及时在船上见习记录簿中如实记载，并保持连续记载，以供随时检查。

（5）船上培训师应在船上见习学员完成每一项见习任务后，对其进行评估并在船上见习记录簿中填写评估意见；对未按要求完成见习任务的，应及时告知，督促其按要求完成见习任务，并再次进行评估和记载。学员无法完成船上见习记录簿中所列原定计划内容时，船上培训师应予以记录并及时报告船长。

（6）船长应在学员完成在本船见习任务后，根据其见习记录、船上培训师的评估意见以及对学员船上见习的检查情况，在船上见习记录簿中填写鉴定意见，签名并加盖船章，送交公司。

（7）公司在收到船上见习记录簿后，由公司培训师根据见习记录、鉴定意见和公司跟踪管理情况，在船上见习记录簿中客观、公正地填写公司的鉴定意见，清楚说明学员是否已完成规定的船上见习任务，是否达到船上见习记录簿规定的相关能力要求，以及见习期间的表现情况，加盖公司公章后留存船上见习记录簿副本，原件交与学员本人。

（8）学员进行见习的公司发生变化时，负责学员见习的公司应将船上见习记录簿副本的评价报告部分报送辖区海事管理机构，负责继续学员船上见习的公司应按上述第（3）项的要求向辖区海事管理机构报送相关信息。

学员换船进行见习但公司未发生变化的，公司应按照本办法第十六条的要求向辖区海事管理机构报送相关信息。

（9）船上见习记录簿应由学员本人保存，负责学员见习的公司应保存副本至少3年。船上培训记录簿由公司保存，保存期限至少5年。船上见习记录簿和船上培训记录簿应用不褪色的蓝黑色或黑色墨水填写。

（四）监督管理

1.海事管理机构应加强对船上培训的监督管理。公司存在下列情形之一的，2年内不得开展船上见习和船上知识更新培训：

（1）未按照船上培训计划组织开展培训的；

（2）信息报送失实、培训记录造假、不如实填写鉴定意见的；

（3）未按规定如实向海事管理机构报告船上培训情况的；

（4）未按规定保存船上见习记录簿副本和船上培训记录簿的。

2.公司停止开展船上培训后，仍应负责已在船见习的学员按计划完成该次船上见习。

3.对于学员船上见习时间不足、见习内容未全部完成、船上见习记录簿记载失实等未达到规定要求的，不得视作其满足《中华人民共和国海船船员适任考试和发证规则》规定的船上见习的任职资历要求。

六、船员违法记分办法

为增强船员遵守法律意识，减少人为因素对水上交通安全的影响，防治船舶污染水域，根据《中华人民共和国船员条例》等有关法律和法规，制定本办法，自2016年1月1日起施行。本办法规定的法规培训及考试，不收取费用。

（一）总则

1. 适用范围

本办法适用于对船员违反水上交通安全和防治船舶污染水域法律、行政法规行为实施累计记分（以下简称“船员违法记分”）。

本办法所称船员，是指经注册取得服务簿的船员和引航员，以及游艇操作人员。

2. 主管机关

中华人民共和国海事局负责统一实施全国船员违法记分管理工作。各级海事管理机构，依照各自职责负责具体实施船员违法记分工作。

（二）周期和分值

（1）船员累计记分周期（即记分周期）为1个公历年，满分15分，自每年1月1日始至12月31日止。

（2）根据船员违法行为的严重程度，一次船员违法记分的分值为15分、8分、4分、2分、1分五种。

（三）实施

（1）船员违法记分由船员违法行为发生地的海事管理机构管辖。船员违法行为发生地，包括船员违法行为的结果发现地、初始发生地和过程经过地。

海事管理机构对船员违法记分管辖发生争议的，报请共同的上一级海事管理机构指定管辖。海事管理机构对不属其管辖的船员违法记分案件，应当移送有管辖权的海事管理机构；受移送的海事管理机构如果认为移送不当，应当报请共同的上一级海事管理机构指定管辖。

（2）海事管理机构发现船员存在依法应当实施船员违法记分行为的，应当进行调查，并听取当事人的陈述申辩。船员违法行为事实清楚、证据确凿的，具有管辖权的海事管理机构应按照本办法对其实施船员违法记分，并予以相应记载。

（3）船员一次存在两种以上违法行为的，应当分别计算，累计记分分值。对存在共同违法行为的船员，应当分别实施船员违法记分。对船员的同一违法行为，不得给予两次及以上船员违法记分。

（4）船员在一个记分周期内累计记分达到15分的，最后实施船员违法记分的海事管理机构应当扣留其船员适任证书，责令其参加为期5日的水上交通安全、防治船舶污染等有关法律、行政法规的培训（以下简称“法规培训”）并进行相应的考试。

（5）船员在一个记分周期内累计记分未达到15分的，记分分值重新起算。

（6）船员在一个记分周期内两次及以上达到15分，或在连续两个记分周期内分别达到15分，或连续两个记分周期内累计记分达到40分的，最后实施船员违法记分的海事管理机构应当扣留其船员适任证书，责令其参加法规培训和考试。考试内容除理论部分外，还包括船员适任能力考核。

（四）培训和考试

（1）船员需参加法规培训的，可向最后被实施船员违法记分地、船员注册地或船员适任证书签发地的海事管理机构报名。海事管理机构收到船员的报名后，对符合上款规定的应在15个工作日内组织培训。

（2）法规培训应包括水上交通安全和防治船舶污染等管理法规、安全知识的教育和海事案例等内容。

（3）被扣留船员适任证书的船员经相应考试合格后，海事管理机构应发还其船员适任证书，记分分值重新起算。

（4）被扣留船员适任证书的船员未经考试合格的，不得在船舶上继续服务。

第四节 船舶值班及监督管理

一、海船船员值班规则

为了规范海船船员值班，保障海上人命与财产安全，保护海洋环境，加强船舶保安管理，根据《中华人民共和国海上交通安全法》《中华人民共和国海洋环境保护法》《中华人民共和国船员条例》，以及我国缔结或加入的有关国际公约要求，制定本规则。本规则自2013年2月1日起施行。2020年交通运输部对本规则进行修订，已于2020年7月6日起实施。

（一）总则

（1）适用范围：100总吨及以上中国籍海船的船员值班适用本规则；军用船舶；渔业船舶；游艇；构造简单的木质船除外。

（2）主管机关：交通运输部海事局是实施本规则的主管机关。各级海事管理机构按照职责具体负责海船船员值班的监督管理工作。

（3）航运公司应当根据本规则以及有关国际公约的要求编制《驾驶台规则》《机舱值班规则》等船舶值班规则，张贴在船舶各部门的易见之处，要求全体船员遵守执行，以保证船舶航行安全。

（4）航运公司应当确保指派到船上任职的值班船员熟悉船上相关设备、船舶特性、本人职责和值班要求，能有效履行安全、防污染和保安等职责。

（5）船长及全体船员在值班时，应当遵守法律、行政法规、相关国际公约以及当地有关防治船舶造成海洋污染的要求，采取一切可能采取的预防措施，防止因操作不当或者发生事故等原因造成船舶对海洋环境的污染。

（二）航次计划及值班一般要求

1. 航次计划

船长应当根据航次任务，组织驾驶员研究有关资料，制订航次计划，及时通知各部门做好开航准备工作，保证船舶和船员处于适航、适任状态。

（1）制订航次计划应当满足以下要求：

①与大副、轮机长协商后，预先确定并落实本航次所需各种燃润料、物料、淡水以及备品的数量；

②保证各种船舶证书和船员证件齐全、有效；

③保证本航次涉及的航海图书资料和其他航海出版物准确、完整、及时更新；

④保证运输单证及港口文件齐全。

（2）航次计划包括以下内容：

①航线的总里程和预计航行的总时间；

②计划航线上的气象情况和海况；

③各转向点的经纬度；

④各段航线的航程和预计到达各转向点的时间；

⑤复杂航段的航法以及航线附近的危险物的避险手段；

⑥特殊航区的注意事项。

（3）开航前，船长应当恰当地使用航海图书资料和其他航海出版物，计划好从出发港到下一停靠港的预定航线，清楚标绘在海图上，并对预定航线进行核实。驾驶员在航行期间应当认真核实预定航线上每一个拟采取的航向。

（4）船舶航行中，计划航线的下一停靠港发生改变或者船舶需要大幅度偏离计划航线的，船长应当及早计划好修正航线，并在海图上重新标绘。

2. 值班一般要求

（1）航运公司和船长应当为船舶配备足够的适任船员，以保持安全值班。

（2）船长应当安排合格的船员值班，明确值班船员职责。值班的安排应当符合保证船舶、货物安全及保护海洋环境的要求，并保证值班船员得到充分休息，防止疲劳值班。

（3）在船长统一指挥下，值班的驾驶员对船舶安全负责。

（4）轮机长应当经船长同意，合理安排轮机值班，保证机舱运行安全。

（5）船长应当根据保安等级的要求，安排并保持适当和有效的保安值班。

（6）值班应当遵守下列驾驶台和机舱资源管理要求：

①根据情况合理地安排值班船员；

②考虑值班船员资格和适任的局限性；

③值班船员应当熟悉其岗位职责和部门职责；

④值班船员对值班时所接收到的与航行有关的信息应当能够正确领会、处置，并与其他部门适当共享；

⑤值班船员应当保持各部门之间的适当沟通；

⑥对为保证安全所采取的行动，值班船员如果产生任何怀疑，应当立即告知船长、轮机长、负责值班的高级船员。

（7）值班的高级船员认为接班的高级船员明显不能有效履行值班职责时，不得交班，并立即向船长或者轮机长报告。

（8）值班的高级船员在交班前正在进行重要操作的，应当在确认操作完成后再交班，船长或者轮机长另有指令的除外。

（9）接班的高级船员应当在确认本班人员完全能有效地履行各自职责后，方可接班。

（10）不得安排船员在值班期间承担影响值班的工作。

（11）值班船员应当将值班期间发生的重要事件按照要求做好记录。

（三）港内值班

1. 港内值班应当遵守的一般要求

（1）船舶在港内停泊时，船长应当安排适当而有效的值班。对于具有特种形式的推进系统或者辅助设备，以及装载有危害、危险、有毒、易燃物品或者其他特殊货物的船舶，还应当按照有关规定的特殊要求值班。

（2）船长应当根据停泊情况、船舶类型和值班特点，配备足够具有熟练操作能力的值班船员，并安排好必要的设备。

（3）船舶在港内停泊期间的值班安排应当满足下列要求：确保人命、船舶、货物、港口和环境的安全；确保与货物作业相关机械的安全操作；遵守有关国际公约、国家法规和当地规定；保持船舶工作正常。

（4）停泊时，甲板值班人员应当至少包括一名值班驾驶员和一名值班水手。

（5）轮机长应当与船长协商确定轮机值班安排，确保轮机部安全值班。

2. 驾驶值班

（1）在港内值班时，值班驾驶员应当做到下列内容：掌握全船人员动态，经常巡查船的四周；督促值班水手按时升降国旗、开关灯，显示或者悬挂有关号灯号型；经常检查舷梯、锚链、跳板及安全网，及时调整系泊缆绳；注意吃水、龙骨下的富余水深和船舶的总体状态；按照积载计划的要求，监督装卸操作安全和质量，掌握装卸进度，解决装卸中发生的问题，制止违章作业，注意天气变化及海况，及时开关舱；装卸一级危险品、重大件、贵重货时到现场监督指导；注意及时收听天气预报，采取必要的措施以保护人员、船舶和货物的安全；按照船长、大副的指示，通知机舱注入、排出或者调整压舱水；注意检查污水井、压载舱及淡水舱的测量记录；监收加装淡水和物料；发生危及船舶安全的紧急情况时，鸣放警报；必要时，请求附近船舶或者岸上给予援助；掌握船舶稳性情况，能够在失火时向消防部门提供有关数据；在船上进行明火作业及修理工作时，采取必要的预防措施；不得在系泊区域内排放污油水、垃圾及杂物，并采取措施，防止本船对周围环境造成其他形式的污染；注意过往船舶和系靠本船或者前后泊位船舶；发生事故时，应当立即记下该船船名、国籍、船籍港及事故经过，并向船长报告；对遇难船舶和人员提供援助；主机试车应当在确认推进器附近无障碍物，不致碍及他船，不损坏舷梯、跳板、缆绳、装卸属具及港口设施等情况后方可进行，并采取必要的预防措施。

3. 港内驾驶值班的交接班

（1）交班、接班的驾驶员应当在交接前巡视检查全船和周围，认真做好交接工作。

（2）交班驾驶员应当告知接班驾驶员下列事项：航海日志和停泊值班记录簿所记载的有关内容、航运公司指示和船长命令，有关人员来船联系及对外联系事项；气象、潮汐、泊位水深、船舶吃水、系缆情况、锚位和所出锚链的情况、转流时船舶回转，主机状态和其应急使用的可能性，以及与船舶安全停泊有关的其他情况；船上拟进行的所有工作，包括积载计划、大副的要求、装卸进度、开工舱口及工班数、货物的分隔衬垫、装卸质量、装卸属具情况、危险品和重大件及应采取的预防及应急措施、贵重货、水手值班情况及与港方联系事项等；舱底水、压舱水、淡水的水位情况及加装燃油、淡水情况；消防设备的情况；港口及本船悬挂的信号、显示的号灯号型和鸣放的声号，港口特殊规定，发生紧急情况或需要援助时船方与港方的联系方式；要求在船船员的人数和全船人员的动态情况；检修工作的项目、质量、进度和采取的安全措施；旁靠船、驳情况，周围锚泊船的动态；港口的特殊要求；有关船员、船舶、货物的安全和防治水域污染的其他重要情况，以及由于船舶行为造成环境污染时向相关机关报告的程序。

（3）接班驾驶员在负责甲板值班之前应当核实下列内容：

①系泊缆绳或者锚链是否恰当；

②正在装卸的有害或者危险货物的性质，以及发生溢漏或者失火后应当采取的相应措施；

③本船悬挂的信号、显示的号灯号型以及鸣放的声号是否正确；

④各项安全措施和防火规定是否有效遵守；

⑤是否存在危及本船的情况，以及本船是否危及其他船舶。

（4）交接班人员对交接事项产生疑问时，应当及时向大副或者船长报告。

4. 货物作业值班

（1）航运公司应当制定保证货物作业安全的规定。

（2）负责计划和实施货物作业的高级船员应当通过对特定风险的控制，确保作业的安全实施。

（3）船舶载运危险货物、污染危害性货物时，船长应当做出保持货物安全的值班安排。

①载运散装危险货物的船舶，安全值班应当由甲板部和轮机部各至少一名高级船员和普通船员组成。

②载运非散装危险货物的船舶，船长在做出值班安排时应当考虑危险品的性质、数量、包装和积载以及船上、水上和岸上的所有特殊情况。

（四）驾驶、轮机联系制度

1. 开航前

（1）船长应当提前24 h将预计开航时间通知轮机长，如停港不足24 h，应当在抵港后立即将预计离港时间通知轮机长；轮机长应当向船长报告主要机电设备情况、燃油、润滑油和炉水存量；如开航时间变更，应当及时更正。

（2）开航前 1 h，值班驾驶员应当会同值班轮机员核对船钟、车钟、试舵等，并分别将情况记入航海日志、轮机日志及车钟记录簿内。

（3）主机试车前，值班轮机员应当征得值班驾驶员同意。待主机备妥后，机舱应当通知驾驶台。

2. 航行中

（1）每班交班前，值班轮机员应当将主机平均转数和海水温度等参数告知值班驾驶员，值班驾驶员应当回告本班平均航速和风向风力，双方分别记入航海日志和轮机日志；每天中午，驾驶台和机舱校对时钟并互换正午报告。

（2）船舶进出港口，在通过狭水道、浅滩、危险水域或抛锚等情况下需备车航行时，驾驶台应当提前通知机舱准备。如遇雾或暴雨等突发情况，值班轮机员接到通知后应当尽快备妥主机。判断将有恶劣天气来临时，船长应当及时通知轮机长做好各种准备。

（3）因等引航员、候潮、等泊等原因须短时间抛锚时，值班驾驶员应当将情况及时通知值班轮机员。

（4）因机械故障不能执行航行命令时，轮机长应当组织抢修，通知驾驶台报告船长，并将故障发生和排除时间及情况记入航海日志和轮机日志。

停车应当先征得船长同意。但情况危急，不立即停车会威胁人身安全或者主机安全时，轮机长可以立即停车并及时通知驾驶台。

（5）因调换发电机、并车等需要暂时停电时，值班轮机员应当事先通知驾驶台。

（6）在应变情况下，值班轮机员应当立即执行驾驶台发出的信号，及时提供所要求的水、气、汽、电等。

（7）值班驾驶员和值班轮机员应当执行船长和轮机长共同商定的主机各种车速，另有指示的除外。

（8）船舶在到港前，应当对主机进行停、倒车试验，当无人值守的机舱因情况需要改为有人值守时，驾驶台应当及时通知轮机员。

（9）抵港前，轮机长应当将本船存油情况告知船长。

3. 停泊中

（1）抵港后，船长应当告知轮机长本船的预计动态，以便安排工作，动态如有变化，应当及时更正；机舱若需检修影响动车的设备，轮机长应当事先将工作内容和所需时间报告船长，取得同意后方可进行。

（2）值班驾驶员应当将装卸货情况随时通知值班轮机员，以保证安全供电。在装卸重大件、特种危险品或者使用重吊之前，大副应当通知轮机长派人检查起货机，必要时应当派人值守。

（3）因装卸作业造成船舶过度倾斜，影响机舱正常工作的，轮机长应当通知大副或者值班驾驶员采取有效措施予以纠正。

（4）驾驶和轮机部门应当对船舶压载的调整，以及可能涉及海洋污染的各种操作，建立起有效的联系制度，包括书面通知和相应的记录。

（5）添装燃油前，轮机长应当将本船的存油情况和计划添装的油舱以及各舱添装数量告知大副，以便计算稳性、水尺和调整吃水差。

（五）值班保障

（1）航运公司及船长应当采取有效措施防止船员疲劳操作。除紧急或者超常工作情况外，负责值班的船员以及被指定承担安全、防污染和保安职责的船员休息时间应当满足以下要求：

①任何24 h内不少于10 h。

②任何7天内不少于77 h。

③任何24 h内的休息时间可以分为不超过两个时间段，其中一个时间段至少要有6 h，连续休息时间段之间的间隔不应当超过14 h。

④船长按照第②③项中规定安排休息时间时可以有例外，但是任何7天内的休息时间不得少于70 h。

⑤对第②项规定的每周休息时间的例外，不应当超过连续两周。在船上连续两次例外时间的间隔不应当少于该例外持续时间的2倍。

⑥对第③项规定的例外，可以分成为不超过3个时间段，其中一个时间段至少要有6 h，另外两个时间段不应当少于1 h。连续休息时间间隔不得超过14 h。例外在任何7天时间内不得超过两个24 h时间段。

（2）紧急集合演习、消防和救生演习，以及国内法律、法规、国际公约规定的其他演习，应当以对休息时间的干扰最小且不导致船员疲劳的形式进行。船员处于待命情况下，因被派去工作而中断了正常休息时间的，应当给予补休。

（3）因船舶、船上人员或者货物出现紧急安全需要，或者为了帮助海上遇险的其他船舶或者人员，船长可以暂停执行休息时间制度，直至情况恢复正常。情况恢复正常后，船长应当根据实际情况尽快安排船员获得充足的补休时间。

（4）船舶应当将船上工作安排表张贴在易见之处。

①船舶应当对船员每天休息时间进行记录，并制作由船长或者船长授权的人员和船员本人签注的休息时间记录表发放给船员本人。

②船上工作安排表和休息时间记录表应当参照《国际劳工组织（ILO）和国际海事组织（IMO）编制船员船上工作安排表和船员工作时间或休息时间记录格式指南》，并使用船上工作语言和英语制定。

③船长在安排船员值班时，应当充分考虑女性船员的生理特点和国家的有关规定。

（5）船员不得酗酒。值班人员在值班前4 h内禁止饮酒，且值班期间血液酒精浓度（BAC）不高于0.05%或呼吸中酒精浓度不高于0.25 mg/L。

（6）船员不得服用可能导致不能安全值班的药物。

（7）航运公司应当制定相应的措施防止船员酗酒和滥用药物。船员履行值班职责或者有关安全、防污染和保安值班职责的能力受到药物或酒精的影响时，不得安排其值班。

二、船舶安全监督规则

为了保障水上人命、财产安全，防止船舶造成水域污染，规范船舶安全监督工作，根据《中华人民共和国海上交通安全法》《中华人民共和国海洋环境保护法》《中华人民共和国港口法》《中华人民共和国内河交通安全管理条例》《中华人民共和国船员条例》等法律法规和我国缔结或者加入的有关国际公约的规定，制定本规则。本规则于2017年5月17日经第8次部务会议通过，现予公布，自2017年7月1日起施行。2009年交通运输部第15号令公布的《中华人民共和国船舶安全检查规则》同时废止。本规则生效后，交通运输部已对其进行两次修正，最新修正于2022年9月21日施行。

（一）总则

（1）适用范围：本规则适用于对中国籍船舶和水上设施以及航行、停泊、作业于我国管辖水域的外国籍船舶实施的安全监督工作。

本规则不适用于军事船舶、渔业船舶和体育运动船艇。

（2）主管机关：交通运输部主管全国船舶安全监督工作。国家海事管理机构统一负责全国船舶安全监督工作。各级海事管理机构按照职责和授权开展船舶安全监督工作。

（3）船舶安全监督：本规则所称船舶安全监督，是指海事管理机构依法对船舶及其从事的相关活动是否符合法律、法规、规章以及有关国际公约和港口国监督区域性合作组织的规定而实施的安全监督管理活动。船舶安全监督分为船舶现场监督和船舶安全检查。

①船舶现场监督，是指海事管理机构对船舶实施的日常安全监督抽查活动。

②船舶安全检查，是指海事管理机构按照一定的时间间隔对船舶的安全和防污染技术状况、船员配备及适任状况、海事劳工条件实施的安全监督检查活动，包括船旗国监督检

查（FSC）和港口国监督检查（PSC）。

（4）从事船舶安全检查的海事行政执法人员应当取得相应等级的资格证书，并不断更新知识。

（5）海事管理机构应当建立对船舶安全状况的社会监督机制，公布举报、投诉渠道，完善举报和投诉处理机制，并为举报人、投诉人保守秘密。

（6）船舶安全监督管理遵循依法、公正、诚信、便民的原则。

（二）船舶进出港报告

（1）中国籍船舶在我国管辖水域内航行应当按照规定实施船舶进出港报告。

（2）船舶应当在预计离港或者抵港4 h前向将要离泊或者抵达港口的海事管理机构报告进出港信息。航程不足4 h的，在驶离上一港口时报告。

（3）船舶在固定航线航行且单次航程不超过2 h的，可以每天至少报告一次进出港信息。船舶应当对报告的完整性和真实性负责。

（4）船舶报告的进出港信息应当包括航次动态、在船人员信息、客货载运信息、拟抵离时间和地点等。

（5）船舶可以通过互联网、传真、短信等方式报告船舶进出港信息，并在船舶航海日志内做相应的记载。

（6）海事管理机构与水路运输管理部门应当建立信息平台，共享船舶进出港信息。

（三）船舶综合质量管理

（1）海事管理机构应当建立统一的船舶综合质量管理信息平台，收集、处理船舶相关信息，建立船舶综合质量档案。

（2）船舶综合质量管理信息平台应当包括下列信息：

①船舶基本信息；

②船舶安全与防污染管理相关规定落实情况；

③水上交通事故情况和污染事故情况；

④水上交通安全违法行为被海事管理机构行政处罚情况；

⑤船舶接受安全监督的情况；

⑥航运公司和船舶的安全诚信情况；

⑦船舶进出港报告或者办理进出港手续情况；

⑧按照相关规定缴纳相关费税情况；

⑨船舶检验技术状况。

（3）海事管理机构应当按照船舶报告信息开展船舶综合质量评定，综合质量评定结果应当向社会公开。

（四）船舶安全监督

1. 安全监督目标船舶的选择

（1）海事管理机构对船舶实施安全监督，应当减少对船舶正常生产作业造成的不必要影响。

（2）国家海事管理机构应当制定安全监督目标船舶选择标准。

海事管理机构应当结合辖区实际情况，按照全面覆盖、重点突出、公开便利的原则，依据我国加入的港口国监督区域性合作组织和国家海事管理机构规定的目标船舶选择标准，综合考虑船舶类型、船龄、以往接受船舶安全监督的缺陷、航运公司安全管理情况等，按照规定的时间间隔，选择船舶实施船舶安全监督。

（3）按照目标船舶选择标准未列入选船目标的船舶，海事管理机构原则上不登轮实施船舶安全监督，但按照下述第（4）条规定开展专项检查的除外。

（4）国家重要节假日、重大活动期间，或者针对特定水域、特定安全事项、特定船舶需要进行检查的，海事管理机构可以综合运用船舶安全检查和船舶现场监督等形式，开展专项检查。

2. 船舶安全监督

（1）船舶现场监督的内容包括：

①中国籍船舶自查情况；

②法定证书文书配备及记录情况；

③船员配备情况；

④客货载运及货物系固绑扎情况；

⑤船舶防污染措施落实情况；

⑥船舶航行、停泊、作业情况；

⑦船舶进出港报告或者办理进出港手续情况；

⑧按照相关规定缴纳相关费税情况。

（2）船舶安全检查的内容包括：

①船舶配员情况；

②船舶、船员配备和持有有关法定证书文书及相关资料情况；

③船舶结构、设施和设备情况；

④客货载运及货物系固绑扎情况；

⑤船舶保安相关情况；

⑥船员履行其岗位职责的情况，包括对其岗位职责相关的设施、设备的维护保养和实际操作能力等；

⑦海事劳工条件；

⑧船舶安全管理体系运行情况；

⑨法律、法规、规章以及我国缔结、加入的有关国际公约要求的其他检查内容。

（3）海事管理机构应当按照船舶安全监督的内容，制定相应的工作程序，规范船舶安全监督活动。

（4）海事管理机构完成船舶安全监督后应当签发相应的船舶现场监督报告、船旗国监督检查报告或者港口国监督检查报告，由船长或者履行船长职责的船员签名。

船舶现场监督报告、船旗国监督检查报告、港口国监督检查报告一式两份，一份由海事管理机构存档，一份留船备查。

（5）船舶现场监督中发现船舶存在危及航行安全、船员健康、水域环境的缺陷或者水上交通安全违法行为的，应当按照规定进行处置。

（6）发现存在需要进一步进行安全检查的船舶安全缺陷的，应当启动船舶安全检查程序。

3. 船舶安全缺陷处理

（1）海事行政执法人员在船舶安全监督过程中发现船舶存在缺陷的，应当按照相关法律、法规、规章和公约的规定，提出下列处理意见：

①警示教育；

②开航前纠正缺陷；

③在开航后限定的期限内纠正缺陷；

④滞留；

⑤禁止船舶进港；

⑥限制船舶操作；

⑦责令船舶驶向指定区域；

⑧责令船舶离港。

（2）安全检查发现的船舶缺陷不能在检查港纠正时，海事管理机构可以允许该船驶往最近的可以修理的港口，并及时通知修理港口的海事管理机构。

（3）修理港口超出本港海事管理机构管辖范围的，本港海事管理机构应当通知修理港口海事管理机构进行跟踪检查。

（4）修理港口海事管理机构在收到跟踪检查通知后，应当对船舶缺陷的纠正情况进行验证，并及时将验证结果反馈至发出通知的海事管理机构。

（5）海事管理机构采取滞留、禁止船舶进港、责令船舶离港措施的，应当将采取措施的情况及时通知中国籍船舶的船籍港海事管理机构，或者外国籍船舶的船旗国政府。

（6）由于存在缺陷，被采取滞留、禁止船舶进港、限制船舶操作、责令船舶离港处理措施的船舶，应当在相应的缺陷纠正后向海事管理机构申请复查。被采取其他措施的船舶，可以在相应缺陷纠正后向海事管理机构申请复查，不申请复查的，在下次船舶安全检查时由海事管理机构进行复查。

（7）海事管理机构收到复查申请后，决定不予本港复查的，应当及时通知申请人在下次船舶安全检查时接受复查。

（8）复查合格的，海事管理机构应当及时解除相应的处理措施。

（9）船舶有权对海事行政执法人员提出的缺陷和处理意见进行陈述和申辩。船舶对于缺陷和处理意见有异议的，海事行政执法人员应当告知船舶申诉的途径和程序。

（10）海事管理机构在实施船舶安全监督中，发现航运公司安全管理存在问题的，应当要求航运公司改正，并将相关情况通报航运公司注册地海事管理机构。

（11）海事管理机构应当将影响安全的重大船舶缺陷以及导致船舶被滞留的缺陷，通知航运公司、相关船舶检验机构或者组织。

（12）船舶及相关人员应当按照海事管理机构签发的船舶现场监督报告、船旗国监督检查报告、港口国监督检查报告等的要求，对存在的缺陷进行纠正。

（13）航运公司应当督促船舶按时纠正缺陷，并将纠正情况及时反馈实施检查的海事管理机构。

（14）船舶检验机构应当核实有关缺陷纠正情况，需要进行临时检验的，应当将检验报告及时反馈实施检查的海事管理机构。

（15）中国籍船舶的船长应当对缺陷纠正情况进行检查，并在航行或者航海日志中进行记录。

（16）船舶现场监督报告、船旗国监督检查报告、港口国监督检查报告的格式由国家海事管理机构统一制定；任何单位和个人，不得擅自涂改、故意损毁、伪造、变造、租借、骗取和冒用；除海事管理机构外，任何单位和个人不得扣留、收缴，或者在上述报告中进行签注；船舶应当妥善保管，在船上保存至少2年。

（17）中国籍船舶在境外发生水上交通事故，或者被滞留、禁止进港、禁止入境、驱逐出港（境）的，航运公司应当及时将相关情况向船籍港海事管理机构报告，海事管理机构应当做好相应的沟通协调和给予必要的协助。

（五）船舶安全责任

（1）航运公司应当履行安全管理与防止污染的主体责任，建立、健全船舶安全与防污染制度，对船舶及其设备进行有效维护和保养，确保船舶处于良好状态，保障船舶安全，防止船舶污染环境，为船舶配备满足最低安全配员要求的适任船员。

（2）中国籍船舶应当建立开航前自查制度。船舶在离泊前应当对船舶安全技术状况和货物装载情况进行自查，按照国家海事管理机构规定的格式填写船舶开航前安全自查清单，开航前由船长签字确认，清单在船上保存至少2年。

船舶在固定航线航行且单次航程不超过2 h的，无须每次开航前均进行自查，但一天内应当至少自查一次。

（3）船长应当妥善安排船舶值班，遵守船舶航行、停泊、作业的安全规定。

（4）船舶应当遵守港口所在地有关管理机构关于恶劣天气限制开航的规定。

（5）船舶检验机构应当确保检验的全面性、客观性、准确性和有效性，保证检验合格的船舶具备安全航行、安全作业的技术条件，并对出具的检验证书负责。

（6）配备自动识别系统等通信、导助航设备的船舶应当始终保持相关设备处于正常工作状态，准确完整显示本船信息，并及时更新抵、离港名称和时间等相关信息。相关设备发生故障的，应当及时向抵达港海事管理机构报告。

（7）拟交付船舶国际运输的载货集装箱，其托运人应当在交付船舶运输前，采取整体称重法或者累加计算法对集装箱的重量进行验证，确保集装箱的验证重量不超过其标称的最大营运总质量，与实际重量的误差不超过5%且最大误差不超过1吨，并在运输单据上注明验证重量、验证方法和验证声明等验证信息，提供给承运人、港口经营人。

采取累加计算法的托运人，应当制定符合交通运输部规定的重量验证程序，并按照程序进行载货集装箱重量验证。未取得验证信息或者验证重量超过最大营运总质量的集装箱，承运人不得装船。

（8）海事管理机构应当加强对船舶国际运输集装箱托运人、承运人的监督检查，发现存在违反本规则情形的，应当责令改正。

（9）任何单位和个人不得阻挠、妨碍海事行政执法人员对船舶进行船舶安全监督。

（10）海事行政执法人员在开展船舶安全监督时，船长应当指派人员配合。指派的配合人员应当如实回答询问，并按照要求测试和操纵船舶设施、设备。

（11）海事管理机构通过抽查实施船舶安全监督，不能代替或者免除航运公司、船舶、船员、船舶检验机构及其他相关单位和个人在船舶安全、防污染、海事劳工条件和保安等方面应当履行的法律责任和义务。

三、船舶港内安全作业监督管理办法

为进一步加强船舶港内安全作业的监督管理，强化海事监管效能，提高海事执法服务水平，促进港航经济的发展，保障国家人命、财产的安全，交通运输部制定了《船舶港内安全作业监督管理办法》。该办法于2004年7月20日起实施。

（一）定义

本法所称“船舶港内安全作业”系指船舶在港内的如下作业：

（1）船舶拆修锅炉、主机、锚机、舵机、电台；

（2）船舶试航、试车；

（3）船舶放艇（筏）进行救生演习；

（4）船舶烧焊或明火作业；

（5）船舶悬挂彩灯；

（6）船舶校正磁罗经；

（7）船舶在港内进行可能影响船舶和港口安全的其他作业。

（二）船舶安全作业的报备

（1）船舶港内安全作业应提前24 h向海事管理机构书面报备。拆修作业或明火作业等在特殊情况下不能满足提前24 h报备要求的，船舶应不晚于作业前2 h向海事管理机构书面报备。作业完成后应及时向海事管理机构报告。

（2）船舶在港内进行安全作业，需在作业活动开始前由船长或通过其代理人向所在港区的海事管理机构提交船舶港内安全作业书面报备材料。

（3）报备内容应包括：

①船名、船舶经营人、停泊位置、船舶载货状况、作业种类、作业时间、安全防范措施、船长安全声明、作业单位名称及联系方式（联系人、联系电话）、报备人联系方式。

②船舶从事拆修锅炉、主机、锚机、舵机、电台，还应提供作业项目及部位、应急备车时间。

③船舶从事试航、试车，还应提供试航证书及船舶航行的区域说明。

④船舶从事烧焊或明火作业，还应提供动火部位及项目，消防车（船）监护情况（适用时），可燃气体清除证书，安全员及作业人员姓名。

⑤船舶从事悬挂彩灯作业，还应提供彩灯悬挂示意图。

⑥船舶从事校正磁罗经作业，还应提供罗经校正人员的资质证明及船舶航行的区域说明。

（4）海事管理机构对船舶港内安全作业提交的报备材料有异议，应立即在作业前向船舶提出整改要求。船舶整改完毕后，方可进行作业。

（5）船舶在所报备的作业开始前未收到海事管理机构不同意见或提出整改要求的，即可按原报备计划实施作业。期间所报备的作业内容如有变动，应重新向海事管理机构报备。

（6）船舶所报备的港内安全作业结束后，应及时清除有关安全隐患，并通过VHF或其他通信设备报告海事管理机构。

（三）港内安全作业要求

（1）在大风、大浪等恶劣天气或其他可能影响港内安全作业的情况下，船舶不得进行或及时停止有关港内安全作业，并于重新作业前向海事管理机构报告。

（2）船舶在进行港内安全作业期间，应按有关规定显示号灯或号型，并保持VHF守听。

（3）船舶试航、试车应满足以下条件：

①船舶试航应尽可能选择在白天能见度、海况良好的情况下进行。

②船舶试航应避开航道、狭水道、通航密集区等重要通航水域及水产养殖、重点捕捞区。

③船舶试车时，应注意船尾部的周围环境，冬季应注意海冰的影响，应不危及其他船舶和港口设施的安全。

④船舶在试航、试车时应配备足够的合格船员。

（4）船舶放艇（筏）进行救生演习应注意以下事项：

①不得随意施放救生或求生信号。

②船舶不得将救生艇用于交通及其他目的。

（5）船舶进行烧焊或明火作业应满足以下条件：

①承接作业的单位必须具备船舶修理从业资格。

②从事作业的人员，必须经过相应的专业技术培训，取得相应的资格证明。

③船舶进行烧焊或明火作业的条件应符合国家标准GB/T 1336—1992第三条的有关要求。

④明火作业场所需要进行测爆检查的，必须清除舱内油、气，取得船舶可燃气体清除证明，并在报备时向海事管理机构出示。液化气船、散装液态化学品船和油船明火作业，还应遵守其他有关的特别规定。

⑤测爆合格的舱室或处所，明火作业必须在4 h内开工，否则应重新测爆认可。作业前和作业中，必要时，应有专人对施工区域及受影响处所随时复测可燃气体浓度。

(6) 船舶悬挂彩灯时应注意以下事项：

①做好有效遮蔽，不得影响船舶自身应悬挂号灯的发光效能。

②船舶悬挂彩灯不得与附近的助导航设施的发光效能相同或相近，以免影响其他船舶的航行安全。

(7) 船舶校正磁罗经时应注意：

①不得在锚地、通航密集区、水产养殖区、重点捕捞区进行。

②对中国籍船舶的磁罗经校正，应由符合海事管理机构要求的人员进行。

第五节 船舶安全管理有关规定

一、船舶引航管理规定

为规范船舶引航活动，维护国家主权，保障水上人命财产安全，适应水上运输和港口生产的需要，制定本规定。本规定自2002年1月1日起实施。根据2021年9月1日交通运输部《关于修改〈船舶引航管理规定〉的决定》进行修正。

(一) 总则

1. 适用范围

在中华人民共和国沿海、内河和港口从事船舶引航活动适用本规定。

2. 主管机关

交通运输部主管全国引航工作。中华人民共和国海事管理机构负责引航安全监督管理工作。

3. 船长责任

船舶接受引航服务，不解除被引船舶的船长驾驶和管理船舶的责任。

（二）应申请引航的船舶

1.下列船舶在交通运输部划定的海上引航区内航行、停泊或者移泊的，应当向引航机构申请引航：

（1）外国籍船舶，但交通运输部经报国务院批准后规定可以免除的除外；

（2）核动力船舶、载运放射性物质的船舶、10万总吨及以上油船；

（3）可能危及港口安全的散装液化气船、散装危险化学品船；

（4）长、宽以及吃水或者水面以上高度接近相应航道通航条件限值的船舶。

第（3）项、第（4）项船舶的具体标准，由交通运输部直属海事管理机构根据港口、航道实际情况制定并公布。

2.下列船舶在内河航行，应当向引航机构申请引航：

（1）外国籍船舶；

（2）1 000总吨以上的海上机动船舶，但船长驾驶同一类型的海上机动船舶在同一内河通航水域航行与上一航次间隔2个月以内的除外；

（3）长、宽以及吃水或者水面以上高度接近相应航道通航条件限值的船舶。

3.下列船舶在长江干线航行，应当向引航机构申请引航：

（1）客位500人及以上且载客航行的客船，但旅客班轮、渡船除外；

（2）1万总吨及以上且载运闪点小于23 ℃的散装液体化学品船；

（3）载运《国际散装危险化学品船舶构造和设备规则》中X类的散装液体化学品船。

第（3）项船舶的具体标准，由长江航务管理部门、省级交通运输主管部门根据管辖水域的航道实际情况制定并公布。

4.船舶自愿申请引航的，引航机构应当提供引航服务。

（三）引航申请与实施

（1）申请引航的船舶或者其代理人应当向相应的引航机构提出引航申请。船舶不得直接聘请引航员或者非引航员登船引航。船舶的引航申请和变更，应当按市级地方人民政府港口主管部门规定的时间向引航机构提出。

（2）引航机构应当满足船舶提出的正当引航要求，及时为船舶提供引航服务，不得无故拒绝或者拖延。

（3）引航机构应当根据船舶状况、通航条件和拖船配备要求，制定合理的拖船使用方法。被引航船舶应当根据引航机构提供的拖船使用方法的要求安排拖船或者委托引航机构安排拖船，并承担相应的费用。

（4）申请引航的船舶，应当使用专用的甚高频频道与引航机构和引航员联系，确认登轮时间、地点等事项，并保持值守。

（5）引航员登船后，应当向被引船舶的船长介绍引航方案；被引船舶的船长应当向引航员介绍本船的操纵性能以及其他与引航业务有关的情况。

（6）在一次连续的引航中，同时有两名或两名以上的引航员在船时，引航机构必须指定其中一人为本次引航的责任引航员。

（7）引航员上船引领时，被引船舶应当在其主桅悬挂引航旗。任何船舶不得在非引领时悬挂引航旗。

（8）引航员应当谨慎引航，按规定向海事管理机构及时报告被引船舶动态。引航员发现水上交通事故、污染事故或违章行为时，应当及时向引航机构、海事管理机构报告。

（9）引航员在遇到下列情况之一时，有权拒绝、暂停或者终止引航，并及时向引航机构、海事管理机构报告：

①恶劣的气象、海况；

②被引船舶不适航；

③航道或者码头条件不满足被引船舶的航行、停泊、作业的安全要求；

④被引船舶的引航员登离装置不符合安全规定；

⑤引航员身体不适，不能继续引领船舶；

⑥其他不适于引航的原因。

引航员在做出上述决定之前，应当明确地告知被引船舶的船长，并对被引船舶当时的安全做出妥善安排，包括将船舶引领至安全和不妨碍其他船舶正常航行、停泊或者作业的地点。

（10）使用拖船引航，拖船应当服从引航员的指挥，并保持与引航员通信联系良好。引航员应当注意拖船的安全。

（11）船舶接受引航服务，被引船舶的船长应当遵守下列规定：

①按照SOLAS公约的规定，为引航员提供方便、安全的登离船设备，并采取必要的措施确保引航员安全登离船舶；

②为引航员提供工作便利，并配合引航员实施引航；

③回答引航员有关引航的疑问，除有危及船舶安全的情况外，应当采纳引航员的引航指令；

④在离开驾驶台时，指定代职驾驶员并告知引航员，并尽快返回；

⑤船长发现引航员的引航指令可能对船舶安全构成威胁时，可以要求引航员更改引航指令，必要时还可要求引航机构更换引航员，并及时向海事管理机构报告。

（12）引航员应当将被引船舶从规定的引航起始地点引抵规定的引航目的地。引航员离船时应当向船长或者接替的引航员交接清楚，在双方确认安全的情况下方可离船。

（13）因恶劣的天气或者海况等情形，引航员不能离开船舶或者不能在规定的登离水域登离船舶时，船长应当制定相应的保障措施，并征得海事管理机构的同意后，将船舶驶抵能使引航员安全登离船舶的地点，并负责支付因此造成的相关费用。

（14）引航机构、船舶、拖船，均应当配备必要的通信设备或者器材，以便及时与引航员保持联系。

（15）引航结束时船长和引航员应当准确填写引航签证单。被引船舶或者其代理人应当按规定支付引航费。

二、船舶交通管理系统安全监督管理规则

为加强船舶交通管理，保障船舶交通安全，提高船舶交通效率，保护水域环境，根据《中华人民共和国海上交通安全法》《中华人民共和国内河交通安全管理条例》等有关法律、法规，制定本规则。现行规则于1997年9月15日发布，自1998年1月1日起施行。

（一）总则

1. 适用范围

本规则适用于在中华人民共和国沿海及内河设有船舶交通管理系统（VTS系统）的区域内航行、停泊和作业的船舶、设施及其所有人、经营人和代理人。

2. 主管机关

中华人民共和国海事局是全国船舶交通管理系统安全监督管理的主管机关。

（二）船舶报告

（1）船舶在VTS区域内航行、停泊和作业时，必须按主管机关颁发的《VTS用户指南》所明确的报告程序和内容，通过甚高频无线电话或其他有效手段向VTS中心进行船舶动态报告。

（2）船舶在VTS区域内发生交通事故、污染事故或其他紧急情况时，应通过甚高频无线电话或其他一切有效手段立即向VTS中心报告。

（3）船舶发现助航标志异常、有碍航行安全的障碍物、漂流物或其他妨碍航行安全的异常情况时，应迅速向VTS中心报告。

（4）船舶与VTS中心在甚高频无线电话中所使用的语言应为汉语普通话或英语。

（三）船舶交通管理

（1）在VTS区域内航行的船舶除应遵守《1972年国际海上避碰规则》和《中华人民共和国内河避碰规则》外，还应遵守交通运输部和主管机关颁布的有关航行、避让的特别规定。

（2）船舶在VTS区域内航行时，应用安全航速行驶，并应遵守交通运输部和主管机关的限速规定。

（3）船舶在VTS区域内应按规定锚泊，并应遵守锚泊秩序。

（4）任何船舶不得在航道、港池和其他禁锚区锚泊，紧急情况下锚泊必须立即报告VTS中心。

（5）船舶在锚地并靠或过驳必须符合交通运输部和主管机关的有关规定，并应及时通报VTS中心。VTS中心根据交通流量和通航环境情况及港口船舶动态计划实施交通组织。VTS中心有权根据交通组织的实际情况对航行计划予以调整、变更。

（6）船舶在VTS区域内航行、停泊和作业时，应在规定的甚高频通信频道上正常守听，并应接受VTS中心的询问。

（7）在VTS区域内航行的船舶和船队的队形及尺度等技术参数均应符合交通运输部和主管机关的有关规定。

（四）船舶交通服务

（1）各VTS中心根据其现有功能应为船舶提供相应服务。

（2）应船舶请求，VTS中心可向其提供他船动态、助航标志、水文气象、航行警（通）告和其他有关信息服务。VTS中心可在固定的时间或其他时间播发上款规定的信息。

（3）应船舶请求，VTS中心可为船舶在航行困难或气象恶劣环境下，或船舶一旦出现了故障或损坏时，提供助航服务。船舶不再需要助航时，应及时报告VTS中心。

（4）为避免紧迫局面的发生，VTS中心可向船舶提出建议、劝告或发出警告。

（5）VTS中心认为必要的时候或应船舶或其所有人、经营人、代理人的请求，可为其传递打捞或清除污染等信息和协调救助行动。

（6）应船舶或其所有人、经营人、代理人的请求，有条件的VTS中心还可为其提供本规则规定以外的服务。

三、中华人民共和国海事局关于外国籍船舶进入中华人民共和国领海报告要求

根据《中华人民共和国海上交通安全法》规定，外国籍船舶进入中华人民共和国领海应当向海事管理机构报告。本要求自2021年9月1日起施行。

（一）适用范围

适用于下列进入中华人民共和国领海的外国籍船舶:

（1）潜水器；

（2）核动力船舶；

（3）载运放射性物质的船舶；

（4）载运散装的油类、化学品、液化气体等有毒、有害物质的船舶；

（5）法律、行政法规或国务院规定的可能危及中华人民共和国海上交通安全的其他船舶。

（二）报告方式

船舶或其代理可以通过下列任一方式报告：

（1）网站：https://www.sh.msa.gov.cn/chnshiprep；

（2）电子邮箱：chnshiprep@shmsa.gov.cn；

（3）传真：+86-21-66072764；

（4）电话：+86-21-65089469。

（三）报告要求

1.船舶进入中华人民共和国领海时，应当报告以下内容：

（1）船名、呼号、国际海事组织编号和水上移动通信业务标识码，格式范例：SPRING/DFPH2/9365788/218846000//；

（2）报告日期、时间和当前船位，格式范例：202108/211450UTC/2933N/12312E//；

（3）上一港名称、离港日期和时间，格式范例：SINGAPORE/202108/112150UTC//；

（4）下一港名称、预抵日期和时间，格式范例：SHANGHAI/202108/251830UTC//；

（5）船载卫星电话号码，格式范例：00870773156389//；

（6）所载危险货物的正式名称、联合国编号（如无联合国编号，标注NA）、污染类别（如不适用，标注NA）、装载量（吨），格式范例：BENZENE/1114/Y/50000//。

2.船舶进入中华人民共和国领海后，船舶自动识别系统设备处于良好使用状态时，无须后续报告。如船舶自动识别系统设备无法正常使用，除上述报告外，其后每2 h应报告以下内容，直到本航次最终驶离中华人民共和国领海：

（1）船名、呼号、国际海事组织编号和水上移动通信业务标识码，格式范例：SPRING/DFPH2/9365788/218846000//；

（2）报告日期、时间和当前船位，格式范例：202108/221108UTC/3016N/12303E//；

（3）预计航向和平均航速，格式范例：COG296/SOG125//。

3.船舶未按要求报告的，海事管理机构将按有关法律、法规、规章和规定予以处理。

第六节●危防管理

一、船舶载运危险货物安全监督管理规定

为加强船舶载运危险货物监督管理，保障水上人命、财产安全，防治船舶污染环境，依据《中华人民共和国海上交通安全法》《中华人民共和国港口法》《中华人民共和国内河交通安全管理条例》《中华人民共和国危险化学品安全管理条例》等法律、行政法规，制定《船舶载运危险货物安全监督管理规定》。本规定已于2018年7月20日经交通运输部第12次部务会议通过，自2018年9月15日起施行。

（一）总则

（1）适用范围

本规则适用于船舶在中华人民共和国管辖水域载运危险货物的活动。

（2）主管机关

交通运输部主管全国船舶安全监督工作。国家海事管理机构统一负责全国船舶安全监督工作。各级海事管理机构按照职责权限具体负责船舶载运危险货物的安全监督管理工作。

（二）船舶和人员管理

（1）从事危险货物运输的船舶所有人、经营人或者管理人，应当按照交通运输部有关船舶安全营运和防污染管理体系的要求建立和实施相应的体系或者制度。从事危险货物运输的船舶经营人或者管理人，应当配备专职安全管理人员。

（2）载运危险货物的船舶应当编制安全和防污染应急预案，配备相应的应急救护、消防和人员防护等设备及器材。

（3）载运危险货物的船舶应当经国家海事管理机构认可的船舶检验机构检验合格，取得相应的检验证书和文书，并保持良好状态。载运危险货物的船舶，其船体、构造、设备、性能和布置等方面应当符合国家船舶检验的法规、技术规范的规定；载运危险货物的国际航行船舶还应当符合有关国际公约的规定，具备相应的适航、适装条件。

（4）载运危险货物的船舶应当按照规定安装和使用船舶自动识别系统等船载设备。船舶经营人、管理人应当加强对船舶的动态管理。

（5）禁止通过内河封闭水域运输剧毒化学品以及国家规定禁止通过内河运输的其他危险化学品。其他内河水域禁止运输国家规定禁止通过内河运输的剧毒化学品以及其他危险

化学品。禁止托运人在普通货物中夹带危险货物，或者将危险货物谎报、匿报为普通货物托运。取得相应资质的客货船或者滚装客船载运危险货物时，不得载运旅客，但按照相关规定随车押运人员和滚装车辆的司机除外。其他客船禁止载运危险货物。

（6）船舶载运危险货物应当符合有关危险货物积载、隔离和运输的安全技术规范，并符合相应的适装证书或者证明文件的要求。船舶不得受载、承运不符合包装、积载和隔离安全技术规范的危险货物。船舶载运包装危险货物，还应当符合《国际海运危险货物规则》的要求；船舶载运B组固体散装货物，还应当符合《国际海运固体散装货物规则》的要求。

（7）从事危险货物运输船舶的船员，应当按照规定持有特殊培训合格证，熟悉所在船舶载运危险货物安全知识和操作规程，了解所运危险货物的性质和安全预防及应急处置措施。

（8）按照本规定办理危险货物申报或者报告手续的人员和集装箱装箱现场检查的人员，应当熟悉相关法规、技术规范和申报程序。海事管理机构对危险货物申报或者报告人员以及集装箱装箱现场检查员日常从业情况实施监督抽查，并实行诚信管理制度。

（三）包装和集装箱管理

（1）拟交付船舶载运的危险货物包装，其性能应当符合相关法规、技术规范以及国际公约规定，并依法取得相应的检验合格证明。

（2）拟交付船舶载运的危险货物使用新型或者改进的包装类型，应当符合《国际海运危险货物规则》有关等效包装的规定，并向海事管理机构提交该包装的性能检验报告、检验证书或者文书等资料。

（3）载运危险货物的船用集装箱、船用可移动罐柜等货物运输组件和船用刚性中型散装容器，应当经国家海事管理机构认可的船舶检验机构检验合格，方可用于船舶运输。

（4）拟交付船舶载运的危险货物包件、中型散装容器、大宗包装、货物运输组件，应当按照规定显示所装危险货物特性的标志、标记和标牌。

（5）拟载运危险货物的船用集装箱应当无损坏，箱内应当清洁、干燥、无污损，满足所装载货物要求。处于熏蒸状态下的船用集装箱等货物运输组件，应当符合相关积载要求，并显示熏蒸警告标牌。

（6）装入船用集装箱的危险货物及其包装应当保持完好，无破损、撒漏或者渗漏，并按照规定进行衬垫和加固，其积载、隔离应当符合相关安全要求。性质不相容的危险货物不得同箱装运。

（7）集装箱装箱现场检查员应当对船舶载运危险货物集装箱的装箱活动进行现场检查，在装箱完毕后，对符合《海运危险货物集装箱装箱安全技术要求》（JT 672—2006）的签署集装箱装箱证明书。

（8）曾载运过危险货物的空包装或者空容器，未经清洁或者采取其他措施消除危险性的，应当视作盛装危险货物的包装或者容器。

（四）申报和报告管理

（1）船舶载运危险货物进出港口，应当在进出港口24 h前（航程不足24 h的，在驶离上一港口前），向海事管理机构办理船舶载运危险货物申报手续，提交申请书和交通运输部有关规章要求的证明材料，经海事管理机构批准后，方可进出港口。

船舶在运输途中发生危险货物泄漏、燃烧或者爆炸等情况的，应当在办理船舶载运危险货物申报手续时说明原因，已采取的控制措施和目前状况等有关情况，并于抵港后送交详细报告。

定船舶、定航线、定货种的船舶可以办理定期申报手续。定期申报期限不超过30天。

（2）海事管理机构应当在受理船舶载运危险货物进出港口申报后24 h内做出批准或者不批准的决定；属于定期申报的，应当在7日内做出批准或者不批准的决定。不予批准的，应当告知申请人不予批准的原因。海事管理机构应当将有关申报信息通报所在地港口行政管理部门。

（3）拟交付船舶载运的危险货物托运人应当在交付载运前向承运人说明所托运的危险货物种类、数量、危险特性以及发生危险情况的应急处置措施，提交以下货物信息，并报告海事管理机构：

①危险货物安全适运声明书；

②危险货物安全技术说明书；

③按照规定需要进出口国家有关部门同意后方可载运的，应当提交有效的批准文件；

④危险货物中添加抑制剂或者稳定剂的，应当提交抑制剂或者稳定剂添加证明书；

⑤载运危险性质不明的货物，应当提交具有相应资质的评估机构出具的危险货物运输条件鉴定材料；

⑥交付载运包装危险货物的，还应当提交下列材料：包装、货物运输组件、船用刚性中型散装容器的检验合格证明；使用船用集装箱载运危险货物的，应当提交集装箱装箱证明书；载运放射性危险货物的，应当提交放射性剂量证明；载运限量或者可免除量危险货物的，应当提交限量或者可免除量危险货物证明。

⑦交付载运具有易流态化特性的B组固体散装货物通过海上运输的，还应当提交具有相应资质的检验机构出具的货物适运水分极限和货物水分含量证明。

承运人应当对上述货物信息进行审核，对不符合船舶适装要求的，不得受载、承运。

（4）船舶载运包装危险货物或者B组固体散装货物离港前，应当将列有所载危险货物的装载位置清单、舱单或者详细配载图向海事管理机构报告。

（5）船用集装箱拟拼装运输有隔离要求的两种或者两种以上危险货物，应当符合《国际海运危险货物规则》的规定。危险货物托运人应当事先向海事管理机构报告。

（五）作业安全管理

（1）载运危险货物的船舶在装货前，应当检查货物的运输资料和适运状况。发现有违反本规定情形的不得装运。

（2）从事散装危险货物装卸作业的船舶和码头，应当遵守安全和防污染操作规程，建立并落实船岸安全检查表制度，并严格按照船岸安全检查表的内容要求进行检查和填写。载运散装液体危险货物的船舶装卸作业期间，禁止其他无关船舶并靠。使用的货物软管应当符合相关法规、技术规范的要求，并定期进行检验。

（3）从事散装液化气体装卸作业的船舶和码头、装卸站应当建立作业前会商制度，并就货物操作、压载操作、应急等事项达成书面协议。

从事散装液化天然气装卸作业的船舶和码头、装卸站还应当采取装货作业期间在船上设置岸方应急切断装置控制点和卸货作业期间在岸上设置船方应急切断装置控制点等措施，确保在发生紧急情况时及时停止货物输送作业。

协助散装液化气船舶靠泊的船舶应当设置烟火熄灭装置及实施烟火管制。

禁止其他无关船舶在作业期间靠泊液化气码头、装卸站。

（4）船舶进行危险货物水上过驳作业或者载运危险货物的船舶进行洗（清）舱、驱气、置换，应当符合国家水上交通安全和防治船舶污染环境的管理规定及技术规范，尽量远离船舶定线制区、饮用水地表水源取水口、渡口、客轮码头、通航建筑物、大型桥梁、水下通道以及内河等级航道和沿海设标航道，制定安全和防污染的措施和应急计划并保证有效实施。

（5）载运危险货物的船舶进行洗（清）舱、驱气或者置换活动期间，不得检修和使用雷达、无线电发报机、卫星船站；不得进行明火、拷铲及其他易产生火花的作业；不得使用供应船、车进行加油、加水作业。

（6）载运危险货物的船舶在港口水域内从事危险货物过驳作业，应当由负责过驳作业的港口经营人依法向港口行政管理部门提出申请。港口行政管理部门在审批时，应当就船舶过驳作业的水域征得海事管理机构的同意，并将审批情况通报海事管理机构。

船舶在港口水域外从事内河危险货物过驳作业或者海上散装液体污染危害性货物过驳作业，应当依法向海事管理机构申请批准。

船舶进行水上危险货物和散装液体污染危害性货物过驳作业的水域，由海事管理机构发布航行警告或者航行通告。

（7）船舶在港口水域外申请从事内河危险货物过驳作业或者海上散装液体污染危害性货物过驳作业的，申请人应当在作业前向海事管理机构提出申请，告知作业地点，并提交作业方案、作业程序、防治污染措施等材料。

海事管理机构自受理申请之日起，对单航次作业的船舶，应当在24 h内做出批准或者不批准的决定；对在特定水域多航次作业的船舶，应当在7日内做出批准或者不批准的决定。

（8）船舶从事加注液化天然气及其他具有低闪点特性的气态燃料作业活动，应当遵守有关法规、标准和相关操作规程，落实安全措施，并在作业前将作业的种类、时间、地点、单位和船舶名称等信息向海事管理机构报告；作业信息变更的，应当及时补报。

通过船舶为液化天然气及其他具有低闪点特性的气态燃料水上加注船、趸船补给货物燃料的，应当执行本规定水上过驳的要求。

（9）载运危险货物的船舶应当遵守海事管理机构关于航路、航道等区域性的特殊规定。

载运爆炸品、放射性物品、有机过氧化物、闪点28 ℃以下易燃液体和散装液化气的船舶，不得与其他驳船混合编队拖带。

（10）散装液化天然气船舶应当在抵港72 h前（航程不足72 h的，在驶离上一港口时）向抵达港海事管理机构报告预计抵港时间。预计抵港时间有变化的，还应当在抵港24 h前（航程不足24 h的，在驶离上一港口时）报告抵港时间。

（11）散装液化气船舶进出港口和在港停泊、作业，应当按照相关标准和规范的要求落实安全保障措施。在通航水域进行试气试验时，试气作业单位应当制定试验方案并组织开展安全风险论证，落实安全管理措施。

载运散装液化天然气船舶及载运其他具有低闪点特性的气态燃料的船舶，进出沿海港口和在港停泊、作业，应当通过开展专题论证，确定护航、安全距离、应急锚地、安全警示标志等安全保障措施。

载运散装液化天然气船舶及载运其他具有低闪点特性的气态燃料的船舶，在内河航行、停泊、作业时，应当落实海事管理机构公布的安全保障措施。海事管理机构根据当地实际情况评估论证，确定护航、合理安全距离、声光警示标志等安全保障措施，征求相关港航管理部门意见后向社会公布。在船舶吨位、载运货物种类、航行区域、航线相同，且周边通航安全条件没有发生重大变化的情况下，不再重新进行评估论证。

（12）载运危险货物的船舶发生水上险情、交通事故、非法排放、危险货物落水等事件，应当按照规定向海事管理机构报告，并及时启动应急预案，防止损害、危害的扩大。

海事管理机构接到报告后，应当立即核实有关情况，按照相关应急预案要求向上级海事管理机构和县级以上地方人民政府报告，并采取相应的应急措施。

（13）载运散装液体危险货物的内河船舶卸货完毕后，应当在具备洗舱条件的码头、专用锚地、洗舱站点等对货物处所进行清洗，洗舱水应当交付港口接收设施、船舶污染物接收单位或者专业接收单位接收处理。

载运散装液体危险货物的内河船舶，有以下情形之一的，可以免于前款规定的清洗：

①船舶拟装载的货物与卸载的货物一致；

②船舶拟装载的货物与卸载的货物相容，经拟装载货物的所有人同意；

③已经实施海事管理机构确认的可替代清洗的通风程序。

卸货港口没有接收能力，船舶取得下一港口的接收洗舱水书面同意，可以在下一港口清洗，并及时报告海事管理机构。

（14）载运危险货物的船舶航行、装卸或者停泊，应当悬挂专用的警示标志，按照规定显示专用信号。

载运散装液化天然气的船舶在内河航行，应当事先确定航行计划和航线。

载运散装液化天然气的船舶由沿海进入内河水域的，应当向途经的第一个内河港口的海事管理机构报告航行计划和航线；始发地为内河港口的，船舶应当将航行计划和航线向始发地海事管理机构报告。

二、海运固体散装货物安全监督管理规定

为了加强海运固体散装货物监督管理，保障海上人命、财产安全，依据《中华人民共和国海上交通安全法》《中华人民共和国港口法》等法律，制定《海运固体散装货物安全

监督管理规定》。本规定自2019年3月1日起施行，后经交通运输部于2022年9月21日公布的交通运输部令（2022年第25号）修正。

（一）总则

1.适用范围

船舶在中华人民共和国管辖海域内从事载运固体散装货物，适用本规定。

2.主管机关

交通运输部主管全国海运固体散装货物的安全管理工作。国家海事管理机构按照职责负责全国海运固体散装货物的安全监督管理工作。其他各级海事管理机构按照各自职责权限具体负责海运固体散装货物的安全监督管理工作。船舶载运B组固体散装货物的，还应当遵守《船舶载运危险货物安全监督管理规定》。

3.一般规定

（1）从事固体散装货物运输的船舶所有人、经营人或者管理人，按照交通运输部有关规定建立和实施的船舶安全营运和防污染管理体系或者制度，应当包括载运固体散装货物的程序、须知或者管理制度。

（2）载运固体散装货物的船舶，其船舶装载手册或者稳性计算书中应当列出所载货物安全适运的典型工况。

（3）船舶载运固体散装货物，应当符合有关积载、隔离和运输的安全技术规范，并符合相应适装证书或者证明文书的要求。

（4）船舶所有人、经营人或者管理人应当对船员进行固体散装货物专业知识培训和考核，保证船员熟悉固体散装货物的特性、操作规程及应急预案。

（5）按照本规定办理报告手续的人员，应当熟悉相关法规、标准规范和报告程序。

（6）拟交付船舶运输的固体散装货物如果未在《国际海运固体散装货物规则》中列出，其托运人应当提交具有相应资质的检测机构（以下简称检测机构）出具的鉴定材料，明确货物的分组、分类、危险性、污染危害性和船舶载运技术条件后，方可交付船舶运输。

（7）对环境有害的固体散装货物，船舶卸货完毕后，货物残余物及其洗舱水应当由港口接收设施或者船舶污染物接收单位接收，禁止排放入水，并按照规定在垃圾记录簿中如实记载。

（二）报告管理

1.载运B组以外固体散装货物船舶进出港口，应当在进出港口24 h前向海事管理机构报告。航程不足24 h的，应当在驶离上一港口前报告。报告应当包括以下信息内容：

（1）船名、航次、国籍、始发港、卸货港、作业地点、预计进出港口和作业时间等船舶信息；

（2）货物名称、组别、类别、联合国编号、总重量和装载位置等货物信息。

2.拟交付船舶运输固体散装货物的托运人，应当在交付运输前向承运人提交以下货物信息，并报告海事管理机构：

（1）固体散装货物安全适运声明书；

（2）属于易流态化固体散装货物的，应当提交检测机构出具的货物适运水分极限和货物水分含量证明；

（3）载运未在《国际海运固体散装货物规则》中列出的货物，应当提交检测机构出具的货物运输条件鉴定材料；

（4）国际航行船舶按照规定需要进出口国家的有关部门批准后方可载运的，应当提交有效的批准文件；

（5）海事管理机构根据《国际海运固体散装货物规则》规定，要求提供的其他证书或者文书。

港口作业委托人应当在固体散装货物装载前，将前款第（一）项至第（三）项的货物信息提供给港口经营人。

3.需要通过检测获得货物信息的，应当由托运人与检测机构共同对货物进行采样。

4.承运人应当对货物信息进行审核，对不符合船舶适装要求的，不得承运。承运期间相关材料、证书或者文书应当保存在船上。

（三）作业管理

（1）载运固体散装货物船舶在装货前，应当按照船舶装载手册或者船舶稳性资料，检查货物的运输资料和适运状况，发现不符合本规定情形的不得装运。

（2）从事固体散装货物装卸作业的船舶和港口经营人，应当遵守安全和防污染操作规程，建立并落实船岸安全检查表制度，严格按照船岸安全检查表的要求进行检查和填写。

（3）从事固体散装货物装卸作业的港口经营人，应当指定具有相应专业和履职能力的人员负责对船舶装卸作业进行巡查监督。

（4）港口经营人应当加强作业人员相应专业知识和业务操作能力培训。作业人员在装卸作业期间应当遵守相关安全制度和作业规程。

（5）载运固体散装货物船舶和港口经营人应当在固体散装货物装卸作业前以书面形式确定装卸计划，并按照装卸计划进行作业。

（6）发现货物装卸作业与装卸计划不符或者可能存在安全隐患的，载运固体散装货物船舶和港口经营人应当共同进行核实，并采取必要的安全措施。

（7）港口经营人应当根据载运固体散装货物船舶提供的配载、积载要求装载货物，进行平舱。装载完毕后，港口经营人应当进行检查并由船长书面确认。

（8）船舶应当根据固体散装货物性质合理装载和积载。不相容货物之间应当进行隔离。

（9）船舶载运高密度固体散装货物时，应当在各舱及同一舱内合理分布，避免对船舶结构和强度造成不利影响。

（四）易流态化固体散装货物的特别规定

（1）易流态化固体散装货物的托运人，应当按照《国际海运固体散装货物规则》的规定，制定并实施货物取样、试验和控制水分含量的程序。

（2）拟交付船舶载运的易流态化固体散装货物，水分含量不得超过其适运水分极限。但是，已经建造或者设置防止货物移动的特殊结构、设备，并持有相应检验证书的中国籍船舶，或者持有相应检验、批准证书的外国籍船舶除外。

（3）拟交付船舶载运的易流态化固体散装货物，其托运人应当提交检测机构出具的含有货物适运水分极限、水分含量等技术指标的检测报告。

（4）适运水分极限的采样和检测应当在货物计划装船前6个月内完成；水分含量的采样和检测应当在货物计划装船前7天内完成。

（5）货物装船前或者装船期间有下列情形之一的，托运人应当重新对货物水分含量进行采样和检测：

①因降水等情形可能引起货物水分含量升高或者其他特性变化；

②船长有充分理由认为拟装载货物与其水分含量证明不相符。

（6）利用船舶或者码头装卸设施直接转运易流态化固体散装货物，转运作业委托人应当提供货物原有的安全适运声明书、适运水分极限和水分含量证明等资料。

（7）转运作业前，转运作业委托人、承运转运货物船舶应当共同对拟转运货物进行检查，确认货物形态无变化的，方可进行转运作业。

（8）转运作业委托人应当在转运货物船舶离港前，向船舶和海事管理机构提交检测机构对转运货物水分含量的检测报告。

（9）露天储存易流态化固体散装货物，所用堆场应当具备良好的排水功能，并根据天气情况和货物性质采取适当措施，防止货物水分含量增加。

（10）港口经营人装载易流态化固体散装货物的，应当对适运水分极限、水分含量检测报告等货物信息进行核对，经核对无误后方可作业。

（11）港口经营人在作业过程中应当做好作业情况记录，将装卸作业有关信息和单证存档，并自觉接受和配合港口行政管理部门依据职责实施监督管理。

（12）港口经营人在装船前或者装船过程中发现货物不符合规定要求的，应当告知船舶并配合船舶在易流态化固体散装货物装船前，船舶应当检查货物处所舱盖风雨密状况，测试货物处所的污水系统是否工作正常，采取措施防止货物进入舱底污水井，并做好记录。

（13）易流态化固体散装货物装船期间，遇降水等可能引起货物水分含量升高或者其他特性变化的情形，船舶和港口经营人应当立即采取停止作业、关闭舱盖等安全措施。

（14）载运易流态化固体散装货物船舶，应当根据所载货物的特性和航行区域特点制定货物处所定期巡查计划。

（15）船舶在航行过程中应当按照巡查计划进行定期巡查，并记录巡查情况。发现货物具有流态化趋势或者已经流态化的，应当立即采取应急措施，并向就近的海事管理机构报告。

（五）人员防护与事故预防

（1）船舶载运可能释放有毒气体、易燃气体或者造成货物处所缺氧的固体散装货物时，应当配备相应的气体测量仪器及其使用说明书，按照规定定期测量货物处所气体浓度，并记录测量结果。

（2）船舶载运可能释放有毒气体的固体散装货物时，应当对货物处所提供机械通风或者自然通风。船舶载运可能释放易燃气体的固体散装货物时，应当对货物处所提供机械通风。

（3）船舶应当制定针对人员进出封闭处所和货物熏蒸处所的安全程序及应急救援措施，在处所入口处设立警示标志。

（4）装载具有毒害性、腐蚀性或者造成货物处所缺氧的固体散装货物时，相关作业人员应当事先经过训练，配备防护设备。紧急情况下需进入货物处所的，应当按照安全程序在船长或者其指定的具有管理职责的船员监督下进行。

（六）监督管理

（1）海事管理机构发现载运固体散装货物的船舶存在安全隐患的，应当责令立即或者限期消除隐患，不立即消除或者逾期不消除的，采取禁止其进港、离港或者责令其停航、改航、停止作业等措施。

（2）港口行政管理部门应当依据职责对辖区内固体散装货物港口储存、装卸作业实施监督管理。发现港口经营人储存、装卸固体散装货物存在安全隐患的，应当责令立即或者限期消除隐患，不立即消除或者逾期不消除的，采取责令其停止作业等措施。

（七）法律责任

1.违反本规定，有下列情形之一的，由海事管理机构责令改正，处1万元以上3万元以下的罚款：

（1）船舶未按照规定采取停止作业、关闭舱盖等安全措施的；

（2）船舶未配备气体测量仪器或者未对货物处所气体浓度进行测量的；

（3）船舶未建立并落实船岸安全检查表制度，或者未按照船岸安全检查表的要求进行检查和填写的。

2.违反本规定，有下列情形之一的，由海事管理机构责令改正，处3 000元以上3万元以下的罚款：

（1）船舶在进出港口前未向海事管理机构报告的；

（2）固体散装货物的托运人、转运作业委托人未向承运人、海事管理机构提交货物相关信息的。

3.港口经营人违反本规定，由港口行政管理部门责令改正或处以罚款。

4.船舶载运的固体散装货物属于危险化学品并违反本规定的，按照《危险化学品安全管理条例》进行处罚。

5.海事管理机构、港口行政管理部门的工作人员有滥用职权、徇私舞弊、玩忽职守等严重失职行为的，由其所在单位或者上级机关依法处理；情节严重构成犯罪的，由司法机关依法追究刑事责任。

第七节 海事处理与行政处罚

一、海上交通事故调查处理条例

为了加强海上交通安全管理，及时调查处理海上交通事故，根据《中华人民共和国海上交通安全法》的有关规定，交通部制定了《海上交通事故调查处理条例》。经国务院批准，本条例自1990年3月3日起实施。

（一）总则

1. 适用范围

（1）本条例适用于船舶、设施在中华人民共和国沿海水域内发生的海上交通事故。

（2）对违反海上交通安全管理法规进行违章操作，虽未造成直接的交通事故，但构成重大潜在事故隐患的，海事管理机构可以依据本条例进行调查和处罚。

2. 主管机关

中华人民共和国海事局是海上交通事故调查处理的主管机关，各级海事管理机构具体负责本条例的实施。

3. 海上交通事故定义

海上交通事故是指船舶、设施发生的下列事故：

（1）碰撞、触碰或浪损；

（2）触礁或搁浅；

（3）火灾或爆炸；

（4）沉没；

（5）在航行中发生影响适航性能的机件或重要属具的损坏或灭失；

（6）其他引起财产损失和人身伤亡的海上交通事故。

（二）事故报告

（1）船舶、设施发生海上交通事故，必须立即用甚高频电话、无线电报或其他有效手段向就近港口的海事管理机构报告。报告的内容应当包括：船舶或设施的名称、呼号、国籍、起讫港，船舶或设施的所有人或经营人名称，事故发生的时间、地点、海况以及船舶、设施的损害程度、救助要求等。

（2）船舶、设施发生海上交通事故，除应按上述第（1）项规定立即提出扼要报告外，还必须按下列规定向海事管理机构提交海上交通事故报告书和必要的文书资料：

①船舶、设施在港区水域内发生海上交通事故，必须在事故发生后24 h内向当地海事管理机构提交。

②船舶、设施在港区水域以外的沿海水域发生海上交通事故，船舶必须在到达中华人民共和国的第一个港口后48 h内向海事管理机构提交；设施必须在事故发生后48 h内用电报向就近港口的海事管理机构报告海上交通事故报告书要求的内容。

③引航员在引领船舶的过程中发生海上交通事故，应当在返港后24 h内向当地海事管理机构提交海上交通事故报告书。

④中国籍船舶在中华人民共和国沿海水域以外发生的海上交通事故，其所有人或经营人应当向船籍港的海事管理机构报告，并于事故发生之日起60日内提交海上交通事故报告书。如果事故在国外诉讼、仲裁或调解，船舶所有人或经营人应在诉讼、仲裁或调解结束后60日内将判决书、裁决书或调解书的副本或影印件报船籍港的海事管理机构备案。

⑤派往外国籍船舶任职的持有中华人民共和国船员职务证书的中国籍船员对海上交通事故的发生负有责任的，其派出单位应当在事故发生之日起60日内向签发该职务证书的海事管理机构提交海上交通事故报告书。

⑥前款①②项因特殊情况不能按规定时间提交海上交通事故报告书的，在征得海事管理机构同意后可予以适当延迟。

（3）海上交通事故报告书应当如实写明的情况：

①船舶、设施概况和主要性能数据；

②船舶、设施所有人或经营人的名称、地址；

③事故发生的时间和地点；

④事故发生时的气象和海况；

⑤事故发生的详细经过（碰撞事故应附相对运动示意图）；

⑥损害情况（附船舶、设施受损部位简图，难以在规定时间内查清的，应于检验后补报）；

⑦船舶、设施沉没的，其沉没概位；

⑧与事故有关的其他情况。

（4）海上交通事故报告必须真实，不得隐瞒或捏造。

（5）因海上交通事故致使船舶、设施发生损害，船长、设施负责人应申请中国当地或船舶第一到达港地的检验部门进行检验或鉴定，并应将检验报告副本送交海事管理机构备案。

前款检验、鉴定事项，海事管理机构可委托有关单位或部门进行，其费用由船舶、设施所有人或经营人承担。

船舶、设施发生火灾、爆炸等事故，船长、设施负责人必须申请公安消防监督机关鉴定，并将鉴定书副本送交海事管理机构备案。

（三）事故调查

（1）在港区水域内发生的海上交通事故，由港区地的海事管理机构进行调查。

在港区水域外发生的海上交通事故，由就近港口的海事管理机构或船舶到达的中华人民共和国的第一个港口的海事管理机构进行调查。必要时，由中华人民共和国海事管理机构局指定的海事管理机构进行调查。海事管理机构认为必要时，可以通知有关机关和社会组织参加事故调查。

（2）海事管理机构在接到事故报告后，应及时进行调查。调查应客观、全面，不受事故当事人提供材料的限制。根据调查工作的需要，港务监督有权：

①询问有关人员；

②要求被调查人员提供书面材料和证明；

③要求有关当事人提供航海日志、轮机日志、车钟记录、报务日志、航向记录、海图、船舶资料、航行设备仪器的性能以及其他必要的原始文书资料；

④检查船舶、设施及有关设备的证书、人员证书和核实事故发生前船舶的适航状态、设施的技术状态；

⑤检查船舶、设施及其货物的损害情况和人员伤亡情况；

⑥勘查事故现场，搜集有关物证。

港务监督在调查中，可以使用录音、照相、录像等设备，并可采取法律允许的其他调查手段。

（3）被调查人必须接受调查，如实陈述事故的有关情节，并提供真实的文书资料。

（4）海事管理机构人员在执行调查任务时，应当向被调查人员出示证件。

（5）海事管理机构因调查海上交通事故的需要，可以令当事船舶驶抵指定地点接受调查。当事船舶在不危及自身安全的情况下，未经海事管理机构同意，不得离开指定地点。

（四）事故处理

（1）海事管理机构应当根据对海上交通事故的调查，做出海上交通事故调查报告书，查明事故发生的原因，判明当事人的责任；构成重大事故的，通报当地检察机关。

（2）对海上交通事故的发生负有责任的人员，海事管理机构可以根据其责任的性质和程度依法给予下列处罚：

①对中国籍船员、引航员或设施上的工作人员，可以给予警告、罚款或扣留、吊销职务证书；

②对外国籍船员或设施上的工作人员，可以给予警告、罚款或将其过失通报其所属国家的主管机关。

（3）对海上交通事故的发生负有责任的人员及船舶、设施的所有人或经营人，需要追究其行政责任的，由海事管理机构提交其主管机关或行政监察机关处理；构成犯罪的，由司法机关依法追究刑事责任。

（4）根据海上交通事故发生的原因，海事管理机构可责令有关船舶、设施的所有人、经营人限期加强对所属船舶、设施的安全管理。对拒不加强安全管理或在期限内达不到安全要求的，海事管理机构有权责令其停航、改航、停止作业，并可采取其他必要的强制性处置措施。

二、海上船舶污染事故调查处理规定

为了规范船舶污染事故调查处理工作，依据《中华人民共和国海洋环境保护法》《中华人民共和国防治船舶污染海洋环境管理条例》等规定，交通运输部制定了《中华人民共和国海上船舶污染事故调查处理规定》。本规定于2012年2月1日起实施。该规定已历经2013年和2021年两次修正。以下摘录规定的相关内容。

（一）总则

1. 适用范围

本规定适用于造成中华人民共和国管辖海域污染的船舶污染事故的调查处理。

2. 主管机关

交通运输部主管船舶污染事故调查处理工作。国家海事管理机构负责指导、管理和实施船舶污染事故调查处理工作。各级海事管理机构依照各自职责负责具体开展船舶污染事故调查处理工作。

3. 调查处理原则

船舶污染事故调查处理应当遵循及时、客观、公平、公正的原则，查明事故原因，认定事故责任。

（二）事故报告

（1）发现船舶及其有关水上交通事故、作业活动造成或者可能造成海洋环境污染的单位和个人，应当立即将有关情况向就近的海事管理机构报告。海事管理机构接到报告后，应当按照应急预案的要求进行报告和通报。

（2）发生污染事故的船舶、有关作业单位，应当在采取应急措施的同时及时、妥善地保存相关事故信息，立即向就近的海事管理机构报告以下事项：

①船舶的名称、国籍、呼号、识别号或者编号；

②船舶所有人、经营人或者管理人、污染损害赔偿责任保险人的名称、地址和联系方式；

③相关水文和气象情况；

④污染物的种类、基本特性、数量、装载位置等情况；

⑤事故原因或者事故原因的初步判断；

⑥事故污染情况；

⑦已经采取或者准备采取的污染控制、清除措施以及救助要求；

⑧签订了船舶污染清除协议的，还应当报告船舶污染清除单位的名称和联系方式；

⑨船舶、有关作业单位认为需要报告的其他事项。

船舶、有关作业单位向海事管理机构报告后，经核实发现报告内容与事实情况不符的，应当立即对报告内容予以更正。

（3）发生污染事故的船舶、有关作业单位，应当在事故发生后24 h内向就近的海事管理机构提交船舶污染事故报告书。因特殊情况不能在规定时间内提交船舶污染事故报告书的，经海事管理机构同意后可予适当延迟，但最长不得超过48 h。

（4）船舶污染事故报告书至少应当包括以下内容：

①船舶及船舶所有人、经营人或者管理人的有关情况；

②污染事故概况；

③应急处置情况；

④污染损害赔偿责任保险情况；

⑤其他与事故有关的事项。

（5）中国籍船舶在中华人民共和国管辖海域外发生的船舶污染事故，其所有人或经营人应当立即向船籍港所在地直属海事管理机构报告，并在48 h内提交船舶污染事故报告书；船舶应当在到达国内第一港口之前提前24 h向船籍港直属海事管理机构报告，并接受调查处理。

（6）船舶污染事故报告后出现的新情况及污染事故的处置进展情况，船舶、有关单位应当及时补充报告。

（三）事故调查

（1）船舶污染事故调查处理依照下列规定组织实施：

①特别重大船舶污染事故由国务院或者国务院授权国务院交通运输主管部门等部门组织事故调查处理。

②重大船舶污染事故由国家海事管理机构组织事故调查处理。

③较大船舶污染事故由事故发生地直属海事管理机构负责事故调查处理。

④一般船舶污染事故由事故发生地海事管理机构负责事故调查处理。

⑤船舶污染事故发生地不明的，由事故发现地海事管理机构负责调查处理。事故发生地或者事故发现地跨管辖区域或者相关海事管理机构对管辖权有争议的，由共同的上级海事管理机构确定调查处理机构。

⑥在中华人民共和国管辖海域外发生的船舶污染事故，造成中华人民共和国管辖海域污染的，调查处理机构由国家海事管理机构指定。

⑦中国籍船舶在中华人民共和国管辖海域外发生重大及以上船舶污染事故造成或者可能造成严重影响的，国家海事管理机构可派员开展事故调查。

（2）船舶因发生海上交通事故造成海洋环境污染的，海事管理机构对船舶污染事故的调查应当与船舶交通事故的调查同时进行。

（3）船舶污染事故调查应当由至少两名船舶污染事故调查人员实施。

（4）发生下列情况时，船舶污染事故调查处理机构可以组织开展国际、国内船舶污染事故协查：

①污染事故肇事船舶逃逸的；

②污染事故嫌疑船舶已经开航离港的；

③辖区发生污染事故但暂时无法确认污染来源，经分析可能为过往船舶所为的；

④其他需要组织协查的情况。

国际船舶污染事故协查，由国家海事管理机构统一组织协调。

（5）船舶污染事故调查处理机构调查船舶污染事故，应当勘验事故现场，检查相关船舶，询问相关人员，收集证据，查明事故原因。

（6）下列材料可以作为船舶污染事故调查的证据：书证、物证、视听资料；证人证言；当事人陈述；鉴定结论；勘验笔录、调查笔录、现场笔录；其他可以证明事实的证据。

（7）船舶污染事故的当事人和其他有关人员应当配合调查，如实反映情况和提供资料，不得伪造、隐匿、毁灭证据或者以其他方式妨碍调查取证。

（8）船舶污染事故的当事人和其他有关人员提供的书证、物证、视听资料应当是原件原物，提供抄录件、复印件、照片等非原件原物的，应当签字确认；拒绝确认的，事故调查人员应当注明有关情况。

（9）船舶污染事故调查处理机构根据调查处理工作的需要可以行使以下职权：

①责令船舶污染事故当事人提供相关技术鉴定或者检验、检测报告；

②暂扣相应的证书、文书、资料；

③禁止船舶驶离港口或者责令停航、改航、驶往指定地点、停止作业、暂扣船舶。

（四）事故处理

（1）船舶污染事故调查处理机构应当根据船舶污染事故现场勘验、检查、调查情况和有关的技术鉴定、检验、检测报告，完成船舶污染事故调查。

（2）船舶污染事故调查处理机构应当自事故调查结束之日起20个工作日内制作船舶污染事故认定书，并送达当事人。船舶污染事故认定书应当载明事故基本情况、事故原因和事故责任。海事管理机构在接到船舶污染事故报告或者发现船舶污染事故之日起6个月内无法查明污染源或者无法找到造成污染船舶的，经船舶污染事故调查处理机构负责人批准可以终止事故调查，并在船舶污染事故认定书中注明终止调查的原因。

（3）船舶污染事故当事人对事故认定不服的，可以在收到船舶污染事故认定书之日起15日内，向船舶污染事故调查处理机构或者其上级机构申请一次重新认定。

（4）造成海洋环境污染的船舶应当在开航前缴清海事管理机构为减轻污染损害而采取的清除、打捞、拖航、引航过驳等应急处置措施的相关费用或者提供相应的财务担保。财务担保应当是现金担保、由境内银行或者境内保险机构提供的信用担保。

（5）重大以上船舶污染事故的调查处理报告应当向国务院交通运输主管部门备案。其中重大以上船舶海上溢油事故的调查处理情况，国务院交通运输主管部门应当向国家海上溢油应急处置部际联席会议通报。

（6）海上船舶污染事故调查处理的信息发布应当及时、准确。海上船舶污染事故调查处理信息，由负责组织调查处理工作的机构审核后按照新闻发布的相关规定发布。参与事故调查处理的单位或者个人不得擅自发布相关信息。

（7）船舶污染事故引起的污染损害赔偿争议，当事人可以向海事管理机构申请调解，海事管理机构也可以主动调解。当事人一方拒绝调解的，海事管理机构不得调解。征得所有当事人同意后，调解可以邀请其他利害关系人参加。

（8）调解人员应当按照有关法律、法规的规定，对船舶污染损害赔偿争议进行调解。调解成功的，由各方当事人共同签署《船舶污染事故民事纠纷调解协议书》。《船舶污染事故民事纠纷调解协议书》由当事人各执一份，调查处理机构留存一份。

（9）在调解过程中，当事人向人民法院提起诉讼或者申请仲裁的，应当及时通知海事管理机构，调解自动终止。当事人中途退出调解的，应当向海事管理机构提交退出调解的书面申请，海事管理机构应当终止调解，并及时通知其他当事人。海事管理机构调解不成，或者在3个月内未达成调解协议的，应当终止调解。

三、海上海事行政处罚规定

为规范海上海事行政处罚行为，保护当事人的合法权益，保障和监督海上海事行政管理，维护海上交通秩序，防治船舶污染水域，根据《海上交通安全法》《海洋环境保护法》《行政处罚法》及其他有关法律、行政法规，交通运输部制定了《中华人民共和国海上海事行政处罚规定》，本规定自2021年9月1日起施行。

（一）总则

1.实施原则

实施海事行政处罚，应当遵循合法、公开、公正，处罚与教育相结合的原则。

2.主管机关

海事行政处罚，由海事管理机构依法实施。

（二）海事行政处罚的适用

1.海事管理机构实施海事行政处罚时，应当责令当事人改正或者限期改正海事行政违法行为。

2.对有两个或者两个以上海事行政违法行为的同一当事人，应当分别处以海事行政处罚，合并执行。对有共同海事行政违法行为的当事人，应当分别处以海事行政处罚。

3.实施海事行政处罚，应当与海事行政违法行为的事实、性质、情节以及社会危害程度相适应。

4.海事行政违法行为的当事人有下列情形之一的，应当依法从轻或者减轻给予海事行政处罚：

（1）主动消除或者减轻海事行政违法行为危害后果的；

（2）受他人胁迫或者诱骗实施海事行政违法行为的；

（3）主动供述海事管理机构尚未掌握的违法行为的；

（4）配合海事管理机构查处海事行政违法行为有立功表现的；

（5）法律、法规、规章规定应当依法从轻或者减轻行政处罚的其他情形。

海事行政违法行为轻微并及时改正，没有造成危害后果的，不予海事行政处罚。初次违法且危害后果轻微并及时改正的，可以不予海事行政处罚。

本条所称依法从轻给予海事行政处罚，是指在法定的海事行政处罚种类、幅度范围内给予较轻的海事行政处罚。

本条所称依法减轻给予海事行政处罚，是指在法定的海事行政处罚种类、幅度最低限以下给予海事行政处罚。

有海事行政违法行为的中国籍船舶和船员在境外已经受到处罚的，不得重复给予海事行政处罚。

5.对当事人的同一个海事行政违法行为，不得给予两次以上罚款的行政处罚。同一个违法行为违反多个法律规范应当给予罚款处罚的，按照罚款数额高的规定处罚。

（三）海事行政违法行为和行政处罚

1.海事违法行为

（1）违反船舶、海上设施管理秩序；

（2）违反船员管理秩序；

（3）违反航行、停泊和作业管理秩序；

（4）违反危险货物载运安全监督管理秩序；

（5）违反海上搜寻救助管理秩序；

（6）违反海上船舶污染海域环境管理秩序；

（7）违反海上交通事故调查处理秩序。

2.海事行政处罚类型

（1）警告；

（2）罚款；

（3）暂扣船员适任证书；

（4）吊销船员适任证书；吊销船员适任证书、被吊销适任证书者终身不得重新申请；

（5）吊销违法船舶所有人、经营人或者管理人的有关证书、文书；

（6）责令限期改正；

（7）没收违法所得；

（8）责令停航、停业整顿。

（四）处罚程序

海上海事行政处罚程序适用《交通运输行政执法程序规定》。海事行政处罚可以由违法行为发生地或者发现地的海事管理机构管辖。

第八节 国内航行海船法定检验技术规则

一、国内船舶法定检验概述

国内船舶实施法定检验的依据为有关国际公约以及国内法规。对于悬挂中国旗的船舶的检验适用国务院颁布《中华人民共和国船舶和海上设施检验条例》，适用对象包括：

（1）在中华人民共和国登记或者将在中华人民共和国登记的船舶；

（2）根据此条例或者国家有关规定申请检验的外国籍船舶；

（3）在中华人民共和国沿海水域内设置或者将在中华人民共和国沿海水域内设置的海上设施；

（4）在中华人民共和国登记的企业法人所拥有的船运货物集装箱。

中华人民共和国交通运输部海事局为实施各项检验工作的主管机构。船舶、海上设施（除海上石油天然气生产设施的检验外）、集装箱的检验制度和技术法规由交通运输部海事局制定，经国务院交通运输主管部门批准后公布施行。

根据《船舶和海上设施检验条例》，海事局经交通运输部批准颁布了《船舶与海上设施法定检验规则》，其组成有：《国际航行海船法定检验技术规则》《国内航行海船法定检验技术规则》《内河航行船舶法定检验技术规则》《海上拖航法定检验技术规则》《远洋渔船法定检验技术规则》《国内海洋渔船法定检验技术规则》《内河渔船法定检验技术规则》等一系列相关检验技术规则。

根据自2016年5月1日起施行的《船舶检验管理规定》，国内船舶检验机构按照A、B、C、D四类从事船舶法定检验：

（1）A类船舶检验机构，可以从事包括国际航行船舶、国内航行船舶、水上设施、船运货物集装箱和相关船用产品的法定检验；

（2）B类船舶检验机构，可以从事国内航行船舶的法定检验和相关船用产品的法定检验；

（3）C类船舶检验机构，可以从事内河船舶的法定检验；

（4）D类船舶检验机构，可以从事内河小型船舶，以及封闭水域内船长不超过30 m、主机功率不超过50 kW的货船和船长不超过30 m、主机功率不超过50 kW的客船的法定检验。

对于渔业船舶的检验，适用交通运输部颁布的《渔业船舶检验管理规定》。

国内船舶检验机构是指实施船舶检验的机构，包括交通运输部和省、自治区、直辖市人民政府设置的船舶检验机构，即中国船级社和省级人民政府交通运输主管部门设立的船舶检验局（处）及其分支机构。

二、国内航行海船法定检验技术规则

中国籍国际海上航行民用船舶的法定检验依照《国际航行海船法定检验技术规则》和《中国船级社钢质海船入级规范》进行。

国内航行海船的法定检验依据为《国内海船法定检验技术规则》，为《船舶与海上设施法定检验规则》的组成部分。对符合此规则要求的国内航行海船，应签发相应的国内航行海船的法定证书，以证明其符合我国政府的有关法令、条例和满足主管机关有关规定和标准，适合于在中国海域航行和作业。

最新版的《国内海船法定检验技术规则》于2020年1月1日公布，于2020年8月1日起实施。除总则部分外分为11篇，分别为：第1篇检验与发证；第2篇吨位丈量；第3篇载重线；第4篇船舶安全；第5篇防止船舶造成污染；第6篇高速船；第7篇船员舱室设备；第8篇乘客定额及舱室设备；第9篇客滚船附加安全要求；第10篇近海供应船附加要求；第11篇其他附加要求。

《国内海船法定检验技术规则》每年发布修改通告，若干年汇总发布新版。

此规则全文可在交通运输部海事局官网下载，以下摘录部分篇章内容。

（一）总则

（1）除本规则各篇另有规定外，本规则适用于船长为20 m及以上的国内海上航行的中国籍船舶。除另有规定外，本法规不适用于：军用舰艇、公安船艇；体育运动船艇；游艇；渔船。

（2）相关定义

①中国籍船舶，系指在中华人民共和国登记或将在中华人民共和国登记的船舶。

②法定检验，系指本法规规定的各种检验（包括政府的法令、条例规定的检验），即为保障船舶和人命财产的安全，防止水域环境的污染，以及保障起重设备安全作业等，对国内航行海船所规定的各项检查和检验，以及在检查和检验满意后签发或签署相应的法定

证书。南海其他海域距岸不超过120 n mile的海域。

③船舶检验机构，系指实施船舶检验的机构，包括交通运输部和省、自治区、直辖市人民政府设置的船舶检验机构。

④验船师，系指具有规定从业资格的并由船舶检验机构聘用的船舶检验人员。

⑤国内航行，系指仅在中国水域内的航行。

（3）航区划分和营运限制

①远海航区，系指国内航行超出近海航区的海域。

②近海航区，系指中国渤海、黄海及东海距岸不超过200 n mile的海域；台湾海峡；南海至台湾岛东海岸距岸不超过50 n mile的海域；海南岛东海岸及南海岸以如下5点连线范围内沿海航区除外的海域（18°30′24″N/108°41′13″E、15°46′24″N/111°11′48″E、16°02′54″N/112°35′24″E、16°39′48″N/112°44′41″E、19°49′49″N/110°59′41″E）；南海其他海域距岸不超过120 n mile的海域。

③沿海航区，系指台湾岛东海岸、台湾海峡东西海岸、海南岛东海岸及南海岸距岸不超过10 n mile的海域和除上述海域外距岸不超过20 n mile的海域；距有避风条件且有施救能力的沿海岛屿不超过20 n mile的海域。但对距海岸超过20 n mile的上述岛屿，海事局将按实际情况适当缩小该岛屿周围海域的距岸范围。

④遮蔽航区，系指在沿海航区内，由海岸与岛屿、岛屿与岛屿围成的遮蔽条件较好、波浪较小的海域。在该海域内岛屿之间、岛屿与海岸之间的横跨距离应不超过10 n mile。

详细航区的划分，可以查阅中华人民共和国海事局于2021年9月15日公布的《航区划分规则（2021）》。

（二）检验与发证

1.通则

1）适用范围

（1）适用于所有船。2021年1月1日及以后建造的船舶应满足本部分（检验与发证）的要求。2021年1月1日之前建造的船舶结合最近一次换证检验签发本部分规定的证书。

（2）除本法规相应规定外，散装运输危险化学品船舶与散装运输液化气体船舶还应符合《国际航行海船法定检验技术规则》相关规定。

（3）起重设备应符合《起重设备法定检验技术规则》的规定。

（4）海上拖航应符合《海上拖航法定检验技术规则》的规定。

（5）潜水器应符合《潜水器法定检验技术规则》的规定。

（6）船长小于20 m的海船应符合《沿海小型船舶法定检验技术规则》的规定。

所述各项的检验，除本规则的规定外，还应按经海事局依照规定程序认可和公布接受的中国船级社相应规范的规定进行。

2）检验机构

（1）执行国内航行海船法定检验应由船舶检验机构进行。

（2）船舶检验机构的验船师在执行国内航行海船法定检验时有权对船舶提出修理要求；以及在受到港口海事管理机构要求时，上船检查和检验。

（3）船舶检验机构的验船师在执行国内航行海船法定检验时，如确认船舶或其设备的状况在实质上与证书所载情况不符，或船舶不符合“出海航行或对船舶或船上人员均无危险”的条件时，该验船师或机构应立即要求船舶采取纠正措施。如船舶未能采取此种纠正措施，则应撤销该船的有关证书，并应及时通知海事局。

（4）国内航行海船的法定证书应由船舶检验机构或其验船师签发。

3）检验依据

（1）《国内航行海船法定检验技术规则》是执行国内航行海船法定检验的依据。海事局（包括原船舶检验局）颁布的其他现行有效有关规则、规程和规定是本法规的组成部分。

（2）其他标准

海事局（包括原船舶检验局）颁布的有关指导性文件，除另有明文规定外，均为非强制性的。

船舶的强度、结构、布置、材料、构件尺寸、主辅机械、锅炉与受压容器、电气设备等，其设计与安装均应适合预定的用途。除本法规规定外，海事局接受按规定程序认可和公布的中国船级社相应的现行规范或其他等效标准作为其衡准。

4）法定证书

法定检验合格后，应签发或签署下列有关适用法定证书：

（1）国内航行海船安全与环保证书；

（2）海上船舶临时乘客定额证书；

（3）海上船舶危险货物适装证书；

（4）船舶试航证书。

与国内航行海船有关的法定证书格式依照本法规的附录。

为保持证书有效，需满足如下条件：

（1）接受本法规规定的各种检验，并处于良好技术状态，适合预定用途；

（2）证书经签署；

（3）按证书限定的航区和条件进行营运/作业。

5）船舶检验

（1）申请

从事国内海上航行的中国籍船舶的所有人或经营人，应按规定向国内船舶检验机构申请下列检验：建造检验；初次检验；定期检验和临时检验。

本法规生效之日及以后安装在国内海上航行的中国籍船舶上的有关海上安全和防止船舶造成水域污染和空气污染的重要设备、部件和材料等应持有船用产品证书，其制造厂应申请国内船舶检验机构进行产品检验。

船舶在中国水域试航前，船舶所有人或者经营人应当向国内船舶检验机构申请试航检验，并取得试航检验证书。

（2）建造检验

船舶建造和船舶重大改建，应当向建造或者改建地船舶检验机构申请建造检验。与法定证书有关的图纸和资料应提交船舶检验机构审批，确认符合本法规的适用要求。经检验、试验，认为船舶符合经批准的图纸和资料的要求，且工艺和安装令人满意。

（3）初次检验

下列情况之一，应申请初次检验：

①外国籍船舶改为中国籍船舶；

②体育运动船艇、渔船改为本法规适用的船舶；

③营运船舶检验证书失效时间超过一个换证检验周期的；

④老旧营运运输船舶检验证书失效时间超过一个特别定期检验周期的。

与法定证书有关的图纸和资料应提交船舶检验机构审批，确认符合本法规的适用要求。经检验、试验，认为船舶符合经批准的图纸和资料的要求，且工艺和安装令人满意。

（4）定期检验

船舶投入营运后，应申请定期检验，包括年度检验、中间检验、换证检验、船底外部检查、螺旋桨轴与尾管轴检验、锅炉检验、特别定期检验。

船舶应予适当维修保养，以使船舶的技术状况处于良好状态，并适合预定用途。

（5）临时检验

下列情况之一，应申请临时检验：

①因船舶发生事故，影响船舶适航性能；

②改变船舶证书所限定的航区或者用途；

③船舶检验机构签发的证书失效时间不超过一个换证周期；

④涉及船舶安全的修理或改装，但重大改建除外；

⑤变更船舶检验机构；

⑥变更船名、船籍港；

⑦存在重大安全缺陷影响航行和环境安全，海事管理机构责成检验的；

⑧船舶法定证书展期。

6）证书的发放与保存

船舶检验机构应直接将各种法定证书按申请人的要求发放给申请人/船舶所有人或经营人。船上应保存所持有的各种有效法定证书，并随时可供检查。

2.检验与发证

1）检验种类与周期

（1）建造检验：系指对船舶的设计图纸和相关资料进行审查，并在船舶新建或重大改建过程中对船舶结构和装配、机械和设备、锅炉和压力容器、消防设备、救生设备、无线电装置、船载航行设备、防污染设备等进行全面检查和试验，以确认符合批准的图纸和资料并满足本法规的适用要求。

（2）初次检验：系指对船舶签发特定证书时所进行的一次完整的检查，包括对船舶的设计图纸和相关资料进行审查，以及对船舶结构包括船底外部、机械和设备、锅炉和压力容器、消防设备、救生设备、无线电装置、船载航行设备、防污染设备等进行全面检查和试验，以确认符合本法规的适用要求。

（3）年度检验：对与特定船舶证书有关的项目进行总体检查以确保其处于良好状态并满足船舶预定的用途，年度检验应在证书的每一周年日的前或后各3个月内进行。

（4）中间检验：对与特定证书有关的指定项目进行检验以确保其处于良好状态，并满足船舶预定的用途。中间检验应在相应证书的第二个周年日的前或后各3个月内，或第三个周年日的前或后各3个月内进行，该中间检验应替代一次年度检验。

（5）换证检验：在船舶特定证书到期之前，对船舶结构、机械和设备、锅炉和压力容器、消防设备、救生设备、无线电装置、船载航行设备、防污染设备等进行全面检查和试验，以确认符合本法规的适用要求。换证检验一般应在证书到期前3个月内进行。

（6）船底外部检查：对船舶水下部分和有关项目进行检查以确保其处于良好状态，并满足船舶预定的用途。货船的船底外部检查，在海上货船适航证书有效期间的5年内应至少进行2次，且任何2次之间的间隔应不超过3年，其中1次应在换证检验时且在干坞内进行。客船的船底外部检查应每2年进行1次，在任何情况下，任何2次干坞内的船底外部检查间隔期不得超过36个月。船龄15年以下的客船（客滚船除外）如满足有关技术要求，任何5年期内在干坞内船底外部检查最少次数可从2次减少为1次，连续2次干坞检验间隔期不应超过60个月。高速船的船底外部检查一般应每年进行1次，浮船坞/趸船的坞龄/船龄超过10年时，应在其一个换证检验间隔期内至少进行一次坞底/船底外部检查。

（7）临时检验：发生需要申请临时检验时，根据具体情况进行全面的或局部的检验。

（8）特别定期检验：国内海船在船舶达到规定的特别定期检验船龄的前后半年内，应进行初次特别定期检验，其后的特别定期检验应在证书的到期日前后3个月内完成，检验时应按相应证书的换证检验要求进行，以确保其处于良好状态并适合船舶预定的用途。

（9）重大改建：

当船舶发生如下一个或多个重大特征的改建时，应申请建造检验：

①船舶主尺度；

②船舶类型；

③船舶分舱水平；

④船舶承载能力；

⑤乘客居住处所；

⑥影响船舶稳性；

⑦主推进系统；

⑧海事局认为的其他情形。

重大改建船舶一般应进行倾斜试验。

另外，满足下列条件之一，经重大改建的船舶应进行航行试验：

①改变主推进系统；

②改变舵系；

③改变船舶主尺度及型线；

④改变吃水。

（10）螺旋桨轴与尾管轴检验

对水润滑轴承：除另有规定外，螺旋桨轴有连续的金属衬套，或连续的镀层，或玻璃纤维增强塑料保护套包扎在金属衬套之间，并能有效地防止水与轴金属接触或轴由防腐蚀材料制造，检验间隔期为5年。除此以外的轴，单桨轴检验间隔期为3年；多桨轴检验间隔期为5年。如船舶所有人要求，可给予1次1年展期。

对油润滑轴承：螺旋桨轴的设计符合海事局按规定程序认可和公布的中国船级社相关规范要求，检验间隔期为5年；如船舶所有人要求，可给予2次每次1年展期，除客船外的船舶，也可给予1次不超过5年的展期；对客船包括客滚船，检验间隔期应为4年。

（11）锅炉检验

主锅炉内部检查：所有炉龄小于等于10年的主锅炉，应在每5年船舶换证检验期内至少进行2次内部检查。两次检验间隔期最大不超过36个月；炉龄大于10年的水管主锅炉：当船舶安装了2台或以上的水管主锅炉，应在每5年船舶的换证检验期内至少进行2次内部检查。任何情况下任何两次检验间隔期最多不超过36个月。当船舶仅安装1台水管主锅炉，则应每年进行1次内部检查；炉龄大于10年的火管主锅炉，应每年进行1次内部检查。

其他锅炉内部检查：重要用途辅助锅炉、过热器、热油加热器，以及工作压力超过0.35 MPa且受热面积超过4.5 m^2的非重要用途锅炉，应在每5年船舶的换证检验期内至少进行2次内部检查。任何情况下任何两次检验间隔期最多不超过36个月。

2）证书的有效性

船舶经检验合格后，应签发国内航行海船安全与环保证书及相应的附页；或在相应的证书上签署。

（1）国内航行海船安全与环保证书的有效期：对客船不超过2年；对货船不超过5年；

（2）如换证检验是在证书到期之日前3个月内完成，则新证书自换证检验完成日期起生效，其有效期从原证书到期之日算起；

（3）如换证检验是在证书到期日后完成，则新证书自换证检验完成日期起生效，其有效期从原证书到期之日算起；

（4）如换证检验是在证书到期日前3个月之前完成，则新证书自换证检验完成日期起生效，其有效期从换证检验完成日期算起；

（5）如换证检验到期，在例外情况下，经船舶检验机构认为正当和合理时，可给予证书不超过3个月的展期；经展期的船舶在抵达预定进行检验的港口后，不能再继续航行，必须进行换证检验。换证检验后的证书从换证检验完成之日起生效，其有效期从展期前证书到期之日算起。

3）检验后状况的维持

（1）船舶及其设备的状况应加以维持，使能符合本法规的各项规定，从而保证该船在各方面保持适合于出海航行而不致对船舶及船上人员产生危险。

（2）根据本法规对船舶所进行的任何检验完成以后，未经船舶检验机构允许，对经过检验的结构、布置、机器、设备及其他项目，概不得变动。

（3）当船舶发生事故或发现缺陷且在任一情况下都将影响该船的安全或影响该船救生设备或其他设备的有效性或完整性时，该船的船长或所有人/经营人应尽快向法定证书签发的船舶检验机构报告，供确定是否有必要做临时检验。

3.海上货船适航的检验

1）一般规定

（1）海上货船适航应进行下列检验：初次检验/建造检验；年度检验；中间检验；换证检验。

（2）达到规定船龄的油船、散货船及化学品船的检验尚应满足附加检验的补充检验要求。即：对500总吨及以上、船龄大于等于12年的油船（包括双壳油船）及化学品船，以及船长$L \geqslant 90$ m，船龄大于等于18年的散货船（包括双壳散货船）的换证检验的补充检验要求。

（3）对船舶的强度、结构、布置、材料、结构尺寸、主辅机械、锅炉和受压容器、电气设备等的检验，应按本规则相关的规定进行。

（4）还应按要求进行船底外部检查。

（5）也适用于工程船、起重船、拖船、驳船和顶推船－驳船组合体的检验。

2）初次检验/建造检验

初次检验/建造检验应包括：图纸的审查，在建造期间和安装之后的检查，并确认船上已配备所需的各种文件。初次检验/建造检验合格后，应签发国内航行海船安全与环保证书。

3）年度检验

年度检验应包括各类设备的检查和操作试验。检查有关证书的有效性，核查已备有所需文件。年度检验合格后，应在国内航行海船安全与环保证书上签署。

4）中间检验

中间检验包括各类设备的检查和操作试验，包括所有年度检查的项目外的其他检验项目。还应检查有关证书的有效性，核查已备有所需文件。中间检验合格后，应在国内航行海船安全与环保证书上签署。

5）换证检验

换证检验的项目包括年度检验和中间检验的所有项目，以及其他检验项目，比如测厚要求。换证检验合格后，应签发新的国内航行海船安全与环保证书。

4.船底外部检查

1）一般规定

船底外部检查应能确保船体水下部分的壳板及有关项目处于良好状态，并且适合于船舶所从事的营运业务。通常船舶在干坞内进行船底外部检查，但当条件良好并且具有适当的设备和经受过适当训练的人员时，也可考虑在船舶处于漂浮状态下以水下检验作为替代检查。对于15年及以上船龄的船舶，在进行水下检验之前应予以特殊考虑。高速船以及船龄15年及以上的油船、散货船和化学品船，其船底外部检查应在干坞内进行。

2）船底外部检查

船底外部检查合格后，应在国内航行海船安全与环保证书上签署。

3）水下检验

如采用水下检验替代干坞内检验时，应满足下列条件：

（1）原则上船体船壳板、舵、螺旋桨和螺旋桨轴的水线以下部分无修理的遗留项目，除非船舶检验机构允许船舶在漂浮状态下进行相应的修理。

（2）水下检验应在遮蔽且平静水域中进行，水下能见度及水线以下船体清洁度应能使潜水员确定板、附体及焊缝的状况，潜水员在船板上的定位方法应使船舶检验机构满意，必要时，定位点的选择应利用船板上的永久性标记。

（3）在水下检验之前，应会同有关各方商议在水下检验中用于观察和报告的设备、程序并可执行水下检验的潜水公司有适当的时间预先进行所有设备的调试。

（4）水下检验应由 1 名或多名合格的潜水员在船舶检验机构验船师在场的情况下进行；潜水员应是船舶检验机构认可的作为服务供应方的公司雇员；潜水员与验船师之间应有有效的双向通信联系。

5.海上船舶载重线的检验

1）一般规定

海上船舶载重线应进行下列检验：

（1）初次检验/建造检验；

（2）年度检验；

（3）换证检验。

2）初次检验/建造检验

初次检验/建造检验应包括：图纸的审查；确认稳性计算书和装载手册，在建造期间和安装之后的检查项目，并应符合批准的图纸要求；核查装载及压载资料是否已提供给船长。

3）年度检验

年度检验应包括涉及船舶载重线的各项检查，检查有关证书的有效性，核查已备有所需文件。

4）换证检验

换证检验应包括：

（1）年度检验规定的项目；

（2）检查船体，确认在核定吃水时具有足够强度。

6.海上船舶防止油污的检验

1）一般规定

海上船舶防止油污应进行下列检验：

（1）初次检验/建造检验；

（2）年度检验；

（3）中间检验；

（4）换证检验。

2）初次检验/建造检验

初次检验/建造检验包括：图纸的审查；在建造期间和安装之后的检查项目，并应符合批准的图纸要求在建造期间和安装之后的检查；确认船上已配备所需的各种文件。

3）年度检验

年度检验应包括：

（1）一般检查油水分离设备或滤油设备，必要时，做效用试验；

（2）一般检查排油监控系统，必要时，试验自动或人工停止排放装置；

（3）确认排放监测装置指示器和记录器的工作情况；

（4）核查残油舱(柜)、集存舱(柜)及其排放装置是否合格；

（5）确认已配备了标准排放接头；

（6）确认燃油和水压载系统的隔离；

（7）确认防止油污染系统无实质更改；

（8）确认油船防止油污染系统符合规定的要求(如适用)。

检查有关证书的有效性及有关记录，核查已备有所需文件。

4）中间检验

中间检验应包括：

（1）年度检验的规定；

（2）检查油水分离设备或滤油设备，包括所连接的泵、管路和附件的磨损和腐蚀情况；

（3）检查油分计（报警器和排油监控装置）是否有明显的缺陷、蚀耗或损坏，并校准油分计的标度；

（4）检查确认油船防止油污染设备的有效性。

中间检验应检查有关证书的有效性，核查已备有所需文件。

5）换证检验

换证检验应包括：

（1）中间检验的规定；

（2）油水分离设备或滤油设备进行效用试验；

（3）排油监控系统或滤油系统报警器进行效用试验；

（4）自动和手动停止排放装置进行效用试验。

7.海上船舶防止生活污水污染的检验

1）一般规定

海上船舶防止生活污水污染应进行下列检验：

（1）初次检验/建造检验；

（2）换证检验。

2）初次检验/建造检验

初次检验/建造检验应包括：图纸的审查；在建造期间和安装之后的检查项目，并应符合审查批准的图纸要求。

3）换证检验

换证检验的要求与初次检验/建造检验的要求相同。

（三）船舶安全

1.适用范围

（1）除另有明文规定外，本部分（船舶安全）不适用于高速船。本部分各条款适用的船舶种类与范围，在各条款中有具体规定。

（2）对于散装运输危险化学品船舶，应符合《国际航行海船法定检验技术规则》的相关规定，未规定部分，应符合本部分（船舶安全）的规定。

（3）对于散装运输液化气体船舶，应符合《国际航行海船法定检验技术规则》的相关规定，未规定部分，应符合本部分（船舶安全）的规定。

2.防火、探火与灭火的一般规定

1）水灭火系统

（1）每艘船舶应设有符合本条要求的水灭火系统。

（2）消防泵的排量应满足具体要求。

（3）消防泵和消防总管的布置：所有船舶应按下述要求设置消防泵数量：

①对于客船：4 000总吨及以上的至少3台独立驱动；500总吨及以上但小于4 000总吨的至少2台独立驱动；小于500总吨的至少1台独立驱动。

②对于货船2 000总吨及以上的至少2台独立驱动；500总吨及以上但小于2 000总吨的至少2台动力泵，其中1台应为独立驱动；小于500总吨的至少1台独立驱动。

（4）消防总管的直径和压力：

①消防总管和消防水管的直径应足够有效地从2台同时工作的消防泵输送所需的最大出水量；但货船除外，其直径仅需满足排送140 m^3/h的水量；

②在2台泵同时工作时，在全部消火栓处应维持下述最低压力：

对于客船：4 000总吨及以上的0.40 MPa；小于4 000总吨的0.30 MPa。

对于货船：6 000总吨及以上0.27 MPa；500总吨及以上但小于6 000总吨的0.25 MPa；500总吨以下不小于12 m射程的水柱。

③任何消火栓处的最大压力，不应超过消防水带有效控制的压力。

（5）消防水带：

①消防水带应由经认可的不腐蚀材料制成。其长度足以将水柱喷射至可能需要使用的任一处所。每根消防水带应配有1具水枪和必需的接头。500总吨及以上客船的各内部处所，消防水带应一直保持与消火栓相连接；消防水带的长度应至少为10 m，但机器处所不超过15 m，其他处所和开敞甲板不超过20 m，最大型宽超过30 m船舶的开敞甲板不超过25 m；

②货船所需的消防水带数量应为每30 m船长设1根，备用1根，对1 000总吨及以上

的货船，总数不应少于5根。对1 000总吨以下的货船，总数不应少于3根。此数目不包括任何机舱或锅炉舱所需的消防水带。考虑船舶类型和该船所从事的贸易性质，可以增加所需的消防水带数目，以保证能随时获得足够数量的消防水带。

（6）消防水枪：

①标准消防水枪的尺寸应为12 mm、16 mm和19 mm，或尽可能与之相近。经同意，可准许使用较大直径的水枪；

②在起居和服务处所内，不必使用大于12 mm的消防水枪；

③在机器处所和各外部处所，水枪的尺寸应能从最小的泵（应急消防泵除外）在最低压力下，从2股水柱上获得最大限度的出水量，但不必使用喷嘴直径大于19 mm的消防水枪；

④所有消防水枪应为经认可的设有关闭装置的两用型(即水雾/水柱型)。

（7）国际通岸接头：

所有500总吨及以上的船舶，均应设置国际通岸接头。

2）固定式气体灭火系统

常用的固定式气体灭火系统有高压二氧化碳（CO_2）系统和低压二氧化碳（CO_2）系统，均有具体的规定。此外，固定式气体灭火系统还有蒸汽系统和其他气体灭火系统。

3.救生设备配备要求

1）救生艇筏和救助艇的配备

（1）按规定配备的救生艇筏、海上撤离系统（如设有）应尽可能沿船长左右舷均匀分布。

（2）如救生艇及其降落和回收设备也符合对救助艇的要求，则可以接受此救生艇作为救助艇而不必另外配备救助艇，该救生艇的额定乘员人数也可计入救生艇容量之中。

（3）对客船，为船上人员总数弃船所需配备的所有救生艇筏，在所有人员集合并穿妥救生衣后，应能在发出弃船信号后于30 min内载足额定乘员及属具后降落水面。

（4）对客船以外的船舶，为船上人员总数弃船需配备的救生筏（不包括质量185 kg及以下的从最轻载航行水线以上少于4.5 m高度的甲板上登乘的救生筏），应能在发出弃船信号后10 min内，载足全部人员及属具后降落水面。

（5）所有新船和2013年9月1日后救生筏换新时，救生筏应为自扶正救生筏（额定乘员6人及以下的救生筏除外）或为带顶棚的两面可用救生筏。

（6）对固定航行于珠江口以南的沿海航区的客船，带顶棚的两面可用救生筏可使用开敞式两面可用救生筏替代。

（7）客船和货船应满足相应的救生设备配备标准的要求。

（8）对所有货船，如从船首最前端或船尾最末端至最靠近的救生艇筏存放地点最近一端之间的水平距离超过100 m，除按配备要求配备救生筏外，还应在合理和可行的范围内配备1只救生筏，其应尽量靠前或靠后存放；或配备2只救生筏，1只尽量靠前，另1只尽量靠后存放。该救生筏可按能用人力脱开的方式系牢，并不必为能用认可的降落设备降落的类型。在救生筏的存放处，应配备：

①至少2件救生衣和至少2件救生服；

②能对存放位置和降落位置的水域提供足够的照明。当使用便携式照明时，应有托架，以便能在船舶两侧予以定位放置；

③应至少配备1具登乘梯或能以受控方式（打结绳不可接受）下降至水面的其他登乘设施。

4.救生设备的存放、登乘、降落与回收

1）救生艇与救生筏的存放

（1）使该救生艇筏及其存放装置不会妨碍任何其他救生艇筏或救助艇的操作。

（2）除抛投式救生筏外的救生艇筏，在船舶满载时纵倾至10°和任何一舷横倾至20°或横倾至露天甲板边缘浸入水中的角度（取较小者）的不利情况下，其存放处应使其登乘位置在水线以上不少于2 m。对客船，吊架降落的救生艇筏，处在登乘位置的吊架顶部至最轻载航行水线之间的高度应尽可能不超过15 m。

（3）持续处于准备使用状态，使2名船员能在不到5 min内完成登乘和降落准备工作。

（4）配齐所要求的装备。

（5）在切实可行的情况下，位于安全的并有遮蔽的地方，并加以保护免受火灾和爆炸引起的损坏。对油船上的救生艇筏，除特别要求配备的救生筏外（即从船首最前端或船尾最末端至最靠近的救生艇筏存放地点最近一端之间的水平距离超过100 m而配备的额外救生筏），不应存放在货油舱、污油舱或其他含有爆炸性或危险性货物的液舱上或其上方。

（6）顺船舷降落的救生艇应存放在推进器前方尽量远的地方。船长80 m及以上但少于120 m的货船上，每艘救生艇应存放在使该救生艇尾端在推进器前方不少于该救生艇长度的地方。船长120 m及以上的货船与船长80 m及以上的客船上，每艘救生艇应存放在使该救生艇尾端在推进器前方不少于该救生艇1.5倍长度的地方。如适合，船舶的布置应对在存放位置的救生艇加以保护，使其免受巨浪引起的损坏。

（7）救生艇应附连于其降落设备上存放。

（8）每只救生筏的存放应将其首缆牢固地系在船上；

（9）每只救生筏或救生筏组的存放应设有一个符合主管机关《国际航行海船法定检验技术规则》要求的自由漂浮装置，以使每只救生筏能自由漂浮，如为气胀式，在船舶下沉时能自动充气。

（10）救生筏的存放应能在用人工将其从系固装置上解脱时，一次释放1只筏。

（11）船首最前端或船尾最末端至最靠近的救生艇筏存放地点最近一端之间的水平距离超过100 m而配备的额外救生筏不适用首缆牢固系在船上和配备自由漂浮装置的要求。

（12）吊艇架降落的救生筏应存放在吊筏钩可到达的范围内。

2）救助艇的存放

（1）持续处于准备使用状态，不超过5 min即可降落，如为充气式，应随时处于充足气状态。

（2）在适宜于降落并回收的位置。

（3）使该救助艇及其存放装置，均不会妨碍存放在任何其他降落站的任何救生艇筏的操作。

（4）在其兼作救生艇时，还应符合救生艇的存放要求。

3）救生艇与救助艇的登乘、降落与回收

（1）集合站应设在紧靠登乘站的地方。每个集合站应在甲板上有足够的无障碍场所，以容纳指定在该站集合的所有人员，其人均占无障碍场所面积至少为0.35 m^2。与登乘救生艇筏的集合地点邻近的乘客处所和公共处所可计入该集合地点的甲板面积，通往集合站的路线应设有发光指示标志，集合站应张贴专用符号。

（2）集合站和登乘站均应设在容易从起居处所和工作区域到达的地方。

（3）客船救生艇筏和救助艇的登乘布置应设计为：

①所有救生艇应从存放处或从登乘甲板直接登乘并降落，但不是从两处登乘并降落。

②吊架降落救生筏从存放处紧邻的位置登乘并降落，或从在降落前按要求所转移到的位置登乘并降落。

③救助艇应在载足其指定船员的情况下能够从存放处直接登乘并降落。如救助艇兼作救生艇，并且其他救生艇均为从登乘甲板登乘及降落，则其布置应使救助艇也能从登乘甲板登乘并降落。

（4）货船救生艇筏的登乘布置应设计为：

①救生艇应能从存放位置直接登乘并降落；

②吊架降落救生筏从存放处紧邻的位置登乘并降落，或从在降落前按要求所转移到的位置登乘并降落。

（5）吊架降落和自由降落的救生艇筏集合站与登乘站的布置，应能使担架病人抬进救生艇筏。

（6）船舷降落的救生艇筏的每处登乘站或每相邻两处登乘站均应设置1具认可的登乘梯，以供船上人员登入降落到水面上的救生艇、筏，其单根长度在船舶纵倾至10°和任何一舷横倾至20°的不利情况下可从甲板延伸至最轻载航行水线。

船舷降落的救生艇筏的每处登乘站或每相邻两处登乘站均应设置1具认可的登乘梯，以供船上人员登入降落到水面上的救生艇、筏，其单根长度在船舶纵倾至10°和任何一舷横倾至20°的不利情况下可从甲板延伸至最轻载航行水线。允许接受用可供人员进入至在水面的救生艇筏的认可设施代替这些登乘梯，但船舶的两舷均至少已设有1具登乘梯。额外要求的救生筏（超过100 m）可允许用能以受控方式下降至水面的其他登乘设施。

（7）在通往救生艇、筏存放处的所有通道、梯口和出口，连同登乘站和艇、筏存放处所及其降落水面应有应急电源提供的应急照明。

（8）对客船如抛投式气胀救生筏的登乘位置距最轻载水线的高度不超过4.5 m，则应采用登乘梯、海上撤离系统或等效设施，确保在30 min内使船上人员安全登乘并降落至水面上。登乘梯、海上撤离系统撤离通道的长度在船舶纵倾至10°和任何一舷横倾至20°的不利情况下应可从甲板延伸至最轻载航行水线。

（9）如救助艇是救生艇筏中的一艘，则其登乘和降落布置应符合有关救生艇的登乘、布置和降落的要求。此外，救助艇的登乘和回收装置应允许安全而有效地搬运担架病人。

（10）救助艇在载足全部乘员及属具时，回收时间应不超过5 min。如救助艇兼作救生艇，则应能在不超过5 min内回收载有救生艇属具及认可的、额定乘员至少为6人的救助艇。

5.无线电通信设备

1）无线电员

（1）每艘船舶应配备有能胜任遇险和安全无线电通信的人员。这些人员应持有无线电规则规定的相应证书。在遇险时，应指定其中任何一人主要担负起无线电通信的责任。

（2）客船上，至少应指派一名按符合要求的有资格的人员，在遇险时只执行无线电通信责任。

2）无线电记录

每艘船舶应配有无线电记录簿，记载有关海上人命安全具有重要性的涉及无线电业务的一切事件。记录应符合无线电规则的要求。

3）紧急无线电示位标测试

（1）紧急无线电示位标应在船上或认可的试验站进行年度测试，年度测试时应对示位标操作有效性的各个方面进行年度测试，着重注意检查工作频率的稳定性、信号强度和编码及注册项目。在适航证书到期日前3个月或年度检验日前后3个月进行。

（2）紧急无线电示位标应不超过5年在船舶检验机构认可的岸上维护机构进行维护。

4）船位更新

所要求配备的所有双向通信设备（包括自动报警、遇险报警时报告船位在内）应能从内部或外部航行接收装置（如果配备了其中一种这样的设备）中获得这些信息。如没有配备这样的接收装置，船舶在航行中某一时间所处的最新船位应在间隔不超过4 h的时间内由人工控制方法确定，以便总能随时得到由这一设备发送的信息。

6.航行设备

1）配备要求

（1）航行设备的配备（表4-2）

表4-2　客船和货船航行设备的配备表

	远海航区	近海航区	沿海航区	遮蔽航区	配备要求
标准磁罗经	1	1	1	1	
操舵磁罗经	1	1	1	1	（1）设有反射磁罗经的船舶可不再设置操舵磁罗经； （2）如操舵磁罗经采用标准磁罗经的电气复示罗经，则其应满足相关要求
备用标准磁罗经	1	1	1	1	≥300总吨的船舶要求配备，已设有操舵磁罗经或陀螺罗经的船舶可免除
在水平面360°范围测得方位的器具	1	1	1	1	

续表

	远海航区	近海航区	沿海航区	遮蔽航区	配备要求
陀螺罗经	1	1			≥500总吨的船舶
陀螺罗经的方位分罗经	2	2			≥500总吨的船舶
陀螺罗经的航向分罗经	按需要数量配置				至少应在主操舵位置（若此位置上能清晰地从主罗经读数则除外）和应急操舵位置（如设置）上配置
舵角指示器	1	1	1	1	对于需在翼桥操纵的船舶，还应在翼桥额外设置
推进器转速指示器	1	1	1	1	
雷达	1	1	1		（1）雷达装置应能在9 GHz频带上工作； （2）配有电子标绘装置，500总吨及以上船舶应配备自动跟踪仪
	2	2			（1）≥10 000总吨的船舶要求配备； （2）雷达装置应至少有1台能在9 GHz频带上工作； （3）配备1台自动雷达标绘仪； （4）配备1台自动跟踪仪
电子定位设备	1	1	1		
回声测深仪	1	1	1	1	≥500总吨的船舶要求配备
测深手锤	1	1	1	1	配有回声测深仪的船舶除外

（2）船舶配备自动识别系统（AIS）的要求：

①所有客船和500总吨及以上的货船应配备一台A级AIS设备，其性能标准满足要求。

②国内海上航行的500总吨以下货船配备一台A级或B级AIS设备。

（3）国内航行海船配备船载电子海图系统（ECS）的要求：

按照船舶类型和吨位逐步安装船载电子海图系统，需要安装的船舶包括：300总吨至1 000总吨沿海航行的客船、滚装船舶、液货船，1 000总吨及以上沿海航行的集装箱船，3 000总吨及以上沿海航行所有其他船舶，200总吨及以上拖船。

2）航海资料的配备

所有船舶应备有为其计划航线所必需的足够和最新的海图、航路指南、灯塔表、航行通告、潮汐表以及一切其他航海出版物。如其采用电子装置作为首要航行措施，则还应设置后备装置，后备装置可以是电子装置，也可以是纸质文件。

（四）防止船舶造成污染

1.一般规定

1）适用范围

除另有明文规定者外，适用于所有国内航行海船，以防止对环境造成的下列污染：

（1）油类污染；

（2）散装有毒液体物质污染；

（3）海运包装的有害物质污染；

（4）船舶生活污水污染；

（5）船舶垃圾污染；

（6）船舶造成的空气污染；

（7）有害防污底系统污染。

船舶在有特殊防污染要求的海域航行时，还应遵守国家及地方政府的有关规定。对于转入中国籍的国内航行海船，应满足本法规现行有效的相关要求。

2）例外

属于下列情形之一，可不适用于所规定的排放要求：

（1）为保障船舶安全或救护海上人命所需要的排放；

（2）由于船舶或其设备遭到意外损坏，已采取一切预防措施仍需要的排放；

（3）经主管当局批准为特殊目的而要求的排放。

2.防止油类污染规定

1）一般规定

（1）适用范围

除另有规定外，本章的规定适用于能产生任何含油污水的所有国内航行海船，包括非机动船。

（2）定义

①清洁压载水，系指这样一个舱内的压载水，该舱自上次装油后，已清洗到如此程度，以致使倘若在晴天从一静态船舶将该舱中的排出物排入清洁而平静的水中，不会在水面或邻近的岸线上产生明显的痕迹，或形成油泥或乳化物沉积于水面以下或邻近的岸线上。如压载水是通过经认可的排油监控系统排出的，而根据这一系统的测定查明该排出物的含油量不超过15ppm，那么尽管出现有明显的痕迹，仍应确定该压载水是清洁的。

②专用压载水，系指装入这样一个舱内的压载水，该舱与货油及燃油系统完全隔绝并固定用于装载压载水，或固定用于装载本篇各章中所指各种油类或有毒物质以外的压载水或货物。

③零排放水域，系指在该水域内，船舶无论是否满足机器处所舱底水的排放要求，其机舱舱底水均不得排放。

（3）油类记录簿

凡150总吨及以上的油船，应备有主管机关规定的油类记录簿，以记录货油/压载相关作业。凡150总吨及以上的油船以及400总吨及以上的非油船，应备有规定的油类记录簿，以记录机器处所的相关作业。

（4）船上油污应急计划

凡150总吨及以上的油船和400总吨及以上的非油船，应备有船上油污应急计划。拖船拖带150总吨及以上的油驳或拖带400总吨及以上非油驳时，拖船应配备船上油污应急计划，油驳应配备船上油污应急计划副本。400总吨及以上的非油驳，其辅机功率在400 kW及以上的，应配备船上油污应急计划副本。

对于运输散装有毒液体物质的国内航行海船，该计划可与船上有毒液体物质污染应急计划合并，合并后计划的标题应为船上海洋污染应急计划。

所有载重量为5 000 t或以上的油船，均应备有岸基破损稳性和剩余结构强度快速响应电脑计算程序。

2）对所有船舶机器处所的要求

（1）结构与设备要求

除特别规定外，所有船舶（油船和非油船）机器处所应设有相应的防止油污设备和措施，并符合下列要求：

①装设滤油设备；

②设置残油（油泥）舱；

③装设标准排放接头；

④燃油舱保护。

（2）残油（油泥）舱

凡400总吨及以上的船舶，应根据其机型和航程长短，设置一个或几个足够容量的残油（油泥）舱柜，以接收按照本章要求不能以其他方式处理的残油（油泥）。

残油（油泥）可通过标准排放接头或船舶检验机构认可的其他处理措施从残油（油泥）舱进行直接处理。

（3）油类标准排放接头

为了使接收设备的管路能与船上机舱舱底和残油（油泥）舱残余物的排放管路相连接，在这两条管路上均应装有符合标准的排放接头。

（4）滤油设备

①凡400总吨及以上但小于10 000总吨的船舶，应装有符合规定的滤油设备。该滤油设备的设计，应经批准，而且应保证通过该系统排放入海的含油混合物的含油量不超过15ppm。凡载有大量燃油的这种船舶，应符合以下10 000总吨及以上的机动船舶的规定。

②凡10 000总吨及以上的船舶，应装有滤油设备和当排出物的含油量超过15ppm时能发出报警并自动停止含油物排放的装置。该滤油设备的设计，应经批准，而且应保证通过该系统排放入海的含油混合物的含油量应不超过15ppm。该系统应装有报警装置，在不能保持这一标准时发出报警。该系统还应装有在排出物的含油量超过15ppm时能保证自动停止含油混合物排放的装置。

（5）操作性排油控制要求

对于400总吨及以上的所有船舶的机器处所舱底水的排放：

①船舶不在零排放区域内；

②船舶正在航行途中；

③油水混合物经过符合要求的滤油设备处理；

④未经稀释的排出物含油量不超过15ppm；

⑤油水混合物不是来自油船货泵舱的舱底；

⑥对油船而言，油水混合物不混有货油残余物。

3.控制散装有毒液体物质污染规定

参阅MARPOL公约附则Ⅱ的规定，见本教材第三章第一节的“四、控制散装有毒液体物质污染规则”（除检验与证书外）的内容。

4.防止海运包装有害物质污染规定

参阅MARPOL公约附则Ⅱ的规定，见本教材第三章第一节的“五、防止海运包装有害物质污染规则”的内容。

5.防止船舶生活污水污染规定

1）适用范围

本章规定适用于下述国内航行海船：

（1）400总吨及以上的船舶；

（2）小于400总吨但核定载运15人以上的船舶。

规定不适用于不设有卫生设施和医务室的船舶。

2）定义

生活污水，系指船舶上由人员或活的动物产生的污水：

（1）任何形式的马桶、小便池的排出物和其他废弃物；

（2）从医务室（药房、病房等）的面盆、洗澡盆和这些处所排水孔所排出的污水；

（3）装有活的动物处所的排出物；

（4）混有上述排出物的其他废水。

集污舱，系指用于收集和储存生活污水的舱柜。

灰水，系指厨房洗涤、洗澡、洗衣和洗脸盆的排水，但不包括来自便器、医务室和动物处所的排水，也不包括来自货物处所的排水。

3）生活污水的排放

除下述情况之一外，禁止将生活污水排放入海：

（1）船舶在距最近陆地3 n mile以外，使用经认可的设备排放经过打碎和消毒的生活污水，或在距最近陆地12 n mile以外排放未经打碎和消毒的生活污水。但不论何种情况，不得将集污舱柜中储存的生活污水或来自装有活动物的处所的生活污水顷刻排光，而应在船舶以不少于4 kn船速在航行途中，以中等速率进行排放。该排放率应经海事局按照有关标准予以批准；

（2）船上装有经认可的生活污水处理装置正在运转，且船舶在航行中，同时排出的污水在其周围的水域中不产生可见的漂浮固体，也不使水变色。经生活污水处理装置处理后的排污水排放应满足规定的生活污水污染物排放限值标准；

（3）当生活污水混有其他所约束的废弃物或废水时，则除应满足有关生活污水的规定外，还应符合其他相应的要求。

4）设备要求

为遵守生活污水的排放要求，船舶应至少装有如下的设备之一：

（1）在距最近陆地3 n mile以内排放生活污水时，应装有认可的生活污水处理装置。装置出水口应安装生活污水取样点，并保持可用；

（2）如仅需在距最近陆地3 n mile以外排放生活污水，则船舶应装有将生活污水进行打碎和消毒的认可型装置；

（3）如仅需在距最近陆地12 n mile以外排放生活污水，则可只设集污舱柜，该舱柜应考虑该船在营运期间船上人数以及其他有关的因素具有足够储存全部生活污水的容量。集污舱柜应设有观察生活污水液位的装置。这种装置可以是液位计、观测孔、手工或自动液位测量装置等；

（4）船上应设有便于将生活污水排往接收设备的管路，同时该管路上应装有符合规定的生活污水标准排放接头。

6.防止船舶垃圾污染规定

1）一般规定

（1）适用范围

除另有明文规定外，适用于所有国内航行的现有船舶。

（2）定义

①垃圾，系指产生于船舶正常营运期间并需要持续或定期处理的各种食品废弃物、生活废弃物和作业废弃物、所有塑料制品、货物残余、焚烧炉灰渣、食用油、动物尸体和电子垃圾，但本篇（防污染）其他章节中所规定或列出的物质除外。垃圾不包括灰水。

②最近陆地，系指划定其领海的基线。

③动物尸体，系指船上作为货物载运且在航行中死亡或被实施安乐死的任何动物的躯体。

④货物残余，系指本公约其他附则未涵盖，且在装载或卸载后仍留在甲板上或货舱内的任何货物的残余物，包括装载和卸载的多余货物或溢出物，无论其处于潮湿或干燥条件下或是夹带在洗涤水中，但不包括进行清扫后在甲板上残留的货物灰尘或船舶外表面上的灰尘。

⑤食用油，系指用来或拟用来预制或烹饪食物的可食用的任何类型油或动物脂肪，但不包括用这些油预制的食物本身。

⑥生活废弃物，系指本篇其他章节未涵盖的在船上起居处所产生的所有类型废弃物。生活废弃物不包括灰水。

⑦作业废弃物，系指本篇其他章节未涵盖的船上收集的产生于船舶正常维护或作业过程或用于货物存储和装卸的所有固体废弃物（包括泥浆）。作业废弃物也包括货舱和外部洗涤水中包含的清洁剂和添加剂。作业废弃物不包括灰水、舱底水或其他对船舶作业至关重要的类似排出物。

⑧电子垃圾，系指用于船舶正常操作的或在生活区域内使用的电气和电子设备，包括所有零配件、半成品和耗材，其丢弃时属于设备的一部分，存在可能对人体健康、环境造

成危害的物质。

⑨塑料制品，系指含一种或多种高分子聚合物作为关键成分的固体材料，其通过聚合形成（成型）或通过加热和/或加压形成成品。塑料的材料属性可为刚且脆，也可为软且有弹性。就本附则而言，“一切塑料制品”系指包含或向任何形式塑料制品所组成的所有垃圾，包含合成缆绳、合成渔网、塑料垃圾袋和塑料制品的焚烧炉灰渣。

（3）垃圾处理的一般规定

参阅MARPOL公约附则Ⅴ关于特殊区域外垃圾处理的规定。

2）告示、垃圾管理计划和垃圾记录簿

（1）凡船长为12 m及以上的船舶，应设置告示牌以便船员及乘客知道关于船舶垃圾处理的规定，告示牌应以12.5 cm×20 cm的耐久材料制成，应张贴在船员工作和生活处所的显著位置以及放置垃圾收集箱的位置，对于载运旅客的船舶，还应在旅客居住和聚集场所的显著位置张贴。

（2）凡100总吨及以上的船舶，以及核准载运15人及以上人员的船舶，应备有一份垃圾管理计划。该计划应对垃圾收集、储藏、加工和处理以及船上设备的使用等提供书面程序，并应指定负责执行该计划的人员。

（3）对于400总吨及以上的船舶，以及核准载运15人及以上人员的船舶，应备有一份经海事认可的垃圾记录簿，以记录每次排放作业或焚烧作业情况。

7.防止船舶造成空气污染规定

1）适用范围

除另有明文规定外，适用范围内的所有船舶应符合以下规定。

2）船舶排放控制要求

（1）消耗臭氧物质

①应禁止消耗臭氧物质的任何故意排放。故意排放包括在系统或设备的维护、检修、修理或处置过程中发生的排放，但不包括与消耗臭氧物质的回收或再循环相关的微量释放。

②消耗臭氧物质的可重新充注或更换的系统或设备的船舶，应保存一份含消耗臭氧物质的设备清单，并设保存一份消耗臭氧物质记录簿。该记录簿可以是经主管机关批准的现有航海日志或电子记录系统的一部分。

③消耗臭氧物质记录簿中的物质应按其质量单位（kg）记录，且在任何情况下都应及时记入下列内容：含消耗臭氧物质的设备的全部或部分重新充注；含消耗臭氧物质的设备的修理或维护；消耗臭氧物质向大气的故意排放和非故意排放；消耗臭氧物质向陆基接收设施的排放；向船舶供应消耗臭氧物质。

（2）柴油机排气污染物

氮氧化物适用于：每台安装在本法规生效之日及以后建造的船舶上的柴油机和每台在本法规生效之日及以后经过重大改装的柴油机。此处柴油机指单缸排量大于或等于30 L的船用柴油机。

不适用于应急发动机以及安装在救生艇上或只在应急情况下使用的任何设备或装置上

的柴油机。对于不满足排放要求的柴油机，也可采用经认可的排气后处理系统，将柴油机NO_x排放量至少降低至规定的限值内。

对于不适用上述氮氧化物的船用柴油机，即单缸排量小于30 L的船用柴油机，其氮氧化物、碳氢化合物、一氧化碳、颗粒也应满足相应的排放标准，但不适用于应急发动机以及安装在救生艇上或只在应急情况下使用的任何设备或装置上的柴油机。

（3）硫氧化物（SO_x）

船上使用的任何燃油的硫含量不应超过3.5%（按质量比，m/m）。

当船舶在排放控制区内航行、停泊、作业时，船上使用的燃油硫含量应满足要求，具体要求参见本教材第三章第三节“三、船舶大气污染物排放控制区实施方案”。

船上应备有证明燃油硫含量的书面证据供船舶检验人员核查。也可采用经认可的废气清洗系统达到规定硫含量燃油等效的SO_x排放水平。

船舶靠港使用岸电亦可作为使用符合硫含量要求的燃油的替代措施。

使用不同的燃油的船舶，应携有一份书面程序表明燃油转换如何完成，在其靠岸停泊或进入排放控制区域之前应有足够的时间对燃油供给系统进行全面冲洗，以去除所有硫含量超规定的适用硫含量的燃料。应将燃油转换作业完成时的每一燃油舱中的低硫燃油的容积，日期、时间及船舶位置记录在主管机关规定的轮机日志等记录簿中。

（4）船上焚烧

船上焚烧应只在船上焚烧炉中进行。安装上船的焚烧炉应满足相关要求并经形式认可。

①应禁止在船上焚烧下列物质：货物残余物以及有关的被污染的包装材料；多氯联苯；含有超过微量重金属的垃圾；含有卤素化合物的精炼石油产品。

②船舶正常操作过程中产生的生活污水、污泥和油渣可以在船舶主辅发电机的原动机或锅炉内进行焚烧，在这种情况下，应不能在码头、港口和河口内进行焚烧。

③禁止在船上焚烧聚氯乙烯，在符合规定的焚烧炉内焚烧除外。

④焚烧炉应配有一份制造厂的操作手册。负责任何焚烧炉操作的人员应经过培训，并能执行制造厂操作手册中规定的指导。

⑥任何时候应对燃烧烟道烟气出口温度进行监测，在温度低于850 ℃的最小许可温度时废弃物不应送入连续进料的船上焚烧炉。对于分批进料的船上焚烧炉，该装置应设计成其燃烧室的温度在起动后5 min内达到600 ℃。

（5）燃油质量

为燃烧目的供应到船上并在船上使用的燃油应符合规定的要求。

适用范围内的任何船舶，应以加油记录单的方式对为燃烧目的供应到船上并在船上使用的燃油的加油细节进行记录，该记录单应至少包含规定的资料。

加油记录单应保存在船上容易取到的地方以便随时检查。加油记录单应在燃油供应上船后保存3年。

加油记录单应附有一份所供燃油的代表样品。该样品应由燃油供应商代表和船长或负责加油操作的官员在完成加油操作后密封并签署，并由船方控制直到燃油被基本消耗掉，但无论如何其保存期自加油日期算起应不少于12个月。

（6）挥发性有机化合物

对于2020年1月1日及以后建造的150总吨及以上的国内航行油船，进入排放控制区，应配备经认可的蒸气排放收集系统。

载运原油的上述油船，还应备有并实施VOC管理计划。该计划应根据国际海事组织制定的指南编写。该计划应至少包括：装载、海上航行和卸货时的操作程序以确保VOC排放减至最低限度；考虑到原油洗舱产生的额外VOC的情况；指定负责实施该计划的人员。

（7）船舶靠港使用岸电要求

以下船舶应具备船舶岸电系统船载装置：

2019年1月1日及以后建造的中国籍公务船。

2020年1月1日及以后建造的国内沿海航行集装箱船、邮轮、客滚船、3 000总吨及以上的客船和50 000吨级及以上的干散货船。

自2019年7月1日起，具有船舶岸电系统船载装置的现有船舶（液货船除外），在满足下述条件时，应使用岸电：

在沿海控制区内具备岸电供应能力的泊位停泊超过3 h；或者

在内河控制区内具备岸电供应能力的泊位停泊超过2 h；

船舶不使用其他等效替代措施（包括使用清洁能源、新能源、船载蓄电装置或关闭辅机等）。

自2021年1月1日起，邮轮在排放控制区内具有岸电供应能力的泊位停泊超过3 h，不使用其他等效替代措施的，应使用岸电。

自2022年1月1日起，使用的单台船用柴油发动机输出功率超过130 kW，且不满足相应规定的氮氧化物排放限值要求的国内沿海航行公务船、集装箱船、客滚船、3 000总吨及以上的客船和50 000吨级及以上的干散货船，应加装船舶岸电系统船载装置，并在沿海控制区内具备岸电供应能力的泊位停泊超过3 h，或者在内河控制区内具备岸电供应能力的泊位停泊超过2 h，且不使用其他等效替代措施时，应使用岸电。

案例一

2021年12月15日，宁德福鼎海事处适用新版《海上交通安全法》，完成涉砂船舶“先锋×××”轮的处罚，对该船处以44.5万元人民币罚款，暂扣涉案船员适任证书6个月，违法记分记8分的行政处罚，形成有力震慑。

新修订的《海上交通安全法》极大提高处罚额度，针对船员处罚由罚款增加暂扣适任证书的处罚。

案例二

2021年9月17日，烟台长岛海事处在联合巡查时发现，“鲁烟×××”轮在长山水道内进行拖网作业，严重影响水道内其他船舶的航行安全。执法人员要求该船舶立即驶离航道，同时对该船实施联合检查并现场取证。经调查，该船舶行为违反了《中华人民共和国海上交通安全法》第四十三条，《长山水道船舶定线制》等有关规定，烟台长岛海事处对船舶依法处以2.6万元罚款的行政处罚。

案例三

2021年9月23日，烟台海事局在开展国庆节前海上巡航执法检查活动中发现，“鲁蓬×××”轮在长山水道东警戒区内拖网捕捞作业，涉嫌违法。现场取证后，烟台海事局将情况及时通报至相关海渔部门，指派烟台蓬莱海事处依法进行后续调查处置。根据调查，该船舶未遵守《长山水道船舶定线制》，其行为违反了《中华人民共和国海上交通安全法》第四十三条相关规定，烟台蓬莱海事处依法对船舶处以2.2万元的行政处罚。

案例四

2021年11月19日，莆田湄洲岛海事处依据新《海上交通安全法》《海上海事行政处罚规定》，依法对该船送达《海事违法行为通知书》《海事行政处罚决定书》，决定给予该船罚款人民币19.5万元整的行政处罚。莆田湄洲岛海事处执法人员在海上巡航时依法对“海阳×××”轮登船检查，发现该船船上6名人员均无法提供相应的船员证书。经进一步调查取证，发现该船存在船舶、海上设施的配员不符合最低安全配员要求，在船上工作未持有船员适任证书和船员健康证明等违法行为。

案例五

在船舶上工作未持有船员适任证书、船员健康证明或者所持船员适任证书不符合要求。

2021年9月8日1000时左右，宁波海事局执法人员在现场检查时发现：B轮（770GT，196 kW）本航次于2021年9月8日从舟山开往宁波，该船本航次船舶所有人招用未持有任何船员适任证书和船员健康证明的王某、张某、杨某分别担任船长、轮机长和大副，其行为违反了《中华人民共和国海上交通安全法》第十三条第二款之规定。

处罚结果：根据《中华人民共和国海上交通安全法》第九十七条的规定，给予B轮无证船员王某、张某、杨某分别罚款5 000元的行政处罚，给予B轮船舶所有人罚款7万元的行政处罚。

案例六

国内航行船舶进出港口、港外装卸站未依法向海事管理机构报告。

2021年9月9日1100时左右，宁波海事局执法人员在宁波舟山港佛渡水道对C轮（1 338 GT，794 kW）进行现场检查时发现：该船于2021年9月8日0100时左右从上海开往宁波，共计2个航次未向海事管理机构报告船舶进出港信息，进出港报告责任人为船长周某。该行为违反了《中华人民共和国海上交通安全法》第四十六条第三款和《中华人民共和国船舶安全监督规则》第十条、第十一条第一款之规定。

处罚结果：根据《中华人民共和国海上交通安全法》第一百零四条第二款的规定，给予C轮船长周某罚款4 000元的行政处罚，给予C轮船舶经营人罚款1.2万元的行政处罚。

案例七

承担无线电通信任务的船员和岸基无线电台（站）的工作人员未保持海上交通安全通

信频道的值守和畅通，或者使用海上交通安全通信频率交流与海上交通安全无关的内容。

2021年9月8日0815时至0845时期间，宁波海事局VTS值班员对在金塘岛南岸航行的D轮（770 GT，198 kW）通过VHF14/16频道多次呼叫，但该船均未应答，承担无线电通信任务的船长应某存在未保持海上交通安全通信频道值守的违法行为，该行为违反了《中华人民共和国海上交通安全法》第二十四条第二款和《宁波舟山港核心港区船舶交通管理系统安全监督管理规则》第五条第（五）项之规定。

处罚结果：根据《中华人民共和国海上交通安全法》第一百零一条第一项的规定，给予D轮船长应某罚款5 000元的行政处罚。

案例八

2021年9月8日，钦州港区海事处执法人员在例行开展进出港报告信息核查和电子巡航时，发现停靠在辖区吉运码头的“建华×××”轮报告的进出港信息存在异常，执法人员随即展开了详细调查。通过查询船舶报告系统、航行轨迹、查阅船舶文书和对当事船员询问等多种途径核实，确认船舶在抵达港口后报告进港信息，从而构成了未按规定报告进出港信息的违法事实。

违反上述有关规定，海事部门将按照《海上交通安全法》第一百零四条第二款“国内航行船舶进出港口、港外装卸站未依法向海事管理机构报告的，由海事管理机构对违法船舶的所有人、经营人或者管理人处3 000元以上3万元以下的罚款，对船长、责任船员或者其他责任人员处500元以上5 000元以下的罚款。”对船舶的所有人、经营人或者管理人以及船长、责任船员或者其他责任人员依法做出处罚。

新《海上交通安全法》对船舶所有人、经营人或者管理人违反国内航行船舶进出港口报告规定的处罚金额上限没有变化，下限由原来的5 000元降低到3 000元，但增加了对船长、责任船员或者其他责任人员的处罚。

第五章

航运公司船舶安全营运与防污染管理

本章学习目标

《海船船员培训大纲（2021版）》

3.10.1 ISM规则的产生背景与形成过程

.1 ISM规则产生的背景

.2 ISM规则的形成

3.10.2 ISM规则简介

.1 ISM规则简介

.2 ISM规则适用范围和实施日期

.3 ISM规则的目标、要求与特点

3.10.3 NSM规则简介

.1 NSM规则产生的背景

.2 ISM规则与NSM规则的联系和区别

.3 NSM规则适用范围和实施日期

3.10.4 ISM（或NSM）规则理解

.1 总则

.2 安全和环境保护方针

.3 公司的责任和权力

.4 指定人员

.5 船长的责任和权力

.6 资源和人员

.7 船上操作方案的制定

.8 应急准备

.9 不符合规定情况、事故和险情的报告和分析

.10 船舶和设备的维护

.11 文件
.12 公司审核、复查和评价
.13 发证和期间审核
.14 临时发证
.15 审核
.16 证书格式
3.12.1 航运公司简介
.1 航运公司经营资质与许可
.2 航运公司的模式
.3 航运公司管理机构
.4 航运公司日常营运管理过程
3.12.2 航运公司岸基管理
.1 人力资源管理
.2 海务管理
.3 机务管理
.4 航运管理
.5 岸基行政管理
.6 体系管理
.7 应急准备与反应
3.12.3 航运公司船舶管理
.1 船舶日常营运介绍
.2 船舶安全管理组织机构及其职责
.3 船舶管理活动的实施
.4 特殊船舶的管理
3.12.4 安全管理体系建立与实施
.1 管理体系基础知识
.2 安全管理体系的建立
.3 安全管理体系运行和保持

根据《中华人民共和国海上交通安全法》《中华人民共和国内河交通安全管理条例》等法律、行政法规以及我国缔结或者加入的相关国际公约，航运公司应当履行船舶安全营运与防污染管理责任，按照ISM/NSM规则的标准建立符合公司特点的安全管理体系并保持有效运行。

我国是世界公认的航运大国，海运量世界占比26%，全球第一，至2021年9月，拥有持“符合证明”（DOC）的国际航运公司217家，国内航运公司1948

家；持有“船舶安全管理证书”（SMC）的船舶12 933艘。

船长与大副作为航运公司重要的人力资源，是高效贯彻安全管理体系并实现公司安全和环境保护方针的中坚力量。根据《海船船员培训大纲（2021版）》，船长应了解航运公司的日常营运管理、岸基与船舶管理相关业务、SMS的建立与实施等内容；大副应理解ISM规则与NSM规则的区别、联系与基本要求等知识。

本章学习目标中的3.10仅适用于海船500总吨及以上大副，3.12仅适用于海船500总吨及以上船长。

第一节 ISM与NSM规则概述

一、ISM规则简介

《国际安全管理规则》（ISM规则）是《国际船舶安全营运和防止污染管理规则》的简称，它所提供的是船舶安全管理、安全营运和防止污染的国际管理标准。

（一）ISM规则产生背景

1.20世纪80年代前后海难事故频发

20世纪80年代前后，随着开放登记国家数量的增加，悬挂方便旗的船舶急速增多。方便旗国缺乏专业技术人员，管理能力较差，船检标准低，有的根本没有船舶检验机构和监督机构，无法有效监督和管理船舶。船东为压缩营运成本，延长船舶服务年限，减少维修保养预算，大量雇佣低工资船员，减少船舶配员，船员劳动强度大大增加等，这些因素致使海难事故频发。比较典型的海难案例有：

（1）1978年3月17日，超级油船“阿莫科·卡迪兹”号，满载着22万吨原油从波斯湾驶向鹿特丹，由于海况恶劣及操舵装置失灵。在法国布列塔尼附近触礁，造成船体断裂，所装载的22万吨原油和4 000多吨燃油泄漏，形成了一条宽1 km多的油带。污染法国180 km海岸。

（2）1987年3月6日，重达7 951 t的英国滚装渡轮“自由企业先驱”号，满载84名船员、566名乘客、122辆汽车和数百吨货物，由于离港前艏门忘关，船长为赶船期贸然加速，加上浅水效应的影响，艏门大量进水，致使出港23分钟倾覆，近200人遇难。这是自“泰坦尼克号”事件后，英国在和平时期遭遇的最大海难，也是英吉利海峡航行史上最大惨剧之一。

（3）1989年3月24日，美国巨型油船“埃克森-瓦尔迪兹”，由于船长醉酒，三副没有及时转向，致使该轮在阿拉斯加州美、加交界的威廉王子湾附近触礁，1 100万加仑原油泄漏，在海面上形成一条宽约1 km、长达800 km的漂油带，污染1 609 km海岸，仅清理费达22亿美元，全部损失112亿美元。

这些震惊世界的重大海事案例，几乎都是由人为因素造成的，沉痛的教训使IMO认识到加强公司管理对船舶安全营运的重要性。过去IMO制定的公约、规则，主要针对船舶、设备和船员的技术标准，对已暴露出的公司管理问题很少涉及。因此，迫切需要IMO采取有力的措施，制定针对公司安全和防止船舶污染的国际性管理标准。

2.海事界对海难事故居高不下的反映

（1）保险业

海难事故频发，严重影响保险业，有些保险公司由于过高的赔率面临破产，保险商纷纷对高风险船和安全记录差的船公司实施超高保险费率或者拒保。社会舆论和有关政府强烈呼吁IMO必须采取措施，加强对航运公司的管理和对船舶的检验。

（2）船级社

面对保险业的呼吁，国际船级社协会（IACS）对船级社实施质量体系认证，加强检验质量的管理。通过分析海难事故发生的原因（公司管理、船舶维护、船员操作），多途径向IMO建议，针对事故主要原因采取相应措施。

（二）ISM规则形成过程

IMO修正STCW 78公约强调船员的操作技能，制定有关船舶安全和防止污染操作要求的监督程序，加强港口国监督检查，同时通过IMO大会决议，不断加强船舶安全营运和防止船舶污染海洋环境。

1.A.441（XI）和A.443（XI）号决议

1979年11届大会通过了A.441（XI）和A.441（XI）号决议，分别提出各国政府采取必要措施，保证船公司与船长之间的信息交流；保证船长在海上安全和保护海洋环境方面正当履行其职责。这是IMO意识到公司管理的重要性后对公司管理的首次间接介入。

2.A.481（XII）号决议

1981年12届大会通过了A.481（XII）号决议，对船舶安全配员向公司提出要求，明确最低安全配员原则，要求船舶取得主管机关签发的相应证明文件并留船备查。

3.A.569（15）号决议

1987年15届大会通过了A.569（15）号决议，要求海上安全委员会尽快制定一个关于船舶和“陆地管理部门”对客滚船实施安全和防污染管理的指南。这是IMO首次直接针对“陆地管理部门”提出要求。

4.A.647（16）号决议

1989年16届大会通过了A.647（16）号决议及其附件，该决议的附件《船舶安全操作和防污染指南》可以认为是ISM规则的原型。它虽是志愿实施性质，但实际上西方一些航运大国已经在本国不同程度实施或者纳入港口国监督检查业务中。

5.A.680（17）和A.681（17）号决议

1991年17届大会通过了A.680（17）号决议，修正了《船舶安全操作和防污染指南》，新指南要求各国政府鼓励船东、经营人采取步骤，按照指南的要求实施船舶安全操作和防污染管理评估。同时通过了A.681（17）号决议，要求海上安全委员会和环境保护委员会作为一项紧急事项，尽快制定一个更为详细的有关船舶安全和防污染的监督指南，为操作性监督铺平道路。

6.A.741（18）和A.742（18）号决议

1993年18届大会通过了A.741（18）和A.742（18）号决议分别取代A.680（17）和A.681（17）号决议，A.741（18）号决议的附件就是ISM规则，A.742（18）号决议及其附件《船舶安全和防止污染操作性要求监督程序》为港口国监督提供了第一个关于对船舶操作性要求进行监督的程序。

1994年5月17日—24日，72个缔约国正式通过了ISM规则，并将这一规则纳入《1974年国际海上人命安全公约》（SOLAS公约）第九章，ISM规则作为附属于该章的单项规则强制实施。

（三）ISM规则适用范围与实施日期

ISM规则于1998年7月1日起对客船（包括高速客船）和500总吨及以上油船、化学品船、气体运输船、散货船和高速货船强制实施。2002年7月1日起对500总吨及以上其他货船和移动式近海钻井装置强制实施。

（四）ISM规则的目标、要求和特点

1.ISM规则的目标

保证海上安全，防止人员伤亡，避免对环境，特别是海洋环境造成危害以及对财产造成损失。

2.ISM规则的要求

（1）公司应当建立并在岸上和船上实施经营船旗国主管机关认可的安全管理体系（SMS），从而使公司能够具有船舶营运的安全做法和安全工作环境；

（2）公司应当针对已认定的所有风险制定防范措施，并不断提高岸上和船上人员的安全管理技能；

（3）公司安全管理应当符合强制性规定及规则，并对IMO、船级社和海运行业组织所建议的适用的规则、标准和指南予以考虑，最终实现ISM规则的目标。

3.ISM规则的特点

（1）鲜明的针对性

ISM规则主要针对公司管理，尤其是岸上管理，其目的就是通过规范公司的管理行为保证船舶的安全和防污染管理。

（2）全面的相关性

ISM规则覆盖了公司安全和防污染的所有工作，不仅涉及公司从事船舶安全和防污染的相关人员，而且涉及主管机关、港口国、认可机构等共同实现ISM规则的目标。

（3）完整的系统性

ISM规则要求公司从船舶到岸上对涉及安全和防污染工作的所有人员建立统一的安全管理组织机构和层次分明、相互联系的结构化、文件化安全管理体系（SMS）。

（4）自我完善性

ISM规则建立并运行的安全管理体系（SMS）引入PDCA循环，即体系建立（Plan)—体系运行（Do)—体系监控、内审、评审、外审（Check)—体系修订/换版（Act)，通过不断循环持续改进安全管理体系（SMS）。

（5）广泛的适用性

ISM规则用概括性术语写成，具有广泛的适用性。规则1.3条“本规则可适用于所有船舶”，围绕船舶安全和防污染，同样适用于负责船舶营运的公司及涉及安全防污染工作的相关人员，如主管机关、审核人员、港口国监督检查人员等。

二、NSM规则简介

（一）NSM规则产生的背景

20世纪80年代前后国际航运业面临的问题在我国普遍存在，公司经营不景气，资金短缺，个体挂靠管理船舶多，安全投入少，公司管理人员和船员素质低，管理水平和安全意识较差，国内水上交通形势严峻。

为了保障水上交通安全，保护水域环境，应用ISM规则的原理，结合我国实际情况，交通部于2001年7月颁布了《中华人民共和国船舶安全营运和防止污染管理规则（NSM）》(简称《国内安全管理规则》)，本规则为国内航行船舶提供了安全营运和防止污染的管理标准。

（二）NSM规则适用范围和实施日期

本规则适用于国内航行船舶及其公司。分批次适用和实施日期如下：

（1）第一批国内航行船舶（2003年1月1日起）

①载客定额50人及以上跨省航行的客滚船、旅游船、高速客船；

②150总吨及以上的气体运输船和散装化学品船。

（2）第二批国内航行船舶（2004年7月1日起）

①载客定额50人及以上所有跨省航行的客船；

②500总吨及以上的油船。

（3）第三批国内航行船舶（2007年7月1日起）

500总吨及以上的沿海跨省航行的散货船和其他货船。

(4)第四批国内航行船舶（2021年1月1日起）

①沿海载客定额50人以下跨省航行的客船（客渡船除外）及沿海省内航行的客船（客渡船除外）；

②沿海150总吨以下气体运输船和散装化学品船；

③沿海500总吨及以上港内作业的油船及沿海500总吨以下油船；

④沿海500总吨及以上省内航行的散货船和其他货船；

⑤内河3 000总吨及以上散货船和其他货船。

（三）NSM规则与ISM规则的联系和区别

1.NSM规则与ISM规则的联系

NSM规则是我国为履行ISM规则做出的相配套的国内法规，利用ISM规则的原理结合我国航运和水陆交通发展实际而出台，NSM规则基本上全文引用ISM规则的原文。NSM规则和ISM规则在安全原理、结构、内容等方面基本相同，其完全覆盖了ISM规则有关船舶安全和防污染的所有内容，其核心是要求公司建立、实施、保持并不断改进其安全管理体系。

2、NSM规则和ISM规则的区别

（1）实施范围不同

NSM规则适用于国内航行船舶及其公司，自2003年—2021年间针对不同船舶分四批实施；ISM规则适用于国际航行船舶及其公司，自1998年—2002年间分两批实施。

（2）SMS符合的强制性规定与标准不同

根据NSM规则建立的船舶安全管理体系应符合国内强制性规定和标准，而按ISM规则建立的SMS体系应符合国际和国内的强制性规定和标准。

（3）规则中的某些定义不同

有关公司、主管机关、符合证明等的定义不同。比如，主管机关在NSM规则中指中华人民共和国海事局，在ISM规则中是指船旗国政府。

三、ISM规则(或NSM规则)理解

ISM规则包括前言、A部分和B部分。NSM规则包括前言、第一部分和第二部分。

前言均介绍了规则制定的目的，规则在制定中所采用的相关决议的原则，以及考虑到航运公司与船舶情况各异，规则仅给出了安全和防污染的一般原则和目标。同时强调高级领导层的承诺是做好安全管理工作的基础，航运公司各级人员的责任心、能力、态度和主观能动性对船舶的安全和防污染起到决定性作用。

ISM规则A（NSM规则第一）部分为“实施”，ISM规则B（NSM规则第二）部分为“发证和审核”。下面介绍ISM（NSM）规则的主要内容。

（一）总则

1.有关定义

（1）公司，系指船舶所有人，或已承担船舶所有人的船舶营运责任并在承担此种责任时同意承担本规则规定的所有责任和义务的任何组织或法人，如管理人或光船承租人。

（2）主管机关，系指船旗国政府，我国为中华人民共和国海事管理机构。

（3）安全管理体系，系指能使公司人员有效执行公司安全和环境保护方针的结构化和文件化的体系。

（4）符合证明，系指签发给公司，表明该公司符合本规则要求的证明文件。

（5）安全管理证书，系指签发给船舶，表明其公司和船上管理已按照认可的安全管理体系运作的文件。

（6）不符合规定情况，系指客观证据表明不满足某一具体规定要求的可见情况。

（7）重大不符合规定情况，系指对人员或船舶安全构成严重威胁或对环境构成严重危险，并需要立即采取纠正措施的可辨别的背离，包括未能有效和系统地实施本规则的要求。

2.目标

公司的安全管理目标应包括：

（1）提供船舶营运的安全做法和安全工作环境；

（2）针对已认定的所有风险制定防范措施；

（3）不断提高船、岸人员的安全管理技能以及安全与环境保护应急反应能力。

3.安全管理体系功能要求

（1）公司的安全管理体系应保证：

①符合强制性规定和标准；

②充分考虑国际海事组织、主管机关、船舶检验机构和行业组织所建议的规则、指南和标准。

（2）公司应建立、实施并保持包括以下功能要求的安全管理体系：
①安全和环境保护方针；
②保证船舶的安全和防污染操作符合有关规定和标准的工作程序和须知；
③船、岸人员的职责、权限和相互间的联系渠道；
④事故和不符合规定情况的报告程序；
⑤对紧急情况的准备和反应程序；
⑥内部审核、有效性评价和管理复查程序。

（二）安全和环境保护方针

（1）公司应当制定安全和环境保护方针，说明如何实现公司的安全管理目标。
（2）公司应当采取措施，确保船岸各级机构均能始终贯彻执行此方针。

（三）公司的责任和权力

（1）如果负责船舶安全和防污染管理责任的实体不是船舶所有人，则船舶所有人与该实体必须签订符合以下规定的船舶管理协议，并将双方的详细情况报告主管机关：
①当船舶安全和防污染与生产、经营、效益发生矛盾时，应当坚持安全第一和保护环境的原则；
②船舶管理公司同意承担本规则所规定的所有责任和义务；
③在不妨碍船长履行其职责并独立行使其权力的前提下，船舶管理公司对处理涉及船舶安全和防污染的事务具有最终决定权。
（2）对管理、执行以及审核监控安全和防污染工作的所有人员，公司应当用文件形式明确规定其责任、权力及相互关系。
（3）为使指定人员能够履行职责，公司有责任对其提供足够的资源和岸基支持。

（四）指定人员

（1）公司应当任命指定人员，以直接同最高管理层联系，提供公司与船舶的联系渠道。
（2）指定人员的责任和权力应包括对各船的安全营运和防止污染方面进行监控，并确保按需要提供足够的资源和岸基支持。

（五）船长的责任和权力

（1）公司应当以文件形式明确规定船长的下列责任：
①执行公司的安全和环境保护方针；
②激励船员遵守该方针；
③以简明方式发布相应的指令；
④核查具体要求的遵守情况；

⑤复查安全管理体系并向公司岸上管理部门报告其存在的缺陷。

（2）公司应当保证在安全管理体系中包含一个强调船长权力的明确声明，确立船长的绝对权力和责任，以便船长能够就安全和防污染事务做出决定，并在必要时要求公司给予协助。

（六）资源和人员

（1）公司应当确保船长：

①具有适当的指挥资格；

②完全熟悉公司的安全管理体系；

③得到必要的支持，以便可靠地履行其职责。

（2）公司应当保证按照有关规定为每艘船舶配备合格、持证并健康的船员和适当地配备船员以覆盖到保持船上安全操作的各个方面。

（3）公司应当建立有关程序，以便保证涉及安全和环境保护工作的新聘和转岗人员熟悉其职责，凡需在开航前发出的重要指令均应当标明并以书面形式下达。

（4）公司应当保证安全管理体系内的所有人员充分地理解有关规定、标准和相关指南。

（5）公司应当建立有关程序，以标识为支持安全管理体系可能需要的任何培训，并保证向所有相关人员提供这种培训。

（6）公司应当建立有关程序，确保船员能够及时获得有关安全管理体系的信息。

（7）公司应当保证船员在履行其涉及安全管理体系的职责时能够有效地交流。

（七）船上操作方案的制定

1.对涉及人员、船舶安全和防止污染的关键性的船上操作，公司应当建立制定有关程序、方案或须知包括必要的检查清单。与之相关的各项工作，应当明确规定并分配给适任人员。

2.关键性的船上操作是指对船舶安全和防污染具有威胁的重要操作，可分为临界操作和特殊操作。

（1）临界操作是指其错误会立即导致危及人员、环境和船舶的事故或情况的操作。

①在受限水域或交通密集区航行；

②在接近陆地水域或交通密集水域遇到突然失去操纵能力时的操作；

③在能见度不良条件下航行时的操作；

④在恶劣气象条件下航行时的操作；

⑤危险货物和有毒有害物质的装卸和积载；

⑥海上加油和驳油操作；

⑦气体运输船、化学品船和油船的货物操作；

⑧洗舱及关键性机器操作；

⑨明火作业；

⑩进入封闭处所；

⑪高空/舷外作业等。

（2）特殊操作是指其错误仅在已造成危险情况或事故已发生时才会明显看出的操作。

①保证水密完整性；

②涉及航行安全的操作，包括改正海图和有关航海出版物；

③影响设备（如舵机）及其有关的备用机器可靠性的操作；

④维护操作；

⑤集装箱、货运单元系固操作；

⑥保持稳性、防止超载和应力集中；

⑦船舶保安、应对暴力和海盗行为等。

（八）应急准备

（1）公司应当建立程序，以标识、描述船上可能出现的紧急情况，并明确对这些紧急情况如何做出反应。

（2）公司应当制订应急行动的训练和演习计划。

（3）安全管理体系应提供措施，确保公司能在任何时候对其船舶所面临的危险、紧急情况和事故做出反应。

（九）不符合规定的情况、事故和险情的报告和分析

（1）公司应当建立程序，确保不符合规定的情况、事故和险情及时报告公司，并保证进行调查和分析，以便改进安全和防污染工作。

（2）公司应当制定实施纠正措施的程序，包括避免不符合规定情况、事故、险情重复发生的措施。

（十）船舶和设备的维护

（1）公司应当制定程序，保证船舶及设备按照有关规定和标准以及公司可能制定的任何附加要求进行维护。

（2）为满足这些要求，公司应当保证：

①按照适当的间隔期进行检查；

②任何不符合规定的情况及可能的原因得到报告；

③采取适当的纠正措施；

④保存这些活动的记录。

（3）公司应当制定有关程序，以便标识那些会因突发性运行故障而导致险情的设备和技术系统，并提供具体措施，以提高这些设备和系统的可靠性。这些措施应当包括对备用装置及设备或非连续使用的技术系统的定期测试。

（十一）文件

（1）公司应当建立有关程序，对与安全管理体系有关的所有文件和资料进行控制。

（2）公司应当保证：

①在所有相关场所均能够获得有效的文件；

②文件的更改应由经授权的人审查批准；

③被废止的文件应及时清除。

（3）用于阐述和实施安全管理体系的文件可称为“安全管理手册”。公司应以最有效的方式保存文件。每艘船均应配备与之有关的全部文件。

（十二）内部审核、有效性评价和管理复查

（1）公司应当定期开展内部审核，以核查安全与防污染活动是否符合安全管理体系的要求。除非由于公司的规模和性质不可能做到，否则实施内部审核的人员应当不从属于被审核的部门。

（2）公司应当定期评价安全管理体系的有效性，必要时还应当对安全管理体系进行管理复查。

（3）内部审核及管理复查的结果应当告知所有负有责任的人员，以提请他们注意。

（4）负有责任的管理人员应当对所发现的缺陷及时采取纠正措施。

（5）内部审核、有效性评价、管理复查及可能采取的纠正措施应当按文件规定的程序进行。

（十三）发证和定期审核

1.符合证明（DOC）

（1）符合ISM要求的公司，主管机关或主管机关认可的机构或者应主管机关的请求由另一缔约国政府在审核公司安全管理体系满足要求后，向其签发有效期不超过5年的符合证明，该证明应当被视为该公司能够符合本规则要求的证据。

（2）符合证明只对其载明的船舶种类有效。所载明的船舶种类以初次审核所认定的船舶种类为依据。其他船舶种类，只有在审核其公司的能力确已满足本规则关于此类船舶种类的要求时才能被载入。

（3）符合证明的有效性应当在每一周年日的前或后3个月内实施年度审核。如果没有申请年度审核或者有证据表明存在重大不符合规定情况时，主管机关或应主管机关的请求签发证书的缔约国政府应当收回符合证明。如果收回符合证明，所有相关的安全管理证书、临时安全管理证书也应当收回。

（4）船上应当保存一份符合证明的副本，以便船长被要求时出示给主管机关或主管机关认可的机构查验。

2.安全管理证书（SMC)

（1）符合ISM要求的船舶，主管机关或主管机关认可的机构或者应主管机关的请求由另一缔约国政府在审核该公司及其船上的管理确已按照经认可的安全管理体系运作后，向其签发有效期不超过5年的安全管理证书。该证书应当被视为该船舶符合本规则要求的证据。

（2）安全管理证书的有效性应当在证书的第二和第三个周年日之间实施中间审核。如果没有申请中间审核或者有证据表明存在重大不符合规定情况时，主管机关或应主管机关请求签发该证书的缔约国政府应当收回安全管理证书。

（十四）核发临时证书

1.临时符合证明

（1）新成立的公司或对符合证明增加船种的公司，主管机关或主管机关认可的机构或者应主管机关的请求由另一缔约国政府在审核公司安全管理体系满足要求后，向其签发有效期不超过12个月的临时符合证明，但该公司必须做出在临时符合证明有效期内实施满足本规则全部要求的安全管理体系的计划。

（2）临时符合证明的一份副本应当保存在船上，以便船长在接受主管机关查验时出示。

2.临时安全管理证书

（1）新造船舶交付使用或公司新承担对某一船舶的安全和防污染管理责任或船舶换旗的，经主管机关或主管机关认可的机构或者应主管机关的请求由另一缔约国政府审核确认满足要求后，向船舶签发有效期不超过6个月的临时安全管理证书。

（2）特殊情况下，主管机关或主管机关认可的机构或者应主管机关的请求由另一缔约国政府可以对临时安全管理证书的有效期做出不超过6个月的展期。

（十五）审核

ISM规则要求的所有审核，应当按照主管机关充分考虑IMO制定的指南后认可的程序进行。

（十六）证书格式

符合证明、安全管理证书、临时符合证明和临时安全管理证书应当按照本规则附录所示格式制作。如果所用语言既非英文又非法文，证书文字应当包括其中一种。

第二节●航运公司简介

一、航运公司经营资质与许可

航运公司的经营资质既要符合《中华人民共和国公司法》及其相关行政法规规定的法定条件，又要根据公司经营船舶的航区与业务范围，分别满足《中华人民共和国国际海运条例》《中华人民共和国国际海运条例实施细则》《国内水路运输管理条例》《国内水路运输管理规定》《国内水路运输辅助业管理规定》对企业经营主体资格的行政许可要求。

（一）国际海上运输及其辅助性业务经营资质与许可

设立经营国际船舶运输业务、国际船舶管理业务的航运公司，必须满足《中华人民共和国国际海运条例》和《中华人民共和国国际海运条例实施细则》的规定。

1.国际船舶运输业务经营资质条件

国际船舶运输业务是指国际船舶运输经营者使用自有或者经营的船舶、舱位，提供国际海上货物运输和旅客运输服务以及为完成这些服务而围绕其船舶、所载旅客或者货物开展的相关活动，包括签订有关协议、接受订舱、商定和收取客票票款和运费、签发客票和提单及其他相关运输单证、安排旅客上下船舶、安排货物装卸、安排保管、进行货物交接、安排中转运输和船舶进出港等活动。

根据《中华人民共和国国际海运条例》，经营国际船舶运输业务，应当具备下列条件：

（1）取得企业法人资格；

（2）有与经营国际海上运输业务相适应的船舶，其中必须有中国籍船舶；

（3）投入运营的船舶符合国家规定的海上交通安全技术标准；

（4）有提单、客票或者多式联运单证；

（5）有具备国务院交通主管部门规定的从业资格的高级业务管理人员。

《中华人民共和国国际海运条例实施细则》进一步规定，中国企业法人申请经营国际船舶运输业务，应当向国务院交通主管部门提出申请，报送相关材料或信息，交通运输部决定许可的，向申请人颁发国际船舶运输经营许可证。

2.国际船舶管理业务经营资质条件

（1）根据《中华人民共和国国际海运条例》，国际船舶管理经营者接受船舶所有人或者船舶承租人、船舶经营人的委托，可以经营下列业务：

①船舶买卖、租赁以及其他船舶资产管理；

②机务、海务和安排维修；

③船员招聘、训练和配备；

④保证船舶技术状况和正常航行的其他服务。

（2）《中华人民共和国国际海运条例实施细则》进一步规定，国际船舶管理者应当根据合同的约定和国家有关规定，履行有关船舶安全和防止污染的义务。

（二）国内水路运输以及水路运输辅助业务经营资质与许可

设立经营国内水路运输以及水路运输辅助业务的航运企业，必须满足《国内水路运输管理条例》《国内水路运输管理规定》《国内水路运输辅助业管理规定》。

1.国内水路运输业务经营资质条件

国内水路运输(以下简称水路运输)，是指始发港、挂靠港和目的港均在中华人民共和国管辖的通航水域内的经营性旅客运输和货物运输。

水路运输按照经营区域分为沿海运输和内河运输，按照业务种类分为货物运输和旅客运输。货物运输分为普通货物运输和危险货物运输。危险货物运输分为包装、散装固体和散装液体危险货物运输。散装液体危险货物运输包括液化气体船运输、化学品船运输、成品油船运输和原油船运输。普通货物运输包含拖航。旅客运输包括普通客船运输、客货船运输和滚装客船运输。

（1）申请经营水路运输业务，除个人申请经营内河普通货物运输业务外，申请人应当符合下列条件：

①具备企业法人资格。

②有明确的经营范围，包括经营区域和业务种类。经营水路旅客班轮运输业务的，还应当有班期、班次以及拟停靠的码头安排等可行的航线营运计划。

③有符合要求的船舶，且自有船舶运力应当符合要求。

④有符合数量要求的海务、机务管理人员。其从业资历与经营范围相适应，经营普通货船运输的，应当具有不低于大副、大管轮的从业资历；经营客船、危险品船运输的，应当具有船长、轮机长的从业资历。

⑤有符合要求的与其直接订立劳动合同的高级船员。与其直接订立一年以上劳动合同的高级船员的比例：经营普通货船运输的，高级船员的比例不低于25%；经营客船、危险品船运输的，高级船员的比例不低于50%。

⑥有健全的安全管理机构及安全管理人员设置制度、安全管理责任制度、安全监督检查制度、事故应急处置制度、岗位安全操作规程等安全管理制度。

（2）水路运输经营者投入运营的船舶应当符合下列条件：

①与水路运输经营者的经营范围相适应。从事旅客运输的，应当使用普通客船、客货船和滚装客船（统称为客船）运输；从事散装液体危险货物运输的，应当使用液化气体

船、化学品船、成品油船和原油船（统称为危险品船）运输；从事普通货物运输、包装危险货物运输和散装固体危险货物运输的，可以使用普通货船运输。

②持有有效的船舶所有权登记证书、船舶国籍证书、船舶检验证书以及按照相关法律、行政法规规定证明船舶符合安全与防污染和入级检验要求的其他证书。

③符合交通运输部关于船型技术标准、船龄以及节能减排的要求。

（3）使用外国籍船舶经营水路运输业务的例外

水路运输经营者不得使用外国籍船舶经营水路运输业务。但是，在国内没有能够满足所申请运输要求的中国籍船舶，并且船舶停靠的港口或者水域为对外开放的港口或者水域的情况下，经国务院交通运输主管部门许可，水路运输经营者可以在国务院交通运输主管部门规定的期限或者航次内，临时使用外国籍船舶运输。

（4）国内水路运输经营许可证与船舶营业运输证的获得

申请经营水路运输业务或者变更水路运输经营范围，应当向其所在地设区的市级人民政府水路运输管理部门提交申请书和证明申请人符合要求的相关材料。具有许可权限的部门，对符合条件的，应当做出许可决定，向申请人颁发国内水路运输经营许可证，并向其投入运营的船舶配发船舶营业运输证。

2.为水路运输提供服务的船舶管理业务经营资质条件

根据《国内水路运输管理条例》，为水路运输提供服务的船舶管理业务属于水路运输辅助业务，运输船舶的所有人、经营人可以委托船舶管理业务经营者为其提供船舶海务、机务管理等服务。

（1）申请经营船舶管理业务，申请人应当符合下列条件：

①取得企业法人资格；

②有健全的安全管理制度；

③有与其申请管理的船舶运力相适应的海务、机务管理人员；

④法律、行政法规规定的其他条件。

（2）配备专职海务、机务管理人员

根据《国内水路运输辅助业管理规定》，船舶管理业务经营者应当配备满足下列要求的专职海务、机务管理人员：

①船舶管理业务经营者应当至少配备海务、机务管理人员各1人，配备的具体数量应当符合规定的要求；

②海务、机务管理人员的从业资历与其经营范围相适应，具有与管理的船舶种类和航区相对应的船长、轮机长的从业资历；

③海务、机务管理人员所具备的船舶安全管理、船舶设备管理、航海保障、应急处置等业务知识和管理能力与其经营范围相适应，身体条件与其职责要求相适应。

（3）《国内船舶管理业务经营许可证》的获得

根据《国内水路运输辅助业管理规定》，申请经营船舶管理业务或者变更船舶管理业务经营范围，应当向其所在地设区的市级人民政府水路运输管理部门提交申请书和证明申请人符合规定要求的相关材料。省级人民政府水路运输管理部门应当依法对申请者的经营资质条件进行审查。符合条件的，向申请人颁发《国内船舶管理业务经营许可证》。

二、航运公司的模式

根据《中华人民共和国航运公司安全与防污染管理规定》，航运公司是指承担安全与防污染管理责任和义务的航运企业，包括船舶所有人、经营人、管理人和光船承租人。

船舶是航运公司开展业务的核心，航运公司是实施ISM/NSM规则并持有“DOC”的公司，它既可以自己经营并管理船舶，也可以将对船舶的经营与管理以光船租赁形式和船舶委托管理形式分别转给光船承租人和船舶管理人。实践中，航运公司的模式主要包括以下三种情况：

1.船舶所有人

航运公司作为船舶所有人，拥有船舶所有权并管理其所属船舶。其既享有对船舶占有、使用、收益和处分的权利，又要履行ISM/NSM规则赋予公司应尽的船舶安全和防污染的责任与义务。公司应制定船岸各岗位的权利和责任，保证公司安全管理体系正常运行。

2.船舶经营人

船舶所有人将船舶占有、使用和收益的权利以光船租赁的方式转移给承租人，承租人作为船舶经营人，承担船舶经营和管理责任，其中包括ISM/NSM规则规定的公司的所有责任和义务。

3.船舶管理人

船舶管理人负责船舶的管理但不负责其经营。所承担的船舶管理责任是ISM/NSM规定的公司的所有与安全和防污染有关的责任和义务。船舶管理人接受其他航运公司所属船舶安全与防污染的管理委托，应当与委托方签订安全与防污染管理协议，协议内容应当包括：

（1）当安全与防污染同生产、经营、效益发生矛盾时，应当坚持安全第一和保护环境优先的原则。

（2）所有有关安全与防污染的责任和义务由受托方独立承担。

（3）在不妨碍船长履行其职责并独立行使其权力的前提下，受托方对处理涉及安全与防污染的事务具有最终决定权。

（4）委托方应当向受托方提供足够的资源，确保受托方有效开展船舶安全与防污染管理工作。

（5）委托方船舶在船员配备和调动、船舶及设备维护、应急反应等方面应当服从受托方的指令。

委托方、受托方应当将双方及其船舶的详细情况及船舶管理协议报受托方所在地和船籍港所在地的海事管理机构备案。

三、航运公司管理机构

各航运公司设立的内部管理机构大同小异，目前多数是以保证船舶正常生产的职能划分的。

航运公司一般设置市场部、运输部、技术部、物料供应部、航务监督部、经营计划部、信息部、人力资源部等部门。

航运公司通常根据实际需要并结合公司具体情况规定岗位适任条件，涉及的岗位主要包括最高管理层、指定人员、海务管理、机务管理、人力资源管理、航运管理、调度、文件管理、信息传递、体系审核人员等以及船上在岗的所有人员，以保证将船舶安全和防污染管理工作落实到位。

四、航运公司日常营运管理过程

航运公司日常营运管理是围绕船舶运输，以市场为导向，首先进行航运市场的信息调研、市场细分；然后选择目标市场，进行市场开拓，即确定航线布局，合理配置船舶，安排班期密度制定价格，建立揽货网络和分销渠道，开展促销活动。负责自有或租入船舶运行计划的编制和监督执行，负责船舶生产调度；掌握船舶动态，保证船舶不断地进行生产；及时与港口及有关部门联系，掌握船舶在港口的作业安排情况，及时掌握气象和水文情况，确保运输生产的安全和高效率。负责企业船舶订造、船舶修理、船舶技术设备的维护与保养，船舶的技术改造与更新，船舶节能工作，航海及轮机技术的应用推广，船舶技术资料的管理，船舶海损、机损事故的处理和统计分析等。

第三节 航运公司岸基管理

一、人力资源管理

（一）人力资源管理的概念

人力资源管理，是指在经济学与人本思想指导下，通过招聘、甄选、培训、报酬等管理形式对组织内外相关人力资源进行有效运用，满足组织当前及未来发展的需要，保证组织目标实现与成员发展的最大化的一系列活动的总称。

学术界一般把人力资源管理分六大模块：人力资源规划、招聘与配置、培训与开发、绩效管理、薪酬福利管理、劳动关系管理。

（二）航运公司人力资源管理

通常航运公司的人力资源部负责人力资源管理工作，其承担船岸员工招聘、员工职务任免、职称评审、员工合同管理、档案管理、员工岗位交流/调整、员工解聘、员工退休、员工培训与评估、员工日常管理、薪酬规划和社保医保统筹等工作。

实践中，航运公司为规范人力资源管理流程，为公司提供充足、合格的人力资源，满足公司发展的需要，根据STCW 78/10公约和《中华人民共和国海船船员值班规则》《中华人民共和国最低配员规则》等的规定，建立并实施《人力资源管理程序》和《船员管理程序》，规范公司船岸员工的招聘、培训、考核、调配（派船）、任命和提升等工作，复核船长和船员数额配备、资格或证书是否符合法定要求，以确保公司船岸所有涉及安全和防污染职责的人员都是合格和胜任的。

二、海务管理

航运公司海务管理部门应按国际公约、国内法律对船舶安全、防污染和保安的总体要求，对船舶安全营运做好岸基支持。其主要负责制定航运公司有关海务的各项制度并负责贯彻、落实和执行；负责公司船舶的海务监督、管理和航行安全指导；根据船舶动态，提供气象、海域资料和安全措施，指导货物安全装卸和船舶安全营运；负责PSC及FSC监控工作，调查、分析和处理海损事故及险情等工作，通过船岸信息交流，有效落实船舶安全措施，确保船舶安全。

实践中，海务管理部门的海务主管一般应具有与所管理船舶种类和航区相对应的船长的从业资历，具有较丰富的海上资历和较强的组织管理能力。

海务管理重点包括以下工作：

（1）熟悉船旗国、船检和有关规则、规定和指南，收集有关货运、保险及航行安全等安全管理信息，掌握相关港口、气象、水文等信息，并进行有效传递。

（2）负责船舶航海图书、航海资料和航海通告的管理工作，检查船舶图书资料的配备、修正、保管和使用状况，保证船舶必备的航海图书资料齐全，并现行有效。

（3）负责对船舶雾航、防抗台风等季节性安全工作的部署、指导，并监督具体措施落实情况，及时研究解决船舶提出的问题。

（4）负责对新聘船长、驾驶员和GMDSS普操员的业务水平和技术状况进行考核，每年底对在职船长进行业务考核及对工作表现进行评价，并对上述人员的聘用提出意见和建议。

（5）协助机务主管做好船舶通信导航设备的配备、日常维护保养的检查工作。

（6）负责组织船舶有关设备安全操作规程（方案）的制订，经常督促、检查其实施情况，以及船舶救生、消防、堵漏和油污等应急训练和演习计划落实情况。

（7）当船舶发生紧急情况时，参加公司应急反应，并负责海损、火灾事故的调查、分析，及时提出处理意见和防范措施。

（8）协助机务主管做好船舶船旗国检查的指导、跟踪、监控工作。

三、机务管理

航运公司机务管理部门负责贯彻、落实和执行航运公司有关机务的各项制度和须知，并有责任对各自主管船舶执行本须知的情况进行检查、督促，必要时做出及时的纠正和培训。通过对船舶机务安全进行监督指导，以提高船舶机务监督工作的实效性，使船舶安全措施有效落实，确保船舶安全。

实践中，机务管理部门的机务主管一般应具有与所管理船舶种类和航区相对应的轮机长从业资历，有较丰富的维修保养经验和较强的组织管理工作能力。

机务管理重点包括以下工作：

（1）负责有关船检、防污染、船旗国检查及相关技术标准等信息的收集和进行有效传递。

（2）编制公司年度修船计划，审核船舶上报的修理项目，经批准后，及时安排船舶修理，保证船舶经常处于良好的技术状态，提高船舶完好率，满足船检规范要求。

（3）负责船舶证书的管理、检查，并根据实际情况提出检验计划，根据批准的检验计划通知船长，并督促有关部门做好检验前的准备工作，联系船检机构安排检验。

（4）负责船舶维修保养的管理工作（包括船舶通信导航设备的配备和日常维护保养），经常检查、监督、指导船舶开展维修保养，及时解决船舶维修保养中出现的问题，并审核船舶维修保养的费用。

（5）负责指导、检查、监督船舶配件、燃油、润滑油、材料供应管理工作。

（6）负责对新聘轮机长、轮机员及电机员的业务水平和技术状况进行考核。指导和协助他们解决工作中的技术难题。每年对在职轮机长进行业务考核及工作表现进行评价，并对上述人员的聘用提出意见和建议。

（7）负责组织安排船舶机电设备安全操作规程(方案)的制定和实施情况的检查。

（8）负责对船舶和机器设备的缺陷、险情报告的分析并实施纠正措施进行检查、监督、指导，保存记录并提供岸基支持。

（9）当船舶发生紧急情况时，参加公司应急反应，提供有关的技术资料和船舶资料。

（10）负责船舶机损事故和污染等事故的调查、分析，及时提出处理意见和防范措施，协助海务主管做好有关保赔工作。

（11）负责船舶船旗国检查的指导、跟踪、监控工作。

四、航运管理

航运管理通常由航运部（也称为租船部）承担，其主要负责船舶出租、确定航次任务、调度船舶、跟踪船舶动态、保证船舶货运质量；负责办理船舶保险、处理海商与海事纠纷；做好索赔、理赔工作，并参与船舶应急抢险和对船长的航运业务进行考核。有的航运公司会成立专门的商务部负责保险和理赔等相关事务。

实践中，航运管理重点包括以下工作：

（1）开展船舶经营业务，洽谈和签订租船、委托代理、添加船舶燃油（自有船舶由机务部门负责）等营运业务合同，回收、支付相关费用。

（2）做好营运收入管理工作，研究分析经营状况，收集航运市场信息，论证航线的开辟，供公司经营决策。

（3）负责公司船舶的使用、调度，包括指令的下达、运营状态的控制、相关问题的处理和有关信息的处理传递。

（4）负责船舶动态的跟踪，负责船岸间的日常通信，通报每天的气象情况和运营状况。

（5）检查、指导船舶货物的装卸，负责货损、货差事故的应急抢险和调查处理，做好船舶货运质量管理工作。

（6）制定船队保险方案，办理公司船队保险，处理海商、海事纠纷，做好保险理赔工作。

（7）参加船舶相关的应急抢险工作。

（8）接受船舶货运、危险品运输等方面的事故及险情的报告并负责调查处理。

（9）研究制定船舶货物运输管理以及船岸应急等方面不符合规定情况的纠正措施和预防措施，并跟踪验证、实施本部门不符合规定情况的纠正措施。

（10）协助船管部对船长的航运业务进行考核。

（11）为公司购买和转让船舶等决策活动及时提供市场等方面的信息支持等。

五、岸基行政管理

行政管理是公司管理工作的重要组成部分，行政管理通常是在总经理的领导下，按照具体分工，由行政各个部门负责具体实施，主要起到润滑油的作用，使航运公司成为一个完整的体系。实践中，岸基行政管理重点包括以下工作：

（1）负责公司相关文件的起草、印制和分发，上级和外部来文的签收、登记和领导批示后的传阅、催办、回复。做好公司行政类文件的审核、编号、立卷、存档工作。

（2）完善公司行政管理制度，管理公司资产，做好物品的管理工作及各项后勤保障工作。

（3）负责安排公司的年度工作会议、月度及每周工作例行等会议，做好记录，编写会议纪要和决议，并督促各部门贯彻执行，及时了解和反馈有关信息。

（4）负责各类物品的采购工作，确保按时完成各项采购任务，并保证所采购的物料质量符合要求；

（5）拟制公司组织架构及人员编制，根据公司不同时期的发展状况，对公司的组织架构及人员编制做出调整，报公司领导审批。

（6）根据各部门对人力资源的需求，做好员工的招聘、考核、选拔、调配、离职等工作。

（7）负责制定公司绩效考核办法，组织各部门对公司员工的任职情况进行考核，并在此基础上提出任免、奖罚建议，供公司领导决策时参考。

（8）调查了解具竞争力企业的薪酬水平，制定具有竞争优势的薪酬制度，报经公司批准。

（9）根据公司员工的培训需求，在每年年底负责编制公司下一年度培训计划和预算。

（10）负责公司年度培训工作及临时性培训工作的组织、协调、实施。

六、体系管理

航运公司安全管理体系管理通常由ISM办公室负责，其主要承担体系文件的总体设计、编制及修改，对体系文件和外来文件的分发，并负责公司持有文件的更新等工作。实践中，体系管理重点包括以下工作：

（1）ISM办根据ISM规则和NSM规则的要求、船旗国要求以及公司所管理船舶种类、航区等情况，提出公司所建立安全管理体系文件总体结构，报DPA批准后指定相关部室编写。

（2）ISM办确定体系文件的格式及编码并给予每个体系文件唯一的标识。

（3）体系文件用汉语和英文写成，在全部由中国船员组成的船舶用汉语版本；中国船员和外籍船员组成的船舶，用汉语和英文版组成的合成本；全部由外籍船员组成的船舶用英文版本。

（4）体系文件经总经理、DPA批准后，由ISM办负责根据DPA批准的分发清单分发，公司船岸收到的体系文件都是受控文件，每份文件都标识有唯一的受控号。

（5）公司岸基DPA、ISM办和船舶船长都持有整套SMS文件（纸印版和电子版），船舶甲板部大副及轮机部轮机长持有SMS文件《船舶操作手册》一本。电子版文件与纸质文件等同控制。

（6）船岸对体系文件提出修改补充要求时，要有书面申请，内容包括具体修改补充内容，经批准后由ISM办组织修改补充，修改后的体系文件按程序批准分发。

（7）因各种原因作废或替换下来的体系文件由持有人打上标识，公司的提交ISM办主任、船上的提交船长做好销毁记录后统一处理，电子版本整体更换。

七、应急准备与反应管理

（一）应急准备和反应机构

为了提高航运公司处置突发应急事件的能力，保障员工及公众的生命安全，最大限度地预防和减少突发应急事件及其造成的人员伤害、财产损失、环境污染和社会影响，航运公司应成立应急准备和反应机构，主要组成包括：应急管理领导小组、海上应急工作小组、陆上安全应急工作小组、战备应急工作小组、社会综合治理应急工作小组、公共卫生应急工作小组、应急处置专家小组。

（二）应急准备与反应管理重点

1.公司风险评估

为切实做好船舶安全风险防范工作，最大限度地避免事故发生或减轻事故造成的危害，公司定期组织人员对影响公司船舶经营目标的安全风险因素进行辨识，分析风险事件的现有控制措施、风险后果和发生的可能性，特别应充分考虑潜在后果的影响范围及其发生的可能性，以认定船上潜在的应急情况。

根据风险评估结果，充分考虑公司经营船舶的种类、航区特点，注意对可能出现的紧急情况进行辨识、评估和标识，并根据所标识的紧急情况，制定应急情况的响应程序，落实相应的应急反应预案或部署。

2.应急准备（培训、演习和演练）

公司为提高公司船岸对紧急情况的实际应变能力和自信心，提高应急反应的速度和效率，加强船舶和岸基训练与演习以及船岸应急演习工作，制定《公司应急准备和响应程序》，对此做出明确要求。

3.应急反应

（1）紧急情况发生时，要求公司船岸人员按照《公司应急准备和响应程序》的要求，能在任何时候，迅速、有效地对所面临的危险、事故和紧急局面做出反应，将风险损失降至最低。

（2）公司各职能部门要对所有紧急情况制定有效的应急方案，对船舶提供及时有效的指导与支持。

4.响应程序

（1）应急启动

值班室（24 h值守）值班人员及各职能部室接到突发事件报告，有条件时应立即启动录音电话设备，同时通知各部门、事发公司，由各部门、事发公司负责根据突发事件的类别、性质、严重程度，报告公司相关专项应急工作小组组长，情况紧急时可以直接上报应急领导小组组长，同时通知专项应急工作小组成员、相关职能部门负责人做好应急准备。应急工作小组组长视情决定是否启动应急预案，并向应急领导小组组长报告。

（2）应急响应

①应急工作小组成员接到启动应急程序的指令后，立即赶赴各专项应急处置办公室，按职责要求做好准备工作。当发生海上突发事件时，根据响应等级，按程序做好上报工作。当发生陆上突发事件时，根据响应等级，按程序做好上报工作。除公司内部报告外，必要时还要向上级公司、集团、主管机关报告。

②应急处置工作小组按照应急领导小组的指示对事发单位的施救方案认真分析研究跟踪指导，联系各有关方提供一切必要的资源和信息支持。并将事发单位应急行动过程、效果和需求随时向应急领导小组汇报。应急工作小组向事发单位发出的信息和指令，重要的决策方案必须经过应急领导小组组长或副组长审批。海上应急工作小组要严格监督指导公司船舶或有船单位应急处置工作。公司或有船单位在应急处置过程中要严格执行国际公约、国家法律法规和有关规定，在不妨碍船长履行其职责并独立行使其权利的前提下，做好应急处置工作。陆上应急工作小组要严格遵照属地管理为主的原则，密切配合当地政府、公安、消防及有关单位的救助行动。积极提供有关信息和技术支持。监督和指导事发单位采取积极有效的救助行动，并及时向应急领导小组汇报应急处置进展情况，尽最大努力控制危险势态的发展，抢救人员生命和国家财产，使危害和损失减少到最低程度。

③应急结束

当事件现场得以控制，环境符合有关标准，导致次生、衍生事件隐患消除后，经现场应急救援指挥确认和批准，现场应急处置工作结束，应急救援队伍撤离现场。各类事件灾难善后处置工作完成后，现场应急救援指挥完成应急处置总结报告，向其上级单位和当地政府主管部门报告。突发事件公司应急处置终止后，公司同时终止应急响应。

第四节 航运公司船舶管理

一、船舶日常营运介绍

虽然受船舶类型、营运航线、船旗、货载情况、公司管理风格、船舶配员等多种因素影响，航运公司对船舶日常营运管理差别很大。就普通货船而言，船舶的日常营运无论是班轮运输还是租船运输方式，都是围绕船舶航次生产活动开展的，船舶在其营运期间是一个航次接一个航次地完成运输生产任务，因此，航次是船舶营运的一个完整生产过程。

船舶完成一个航次任务，主要包括以下环节：

（一）装船前准备

船舶接到航次命令及装货清单后，大副根据船舶、航次货载、港口、航线等情况编制配载计划，经船长批准后分送装卸、理货公司按计划装船。船舶在装货前必须做好一切装货准备工作，如货舱的适货与验舱、特殊货物的商检计量与监装等。

（二）装船

在货物的装船过程中，船舶应主要做好以下工作：督促装卸公司严格按照配载计划装船，发现货物残损、短少等问题，应要求港方或货主立即处理；装重大件、危险货和贵重品等，大副现场指导等；根据货物装船实际，正确签署货运单证和理货单据。

（三）开航前

船舶各部门进行开航前的必要检查和准备，确保开航前和开航时船舶适航，处于“海船开航安全技术标准（GB/T 114112）所要求的技术状态”，如船舶证书都在有效期内，配员数量与质量满足STCW公约及规则的要求，航海仪器与图书资料齐全有效，燃润料与食品、淡水、物料供应充足。

（四）航行

船舶在航行中要听取船东在安全生产、气象导航、防避台风、防海盗等方面的特别指示，落实船舶各项安全生产与管理制度，确保船舶和货物安全，防止发生污染、海损、货损、机损及工伤等事故。

（五）到港前

船舶在到港前，应及时、准确地向代理发出到港预报和确报，严格执行所到港口船位报告、分道通航、船舶引航、卫生检疫等制度；安放并检查引航员登船装置，确保登船安全；全面检查和试验船舶有关设备；备妥各种船舶进口（港）申报单证；甲板部和轮机部落实好船舶到港前检查工作，做好进港准备。

（六）卸货

船靠码头后，由港口安排卸货。卸货期间如发生货物数量、质量争议，船方应及时与理货公司确认损失责任归属，卸货完毕后，船方与港方办理货物交接、签证手续。

二、船舶安全管理组织机构及职责

（一）船舶安全管理组织构架与岗位设置

船舶安全管理组织机构是航运公司建立的与安全管理相关的组织机构，其通过配备持证、适任的船岸管理人员，确保安全管理体系有效运转。实践中，通常只有承担安全与防污染管理责任的部门和人员纳入船舶安全管理体系。广义的船舶安全管理组织机构包括公司组织机构和船舶组织机构，图5-1、图5-2为两家不同公司的安全管理体系内（SMS）组织结构图。图中“——”表示公司安全管理运作系统，“------”表示监控关系。

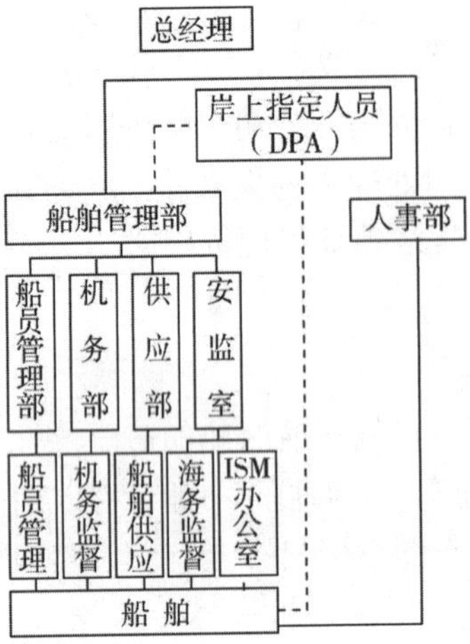

图5-1　安全管理体系内(SMS)组织结构图

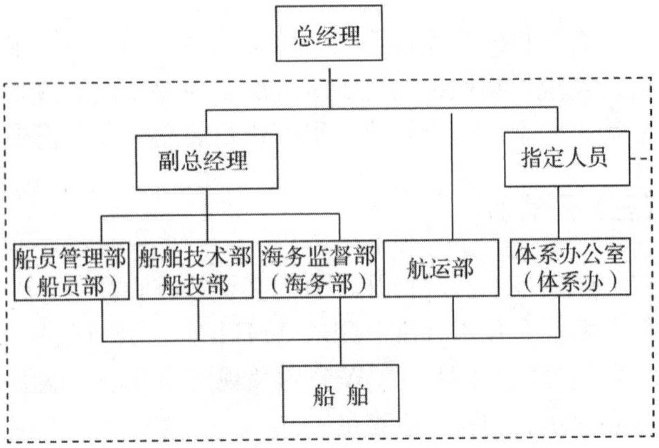

图5-2　安全管理体系内(SMS)组织结构图

航运公司认定与公司SMS相关的部室及岗位通常有总经理、指定人员以及人事部、船舶管理部（下设机务部、海务部、安管办、船员部、供应部）。

（二）岗位职责

在公司的安全管理体系文件内，各部门各岗位均有详细的职责及其替代关系，一般分为岸基人员职责手册和船员职责手册两部门。以下根据中国海事局发布的《国内航运公司安全管理体系文件》（范例2020版），介绍岸基管理人员总经理和指定人员的岗位职责，船上船长与船员职责在其他章节有所表述。

1.总经理

（1）履行公司法人授予的各项权利和义务，对公司安全管理和防污染工作负第一责任，全面领导公司安全管理和防污染工作，建立、健全本单位的安全生产责任制。

（2）确定公司安全和防污染管理机构的设立、人员的任免，明确其职责、权限和相互关系。

（3）负责岸基管理人员、船长、大副、轮机长聘用审批，发布“船长的权力声明”。

（4）审批安全管理和防污染重大问题的处理决定。

（5）组织制定并实施本单位的安全生产事故应急救援预案，当船舶发生紧急情况时任应急反应小组组长，组织救援和指挥抢救，并及时、如实报告生产安全事故。

（6）主持公司SMS有效性评价，必要时主持公司SMS管理复查。

（7）当总经理不在岗时，由指定人员替代。

（8）适任条件：应具有良好的组织能力、管理经验和协调能力。

2.指定人员

（1）负责宣传、贯彻和实施公司的安全和环境保护方针。

（2）负责监控公司及船舶营运中的安全和防止污染事务的执行情况。

（3）负责对不符合项、事故和险情的报告、分析、纠正等过程进行监控，根据需要随时向公司最高管理者汇报。

（4）负责组织公司安全管理体系的内部审核，并督促纠正措施的实施和验证。

（5）协助总经理做好公司的安全管理体系有效性评价和管理复查，并确保采取纠正措施。

（6）确保为船舶提供足够的资源和岸基支持，保证安全和环境保护方针和目标的实施。

（7）与主管机关联系，做好公司安全管理体系的审核、认证工作。

（8）负责有关安全管理信息的收集和有效传递的监督。

（9）负责向海事管理机构报告公司体系运行中的重大事项。

（10）适任条件：应具有良好的管理经验和协调能力，熟悉国家相关的法律、法规、熟悉NSM 规则及公司安全管理体系。

（11）当指定人员不在岗时，由总经理替代。

三、船舶管理活动的实施

公司安全管理体系文件涉及的内容较多，一般分为多个手册，通常由安全管理手册、职责手册、程序手册、船舶管理手册、船舶操作手册、应急手册等组成。

船舶管理活动涉及船舶对内对外的各项活动，公司通常在船舶管理手册或船舶操作手册中为船舶各项活动提供指导，涉及内容繁多，或可归类于船舶日常管理、船舶安全管理、船舶维护保养、应急处理和对外事务处理等四类。以下以典型公司管理的普通散货船为例，船舶管理活动可能涉及以下内容：

（一）船舶日常管理

船舶日常管理主要围绕落实酒精和毒品控制、船舶特殊操作和临界操作、防火规则和安全防火巡查、船舶文件和记录、安全委员会制度、医疗安排、船员上下船交接班的规定、通信联系细则、驾驶台规则等制度开展活动，确保船舶安全。

（二）船舶安全管理

船舶安全管理活动主要贯穿于船舶进出港试验、安全检查与报告、船上演习和培训、船舶明火作业、船舶防污染管理、进入封闭场所、注/排压载水、抛锚作业及/锚泊、船舶的水密性检查、能见度受限制航行、狭水道航行、气象恶劣条件下的安全航行、冬季防冻和冰区航行等日常工作中。

（三）船舶维护保养

船舶维修保养工作是船舶管理的重要组成部分，船舶应按维修保养计划对救生、消防、通信、导航设备、报警系统、主机、辅机、锅炉、舵机等设备进行检查、试验、操作和保养。

（四）应急处理和对外事务处理

当船舶发生险情、遭遇海盗、被当局罚款、发现偷渡人员、发生装卸导致船损或机损事故时，船舶应按安全管理体系的要求采取措施和行动，将损失降低到最小范围以内。公司应在任何时候对船舶遭遇的事故进行反应，确保对船舶遇到的应急情况采取协调的、迅速的和有效的方式予以支持。

四、特殊船舶及其管理

（一）特殊船舶

特殊船舶在国际公约和国内法规并没有明确的定义。在《中国船级社钢质海船入级规范》中也没有"特殊船舶"的定义，民用船舶按照用途分为：普通干货船、水泥运输船、冷藏货船、牲畜运输船、客船、滚装船等90多种船舶。从公司的符合证明上看，船舶类型分为：客船、高速客船、高速货船、散货船、油船、化学品液货船、气体运输船、移动式海上钻井装置和其他类型货船。

从船员适任持证要求来讲，油船、化学品船、液化气船、客船、大型船舶、高速船、极地水域运营的船舶、使用气体或者其他低闪点燃料的船舶，可以归类于特殊船舶。

（二）特殊船舶管理

对于特殊船舶的管理，国际公约或国内法规并没有特别明确的额外要求，但ISM规则和NSM有原则性的要求。

（1）强制性规定和标准

特殊船舶涉及的国际海事组织、主管机关、船舶检验机构和行业组织所建议的规则、指南和标准，应该纳入安全管理体系文件之中，并有效落实到船舶安全管理之中。

（2）船员配备

对于特殊船舶，公司应当确保为特殊船舶配备合格且健康的船长和船员，即：船长和船员应当持有相关的海船专业特殊合格证证书。

（3）指定特殊船上操作方案

除通用的船上关键性操作，对涉及特殊船舶安全和防止污染的关键性的船上操作，公司还应当特别制定有关方案和须知的程序。

（4）应急准备

对于特殊船舶，公司应当建立程序，以标识、描述特殊船舶上可能出现的特殊紧急情况，并明确对这些紧急情况如何做出反应。

（5）审核发证

特殊船舶应当由已取得与该类型船舶相关的符合证明或临时符合证明的公司营运。初次申请该类特殊船舶安全管理体系时，须安全体系已在岸基和该类型船舶上至少1艘运行3个月后方可申请，且须进行代表船审核。

第五节 SMS的建立与实施

一、管理体系基础知识

（一）安全管理体系的概念

安全管理体系(SMS)，是指能使船公司人员和船上人员有效地实施船公司或船舶营运管理公司(以下统称船公司)的安全营运和环境保护方针的一种管理结构和文件化体系，该体系的基本要素是组织结构、责任、程序、过程和资源。每个船公司都应建立、实施并保持一个SMS，在船上运行的SMS属于船公司运行的SMS的一个组成部分。

（二）在船上运行SMS的意义

（1）满足SOLAS公约的要求，以使得船舶能够从事国际航行。

（2）提高船员的安全意识和船舶安全管理水平。

（3）控制和减少不符合规定的情况、事故和险情，以保证船舶在海上安全航行。

（4）强化船舶安全操作，避免船期延误，从而提高船舶营运效益。

（5）加强对人为因素的控制，减少因重大海事导致的船公司经济损失。

（6）经受港口国的检查，减少不必要的滞留和损失。

（7）取得优惠的船舶保险费率。

（三）安全管理体系文件

船上配备的SMS文件通常由安全管理手册、安全管理程序文件、应急反应程序文件、安全操作须知与指南类文件以及安全记录类文件等一系列文件构成。

1.安全管理手册

该手册是总体描述SMS的纲要性文件，是向外部提供和证实SMS体系存在的强制性必备文件。

内容通常包括：封面、批准页、目录、修改页、发放控制页、公司概况、安全和环境保护方针、安全管理组织结构和职能、公司的责任和权利、指定人员、船长权力声明、船长责任和权力、ISM规则其他要素的展开说明、手册的管理及使用说明等。

2.安全管理程序文件

安全管理程序文件包括对各种影响船舶安全和防止污染活动进行控制和管理的程序性文件，是对安全管理手册的展开和细化。

通常包括：船长和船员配备的审核与保证程序；新上岗人员熟悉职责保证程序；为支持SMS而向船员提供的培训程序；SMS信息传递程序；船上关键及特殊操作方案和须知的制定程序；船舶紧急情况的表明、阐述和反应程序；应急行动训练和演习计划的制定程序；防止船舶污染管理程序；船舶各种应急反应程序；不符合规定的情况、事故和险情的报告与调查分析以及实施纠正措施程序；船舶和设备维护程序；关键设备和系统的标识及检测程序；SMS文件控制程序；SMS内部评审程序；SMS复查程序等。

3.应急反应程序文件

对于船上可能出现的各种紧急情况，船公司应为之建立相应的应急反应程序文件。在这些应急反应程序文件中应包括组织、职责、通信联络和报告、请求援助、应对媒体等内容以及具体的应急方案。

紧急情况至少应包括：碰撞；搁浅；火灾；人员落水；主(辅)舵机失灵；船体结构损坏；货舱进水；货物移动；货物散漏污染；抛弃货物；进入封闭处所；遭遇暴力或海盗；遭遇恶劣天气；弃船等。

4.安全操作须知与指南类文件

船上配置的安全操作须知与指南类文件包括各种与船舶安全操作有关的规章、制度、须知、程序、指南等。

5.安全记录类文件

（1）安全记录类文件是指与SMS运行有关的各种记录文件。

（2）与在船上运行的SMS有关的记录类文件包括：船上船员培训记录；重要船岸信息传递记录；法定文件记录；污染物处理记录；应急训练和演习记录；船舶遇险、事故和险情处理记录；不符合规定的情况、事故和险情的纠正记录；船舶和设备维护记录；关键设备操作记录；SMS监控记录等。

二、安全管理体系的建立

SMS在船上的建立分为预运行、试运行和正常运行三个阶段。

（一）SMS预运行

（1）SMS在船上的预运行通常仅在船公司选定的最具代表性的一艘船上进行，如船公司运营的船舶类型不止一种，则每种类型的船舶均应选定一艘具有代表性的船舶预运行SMS。

（2）SMS预运行目的

①检验船公司拟定的SMS文件的系统性、适用性、有效性和可执行性；

②检验将在船公司所有船上运行的SMS能否在选定的代表船上有效运行；

③不符合事故的情况、事故、险情能否得到及时报告和纠正；

④文件发放、回收、修改是否及时有效等。

（二）SMS试运行

（1）SMS试运行将在公司所有船上进行。

（2）SMS试运行目的

①进一步检验SMS文件的系统性、适用性、有效性和可执行性；

②SMS在船上运行的有效性；

③对SMS在船上试运行阶段中暴露出的问题进行协调和改进；

④为内、外审做好准备。

（三）SMS正常运行

（1）通过外审并取得SMC的船舶应正式运行SMS。

（2）在船舶正式运行SMS阶段，仍应对SMS的运行情况进行检查，对不符合规定的情况、事故和险情及时报告并予以纠正，对SMS在船上运行情况进行各种记录，按规定接受SMS在船舶上运行情况的中间审核、换证审核等。

三、安全管理体系运行和保持

（一）对在船上运行的SMS的评价和复查

（1）对在船上运行的SMS的评价和复查,是指由船长负责组织实施的，对在船上正在运行的SMS有效性和总体适合性所做的评价和检查。

（2）船长应根据体系文件的要求，定期（一般为半年一次）对在船上运行的SMS有效性进行评价，并视定期评价的结果决定是否进行管理性复查。

（二）对在船上运行的SMS的内审

（1）对在船上运行的SMS的内审(又称公司审核)，是指由船公司内审核员(或专家)对在船上运行的SMS进行系统的、独立的内部安全评审，以确定船上的安全及防止污染活动是否符合SMS的要求。

（2）内审分为初次审核、年度审核(又称例行审核)和特殊审核。

①初次审核是指在船舶建立并运行SMS首次审核。

②年度审核是指按SMS内审要求至少每年进行一次的审核，可采用集中式年度审核或滚动式年度审核来完成。

③特殊审核是指当SMS做出重大调整，船舶发生重大事故或存在重大隐患时所进行的审核。

（三）对在船上运行的SMS的外审

（1）对在船上运行的SMS的外审，是指由主管机关或其授权机构对船上的管理是否按照经认可的SMS运作进行的审核，以判断可否向船舶颁发船舶“安全管理证书”(SMC)。

（2）SMS的外审可分为初次审核、中间审核、换证审核、临时审核及必要的附加审核。

①初次审核是指在船舶建立并运行SMS首次审核。

②中间审核是指按SMS外审要求在SMC有效期的中期前后进行的审核。

③换证审核是指SMC到期日前6个月内进行的审核。

④临时审核是指当为核发临时安全管理证书所进行的审核。

⑤附加审核是指根据我国CCS的船舶安全管理体系，当船舶发生重大安全事故、重大人员伤亡事故和水域污染事件以及船舶发生PSC滞留与SMS的实施有关时所进行的审核。

第六章

船舶检验

本章学习目标

《海船船员培训大纲（2021版）》

3.6船舶检验

.1掌握船舶检验的目的、种类和机构

.2掌握法定检验的种类、检验时间安排

.3掌握保持船级的检验种类、入级符号、附加标志、船级证书、船级的暂停与取消

.4了解公证检验的种类

船舶检验是船舶检验机构对船舶及其设备的技术状况进行检验、审核、测试和鉴定的总称。船舶只有通过相应的检验，才能取得必要的技术证书或保持技术证书继续有效。本章内容适用于3 000总吨及以上船长和500~3 000总吨船长。

第一节 船舶检验的目的、机构和种类

一、船舶检验的目的

船舶检验的目的在于通过对船舶及其设备的检验，促使船公司保持船舶的良好技术状况，以保证船舶的营运安全和防止污染、损害海洋环境，保证船旗国和港口国政府对船舶

实施有效的管理和控制，同时为船舶所有人提高船舶在航运市场的竞争力，降低保险费率，以及为公证、索赔、海事处理等提供必要的技术依据。

二、船舶检验机构和种类

（一）船舶检验机构

世界上大多数海运国家的船舶各类检验是由民间组织——船级社来完成的。

国际船级社协会（IACS）于1968年成立，致力于联合各船级社，利用技术支持、检测证明和开发研究，通过海事安全与海事规范，维护与追求全球船舶安全与海洋环境清洁。

目前，IACS共有12个成员，即：美国船舶检验局（ABS）、法国船级社（BV）、DNV-GL船级社、韩国船级社（KR）、英国劳氏船级社（LR）、日本海事协会（NK）、意大利船级社（RINA）、中国船级社（CCS）、波兰船级社（PRS）、印度船级社（IRS）、俄罗斯船级社（RS）和克罗地亚船舶登记局（CRS）。

中国船级社（CCS）成立于1956年，总部设在北京，是国际船级社协会的正式成员。

中国船级社为船舶、海上设施及相关工业产品提供世界领先的技术规范和标准并提供入级检验服务，同时还依据国际公约、规则以及授权船旗国或地区的有关法规提供法定检验、鉴证检验、公证检验、认证认可等服务。

（二）船舶检验的种类

按照检验性质的不同，船舶检验可以分为法定检验、船级检验和公证检验等三种基本类型。

1. 法定检验

法定检验属于强制性检验，是指按照船旗国政府的法令、法规、条例和（或）政府批准、接受、承认或加入的有关国际公约、议定书、修正案、规则等，对国际或国内航行的船舶进行的检验、检查和鉴定。在检验、检查和鉴定合格后签发或签署相应的法定证书。法定检验必须由政府主管机关或其授权的组织或个人进行。

2. 船级检验

船级检验（也称入级检验）属于商业性检验，是指由船舶所有人选定的船级社，依据其制定的船舶入级规范，对船体（包括设备，下同）、船舶机械装置（包括电气设备，下同）等是否处于或保持良好、有效的技术状态进行的检验、检查和鉴定。在检验、检查和鉴定合格后签发或签署相应的船级证书。

3. 公证检验

公证检验则是应船舶所有人、经营人、租船人或保险人等的申请，对由于某种原因而造成的船舶实际状况进行具有公证性质的检验，以证明船舶的实际状况或产生事故的原因。公证检验完成后应签发相应的检验报告。

第二节 法定检验

一、法定检验概述

（一）法定检验的范围、目的与依据

1. 范围

法定检验的检验范围包括：SOLAS公约中规定的各种船舶结构与设备检验、MARPOL公约中规定的各种船舶结构与设备检验、LL公约规定的船舶载重线勘绘与检验、特种船舶构造和设备检验、船舶起重和吊货设备的检验、船舶吨位丈量等，以及按有关国际公约和各国制定的法规，对船舶结构、设备、载重线、稳性、吨位等进行的各种监督性检查、试验和鉴定。

2. 目的

法定检验的目的是按照有关国际公约和船旗国法律、法规的要求，对船舶结构、设备、载重线、稳性、吨位、锅炉及其他受压容器、主机、辅机、电气设备、无线电通信设备、救生设备、消防设备、航行和信号设备、防止污染设备、起货设备等进行监督，并确认其处于有效技术状态和适合其预定用途。

3. 依据

实施法定检验的依据为有关国际公约以及国内法规，如：《国际海上人命安全公约》（SOLAS 1974）及作为该公约组成部分的所有规则（如FSS规则、LSA规则、IBC规则、IGC规则、IMSBC规则、ISPS规则等）；《国际防止船舶造成污染公约》（MARPOL 73/78）；《1969年国际船舶吨位丈量公约》（ITC 1969）；《1966年国际载重线公约》及1988年议定书（LL 66/88）；《1972年国际海上避碰规则》（COLREG 1972）及其2001年修正案；国内的《中华人民共和国船舶和海上设施检验条例》《国内航行海船法定检验技术规则》《散装运输危险化学品船舶构造与设备规范》《非国际航行海船法定检验技术规则》《中华

人民共和国海上交通安全法》《防治船舶污染海洋环境管理条例》《中华人民共和国船舶和海上设施检验条例》《船舶与海上设施法定检验规则》等。

（二）法定检验的种类

1. 初次检验

船舶投入营运以及第一次对船舶颁发法定证书之前应进行初次检验，包括对船舶结构、机械、设备的一次完整检查和必要时的试验，以确保船舶满足相应证书的有关要求，保证船舶结构、机械和设备都适合其所要从事的营运业务。

经初次检验合格的船舶应颁发相应的法定证书和/或记录簿。

2. 年度检验

有关船舶法定证书上记载的签发日每一周年日的前或后3个月内应进行年度检验。年度检验应能使主管机关确认船舶的状况（包括其机械和设备）都按有关公约的要求得到了保持。经年度检验合格的船舶应在有关法定证书上签署。

3. 期间检验

在有关船舶法定证书上的第2个或第3个周年日的前或后3个月内应进行期间检验。该期间检验可替代一次年度检验。期间检验是对有关法定证书的指定项目进行检查，以确保这些项目都处于良好的状态，并且适合船舶所从事的营运业务。经期间检验合格的船舶应在有关法定证书上签署。

4. 定期检验

对货船设备安全证书而言，在该证书上的第2个或第3个周年日的前或后3个月内应进行定期检验，且该定期检验应替代一次年度检验；对货船无线电安全证书而言，在该证书上记载的签发日每周年前后3个月内应进行定期检验。定期检验应包括对设备的检查以及必要时的试验，以确保符合货船设备安全证书和货船无线电安全证书的要求，且设备处于良好的状态，并且适合船舶所从事的营运业务。经定期检验合格的船舶应在有关法定证书上签署。

5. 船底外部检查

货船构造安全证书所要求的特有检查。货船船底外部检查和有关项目的检验应能确保其处于良好的状态，并且适合于所从事的营运业务。通常船舶在干坞内进行船底外部检查，但对于被授予了水下检验附加标志的船舶，满足一定的条件，也可考虑在船舶处于漂浮状态下进行水下检验。经货船船底外部检查合格的船舶应在货船构造安全证书上签署。

6. 附加检验

附加检验也称临时检验。每当船舶发生事故时，或发现影响船舶安全性或完整性的缺陷，或影响其设备的效力配套性的缺陷，由船长或船舶所有人提出申请，负责颁发有关证书的主管机关、指定的验船师或授权的船级社根据具体情况，确定是否需要按适用的公约或规则进行检验，此种检验称为附加检验。附加检验可以是总体的，也可以是部分的。附加检验应确保维修和任何换新已经有效地进行，且船舶及其设备继续适合于船舶所从事的营运业务。一般认为，下列情况应申请法定附加检验：更换船名、船舶所有人、船旗、船籍港、船舶识别号；船舶重大修理、改装、改建、更换设备；更改船舶航区或航线等。

我国《船舶检验管理规定》明确规定，中国籍船舶、水上设施的所有人或者经营人，有下列情形之一的，应当向国内船舶检验机构申请临时检验：

（1）因发生事故，影响船舶适航性能；

（2）改变证书所限定的航区或者用途；

（3）船舶检验机构签发的证书失效时间不超过一个换证周期；

（4）涉及船舶安全的修理或者改装，但重大改建除外；

（5）变更船舶检验机构；

（6）变更船名、船籍港；

（7）存在重大安全缺陷，影响航行和环境安全，海事管理机构责成检验的。

7. 换证检验

换证检验也称换新检验，是指原证书到期，在相应证书换新之前进行的检验。换证检验应包括对结构、机械和设备的检验以及必要时的试验，以确保船舶满足相应证书的有关要求，保证船舶结构、机械和设备都处于良好状态，适合于其所从事的营运业务。

经相应证书换证检验合格的船舶应为其换发相应的新证书。

二、法定检验时间安排

（一）初次和换证检验

（1）初次检验应在船舶投入营运前进行。

（2）换证检验：所有需要换证检验的证书应在相应证书到期前3个月内完成换证检验。

（二）年度和期间检验

（1）年度检验应在证书的每一周年日的前或后3个月内进行。

（2）期间检验应在相应证书的第2个或第3个周年日的前或后3个月内进行，且该检验应替代一次年度检验。

（三）定期检验

（1）货船设备安全证书的定期检验应在证书的第2个或第3个周年日的前或后3个月

内进行，且该检验应替代一次年度检验。

（2）货船无线电安全证书的定期检验应在证书的每一周年日的前或后3个月内进行。

（四）船底外部检查

（1）客船的船底外部检查应每年进行1次。

（2）货船的船底外部检查，在货船构造安全证书有效期间的5年内应至少进行2次，且任何2次之间的间隔不超过3年，其中1次应在换证检验时进行。

（3）高速船的船底外部检查一般应每年进行1次。

第三节●船级检验和公证检验

船级是评定船舶技术状态的国际通用形式，是船舶所有人为了投保、索赔和处理海事纠纷的便利而自愿进行的。船级检验由船级社执行，由于各船级社的船舶入级规范的不同，下面以中国船级社（CCS）的《钢质海船入级规范（2015）》为例，介绍船级检验要求。

一、保持船级的各种检验

（一）一般规定

1. 一般要求

（1）已在CCS入级的船舶，为保持证书的有效性，应进行保持船级的各种检验。CCS验船师在检验中可根据其专业判断扩大检验范围，船东应提供相应的检验条件和安排。

（2）在检验中，如发现影响证书的有效性的损坏或缺陷并认为必须立即进行处理时，验船师应将处理意见通知船东或其代理人。

（3）船东有责任向CCS提出保持证书有效性的各种检验的申请，并按规范要求做好检验的项目准备和为检验提供安全措施。

2. 重新入级

当已被取消CCS船级的船舶要求重新入级时，CCS将根据船龄和原船级具体情况进行检验，如检验表明船舶处于良好状态并符合CCS规范要求，CCS将恢复其原授予的船级或按需要授予其他船级。

3. 损坏和修理检验

（1）涉及入级的船体、设备和轮机（包括电气设备）等部件遭到认为可能影响入级的损坏时，应及时通知CCS，CCS将指派验船师在该船航程抵达的适当港口及时登轮进行损坏检验，其检验范围应使验船师认为能查明损坏程度和原因所需的范围。

（2）涉及入级的船体、设备和轮机（包括电气设备）做任何修理，应在CCS验船师在场下进行。

4. 改装或改建检验

（1）涉及入级的船体、设备和轮机（包括电气设备）的结构尺寸或装置进行改装或改建时，其相关图纸应提交CCS批准。

（2）船舶有重大特征的改装或改建时，应符合“船舶重大改建、修理和改装的检验”的有关规定。

（二）检验种类与周期

1. 初次入级检验

（1）初次入级检验系指对申请入级的船舶，在第一次授予其CCS船级和颁发入级证书之前所进行的符合性检查，以确认其文件、结构和设备的设计、配置和技术状况以及管理等符合CCS入级规范、规则及CCS承认的其他技术要求。

（2）现有船舶和不在CCS检验下的建造中船舶的初次入级检验应按不在CCS检验下建造船舶的初次入级检验的有关规定进行。

国际航行的新船，其完整稳性应符合船旗国主管机关的要求或不低于IMO的有关标准。

（3）新建船舶的初次入级检验应按建造中检验的有关规定进行。

2. 年度检验

所有已入级船舶应进行年度检验。年度检验应在初次入级检验日期或上次特别检验日期的每一周年日的前或后3个月内进行。

3. 中间检验

（1）所有已入级船舶应进行中间检验。中间检验应在第2次或第3次年度检验之时或两次检验之间进行。除年度检验要求之外的项目，可在第2次或第3次年度检验之时或两次检验之间进行。

（2）中间检验和特别检验时，要求的处所的检验和测厚不应相互替代。

4. 船底外部及有关项目的检验

（1）船底外部及有关项目的检验既可以在干船坞内或在船排上进行，也可以在船舶漂浮状态下进行。在干船坞内或在船排上进行的检验称为坞内检验，在船舶漂浮状态下的检验称为水下检验。

（2）在每5年进行的特别检验周期内，至少应进行两次船底外部及有关项目的检验。其中一次应结合特别检验进行。在所有情况下，任何两次检验的间隔不应超过36个月。

（3）对船底外部及有关项目的检验通常应在干坞内进行。但是，可以考虑船舶漂浮状态下采用水下检验方式进行。

（4）对于船龄在15年以上需进行加强检验（ESP检验）的船舶，检查应在干船坞内进行。

（5）国际航行客船（包括客滚船）的坞内检验每年应进行1次。其中5年内不少于2次，应在干船坞内进行，其余的可以在船舶浮态下以水下检验方式来替代。同时应注意船旗国主管机关的规定。

5. 特别检验

（1）船体、设备和轮机（包括电气设备）应在5年间隔期内进行特别检验，以便更新入级证书。第一次特别检验应在初次入级检验之日起5年内完成，其后特别检验应在上次特别检验之日起5年内完成。对于入级证书有效期小于5年的船舶，可缩减特别检验周期。

（2）特别检验可在到期之日前一个年度检验开始，于到期之日前完成。如特别检验开始的时间早于到期之日前一个年度检验，则全部特别检验应在特别检验开始后的15个月内完成。在此情况下，特别检验开始时进行的项目方可作为特别检验的组成部分。

（3）在例外情况下，如在特别检验到期之日船东未能安排进行船舶的特别检验，根据船东到期之日前的书面申请，并经CCS同意，特别检验可给予不超过3个月的展期。

（4）如特别检验在证书到期日3个月前完成，则下次特别检验的日期从特别检验完成日算起。如特别检验在证书到期日前3个月以内完成，则下次特别检验的日期从原证书到期日算起。如特别检验在证书到期日以后完成，下次特别检验的日期仍从原证书到期日算起。

（5）中间检验和特别检验所要求的处所的检验和测厚不应相互替代。

6. 螺旋桨轴检验

（1）单螺旋桨轴检验间隔期为3年，最长不超过5年。

（2）多螺旋桨轴检验间隔期为4年，最长不超过5年。

7. 锅炉检验

（1）主水管锅炉，其内部检验每5年内不少于2次，5年内2次最大间隔期应不超过3年。

（2）主火管锅炉，在10年内锅炉内部检验每5年内不少于2次，最大间隔期应不超过3年。其后锅炉内部检验每年1次。

8. 循环检验

（1）船体循环检验系统

①船体循环检验是特别检验的替代检验系统，适用于除普通干货船、油船、散装货船和兼用船及化学品船以外的船舶。

②根据船东申请并经CCS同意，满足船体特别检验要求的船体全面检验，可以在循环检验系统的基础上进行。

③采用循环检验时，船体特别检验的所有要求，应在5年特别检验期满之前达成。

④在循环检验周期内，所有特别检验项目，应尽实际可能在特别检验周期内（5年内）均匀分配在每年度进行检验。

⑤船东有权确定船体检验项目的顺序。但是，各检验周期内的顺序应与之前检验周期内的顺序相关联，以确保在2个周期内的检查项目间隔时间不超过5年。只要符合船底外部及有关项目检验的相关要求，坞内检验也可以在5年船级检验期内任何时候进行。对于船龄在10年以上的船舶，压载舱在每一个5年船级检验期内应进行2次内部检查，即一次在中间检验范围内，另一次在替代特别检验的船体循环检验系统内。

⑥如检查中发现缺陷，验船师可以扩大检查范围。

⑦CCS可以撤回基于循环检验体系的检验协议。

（2）轮机循环检验系统

①应船东要求并经CCS的同意，机械装置（包括电气设备）特别检验的所有检查和试验项目，可采用循环检验的方式来进行。

②采用循环检验时，应将机械装置（包括电气设备）特别检验所有项目，尽实际可能在特别检验的周期内（5年内）均匀地分配在每年度进行检查。

③循环检验每一项目的最长检查间隔期不应超过5年。所有检查项目应像特别检验的状态那样提交检查，即在打开和清洁情况下提交检查。而对控制、报警和安全系统通常仅做动作试验和模拟试验。

④根据船东要求，同意轮机长按CCS授权的检查项目进行检查。检查后，轮机长应将所检查的情况记载于检验报告上，并应在船舶抵达有CCS验船师的第一个港口时，申请做确认检验，提交检验报告。

⑤CCS或船东根据循环检验系统的实施情况，可以终止循环检验系统，而采用特别检验。

9. 机械计划保养系统检验

（1）按计划维护保养的机械装置，CCS可同意采用机械计划保养系统检验作为替代轮机和电气的特别检验和循环检验，条件是：

①制订船上所有机械、装置和设备的维护保养计划，并经CCS认可。

②船上实施计划人员应遵守认可的维护保养计划，按计划进行维护保养并做出记录。

③维护保养计划记录应每年进行一次检查，以确认其处于有效状态。

（2）当维护保养计划记录不能完全满足建造后的检验要求时，则实施的机械计划保养系统检验将予以取消，其后采用特别检验或循环检验的方式进行。

10. 搁置检验

（1）具有CCS船级的船舶搁置，船东应书面通知CCS。

（2）搁置开始时，应申请进行搁置开始检验；在搁置期间，应进行搁置状态年度检验；搁置结束时，应申请恢复营运检验。

（3）如搁置船舶具有经CCS同意的搁置维护方案，而且其搁置期跨过船级特别检验已到期日期，只要能够满意地完成搁置状态年度检验，则在搁置期间，所有已过期的建造后检验展期到重新营运日期。

（4）船舶在其搁置期间，根据其船东申请，特别考虑检验范围和日期，可进行部分或全部的建造后检验。这些所进行的检验可在确定船舶重新营运检验范围，和/或确定下一次相同类别建造后检验的有效期时予以考虑。

（5）船舶结束搁置，船东应通知CCS，并在重新投入营运之前，申请恢复营运检验。

11. 临时检验

（1）临时检验是指不属于各种定期检验的任何检验。按检验船舶的不同部分，该检验可以定义为船体、机械、锅炉、电气和自动控制与遥控系统等临时检验。

（2）船舶发生下列情况时，船东或其代理人应申请临时检验：

①船名、船籍港、船旗国和船东或经营人变更；

②遭受影响入级的船舶及其设备的损坏；

③港口国当局的检查；

④涉及入级的任何修理或改装或更换时；

⑤检验的延期或建议。

（3）根据情况临时检验可以是总体或部分的，应确保维修或任何换新业已有效地进行，且船舶及其设备继续适合于船舶所从事的营运业务。

（4）完成临时检验，应在船舶入级证书中做相应的签注。

二、入级符号和附加标志

（一）入级符号

1. 定义

入级符号是船舶主要特性的表述，具有强制性。船舶的船体（包括设备）与轮机（包括电气设备）符合CCS规范、指南或等效规定，CCS将授予相应的入级符号与附加标志。

2. 符号

凡船舶的船体（包括设备）与轮机（包括电气设备）经CCS批准入级，将根据不同情况授予下列入级符号：

（1）★CSA，★CSM。

（2）★CSA，<u>★</u>CSM。

（3）<u>★</u>CSA，<u>★CSM</u>。

3. 入级符号含义

★CSA——船舶的结构与设备由CCS审图和建造中检验，并符合CCS规范的规定。

<u>★</u>CSA——船舶的结构与设备不由CCS审图和建造中检验，其后经CCS进行检验认为其符合CCS规范的规定。

★CSM——船舶的推进机械和重要用途的辅助机械由CCS进行产品检验，而且船舶轮机和电气设备由CCS审图和建造中检验，并符合CCS规范的规定。

<u>★</u>CSM——船舶的推进机械和重要用途的辅助机械不由CCS进行产品检验，但船舶轮机和电气设备由CCS审图和建造中检验，并符合CCS入级规范的规定。

<u>★CSM</u>——船舶轮机和电气设备不由CCS审图和建造中检验，其后经CCS进行入级检验，认为其符合CCS规范的规定。

对于按CCS接受的船级社批准的图纸进行建造中检验的新建船舶，上列入级符号中的★由<u>★</u>代替。

（二）附加标志

（1）附加标志是船舶不同特点的分级表述，加注在入级符号之后，可分为必须性附加标志和可选性附加标志。

（2）附加标志包括船舶类型、货物特性、特种任务、特殊的特征、航区、航线限制以及其他含义的1个或1组标志。

常用附加标志见表5-1至表5-6。

表5-1　船舶类型附加标志

名称	附加标志	名称	附加标志
普通干货船	General Dry Cargo Ship	集装箱船	Container Ship
客船	Passenger Ship	散货船	Bulk Carrier
滚装船	Ro/Ro Ship	矿砂船	Ore Carrier
油船	Oil Tanker	高速船	HSC
双壳油船	Oil Tanker, Double Hull	LPG运输船	LPG Carrier
化学品液化船	Chemical Tanker	LNG运输船	LNG Carrier

表5-2　航区限制附加标志

附加标志	说明	附加标志	说明
Ice Class B1*	最严重冰况区域航行	Ice Class B	小块漂流浮冰区域航行
Ice Class B1	严重冰况区域航行	R1	1类航区
Ice Class B2	中等冰况区域航行	R2	2类航区
Ice Class B3	轻度冰况区域航行	R3	3类航区

表5-3　特殊检验附加标志

名称	附加标志	名称	附加标志
水下检验	In-Water Survey	螺旋桨轴状态监控	SCM
加强检验程序	ESP	柴油机滑油状态监控	ECM
船体循环检验	CHS	机械计划保养系统	PMS
轮机循环检验	CMS		

表5-4　特殊设备附加标志

名称	附加标志	名称	附加标志
自卸货系统	Cargo Handling by Conveyor System	装载仪 (S、I、G、D)	Loading Computer (S、I、G、D)
应急拖带装置	Emergency Towing Arrangement	清洁压载舱	CBT
		专用压载舱	SBT
原油洗舱系统	COW	惰性气体系统	IGS

表5-5　自动控制附加标志

名称	附加标志
推进装置由驾驶室控制站遥控，机器处所包括机舱集控站（室）周期性无人值班	AUTO-0
船舶设置机舱集控站（室）和就地集控站，并在机电设备正常运行时，机舱集控站（室）连续有人值班	MCC
主推进装置由驾驶室控制站遥控，机器处所连续有人值班的船舶	BRC
2级动力定位系统	DP-2
一人驾驶	OMBO

表5-6 环境保护附加标志

名称	附加标志	名称	附加标志
洁净	Clean	SO_x排放控制	SEC
燃油舱保护	FTP	压载水管理计划	BWMP
灰水控制	GWC	冷藏系统控制	RSC
NO_x排放控制	NEC	防污底系统	AFS

船级符号和附加标志在船级证书中的表达形式，例如：一艘散货船由CCS规范进行建造检验，小块漂流浮冰冰况区域航行，无限航区航行，船体加强可装重货，装重货时2、4、6舱可空舱，抓斗装卸（最大20 t重）结构加强，按CCS COMPASS-Structure软件进行船舶结构直接计算和疲劳强度评估，总强度、完整稳性和散装谷物计算装载仪，加强检验，水下检验，机器处所周期性无人值班，螺旋桨轴状况监控，此船可授予下列入级符号及附加标志：

★ CSA, Bulk Carrier; CSR; Ice Class B; BC- A; Holds Nos.2, 4 & 6 may be Empty; Strengthened For Heavy Cargoes; Grab(20); COMPASS(D, F); Loading Computer(S, I, G); ESP, In-Water Survey ★CSM, AUT-0; SCM。

三、入级证书

（一）证书

（1）入级证书仅表示证书所覆盖的项目，通过审图、入级检验，确认符合CCS规范的要求，适合于预定的用途。

（2）入级证书所附的设备记录，是入级证书的一部分。

（3）入级证书应附有双方同意的条款与条件。

（二）证书有效期限

（1）船舶入级证书的有效期一般不超过5年。

（2）临时入级证书的有效期应不超过5个月。

（3）入级证书的有效期应尽量与其法定证书有效期进行协调。

（三）入级证书的签发与签署

（1）入级检验完成后，由执行检验单位签发临时入级证书。

（2）临时入级证书签发后，检验单位应提交临时入级证书、记录、报告和其他技术文件，经CCS总部主管部门审核并报请船级委员会核准，由CCS总裁或其授权人员签发入级证书。

（3）完成建造后检验，现场验船师应按规定在入级证书上签署。

（4）特别检验完成后，如在现有入级证书期满日前不能发给新的入级证书，则验船师可在现有入级证书上签署，签署有效期为从现有入级证书期满日起不超过5个月。

（5）特别检验完成后，检验单位应提交报告和其他技术文件，经CCS总部主管部门或指定的检验单位审核，由CCS总裁或其授权人员签发入级证书。

四、船级的暂停与取消

（一）船级的暂停

（1）船舶超出入级符号与附加标志规定的限制，以及批准的其他附加条件进行营运，船级将被暂停，入级证书将失效。

（2）船舶一旦发生任何可能使已授予的船级趋于失效的损坏、缺陷、故障或搁浅，且未在合理的第一时间向船级社报告，或者在预期的修理开始之前未取得CCS同意，均可能导致船级暂停，并使入级证书失效。

（3）下列情况之一，将导致船级暂停和入级证书失效：

①CCS给出的遗留项目或船级条件在规定的时间内未消除，且未经CCS同意展期；

②在年度检验时，当前或过期的循环检验项目未完成，且未经CCS同意展期；

③除年度检验、中间检验或特别检验以外其他建造后检验，未在到期日完成，且未经CCS同意展期；

④任何损坏、缺陷、故障或搁浅的修理未按规定完成并检验；

⑤船东未能安排要求的不定期检验。

（4）有下列情况之一，将导致船级自动暂停和入级证书失效：

①年度检验未在其周年到期日的后3个月内完成；

②中间检验未在5年特别检验周期的第3个年度检验周年到期日的后3个月内完成；

③船舶未在CCS规定的期限内完成特别检验，且未经CCS同意展期。

（5）如出现超出船东或CCS正常控制能力的不可抗力的情况，船舶在港时无法及时完成到期检验项目，经船东申请，在满足下列条件下，CCS可同意船舶在保持船级情况下，直接航行到卸货港卸货，必要时，随后压载航行至将完成检验的港口：

①检查船舶记录。

②当因不可预见的原因导致CCS验船师无法在当前港口登船时，CCS应能够在船舶的第一个到达港，进行到期和/或过期的检验项目及遗留项目/船级条件的检查。

③通过对该船的历史记录的了解和当前港口的检验，如现场验船师认为船舶状况适合单航次航行至卸货港，以及必要时随后压载航行至修船港，并经过CCS总部确认。

④当因不可预见的原因导致CCS验船师无法在当前港口登船时，船长应确认船舶状况满足前往最近的停靠港的要求。在此情况下，船级已经自动暂停的船舶，如满足上述条件，船级可以恢复。

（6）如果船舶在1年内发生2次或2年内发生3次被PSC滞留，且被给出严重缺陷，CCS可决定暂停船级，并在船舶记录中给出相应的注释。

（二）船级的取消

（1）如发生下述情况之一，船级将被取消：

①应船东的申请时；

②当导致船级暂停的情况未在规定的时间纠正时；

③如船舶在尚未完成要求其在开航前处理的遗留项目或船级条件时出海航行，船级将立即被取消；

④船级暂停连续达到6个月时；

⑤船舶的船体与设备、轮机（包括电气设备），遭受重大损坏或发生其他情况，经确认已无法继续营运时，如沉没、拆船等；

⑥未按时交纳检验费。

（2）如果船舶在1年内发生2次或2年内发生3次被PSC滞留，且被给出严重缺陷，CCS也可决定取消船级，并在船舶记录中给出相应的注释。

（3）如只是与保持特殊的附加标志有关的检验要求未按规定进行，则暂停或取消仅限于相应的特殊附加标志。

五、公证检验

船舶公证检验业务的内容很广泛，主要是为船舶的海损、机损以及为履行某种合同条款而进行的第三方检验。

公证检验包括海损检验、索赔检验、起租退租检验、船舶状况检验、货损检验等。如船舶起、退租时的状况鉴定，买卖船时的船舶技术状况勘验，船存油、水的测量证明，某些海损事故所致损坏程度的鉴定等。

公证检验的检验报告可作为海事索赔、保险理赔、费用追偿和分摊等的合法依据。

第七章

风险控制与危机管理

本章学习目标

《海船船员培训大纲（2021版）》

3.7风险控制与危机管理

.1风险识别与评价

.2风险控制手段

.3危机处置

风险是不可预知的，但风险大多数又是有规律的，我们根据长期的风险发生的记录，就可以总结出风险发生的规律，综合考虑各种内外因素，正确运用风险识别和控制的手段对风险做出正确的评估，从而可以有效地规避风险。

本章以风险评估理论为基础，首先给出风险、安全和事故的基本概念及其相关内容，然后分别介绍风险识别、分析的方法和风险评估的基本原理；针对船舶上的关键性操作，进行风险评估以及典型的案例分析。

本章内容适用于海船3 000总吨及以上船长、500~3 000总吨船长。

第一节 风险概念与常用的事故致因理论

安全不是完全没有损害，只是损害在可接受的范围内。世界上无绝对的安全可言，安全与风险总是并存的，任何一项活动都存在或多或少的风险，当风险处于人们可接受的范围内，就认为是安全的，否则就认为是不安全的。事故是违背人的意志而发生的意外事件。事故是随机事件，很难预测。但事故也有它的规律，掌握了事故规律就有可能控制和预防事故的发生。

一、安全、风险与事故

安全，按照字典解释，即远离危险，没有伤害、损失、威胁，没有事故发生。研究安全就是研究如何预知和分析危险，如何控制和消除危险。危险是普遍存在的一种物变趋势，在人为因素、自然因素的激发下会演化成事故和灾难。随着对安全问题研究的逐步深入，人类对安全的概念有了更深的认识，并从不同的角度给它下了各种定义：安全是指客观事物的危险程度能够为人们普遍接受的状态；安全是指没有引起伤亡，伤害，职业病或财产、设备的损坏或损失或环境危害的条件；安全是指不因人、机、媒介的相互作用而导致系统损失、人员伤害、任务受到影响或造成时间的损失。

风险是指损失的大小和发生的可能性。风险是一种可能发生的损害。风险是在一定条件下和一定时期内，由于各种结果发生的不确定性而导致行为主体遭受损失的大小以及这种损失的可能性的大小。因此，风险大致有两种定义：广义风险和狭义风险。广义风险强调风险表现为不确定性，说明风险产生的结果可能带来损失、获利或者是无损失也无获利。狭义上的风险，是在安全生产领域中的定义，风险与发生事故联系在一起，风险表现为损失的不确定性，说明风险只能表现为损失。

风险是事件的安全和危险动态联系和转化的纽带，是安全与危险相对存在的范围。当风险大到一定程度（通常达到不可接受的范围），我们就认为是危险的；反之，当风险小到一定程度（通常在可接受范围），我们就认为是安全的，因此安全可以理解为没有超出允许限度的危险，危险可以理解为超出允许限度的安全。

IMO将风险定义为：风险是事故发生的频率与后果严重性的组合。风险是风险构成要素相互作用的结果。风险是在一定时间内，以相应的风险因素为必要条件，以相应的风险事件为充分条件，有关行为主体承受相应的风险结果的可能性。风险的内涵在于，它是在一定时间内，由风险因素、风险事故和风险结果递进联系而呈现的可能性。风险是一种多种要素相互作用而形成可能出现意外的结果。风险是风险因素作用下的不确定事件结果的描述。

事故是指人们在进行有目的的活动过程中，突然发生的违背人们意愿，并可能使有目的的活动发生暂时性或永久性中止，造成人员伤亡和/或财产损失的意外事件。简单说，凡是引起人身伤害、导致生产中断或财产损失的所有事件统称为事故。

事故是由系统中相互联系、相互制约的多种因素共同作用的结果，事故的发生是随机的。系统由安全状态转化为事故状态实际上是一种突变现象，事故的发生是必然的，事故具有普遍性、随机性、偶然性、必然性、因果相关性、突变性和潜伏性等特性。因此，认识事故的特性，对于防止事故发生有促进作用，制定事故预案，加强应急救援训练，提高作业人员的应急反应能力和应急救援水平，对于减少人员伤亡和财产损失尤为重要。

二、事故致因理论

事故致因理论是探索事故发生与发展规律，研究事故始末过程，揭示事故本质的理论。它是分析事故的工具，以指导事故预防和防止同类事故的重演。

（一）事故因果连锁论

事故因果连锁论又称为多米诺骨牌事故模型，1936年英国的海因里希首先提出了事故因果连锁论。该理论认为，事故发生并非单一原因造成，而是一系列原因事件相继发生的结果，如同多米诺骨牌效应。海因里希认为，企业安全的要点在于防止人的不安全行为，消除机械的或物质的不安全状态，以中断事故连锁进程从而防止事故的发生。海因里希最初提出的事故因果连锁过程包括遗传及社会环境、人的缺点、人的不安全行为或物的不安全状态、事故和伤害五个因素。

人们用多米诺骨牌来形象地描述这种事故因果连锁关系，如图6-1所示。在多米诺骨牌系列中，一颗骨牌被碰倒了，则将发生连锁反应，其余的几颗骨牌也相继被碰倒。如果移去连锁中的一颗骨牌，则连锁被破坏，事故过程被中止。海因里希认为，企业事故预防工作的中心就是防止人的不安全行为，消除物的不安全状态，中断事故连锁的进程从而避免事故的发生。

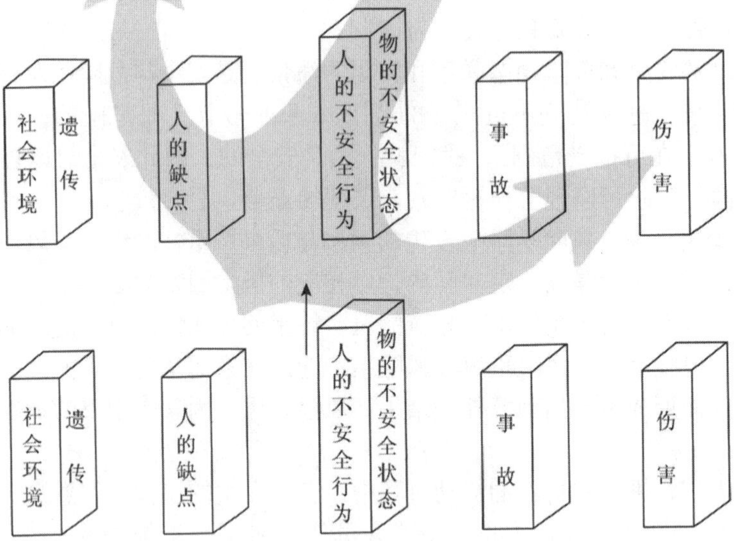

图6-1 海因里希事故因果连锁关系

（二）能量意外释放理论

能量意外释放理论认为：事故是一种不正常的、不希望的能量释放，通过控制能量或控制达及人和物的能量载体可预防事故的发生。机械能、电能、热能、化学能、电离及非电离辐射、声能和生物能等形成的能量，都可能导致伤害事故。可利用各种屏蔽来防止能量意外释放导致的损害。常见的屏蔽措施有：用安全的能源代替不安全的能源；限制能量，例如国际上对客船装运危险品予以限量；防止能量积蓄，例如电器接地防静电，内燃机的冷却系统；延缓能量释放，例如货物的缓冲包装；设置屏蔽设施，例如船上的安全围栏、穿戴个人劳防用品等；在时间和空间上把能量与人隔开，例如进入封闭舱室须经过足够时间的通风，危险货物装载应远离居住舱室；转移能量，例如直升机吊钩须先触地释放静电后人员才可接触，船舶破损漏油时将破舱油料转移舱柜等。

（三）轨迹交叉理论

轨迹交叉理论认为：在事故发展进程中，人的因素的运动轨迹与物的因素的运动轨迹的交点，就是事故发生的时间和空间。在许多情况下，人与物的不安全情况互为因果，轨迹交叉论作为一种事故致因理论，强调人的因素、物的因素在事故致因中占有同样重要的地位。按照该理论，可以通过避免人、物两因素的轨迹交叉，即避免人的不安全行为和物的不安全状态同时同地出现，来避免事故的发生。

1. 人的因素运动轨迹

人的不安全行为基于生理、心理、环境、行为几个方面而产生，包括：生理、先天身心缺陷；社会环境、企业管理上的缺陷；后天的心理缺陷；视、听、嗅、味、触五感能量分配上的差异；行为失误。

2. 物的因素运动轨迹

在机械、物质系列中，从设计开始，经过现场的种种程序，在整个生产过程中各阶段都可能产生不安全状态，包括：设计上的缺陷，制造、工艺流程上的缺陷，维修保养上的缺陷，降低了可靠性、使用上的缺陷，作业场所环境上的缺陷。

人、物两轨迹相交的时间与地点，就是发生伤亡事故“时空”，也就导致了事故的发生，其模型如图6-2所示。值得注意的是，在许多情况下人与物又互为因果。例如，有时物的不安全状态诱发了人的不安全行为，而人的不安全行为又促进了物的不安全状态的发展或导致新的不安全状态出现。因而，实际的事故并非简单地按照上述的人、物两条轨迹进行，而是呈现非常复杂的因果关系。

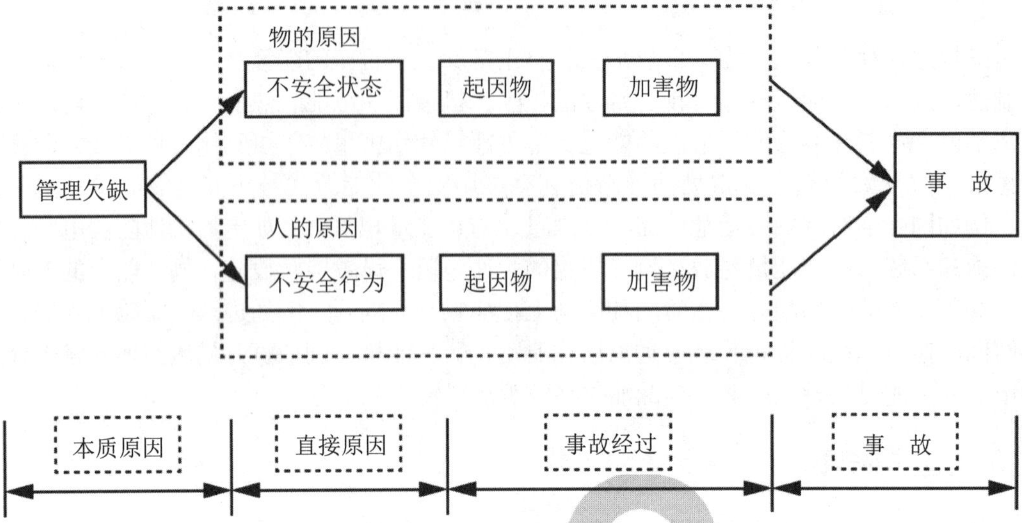

图6-2 轨迹交叉事故模型

（四）事故损失偶发性法则

事故损失偶发性法则，指事故与伤害程度之间存在着偶然性的概率关系，也称海因里希法则，指的是同一人发生的330起同种违章事件中，严重伤害、轻微伤害和没有伤害的事故件数比为1:29:300，即1:29:300法则该法则是对认为不安全行为和不安全状态无害的经验论者的有力警告。例如：在油船机舱随意烧焊通向空油舱的管系而导致爆炸沉没；在升降吊杆时直接用手控制起重索，导致失控而摔坏吊杆、砸伤人员等事故。这些事故都是违反安全操作规程所造成的，肇事者的陈述都是：以前这样做从未出过事故，这次事故是因为没掌握好云云。显然，他们不了解“1:29:300法则”。该法则还说明事故与损害之间存在着偶然性，同类事故并非产生相同的损失，为防止重大损害，唯一的途径是防止事故的再次发生。

第二节 ● 海上风险预测与评估常用方法

通过风险评估，决策者及有关各方可以更深刻地认识那些可能影响组织目标实现的风险以及现有风险控制措施的充分性和有效性，为确定最合适的风险应对方法奠定基础。风险评估是风险分析的一个重要环节，涉及风险识别、风险分析与风险控制等步骤。本节主要介绍风险评估及常用的风险评估方法。

一、风险评估

风险评估的概念有两种，即广义上的风险评估和狭义上的风险评估。广义上的风险评估，其实质是系统风险分析，也称系统安全分析或系统危险评价，是以实现系统安全为目的，运用安全系统工程原理和方法对系统中存在的风险因素进行辨识和分析，判断系统发生事故的可能性及其严重程度，从而为制定防范措施和管理决策提供科学依据。狭义上的风险评估，有时也称风险分析、风险评价，是在确定风险的存在及其影响因素关联情况的基础上，定量化分析风险和影响风险程度的各种因素。

风险预测和评估是风险管理的重要组成部分，它是风险控制的基础。风险预测是指在工作之前对工作过程中以及工作结果可能出现的事物异常进行预测制定对策从而预防事故发生的一种措施。风险评估是指在风险事件发生之前或之后，该事件给人们的生活、生命、财产等各个方面造成的影响和损失的可能性进行量化评估的工作。通过风险评估，决策者及有关各方可以更深刻地认识那些可能影响组织目标实现的风险以及现有风险控制措施的充分性和有效性，为确定最合适的风险应对方法奠定基础。风险评估是风险分析的一个重要环节，涉及风险识别、风险分析与风险控制方案等步骤与内容。通过主次排序的方法找出高风险区和关键性的风险因素，分析事故发生和事故后果之间的关系，以便对现有的标准或规定加以修改和制定新的标准或规定，达到减少风险发生的目的。

IMO提出了在海事界引入和应用综合安全评估（Formal Safety Assessment, FSA）。作为一项战略，FSA已逐步在制定海上安全和海洋环保公约和规则中，在船舶的安全营运管理以及船舶设计中得到越来越广泛的应用。FSA是一种结构化和系统化的方法，在规则和规范制定中应用这一方法，目的是要全面地、综合地考虑影响安全的诸方面因素，通过风险评估和成本效益评估，提出合理的并能有效地控制风险的技术要求，从而不断改进和提高船舶的安全水平。

FSA是一种通过风险分析与费用受益评估，提高海上安全包括保障人命、健康、环境与财产的结构化、系统化的方法。该方法是要在事故之前就预估其发生可能性大小，并且系统地从整体出发，全面考虑影响安全的各个方面，从而采取必要的安全措施，避免事故的发生或降低事故发生的概率或减轻事故后果，并且对风险控制措施进行费用受益评估，从而为制定或修订公约、规则提供科学依据。FSA本身不是规则，只是一种工具，它不能替代IMO的公约或规则，只是在公约或规则的制定过程中起到辅助作用。

综合安全评估（FSA）是一种以风险为基础由五个内在相关步骤组成的方法，如图6-3所示。五个步骤如下：危险识别；风险评估；风险控制方案；成本与效益评估；决策建议。

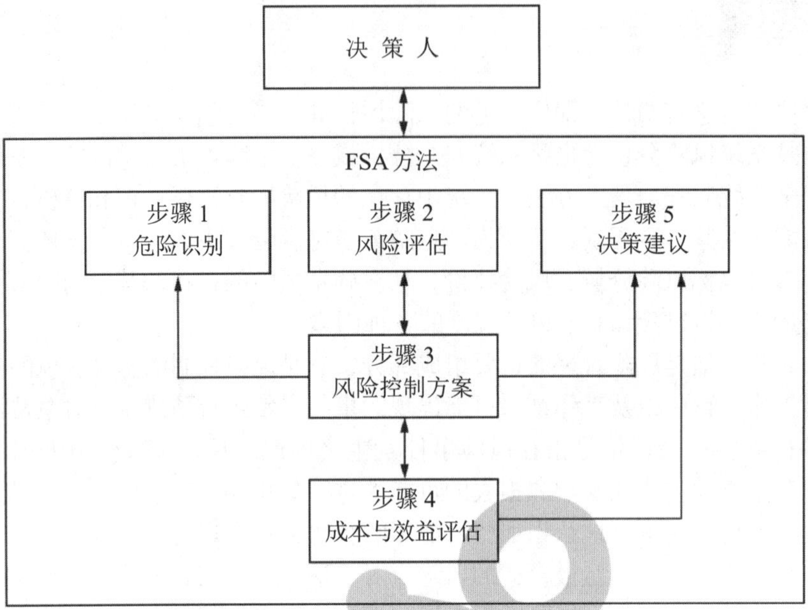

图6-3 FSA程序流程图

二、风险评估的方法

风险评估方法的种类很多，大体可分为定性分析方法、半定量分析方法和定量分析方法三大类。引进“量”的概念是进行分析和比较的基础，严格的定量分析应当以基于统计方法的事故概率计算和基于数值模拟的事故后果计算为基础。但由于事故数据资料的缺乏以及时间、费用等方面的限制，准确计算事故的概率和后果是困难的，而且在相当多的场合根本无法得到这种概率和后果。定性分析方法对分析对象的危险状况进行系统、细致的检查，根据检查结果对其危险性做出大致的评价。半定量分析方法则将对象的危险状况表示为某种形式的分度值，从而区分出不同对象的危险程度。究竟是采用定性方法还是定量方法，主要取决于风险分析过程中信息量的多少。

目前在FSA评估中常用的方法包括事件树分析、故障树分析、假设分析技术、失效模式和影响分析、危险与可操作性分析等。常用风险评估方法的特点如表6-1所示。

表6-1 常用风险评估方法的特点

工具及技术	风险评估过程				
	危险识别（步骤1）	风险分析（步骤2）			风险评价
		后果	可能性	风险等级	
检查表法	非常适用	不适用	不适用	不适用	不适用
德尔菲法	非常适用	适用	适用	适用	适用

续表

工具及技术	风险评估过程				
	危险识别（步骤1）	风险分析（步骤2）			风险评价
		后果	可能性	风险等级	
失效模式和影响分析	非常适用	不适用	不适用	不适用	不适用
危险与可操作性分析	非常适用	非常适用	不适用	不适用	非常适用
假设分析技术	非常适用	非常适用	非常适用	非常适用	非常适用
故障树分析	不适用	适用	适用	适用	适用
事件树分析	不适用	非常适用	非常适用	适用	不适用

（一）检查表法

检查表（Check-lists）是危险、风险或控制故障的清单，这些清单通常凭专家经验（根据以前的风险评估结果，或是因为过去的故障）进行编制。检查表法可用来识别危险或者评估风险控制效果，可用于船舶或相关系统的生命周期的任何阶段。它们可以结合其他风险评估技术同时使用，最主要的用途是检查在运用了旨在识别新问题的更富想象力的技术之后，是否还有遗漏问题。

1. 检查表的优点

（1）非专业人士可以使用；
（2）如果编制精良，它们将各种专业知识纳入了便于使用的系统中；
（3）有助于确保常见问题不会被遗忘。

2. 检查表的局限

（1）限制风险识别过程中的想象力；
（2）论证了“已知的已知因素”，而不是“已知的未知因素”或是“未知的未知因素”；
（3）鼓励“在方框内画勾”的习惯；
（4）往往基于已观察到的情况，因此会错过还没有被观察到的问题。

3. 常见的船舶安全检查表

船舶安全检查表的分类和检查周期由公司根据具体情况确定，以下是船舶生产常见的船舶安全检查表：

（1）公司对船舶的全面性安全检查表，侧重于检查宏观安全管理和关键点技术状况，周期以6个月为宜；

（2）开航安全检查表，由船长总负责，在每个航次开航前对船舶适航性进行检查；

（3）关键性操作检查表，主要对一旦发生误操作就会立即产生事故或可能引发事故的操作进行控制，检查作业前的设备和人员准备、作业中的操作和作业后的善后；

（4）管理性检查表，用于船舶日常安全管理。

（二）假设分析技术

假设分析技术是一种分析可能导致不利结果的意外事件的非结构化方法，该方法通过“如果—则”的方式，来得到可能发生的后果。提出的假设要有一定的实际性，建立在专家们丰富的实际经验上，否则会导致一些实际不可能出现的场景。假设分析技术是一种适合在危险识别会议上使用的方法。假设分析技术可以用在方案的设计、修改以及运营阶段，最后的结果表达是一个可能导致危险的表单以及为减轻危险所带来的后果而应采取的方法和改进措施。

（三）危险与可操作性分析方法

危险与可操作性分析方法通过综合多位专家的意见找寻系统过程或状态的偏差，分析原因及可能的后果，从而提出具有针对性的预防措施。该方法用来分析系统由概念到实施，在不断发展的各个阶段中存在的危险。其目标是将潜在危险消除或减到最少。

（四）失效模式和影响分析方法

失效模式和影响分析方法是一种从功能和硬件方面对系统进行分析的技术。系统中的每一个部件都被分为不同的层次并进行分析。发生故障时，某一部件的失效对其所在层和更高层的影响将被分析，以确定整个系统故障的严重程度。在全面考虑任何可以消除或减轻故障的条件之后，提出降低故障严重程度建议。该危险识别方法表明元件故障模式可能导致系统故障。

（五）德尔菲法

德尔菲法是采用背对背的通信方式征询专家会议成员的预测意见，经过几轮征询，使专家会议的预测意见趋于集中，最后做出符合实际规律的预测结论。德尔菲法可对各类任务和问题进行专家调查，尤其适用于缺少历史数据的情况，所以又名专家意见法或专家函询调查法。

（六）事件树分析方法

事件树分析方法是一种按照事故发展顺序，由初始事件开始推断可能的结果，从而进行危险辨识的一种分析方法。事件树分析通过探究事故、故障或非期望事件的发展和演化，分阶段，一步一步地进行分析，每一步都从成功和失败两种可能后果考虑，直到识别出最终的结果。所分析的情况用树枝状图表示，所以称为事件树。通过事件树，可以定性地了解整个事件的动态变化过程，又可以定量计算出各阶段的概率，最终评估每项后果的发生概率（可能性）。

事件树分析可以用于事先预测事故，预计事故的可能后果，为采取措施提供依据，而且可用于事故发生后的分析，找出事故发生的原因。

初始事件是指在一定条件下造成事故后果的最初的原因事件，后续事件是指出现在初始事件之后的一系列造成事故后果的其他原因事件。事件树中的后果是指把事件树中每个可能的结果设定为一种场景即为最终状态，例如：破损稳性、火灾模拟、烟气扩散、人员撤离模拟。

（七）故障树分析方法

故障树分析方法又叫事故树分析方法，是具体运用运筹学原理对事故原因和结果进行逻辑分析的方法。故障树分析方法先从事故开始，逐层次向下演绎，将全部出现的事件用逻辑关系连成整体，将能导致事故的各种因素及相互关系，做出全面、系统、简明和形象的描述。故障树分析是一种灵活的工具，既能适用于定量分析，也能适用于定性分析，而且易使用和理解。事故分析是一种自上而下的工作过程：假设系统发生事故，然后试图找出事故原因。这是通过逆操作过程试图确定什么事件的合理组合有可能会导致事故，于是，系统事故就成为故障树的顶事件，个体部件故障形成了基本事件，它们都使用逻辑门的网络组合起来，如“与”和“或”，显示事故与其起因之间的关系。顶事件一般是某种类型的事故或意外的危险。基本事件通常是系统正常运行中会发生的故障或预期发生的事件。故障树分析包括两部分：定性（逻辑）分析和定量（概率）分析。定性分析是通过将故障树表示的逻辑表达式简化至最小割集来完成的，这是引起主要事件事故所需的最小可能组合。定量分析是通过已知的基本事件发生的概率来计算主要事件的发生概率。

应用故障树分析方法，经过中间联系环节，能将潜在原因和最终事故联系起来，这样可以查清事故责任，也为采取整改措施提供依据。通过对原因的逻辑分析，可以分清导致事故原因的主次和原因组合单元，这样控制住有限的几个关键原因，就能有效地防止重大事故发生，提高管理的有效性，节约人力和物力。故障树分析的基本程序，可概括为如下五个步骤：

1. 定义被分析的系统

定义系统的目的就是明确研究对象，包括定义系统的功能、组成、系统的边界及故障模式。

2. 选择系统最严重的故障模式作为顶事件

系统的故障模式可能不止一个，每种故障模式对系统造成的影响也不同。因此，要选择对系统影响最严重的故障模式进行故障树分析。

3. 构建故障树

对顶事件进行分析，首先找出导致顶事件发生的直接原因，把直接原因作为导致顶事件发生的二级事件，再进行向下的更细分析，一直到系统的下边界，此时即可得出导致顶事件发生的各底事件。

4. 对故障树进行定性和定量分析

对故障树进行定性分析的目的就是找出故障树的最小割集。最小割集可能是几个底事件的组合，也可能由单一底事件构成。根据最小割集中元素的个数确定最小割集的阶数。阶数越小，说明此最小割集越重要，应首先对其进行下一步研究。对故障树进行定量分析，就是依据底事件的发生概率，根据故障树的结构函数来计算顶事件的发生概率以及各底事件的重要度。然后依据重要度大小，对底事件进行排序。

5. 研究应采取的弥补措施

故障树中的逻辑门：逻辑门决定了对概率（假定事件A、B和C互相独立）进行相加还是相乘以得到顶层事件的概率值，如图6-4所示。主要有“与”门和“或”门两种，“与”门：表示符号下方的各分支事件同时发生导致符号上方事件发生。如果需要两个或以上低级别事件的发生从而导致下一个更高一级事件的发生，则采用一个逻辑上的“与”门表示。“或”门：表示符号下方的各分支事件之一发生导致符号上方事件发生。如果两个或以上低级别事件中的任意一个都可导致下一个更高一级事件的发生，则采用逻辑上的“或”门表示，如图6-4所示。

图6-4　故障树中的逻辑门

船舶舱室火灾故障树如图6-5至图6-8所示：

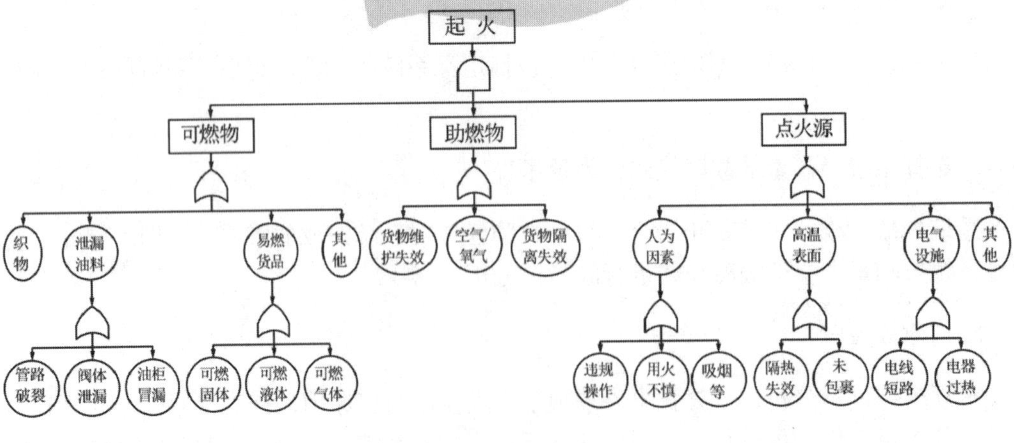

图6-5　舱室火灾的发生

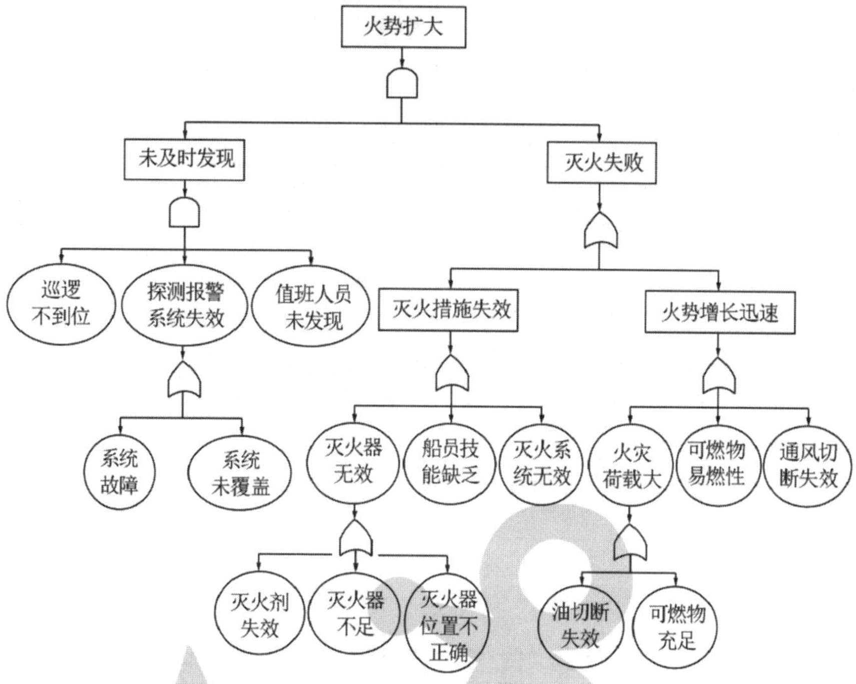

图6-6 舱室火势扩大

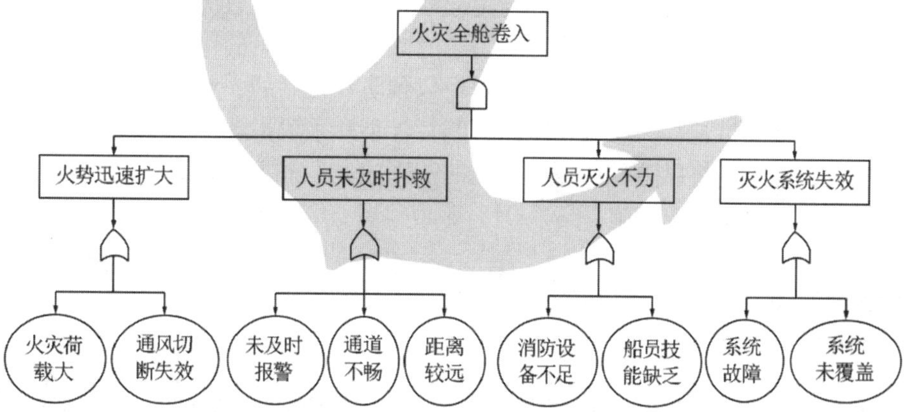

图6-7 舱室火灾全舱卷入

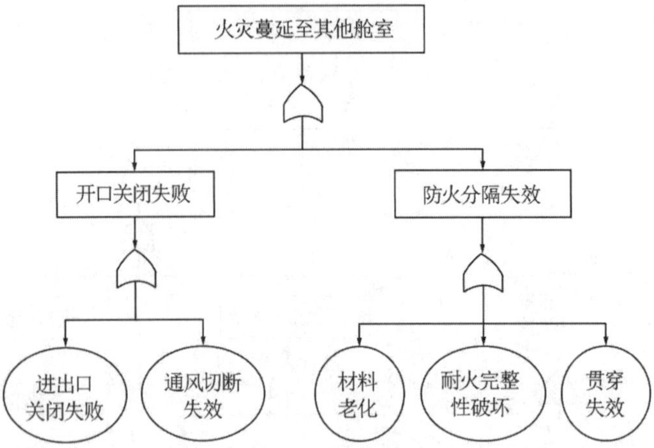

图6-8　火灾蔓延至其他舱室

第三节 海上风险预防与控制

风险为特定危险事件发生的可能性与事故后果的组合，它取决于事故发生的概率和事故损失的大小。因此，控制海上风险主要是通过减少事故发生的可能性或控制事故的损失两方面来实现的。并非所有的海上风险都是可以预防和控制的，对于某些风险无法避免则需要采取回避风险的措施，而有些风险需要制订计划和采取措施降低损失的可能性或者是减少实际损失，总之，将风险控制在可接受的范围内。本节主要介绍风险衡准、风险控制措施和船舶作业风险及防范措施。

一、风险衡准

风险可接受衡准（也叫风险可容忍度），表示在规定的时间内或某一行为阶段可接受的总体风险等级，它为风险分析以及制定减小风险的措施提供了参考依据，因此应在进行风险评估之前预先给出。此外，风险可接受衡准应尽可能地反映安全目标以及行为特征。

衡量风险的方法有定性和定量两种方式，风险可接受衡准的表达方式应与之适应。但无论是定量表达还是定性表达，都必须包括以下几点：风险可接受衡准的制定应满足工程中的安全性要求；公认的行业标准；偶发事件及其效应的知识积累；从自身活动和相关事故中得到的经验。

(一)风险矩阵

风险矩阵图，又称风险矩阵法，它是一种风险可视化的工具，主要用于风险评估领域，是将危险发生的可能性和伤害的严重程度综合评估风险大小的定性的风险评估分析方法，如图6-9所示。风险矩阵分为以下三个区域：不可接受的风险、可接受的风险、不可接受的风险和可接受的风险之间的临界区域。临界区域需要进行风险评估以决定究竟是否应该采取措施减小风险，或是否需要预先做进一步的研究。

可接受的风险极限值通过在矩阵中定义可接受和不可接受风险区域来设定。风险矩阵可用于定性或定量的风险评估。若将概率粗略地以稀少和频繁，后果以小、中和灾难分类，可由风险矩阵表示定性分析的结果。定性分析中的分类标准是至关重要的。

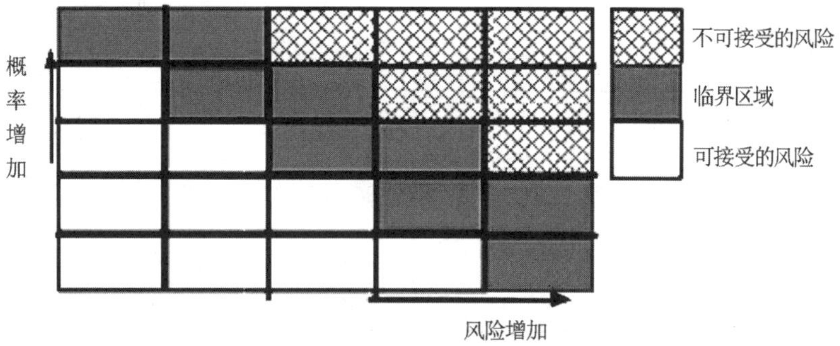

图6-9 风险矩阵图

船舶风险评估的危害发生频率表、危险后果严重性表及风险矩阵表，分别见表6-2、表6-3和表6-4。这些指标可以作为船长及高级船员在实施船舶风险评估时的参考。船长和高级船员在实施风险评估时，可以参考三个表中的指标，针对已经识别的风险、可能导致的危害的发生频率及其后果的严重程度，进行风险评估，确定风险水平。

表6-2 危害发生频率表

等级	可能性	频率	分值
Ⅰ	不太可能	(整个生命周期)仅仅发生一次	1
Ⅱ	偶尔	每5~10年发生一次	2
Ⅲ	可能	每1~5年发生一次	3
Ⅳ	很可能	每年发生一次	4
Ⅴ	经常	每年发生多次	5

表6-3　危害后果严重性表

等级	程度	后果(影响)		分值
Ⅰ	可以忽略	人员伤亡可以忽略	损害可忽略	1
Ⅱ	很小的	人员伤亡轻微	损害轻微	2
Ⅲ	严重的	人员伤亡严重	局部损害	3
Ⅳ	非常严重	个体死亡	区域性损害	4
Ⅴ	灾难性的	多人死亡	灾难性损害	5

表6-4　风险矩阵表

等级	人员伤害	损害	1	2	3	4	5
			不太可能	偶尔	可能	很可能	经常
1	可忽略的	可忽略的	低	低	低	低	低
2	轻微的	轻微的	低	低	低	中	中
3	严重	局部	低	低	中	高	高
4	个体死亡	区域	低	中	高	高	高
5	多人死亡	灾难性	中	中	高	高	高

（二）最低合理可行原则

最低合理可行原则（As Low As Reasonably Practicable，ALARP），系指一种根据风险水平判断是否需要采取风险控制措施的原则，对介于可忽略线和不可容忍线之间的危害，应在合理可行的前提下尽可能将风险降至最低。位于ALARP区域内的风险水平既非低到可以忽视也非高到不可接受，合理可行的前提主要是指采用成本效益分析来识别具有费效比的风险控制方案。

ALARP原则实际上是一项风险属性，其不能作为为减少风险而进行进一步资源投入的理由。ALARP原则用于风险评估程序，其要求尽可能降低风险。这意味着除非所获得效益与费用不成比例，否则必须减少属于该区域事件的风险。

FSA的目的是将风险降低至可容忍的水平。在规则的制定与修改方面，如果建议的技术措施所花费的成本与其效益不成比例，则会使该技术措施的制定降低竞争力。这在ALARP原则中得以实现。ALARP原则表明，在某一上限以上的风险水平是不可容忍的。在该区域内的风险没有任何理由让其存在，必须不计成本予以降低。该原则还表明，在某一下限以下的风险水平是“大体上可接受的”。在这个区域内的风险是可忽视的，无须提出额外措施以降低风险。如果风险水平位于该上限和下限之间，即在ALARP区域，应降低风险至满足经济性要求，将风险降低至尽实际可能低的水平。“最低合理可行”一词解释为费效比高。风险降低措施应在技术上可行，且相关费用不应与所获得的效益不成比例。这点将在成本效益分析中予以审查。

二、风险控制措施

（一）原则和途径

风险控制是在危险识别和风险评估的基础上，有针对性地提出有效可行的降低风险的风险控制措施。海上风险控制通过制订计划和采取措施来降低事故发生的可能性或者是减少后果严重性。风险控制通常包括事前、事中和事后三个阶段。事前控制主要是为了降低损失的概率，事中和事后的控制主要是为了减少后果严重性。

（二）措施属性

划分风险控制措施属性有利于进行结构化的思考过程，帮助理解风险控制措施如何起到作用，如何应用以及如何操作，风险控制措施的属性还被认为能对选用不同的风险控制措施提供指导，具体如表6-5所示。

表6-5 风险控制措施

控制措施属性	措施意义	备注
预防性	减少事件发生的概率	
减缓性	减轻事件或后续事件(如发生)后果的严重性	
工程性	设计中纳入安全装置,是保证安全的关键装置	
内在性	最高层方案设计时做出限制潜在风险水平	
程序性	依靠操作人员通过按照规定的程序行事	
分散性	控制以不同方式分布于系统的各方面	
集中性	控制以类似方式遍及系统的各方面	
冗余性	能承受风险控制的失效	
单一风险	难以承受风险控制的失效	
被动风险	不需采取行动来实施风险控制措施	
主动风险	通过安全设备或操作人员的动作来进行风险控制	
独立性	对其他要素没有影响	
依赖性	可能对风险贡献树的其他要素产生影响	
有关人为因素	人为行动来控制风险,但人为动作的失误本身不会造成事故或使某一事故继续发展	
关键性人为因素	人为行动对控制风险有重大作用,即人为行动的失误将直接造成事故或使事故继续发展	
可审核或不可审核	能被审核或不能被审核	
定性或定量	基于定性或定量风险评估	
常规或新颖	措施是新的	

三、船舶作业风险及防范措施

航运界采取风险评估的一般思路是将船舶作业流程划分为抵达港口锚地、进港靠泊、装货作业、离泊出港、沿海航行、大洋航行等若干阶段，以各个阶段为基础，进行船舶危险的识别、危险分析等。

船舶航行各阶段的作业危险及防范措施如表6-6所示。

表6-6　船舶航行各阶段的作业危险及防范措施

船舶作业	作业危险	防范措施
抵达港口锚地	(1)走错航道或错认灯标造成搁浅	①抵港前认真查阅港口水域的海图、通告、潮汐及有关资料； ②连续测定并核对船位，保持船位的正确性； ③确保船舶处于随时可控制状态(例如船速、舵效)； ④避免船长或引航员疲劳操作
	(2)因本船或他船的错误操作而发生碰撞	①提前备车、减速并随时准备应急用车； ②及早使用VHF通报本船动态并与他船协调避碰操作； ③根据潮流情况控制船位及船速； ④避免近距离通过其他锚泊船的上游
	(3)违反港口规定被留置或罚款	①了解并严格遵循港口的有关规定； ②严格按港口规定的航道、航速进入锚地； ③严格执行港口的VTS报告制度； ④在港口指定的锚地和/或锚位锚泊
	(4)主机、舵机等突然故障造成碰撞、搁浅等	①进入锚地前检查并试验主机、舵机工况； ②提前派人瞭望并采取双锚备妥； ③进入锚地前控制航速； ④掌握风、流影响并与碍航物保持足够的安全距离
	(5)气象的突发性变化(雾、雨、风等)	①提前接收气象预报，了解锚地的气象情况； ②提前备妥雷达； ③保持主机处于随时可操纵状态； ④掌握锚地及其附近航行、锚泊的船舶位置和动态； ⑤用VHF通报本船的航行动态
	(6)锚机设备故障或抛锚时船舶余速过快造成碰撞、搁浅等	①提前测试锚机设备； ②根据本船的装载状态及锚地的潮流情况控制船速； ③抛锚前测定本船锚泊后的旋回余地以及与周围锚泊船的距离

续表

船舶作业	作业危险	防范措施
进港靠泊	(1)走错航道或错认灯标造成搁浅	①抵港前认真查阅港口水域的海图、通告、潮汐及有关资料； ②连续测定并核对船位，保持船位的正确性； ③确保船舶处于随时可控制状态(例如船速、舵效)； ④避免船长或引航员疲劳操作
	(2)因本船或他船的错误操作而发生碰撞	①监督引航员操作情况并监督船员正确操作车舵； ②及早使用VHF通报本船动态，并与他船协调避碰操作； ③采用安全航速并随时准备应急停车
	(3)违反港口规定被留置或罚款	①严格按港口规定的航道、航速进入锚地； ②严格执行港口的VTS报告制度； ③靠泊操作前用VHF通报
	(4)主机、舵机等突然故障造成碰撞、搁浅等	①正确使用车舵； ②派人瞭望并采取双锚备妥； ③保持主机处于随时可操纵状态
	(5)气象的突发性变化(如雾、雨、风等)	①提前接收气象预报； ②保持雷达处于良好使用状态并保持连续观测； ③随时掌握其他航行船舶的动态
离泊出港	(1)走错航道或错认灯标造成搁浅	①离泊前认真查阅出港航道的海图、通告、潮汐及有关资料； ②连续测定并核对船位，保持船位的正确性； ③确保船舶处于随时可控制状态(例如船速、舵效)； ④避免船长或引航员疲劳操作
	(2)因本船或他船的错误操作而发生碰撞	①监督引航员操作情况并监督船员正确操作车舵； ②及早使用VHF通报本船动态并与他船协调避碰操作； ③采用安全航速并随时准备应急停车
	(3)违反港口规定被留置或罚款	①严格按港口规定的航道、航速行驶； ②严格执行港口的VTS报告制度
	(4)主机、舵机等突然故障造成碰撞、搁浅等	①正确使用车舵； ②派人瞭望并采取双锚备妥； ③派专人负责连续值守主机、舵机
	(5)气象的突发性变化(如雾、雨、风等)	①提前接收气象预报； ②保持雷达处于良好使用状态并保持连续观测； ③通报本船动态并随时掌握其他航行船舶的动态； ④随时做好应急操作的准备

续表

船舶作业	作业危险	防范措施
沿海航行	(1)因本船或他船的错误操作而发生碰撞	①驾驶员熟悉本船操纵性能并认真值班； ②采取避让操作以前，先用VHF沟通协调避让措施； ③避让操作前应计划好拟采取的措施并连续观测避让措施的有效性； ④在习惯航线的交汇区应掌握其他航行船舶的航行示意图
	(2)渔船密集区航行	①尽可能绕避渔船密集的海区； ②接近渔区以前采用安全航速； ③船长应在驾驶台亲自指挥操作； ④增加瞭望人员，并在必要时增派瞭头人员； ⑤采取避让行动前应掌握渔船作业的范围、作业类型和特点
	(3)恶劣天气造成货物移动或损坏船体结构	①开航前掌握未来航区的气象情况； ②离港前将货物以及船舶设备、物品等绑扎、加固稳妥； ③备妥航线附近的避风锚地海图； ④航行中根据船舶的实际抵御风浪能力，采取减速、改变航向等措施； ⑤掌握风、流对本船位移的影响
	(4)计划航线设计不当	①航线设计应采用“靠右”原则； ②转向点附近或船舶交汇区应与碍航危险保持足够的安全距离； ③避开测量资料不全的区域
大洋航行	(1)因本船或他船的错误操作而发生碰撞	①驾驶员认真值班，及早采取避让行动； ②合理设计计划航线，在广泛采用习惯航线航行的海区，应采用“靠右”的原则设计航线，减少避让的操作频率； ③避让操作前应计划好拟采取的措施并连续观测避让措施的有效性
	(2)恶劣天气造成货物移动或损坏船体结构	①定时接收气象预报； ②进入可能出现恶劣天气的海区以前，全面检查可能移动物品的加固情况(包括货物/船舶设备等)； ③及早绕避恶劣气象的海区； ④根据船舶的实际抵御风浪能力，采取减速、改变航向等措施； ⑤掌握风、流对本船位移的影响
	(3)计划航线设计不当	①航线设计应采用“靠右”原则； ②转向点附近或船舶交汇区应与碍航危险保持足够的安全距离； ③避开测量资料不全的区域； ④选择最佳航线(综合考虑气象、航行耗时等)
	(4)船员发生疾病的风险	①选用身体健康的船员； ②保持良好的生活习惯； ③营造和谐的工作和人际氛围

第四节 海上危机处理案例分析与运用

本节以普通货船关键性操作“进入围蔽处所”为例，介绍了如何具体实施船舶关键性操作风险评估，对其他的船舶关键性操作，船舶、高级船员可以以此为例，实施特定的关键性操作的风险评估及剩余风险评估。

一、封闭处所风险评估

船上人员由于进入封闭处所而造成伤亡事故时有发生。对船员来说，如何确保安全地进出封闭处所，是确保自身职业安全和健康的重要环节之一。为了完成对进入封闭处所作业进行风险评估，需要按照船舶风险评估的步骤，将该作业细分为若干步骤，再依据每一步骤进行危险情形或危险事件的识别、暴露在危险中人员的确定等，然后识别现有的风险控制措施，在实施了这些控制措施后进行风险评估，具体评估内容如表6-7所示。

表6-7　船舶进入封闭处所作业风险评估

编号	步骤	危险		现有控制措施	控制后风险			
		危险情形或危险事件	暴露在危险中的人员		可能性	后果	风险	风险等级
1	进入封闭处所准备	由于未进行进入封闭处所操作程序的培训,导致人员不熟悉安全操作程序,发生人员伤亡事故	操作人员	按规定对全船人员进行进入封闭处所操作程序的培训,严格按照要求布置安全措施	1	3	3	低
2	通风	由于通风不彻底,导致操作人员面临窒息的危险	操作人员	对将要进入的封闭处所进行彻底通风,确保氧气含量满足进入的要求	1	3	3	低

续表

编号	步骤	危险		现有控制措施	控制后风险			
		危险情形或危险事件	暴露在危险中的人员		可能性	后果	风险	风险等级
3	测氧测爆	由于测氧测爆仪器故障，导致测量值不准确，使进入人员面临窒息的危险	操作人员	对相关人员进行仪器操作的培训，确保人员操作仪器熟练	1	3	3	低
4	测氧测爆	由于油舱惰化不合格，含氧量超过8%，使洗舱时面临爆炸的危险	操作人员	正确进行测氧测爆仪器的校测和维护保养，确保仪器工况正常	1	3	3	低
5	测氧测爆	由于测氧测爆取样位置不正确，导致测量值不准确，使进入人员面临爆炸的危险	操作人员	正确对封闭处所气体取样位置进行标定，认真做好测量，确保氧气含量满足进入的要求	1	3	3	低
6	测氧测爆	由于未对封闭场所进行定期测定，导致进入人员面临中毒、窒息休克或死亡的危险	操作人员	严格按照规定对封闭场所进行连续定期测定，确保封闭处所含氧量始终符合要求；连续强力通风，带个人气体检测仪实时检测气体；在入口处备有包括罗伯逊担架或急救药箱在内的救助器材和复苏器，指定专人在入口处负责照管，做好营救准备，一旦有险情出现，通知驾驶台，立即发出警报，船舶进入封闭舱室救助程序	2	4	8	中
7	测毒	由于未对封闭场所进行相应的测毒检查，导致进入人员面临中毒危险	操作人员	按照封闭场所的位置性质，区分所要测定的毒气种类，做好相应地毒气测量，确保封闭处所内的空气质量符合要求	2	3	6	低

续表

编号	步骤	危险		现有控制措施	控制后风险			
		危险情形或危险事件	暴露在危险中的人员		可能性	后果	风险	风险等级
8	封闭或隔离所有通向相应封闭场所的管路阀门	由于未彻底封闭或隔离所有通向相应封闭场所地含有有毒气体的管路等,导致进入人员面临窒息的危险	操作人员	作业之前利用船舶资料熟悉作业现场环境,彻底割断封闭场所与其他相关场所的管路阀门联系,阻断有害气体的进入	1	4	4	低
9	打开封闭场所孔盖	由于未采取打开孔盖的防护措施,导致面临人员坠落的危险	本船船员	加防护栏、警示标志、夜间照明,指派专人现场看护	1	3	3	低
10	安装风机	由于不小心,导致操作人员面临滑倒、跌倒、压伤的危险	操作人员	作业前熟悉相关设备使用和安装程序;穿戴个人防护用品;做好防滑措施	1	3	3	低
11	通风换气	由于未采用防爆的电动机械,导致进行机械通风时面临爆炸的危险	操作人员及船上其他人员	进行机械通风时,采用防爆的电动机械或使用水力、风力	1	4	4	低
12	封闭场所内照明	由于采用非防爆型照明设备,导致封闭场所面临爆炸的危险	操作人员及船上其他人员	封闭场所内照明必须采用防爆型照明设备	1	4	4	低

续表

编号	步骤	危险		现有控制措施	控制后风险			
		危险情形或危险事件	暴露在危险中的人员		可能性	后果	风险	风险等级
13	人员进入封闭场所	由于不小心，导致进入人员滑倒摔伤、坠落	操作人员	进入之前进行安全操作培训，布置穿戴好个人防护设备；带防爆手电筒和手提便携式本质安全型VHF，在入口处备有包括罗伯逊担架和复苏器，指定专人在入口处照管，建立舱室内外人员固定时间间隔联系制度，做好营救准备，利用绳索滑车或其他设备吊运工具；一旦有险情出现，通知驾驶台，立即发出警报，船舶进入封闭舱室救助程序	1	2	2	低
14	封闭场所内操作	由于操作人员对封闭场所内工作环境不熟悉，导致在封闭场所内工作时迷失方向，找不到出口	操作人员	在进行封闭场所内工作前，利用图纸资料讲解工作场所的内部环境，让所有参加人员全部熟悉环境；为内外人员配备工况良好的通信设备，定期进行沟通；一旦出现险情，马上通知驾驶台，启动应急程序，对舱内人员给予援助	1	3	3	低
15	封闭场所外人员监护	由于安排的监护人员监护不到位，没有定期与内部工作人员联系，导致封闭场所内操作人员面临伤亡的危险	操作人员	对监护人员进行培训，要求他们严格按照封闭场所外监护程序进行现场看护	1	4	4	低
16	封闭场所内外进行工具传递	由于操作人员的疏忽，导致工具在吊进吊出封闭场所时，发生工具掉落砸伤人员的危险	操作人员	对人员进行安全操作程序的培训，按照工具吊进吊出的方法进行操作，工具吊进吊出时内外人员做好沟通协调	1	3	3	低

续表

编号	步骤	危险		现有控制措施	控制后风险			
		危险情形或危险事件	暴露在危险中的人员		可能性	后果	风险	风险等级
17	封闭场所内作业	由于舱气变化达不到安全标准，导致封闭场所内操作人员中毒、窒息休克或死亡	操作人员	连续强力通风，带个人气体检测仪实时检测气体，停止作业，在入口处备有包括罗伯逊担架和急救药箱在内的救助器材和复苏器，指定专人在入口处负责照管，做好营救准备，一旦有险情出现，通知驾驶台，立即发出警报，船舶进入封闭舱室救助程序	1	4	4	低
18	封闭场所内作业	由于操作人员在封闭场所内未使用本质安全型设备，导致作业场所面临爆炸的危险	操作人员和船上其他人员	在封闭场所作业，一定要使用本质安全型的设备	1	4	4	低
19	作业人员封闭场所撤离	由于操作人员的疏忽，在人员撤离封闭场所时发生人员坠落、滑倒、摔伤、跌倒的危险	操作人员	对人员进行安全操作培训；对工作场所进行适度照明；指定专人在入口处照管；做好营救准备	1	3	3	低
20	封闭场所内作业	由于救助器材不到位，导致人员受伤时不能及时救助而出现人员伤亡事故	操作人员	严格按照封闭场所内操作程序的要求，在相应位置布置好救助器材	2	3	6	低
21	封闭场所内作业	由于救助设备不合格，导致人员受伤时不能有效救助而出现人员伤亡事故	操作人员	配备合格的救助设备；加强对救助设备的检查保养，确保工况正常	1	3	3	低

表6-7的内容涵盖了普通船舶风险评估的5个步骤。对于实施风险控制措施后风险依然较大的危险情形或危险事件仍需进一步采取风险控制措施方案来降低风险水平以及剩余

风险评估。表6-7中编号为6的工作（活动）经风险评估后其风险等级为“中”，因此需要进行剩余风险评估，具体方法如表6-8所示。

表6-8　剩余风险评估表

编号	需要采取的其他控制措施	受到控制措施影响的部门/人员	执行部门/执行人	完成期限	剩余风险			
					可能性	后果	风险	风险等级
6	指定专人进行测氧测爆操作；在作业过程中，每10 min做一次气体测定，测定结果做好记录保存	甲板部/大副	甲板部/大副或指定人员	作业过程中定期限	1	4	4	中

二、“岁月号”事故分析

（一）事故基本情况

1. 客船情况

“岁月号”于1994年6月建成，总重量6 586 t，载重3 981 t，是乘客定员为804人的客货船。该船原属日本大岛运输株式会社，服役18年后，于2012年10月退役，并被出售给韩国清海镇海运公司，经改造成为5层可容纳921名乘客的客运船舶，于2013年投入使用，主要往返韩国仁川和济州航线。沉船事件发生时，“岁月号”载有476人，其中包括檀园高等学校的325名中学生、15名教师，另有106名其他乘客和30名船务人员。此外，还载有约185辆汽车、150个集装箱和1 157 t货物。

2. 船公司情况

清海镇海运公司是韩国“岁月号”的所属公司，主要股东为船舶制造企业天海地（39.4%）、金汉植（11.6%）、经营咨询公司I.ONE.I控股（7.1%），实际控制人是SaeMo集团会长俞炳彦。据调查，成立于1979年的SaeMo集团曾经负责运营汉江游览船，曾在1990年发生汉江游览船与其他船只相撞沉没事故，导致15名乘客失踪。

3. 天气水文情况

事故发生时视线良好。事故发生地属于狭水道，平时水流较急，但事发时水流并未达到最大速度。

（二）事故发生经过及救助情况

2014年4月15日20：00，“岁月号”载有476名乘客及30名船务人员、约185辆汽车、150个集装箱和1 157 t货物，由仁川港前往济州岛。

4月16日07：55，“岁月号”航行至距离全罗南道珍岛郡屏风岛以北20 km附近海域，船体受到严重撞击，发生倾斜，船上货物发生横移，使船体倾斜更严重。船上广播开始告知人们危险，不要到处走动。

4月16日07：58，“岁月号”发出求救信息称船体正在下沉。

4月16日09：31，“岁月号”在倾斜后的约2 h内，先发生侧翻，进而倾覆。船舶倾覆时，大部分乘客仍在舱内，无法及时逃出。

4月16日08：00，韩国海警立即派出7艘警备艇和1架直升机展开救援工作。

4月16日09：00，中央灾难安全对策本部启动应急预案，韩国军方派遣多方力量参与救援行动。

4月16日18：40，韩国官方确定船体在2 h 20 min后沉没。

4月17日10：00，计划当天中午通过注入空气的方法，将船体抬升，多位专家将到现场指挥救援，500多名潜水人员正在现场参与搜救工作。

4月17日23:00，潜水人员未能进入船内。

此外，16日出发的3艘大型打捞船预计18日早上抵达事发海域。

4月18日12：00，“岁月号”客船完全沉入海中。

4月18日16：00，海军潜水人员开始在失事客船“岁月号”上绑定沉船打捞用气囊，以尽可能地稳住船体。

4月19日10：00，沉没的客船已经出现漏油情况，韩方已经派出防灾艇进行处理。

4月20日16：00，韩国海警设置了5条搜救指示带，随后又增设4条，以让救援人员同时从不同方向进入船舱。

4月20日17：00，美国的2台具有水下摄像功能的仪器以及1艘载有声波探测仪的船只已被请调运往事发海域。

4月24日，中国将向韩方提供救援设备（2艘驳船、2台液压起重机），并尽快派往事故海域。

4月26日04：00，“岁月号”船头搜救当天由民间潜水员、海警和消防防灾厅等机构负责，船尾则由海军负责。美国海军救难舰“哨兵号”预计26日凌晨抵达事发海域。

4月27日零时，为防止遇难者遗体被海浪冲走，韩国已从西海调遣3艘渔业指导船，将原来8 km的搜索半径扩大到40~60 km。

4月28日8时，原计划凌晨重新启动水下搜救工作，因失事海域气象条件恶化而暂停。目前水下悬浮物堵住船舱出入口，搜救队伍今天将使用切割机等着力打开出入口。

4月30日，固定驳船的工作已经完成，沉船扩散的油污已经除去，将动用29艘船只继续进行工作。

截至2014年11月11日，“岁月号”客船在韩国全罗南道珍岛郡近海发生沉船事故，造成304人遇难(包括失踪者)、142人受伤，仍有9人下落不明。

（三）事故原因分析

“岁月号”事故看似偶然，实则有一定的必然性。客渡船与其他客运船舶相比具有一定的特殊性，对船舶的结构和人员等有更高的管理要求。通过对事故原因的分析可知，事前各方面对客渡船的风险没有进行有效的识别、分析和采取相应的防范措施；险情发生后，对险情的性质、当时的情况没有做一个比较准确的评估和判断，根据情况决定是否弃船。以下就风险评估方面阐述该事故所暴露的问题：

1.风险识别

船公司管理层对船舶安全管理缺乏有效监管和技术指导，“岁月号”在开航前存在诸多安全隐患和在安全管理方面存在严重的漏洞。该轮开航前已存在船舶不适航、船员不适岗的隐患；船舶结构违规改造使安全通道被客舱占用；对船舶明显超载不知情或默许，船舶对移动性货物没有绑扎固定好；驾驶员和舵工的操船技能匮乏，航海专业知识欠缺，安全意识淡薄，责任心缺失，应急处置不当；公司和船舶安全管理体系不健全、不落实，体系运行不畅；按照规定，“岁月号”在能见度严重不良的情况下应在港停泊，等能见度变好起航而不是冒险开航，航运管理公司和主管船舶安全的海事机构等相关政府部门的监督不力。

2.风险评估

公司管理人员对船员是否适岗缺乏有效评估，对船员技能素质缺乏有效培训和严格考核，对船员派船把关不严，对要装船的货物数量不知情，对船员职业道德教育不到位；对“岁月号”结构改造导致重心提高，稳性高度降低问题没有给予应有的警觉和重视；“岁月号”航线设计脱离了韩国海洋水产部建议的航线，事故发生的原因极有可能是船舶驾驶员为躲避密集的碍航物，而采取了大舵角的操船动作，使船舶产生过大的横倾力矩；由于船舶严重超载和船上货物系固不牢，在惯性力的作用下，货物会向船体一侧滑移，使船舶质量大部分集中在船体一侧，船舶重心发生了偏移，进而导致船舶失去了平衡，最终酿成了船舶倾覆的惨剧。

3.风险控制

在应急响应管理机制上，船上没有组织必要的应急培训和演练，船长不执行主管机关指令，船长向乘客发出错误指令没有得到及时纠正；船长、驾驶员业务能力差，责任心不强，缺少起码的职业操守，现场应急救助和指挥能力明显缺乏；由于船长对当时危险情况判断失误，应急处置能力欠缺，未能指导船员及时采取任何有助于救助乘客的措施，包括立即动员船员引导旅客撤离至救生艇、筏放置点，一旦船舶环境恶化可以迅速疏散。甚至当珍岛海上交通管制中心告诉船长让乘客赶快穿救生衣进行紧急疏散和逃生时，船员也未完全履行相应的职责。正是由于船长本身技能和风险意识淡薄等问题，致使其对本船当时的危险情况判断不充分，在犹豫之间错过指导乘客逃生的最佳时机。

第八章

船舶应急

本章学习目标

《海船船员培训大纲（2021版）》

3.2 船舶应急

.1 掌握救生设备和装置（大副）

.2 掌握保持救生、消防设备的工作状态（大副）

.3 掌握应急的组织与准备

.4 掌握应急训练与演习

.5 掌握紧急情况下保证人员安全的行动

.6 掌握弃船时的应急行动，船舶失火时的应急行动，船舶发生爆炸时的应急行动，船舶碰撞时的应急行动，船舶搁浅和触礁后的应急行动，船体破损进水的应急行动，船舶发生溢油后的应急行动，救助落水人员的应急行动，救助遇险船舶、遇险艇筏上人员的应急行动，救助海上漂浮遇险人员行动，在恶劣天气条件下释放救生艇行动，防反海盗行动

3.3 应急计划和应急准备

.1 掌握应急反应计划的制订，掌握应急部署表与应急须知的审核签署

.2 掌握破损控制与水密装置的关闭操作

.3 掌握消防员装备、防火控制图、消防演习，掌握消防设备的配备要求

.4 掌握救生艇筏的配员与监督，掌握救生艇筏的布置与存放，掌握救生艇筏的登乘、降落，掌握应急训练与演习

.5 掌握个人救生设备、无线电救生设备，掌握船上通信与报警系统

船舶在海上航行、停泊和作业所处环境复杂多变，各种紧急状况随时可能发生并危及船舶、人命、财产的安全和海洋环境，为减少和控制事故的发生和损失，每一船舶应当根据船舶类型、人员状况、设备配备以及货物装卸等情况编制各种应变计划，明确规定在紧急情况下每个人的应急岗位、应急职责和应具体执

行的应急任务，并定期进行训练和演习，使每位船员在船舶发生紧急情况时，能根据已熟悉的应急程序采取有效措施，正确使用各种应急设备，有效地控制危险局面，把事故数量和损害降低到最低限度。

本章全部内容适用于海船500~3 000总吨大副、3 000总吨及以上大副；海船500~3 000总吨船长、3 000总吨及以上船长不要求保持救生、消防设备的工作状态相关内容。

第一节 消防救生设备的配备

一、消防设备的配备

（一）消防员装备

1. 消防员装备应符合FSS规则

消防员装备的自给式压缩空气呼吸器须自2019年7月1日起符合《消防安全系统规则》。

2. 消防员装备的数量

（1）所有船舶至少应携带2套消防员装备。

（2）在客船每层旅客处所和服务处所的甲板长度每80 m应备有2套消防员装备和2套个人配备；载客超过36人的客船，每一主竖区内应另增加配备2套消防员装备，并应为每副呼吸器配备1支水雾枪，水雾枪应靠近呼吸器存放。

（3）此外，液货船应有2套消防员装备。

（4）所要求的每副呼吸器须配备2个备用充气瓶。载客不超过36人的客船和货船，如在适当的位置设有无污染加充全部气瓶的设备，只需为所要求的每副呼吸器配备1个备用充气瓶。在载客超过36人的客船上，每副呼吸器须至少配备2个备用充气瓶。

（5）在2010年7月1日及以后建造的，载客36人以上的客船须在适当位置设有无沾染的完全再充装呼吸气瓶的装置。

3. 消防员装备的存放

消防员装备和个人配备应存放在有永久性清晰标志且易于到达的位置，随时可用。消防员装备和个人配备多于1套时，其存放位置应尽量远离。在客船上，应在任一存放位置均可获得2套消防员装备和1套个人配备，每个主竖区内至少应存放2套消防员装备。

4. 消防员通信

对于2014年7月1日或以后建造的船舶，船上每支消防队须携带至少2部便携式双向无线电话机用于消防员的通信。这些便携式双向无线电话机须为防爆型或本征安全型。2014年7月1日以前建造的船舶须不迟于2018年7月1日以后的第一次检验符合本要求。

（二）防火控制图

（1）所有船上应有永久展示的防火控制总布置图，为船上的高级船员提供指南。图上须清楚地标示每层甲板的控制站，由“A”级、“B”级分隔围蔽的各防火区域，探火和失火报警系统，喷水器装置，灭火设备和各舱室、甲板等的出入通道，以及通风系统的细节，包括风机控制位置，挡火闸位置和服务于每一区域的通风机识别号码的细节。

作为替代方式，经主管机关同意，上述细节可列入一份小册子，各高级船员人手一本，另有一本须放在船上易于到达的地方，随时可用。

控制图和小册子须不断更新，任何改动应尽快予以记录。此种控制图和小册子的说明文字须以主管机关要求的一种或几种语言写成，如果该语言既不是英文也不是法文，则须包括其中一种语言的译文。

（2）所有船上应有1套防火控制图或具有该图的小册子的副本，永久性地置于甲板室外面有醒目标志的风雨密盒子里，供岸上消防人员使用。

（三）消防设备的配备要求

每艘船舶应配备符合要求的消防泵、消防总管、消火栓和消防水带。

1. 消防泵

所有船舶应按下列要求配置独立驱动的消防泵：

（1）4 000总吨及以上的客船至少3台；

（2）4 000总吨以下客船和1 000总吨及以上货船至少2台；

（3）1 000总吨以下的货船，至少2台消防泵，其中一台应为独立驱动。

卫生泵、压载泵、舱底泵或通用泵均可接受作为消防泵，但它们通常不得用于抽送油类，且如其偶尔用于驳运或泵送燃油时，应装设合适的转换装置。

2. 消火栓

消火栓的数目和位置须至少能有两股从不同消火栓喷射出的水柱，其中一股须来自单根消防水龙带，可射至船舶在航行时乘客或船员经常到达的任何部分，以及任何装货处所空舱时的任何部分、任何滚装处所或任何车辆处所，在后一情况下，两股水柱须均能靠单根消防水龙带射至处所的任何部分。此外，上述消火栓须位于靠近被保护处所的出入口处。

3. 消防水带

（1）客船上每只消火栓上至少配备1根消防水带，并且这些水龙带须只用于灭火或在消防演习和检验时试验灭火设备。在载客超过36人的客船上的各内部处所，消防水带须一直连接在消火栓上。

（2）1 000总吨及以上货船上所需的消防水带数目应为每30 m船长1根，备用1根，但总数不得少于5根；这一数字不包括机舱或锅炉舱所要求的水带。

（3）1 000总吨以下的货船，按上述方式计算，但总数不得少于3根。

（4）载运危险货物的船舶还应另外再配备3根水带和配套的水枪。

（5）消防水带的长度应至少为10 m，但不超过下述长度：

①机器处所15 m；

②其他处所和开敞甲板20 m；和

③最大型宽超过30 m船舶的开敞甲板25 m。

4. 水枪

（1）标准水枪的尺寸须为12 mm、16 mm和19 mm或尽可能与之相近。主管机关可决定允许使用更大直径的水枪。在起居处所和服务处所，不必使用尺寸大于12 mm的水枪。

（2）每条消防水带应配有1支水枪和必要的接头。除非船上每一消火栓配备有1根消防水带和1支水枪，否则各消防水带接头与各水枪应能完全互换使用。

（3）船上配备的水枪应为设有关闭装置的水雾/水柱两用型。

5. 手提灭火器

（1）船舶的起居处所、服务处所、控制站内应配备数量足够的手提灭火器。1 000总吨及以上的船舶，至少应配备5只。在起居处所内不应布置CO_2灭火器。在控制站和其他设有船舶安全所必需的电气或电子设备或装置的其他处所，所配备灭火器的灭火剂应既不导电也不会对设备和装置产生危害。

（2）灭火器应位于易于看到的位置并随时可用。该位置应在失火时能迅速和便于到达，且灭火器所处位置应不会使其可用性受到天气、振动或其他外部因素的影响。手提式灭火器应配有表明其是否已被用过的标志。

（3）灭火剂数量：每个干粉或CO_2灭火器的容量至少应为5 kg，而每一泡沫灭火器的容量至少应为9 L。所有手提式灭火器的质量应不超过23 kg，而且必须有至少相当于一个9 L液体灭火器的灭火能力。

（4）备用灭火剂：能在船上重新充装的灭火器，其备用灭火剂的数量应按前10个灭火器的100%和其余灭火器的50%进行配备。备用灭火剂的总数不必超过60份。船上应备有充装说明。

对于不能在船上重新充装的灭火器，应额外配备上述规定所确定的相同灭火剂量、型式、容量和数量的手提式灭火器，以代替备用灭火剂。

6. 固定CO_2气体灭火系统

（1）装货处所所备CO_2气瓶的数量应足以放出体积至少等于该船最大的货舱总容积的30%的CO_2气体。

（2）机器处所应备有足够的CO_2气瓶数量，放出的CO_2气体体积至少等于下列两者中的较大值：

①被保护的最大机器处所总容积的40%；

②被保护的最大机器处所包括机舱棚在内的全部容积的35%。

（3）机器处所的固定管系应能使85%的CO_2气体在2 min内注入该处所。

（4）应设置两套独立的控制装置，以将CO_2气体施放至被保护处所，并确保警报装置的启动。一套控制装置用于开启将气体输送到被保护处所的管路上的阀门，另一套控制装置用于将气体从贮存的容器中放出。

（5）两套控制装置应位于一个标明具体控制处所的施放箱内，如果放置控制装置的箱子上加锁，则一把钥匙应放在位于控制箱附近明显位置的设有可击碎玻璃罩的盒子里。

7. 国际通岸接头

每艘500总吨及以上的船舶至少应配备1只符合FSS规则要求的国际通岸接头。

二、救生设备与装置

（一）救生艇筏

1. 救生艇筏的配备

（1）从事非短途国际航行的客船，每舷救生艇的总容量应能容纳船上人员总数的50%，此外，每船还应配备能容纳船上人员总数25%的救生筏。

从事短程国际航行的客船，每船救生艇的总容量须至少能容纳船上全体人员的30%，另外再配备救生筏，其总容量连同救生艇的总容量能够容纳船上全体人员。此外，每船还应配备能容纳船上人员总数25%的救生筏。

（2）货船每舷救生艇的总容量应能容纳船上人员总数的100%，此外，还应配备1只或多只气胀式或刚性救生筏，其应存放在一个能在单层开敞甲板上方便地做舷对舷转移的地方，并且其总容量能容纳船上人员总数。如果上述救生筏不是存放在能在单层开敞甲板上方便地做舷对舷转移的地方，则每舷可用的总容量应能足以容纳船上人员总数。

（3）货船也可配备下列救生艇筏，以满足上述要求：

①1艘或多艘能在船尾自由降落下水的救生艇，其总容量应能容纳船上人员总数。

②船舶每舷另有1只或多只气胀式或刚性救生筏，其总容量应能容纳船上人员总数。至少一舷的救生筏应使用降落设备。

（4）救生艇筏的存放地点距船首或船尾超过100 m的，还应配备1只救生筏并尽量靠前或靠后放置；或配备2只救生筏，1只尽量靠前，另有1只尽量靠后存放。

（5）货船应至少配备1艘救助艇。如救生艇也符合对救助艇的要求，则可以接受此救生艇作为救助艇。

（6）油船、化学品液货船和气体运输船应配备耐火救生艇以替代全封闭救生艇。

2. 救生艇筏的配员与监督

（1）船上应有足够数量的船员（可以是驾驶员或持证人员）来操作救生艇筏及其降落装置。

（2）每艘要使用的救生艇筏，均应设置1名驾驶员或持证人员负责指挥。但主管机关适当考虑航程的性质、船上人数和船舶的特点后，可以准许精通救生筏操纵和操作的人员来代替具有上述资格的人员负责指挥救生筏。如为救生艇，还应指派1名副指挥。

（3）救生艇筏负责人应有1份该救生艇筏船员名单，并应确保在其指挥下的船员是熟悉他们的各项任务的。救生艇的副指挥亦应有1份该救生艇船员名单。

（4）应为每艘机动救生艇筏指派1名能操作发动机和进行小调整的人。

（5）船长应确保上述所指人员妥善地分配到本船救生艇筏中。

3. 救生艇筏的布置与存放

（1）具有经认可的降落装置的救生艇和救生筏，其存放地点须尽可能靠近起居和服务处所。

（2）集合站须紧靠登乘站设置。每个集合站须有足够的无障碍甲板空间，能够容纳指定在该站集合的所有人员，人均面积至少为0.35 m^2。从起居处所和工作处所须能够容易地到达集合站和登乘站。

（3）集合站和登乘站须根据情况由应急电源供电的照明系统提供充分的照明。通往集合站和登乘站的走廊、梯道和出口须布置照明，该照明须根据情况能够由应急电源供电。

（4）每艘救生艇应设有一台能降落和回收该救生艇的设备。

（5）每艘救生艇筏的存放应处在连续使用的准备状态，应使2名船员能在5 min内完成降落和登乘准备工作。

（6）在任一降落站，救生艇筏的准备和操作不应妨碍任何其他降落站的任何其他救生艇筏或救助艇的迅速准备和操作。

（7）吊艇索应有足够的长度，以便船舶在最轻载航行纵倾至10°和任何一舷横倾至20°时，救生艇筏可被降至水面。如配备封闭式救生艇，应装设吊艇架横张索，在其上设置不少于2根足够长度的救生索，以便船舶在最轻载航行纵倾至10°和任何一舷横倾至20°的不利情况下，救生艇可被降至水面。

（8）救生筏的存放应能在人工将其从系固装置上解脱时，一次释放1只筏。每只救生筏的存放应将其艏缆牢固地系在船上。每只救生筏或救生筏组的存放应设有一个自由漂浮装置，以使每只救生筏能自由漂浮。

(9）使用吊筏架降落的救生筏应存放在吊筏钩可到达的范围内，除非设有某种转移设施。

(10）用于抛出舷外降落的救生筏的存放，应能容易地转移到船舶的任一舷降落，除非船舶每舷已按要求的总容量存放了救生筏，且能在任一舷降落。

4. 救生艇筏的降放

(1）客船上所有救生艇筏，应能在发出弃船信号后30 min内载足全部乘员和属具后降至水面，货船上所有救生艇筏应能在发出弃船信号后10 min内载足全部乘员和属具后降至水面。

(2）救生艇应能在船舶于平静水面上前进航速达5 kn时降落下水。

（二）个人救生设备

1. 救生圈

(1）货船上配置的救生圈应：

①分布在船舶两舷易于拿到之处；

②分放在所有延伸到船舷的露天甲板上；

③至少有1个应放在船尾附近；

④能随时从其存放处迅速取下，而不应以任何方式永久系牢。

(2）对于不同船长（L）的货船，救生圈配备数量至少应满足：

①$L < 100$ m，8只；

②100 m$\leqslant L < 150$ m，10只；

③150 m$\leqslant L < 200$ m，12只；

④200 m$\leqslant L$，14只。

货船每舷至少有1个救生圈应设有可浮救生索，其长度不小于其存放处在最轻载水线以上高度的2倍或30 m，取较大者。

(3）货船上配置的所有救生圈中至少有一半应设有自亮灯（配备在液货船上的救生圈自亮灯应为电池型），其中至少有2个救生圈还应设有自发烟雾信号，并应能自驾驶台迅速抛投。设有自亮灯以及同时设有自亮灯和自发烟雾信号的救生圈（不包含装有救生索的救生圈），应均等地分布在船舶两舷。

(4）每个救生圈应以粗体罗马大写字母标明其所属船舶的船名和船籍港。救生圈反光带应按4个等距离沿径向两两对称环绕粘贴。

2. 救生衣

(1）在货船上，应为船上每个人配备1件救生衣。另外还应配备足够数量的救生衣，以供值班人员使用，并供设置在远处的救生艇筏站使用。供值班人员使用的救生衣应存放在驾驶台、机舱控制室和任何其他有人值班的地方。救生衣应放在容易到达之处，其位置应予以明显地标示。

（2）除自由降落式救生艇外，用于全封闭式救生艇上的救生衣应不妨碍人员进入救生艇或在艇内就座，包括系好安全带。为自由降落式救生艇选用的救生衣及其存放和穿着方式应不妨碍人员进入救生艇，乘员安全或对该艇的操作。

（3）每件救生衣应配备1只救生衣灯和1只用绳系牢的哨笛。每件救生衣应贴反光带（5 cm×10 cm至少8块），并以粗体罗马大写字母标明其所属船舶的船名和船籍港。

3. 保温救生服

（1）应为船上每个人配备一件合身的且符合规则要求的救生服。

（2）除散货船以外的船舶，如果该船一直在主管机关认为不需救生服的温暖气候区域航行，则不必要求配备这些救生服。

（3）如果船舶有任何值班站或工作站远离通常存放救生服的地方（包括位于远处的救生艇筏），则任何时候均应另外为通常在这些场所值班或工作的人员按其人数配备合身的救生服。

（4）救生服应置于易于到达之处，其位置应予明显标示。

（三）其他救生设备

1. 无线电救生设备

（1）双向甚高频（VHF）无线电话设备

①每艘客船和每艘500总吨及以上的货船，应至少配备3台双向VHF无线电话设备。

②每艘300总吨及以上，但小于500总吨的货船，应至少配备2台双向VHF无线电话设备。

（2）搜救定位装置

①每艘客船和每艘500总吨及以上的货船，每舷应至少配有1套搜救定位装置——搜救雷达应答器（SART）。

②每艘300总吨及以上，但小于500总吨的货船应至少配有1套搜救定位装置。

③该装置存放位置应确保迅速置于救生艇筏，也可以每个救生艇筏直接配备1套这样的装置（不包括船首的救生艇筏）。

④设置2套装置，并配备自由降落救生艇的船舶，其中一套装置应放在自由降落救生艇内，另一套放置在驾驶台附近。

⑤搜救定位装置能在9 GHz频带或AIS特定频率工作。

2. 遇险火焰信号

应配备不少于12支火箭降落伞火焰信号，并应存放在驾驶台或其附近。

3. 船上通信与报警系统

（1）应配备1套固定式或手提式设备构成的或由这两种型式构成的应急设施，供船上应急控制站、集合站和登乘站及要害位置之间的双向通信联系使用。

（2）应配备通用应急报警系统，以供召集乘客与船员至集合站和采取应变部署表所列行动之用。该系统应以公共广播系统或其他适宜的通信设施作为补充。当通用应急报警系统启动时，娱乐声响系统应自动关闭。

（3）通用应急报警系统须在所有起居处所和船员一般工作处所均可听到。客船通用应急报警系统应在所有开敞甲板上都能听到。

（4）配备海上撤离系统的船舶应确保登乘站和平台或救生艇筏之间的通信联络。

第二节 保持消防和救生设备状态的方法

一、船舶消防设备状态的保持

（一）基本要求

（1）船舶应按SOLAS公约、FSS规则以及主管机关的要求配备消防设备、设施。

（2）三副、三管轮为船舶消防设备状态保持的具体负责人。

（3）对船舶消防设备的维护保养情况应分别记入船舶消防、救生设备检查养护登记簿和船舶应急设备试验、检查、修理记录簿内。

（二）维护保养、检查和试验计划

（1）应为船舶消防设备制订维护保养、检查和试验计划。三副负责制订该计划，并报大副列入“船舶年度维修计划”中。

（2）船舶消防设备的维护保养、检查和试验应依据所制订的维护保养、检查和试验计划进行。

（3）制订船舶消防设备维护保养、检查和试验计划时，应充分考虑到在计划实施时能确保船舶消防设备的可靠性。

（4）船舶消防设备维护保养、检查和试验计划应用通俗易懂的文字和图示予以表达。

（5）船舶消防设备维护保养、检查和试验计划应涉及下列船舶消防设备：

①固定灭火系统：包括水灭火系统（消防总管、消防泵、应急消防泵、消火栓、消防皮龙、消防水枪、国际通岸接头、消防总管上的各种阀门等）、CO_2灭火系统、机舱水雾灭火系统、自动喷水系统（供水泵、压力水柜、监控装置、喷水器）等，以及油船上的泡沫灭火系统、惰性气体灭火系统。

②火灾探测和报警系统：包括固定式探火系统、火灾报警系统等。

③隔离系统：包括通风筒上的防火（烟）挡板、防火门及其控制系统、供电和燃油的

应急切断系统、风机及其控制系统等。

④消防器材与装备：包括手提（便携）式灭火器、推车式灭火器、消防员装备、紧急逃生呼吸装置等。

⑤其他：包括公共广播系统、通用应急报警系统、应急发电机、应急照明系统、应急通信系统、脱险通道等。

（6）全船的消防设备状态的保持并不都是由三副亲自完成的，如船上的防火门应由木匠负责；机舱的通风装置上的挡火（烟）闸、机舱天窗和烟囱的应急速闭装置、油柜速闭阀等应由大管轮负责；风机应急速闭装置、油泵应急切断等应由电机员负责；消防泵和应急消防泵应由三管轮负责等，但三副应及时提醒这些设备的主管及时做好设备的状态保持工作。

（三）船舶消防设备状态的保持

1. 固定灭火系统

（1）每周

应检查确认固定灭火系统所在处所的应急照明正常；消火栓附近没有堆积杂物；消防皮龙（水带）及水枪放置在消火栓附近的消防皮龙箱内，处于可使用状态并摆放整齐，没有被挪作他用；消防皮龙数量符合防火控制图的要求；消防皮龙箱的铰链正常，箱内均配有F或Y形扳手。

（2）每月

①应检查确认：

i.消火栓标识清晰，各部件完好，出水阀保持活络；

ii.消防皮龙无破损和霉变，与接头连接可靠；消防皮龙接头的橡皮垫圈（密封圈）无破损、变形和老化；

iii.水雾/水柱型消防水枪的关闭和转换装置保持活络；水枪接口处的橡皮垫圈（密封圈）无破损、变形和老化；水枪喷嘴无堵塞；

iv.消防总管管路无锈蚀、破损；所有控制阀、截止阀、泄水阀阀门活络，标识清晰；

v.所有固定式灭火系统的控制阀、截止阀处于适当的开或关位置；

vi.CO_2间清洁、干燥，没有堆放杂物；

vii.自动喷水系统的喷头无损坏、变形，管路通畅，自动喷水系统的压力表显示工作压力正常。

②结合消防演习，启动所有消防泵及应急消防泵一次，检查出水情况，所需时间以及消防水柱的射程。

③如航行至寒冷地区，检查确认消防总管及消火栓在使用后是否已将管内残留的水放尽。

④检查CO_2气瓶的储量是否充足，有没有泄漏现象；检查CO_2系统的管路标识和操作说明是否清晰；检查CO_2间里的通风机工作是否正常；检查置于CO_2间里的温度计（表）工作是否正常；外观检查CO_2系统的管路及各释放口的情况。

⑤对 CO_2 系统的拉索、导向轮等进行加油活络。

（3）每3个月

①检查确认 CO_2 气瓶固定牢固，CO_2 瓶头与释放操纵系统夹头（卡子）间连接紧密。

②检查确认国际通岸接头处于适用状态，各附件完好无缺，没有变形损坏。

③对水灭火系统的各控制阀、截止阀、泄水阀进行加油活络。

④消防皮龙至少应取出摊开并重卷一次，使折叠处得到变换。

⑤对自动喷水系统的每一分区自动报警功能进行试验；随机检查自动喷水系统的喷嘴状况。

（4）每年

①进行泡沫固定灭火系统和机舱水雾灭火系统的工作试验。

②对 CO_2 气瓶控制拉索的传动系统进行检查，并按情况进行必要的调整。

③检查消防总管接头和自动喷水系统并进行工作试验；启动所有消防泵（包括自动喷水系统的水泵），检查其工作压力和流量。

④对所有消火栓进行工作试验；对所有消防皮龙进行水压试验。

⑤通过外观检查，确定所有固定灭火系统可以到达部位的各系统部件处于正常状态。

⑥仔细检查固定灭火系统的控制阀；对整个固定气体灭火系统进行全面检查，及时修复损坏部件。

⑦对所有固定灭火系统进行全面的除锈、油漆，并重做各类标志。

⑧ CO_2 气瓶使用10年后，每年应进行总数10%的气瓶水压试验。

⑨对固定灭火系统的管路进行空气吹通试验（此为SOLAS公约要求，可由船上自己完成，但需做相应的吹通试验记录，内容包括吹通的日期、时间、船位、操作人员、吹通操作方法及过程、吹通结果等）。

（5）每2年

①对 CO_2 灭火系统中的钢瓶（含起动瓶）进行称重检查。

②对 CO_2 灭火系统的管路进行空气吹通试验（此为CCS要求，须由有资质的机构完成，并出具吹通试验报告）。

（6）每5年

进行固定式灭火系统控制阀的内部检查。

2. 火灾探测和报警系统

（1）每周

对火灾探测和报警系统的主控面板进行外观清洁、检查。

（2）每月

①检查火灾探测和报警系统的电器控制部分。

②对火灾探测和报警系统进行手动测试。

③用烟雾测试剂测试每个探测头。

（3）每3个月

①对火灾探测系统进行一次试验，确认其处于正常的技术状态；查看火灾探测系统的

探头有无损坏、污渍；检查火灾探测系统的电源是否可靠，符合要求。

②对火灾报警系统进行一次试验，确认其可以正常工作。

③检查船上各场所的火灾报警按钮是否完好，标志是否清晰。如有损坏，应立即修复。

3. 隔离系统

（1）每月

①检查确认全船防火门处于常关状态，没有被绳或铁丝捆绑处于敞开状态，自闭器能起到自闭作用。

②外观检查防火门的完整性，并清除其周围的障碍。

③给防火门铰链和手柄加油活络。

（2）每3个月

①对通风筒上的挡火（烟）闸进行一次检查，查看是否有损坏、变形，标识是否清晰；试验通风筒的挡火（烟）闸的自动和手动开关装置能否正常工作。

②对所有防火门进行就地开关操作试验，并检查其自闭和关闭后的密封情况。

③对机舱天窗、风机应急速闭装置进行一次检查，查看开关是否正常，关闭后密封是否良好。

④对供电和燃油的应急切断系统进行就地试验，查看是否工作正常。

（3）每年

对可遥控开关的通风系统的挡火（烟）闸以及防火门进行遥控开关操作试验。

4. 手提（便携）式和推车式灭火器

（1）每月

对手提（便携）式和推车式灭火器检查一次，检查的主要内容有：

①灭火器的存放是否与防火控制图标识的位置一致（包括正确固定，有明显和合格的标识，易于提取）。

②灭火器压力表、安全阀铅封、安全帽泄气孔、喷嘴喷射管、推车式灭火器的行走机构、支架等零部件是否完整无缺并处于适用状态。

③灭火器的瓶壳外表有无锈蚀发生。

④铭牌、标签和标识是否清晰完好。

⑤灭火器用过后是否已及时重新充装新的灭火剂。

检查中如发现灭火器存在严重损坏，应予以报废并及时补充。

（2）每年

①CO_2灭火器每年应至少进行一次称重检查，如灭火剂泄漏量超过10%时，应予检修并补足灭火剂。

②干粉灭火器里的干粉每年或按制造厂规定（取时间短者）进行一次性能检测，如有干粉结块或重量减少达10%时，应重新充装。干粉灭火器本身每年应结合干粉的性能检测进行一次检查。

（3）每2年

①泡沫灭火器里的灭火剂每2年或按制造厂规定（取时间短者）进行一次性能检测，如有灭火剂变质，应重新充装。

②泡沫灭火器应每隔2年或根据制造厂规定（取时间短者）由专业机构进行一次水压试验。

（4）每5年

除泡沫灭火器以外的其他形式灭火器应每5年或在第二次充装前由专业机构进行一次水压试验。

5. 消防员装备与紧急逃生呼吸装置

（1）每周

检查确认消防员装备与紧急逃生呼吸装置中的供气瓶完好、无泄漏。

（2）每月

①检查确认消防员装备的数量、位置、标志和防火控制图保持一致；消防员装备完好无损；消防员防护服各部件完整、完好；防火绳、手提灯、太平斧完整、完好；空气呼吸器装备完整、完好；供气瓶的压力在允许的范围内；手提安全灯的电量充足；所有的消防员装备处于适用状态。

②检查确认船上的紧急逃生呼吸装置按规定配足并保持在有效期内；紧急逃生呼吸装置存放位置与防火控制图标识的位置一致；紧急逃生呼吸装置外观清洁、标识清晰。

（3）每3个月

对紧急逃生呼吸装置进行外观检查，确保该装置处于可用状态，供气瓶的压力处于正常范围，必要时充气或维修。

（4）每年

①检查确认消防员装备的备用气瓶压力在允许的范围内。

②全面检查、保养消防员装备。

（5）每5年

请专业机构对自给式呼吸器供气瓶进行水压试验，保存检验证明。

6. 通用应急报警系统

（1）每周

对通用应急报警系统进行外观检查，并进行测试。

（2）每个月

结合消防演习，试验一次通用应急报警系统，要求能在驾驶台进行操作，全船各处均能听到警报；测试通用报警装置的声响及灯光报警效果；抽查船上各处的应急报警按钮能否正常启动报警。

（3）每3个月

检查船上各处的应急报警按钮和警铃等设备是否完好，标识是否清晰。

（4）每年

全面检查位于驾驶台的通用应急报警系统控制装置；检查所有报警点的实际效用及报警设备（应急报警按钮和警铃等）的实际状况。

7. 其他

（1）每周

①检查确认所有的公共广播系统和应急通信系统均能正常工作。

②检查确认应急照明系统工作正常。

③进行应急发电机启动与并电试验，确认其工作正常。

（2）每个月

检查确认存放灭火设备的处所和防火控制站处于适用状态。

（3）每年

对公共广播系统进行全面检查。

二、船舶救生设备状态的保持

（一）基本要求

（1）船舶应按SOLAS公约、LSA规则以及主管机关的要求配备救生设备。

（2）三副、三管轮为船舶救生设备状态保持的具体负责人。

（3）对船舶救生设备的维护保养情况应分别记入船舶消防、救生设备检查养护登记簿和船舶应急设备试验、检查、修理记录簿内。

（二）维护保养、检查和试验计划

（1）应为船舶救生设备制订维护保养、检查和试验计划。三副负责制订该计划，并报大副列入船舶年度维修计划中。

（2）船舶救生设备的维护保养、检查和试验应依据所制订的维护保养、检查和试验计划进行。

（3）制订船舶救生设备维护保养、检查和试验计划时，应充分考虑到在计划实施时能确保船舶救生设备的可靠性。

（4）船舶救生设备维护保养、检查和试验计划应用通俗易懂的文字和图示予以表达。

（5）船舶救生设备维护保养、检查和试验计划应涉及下列船舶救生设备：

①救生（助）艇筏：包括救生艇及其属具、救生艇降落与回收装置、救助艇及其属具、救助艇降落和登乘设备及其回收装置、救生筏、救生筏存放和降落设备、静水压力释放器等。

②救生圈：包括救生圈、自亮灯、自发烟雾信号、可浮救生索等。

③救生衣：包括救生衣、救生衣上的灯、救生服（抗暴露服）、保温用具、逆向反光

材料等。

④救生视觉信号：包括火箭降落伞火焰信号、手持火焰信号、漂浮烟雾信号等。

⑤无线电救生设备：包括双向甚高频（VHF）无线电话设备、雷达应答器（SART）、紧急无线电示位标（EPIRB）等。

⑥其他：包括抛绳器、通用紧急报警设备、有线广播等。

（6）全船的救生设备状态的保持并不都是由三副亲自完成的，如对救生艇、救生艇架降落装置、承载释放装置的彻底检查需要水手长和木匠等的配合；对救生艇和救助艇的发动机的检修和试验应由三管轮负责等，但三副应及时邀请或提醒有关人员配合，及时做好有关救生设备的状态保持工作。

（三）船舶救生设备状态的保持

1. 救生（助）艇

（1）每周

①所有救生艇、救助艇和降落设备均应进行外观检查，以确保其随时可用。外观检查的内容应包括：

i.吊钩、吊钩与救生艇的连接；

ii.承载释放装置等部件的状况；

iii.救生艇体有无裂缝；

iv.艇身各固定部件是否完好；

v.艇内是否清洁，有无积水；

vi.吊艇架和滑车有无障碍及卡死现象；

vii.艇身各标志是否清晰，反光带是否按要求贴在救生艇相应部位。

②只要环境温度在发动机启动和运转所要求的最低温度以上，所有救生艇和救助艇的发动机均应进行运转（正、倒车）试验，总时间不得少于3 min，或按制造商手册中规定的时间进行。

③只要天气和海况允许，货船上除自由降落式救生艇以外的救生艇，应在不载人的情况下从其存放位置做必要的移动，以证实降落设备可正常操作。

周检查的结果应记入航海日志重大记事栏。

（2）每月

①只要天气和海况允许，货船上除自由降落式救生艇外的所有救生艇，应在不载人的情况下移离其存放位置（扬出）。

②除兼作救生艇的救助艇外，其他救助艇均应在合理和可行的范围内，每个月搭载指定的船员降落下水并在水上进行操纵。在任何情况下，应至少每3个月按此要求进行一次。

③每月或每次开航时，按救生艇属具清册清点，检查救生艇属具及备品是否符合规定配备的数量，是否被放置在艇内，有没有被移至别处或被挪作他用。

④全面检查艇内急救药箱内的药品，清点数量，检查药品是否缺少和有效。

⑤救生艇淡水每月更换一次（密封罐装的除外）。

⑥为吊艇钢丝抹油，防止锈蚀；为吊艇架和滑车的活动部位加油活络。

⑦检查确认吊艇钢丝通过的滑轮情况正常；吊艇机制动器和收绞装置、脱钩装置、吊艇架限位器有效可靠；蓄电瓶电量充足。

⑧检查确认供集合和弃船用的应急照明工作正常。

⑨对封闭式救生艇洒水系统进行试验。

⑩检查确认救生艇操作规程和救生艇标志保持完好。

（3）每3个月

①结合演习，每艘救生艇应至少降落下水一次，并在水面操纵。

②给吊艇架、吊艇机、滑车等活动部分以及吊艇索和其他钢索加（抹）油，必要时应对滑车做拆装检查。

（4）每半年

检查救生艇中的救生干粮，发现过期、变质应及时更换。

（5）每年

①结合船舶年度检验，对救生艇、救生艇架降落装置、承载释放装置进行彻底的检查。

②以最大降落速度对绞车制动器进行动态试验（该检查应由制造商代表或由制造商授权的人员进行。如果制造商不能提供此项服务，可以由主管机关授权的机构进行）。

③将救生艇的外表面油漆一次。

（6）每5年

①检查确认救生艇吊艇索已换新。

②对救生（助）艇的降落设备进行全面彻底的检查。

③对救生艇承载释放装置进行检修和操作试验。

2. 气胀式救生筏

（1）每周

对救生筏及降落设备做外观检查，确认救生筏的标识保持清晰。

（2）每月

①外观检查救生筏及筏架；

②检查救生筏系固件（包括静水压力释放器、花蓝螺丝、系固绳索等），确认救生筏充气拉索处于完好状态。

（3）每年

①将救生筏送至船检部门认可的检修站检修（可向船检申请展期到17个月）。

②将静水压力释放器送至船检部门认可的检修站检修（可向船检申请展期到17个月或按照其本身的有效期送检）。

（4）每5年

彻底检查救生筏降落设备。

3. 救生圈

（1）开航前

检查确认救生圈放置在指定位置，没有绑死，也未被挪作他用。

（2）每月

①检查确认所有救生圈上的编号、船名和船籍港等保持清晰。

②如救生圈上附有烟雾信号和自亮灯，检查确认其处于正常的技术状态下。

③如发现救生圈有裂痕或其系绳损坏时，应及时更换。

④检查救生圈上的反光带，必要时予以更换。

4. 救生衣

（1）开航前

检查确认工作场所的救生衣按规定的数量配置，放置在指定位置，没有绑死，也未被挪作他用。

（2）每月

①检查确认所有救生衣清洁、干燥，其上的编号、船名、船籍港清晰，并附有哨笛和自亮灯；救生衣自亮灯电量充足并在有效期内。

②检查确认发给船员的救生衣，放置在各自的救生衣架上或各自床铺附近，没有被系牢，没有随意放置或被挪作他用；备用救生衣和放在客房内供旅客用的救生衣有专人负责，妥为保管。

③检查救生衣上的反光带，必要时予以更换。

5. 保温救生服（浸水服）

（1）每月

①检查确认所有保温救生服清洁、干燥，其上的编号、船名、船籍港清晰，并附有哨笛和自亮灯；保温救生服自亮灯电量充足并在有效期内。

②检查保温救生服上的反光带，必要时予以更换。

（2）每3年

保温救生服应进行一次压力试验和检测（此试验和检测应由主管机关或船级社认可机构完成）。

6. 抛绳器

抛绳器每个月应检查一次，查看是否干燥，火箭、药筒、绳索是否完好无损，绳索是否摆放整齐。应注意抛绳器的有效期，到期应更换。

7. 无线电救生设备

（1）每月

①试验一次双向甚高频无线电话设备，注意其电池的电量和有效性。

②试验一次雷达应答器，注意其电池的电量和有效性。

（2）每3个月

试验一次紧急无线电示位标，检查其安装是否正确，自由释放能力是否受影响，电池和静水力释放装置是否在有效期内。

（3）每年

对紧急无线电示位标进行全面操作效用试验。

（4）每5年

确认紧急无线电示位标已在经认可的岸基维修站进行过维修。

8. 救生视觉信号

救生视觉信号每月或每次出航时应检查一次，检查内容包括：

（1）外观是否破损；

（2）数量是否短少；

（3）是否在有效期内；

（4）是否放置在固定地点；

（5）标志是否清晰；

（6）电池发光信号灯是否电量充足。

发现短缺应按规定数量补齐，对于将要超过使用期限的救生视觉信号，应予以更换。

9. 通用紧急报警系统

与船舶消防设备状态的保持中的要求相同。

10. 公共广播系统

每月至少检查、试验一次，以保证各个要害位置（控制站、集合和登乘地点等）之间的双向通信联系畅通无阻。如发现问题，应及时解决。

第三节 破舱稳性与破损控制

一、分舱与稳性

（一）分舱

（1）每个水密分舱舱壁，无论横向或纵向，其构造须具有符合要求的船材。在任何情况下，水密分舱舱壁须至少能够支持高达舱壁甲板的水头压力。

（2）船舶须设有水密高达舱壁甲板的防撞舱壁。此舱壁须位于距艏垂线不小于0.05L或10 m处（取较小者）；且除非经主管机关许可，否则不大于0.08L或0.05L加3 m（取较大者）。

（3）在舱壁甲板以下的防撞舱壁内不得设置门、人孔、通道开口、通风管或任何其他开口。

（4）客船和除液货船以外的货船的双层底的设置须在适合船舶设计及船舶正常作业要求的情况下尽量自防撞舱壁延伸至艉尖舱舱壁。如需要设置双层底，其内底须延伸至船舷两侧，以至于能保护船底至舭部弯曲处。

（二）稳性资料

（1）每艘客船以及船长24 m及以上的每艘货船应在完工时做倾斜试验，并确定其稳性要素。

（2）每艘船舶均须在船首和船尾有清晰的吃水标志。在吃水标志不在容易读到的位置或特种运输的营运限制使它难以读到的情况下，船舶须安装能确定船首和船尾吃水的可靠吃水指示系统。

（3）应向船长提供：

①确保符合有关完整稳性要求和最小营运初稳性高度（GM）对吃水的关系曲线，或最大许用重心高度（KG）对吃水的关系曲线，或与这些曲线等效的其他资料；

②扶正因浸水产生横倾的装置的操作说明；

③破舱后维持稳性所必需的所有其他数据和辅助措施。

二、破舱稳性与破损控制

（一）破损控制资料

（1）驾驶室应设有永久展示或随时可用的控制图，用于指导船上负责的高级船员，图上应清晰显示每层甲板及货舱的水密舱室限界面，上面的开口及其关闭装置和任何控制位置，以及扶正由于进水产生的横倾的装置。此外，还应给船上高级船员提供包含上述资料的小册子。

（2）应收入资料的一般应包括主管机关认为在船舶正常营运时为保持水密完整性所需的设备、条件和操作程序清单；特殊预防措施应包括主管机关认为对船舶、乘客和船员的生存至关重要的各种事项（即关闭装置、货物系固和听觉报警等）。

（二）货船破舱稳性控制

（1）水密舱壁上的开口数量应减至最少。

（2）水密舱壁上的所有滑动门和铰链门都应设有指示器，在驾驶室应给出这些门是开启还是关闭的指示。此外，舷门或主管机关认为任其开启或未能适当紧固会导致严重浸水的其他开口，也应设置此类指示器。

（3）为确保内部开口的水密完整性而设置的门必须是滑动水密门，该门能从驾驶室遥控关闭，也能从舱壁的每一边就地操纵。在控制位置处应装设指示器，显示门的开启和关闭状态，并在门关闭时发出听觉报警。每一个动力操纵的滑动水密门都应有一个独立的手动机械操纵装置。该装置应能从门的两侧用手开启和关闭该门。

（4）为确保内部开口的水密完整性，通常在航行时关闭出入门和舱盖，应在该处和驾驶室装设显示这些门或舱盖是开启还是关闭的设施，而且该处必须附贴一个公告牌，警示不能让它开着；在海上须保持永久关闭的其他关闭装置，应有一个通告牌贴于其上，警示必须保持关闭。用螺栓固紧盖子的人孔则无须这样标明。

（5）为保证外部开口水密完整性，在海上须保持永久关闭的其他关闭装置，应有一个通告牌贴于其上，警示必须保持关闭。用螺栓固紧盖子的人孔则无须这样标明。

（三）水密装置的关闭操作

（1）所有水密门须在航行途中保持关闭，除非：

①在航行途中为准许乘客或船员通行，或因为在紧靠门的附近作业而必需时，可以开启水密门。当通过该门的通行已结束或需开启门的作业已完成时，须立即关闭该门。

②仅当认为绝对必要时，即确认开启某些水密门对船舶机器的安全和有效操作是必需的，或为了给乘客提供通常不受限制的乘客区域通道，可以允许在航行途中开启某些水密门。

（2）要求在航行途中保持关闭的铰链式门、可移动式平板门、舷窗、舷门、装货门、燃油接口和其他开口须在船舶离港前关闭。关闭和开启这些开口（如果允许）的时间须记载于主管机关所规定的航海日志中。

（3）设置在舱壁甲板以下的舷门、装货门和燃油接口须在船舶离港前有效关闭，并紧固成水密，且在航行途中保持关闭。

（4）为了船舶的操纵需要并且不损害船舶的安全时，经主管机关同意，可根据需要打开某些特殊的门。

（5）用作大型货物处所内部分隔的水密门或坡道应在开航前关妥，并应在航行中保持关闭。在港口开启这些门的时间和在船舶离港前关闭它们的时间须记载于航海日志中。

（6）用以确保内部开口水密完整性的出入门和舱盖的使用应经值班驾驶员批准。

第四节 船舶应急反应计划与应急准备

一、船舶应急的概念

（一）船舶应急的概念

船舶应急又称为船舶应变，是指在船舶发生各种意外事故和紧急情况时的紧急处置方法和措施。

（二）船舶应急的种类

（1）按目前多数船上配置的船舶应急部署表中的应急部署，船舶应急分为消防、救生（包括弃船和人落水）以及油污应急。

（2）根据ISM规则的要求，船舶应对船上可能发生的各种紧急情况做好应急准备，并建立相应的应急反应程序，包括碰撞、触礁、搁浅、火灾、爆炸、人落水、船舶油污、船舶丧失操纵能力、船体结构损坏、船舶严重横倾、货舱进水、货物移动、货物撒漏污染、围蔽处所进入和救助、临近战争危险、遭遇海盗、遭遇保安威胁、船员伤病、弃船等情况下的应急反应程序。

二、船舶应急警报信号

（一）应急警报信号的发出

船上通常采用发出应急警报信号的方式通知全船人员发生紧急情况以及紧急情况的类型。需要注意的是，单纯发出应急警报信号是不够的，特别是对于载有大量旅客的船舶，多数旅客对张贴的告示并不关心，更不会去记应急警报信号的含义和应急行动，所以单纯的应急警报信号并不能告诉旅客如何行动，必须在发出应急警报信号的同时，立即以广播的形式进行指示和说明，并且在进行广播说明的时候应先进行指示，再进行解释说明，即先下达动作指令，再给予理由说明。

（二）在我国船舶应急部署表(GB 17566—2021)中的各类应急警报信号

（1）消防：警铃或汽笛短声连放1 min后，另加火灾部位指示信号，一长声表示在船前（首）部；二长声表示在船中部；三长声表示在船后（尾）部；四长声表示在机舱；五长声表示在上层建筑居住区域。

（2）弃船：警铃或汽笛七短声继以一长声，连放1 min。

（3）人落水：警铃或汽笛三长声。

（4）油污：警铃或汽笛一短二长一短声。

三、操作级以上船员在各类应急中的岗位职责

船舶应急部署应根据应急的性质、船员的职务、特长、工作能力以及是否有相应的培训合格证书等来安排每个人的岗位和职责。

船长是船舶各类应急的总指挥；大副是船舶各类应急的现场指挥；当事故现场在机舱时，通常由轮机长担任应急现场指挥，大副在现场协助指挥。

（1）在船舶消防应急时，船长担任应急总指挥，在驾驶台负责指挥应急和操纵船舶；大副在火灾现场担任现场指挥，二副在驾驶台值班，负责通信联络，传达船长指令，执行船长的操船指令，记录应急过程；三副带领消防队负责灭火，并根据火情进入大型灭火系统控制站做好释放准备。

（2）当有人落水需要应急时，船长担任应急总指挥，在驾驶台负责指挥应急和操纵船舶；大副在主甲板（放艇时在救生艇甲板）担任现场指挥，组织对落水人员的施救；二副在驾驶台值班，负责通信联络，传达船长指令，执行船长的操船指令，记录应急过程；三副准备救生器材，并做好释放救生（助）艇的准备，放艇时，随艇下水，担任艇长。

（3）撤离船舶或弃船时，船长担任应急总指挥，在驾驶台负责指挥应急；货船上的大副和三副担任指定救生艇的艇长，做好救生艇的释放准备工作；二副在驾驶台值班，负责通信联络，传达船长指令，执行船长的操船指令，记录应急过程；轮机长应率领轮机员做好弃船前的机舱设备的规定保护动作。

（4）油污应急时，船长担任应急总指挥，在驾驶台或现场负责指挥应急；轮机长担任油污现场指挥，组织清除溢油；大副在油污现场会同轮机长担任现场指挥；二副在驾驶台值班，负责通信联络，传达船长指令，或在现场做好现场记录；三副在油污现场，准备消防和防污器材与设备，如需要，指挥放艇回收溢油。

四、船舶应急准备工作要点

船舶应急准备工作的要点包括：

（一）编制应急计划

根据本船的类型、配员情况等，编制相应的应急计划，包括船舶应变部署表、船舶油污应变部署表、应变任务卡、船舶油污应急计划、船上海洋污染应急计划、船舶应急响应

计划等。其中船舶应变部署表、船舶油污应变部署表等应按规定在船上有关场所张贴布置。

(二) 制定应急反应程序

根据ISM规则的要求，结合本船的类型、航线、挂港、货物情况等，制定相应的应急反应程序，包括船舶火灾应急反应程序、船舶爆炸应急反应程序、船舶碰撞应急反应程序、船舶触礁搁浅应急反应程序、船舶破损进水应急反应程序、船舶油污应急反应程序、弃船应急反应程序、人员落水应急反应程序、货物移动应急反应程序、船舶严重倾斜应急反应程序、临近战争危险/遭遇保安威胁应急反应程序、船员伤病、围蔽处所进入和救助应急反应程序等。

(三) 熟悉应急岗位职责

通过制订船舶应急计划和应急反应程序，明确规定船员的应急岗位和应急职责，并采取船舶应急演习（练）等适当的方法，使船员熟悉各自的应急岗位和应急职责。

(四) 组织各种应急演习（练）

按照有关规定，以一定的时间间隔，进行应急演习（练），包括消防演习、人落水演习、弃船演习、油污演习、应急操舵演习、保安演习等。通过应急演习（练），使船员提高安全意识，熟悉自己的应变岗位与职责，熟练掌握各种应急设备的操作技能，同时检验各类应急器材、设备的技术状态，验证演习（练）程序的适应性和可操作性，发现问题及时解决。

(五) 进行应急训练和授课

按照规定对船员进行船舶救生、消防设备用法的船上训练，并向船员讲授船舶消防、救生设备用法和海上救生须知方面的课程。

(六) 保持应急设备和器材的有效

按照计划和一定的周期对船上的应急设备和器材进行维护保养、检查和试验，确保这些应急设备和器材处在有效、随时可用的状态。

五、船舶应变部署表和应变任务卡

（一）船舶应变部署表

1. 船舶应变部署表的概念

将船舶的一些主要应变部署统一编制在一张表格上，并在船上相应的公共场所张贴，我们将这张表格称为船舶应变部署表。

船上张贴的应变部署表主要是货（客）船应变部署表和船舶油污应变部署表。

2. 船舶应变部署表的配置要求

我国规定500总吨及以上的中国籍船舶应配备由国家海事管理机构认可的统一印制的货船或客船应变部署表。

3. 船舶应变部署表编制原则

船舶应变部署表的编制应考虑以下原则：

（1）应结合本船的船舶条件、船员条件、客货条件以及航区自然条件；

（2）关键岗位与关键动作应指派技术熟练、经验丰富的人员；

（3）根据本船的具体情况，可以一职多人或一人多职；

（4）人员的安排应有利于应急任务的完成。

4. 船舶应变部署表的主要内容

（1）按照SOLAS公约的要求，船舶应变部署表应写明：

①通用紧急警报信号和有线广播的细则；发出警报时船员、乘客应采取的行动；弃船命令如何发出；

②指派给不同船员的应急职责，在客船上还应标明船员在组织旅客应急时的相关职责；

③有关救生、消防设备的配备；

④指明各高级船员负责保证维护救生、消防设备，并使其处于完好和可用状态；

⑤职务与编号、姓名、艇号、筏号对照一览表；

⑥消防应急、弃船救生、放救生艇（筏）的详细分工内容和执行人编号；

⑦航行中驾驶台、机舱、电台固定人员及其任务；

⑧指明关键人员受伤后的替换者，要考虑到不同的应急情况要求不同的行动；

⑨船舶及船公司名称，船长署名及公布日期。

（2）我国海事主管机关认可的统一印制的货船应变部署表包括以下内容：

①船名、船公司、船舶识别号；

②各类应急警报信号；

③救生设备（包括救生衣、救生服、救生圈、双向无线电话、EPIRB、SART等）所

在位置；

④消防设备（包括消防员装备、CO_2间、手提式泡沫枪、消火栓与消防皮龙、应急消防泵、手提灭火器、国际通岸接头、消防控制站等）所在位置；

⑤船员姓名、编号、职务及其应登乘的艇号、筏号对照一览表；

⑥弃船救生动作及执行人；

⑦降放救生艇动作与任务及执行人；

⑧救生部署、消防部署；

⑨关键人员受伤后的替换者；

⑩船长签署及公布日期。

5. 船舶油污应变部署表

（1）船舶油污应变部署表的性质与船舶应变部署表相同，是针对船舶发生油污事故后参加应变的船员的职责和应采取的应急措施所做的明确分工和规定。各船应根据本船的具体情况编制。油污应变部署表应与船舶油污应急计划内的部署表（如有）保持一致。

（2）船舶油污应变部署表的主要内容包括：

①船名；

②油污警报信号；

③油污应变集合地点（通常为主甲板）；

④参加油污应变的船员的编号、职务、应变岗位以及应变职责；

⑤船长签署、公布日期等。

6. 船舶应变部署表的编制职责与公布要求

（1）船舶应变部署表应在船舶出航前编制。在船舶应变部署表编制后，如船员有所变动而必须变更应变部署时，应修订该表，或编制新表。

（2）船舶应变部署表由三副具体编制，大副负责技术指导，经船长审核、签署后公布实施。

（3）应变部署表和应急须知应展示在全船各明显之处，包括驾驶台、机舱和船员起居处所。

（二）应急须知和应变任务卡

（1）应为船上每位船员配备一份在紧急情况时必须遵循的、明确的须知。如为客船，这些须知应使用船旗国的语言或船旗国要求的语言以及英语写成。

（2）三副应根据船长批准并公布的应变部署表以及船舶应急程序文件编制应变任务卡，分派给相应的船员，或将其制成床头卡，放置在每个船员床头边的专用卡槽内。

（3）应变任务卡或床头卡内应注明应变时相应船员的应急岗位、应急职责、应急时应携带的器材、弃船时应登乘的救生艇筏的编号，以及各种应急警报信号等。

（4）货船上的应变任务卡至少应包括消防、人落水、弃船、溢油等需要应急情况下的相应船员的应急任务。

（5）客船上应在旅客舱室、集合地点及其他乘客处所张贴图解和应急须知，向乘客介绍集合地点、应急时必须采取的行动、救生衣穿着方法等。

六、船舶应急反应计划

(一) 船上油污应急计划

150总吨及以上的油船和400总吨及以上的非油船应备有经主管机关认可的船上油污应急计划（SOPEP）。该计划的编制应符合IMO制定的《船上油污应急计划编制指南》的要求，并使用船长和高级船员的工作语言编写。

1. 制订船上油污应急计划的目的及要求

（1）目的

制订船上油污应急计划的目的是帮助船员在船舶发生意外排油时采取必要的措施，以控制或尽量减少排油，减轻油污损害。

（2）要求

①计划应切实、可行、易于操作，应能被船上人员和岸上的船舶管理人员所理解；

②应对计划定期进行评估、检查和修改。

2. 船上油污应急计划的主要内容

根据MARPOL公约附则Ⅰ第26条的规定，船舶油污应急计划至少应包括四部分内容：

（1）油污事故的报告

船舶发生油污事故或可能发生油污事故时，船长或负责管理该船的其他人员需立即向最近沿岸国做出初始报告。然后，根据需要及时做出补充报告，以便对初始报告做进一步补充，或提供有关油污事态发展信息。此外，还要按照沿岸国的要求提供更详细的信息，即附加报告。

（2）需要联系的有关当局或人员的名单

发生油污事故的船舶必须以最迅速的方式与沿岸国（负责受理和处理油污事故的主管机关，或指定的海岸电台、船舶报告点，或海上搜救协调中心等）、港口（船舶代理人或公司航运代表）和船舶重要联系人（与船舶有重要利害关系的船公司、保险公司、救助单位、船舶岸上管理人员等）进行联系。有关联系人员的名单必须满足24 h都能联系上，并提供他们的替代人名单。有关联系人员的名单随着人员的变更和电话、电报、电传号码的变更须及时更新。

（3）为减少或控制排油应采取的应急措施

不同类型的船舶采取的应急措施可能有所不同，但船上油污应急计划至少应提供包括操作性溢油和海损事故性溢油两方面的应急措施的指导。

①操作性溢油应急措施

操作性溢油是指在正常装卸和内部驳运油的过程中所发生的管系渗漏、舱柜满溢以及船体渗漏所引起的溢油。船上油污应急计划应针对上述三种情况导致的溢油，分别制定应急措施和应急反应程序。

②海损事故性溢油应急措施

船上油污应急计划应针对搁浅、触礁、火灾爆炸、碰撞、船体损坏、严重横倾、浸水、沉没等海损事故造成可能引起的溢油，分别制定应急措施和应急反应程序。

③其他措施

船上油污应急计划还应就优先措施、稳性和应力影响、减载等问题提供相关指导。

（4）与沿岸国或地方当局的联系和协作

当发生油污事故，船舶在进行油污应急反应前，必须与沿岸国或地方当局取得联系，并提供相关资料，以便得到核准。船上与沿岸国或地方当局快速有效的协作对于减轻污染事故的危害影响是至关重要的。因此，船上油污应急计划应提供与沿岸国或地方当局联系、请求协作的方式、注意事项，以及有关应急反应队伍的资料等。

3. 非强制性部分的内容

除上述四部分强制内容外，船上油污应急计划中还应有计划核查程序、培训和训练程序、记录保存程序、公关事务处理程序、应急反应设备等非强制性部分的内容。

（二）船上有毒液体物质海洋污染应急计划/船上海洋污染应急计划

1.对船上有毒液体物质海洋污染应急计划的要求

每艘载运散装有毒液体物质的150总吨及以上的船舶，应备有主管机关认可的船上有液体物质海洋污染应急计划。该计划的编制应符合IMO制定的《船上有毒液体物质海洋污应急计划编制指南》的要求，并使用船长和高级船员的工作语言编写。该计划可以与船上油污应急计划合并使用。在此情况下，该计划的标题应为“船上海洋污染应急计划”。

2.船上有毒液体物质海洋污染应急计划的主要内容

根据MARPOL公约附则Ⅱ第17条的规定，船上有毒液体物质海洋污染应急计划至少应包括以下四部分内容：

（1）船长或负责管理该船的其他人员报告有毒液体物质污染事故应遵循的程序；

（2）在发生有毒液体物质海洋污染事故时应与之联系的当局或人员的名单；

（3）在事故发生后，为减少或控制有毒液体物质海洋污染应立即采取的措施的详细说明；

（4）在处理污染时，为使船舶与沿岸国、地方当局协同行动取得联系的程序和要点。

（三）应急决策支持系统

（1）根据SOLAS公约的要求，客船应在驾驶台配置一个用于处理应急情况的“应急决策支持系统”。

（2）“应急决策支持系统”除包括一个或几个书面的应急计划外，还可在驾驶台内采用以计算机为基础的支持系统，以便提供应急计划中所有的信息、程序、检查清单，并针对预计的应急状态提出拟采取的建议方案。

（3）“应急决策支持系统”中的应急计划应包括各种可以预见到的需要应急的情况，如：火灾；船舶破损；海洋污染事故；威胁到船舶和人员安全的非法行为；人员伤亡；应急援助其他船舶等。

（4）应急计划中的应急程序应向船长提供处理各种组合应急情况的决策支持方案。

（四）船上紧急情况应急计划综合系统

为了避免各种应急计划在紧急情况下可能出现的相互冲突，有必要制定一个综合的紧急情况下的应急系统，以便对这些冲突加以协调。

1. 应急计划综合系统的作用

应急计划综合系统旨在将诸多不同的应急计划综合成一个紧急情况下的应急计划系统。

2. 应急计划综合系统的结构

应急计划综合系统应包括以下主要内容（模块）：

（1）制定船上紧急情况应急计划综合系统的目的、最终目标以及改进要求。

（2）报告紧急情况时应遵守的程序，对潜在的船上紧急情况做出识别和反应的程序。

潜在的船上紧急情况包括但不限于火灾、船舶损坏、人员事故、货物事故、污染事故、威胁船舶及旅客和船员安全的非法行为、向他船提供紧急援助等紧急情况。

（3）使船上人员熟知本系统和计划，开展相关培训和教育的规定，以及演习和训练时间表。

（4）当船舶在航行、锚泊、靠泊，在港内或干坞中遇到潜在的紧急情况时，为了保护船舶、人员、货物和海洋环境而应该采取的最佳行动。

（5）用于报告紧急情况的船方联络点、沿海国联络点、港口联络点，以及关于报告时间、报告方法、报告内容和联络人员等方面的指导。

（6）对紧急情况做出成功反应所需要的信息和执行本计划的其他要求等。

（五）船舶应急响应计划和应急手册

为了避免船舶在发生海事时引起灾难性的后果，MARPOL公约要求有关船舶应制定船舶应急响应计划，以便在需要时能够立即获得基于岸基计算机系统支持的船舶应急响应服务（ERS）。

ERS服务机构将为每艘ERS注册船舶编制应急手册。该手册内容包括：ERS程序中的呼叫和应急响应程序；在启动应急响应服务后，船方应向服务机构提交的与事故有关的信息、资料；事故报告表的填写方法等。

（六）各种应急计划的复查

要保持各种应急计划的完整、有效和实用，船公司、船长应根据安全管理体系的要求，定期复查这些应急计划。复查后，应及时通过修改来纠正各应急计划中发现的缺陷，但属于主管机关控制的内容（如油污应急计划中的强制部分）或公司控制的内容（如安全管理体系中的通用规定），修改的内容必须事先获得控制方的批准。

应急计划的复查可以通过下列四种方法完成：

1. 演习复查

每次演习后，应结合对演习效果的评估，复查应急计划编制的合理性和有效性，并做必要的修改。

2. 年度复查

船东或船舶经营人至少应每年复查各种应急计划一次。复查的主要内容为应急计划中联系人名称和联系方式；因船舶性能变化而需要对应急计划的修改；在应急计划的训练和演习过程中存在的缺陷等，并对应急计划做出必要的修改和（或）更新。

3. 定期复查

配合主管机关对船舶安全管理体系进行每5年一次的换证审核，对船舶各种应急计划进行全面的复查和评估。

4. 事故复查

船舶发生事故，在执行了应急计划以后，船东或船舶经营人应适时评估应急计划的完整性、实用性和有效性，并做出相应的修改、补充和完善。

第五节 船舶应急演习与训练

一、对船舶应急演习的组织

（一）应急演习的目的

组织船舶应急演习是为了：

（1）提高船员安全意识，树立居安思危、常备不懈的意识。

（2）使船员熟悉应变岗位及职责，避免应急时惊慌失措。

（3）使船员熟练掌握各种应急设备的操作技能，以便在应急情况下能正确操作这些设备。

（4）检查、试验各类应急器材、设备的技术状态，发现问题及时解决，使其处于随时可用状态。

（5）验证演习（练）应急程序的适应性和可操作性，发现问题并及时解决。

（二）应急演习的时间间隔

根据SOLAS公约及国内的有关规定：

（1）应急演习应当以适当的时间间隔进行，既要保证全船处于良好的可随时应急的状态，又不至于干扰船上的正常工作。船长可根据情况和需要，酌情增加应急演习。例如，在前往油污控制严格的国家或海盗活动频繁海区时，可以临时增加油污演习或反海盗演习等。

（2）每位船员应在开航前熟悉其应急职责。

（3）每位船员每月应至少参加弃船演习和消防演习各一次，若有25%以上的船员未参加上个月的演习，应在该船离港后24 h内举行上述两项演习。

（4）客船每周进行一次弃船演习和消防演习，每次演习不必全体船员都参加，但每位船员应每月参加弃船演习和消防演习各一次。对于航行时间超过一周的客船，在离港前应举行一次全面的水密门、舷窗、泄水孔的阀及关闭装置、出灰管与垃圾管的操作演习，此后在航行中至少每周举行一次这样的演习。

（5）若乘客按行程将在船上停留24 h以上，从事此种航行的船舶须在开航前或开航后立即集合新上船的乘客，并向乘客介绍救生衣的使用方法以及在紧急情况下须采取的行动。每当有新乘客上船时，即应在船舶开航前或开航后以一种或几种乘客易懂的语言向乘客做一次乘客安全简要介绍。

（6）应急操舵演习每3个月应进行一次。

（7）油污应变演习每3个月，最长不超过6个月应进行一次。

（8）营救落水人员演习每3个月应进行一次。

（9）围蔽处所进入和救助演习每2个月应进行一次。

（10）船舶保安演习每3个月应进行一次。

（三）应急演习的策划

各类应急演习尽管有一定的时间间隔规定，但船长还是需要对在什么时间、什么地点、进行哪种应急演习予以适当的安排。需要考虑的因素包括：

（1）演习对人员、船舶、设备、环境的安全性，例如放艇操作应选择在遮蔽海区或平静海面进行。

（2）港内演习或在某些敏感区域举行演习，须事先经有关主管当局的批准。

（3）是否需要对某种应急情况增加演习次数，可能的演习效果和是否需要在演习前进行必要的培训。

（4）是进行单项演习，还是进行多项演习，抑或是进行综合演习等。

演习是用来保障应急能力和完善应急部署的，如果在当时情况和环境下演习会严重危及船舶或人员的安全，则应另择时间、地点进行演习，并将原因记录于航海日志。

（四）对应急演习的监督

（1）成功的应急必须具备的基本条件包括：

①训练有素的人员；

②完备的应急设备和器材；

③高效的应急预案；

④正确果断的组织和指挥。

（2）为使船舶能够成功应急，在平时组织的应急演习过程中，船长应对演习的全过程进行监督，并注意检查下列事项：

①在施放应急警报信号后，参加演习的船员能否在2 min内到达指定地点；消防演习时，机舱能否在5 min内开泵供水；弃船演习时，能否在船长下达放艇命令后5 min内将艇放至水面。

②参加演习的船员能否按应变部署表或应急计划的要求正确携带指定的器材。

③对参加演习的船员所规定的、布置的行动是否能切实有效地进行。

④参加演习的船员能否熟练地使用应急设备和了解应急设备的性能。

⑤船上应急系统、设备、器材等是否处于随时可用状态。

⑥针对不同的应急情况和船舶状况所采取的措施的有效程度。

⑦应急逃生通道是否通畅；救生艇筏的释放是否无障碍；消火栓附近有无妨碍消防皮龙连接的货物或物品；消防控制站内是否堆放杂物；应急操作说明和示意图是否张贴良好和方便阅读等。

⑧参加演习的船员对应急初期所取得成果的有效性的认识如何。

⑨通信、联络、送电、送水等有关系统的有效性。

⑩参加演习船员的应变意识、重视程度；整体配合的协调程度；对任务变换的适应能力；接替人的适任性；应变部署表的有效性；船岸协同应急的效果如何等。

（五）应急演习总结

对演习监督过程中发现或暴露出来的问题，应及时总结并迅速制定整改措施，并应通过下一次演习（必要时可尽快组织补充演习）来验证整改措施的有效性。

（六）应急演习记录

由大副将演习的起止时间、地点、演习内容和有关情况，如实正确地记入航海日志的重大记事栏内。若在指定时间未举行全部应变演习或训练项目时，则应在航海日志内记述其原因和已举行演习或训练项目的范围。

（七）应急演习善后

演习结束后，演习中所使用过的应急设备应立即恢复到原状，以便能被立即用来应急。

二、对船舶各类应急演习的要求

（一）消防演习

（1）消防演习应根据消防演习计划进行。在制订消防演习计划时，对根据船型和货物而实际可能发生的各种紧急情况，应给予充分考虑。

（2）SOLAS公约规定，每次消防演习都应包括下列内容：

①向集合站报到，并准备执行应变部署表所述的任务；

②启动一个消防泵，要求至少射出两股水柱，以表明该系统是处于正常的工作状态；

③检查消防员装备和其他个人救助设备；

④检查有关的通信设备；

⑤检查演习区域内的水密门、防火门和防火闸以及通风系统主要进出口的工作状况；

⑥检查供随后弃船用的必要装置。

（3）在每次进行消防演习时，可分别模拟机舱着火、厨房着火、生活区着火、货舱着火，进行相应的火灾报警、鸣放警报信号、集合、关闭通风、组织探火、灭火等消防程序的演练，以及演习结束后的讲评，最后宣布演习结束。

（4）演习中使用过的设备应立即恢复到完好的操作状况；演习中发现的任何故障和缺陷，应尽快予以消除。

（二）弃船演习

（1）弃船演习应根据弃船演习计划进行。

（2）SOLAS公约规定，每次弃船演习应包括下列内容：

①先使用报警系统，然后通过公共广播或其他通信系统宣布进行演习，将乘客和船员召集至集合站，并确保他们知道弃船命令；

②向集合地点报道，并准备执行应变部署表中规定的任务；

③查看船员和旅客的穿着是否合适；

④查看船员和旅客是否正确地穿好救生衣；

⑤在完成任何必要的降落准备工作后，至少降下一艘救生艇；

⑥启动并操作救生艇发动机；

⑦操作降落救生筏所用的吊筏架；

⑧模拟搜救几位被困于客舱中的乘客；

⑨介绍无线电救生设备的使用。

（3）每艘救生艇应每3个月在弃船演习时降落下水一次，并指定操作的船员进行水上操纵（演习）。在这样的演习中，救生艇在降放时可不乘载操作的船员。

（4）从事短途国际航行的船舶，每艘救生艇至少每3个月下降一次，并每年降落下水一次。

（5）自由降落式救生艇，每3个月至少有一次船员应登上救生艇，在其座位中正确系固并开始降落下水程序，但不必实际释放救生艇（即释放钩不应松开）；在不超过6个月的间隔期内，搭载操艇船员自由降落下水，或按IMO制定的指南进行模拟降落下水。

（6）在合理可行的情况下，专用救助艇应乘载被指派的船员每个月降落下水一次，并在水中操纵。无论如何，这个要求每3个月至少进行一次。

（7）航行中降落救生艇、救助艇下水演习时，应在遮蔽水域进行，并在有此项演习经验的驾驶员的监督下进行。

（8）每次弃船演习应试验供集合和弃船用的应急照明系统。

（9）在每次进行弃船演习时，应进行鸣放弃船信号、完成弃船前的甲板和机舱自我保护动作、集合、放艇（筏）前的检查、放艇（筏）、回收艇（筏）等弃船程序的演练，以及演习结束后的讲评，最后宣布演习结束。

（三）人落水演习

（1）人落水演习应根据人落水演习计划进行。

（2）在船上举行的人落水演习应包括下列内容：

①向船长报告，鸣放人落水警报信号，模拟观察和抛掷救生圈；

②向集合地点报道，并准备执行应变部署表中规定的任务；

③检查是否按应变部署表上的规定携带指定的器材；

④做好救助艇的放艇准备；

⑤检查参加演习的人员是否熟悉自己相应的应急职责，能否按应变部署表中的规定进行人落水应急操作。

（3）在每次进行人落水演习时，应进行鸣放警报信号、操船甩尾、模拟观察和抛掷救生圈、集合、模拟放艇等人落水应急程序的演练，以及演习结束后的讲评，最后宣布演习结束。

（四）油污演习

（1）油污演习应根据油污演习计划进行。在制订油污演习计划时，应充分考虑油污应急计划中的要求。

（2）在船上举行的油污演习应包括下列内容：

①检查、试验有关油污警报和通信系统；

②发出油污警报，向集合地点报到，并准备执行应变部署表中规定的任务；

③检查参加演习的人员是否熟悉自己的油污演习应急职责，能否按应变部署表和船上油污应急计划中的规定进行油污应急操作；

④模拟向公司及有关主管机关报告；

⑤演练关闭阀门、堵塞甲板排水孔、甲板围栏收集溢油、清除溢出舷外的溢油等油污应急行动。

（3）油污演习可以和其他演习联合进行。

（4）在每次进行油污演习时，应进行鸣放警报信号、集合、关闭阀门、堵塞甲板排水孔、模拟收集溢油等油污应急程序的演练，以及演习结束后的讲评，最后宣布演习结束。

（五）应急操舵演习

（1）应急操舵演习应按应急操舵演习计划进行。

（2）SOLAS公约规定，每次在船上举行的应急操舵演习应包括下列内容：

①在舵机间对舵机的直接控制；

②驾驶台与舵机间的通信程序；

③转换动力供应的操作。

（3）每3个月至少进行1次应急操舵演习（试验），每次演习前应对应急操舵装置各部件进行检查，在演习中应模拟舵机故障及模拟故障检查和排除、在舵机间进行应急操舵、在驾驶台与舵机间进行通信、进行操舵装置的动力转换的演练。演习结束后应进行讲评，最后宣布演习结束。

（六）围蔽处所进入和救助演习

（1）围蔽处所进入和救助演习应以安全的方式计划和执行。

（2）SOLAS公约规定，每次在船上举行的围蔽处所进入和救助演习应包括下列内容：

①检查并使用进入所需的个人保护设备；

②检查并使用通信设备和程序；

③检查并使用测量围蔽处所内空气的仪器；

④检查并使用救助设备和程序；

⑤急救和复苏技术的指导。

（3）具有围蔽处所进入或救助职责的船员应参加海上每2个月内至少举行一次的围蔽处所进入和救助演习。

三、船上训练与授课

（一）训练与授课安排

（1）应尽快地（不迟于船员上船后的两周内）进行船舶救生、消防设备用法的船上训练。

（2）在装有吊筏架降落救生筏的船上，应在不超过4个月的间隔期内进行一次该设备用法的船上训练。

（3）应与应急演习相同的间隔，讲授船舶消防、救生设备用法和海上救生须知方面的课程。每一课程的内容可以是船舶救生和消防设备系统中的不同部分，但每2个月一期的课程应覆盖全部船舶救生和消防设备。

（4）每次授课有未参加听课的值班人员应专门补课。

（二）授课内容

每位船员均应听课。课程内容包括但不限于：

（1）气胀式救生筏的操作与使用；

（2）低温保护问题；

（3）低温急救护理及其他合适的急救方法；

（4）在恶劣天气和海况中使用救生设备所必需的专门知识；

（5）消防设备的操作与使用。

（三）训练手册

（1）根据公约要求编写的训练手册应存放在每一船员餐厅和娱乐室或每一船员居住舱室内。

（2）目前国内船上通常配置由海事主管机关组织编写的训练手册，外国籍船上通常配置由国际海事组织编写的海员手册。正规的船公司通常还制定有自己的船员训练手册。

（3）训练手册应使用船舶的工作语言。

（4）船上训练应参考训练手册中的内容进行。

（5）训练手册应包括（但不限于）以下内容：

①消防

不同部位消防演习的程序和步骤；灭火系统和消防设备的操作与使用；消防员装备（包括自给式呼吸器）的使用方法；有关烟气的危害、电气火灾、易燃液体和船上类似的常见危险的一般防火安全实践和预防手段；有关灭火行为和灭火程序的一般性应知、应会的内容，包括火灾报告及使用手动报警按钮的程序；火的类型、灭火原理及应选用的灭火介质；如何辨别火源，判断火势的扩延和爆炸可能性；防火门、挡火（烟）闸的操作和使用；脱险通道系统和设备的使用；紧急逃生呼吸装置的使用；在注满烟气的封闭处所如何采取安全措施；厨房火灾的应急处理；机器处所火灾的应急处理等。

②救生

弃船、救生演习程序和步骤；救生艇筏和救助艇的登乘、降落和离开，包括海上撤离系统的使用；封闭式救生艇在艇内的降落方法，如何从降落设备上脱开；救生艇筏和救助艇的回收，包括存放和系固；救生艇艇机的启动方法及附件的使用方法；气胀式救生筏的操作与使用；暴露的危险和穿保温服的必要性；救生衣、救生服、浸水保温服和抗暴露服的穿着方法；低温保护、低温急救护理以及其他合适的急救方法；在恶劣气候和恶劣海况中，船舶救生设备的正确使用；降落区域照明和防护设备的用法；海锚及艇内所有救生属具的用法；无线电救生设备的用法；拯救的方法，包括直升机救助装置、连裤救生圈、海岸救生工具和船舶抛绳设备的用法；应急部署表与应急须知所列出的所有其他措施；救生设备的应急修理须知等。

第六节 船舶应急行动

一、船舶自救行动

（一）船舶自救的基本原则

船舶发生海事，应尽最大努力采取自救行动。船舶是海上人命生存的良好基地，在尚未严重危及人身安全时，船长、船员必须采取一切有效行动保全船舶。当确认无法避免船舶的沉没或灭失时，船长应果断下令撤离船舶或弃船求生，以保证旅客、船员的安全。

（二）船舶在紧急情况下的自救行动要点

（1）不同种类的海事应采取不同的自救行动。对于碰撞、触礁等海事导致船体破损进水，进而有沉船危险时，首先应将主要精力放在堵漏和排水，以保证船舶有足够稳性、浮力及抗沉能力。如进水速度较快并难以控制时，则应考虑选择适当的水域实施抢滩。对于火灾或爆炸等海事，应立即按照应急部署表组织船员灭火，并尽可能驶离会危及邻近船舶和设施的水域。

（2）船舶自救重点因船而异。客船的自救重点永远是旅客安全；而油船及液化气船的自救重点则在于灭火，防止发生爆炸，控制货油外泄，防止船体断裂和沉船。

（3）船舶自救组织工作应在准确地查清当时船舶所处的环境、受损情况以及可能面临的危险等基础上进行。情况不清就盲目地实施自救，可能会导致损失的扩大与险情的加重。

（4）一旦开始自救，应抓紧时机，按事先拟定的应急部署和应变程序进行。船舶自救是否能够有效实施，往往取决于能否抓住有利时机。而按事先拟定的应急部署和应变程序进行自救，是有条不紊地做好自救工作的保证，但不妨碍根据船舶实际受损情况以及可以参加应急的船员情况，临时调整应急方案。

（三）争取救援

船舶遇险时，船长若对本船自救保全的可能性持怀疑态度，则应在尽力自救的同时，争取其他船舶的救援。通常可采取：

（1）通过GMDSS设备发出遇险报警和求救信号。

（2）择机发送救生火箭等视觉求救信号，直到确认已引起邻近航空器或船舶的注意为止。

（3）当遇险船获悉有众多他船来救助本船时，应及时选定适当的救援船舶和通知这些船舶，并立即明确谢绝无须来救助的他船。

二、在紧急情况下保护船上人命安全的行动

（一）保护人命安全的行动应遵循的原则

船舶在紧急情况下，最优先的措施是保证人命安全，因此应遵循下列原则：首先检查是否有人员伤亡，然后判断是否需要救助，最后决定是否需要撤离船舶或弃船。

（二）保护人命安全的行动要点

1. 将人员撤离至安全区域

船舶发生碰撞、火灾、爆炸等紧急情况时，除迅速采取必要的应急措施外，还应将旅客撤离事故现场，转移至安全区域。遭遇海盗袭击时，如有必要及可能，应将船员、旅客迅速撤至预先设定的安全区域（如安全舱）。对于武装海盗，在船员生命尚未受到严重威胁时，应审时度势，不应鲁莽地或盲目地进行抵抗，以避免遭受不必要的报复和人员伤亡。

2. 伤员救治

船舶发生紧急情况后，如有人员受伤时，若在港内，可立即联系送往医院治疗；若在海上，可根据船舶的具体情况，按照船舶医疗指南的指导，由负责的驾驶员进行治疗。当因伤势严重或船上条件限制等原因无法进行有效治疗时，应在请示船舶所有人后，选择申请直升机救助，或绕航驶往最近港口寻求医疗。

3. 争取外界援助

当船舶发生紧急情况，特别是发生较严重的海事时，应首先立足于自救，即按应急部署尽力采取必要的应急措施进行自救。如果船舶受损程度已超出自救的可能范围，或经自救努力之后仍无转危为安的希望时，则应在继续采取自救措施，在争取时间的同时寻求外界的援助。

4.决定撤离船舶或弃船

当船舶遇险并严重危及船上人员的生命安全时，船长可以决定撤离船舶；在船舶可能沉没、毁灭的情况下，船长可以决定弃船。撤离船舶或弃船时，应按“先旅客、后船员、船长最后离船”的原则，有秩序地安全、迅速离船。客船决定弃船后，应按应急部署表的规定，指派船员专门负责指导、引导和保护旅客，包括：向旅客告警；指导、检查旅客穿好衣服和救生衣；召集旅客到各登乘点并登艇；维持通道及梯道上的秩序；控制旅客的动向；保证把毛毯送到艇上；检查旅客舱室有无遗漏人员等。

三、船舶应急行动基本程序

不论船舶发生哪种紧急情况需要应急，船舶在应急时不论采取哪种具体的应急方案，其应急行动的基本程序大体相同。

（一）初始阶段的应急行动基本程序

在船舶应急的初始阶段，应急行动的基本程序为：

（1）发现险情者报警；

（2）对险情进行初步控制；

（3）确定紧急情况的性质；

（4）通过一定手段获得与险情有关的信息以及应急所需要的信息；

（5）组建应急反应小组，准备应急设备和器材；

（6）确定应急方案；

（7）召集船员按应急预案或商定的应急方案进行应急行动。

（二）应急阶段的应急行动基本程序

在船舶应急阶段，应急行动的基本程序为：

（1）实施应急预案或商定的应急方案；

（2）对实施应急预案或商定的应急方案的效果予以评估；

（3）必要时调整应急方案和应急行动；

（4）必要时寻求外部援助；

（5）必要时，为保护人命安全而采取某些特别行动（如弃船等）。

（三）善后阶段的行动程序

（1）现场检查，消除隐患；

（2）记录与报告；

（3）恢复船舶的正常航行或停泊状况。

四、弃船时的应急行动

（一）弃船时机与决策

船舶发生事故，虽经努力，但船舶沉没、毁灭不可避免；或船舶发生火灾、爆炸、触礁、严重倾斜等，造成严重损坏，对船上的人员生命构成了严重的威胁时，船长有权做出撤离船舶或弃船的决定。但除紧急情况外，应报经船舶所有人同意。

如果船舶正在沉没，弃船已不可避免，但由于无法立即获得营救，则不应立即弃船，而应当在向外报警和求援后，继续采取措施，延缓船舶下沉时间，直到不得已时再宣布弃船登艇，这样通常可以争取数小时甚至更长的时间。在寒冷或炎热天气下，这种处置方法有助于保全船上的人命。

（二）船长在弃船时的应急职责

（1）如果决定弃船，应亲自发出弃船警报信号，通知全体船员和旅客，并向外发出遇难求救信号。

（2）任弃船行动总指挥。

（3）督促、检查有关人员做好弃船前的准备工作。

（4）督促、检查有关人员按应急部署表上的规定，携带指定物品登乘艇筏。

（5）携带或指定专人携带国旗、航海日志和VDR或S-VDR数据卡登艇。

（6）通知坚守岗位的机舱值班人员撤离，并检查清点人数。

（7）在登艇前，向各艇筏负责人进行相关交代、布置和指示。

（8）命令放下救生艇筏，监督各艇长组织船员和旅客穿妥救生衣，有秩序地登乘艇筏。

（9）在完成所有弃船程序并确认船上不再有人时，最后撤离船舶。

（10）弃船后仍需担负对所有登乘艇筏人员的指挥责任，并对他们的安全负责。

（三）弃船时的应急行动程序要点

（1）在决定弃船的情况下，船长应亲自发出弃船信号或宣布弃船命令。

（2）接到弃船命令后，船员应按应急部署表规定进行弃船准备：

①降下国旗；

②销毁秘密文件；

③关停发电机和机舱内正在运转中的其他设备；

④关闭油舱（柜）在甲板上的透气孔、阀门；

⑤关闭海底阀、应急遥控油阀等；

⑥封死油舱在甲板上的呼吸口；

⑦做好放艇筏的准备工作；

⑧将AIS中的船舶动态设为失控；

⑨利用GMDSS设备发出遇险求救信息和携带卫星EPIRB。

（3）有关船员应检查并准备好携带下列物品登艇筏：航海日志、轮机日志、车钟记录簿、油类记录簿、无线电日志；出事地点及附近的有关海图；VDR或S-VDR数据卡；国旗、船舶证书、机密文件；雷达应答器；救生圈、望远镜、手持式双向VHF无线电话；现金、账册和货运单证（舱单、积载图、提单副本）等。

（4）机舱值班人员应坚守岗位，完成弃船前规定的保护动作，直至船长通知撤离为止。

（5）各艇长在做好救生艇的降放准备后报告船长，船长应立即通知值班人员撤离至救生艇甲板，登艇前应认真检查清点人数。

（6）根据船长命令放下救生艇筏，船员有秩序地登乘艇筏，人齐后驾驶艇筏迅速驶离大船。

（7）在客船上，必须执行下列撤离顺序原则：

①先儿童和妇女，后成年男性；

②先旅客，后船员，最后船长。

（8）在客船上，还应指定船员负责保护和照顾旅客，并完成：

①向旅客告警并维持正常的秩序；

②指导、帮助并检查旅客正确穿好救生衣；

③有组织地集合旅客至指定地点；

④引导旅客有序地登乘救生艇筏；

⑤清点旅客人数，确保所有旅客安全登乘艇筏。

在弃船过程中、每位船员和指挥人员应保持镇定，确保旅客稳定，防止惊慌和恐惧情绪的暴露和蔓延，所有人员弃船时都必须正确穿着救生衣。

（四）登救生艇筏前的告知和请示

在登救生艇筏前，船长应告知各艇筏负责人（或各艇筏负责人向船长请示）下列事项：

（1）本船遇难地点；

（2）是否发出遇难求救信号及遇难求救信号是否有回答；

（3）可能遇救的时间、地点；

（4）驶往最近陆地或交通线的航向、距离；

（5）放多艘救生艇后的救生艇集合地点；

（6）是原地等待还是驶向指定的地点；

（7）其他有关救生方面的指示。

五、船舶发生火灾时的应急行动

（一）船长在船舶发生火灾时的应急职责

（1）担任灭火应急行动的总指挥，召集船员按应急部署表进行应急。

（2）通知机舱备车，减速或停车。亲自操纵船舶，使火场处于下风。尽量降低船速，避免急剧转向，以免加剧火势。

（3）督促现场指挥组织迅速查找火源，并采取防止火势蔓延的措施。

（4）根据具体情况，决定灭火方案。督促、检查、指导现场指挥具体实施该灭火方案。

（5）根据火情火种，决定是否使用固定灭火系统。如决定使用，应通知现场指挥撤出舱内人员，隔绝火灾现场的空气流通。在获得现场指挥完成上述工作的确报并确认后，方可命令现场指挥下令使用固定灭火式系统。

（6）在灭火的过程中，应督促有关人员：立即切断通往火灾舱室的油路和电路；将火场附近的易燃、易爆物品搬开；根据火种，一次性向火灾舱室施放规定剂量的有效灭火剂。

（7）如不能及时扑灭或有效控制火势，应尽可能将船舶驶往浅水区。

（8）在灭火过程中，要随时对局面做出判断，当自力灭火无望时，应尽早请求外来援助。在火势蔓延无法扑灭并危及船上人员的生命时，可考虑弃船。

（9）随时掌握本船的最新船位，并尽可能把抢救情况及时报告船公司，听从公司的进一步指示。

（10）如果船舶失控，督促二副将AIS中的船舶动态设为失控。

（11）如果船舶在港锚泊或系泊时发生火灾，船长应：

①速向港口主管当局及（或）当地消防机关报警，在消防队到达前应率领船员积极自救。

②通知甲板部停止装卸作业，备好国际通岸接头，备妥防火控制图。油船、液化气船、散装化学品船备妥应急拖带装置。

③通知机舱备妥主机，做好出港准备。

④在消防队到达后，向消防队介绍已探明的火灾部位、火灾的种类及火势，提供消防队需要的资料，估计并向消防队说明如采用大量注水灭火，将对船舶浮力和稳性带来什么样的影响。

⑤率领船员协助消防队灭火。

（12）火灾扑灭以后，指导现场指挥将火灾发生的时间、当时的船位、火灾在船上发生的部位、灭火的经过、采取的具体灭火措施、火势被控制与扑灭时间、货物受损情况、船舶及其设备受损情况等，谨慎、详细地记入航海日志，同时将这些情况报告船公司。

（13）按规定拟写并递交海事声明（在发生共同海损的情况下）和海事报告，到港后申请火灾事故原因鉴定（系我国《海上交通事故调查处理条例》的规定），据情申请临时检验、附加检验和（或）公证检验。

（二）发生火灾时的应急行动程序要点

1. 初始阶段

（1）火灾发现者应大声呼唤报警。如火势不大，可用就近的灭火器材进行扑救；倘若火势较大，应按下就近的火灾报警装置，向全船报警。

（2）航行中，驾驶台接到火灾报警后，应立即发出消防应急警报信号。

（3）船长应立即上驾驶台，组织指挥应变，并采取最有利于控制火势蔓延的方法操纵船舶。

（4）全体船员应立即按应急部署表规定的分工和职责，携带指定的器材赶到火灾现场。

（5）大副或轮机长（如火灾发生在机舱）担任应急现场指挥，现场指挥到达应急现场后应立即与驾驶台取得联系。

2. 应急阶段

（1）现场指挥应尽快查清以下情况，并向驾驶台报告：火源及火灾的类别；火场周围情况及防止火势蔓延的措施；有无人员受困；是否威胁全船人员的生命安全等。

（2）现场指挥应与船长尽快地商定具体的应急方案，确定拟使用的灭火剂和灭火方法等，并组织实施。

（3）在探明火情的基础上应立即控制火势。在确认着火处无人时应关闭通风、封闭门窗；切断通往火场的电源、油路；转移或隔离火场周围的可燃物、贵重物品；喷水降低火场周围的温度。

（4）如有人员受困，应在控制火势的同时及时设法解救。

（5）在控制火势的同时，立即展开灭火。如船长指示使用固定灭火系统，应立即撤出舱内人员，隔绝火灾现场的空气流通，然后根据船长的命令开启固定灭火系统，并根据火种，一次性向火灾舱室施放规定剂量的有效灭火剂。

3. 应急结束后

（1）火被基本扑灭之后，应及时检查、清理现场，及时发现和扑灭余火和隐蔽的燃烧物，防止死灰复燃。

（2）彻底检查紧靠火场的区域，确定火是否蔓延到其他地方。

（3）清点全船人数，并组织人员监视火场。

六、船舶发生爆炸时的应急行动

（一）船长在船舶发生爆炸时的应急职责

（1）担任应急行动的总指挥，召集船员按体系文件或综合应急计划中的应急程序进行应急。

（2）如爆炸引起火灾和（或）船体破损，通知机舱备车，减速或停车，亲自操纵船舶，使火场处于下风，使破损部位不要对着水流的方向。

（3）督促现场指挥立即查清爆炸在船上发生的部位、造成的损害、发生的原因，以及有没有继续发生爆炸的可能性等。

（4）根据爆炸造成的后果（火灾、船体破损、人员伤亡、造成油污等），决定或与现场指挥商定具体的应急方案，督促、检查、指导现场指挥实施该应急方案。

（5）如因爆炸造成船体严重破损，大量进水又不能及时排出，应尽可能将船舶驶往浅水区，避免船舶在深海中沉没。

（6）在爆炸发生后，应根据当时的情况以及事态可能的发展，进行综合评估，判断爆炸是否对船舶的安全构成严重威胁；有无必要对已采取的应急行动做适当调整；是否需要请求外来援助；是否需要弃船等。

（7）随时掌握本船的最新船位，并尽可能把抢救情况及时报告船公司，听从公司的进一步指示。

（8）如果船舶失控，督促二副将AIS中的船舶动态设为失控。

（9）在成功应急以后，指导现场指挥将爆炸发生的时间；当时的船位；爆炸在船上发生的部位；是否引起火灾、漏损、油污、人员伤亡；应急的经过；货物受损情况；船舶及其设备受损情况等，谨慎、详细地记入航海日志，同时将这些情况报告船公司。

（10）按规定拟写并递交海事声明（在发生共同海损的情况下）和海事报告。到港后申请爆炸事故原因鉴定（系我国《海上交通事故调查处理条例》的规定）。据情申请临时检验、附加检验和（或）公证检验。

（二）发生爆炸时的应急行动程序要点

1. 初始阶段

（1）爆炸发现者若非值班驾驶员，则应立即向驾驶台报警。

（2）航行中，当船舶发生爆炸时，驾驶台应立即通知船长和机舱，并向全船发出警报。若爆炸引起火灾，应同时发出消防应急警报信号。若爆炸引起船体破损，应立即发出漏损（堵漏）应急警报信号。

（3）船长应立即上驾驶台，组织指挥应变。如爆炸后发生火灾或爆炸造成船体破损进水，船长应操纵船舶，采取最有利于控制火势蔓延和防止破损处大量进水的方法航行。

（4）全体船员应根据发出的警报信号，按应急部署表中规定的分工和职责，携带指定的器材到现场参加应急。

（5）大副或轮机长（如爆炸发生在机舱）担任应急现场指挥。现场指挥到达应急现场后应立即与驾驶台取得联系。

2. 应急阶段

（1）现场指挥应尽快查清以下情况，并向驾驶台报告：爆炸发生的地点；爆炸事故发生的可能原因；人员伤亡和被困情况；船体及设备损害情况；是否存在继续爆炸的可能；有无发生火灾的可能；有无可能隔离爆炸物；是否威胁全船人员的生命安全等。

（2）现场指挥应与船长尽快地商定具体的应急方案并组织实施。

（3）如情况允许，由大副或轮机长（如爆炸发生在机舱）亲自指挥隔离爆炸物。

（4）若爆炸后发生火灾、进水、油污染，则按相应的应急部署采取消防、堵漏、控制油污等应急反应行动。

（5）若爆炸后船体发生严重倾斜；或爆炸引起船舶迅速下沉；或爆炸引起的火灾已经或将波及全船，火势无法控制，威胁到全体船员的生命安全时，根据船长命令，执行弃船应急行动计划。

（6）已注册ERS的船舶，在此阶段应通知自己的ERS服务机构，启动ERS。按应急手册中的规定向ERS服务机构报告现场信息，填写事故报告，并根据ERS服务机构的建议采取应急行动。

3. 应急结束后

（1）船长应督促现场指挥带领船员清查现场，查找隐患，避免再次发生爆炸。

（2）设法保持或恢复船舶的航行能力，以便驶往避难港。

七、船舶发生碰撞后的应急行动

（一）船长在船舶发生碰撞后的应急职责

（1）担任应急行动的总指挥，召集船员按体系文件或综合应急计划中的应急程序进行应急。

（2）如碰撞后造成船体破损，应操纵船舶使破损部位不要对着水流，减少进水量。如本船撞入对方船体内，切忌立即倒车退出，应尽量设法保持原有态势，以免扩大破口和大量进水。

（3）督促大副和轮机长迅速查明碰撞的部位、破损情况以及进水情况。

（4）根据碰撞造成的后果（如船体破损、油污等），决定或与现场指挥商定具体的应急方案。督促、检查、指导现场指挥实施该应急方案。

（5）如因碰撞造成船体严重破损，大量进水又不能及时排出，应尽可能将船舶驶往浅水区，避免船舶在深海中沉没。

（6）在船舶发生碰撞后，应根据当时的情况以及事态可能的发展进行综合评估，判断船舶的安全是否受到严重威胁（当船舶的储备浮力不足、稳性不足、严重横倾等，均可认为船舶的安全受到严重威胁）；有无必要对已采取的应急行动做适当调整；是否需要请求外来援助；是否需要弃船等。如本船在碰撞后有沉没危险，应迅速发出求救信号，并决定弃船。

（7）随时掌握本船的最新船位，并尽可能把抢救情况及时报告船公司，听从公司的进一步指示。

（8）如果船舶失控，督促二副将AIS中的船舶动态设为失控。

（9）履行法定义务，在对本船不构成严重威胁的前提下，对相碰船及船上的人员施救。

（10）履行法定程序，与发生碰撞的船舶相互通报船名、船籍港；交换碰撞通知书；约定修理和检验港口等。

（11）在成功应急以后，指导现场指挥将碰撞发生的时间；当时的船位；碰撞部位；是否引起漏损、油污、人员伤亡；应急的经过；货物受损情况；船舶及其设备受损情况等，谨慎、详细地记入航海日志，同时将这些情况报告船公司。

（12）按规定拟写并递交海事声明（在发生共同海损的情况下）和海事报告。据情申请临时检验、附加检验和（或）公证检验。

（二）发生碰撞后的应急行动程序要点

1. 初始阶段

（1）船舶发生碰撞后，驾驶台应立即通知船长和机舱。

（2）船长应立即上驾驶台，组织指挥应变。

（3）如碰撞造成船体破损、油污、火灾、人落水等，应立即发出漏损（堵漏）、油污、消防、人落水等应急警报信号。全体船员应根据发出的警报信号，按应急部署表中规定的分工和职责，携带指定的器材到现场参加应急。

（4）大副或轮机长（如碰撞部位在机舱）担任应急现场指挥。现场指挥到达应急现场后应立即与驾驶台取得联系。

2. 应急阶段

（1）现场指挥应带领有关船员迅速查明碰撞的部位，测量本船的油、水舱以及压载水舱、污水沟（井），确定船体是否已破损进水以及进水情况。

（2）机舱应对由于碰撞而造成的主机、辅机、舵机等机电设备的损害立即做出评估和抢修，并报告船长。机舱应根据船长指示将全部排水泵及备用发电机准备好，随时准备排水和送电。

（3）如船体已经进水，首先应组织力量排水、堵漏。进水严重应设法抢滩。如果船体碰撞的位置在机舱，轮机长应负责内部的破损及损害控制。若船体碰撞后发生火灾、油污染事故，应立即按相应的应急计划行动。若碰撞后发生人员伤害事件，应立即组织抢救。

（4）在不严重危及自身安全的情况下，根据船长指示救助对方船上的船员及旅客，并设法尽量减轻对方船舶因碰撞而造成的损失。

（5）如本船装有遇水燃烧或吸水膨胀的货物，应根据具体情况及时妥善处理（包括抛货）。

（6）如本船有沉没危险，应根据船长的命令迅速发出求救信号，并做好弃船准备。

（7）已注册ERS的船舶，在此阶段应通知自己的ERS服务机构，启动ERS。按应急手册中的规定向ERS服务机构报告现场信息，填写事故报告，并根据ERS服务机构的建议采取应急行动。

3. 应急结束后

（1）与相碰船互相通报船名、国籍、船籍港、始发港、目的港。
（2）迅速向有关主管当局报告。
（3）检查确认船舶是否可续航，是否有能力驶往避难港。
（4）采取措施恢复船舶的续航。

八、船舶触礁、搁浅后的应急行动

（一）船长在船舶发生触礁、搁浅后的应急职责

（1）担任应急行动的总指挥，召集船员按体系文件或综合应急计划中的应急程序进行应急。

（2）督促大副迅速查明触礁、搁浅的部位，摸清事故是否造成船体破损以及是否有进水情况。

（3）根据触礁造成的后果（如船体破损、油污等），决定或与现场指挥商定具体的应急方案。督促、检查、指导现场指挥实施该应急方案。

（4）根据触礁、搁浅的具体情况，结合当时以及未来的天气、海况、潮汐情况，做出船舶能否起浮、脱浅的判断，并确定起浮脱浅方案，督促大副、轮机长组织实施该方案。

（5）根据当时水文、气象、环境以及事态可能的发展进行综合评估，判断船舶的安全是否受到严重威胁；有无必要对已采取的应急行动做适当调整；是否需要请求外来援助；是否需要弃船等。本船触礁后如有沉没危险，应迅速发出求救信号，并决定弃船。

（6）尽可能把抢救情况及时报告船公司，听从公司的进一步指示。

（7）督促二副将AIS中的船舶动态设为搁浅。

（8）在成功应急以后，指导现场指挥将触礁、搁浅发生的时间；事故发生时的船位；事故是否引起漏损、油污、人员伤亡；应急的经过；货物受损情况；船舶及其设备受损情况等，谨慎、详细地记入航海日志，同时将这些情况报告船公司。

（9）按规定拟写并递交海事声明（在发生共同海损的情况下）和海事报告。据情申请临时检验、附加检验和（或）公证检验。

（二）触礁或搁浅后的应急行动程序要点

1. 初始行动

（1）在航行中，船舶发生触礁或搁浅后，值班驾驶员应立即停车，立即报告船长并通知机舱。

（2）船长应立即上驾驶台，组织指挥应变。

（3）如因触礁、搁浅造成船体破损、油污、人落水等，应立即发出漏损（堵漏）、油污、人落水等应急警报信号。全体船员应根据发出的警报信号，按应急部署表中规定的分

工和职责，携带指定的器材到现场参加应急。

（4）船舶触礁或搁浅后，为防止损失进一步扩大，应避免盲目用车、舵企图脱浅或摆脱礁石。

2. 应急阶段

（1）设法判断触礁、搁浅部位及船舶和货物受损害的程度：

①大副应在现场指挥有关人员做连续测量和记录；木匠负责测量淡水舱、污水沟（井）、压载舱的水位变化情况；机舱有关人员测量各油舱（柜）的液位变化情况；水手长带领水手测量船舶周围水深，尤其是船首尾的水深变化情况。

②轮机长应带领机舱人员检查主机、辅机、舵机是否受损，能否正常工作，能否提供脱浅所需要的动力和电力。

③在保证人身安全的前提下，大副应带领水手长检查货物有无移位、倒塌。

（2）如船体进水或漏油，应立即执行堵漏或油污应急部署。

（3）连续测定船位，检查、判断船舶触礁、搁浅后船位是否有移动，险情是否会进一步加剧。

（4）当船舶搁置在礁石上严重横倾时，应设法调整（如采用打排和移驳油水等方法）。为防止因大船严重横倾而无法放艇，应先将高舷救生艇放出，以备急需。

（5）如触礁或搁浅导致火灾、人落水或需要弃船时，按相应的应变部署行动。

（6）已注册ERS的船舶，在此阶段应通知自己的ERS服务机构，启动ERS。按应急手册中的规定向ERS服务机构报告现场信息，填写事故报告，并根据ERS服务机构的建议采取应急行动。

3. 起浮脱浅

（1）起浮脱浅方案必须考虑下述因素：可打排和移驳的油水、可移动的货物、本船主机马力和锚机的最大负荷、潮汐和风流、所需拖船拉力、船体强度、待救和脱浅所需的时间等。

（2）船舶低潮时搁浅且不严重时，可根据搁浅部位，采取调整船舶载荷沿纵向或横向分布来改变船舶的纵、横倾，或利用减少载荷（排出压载水、淡水、抛货等）来减少船舶吃水，以达到争取下一个高潮时自力起浮脱浅的目的。

（3）大型船舶在高潮前后搁浅，难以自力起浮脱浅，或自力起浮脱浅无效果时，船长应考虑并经船东同意，申请外援帮助脱浅。

（4）在等候自力脱浅的时机，或请求外援帮助脱浅期间，应根据天气、海况及等候时间的长短，适当采取固定船位的措施，包括用锚和向舱室灌水的方法，防止船体打横、严重横倾、断裂、被推上高滩，甚至倾覆。

九、船体破损进水时的应急行动

（一）船长在船体破损进水时的应急职责

（1）担任应急总指挥，召集船员携带应急部署表中规定的器材迅速赶到漏损现场。

（2）在驾驶台指挥操纵船舶。通知机舱备车，立即减速或停车，以减少水流和波浪对船体的冲击。如已知漏损部位，应用车舵配合，避免破损部位对着水流，以减少进水量。

（3）通知机舱对已知进水舱室全力排水。

（4）督促、检查现场指挥做好下列工作：

①迅速派木匠测量各污水沟和水舱的水位，通知机舱测量各油舱的油位。派水手长率人迅速测定破洞的位置、大小及进水情况。

②迅速关闭漏损舱室四周的水密门窗、隔舱阀。

③用注入、排出、移驳油水的方法保持船体平衡。

④如船上有堵漏器材且破洞较小，可对漏损处实施堵漏。

⑤指派木匠定时量水，派专人不断观察记录船舶前、后吃水及干舷高度变化并经常报告。

（5）正确估算进水量，并与排水能力相比较，结合尚存干舷高度，充分估计险情的发展，尤其在舱内水面接近限界线时。

（6）如船舶因进水而过度倾斜，应考虑及早将高舷救生艇放出舷外。

（7）如不能有效控制船舶进水，可考虑抢滩，避免船舶在深海中沉没。

（8）如果船舶失控，督促二副将AIS中的船舶动态设为失控。

（9）指导有关人员将漏损及抢救的有关情况详细地记入航海日志，同时将这些情况报告船公司。

（10）拟写并按规定递交海事报告，据情申请临时检验、附加检验和（或）公证检验。

（二）船体破损进水时的应急行动程序要点

1. 初始阶段

（1）发现者应立即向驾驶台报告，驾驶台应立即通知船长和机舱。

（2）船长应立即上驾驶台，组织指挥应变。

（3）发出漏损（堵漏）应急警报信号。全体船员应根据发出的警报信号，按应急部署表中规定的分工和职责，携带指定的器材到现场参加应急。

（4）大副或轮机长（如破损部位在机舱）担任应急现场指挥。现场指挥到达应急现场后应立即与驾驶台取得联系。

2. 应急阶段

（1）现场指挥应带领有关船员迅速查明漏损的部位，测量本船的油、水舱以及压载水舱、污水沟（井），确定船体是否已破损进水以及进水情况。

(2) 立即关闭与进水舱室相邻舱室的水密门及其他水密装置（如配有船舶破损控制图，则按该图的标示程序操作)。

(3) 机舱人员除应保持主辅机的良好工作状况以外，应按船长的命令全力排水。

(4) 现场指挥应对船舶的进水量进行正确的估算并报告船长。进水量与船速快慢、破损面积的大小及破损位置在水面下的深度有关，可按下式估算：

$$Q=4.43\mu S\sqrt{H-h}$$

式中：Q——破洞每秒进水量（m^3/s）；

μ——流量系数，取0.6~0.75，破口越大，系数越大；

S——破洞面积（m^2）；

H——破洞中心位置到舱外海面距离（m）；

h——破洞中心位置到舱内水面距离（m），当舱内水面未淹及破洞中心时，h取0。

根据本船的实际排水能力，对险情的发展做出充分的估计，以便决策下一步的应急行动，包括排水状态下自力航行、请求援助、抢滩或弃船等。

(5) 根据船体破损的具体情况，采用当时可行的方法，调整船舶的横倾和吃水差，以保持船舶具有适当的浮态。

(6) 已注册ERS的船舶，在此阶段应通知自己的ERS服务机构，启动ERS。按应急手册中的规定向ERS服务机构报告现场信息，填写事故报告，并根据ERS服务机构的建议采取应急行动。

3. 应急结束后

(1) 继续观察和监视破损部位以及船舶的浮态。

(2) 设法保持船舶的航行能力，以便驶往避难港。

（三）船舶进水的探测和判断方法

船舶进水可通过直接探测、观察，也可通过某些特征来分析判断。以下是一些探测和判断的方法：

(1) 测量各油、水舱和污水沟，根据液位变化来判断。测量时应注意倾听空气管中有无空气被挤压出的啸声。

(2) 对油舱和淡水舱，可取样检验油或水中是否含有海水成分来分析判断。

(3) 舷侧破孔位置可在舷外用自制探测器（铁丝圈缝上帆布或铁丝缠绕泡沫板）进行探测，如发现有吸力处，则破孔就在该处。

(4) 在空舱的情况下，可以派人下舱查看，但当舱内有货时，禁止下舱查看。

(5) 如果观察到舷侧有气泡从水线下冒出，或船舶吃水差发生异常变化，或船舶发生横倾，应考虑有破舱的可能。

（四）船体破损进水的类型

船体破损进水有以下三种类型：

（1）舱柜上部封闭且位于水线以下，破口位于水线以下。如双层底破损进水等，其特点是最终整个舱柜充满水，无自由液面，进水量为定值，即舱柜容积。计算破舱稳性时，可将进水量作为加载固体重量来处理。

（2）舱柜上部开敞，但与舷外水不相通。如甲板上浪时因甲板开口漏水引起的舱柜进水、船体破损进水后破口被堵住等，其特点是进水量不固定，存在自由液面。计算稳性时可将进水量作为装载液体重量来处理，要考虑自由液面的影响。

（3）舱柜上部开敞，且与舷外水相通。如水线以下船侧破损进水等，其特点是舱内水位与舷外水平面一致，进水量随船体下沉及倾斜的程度而变化，这是船体破损进水最常见的情况。计算稳性时一般采用浮力损失法或重量增加法，或查阅船厂或设计单位提供的“船舶分舱和破舱稳性报告书”。必要时，应及早电请所属船级社计算稳性和评估本船的残存能力。

（五）保持船舶平衡的方法

船舶破损进水后会使吃水增加，引起纵倾、横倾，如果船舶没有一定的储备浮力和足够的破舱稳性，则将导致船舶迅速倾覆。为了调整严重横倾和纵倾，根据本船的实际情况，慎重选择适当的方法，以保持船体平衡。保持船体平衡的方法有：

（1）移驳法：向破损部位相反一侧调驳油、水。此法的优点是不增加船舶载荷，不损失储备浮力，但要考虑因移动载荷而可能对船舶稳性带来的不利影响。由于船上可供移驳的油、水往往数量有限，故此法有时效果不明显，只适用于调整纵、横倾不大的情况。

（2）对称注入法：向破损部位相反一侧注入海水。此法增加船舶载荷，损失储备浮力，只适用于水密舱室多而小的船舶（如客船、军舰等），一般船舶应慎用。

（3）减载法：将横、纵倾一侧的油、水排出，或将该侧的货物抛弃，或向他船驳载，以减轻该侧的重量。此法可减少船舶载荷、增加储备浮力，对船舶安全有利，但对排油、抛货这种行为本身应十分慎重。因为这样做，可能会对船舶的稳性和强度产生不利的影响，并可能造成海洋环境污染。

十、船舶发生溢油后的应急行动

（一）船长在船舶发生溢油后的应急职责

（1）在接到溢油的报告后，应立即发出溢油警报信号，担任应急行动的总指挥，召集船员按船上油污应急计划中的应急程序进行应急。

（2）督促油污事故现场指挥立即采取有效的措施（如关闭阀门、停止作业等），防止进一步溢油造成更大的损失。

（3）根据溢油的情况，决定是否使用化学消油剂。

（4）督促轮机长和大副带领船员清除溢油和甲板集油。根据溢油性质，按船上油污应急计划中的规定采取相应的应急行动，最大限度地减少溢油造成的后果。

（5）毫不延迟地向最近的沿岸国主管当局报告。如果与主管当局直接联系有可能导致不必要的延误时，应以尽可能快的方法与最近的海岸电台、指定的船舶报告点或海上救助协调中心联系。

（6）如果溢油量较大，仅由本船船员组织反应难以获得理想效果，则应通过代理联系当地的清污队伍予以协助。

（7）尽可能把抢救情况及时报告船公司，听从公司的进一步指示。

（8）在成功应急以后，指导现场指挥将溢油发生的时间、船位；溢油的油种及数量；溢油性质；使用的化学消油剂的情况；油污应急的经过等，谨慎、详细地记入航海日志，同时将这些情况报告船公司。

（9）按规定拟写并递交油污事故报告。

（二）发生溢油后的应急行动程序要点

1. 启动船舶应急响应服务

已注册ERS的船舶，应立即通知自己的ERS服务机构，启动ERS。按应急手册中的规定向ERS服务机构报告现场信息，填写事故报告，并根据ERS服务机构的建议采取应急行动。

2. 防止继续溢漏

船舶溢油后，应立即采取相应的措施，防止继续溢漏。措施包括：

（1）立即停止有关操作，通知供油船或供油设施停止供、受油作业，关闭管系上的所有阀门。

（2）发出溢油报警信号，实施最初的溢油应急反应程序。

（3）核实并确保甲板排水孔已堵塞，甲板溢油不至于流出舷外。

（4）将泄漏油舱中的油驳入空油舱或其他未满舱，必要并可能时，将油转驳到他船或岸上设施。

3. 防止溢油扩散

溢油受风浪、潮流的影响，可能会很快扩散，给溢油回收工作带来很大的困难。因此，一旦出现溢油，首先要防止溢油扩散。常用的方法有：

（1）围栏包围：围油栏是防止溢油扩散最常用的，也是较为有效的设备，但普通商船上通常没有这样的设备。

（2）化学凝聚剂阻止：在油膜周围撒布一种比溢油的扩散压大的化学凝聚剂，它在水面上扩散并压缩油膜，使油膜面积大大缩小，从而阻止溢油扩散。撒布化学凝聚剂的作业比铺设围油栏容易且迅速，对防止煤油、柴油等轻油和重油扩散是行之有效的方法。

4. 溢油回收

用物理方法回收溢油，是清除海面溢油较为理想的办法，既可避免溢油对环境的进一步危害，又能回收能源。

物理回收方法包括：

（1）人工回收：用简陋的工具人工捞油。

（2）机械回收：使用撇油器、泵、吸油材料和专用机械设备等回收溢油。

（3）吸附回收：是把吸油材料抛在海面上，吸收散失在海面上的油层，然后把吸油材料回收，除去所吸污油后，可重复使用。

5. 溢油的海上处理

当海上溢油无法用物理方法回收时，可采用化学消油剂、燃烧或沉降方法，在海上直接处理掉。

（1）溢油的化学处理：溢油化学处理剂有两类，一类是分散剂，另一类是凝油剂。分散剂自身有毒，容易造成二次污染，对高黏度和乳化油几乎无效，且用量大，价格昂贵。凝油剂是一种使溢油结成块的化学试剂，固化后的浮油可用网回收。凝油剂一般无毒、无二次污染，且价格相对便宜，是一种很有前景的溢油化学处理剂。

（2）燃烧处理：在远离陆地及航道以外的海面，发生大规模溢油，由于海上气候条件恶劣，无法用机械方法回收溢油时，可直接将溢油在海上燃烧处理掉。

（3）沉降处理：用比重大的亲油性物质撒布在溢油表面上，并与油一起沉降到海底。由于沉降处理会污染海底生物，许多国家禁止使用。

十一、救助落水人员的应急行动

（一）船长在救助落水人员时的应急职责

（1）在接到人落水的报告后，立即上驾驶台，担任应急行动的总指挥，发出人落水的警报信号，召集船员按应急部署表中的规定进行应急处理。

（2）亲自操纵船舶，选定最恰当的操船方式将船舶尽快地驶回人落水的地点。

（3）通知大副准备好将落水的人员救起的设备和器材。

（4）在接近落水人员处时，指派专人加强瞭望，寻找落水者。

（5）督促在现场指挥的大副采用妥善的方式将落水的人员救上大船。

（6）在成功地将落水人员救起后，给予落水人员必要的医疗、救护和照顾。

（7）指导现场指挥将人落水发生的时间、当时船位、救助的经过、落水人员救起后的处置、落水人员的情况等，谨慎、详细地记入航海日志，同时将这些情况报告船公司。

（二）救助落水人员的应急行动

1. 发现落水人员时的紧急处置

（1）发现者应立即投下就近的救生圈、自发烟雾信号，夜间应抛下自亮浮灯。

（2）发现者立即向值班驾驶员报告，并继续瞭望，不使目标丢失。

（3）值班驾驶员在向船长报告的同时，确认落水者位置后应立即：

①采取操船措施，避开落水者；

②发出人落水警报，开始实施人落水应变部署，有关人员应做好放下机动救生艇的准备；

③指派专人登高瞭望。

2. 驶近落水者的操船方法

（1）单旋回法（一次回旋法、安德森回旋法）

单旋回法是一种270°回转的方法，适用于发现落水者较早并可见的情况，即适用于“立即行动”的情况。其特点是能以最短的时间（与其他旋回方法比较）驶向落水者。

（2）威廉逊（Williamson）旋回法

该方法最适用于发现落水者尚早，但采取行动较晚，落水者难以看到时，即适用于“延迟行动”的情况。该方法能够使船舶较准确地回到原航向的相反航向上，在夜间或能见度不良时是有效地接近落水者的操船方法。但该方法不适用于“立即行动”，因其耗时过长。

（3）斯恰诺（Schrnow）旋回法

该方法适用于海上航行发现本船有失踪者，或已知有人落水但发现较晚，而船已驶出相当距离且根本看不到落水者时，即适用于“人员失踪”的情况。该法不适用于“立即行动”的情况。与威廉逊旋回法比较，驶回原航向相反航向不够准确，但可节省1~2 n mile的航程。

（三）放艇救助

（1）根据船长指令做好放艇前的准备工作。

（2）本船驶向落水者的上风一侧，准备释放下风舷的救生艇（或救助艇，下同）。

（3）最好是在本船停住后放艇。如果在本船前进中放艇，则船速应小于2 kn以下。

（4）艇准备好后，2人登艇，放艇时艇员集中于艇的中部并抓住救生索。

（5）按规定降放救生艇。

（6）在救生艇降落下水前，发动艇机，以便艇降落至水面后可迅速驶离。

（7）当波峰即将到达时，将艇降至水面，当下两个波峰来临之前，同时解脱前后吊艇钩，如不能同时脱钩，应先脱后钩，并解去艇缆，用外舷舵进车驶离大船。

（8）救助。

①救生艇最好从落水者下风一侧接近，将落水者置于上风舷，利用救生圈或网具将落

水者救至艇内，然后送上本船（施救船，下同）。

②若需立即将落水者送上本船，如风浪较大，救生艇难于驶回本船，则本船应驶至救生艇的上风舷侧，放出艇缆，救生艇驶向艇缆并带好。由本船绞救生艇缆，将救生艇绞至本船边，再使用本船吊货装置或用网具从艇内将遇险人员吊起。

十二、救助遇险船舶、遇险艇筏上人员以及救助海上漂浮遇险人员的应急行动

（一）船长在救助遇险船舶或遇险艇筏上人员时的应急职责

（1）在不严重危及本船安全和船上人员的安全的前提下，船长有义务对海上遇险的人员进行救助。

（2）在前往遇险船舶或遇险救生艇筏的途中，应向搜救指挥中心、搜救协调中心以及遇险船舶、遇险艇筏通报自己正在前往的途中。

（3）在到达遇险船或遇险艇筏之前，应督促大副带领船员做好救人的准备工作。

（4）在到达遇险船或遇险艇筏后，船长应亲自操纵船舶，并指挥对遇险的人员施救。在施救过程中应该同时考虑本船和遇险船或遇险艇筏的安全。

（5）在对遇险船上或艇筏上人员进行救助时，应充分考虑搜救手册的要求。

（6）对救上本船的遇险人员给予很好的生活照顾，并在适当的地点（按照船东指示或主管机关的指示或按照惯例）将遇险人员交给有关部门、机构。

（7）将有关情况在航海日志上做记录，并向船东报告。

（二）救助遇险船上人员的应急行动

救助海上遇险船上的人员可按下述步骤进行：

（1）如果遇险船不能放艇，而需要本船释放救生艇救助遇险船上的人员时，本船应驶向遇险船的上风一侧，自本船下风舷放艇；收艇时，本船应绕航至遇险船的下风侧，等待救生艇驶靠本船的下风舷后，再行收起。

（2）如遇险船可放出救生艇或救生筏时，本船应驶往遇险船的下风侧停留，并等待对方救生艇驶来；也可驶至遇险船首或船尾的近距离处，使本船位于遇险船上风，以便遇险船放下的救生艇筏来靠本船的下风舷。

（3）作为救助作业的场所，应在本船的下风舷侧张挂攀网，并在两侧备好软梯，以便遇险人员攀上本船；还应根据需要及早备好系艇筏用的绳索，以缓解艇筏靠上以后的振荡。

（三）救助遇险艇筏上的人员的应急行动

1. 到达载有遇险人员的艇筏之前的准备工作

在船舶到达载有遇险人员的艇筏之前，船长应督促大副带领船员做好下列准备工作：

（1）在本船两舷沿水线从船首到船尾各系好一条供艇筏系靠用的大缆；
（2）在本船两舷各备妥一根吊杆以及吊货网、盘；
（3）在本船的最低开敞甲板两侧备妥撇缆、软梯、攀网；
（4）备妥一只作为登船点用的救生筏，但在到达现场前不要充气；
（5）备好抛绳器和一根引缆、一根大缆，以便连接遇险艇筏；
（6）准备至少两根有足够强度的吊艇钢索（两端琵琶头或一端为吊钩）；
（7）应采用使本船非常容易地被遇险艇筏看到的措施，如昼烟夜灯、鸣放汽笛等；
（8）做好医疗、担架准备。

2. 到达后

（1）在到达载有遇险人员的救生艇筏后，一般应为救生艇筏做下风，但若艇筏漂移太快而难以靠近时，可考虑将艇筏置于本船的上风舷。

（2）本船和救生艇筏之间慢慢地靠近。

（3）当救生艇筏靠拢本船后，为艇筏带上艏缆、艉缆和横缆。

（4）风浪不大时，可让艇筏上的人员经由软梯、攀网登船，将其余力竭人员用吊货网、吊货盘吊上本船或直接将艇吊上本船。

（5）在风浪大、干舷高、艇上人员体能差的情况下，船长应当下令释放作为登船点用的救生筏。船长可指派经验丰富、身体健壮的水手身穿救生衣经该救生筏登艇，系好吊艇钢索并指挥本船直接将救生艇吊上本船。

（6）对救生艇筏上体健的人员，可由软梯或攀网直接登船或攀爬上本船，力竭和伤病人员在本船派出水手的协助下用吊货网、盘等器材吊上本船。对有吊放环的救生筏，可直接吊上本船。

（四）救助海上漂浮遇险人员的应急行动

1. 到达现场前的准备工作

在船舶到达现场前，船长应督促大副带领船员做好下列准备工作：
（1）在本船的两舷各备妥一根吊杆以及吊货网、盘；
（2）在本船最低开敞甲板两侧备妥撇缆、软梯、攀网；
（3）做好救生艇筏的施放准备工作；
（4）指派经验丰富、身体健壮的水手穿好救生衣，以便能进入水中援助海上漂浮遇险人员；
（5）做好医疗急救的准备工作。

2. 到达现场后

（1）通常考虑将本船驶到漂浮人员的下风不远处。

（2）对仅有少量的海上漂浮遇险人员，可采取类似于救助落水人员的应急行动，放艇进行救助。

（3）对有大量的海上漂浮遇险人员，则应：

①施放救生艇筏；

②让救生艇筏拖曳各种浮具在海上漂浮遇险人员的上风处旋回，让漂浮人员抓附；

③帮助抓附浮具的海上漂浮遇险人员登上救生艇筏；

④将登上救生艇筏的遇险人员转移到本船。

（4）对距本船较远的漂浮遇险人员，可用抛绳枪向其抛掷带浮体的救生索，让其抓附，再设法对其进行救助。

（5）对本船周围的那些还有一定体能的海上漂浮遇险人员，可采用类似于救助落水人员的应急行动放艇进行救助，首先让这些海上漂浮遇险人员登上救生艇筏，然后通过软梯、攀网自行攀爬上本船，或直接将救生艇筏吊上本船。

（6）恶劣天气时，应考虑使用植物油、动物油或滑油来镇浪。但除非无其他办法，否则不得使用燃油，因为燃油对海中漂浮人员有害。试验表明在船舶缓慢前进的情况下，通过一个橡胶皮龙靠近海面慢慢排放200 L滑油，可以在5 000 m^2左右的海面有效地镇浪。

十三、恶劣天气条件时施放救生艇的行动

（一）施放救生艇一般规定

（1）除演习操练及应急救助外，不得随意使用救生艇。救生艇使用须经船长同意，港内用艇还应征得港口主管当局的批准。

（2）按船舶应急部署同时放艇时，由各艇长分别负责检查和指挥，放一艘艇时，由大副和水手长负责检查和指挥，机械部分由轮机长派人检查。负责检查和指挥放艇的人，应向船长报告放艇前的准备工作情况，经认可并确认下方无障碍物后方可放艇。

（3）航行中放艇，船长应掌握放艇时机，要在停车后余速不大（5 kn以下，最好是保持舵效的速度）时，才可放艇入水。一般情况下应放本船下风一舷的艇，大船偏顶浪20°~30°，稳定航向，将艇放至水面后，迅速解脱吊艇钩。应尽可能做到同时解脱前、后钩。救生艇在降落时应备有碰垫，同时用艇篙支撑，防止艇与大船之间的碰撞。对吊艇索下的滑车，事先应用止荡索套住，脱钩后，及时拉紧，防止滑车晃动伤人。有水流或大船仍在前进时，可为救生艇带上艏缆，用艇篙撑开并向外舷压舵，使艇偏离大船舷侧，而后解艏缆脱离大船。艇机应在落水之前启动起来，脱掉吊艇钩后应立即解掉艏艉系缆，迅速驶离大船。

（4）为防止沉船浪掀翻救生艇，救生艇降落入水后应驶离大船至足够远的安全距离，与大船保持3倍于大船总长或500 m的距离。

（5）放艇时，随艇下的人员应不多于3人，而且一定要握牢保险绳，其余人员由软梯上下艇，旅客均由登乘甲板登艇。

（二）大风浪中放艇

（1）大风浪中应放大船下风一舷的艇。大船尽量减速，把定航向，利用下风舷海面比较平静时放艇。应避免横风横浪导致的剧烈横摇，必要时可使用镇浪油。

（2）救生艇放至登乘甲板时，系上止荡索，带上艏、艉缆（艏、艉缆可适当带远点），使用碰垫和艇篙，以避免救生艇撞击大船船舷，保证人员安全登艇。

（3）大船横摇较大时，应等待有利时机。在两三个大浪过后海面相对比较平静时，立即解除止荡索，降艇下水，保证艇在大船横摇至中间位置时，艇已放至水面。

（4）艇处于波谷时做好准备，当艇身被波峰抬起，利用大船向救生艇一侧横摇，前、后吊艇索都松弛时，立即解脱吊艇钩。在解吊艇钩时尽可能做到前、后同时脱钩，防止先脱前钩。恶劣天气中解除吊艇钩有一定困难，受到大船横摇和波浪起伏的综合作用，负责脱钩者应有一定的经验，在吊艇索刚松弛之际立即操作脱钩。如遇吊艇钩发生故障或显然难以解脱，为保证安全，可用短斧砍断吊艇索。

（5）若大船一舷不止一艘救生艇，则大船顶浪时应先放靠近船尾的救生艇。

（三）大船横倾情况下放艇

（1）固定横倾较小时应先放高舷艇，横倾较大以至于高舷艇无法施放时，应立即放低舷艇。艇着水后，应立即依次摘去后吊艇钩、前吊艇钩后驶离，大船有前进速度时严禁先脱前钩，以防拖翻救生艇。

（2）降放高舷救生艇时，救生艇会斜压在大船船舷上，只能依靠滑橇慢慢滑下，因此放艇速度要慢。为避免吊艇索过度松弛，艇内舷下滑受阻而倾覆，艇首尾可用艇篙抵住大船船舷，以加强滑降能力。

（3）低舷救生艇很容易放至水面。但船艇之间的距离很大，应利用定位索并装上止荡索，使艇员能够登艇。解脱时，先解定位索，然后慢慢松出止荡索，避免救生艇猛然剧烈摇晃。

十四、防范海盗行动

（一）海盗活动主要水域

（1）海盗袭击船舶的事件多发生在一些欠发达国家的沿海水域，而在北美、北欧、西欧、大洋洲等较为发达国家的沿海水域几乎没有海盗的踪影。

（2）海盗活动水域多变，现今主要活动水域有：

①南中国海，包括马六甲海峡、新加坡海峡，以及印度尼西亚、东马来西亚和菲律宾等国家的沿海水域。

②印度洋与红海，包括孟加拉湾、亚丁湾及索马里沿海水域。

③西非，包括几内亚湾东岸的塞内加尔向南至安哥拉之间的沿海水域以及尼日利亚的

拉格斯海域。

（二）海盗活动规律

（1）在世界范围内，一年四季都会有海盗袭击船舶事件的发生，目前亚丁湾及索马里沿海水域和西非水域是海盗袭击船舶事件发生最多的地区。

（2）大多数海盗袭击船舶事件发生在沿海水域内，但索马里海盗袭击船舶有向深海延伸的趋势，袭击地点距海岸越来越远。

（3）以盗窃为主的海盗通常袭击停泊中的船舶，而以抢劫为主的海盗则既可能袭击停泊中的船舶，也可能袭击航行中的船舶。

（4）以盗窃和抢劫为主的海盗袭击多发生在下半夜，但以劫持船舶和船员为目的的海盗袭击可以发生在一天里的任何时候。

（三）海盗袭击的目标

（1）海盗袭击船舶通常并不大考虑船旗，船型也考虑得较少，途经某一特定水域的船舶都可能成为活动在该水域海盗袭击的目标。

（2）低速、低干舷、戒备松懈、自我保护措施不足、应急反应明显缓慢的船舶更易受到海盗的袭击。

（3）除索马里海盗外，大多数国家、地区的海盗一般选择在近岸、近岛屿、近主航线、便于海盗船活动的水域袭击船舶。

（4）有一定的组织规模，以劫持船上货物为目的的海盗，一般根据事先得到的情报选择袭击目标。

（5）索马里海盗袭击船舶有一定的随意性，通过劫持船舶和船员进而勒索赎金，成为索马里海盗袭击船舶的主要目的。

（6）从事恐怖活动的海盗，往往对袭击的目标进行精心选择，把客船、油船等当作袭击的主要目标，以达到制造较大政治影响的目的。

（7）大多数海盗登船后，船长房间是海盗袭击的主要目标，驾驶台、物料间、船员生活区等也可能成为海盗袭击的目标。索马里海盗登船后以控制船舶和船上的船员为其主要目标。

（四）海盗登船方式

（1）对于停泊中的船舶，海盗一般选择在船首部位，沿着锚链攀爬，从锚链孔处进入船舶；对航行中的船舶，海盗一般选择在船舶两舷的中后部，使用专门的抓钩抓住船舷，然后攀爬进入船舶。

（2）索马里海盗通常采用“群狼战术”，使用几艘或十多艘高速小艇追逐、围攻船舶，然后从船舶的左舷尾部或船尾靠近，并在这些部位使用抓钩，攀爬进入船舶。

（五）进入海盗活动区域前的防海盗措施

在进入海盗活动区域前，船舶可采取下列防海盗的措施：

（1）及时收集有关海盗活动的信息；制定反海盗的应急预案；妥善制订航行和航线计划。

（2）对全体船员进行防/反海盗的教育和训练；根据本船反海盗的应急预案，模拟海盗袭击的各种场景，适时做好反海盗的演练；通过演练，掌握反海盗的方法和注意事项，确保全体船员熟悉各自的反海盗职责。

（3）规定船舶遭遇海盗袭击时的船内警报信号，确保所有船员熟知该信号。

（4）按照规定的程序对船舶保安警报系统进行测试；确保船舶保安警报系统和船舶内部警报系统处于良好的工作状态。

（5）检查船舶主机、辅机、舵机、锅炉、消防泵和应急消防泵等设备，确保这些设备处于良好的工作状态。

（6）可在船舶两舷舷外安装照明灯，并在驾驶台两翼甲板准备好强光探照灯；检查船舶甲板消防管系，测试水压；在甲板两舷至少准备2只高压消防水龙，并备妥砍断缆绳用的太平斧。

（7）检查船舶所有内部通信和外部通信设备，保证这些设备处于良好的工作状态；在驾驶台和船长室以外的地方设置一台备用的VHF无线电装置，以备急需；提前给对讲机或便携式VHF无线电话包括其备用电池充电；测试驾驶台/船首/船尾之间的有线通话或对讲系统（如有）。

（8）将甲板上所有可移动设备包括救生艇内物品全部移进储物间并锁好；甲板上不常取用东西的储藏间、油漆间、工作间的门可焊死。

（9）可根据舱室结构和有效封闭程度，在船上建立一个或几个海盗难以进入的安全区。安全区应远离船舶外部舱壁和舷窗，并配有无线电话、强光手电筒、信号发射装置以及食品、饮用水等，最好在该安全区内可控制或关闭操舵系统。

（10）准备防/反海盗的设备、器材。可准备一些灌满汽油或燃油的啤酒瓶（但装有易燃、易爆货物的船舶不得采用），堆放在甲板适当的位置。准备好强光手电、应急火箭、信号发射枪、木棍、铁棒以及用于砍断抓钩绳或挑落抓钩的太平斧、长杆火钩等。有条件的情况下可准备防弹头盔、防弹背心、红外线夜视望远镜、大功率探照灯、激光耀眼系统、高频声波装置（声波炸弹）等。甲板栏杆和船壳上部涂以滑油或牛油；在船舷绑上汽油桶，或用其他方法增加船舷上缘的宽度，以增加海盗登船的难度。

（六）进入海盗活动水域后防海盗的措施

进入海盗活动水域后，船舶可采取下列防海盗的措施：

（1）除保留1~2个甲板与生活区之间的通道外（该通道的门应能很方便地从内部关闭），将其他甲板与生活区之间的通道锁闭；主甲板和尾甲板通往其上一层甲板的室外楼梯应设法进行临时性阻断；生活区对外的所有门窗必须关闭并扣牢。船员应尽量减少到甲板上去活动。

（2）加强驾驶台的值班，采用视觉、雷达以及借助望远镜等手段保持不间断的瞭望。两部雷达应当同时打开，一部远距离扫描，另一部近距离监视。应特别注意对船舶尾部和雷达盲区水域的监视，可将与本船保持同向同速的小船或尾随的小船作为疑似海盗船，进行重点监视。

（3）在通过亚丁湾及索马里沿海水域时应尽量减少对外无线电通信联系，仅保留必要的安全和保安通信。可考虑关闭AIS设备，如需开启AIS，建议将AIS的货物信息设置为“压载”状态。

（4）安排24 h不间断的防海盗值班，如有必要，可安排夜间巡逻。巡逻人员应以2人为一组，携带对讲机，配备必要的自卫器材。在巡逻期间，应经常与驾驶台保持联系，互通情况，保持高度戒备。夜间在生活区外部巡逻时，应避免单独一个人行动。

（5）船舶在航行中，在遵守避碰规则并不影响本船航行安全的前提下，可开启舷外照明灯和生活区甲板照明灯，以照亮船舶两舷舷外水域和生活区甲板及通道。但建议在船舶航行期间仅开航行灯，除非有特别需要，才开启甲板照明。

（6）船舶在锚泊期间，应盖好锚链筒盖并保持锚链水常开；夜间除了将所有甲板照明灯打开外，还应将船舶两舷舷外装设的照明灯打开；梯口应始终保持有人值班，必要时可将梯子收起或保持悬空状态。

（7）通知机舱送甲板消防水，始终保持甲板消防水处于高压和随时可用状态。

（七）当发现海盗和海盗企图登船时的反海盗措施

（1）第一个发现海盗者，应立即通知值班驾驶员。

（2）值班驾驶员应立即向全船发出规定的遭遇海盗袭击的警报，船长应立即上驾驶台指挥反海盗应变。

（3）有关船员听到警报后，应立即按船舶反海盗应急预案，戴上防弹头盔、穿上防弹背心、到达指定部位，全力阻止海盗登船。

（4）船长应立即按照有关程序启动船舶保安报警系统。如船舶在亚丁湾及索马里沿海水域，应用VHF 16频道和8频道发出遇险报警，通过DSC和Inmarsat C站发出遇险信号，并立即向船公司以及国内有关海事管理机构报告（报警）。

（5）船长应亲自操纵船舶，保持全速前进，视情采用“Z”字形航线等航行方法，把海盗船让在上风、上浪舷。驾驶台值班人员可拉响汽笛，连续鸣放急促的短声，以营造紧张的气氛，并利用广播喇叭对海盗予以警告，表示本船已做好反击的准备，给海盗造成一定的心理压力。如在夜间，还可利用强光探照灯照射海盗船，但要注意船员的人员安全，防止被海盗用枪射伤。

（6）在甲板上阻止海盗登船的船员都应尽量隐蔽前进，其中要有人携带对讲机，并保持与驾驶台的通信和联系。当海盗船靠近本船的船旁时，可根据情况使用高压消防水喷射海盗，以影响海盗的视线，增加其登船的难度，或向其泼洒滑油或油漆。当海盗抛抓钩企图登船时，应果断地使用工具将抓钩的绳子砍断或将抓钩挑落。如舷侧绑有大油桶，可以砍断绑扎的绳索，使大油桶砸向海盗船。在采取上述行动时，不要害怕和犹豫。但任何船员都要注意保护自身安全，例如：在砍断抓钩的绳子、砸一下油桶、使用高压水枪时尽可能使用长柄工具，不要轻易将身体暴露出来；在采取反海盗的行动时，应避免向舷外探头看，谨防海盗用枪或其他武器伤害船员。

（7）如果在经过海盗活动水域时关闭了AIS，那么一旦遭到海盗袭击，建议立即启动该系统，以便护航海军对船舶信息进行确认。但船长可根据当时实际情况决定是否开启。

（八）当海盗登船后的反海盗措施

（1）一旦数名武装海盗已经登上船舶，船员不要直接与持枪的海盗对抗，应迅速撤离甲板，进入生活区，退回或据守事先设定的安全区域或安全室（何时进入安全室由船长决定），封闭通道，熄灭通道的照明，保持与海盗隔绝的状态，保持与外界的通信畅通，固守待援。此时全部船员应尽量选择待在一起。

（2）当海盗已控制船舶且已劫持一个或数个船员作为人质时，船长应当采取措施，确保人质的生命安全。如果袭击者已经控制驾驶台、机舱或劫持船员，或者可能对船舶的安全造成严重威胁，船长和值班驾驶员应当保持镇静，并在保证船舶安全、人质安全以及海盗尽早离船的前提下与海盗谈判，以让海盗主动离开为优选策略。

（3）在驱赶海盗的过程中，要坚持以保护船员人身安全为第一的原则，采取相应的应变措施，除非有十分特殊的危险，否则不要置海盗于死地。

（4）武装海盗登轮后如果收获不大，或受到威胁，或担心被认出，或想劫持整个船舶时，则可能会加害船员。如海盗已在杀害船员或这种企图十分明显，在别无选择的情况下，必须采取抵抗行动，以保全自己的生命，但应注意把握时机和讲究策略。行动前应尽可能搞清楚海盗的人数、武器以及首领。一旦开始抵抗行动，就应毫不犹豫地将行动进行到底，直到制服海盗。

第九章

领导与管理技能

本章学习目标

《海船船员培训大纲（2021版）》

4.1 船上人员的管理和培训的实用知识

4.2 有效资源管理的知识

4.3 运用决策技能的知识

4.4 任务和工作量的管理知识

管理级船员需具备一定的领导能力，掌握基础的管理知识，并运用于日常船舶管理工作职责是十分必要的。本章分为四部分，即：船上人员管理和培训的知识，应用任务和工作量管理的能力，运用决策技能的知识和能力，制定、实施和监督标准操作程序。

本章内容适用于海船3 000总吨及以上船长和大副、500~3 000总吨船长和大副。

第一节 船上人员的管理和培训的实用知识

一、船员组织、管理架构和责任

（一）船舶组织

1. 船舶组织的定义

船舶组织是指船舶管理者对船舶内部人员的工作安排与协调。船舶组织的突出表现在于对船舶内部人员的合理调配，进而达到船舶安全的目的。船舶组织的工作越是统一、协调，工作效率就越高。船舶组织是船舶管理工作中的重要部分。

2. 船舶组织的设计步骤

（1）确定完成组织目标必做的工作

任何组织都是围绕某些目的而建立的，驾驶台团队的目的是保证船舶安全和高效的营运。不同的目的需要用不同的手段去实现。因此，为实现组织的最终目标，整个组织必须首先明确需要完成的各种任务。

（2）将工作合理地划分为具有可行性的个人行为

创建组织的原因是组织拟完成的工作是无法由个人完成的。因此，这些工作应“合理”地划分给各个组织成员。“合理”在这里包括两层含义：首先，组织成员不应被指派去完成不适合他完成的工作。其次，工作的强度不宜过大，也不宜过小。过大的工作强度会导致工作无法及时准确完成，而过小的工作强度则会造成时间的浪费、效率的降低及不必要的开支。更为重要的是，疲劳可能导致事故的发生，进而造成更大的损失。

（3）将组织机制设计成便于协调组织成员工作的统一而且和谐的整体

组织设计可分为两大类：传统的组织设计和现代的组织设计。现代的组织设计不在本教材内讨论，以下仅对传统的组织设计的要素和特点进行表述。

3. 传统的组织设计的要素

传统的组织设计包括以下五个要素：

（1）划分工作；

（2）确定从属关系；

（3）确定职责和责任；

（4）划分管理层次；

（5）划分部门。

4. 传统组织结构的优势和缺点

大部分组织结构都非常复杂，不便于语言叙述。因此管理人员常常用组织结构图的形式将组织结构中的功能、部门、职位及其之间的相互关系清晰展示出来。传统组织设计亦有它的优点，比如从属关系清晰、责任明确以及专门化带来低成本等优点，但同时它也存在着以下四个缺点：

（1）下级单纯依赖上级；

（2）追求部门目标影响整体目标；

（3）不同部门之间存在隔阂；

（4）资源重复配置导致浪费。

（二）船舶管理架构及驾驶台组织架构

1. 船舶管理架构

船舶管理架构的形式随船舶科技进步而演化，并因船舶种类和公司具体规定而异，但现代大型货船上船员的分工以及船员的职能大致相同。目前，船舶管理架构一般分为甲板部、轮机部和事务部，客船还有客运部等。

在现代大型货船上，负责驾驶船舶和客货运输的甲板部以及负责船舶动力和机电设备的轮机部是船上最重要的两个部门。此外，事务部负责全船人员的伙食、公共场所卫生、卧具、来客招待、主管船舶财务，如配备医生，应负责全船医务。大型化的客船需要专司旅客事务的客运部，以及为全船人员服务的事务部（供膳部）等。

2. 驾驶台组织架构

驾驶台组织构架，即驾驶台团队，成员包括船长、驾驶员、值班水手、值班的轮机员和在船引航员。

（1）驾驶台团队在不同条件下的工作特点

由于海上航行环境的特殊性，对于不同的航行环境会有不同的工作特点，所以在不同的航行环境下，比如大洋航行、沿岸航行、受限水域航行、能见度不良时的航行、恶劣天气航行、靠离码头操作、锚泊作业、其他特殊作业工作时需要结合当时的工作特点，才能有效发挥团队管理的作用。

（2）驾驶台组织的作用

①消除由于个人失误而可能造成灾难性局面的危险性；

②强调保持良好视觉瞭望的必要性和执行避碰规则的必要性；

③鼓励利用所有确定船位的方法，以便在一种方法失效的情况下其他方法立即可用；

④只有在驾驶台团队的每位成员都认识到每个人在船舶安全航行中所起到的很重要作用且安全取决于每位成员尽自己的能力履行其职责；

⑤每位成员必须认识到船舶安全不应该仅仅依赖于某个人的决定，应仔细检查所有决

定和命令，并监视其执行。如果低资历成员认为那个决定对于船舶并不是最好的话，他们就必须毫不犹豫地针对某个决定提出自己的看法。

（3）驾驶台组织的原则

①驾驶台的主要功能是确定适合的航路；

②根据任务和境况配置合适的人员；

③委派驾驶员合适的任务；

④驾驶台团队的成员应尽职尽责、相互支持；

⑤接纳引航员作为重要的一员加入驾驶台班组；

⑥充分利用驾驶台所有资源；

⑦消除成员中任何一员可能引起严重后果的失误。

（三）驾驶台团队的责任

1. 值班驾驶员

当值班驾驶员是唯一的瞭望人员时，如有必要，他也应该毫不犹豫地要求得到支持。当由于某些原因他不能全神贯注时，支持人员应立即到驾驶台予以协助。

在某些情况下，值班驾驶员是唯一积极参与船舶航行的人，可能使用自动舵操船，而瞭望人员在驾驶台周围履行瞭望职责。在对团队的合作没有明显要求时，值班驾驶员应对安全航行各个方面负责。然而，他仍应在常规命令或特殊命令的要求下工作，以便船长对按照公司及其要求的清醒值班充满信心。

2. 瞭望人员

单独值班的状态可能在瞬间有所改变。如果值班驾驶员忙于履行其他职责，而不能瞭望，他必须呼叫瞭望人员协助瞭望。这是团队合作最重要的要素。

3. 操舵人员

除瞭望人员外，值班驾驶员还可能要求一个人在操舵。值班驾驶员有责任保证船舶安全而有效地航行。

值班驾驶员负有值班职责，有责任使瞭望人员和操舵人员（如有）了解各自职责并提高他们值班的有效性。

4. 船长

在某些情况下，值班驾驶员觉得有必要呼叫船长上驾驶台。这也许是因为事先计划要求船长上驾驶台，或船长常规命令或夜航命令已指明，或值班驾驶员意识到需要船长的知识和经验。

呼叫船长上驾驶台并不是将船舶操纵职责由驾驶员转交给船长，除非船长明确表示接任操纵任务。在船长到驾驶台之前，值班人员仍应履行其职责。一旦船长承担操纵职责，应将此记入航海日志。此后，驾驶员履行支持职责，但仍有责任采取值班人员的行动。

确定每位团队成员的职责是有必要的。很明显，这在很大程度上有赖于相关人员及本船的实际情况。除非所有相关人员都理解各自的职责，否则有些职责会相互重叠，或者有些职责会被忽视。在此情况下，驾驶台团队合作有赖于以下几点：

船长根据航路规则和推荐的航路要求控制船舶运动，规定航向及航速，监控船舶的安全航行，协调并监控所有值班成员。

值班驾驶员负责驾驶船舶并向船长报告有关信息，保证这些信息得到确认。他须确定船位、向船长提供船位和其他信息。他须监视操舵和车钟命令的执行。他应协调内部和外部信息联系，将相应的要求记入航海日志，并履行船长要求的其他职责。

5. 辅助驾驶员

在某些情况下，船长认为有必要得到两位航行驾驶员的支持时，其中一位为值班驾驶员，另一位为辅助驾驶员。船长的职责如前所述，但这两位驾驶员的职责应分工明确。

显然，需要两位驾驶员协助船长的情况表明船舶处于非常危险中，造成这种危险的原因可能是：

（1）安全界限要求船舶谨慎地保持在航线上；

（2）龙骨下富余水深减小；

（3）交通繁忙；

（4）能见度不良或类似的情况。

在正常航行的前提下，值班驾驶员依然履行前面所确定的职责。辅助驾驶员的职责是向船长提供基于雷达的交通信息，在海图作业方面给予值班驾驶员支持。这包括按要求提供有航行信息的海图，确定重要的航行决策，处理内部和外部的一般通信联系。

在驾驶台团队任务分配方面的硬性规定是比较难指定的。它有赖于相关人员的能力和素质，有赖于要求辅助驾驶员参与的环境和驾驶台布局。应铭记在心的是，每位团队成员应清楚自己应履行的职责和其他成员的职责。

呼叫辅助驾驶员上驾驶台可能是一个更好的选择，特别是该驾驶员刚下班，或者能立即上驾驶台。最终的决定权在船长，这种情况应在计划阶段考虑并包含在计划之中。

6. 引航员在船

引航员到达驾驶台开始直至离开驾驶台，将作为驾驶台团队的一名主要成员，参与驾驶台团队工作。引航员在船是为了协助船上驾驶台班组在受限水域航行、进出港口以及靠离泊作业。在引航员缺乏经验或判断有误的情况下，船长有责任、权力和义务行使船舶的指挥权。

引航员在船时，船长和其他驾驶员需要清楚引航员的意图，必要的话，在航行的过程中询问引航员的意图。在这种情况下，驾驶台团队间必须相互交换信息，包括：

（1）船长、驾驶员应了解引航水域的特性、引航的困难程度和当地的相关规定。

（2）引航员应了解船舶的操纵性能。

（3）引航员应熟悉船舶的设备使用。

（4）引航员应了解驾驶台人员的相关情况。

不管是否有引航员在驾驶台，船长必须对船舶的安全负责。在正常情况下，引航期间，船长应留在驾驶台，一旦引航的时间比较长，船长离开驾驶台时，他必须记住把他的权力转交给值班驾驶员，就像是在海上航行一样。

二、文化意识和态度

（一）文化和文化意识

1. 文化的定义

（1）广义上的文化

广义上的文化是指人类社会历史实践过程中所创造的物质财富和精神财富的总和。

（2）狭义上的文化

狭义上的文化是指社会的意识形态以及与之相适应的制度和组织结构。

文化是人们在相互交往中获得知识、技能、体验、观念、信仰和情操的过程。文化只有在社会结构发挥功能时才能显现出来，如果离开社会结构体系就观察不到文化。

（3）文化的地域性

文化具有明显的地域性，不同的国家、民族、人种具有不同的生活和工作模式，每一种文化模式都有自己的价值体系和行为准则，并与造成这种差异的特定社会环境相联系。各种文化模式的特点都可以通过属于各文化的成员的行为、信仰、习惯和社会组织形式表现出来。一般的特点可以表现在服装、饮食和语言中；比较复杂的特点则融化在人们的信仰、价值观、思维方式和言行举止当中。这种文化习惯和价值观念会自觉或不自觉地反作用于人所处的社会环境，并对周围的人产生影响。

航运业是国际化的行业，船舶团队接触的人群是全世界范围的。船员有可能来自世界各地，也有可能来自国内。即使船员都来自国内，也是来自全国各地，语言存在着巨大差异，风俗习惯也各不相同，因此有时会存在着交流障碍、相处困难等问题，从而影响安全。在这种情况下，船员们只有了解各地文化和习俗，才能避免误会和尴尬，更有助于船上的工作和生活，避免危险，保证安全。

通过了解更多不同文化，反省自己的态度，换位思考，寻求简单易行的解决途径来使得沟通清晰明了，确保船舶安全。

2. 内在特性和文化差异

要达到管理的最佳效果，首先要利用好一切资源。在诸多资源中，人力资源是最重要的因素。设备的使用可以通过说明书的学习，掌握其性能。但人没有说明书，每个人的性格及特点都不尽相同，要管理好，使其发挥最大效能，我们就得研究人的内在特质。

决定人的差异的主要因素就是文化的差异。决定文化差异的背景因素包括：宗教、教育、文学、艺术、运动、音乐和其他兴趣、身体健康、饮食习惯、职业与培训、家庭、社会和经济背景、朋友与关系等。

3. 文化差异的表现

（1）语言差异

语言是指生物同类之间由于沟通需要而制定的具有统一编码解码标准的声音（图像）讯号。造成语言差异的原因包括文化背景差异、环境和传统有所不同、工业和技术发展的水平有差异、政治制度和社会制度不一样。

（2）价值观的差异

在年龄观上，东方尊重长者，西方重视青年；在自我方面，东方主张“无我”，从众心理严重，西方强调自我，竞争欲望强烈。

（3）认识差异

不同文化背景下的人们通过自己独特的视野来看待与自己相关的事情，例如信仰、爱好必然会给沟通带来障碍。

（4）生活和工作方式的差异

平时的饮食习惯与品种、工作时间与方法等都属于生活和工作方式的差异。

（5）民族的文化差异

国家之间的差异主要是民族文化的差异，从以下3个方面的价值判断作为基本标准对比分析不同民族的文化差异。

①等级观念

等级观念就是对社会不平等的认可程度。根据人们对等级观念的认可程度不同，可以将国家分为低等级观念社会和高等级观念社会。

低等级观念：每个人不平等是不被接受，期望商议的。比如：丹麦就属于低等级观念社会，不喜欢命令，对命令喜欢质疑，遇事希望商量和想知道为什么。

高等级观念：每个人不平等是被接受的。他们希望被告诉该做什么。比如：菲律宾属于高等级观念社会，对于不平等认为是社会常规。菲律宾船员之所以被普遍接受，除语言原因外，另一个重要原因就是服从意识特强，是出自高等级社会的结果。

就船舶管理而言，适度的等级差有助于船舶管理。我们通常的做法是在进行重大作业前，先开工前会，领导先提出一套方案，然后征求意见，看还有没有更好的方案，最后统一意见。在都没有绝对把握的情况下，听领导的。原因有两个：一是领导对工作负责任；二是领导一般从知识、经验角度来说要比其他人全面。原则就是先民主，后集中。坚决杜绝事前不说，行动时不按计划行动，事后做马后炮。

②群体性和个体性

群体性和个体性指对待同样问题的处理方式上的不同，以群体和独立作战而区分。群体性是指把保持融洽，避免不和谐被看得很重要，常常隐瞒坏消息。犯错误就意味着个人和整体团队都没面子。而个体性是说话大胆，真诚坦率。犯错误就意味着内疚和降低自尊。多数亚洲国家为群体性社会，而美国就是典型的个体性社会。

作为船舶管理，应注重于集体性的培养，从安全角度来说，只有整个船舶安全了，每一个人才能安全，要真正做到同舟共济；从PSC的角度来说，缺陷是以船舶为单位，不分甲板与机舱，也不会标明是哪一个人的缺陷；从船东评价来说，评价一条船也是从整体来说，星级评定是按总体得分来评定。

③女性化和男性化

女性化和男性化是根据社会普遍态度而分的。

女性化（平和）：假设人们是谦让的。其表现为：生活的本质是平等团结；关心他人是重要的；等级关系是不重要的。具有平和性的国家与人员在社会处事中非常尊重和关心其他国家与人员，十分崇尚关系与合作、友好氛围和注重下属职业安全方面的问题。例如：瑞士属于女性化社会。

男性化（张扬）：假设人们是坚强的，英雄主义、权力、等级关系是重要的。张扬是一种精神，一种信念，在某种意义上代表着活力，也代表着积极进取。但从更多的情况来看，在处事方面骄横自大，不把其他国家和人员放在眼里，往往过于相信自己，到处标榜和推行自己的观点与做法，并要尽可能地将其他国家和人员置于他的控制之下。例如：澳大利亚属于男性化社会。

船员 24 h 共同生活和工作在船舶的特定氛围里，处理好平和与张扬之间的关系尤为重要，要相互理解、相互谦让，才能和谐相处。自我诊断一下属于哪种性格，如何与其他类型人员相处。

（二）跨文化交流

1. 认识文化差异

在不同的文化里什么可以做，什么是禁忌，了解清楚才能避免误会。比如：我们大多数人点头表示同意，摇头表示反对，但尼泊尔正好与我们相反，摇头表示同意。

2. 尊重其他文化

每个人都会认为自己的文化是最好的。其实文化只有不同，没有好与坏之分。要和睦相处，就得互相尊重。

3. 协同文化差异

只有认识文化差异和尊重其他文化，才能协同，达到默契。

（三）工作态度

1. 工作态度的基本概念

工作态度是个体在一定环境中对工作做出积极或消极反应的心理倾向。工作态度与责任心紧密相关。一个人的责任心如何，决定着他在工作中的态度。如果没有责任心，即使很有才能，也不一定能做好工作。有了责任心，才会认真、主动、积极、勤奋地工作，才会以工作为重，主动承担责任，努力克服困难，才会积极思维，缜密考虑，避免失误和差错，主动寻找方法，为实现既定目标，做好自己的工作。反之，如果没有责任心，就不可能认真地对待工作，在工作中就极易出现疏忽、过失和差错。

2. 工作态度的作用与分类

一个人的工作态度决定了他对某些人或事物的行为。

“态度决定一切”主要是指态度的积极与否，健康与否都会直接影响事物的最终结果。管理者所关注的态度是：工作的满意度——直接影响工作情绪的高低和生产率的高低；影响工作的投入程度；是否认同自己的工作，能否积极参与工作，把工作绩效看成个人价值的体现程度。

工作态度大致可以分为：积极与消极，或安全与危险的工作态度。通过表8-1所示的对比，我们可以看出其差异。

表8-1　不同态度的表现

积极	消极
这个工作很重要。 It is an important work.	我必须完成这个工作吗? Should I complete this work?
这是我的本职工作。 It is my duty.	其他人也应对此负责。 Others should be responsible.
应该做得更好。 Do it better.	这样已经不错了。 I think it is better.
再试一下。 Try again.	已经没办法了。 I have not a good idea.
安全	危险
为什么不试一试? Why not take a chance?	我能干! I can do it.
这种事可能会发生在我身上! It could happen to me.	这种事不会发生在我身上! It won't happen to me.
按规章办事。 Follow the rules.	用不着你告诉我怎么做! Don't tell me what to do.
是到了我们改变的时候了。 It's about time we changed.	我们经常就这么干! We've always done it that way.

3. 态度与行为的一致性

态度与行为的一致性受虚荣心、自尊心、外界压力、现实利益等因素的影响。如果态度之间或态度与行为之间发生不一致，就成为认识失调。这种失调会令人感到不舒服。因此人们寻求态度之间的一致性，以及态度与行为之间的一致性。

三、船上非正式社会结构

（一）船上非正式社会结构的概念

为了满足个人从组织中得不到的需要，具有相似的社会背景、文化素养、兴趣爱好的组织成员自觉自愿形成非正式群体。

船员在日常工作中经常性联系可能会加深相互之间的了解，并在此基础上产生感情沟通进而形成非正式关系。因此，非正式关系可能会与正式的工作关系结为一体，在这种情况下，船员之间处理工作问题时有可能会采取超出正式规定的方式。

（二）船上非正式社会结构的作用

1. 正向功能

非正式社会结构在一定条件下对正式社会结构起着一定的补充作用，换言之，它对正式结构有着正向功能，表现为：

（1）能缓冲正式结构所带来的压力；

（2）能提供正式结构以外的丰富的控制和沟通形式；

（3）能够成为推动组织改革，维护组织成员合理利益的有效力量。

2. 负向功能

非正式社会结构也有一些负向功能。特别是当组织中的非正式结构与组织的正式目标相互抵触时，这种消极作用就展现得尤为明显。这种负向功能表现为：

（1）非正式结构的过分整合往往会削弱组织权威系统的有效性，影响组织目标的实现；

（2）有意利用非正式结构拉帮结伙、分裂组织，谋取个人和小团体利益的行为会造成组织精力内耗；

（3）以非正式结构代替正式结构，工作程序发生混乱，会破坏组织的正常运行；

（4）过多的非正式沟通联络容易导致机密漏泄、谣言四起，造成人心涣散。

四、人为失误、情境意识、主动意识、自满、倦怠

（一）人为失误

1. 人为失误的定义与种类

（1）人为失误的定义

人为失误是指在某一特定系统中的操作人员在完成任务的过程中因意识、判断或行为等出现疏忽，不能根据当时环境和情况进行适当的操作，最终致使其无法正确处理面临的

情况而发生系统运行的失常。

（2）人为失误的种类

人为失误可以发生在正常工作或发生特殊情况的不同的环境下。在船舶事故中，经常涉及两种主要的情况：一是由于船舶的技术性故障引起的事故；二是完全由人的失误造成的事故。因此，我们把人为失误按由内、外部造成的失误分为内部失误和外部失误。

内部失误可分为：由厌倦导致的疏忽；非常规事件；由疲劳导致的失误；知识缺乏带来的失误；过于自信导致的失误。

外部失误可分为：基于技术原因的失误，基于信息原因的失误和基于气象条件的失误。

2. 失误的原因

80%以上的海事是由于人为失误造成的，这已成为海运业的共识。作为船舶管理人员，必须对人为失误产生的原因和特点保持清醒的认识。人类不同于机器，人类擅长的是利用自己的知识和经验对所处的局面进行评估，并灵活解决工作过程中所遇到的问题。人类不擅长的是长时间从事重复性的工作，或精力高度集中，长时间得不到休息，在这种情况下，人为失误最易发生。

失误的原因主要包括两类，一类是不可抗力（技术性失误），另一类是人为因素，如图8-1所示。

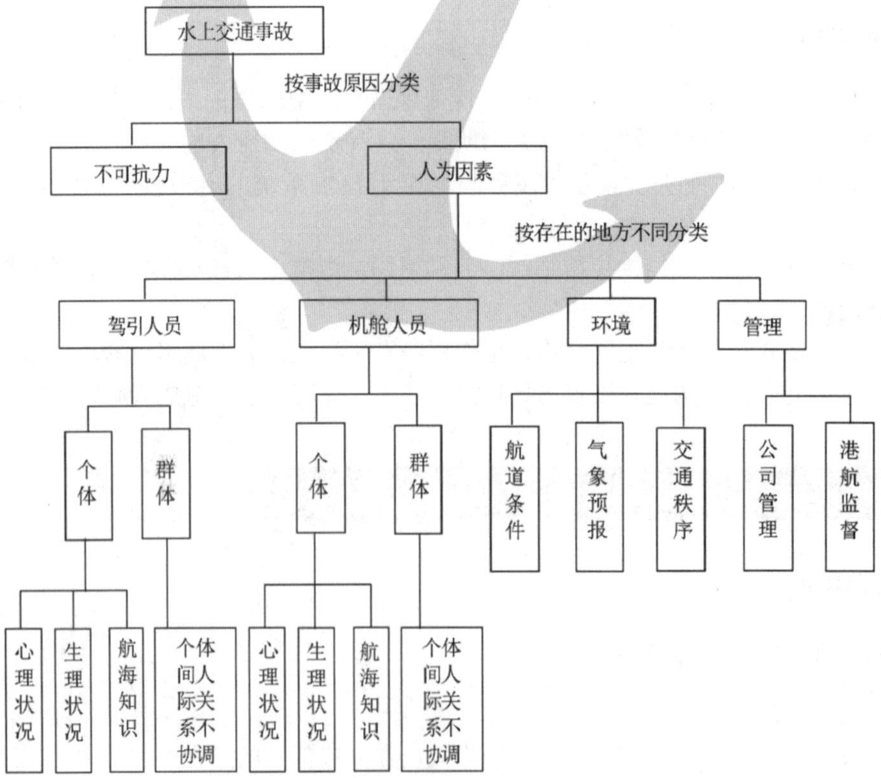

图8-1 船舶事故原因分析

（1）技术性失误

目前主要涉及影响船舶运动的3个主要技术系统发生的故障，包括动力系统、操舵系统和导航系统。这些系统发生的故障可能是完全性故障或间歇性故障，但是它们在船舶航行过程中所导致的后果都是非常严重的。

（2）人为失误

人为失误是指虽然人擅长于应用知识来分析局面、解决问题，但是人不擅长长时间进行重复工作和长期不间歇地保持精神高度集中，容易因厌恶、疲劳和枯燥而产生迟钝，所以在船舶航行的过程中经常可能发生船长或引航员下达了错误的指令，值班驾驶员摇错车钟，或舵工操错舵或航向等。在海上，人为失误主要表现在：

①疏忽和差错

由于疏忽或差错而导致的失误是最为常见的。它们的产生往往是与人本身对待工作的态度和自己在工作所处环境中的实际情况密切相关的。例如由于自己对工作掉以轻心而引起注意力分散，或是对船舶的安全工作重视不够而未能保持高度警惕性，或是在实际工作中因工作压力太大和由于过度的疲劳等造成对正常可预见环境的变化不能采取适当而有效的行动而导致失误的发生。这类失误在船舶驾驶员的实际工作中是经常发生的。

另外，心理上注意力的不稳定和分配不当也会造成疏忽和差错。

②基于知识的失误

基于知识的失误主要是指因本身无知而犯的错，即由于自己缺乏足够的相关知识或错误理解了船舶在航行或作业中的一些关键性原则，而无法或不能正确应对或处理相关的局面或情况而导致的失误。这种失误在当今受过良好教育的船舶驾驶员中并不多见，但客观上因自己对工作的知识理解不深和运用不当的错误还是存在的。即使具备基本的知识，在考试中能够获得满分，但从知识到技能、从经历到经验还有相当的距离，需要通过实践中的操作去完成这种转化和升华。例如人们尽管具备了所有与游泳有关的知识，但要真正学会游泳，还需在水中进行一定时间的实际操练。

③基于法规的失误

基于法规的失误主要是指因本身没有正确或充分考虑相应的法规而草率决定并采取行动，或是没有注意到法规的适用性而错误地执行了法规，或是凭主观意念错误地应用被“简化的”法规而导致的失误。它也包括了由于对相关法规的内容不明确而犯错的现象。从现有的一些船舶事故来看，这类失误在客观上是经常发生和存在的，它与船舶事故有着非常密切的联系。

④基于技能的失误

基于技能的失误主要是指因本身由于缺乏从事本职工作的操作技能而导致在实际工作中发生的失误。它往往是由于缺乏足够的训练或缺少实际工作的实践经验而发生的，当然这也和自己与同事间相互交流经验过少有关。这类失误在一些担任驾驶工作时间不长或工作经历还不多的船舶驾驶员中还是屡有发生的，并与船舶事故也有着非常密切的联系。

⑤基于文化制约的失误

基于文化制约的失误主要是指因本身工作环境中的团队人员由于文化意识与背景的不同而产生的局限性所引发的失误。它可以包括团队人员中由于不同语言的使用与理解，或缺乏上下级人员之间的交流与质询，或可能对意图的误解和毫无疑问地服从等具体原因而产生的失误。由于船舶驾驶员所涉及工作环境的特殊性，如在国外港口需要经常与不同国家或地区的引航员组成新的驾驶台团队，所以这类涉及不同文化制约所导致的失误也是经常发生的。

⑥基于违反安全惯例的失误

基于违反安全惯例的失误是指本身因未能严格遵守实际工作中形成的通常的安全习惯做法所引发的失误。导致这类失误的发生常与自己的过于自信或自满，对工作中良好的通常习惯做法与安全之间的关系不够重视，喜欢凭个人经验办事，不注重团队工作的作用，忽视别人的建议，查阅的书或出版物有误以及背离原定的计划航线有关。而因以上原因发生的失误，在目前船舶驾驶员的实际工作中也是客观存在的，并在所有的失误中占有一定的比重。

3. 人为失误的预防措施

船舶航行安全是船舶安全工作最重要的组成内容之一。由于近年来全世界船舶交通流量的大幅度增加，通航的环境与条件日趋复杂，船舶航行的难度日益增大，致使船舶航行安全工作面临更为严峻的局面。为了确保船舶航行的安全，船舶驾驶员必须正确认识在上述新形势下的特点，高度认识人的因素与船舶安全航行之间的重要关系，并切实采取一些有效的措施来做好预防船舶事故发生的工作。

（1）全面认识人为因素与船舶事故的关系

为了预防船舶事故的发生，船舶驾驶员必须充分考虑和结合自己行为模型中的错觉和在实际工作中对信息处理、决策和操作过程中可能产生的失误及其对本职工作的影响，从思想上全面认识人为失误与船舶事故之间的密切关系。

（2）认真分析船舶事故中涉及人的综合影响因素

为了降低航行风险，保证航行安全，除了应全面认识人的因素与船舶事故的关系外，还应对船舶事故的综合因素加以认真分析，以有利于制定有效的措施来消除或减少人为失误。

（3）注意调节生理与心理状态

①保持良好的生理状态

人的生理状态对自己的感知和反应有着非常密切的关系。当人觉得身体疲倦时对周围的认知肯定与在精力充沛时的认知有很大差异。

船舶驾驶员在生病的情况下继续坚持工作，往往会因为自身生理问题而产生对外界情况的观测不全面或因反应不灵敏而产生误判断、误动作，或者是操作不到位，从而发生事故。因此，除了保持身体健康外，还必须注意到外界不同因素对自己工作的影响，在可能的情况下应采取必要的措施来减少或消除这些影响。

②避免不正常的心理状态

心理状态是人的心理活动在某一段时间内的特征，如分心、疲劳、激情、镇定、紧张、松弛、克制、欲望等。在船舶航行过程中，船舶驾驶员由于受不正常的心理状态的影响而引发的事故也屡有发生。为此，为了确保船舶航行的安全，不仅应保持良好的生理状态，而且也必须避免一些不正常的心理状态。

（4）及时识别和破断安全工作中的失误链与事故链

为了能及时发现失误链与事故链的存在及其发展过程，船舶驾驶员首先必须通过保持高度的情境意识，了解自己船舶内外部的实际情况，掌握和知晓周围局面对本船将产生的影响，从而能在发现失误链与事故链的存在后及时采取相应的措施来终止它们的发展。实践证明，一旦船舶驾驶员丧失了情境意识，失误链与事故链客观已经形成，并将不断发展并可能导致事故的发生。由此可见，保持高度的情境意识是及时发现和中断失误链与事故链发展的基本保证。

在及时识别失误链与事故链和果断采取措施将其破断的过程中，必须做好一些具体的细节性工作。实际上，在船舶航行中只要能注意一些细节问题，就能做好失误链与事故链的识别与破断工作，甚至有时只要有一个细节真正做到了位，就能破断失误链与事故链，也就可能避免事故的发生。

（二）情境意识

1. 情境意识的基本概念

情境意识（Situation Awareness，SA），有的译作“局面意识”“警惕性”“情景意识”等，是指在一个特定的时间对影响船舶的因素和条件的准确感知。它是人们对于事故发生的一种预知和警惕，属于思维和思想活动的范畴。

情境意识不是一种特定的行为，而是工作态度和思维的产物，它决定着人的行为与动作。同时，情境意识具体指由理解力、注意力、判断力和适应性组合而成的一种表现。良好的情境意识如图8-2所示。

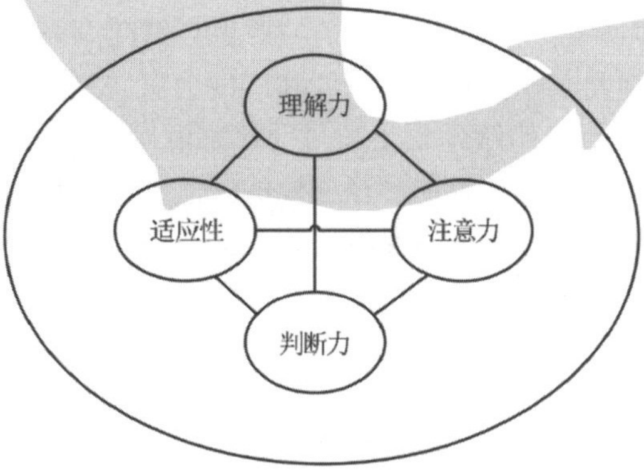

图8-2　良好的情境意识

良好的情境意识表现为：

（1）正确地感知船舶条件实际状态与变化趋势的理解力（Ability of proper understanding of practical condition and changing tendency）；

（2）能敏捷地觉察船舶周围的实际情况与变化趋势的注意力（Ability of sensitive observation of practical condition and changing tendency around ship）；

（3）能全面地了解周围情况变化对船舶运动影响的判断力（Ability of thorough identification of influence of changing situation around ship on movement）；

（4）能正确地预测船舶即将面临的局面和安全状况的适应性（Ability of proper prediction of near-term future and safety situation）。

2. 情境意识的构成

为了充分理解情境意识在安全方面所起的作用，认识情境意识的构成要素是十分必要的。作为船舶安全的保障，从各个构成要素着手是船舶驾引人员培养情境意识的有效手段。而情境意识的构成涉及很多因素，其中主要表现为：经验与训练、操纵与操作技能、健康与态度、适应与熟悉程度、驾驶台管理技能，如图8-3所示。

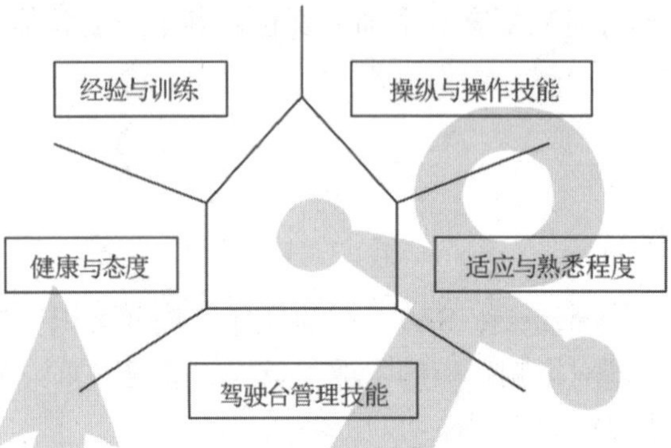

图8-3　情境意识的构成

（1）经验与训练

情境意识最基本的影响因素是经验与训练。经验和训练是获取知识的重要途径。知识越丰富，理解力、判断力和适应性也越强，情境意识自然越高。

尽管不同的船舶级别要求船员知识的深度和广度会有差别，但为使船舶安全营运所必需的知识是不可缺少的。而且船舶越复杂，自动化程度越高，所要求的知识水平就越高。船舶驾引人员在日常工作中的传统习惯和经常性的做法，即运用船舶作业人员所对应职责应具有的知识、经验、技能和在各种情况下所要求的戒备以避免危险的习惯做法，都可以作为成功应付不同条件和局面的经验，而这些经验可以认为是情境意识的基本内容之一。如船舶在航行时，驾引人员总结出以下经验：

①在航船让锚泊船；

②操纵能力良好的船主动避让操纵有困难的船；

③通常不穿越他船首前方；

④尾随他船应保持适当距离；

⑤熟悉本船操纵性能，注意浅水影响及船吸、浪损等效应；

⑥避免在弯曲水道相遇等；

⑦避免在交通频繁水域或航道附近锚泊；

⑧强风时应远离他船，备车松长锚链；

⑨发现他船走锚危及本船时应及时采取备车，备好碰垫和松链等措施。

（2）操纵与操作技能

技能是构成情境意识的重要因素。操纵与操作技能越强，理解力和适应性也越强，情境意识就越高。

技能与知识虽有密切关系，但在本质上却各有其特殊的内容与要求。即使读书破万卷，但是没有从事船舶航行的实际经验，也是不能安全驾驶船舶的。当然，只有些实际技能而无足够的理论知识，也具有极大的局限性。技能是通过实际技术训练才能获得的能力，特别是船舶实际操纵技术，既必须能够适应经常不断变化的外界条件的要求，又必须能够及时跟上不断更新的技术与设备的发展，因此除了经由一定数量的切身体验来掌握实际技能之外，则难有其他捷径。

（3）健康与态度

情境意识非常重要的构成因素是健康状况，它是充分运用自己知识和技能的基本条件。很难想象一位健康状况不良的船员会有足够的精力和体力去学习和灵活应用自己的知识和技能，会适应海上多变的自然条件以及紧张工作的要求，保持良好的情境意识。健康状况不良，会降低各感官的功能，容易出现疲劳，甚至无精打采。航海中许多误操作引发海事的严重教训，重要原因之一正在于此。

情境意识的构成因素也包括心理状态。极高的政治责任心，极强的安全意识，极高的道德水准，顽强的战胜困难的意志与毅力，忠于职守的热忱与执着，模范的工作习惯以及临危不惧，巧于应变的能力等，都是应有的心理状态。在这种状态下，船舶驾引人员的注意力非常集中，情境意识高。无上述心理状态，丰富的技术知识、熟练的技能和健康的体魄便失去了发挥的基础，情境意识更是无从谈起，某些方面精神上的“不注意”就有可能酿成海事。分析许多海事的成因，凡是与“不注意”有关的，大都在情境意识上存在重大缺欠的问题。

（4）适应与熟悉程度

心理学研究表明：人在认识客观世界的过程中，从对客观事物的感知到对客观世界的改造，具有两个心理过程，一个是认识过程，另一个是意向过程。

认识过程主要包括人的感知和思维过程。首先，当外部世界的客观事物作用于人的感官时，会在人的头脑中产生对事物的映像，这种映像就是人们所获得的对客观事物的感知认识。在感知认识的基础上，通过大脑进行思考、分析和判断，即思维，从而形成知觉。这是人们认识客观事物的首要心理活动过程。其次是思维过程，它是人们在对待和改造客观事物时的心理活动过程。这种活动过程包括人们的喜怒哀乐，克服困难的态度，全神贯注、聚精会神地进行工作的能力等。对情况的熟悉程度越高，认识过程中对局面和条件的感知越容易，在思考、分析和判断上越容易达成与实际情况相一致的结论，情境意识自然也越高。从某种意义上来讲，船员不断地改变服务船舶种类，不断地改变服务船舶航线，对团队情境意识是一个负面的影响，所以船舶对本船的团队情境意识和综合能力时刻要有一个清醒的认识。

（5）驾驶台管理技能

船舶作业是一个多部门、多人员相协同的工作。就驾驶台来讲，船长、引航员、驾驶员、舵工是常见的一种工作组合。单凭个人的力量是不可能保持高水平的情境意识的。要想得到良好的情境意识，充分发挥每个成员的作用与功能和相互之间的支持和监督是十分必要的。

安全管理工作的具体目的就是要消除物的不安全状态和人的不安全行为。从“物”的因素来看，即本质安全化，绝对安全是不可能的。就现代科学技术水平来说，任何一艘船舶，要做到绝对安全，消除“物”的不安全状态是很困难的，也是很难办到的。此外，由于船舶生产规模不定型，运输作业相对不稳定，所以不安全因素总是客观存在的。从人的因素看，要绝对安全也是不可能的。人在生产活动中最活跃、最富有创造性，即具有主观能动性。许多事故的发生，可以说明这一点，无论物的不安全状态怎样，只要发挥人的主观能动性，主动地去认真检查，物的不安全状态就可消除。而人的行为是受思想所支配的，是不易控制的，也是会出现不安全行为的。因此，在安全管理中，在注意物的不安全状态的同时，要密切注意人的不安全行为。正因为如此，驾驶台领导与管理技能的高低与驾驶台团队成员所形成的情境意识有着密切的联系。

（三）主动意识

主动意识是做更多努力来改进自我，如熟练掌握设备的使用或主动做些额外的工作的意识。真正的主动意识意味着在工作范围之外，提出一些有益于同事和整个组织的大胆的、建设性的意见。

（四）自满和倦怠

船员的自满和倦怠是船员个体不能顺利应对工作压力的一种表现，是情感、态度和行为的表现。自满是对事对人都有不逊的看法，以自己为中心，觉得除了自己，其他人都不行，觉得自己对什么都懂了，再学习或听取别人的建议都是多余的。产生自满的原因主要是做事以自我为中心，为避免自满，应多看看别人的长处，再看看自己有什么缺点，每个人身上都有值得自己学习的地方。船员出现职业倦怠的主要原因有：工作环境的原因，人际关系的原因，价值与意义方面的原因和家庭的原因等。

五、领导力和团队合作

（一）领导力

作为引导和影响个人或组织的领导，必须通过正确发挥自己在工作中的计划、组织、指挥、控制、协调的职能和作用，积极鼓励和调动下属人员的工作积极性，这样才能带领他们共同实现预定的目标。

1. 领导的基本概念

所谓“领导”，就是指设定目标，率领和引导组织或个人在一定的时间以及其他条件下，按照一定的计划或方法实现该目标的行为过程。它也可以解释为：“指挥、带领、引导和鼓励部下为实现目标而努力的过程。”

2. 领导者的基本条件

为了能保证领导的正确性和有效性，领导者应具备一些特定的基本条件和素质。作为一个领导者，要想带领下级去完成本部门的既定目标，首先就必须建立起自己的领导权威。权威就是权力与威信的统一，是由领导者的素质及其行为所形成的，它标志着一个领导者的能力是否被他人所承认。一个优秀的领导者，能团结与其共同工作的同事和下属，充分调动他们的工作积极性，并通过自己的良好素质与魅力来创建其威信。这些良好的素质包括：高尚的品德；高深的专业知识；丰富的工作经验；敏锐的观察能力；冷静的思考判断；巧妙的沟通影响；充沛的精神活力；坚定的意志目标和公正的立场和评判。

3. 领导的类型与风格

领导者在实际工作中都会根据具体的要求，结合自己领导工作的经验和风格而从事具体的领导工作，他们也会因工作要求和具体的实施方式的不同而产生以下多种领导的类型和风格。

（1）领导的类型

①民主型

民主型的领导也可以称为对话型领导。这种类型的领导在工作中常采用民主协商的方式，听取下属的意见，并鼓励他们积极发表改进工作中的意见，从而提升自己组织管理上的灵活性和职工本身的责任感。

②激励型

激励型的领导往往注重职工的个人情感，运用物质激励的管理方式，创造职工积极向上的氛围，不轻易对职工完成自己工作的方式进行不必要的责难，以最有效地调动他们的积极性。

③制度型

制度型的领导要求职工一切按规则做事，即要求职工以任务为中心工作，通过制度来约束自己的行动。领导者布置任务也均以制度措施为依据，要求下属职工必须严格按照规章制度加以执行。

④教育型

教育型的领导要求由我来教你怎么做，它是以人为中心的领导方式，帮助职工制订实现目标的计划，并给予大量的指导和反馈，启迪职工的思想，促使他们自觉采取符合领导者意图的行为。这种类型的领导在改善工作氛围以及实际成效方面有显著的正面作用。

⑤榜样型

榜样型的领导通过自己以身作则、率先示范的行动来树立自己的权威，依靠个人人格魅力的影响和职位上的优势来领导和带动下属职工，引导他们仿而效之。榜样型领导具有引导性与感染性，往往能通过自己的榜样作用来达到自己所期望的效果。

⑥专制型

专制型的领导独断独行，通过下达命令来要求下属绝对服从。这种类型的领导可能具有一定的工作能力与魄力，敢于承担责任。这种类型的领导在面临困境或者碰到危急关头往往非常果断，常能发挥速战速决的作用。

⑦放任型

放任型的领导一般都会将工作任务与问题交付下属人员处理，自己不愿多加过问，也不想多担负工作的责任。这种类型的领导可能自己的工作能力与魄力不够高，遇到问题时喜欢由他人来帮助解决。

（2）领导的风格

鉴于以上不同类型的领导在实际工作中的特点，他们各自的领导风格也会各不相同。这些不同的领导风格主要包括：

①命令型

具有命令型领导风格的领导往往采用下达命令的方式来要求下属必须完成工作任务。他们会给出明确的指令，包括要求他们做什么、如何做、在何时与何地做等细节。

②指示型

具有指示型领导风格的领导往往采用发出指示的方式来布置具体的工作任务。他们会向下属提供框架性的指示和要求，并要求下属通过自己的努力去完成相关的任务。

③参与型

具有参与型领导风格的领导往往能在发出指示和布置具体工作任务的同时，自己主动和下属一起共同参与讨论和决定完成工作任务与解决问题的最佳方案。

④委托型

具有委托型领导风格的领导往往只是向下属发出指示和布置具体工作任务，他们很少向下属提供如何完成工作任务或解决问题的具体指导和人员支持，也不愿多承担责任和义务。

以上这些不同类型领导风格与不同类型领导本身的性格与特点是密切相关的。但是，这些具有不同性格与特点的领导在从事他们的具体实际工作中，也不完全是采用单一的领导风格来办事的。在不同的场合和情况下，他们也会根据实际情况调整或采用混合型的领导风格来适应或满足需要。不过从他们总体工作中的实际行动来看，一般每个领导都具有自己独特的领导风格。

4. 提高领导影响力的途径

（1）正确行使手中的权力

每位领导的手中都或多或少、或大或小地掌握着一定的权力。如何对待手中的权力，怎样掌好权、用好权，是对领导者的严峻考验，也是能否提升领导影响力的重要环节。如何正确行使手中的权力呢？第一，要树立正确的权力观。在我们社会主义国家里，所有的公共权力都是人民公共所有，都必须来为人民群众的公共事务服务，而绝不允许用这种权力来牟取私利。第二，要遵循权力行使的原则。必须依照正当、民主、公正的原则来行使权力，不能滥用。第三，要能科学运用权力。科学运用权力的一个正确的方法就是能科学授权。科学授权，必须明确授权的原则。一般来说，授权应该坚持以下几个基本原则，即合法授权、视能授权、权责统一、有效控制、信任支持。

道德品质是构成领导影响力的最重要因素。因此，领导干部要提升领导影响力，必须培养自身高尚的道德品质。如何培养呢？除了经常自警、自励，见贤思齐之外，更重要的是做到以下三点：第一，要时刻注意自重、自省。自重，就是尊重自己的人格，珍惜自己的名誉，固守自己高尚的情操和精神家园，不为身外之物低下自己高贵的头。自省，就是要经常反省和检查自己的言行，看一看自己是否有道德上的过错，找出自己的不足，并采取措施加以克服和纠正。第二，要重于慎独自律。慎独自律是要求领导者有高度的责任感和自觉性。无论是在公众面前还是单独处事，都要严于律己，做到表里如一，言行如一，做一个真正的道德高尚者。第三，要从小节做起。人们品德的高尚与低下，既体现在对大是大非问题的把握和处理上，也体现在对生活小事的把握和处理上。因此，领导者要注意从大处着眼，从小处着手，“积小节而成伟大”。

（2）培养健全的心理素质

领导者培养健全的心理素质最主要的就是培养自己开阔的胸襟和坚强的意志。领导者培养健全的心理素质最重要的是树立正确的人生观、价值观、权力观、利益观。只有从根本上解决好这“四观”，才能过好权力关、金钱关、名利关、美色关这“四关”，也才能有效地避免因权力、金钱、名利、美色等引发的心理问题。

（3）进一步提升领导能力

领导能力是领导者履行职责的重要的主观条件，它决定着领导工作的成败。领导者提升领导能力要注意以下几点：第一，科学正确的决策能力。决策是领导者确定方针、策略的活动，是整个领导工作的关键和核心。因此领导者要提升领导影响力，必须科学正确地进行决策。要正确而科学地进行决策，就必须坚持科学决策的原则，并做到决策的程序化和决策程序的科学化。第二，知人善任的用人能力。要做到知人善任必须处理好四种关系：一是亲与贤的关系；二是德与才的关系；三是长与短的关系；四是职与能的关系。第三，开拓进取的创新能力。领导者提升开拓创新能力，最重要的是要掌握创新思维方法。常见的创新思维方法主要有以下几种：一是逆向思维，它是指人们在思考问题时，跳出常规，改变思考对象的空间排列顺序，从反方向寻找解决问题的办法；二是发散思维，就是从一个信息源中导出多种不同结果的思维方法；三是转向思维，它是指人们在思考问题时，其思路在一个方向上受阻时，便马上转向另一个方向。

（4）构建合理的知识结构

领导者不仅要有广博的知识，更要建立合理的知识结构。领导者合理的知识结构包括以下内容：第一，深厚的政治理论知识。第二，精深的专业业务知识。领导者要确保自己成为真正的内行领导，就必须认真学习和掌握精深的专业业务知识。第三，娴熟的领导专业知识。领导专业知识的核心是领导科学。其外围是预测科学、决策科学、人才科学和管理科学。领导者只有掌握以领导科学为核心的领导专业知识，才能使领导者更好地把握领导规律和领导方法，提升领导能力和领导水平。第四，广博的科学文化知识。领导活动是一项具有复杂性、综合性特点的社会实践活动，决定了领导者必须具有广博的自然科学和社会科学的知识，才能有效地、成功地驾驭领导工作。

5. 如何有效地激励船员

（1）满足船员的合理需求

与其他群体不同，海员的需要有许多特殊性。首先，海员没有在低级需要方面得到完全满足。他们经常受到缺乏淡水、新鲜蔬菜和水果的困扰。他们生活在狭小的空间里。他们需要长时间远离自己的亲人，更不用说他们常常遭遇恶劣天气、危险作业，甚至遭遇海盗攻击。其次，他们的高级需要也常常无法得到满足。一个出色的水手可以晋升为水手长。但无论如何，他不能再一次晋升，因为对于支持级船员而言，水手长和机工长是最高职位。因此，结合船舶实际情况，尽量满足船员的合理要求，是营造团结高效团队氛围、激励船员努力工作的重要前提。它包括强化安全操作规程，合理安排饮食，提高福利待遇，明确考核和晋升制度等。

（2）结合船员特点分配工作

不同的态度和人格的船员在从事不同性质工作时能够产出不同的工作绩效。一个责任意识强的船员如果在团队协作中被指派负责某部分工作，他将会以更高的工作满意度去完成工作。一个性格内向但领悟能力强的人更适合于从事复杂的故障分析和烦琐的设备拆解工作。可能对他们而言，及时找出故障或将设备恢复正常工作就是心里最大的满足。

（3）合理运用目标激励

目标激励是用提高目标吸引力的方法来调动船员的积极性的。目标是人们期望达到的成就和结果。它的吸引力越大，就越能产生强烈的情感，进而转化为积极的动机。与此同时，目标应该是具体的和可行的，并且符合船员的需要。比如许多船公司都制定了持续的“百日无事故”的目标，并承诺每次实现目标后都给相关人员一定的奖励。这种活动对保证船舶安全和提高营运效益可起到积极的促进作用。

（4）检查体制是否公平

体制是否公平不仅体现在工资上，也体现在其他福利待遇上。一个水手通常不会抱怨船长的工资比他高好几倍，因为他承认船长工作的难度远远不是他努力几倍就能够胜任的。但如果船长在分配扫舱费时也按照职务工资的比例分发，恐怕普通船员就无法接受了，因为即使船长也参与了扫舱劳动，他的贡献也不会超过水手几倍。他们可能不会直接对这种分配提出异议，但他们在其他工作上的积极性会受到打击，这完全是可以想象的。

（5）奖励与绩效挂钩

对于表现良好的船员应该给予相应的奖励。奖励的方法不仅仅局限于金钱，还应包括及时晋升职务，提供上船和离船时的方便，甚至包括口头的表扬。适当的奖励不仅满足了表现良好的船员的需要，而且也为其他船员树立了目标，使所有的人都朝着有利于团队高效运作的方向努力。

6. 领导者的影响力

影响力一般指人在人际交往中影响和改变他人心理与行为的能力。领导影响力就是领导者在领导过程中，有效改变和影响他人心理和行为的一种能力或力量。构成领导影响力（或者说权力）的基础有两大方面：一是权力性影响力；二是非权力性影响力。

权力性影响力又称为强制性影响力，它主要源于法律、职位、习惯和武力等。权力性影响力对人的影响带有强迫性和不可抗拒性，它是通过外推力的方式发挥其作用的。在这种方式的作用下，权力性影响力对人的心理和行为的激励是有限的。

非权力性影响力也称非强制性影响力，它主要来源于领导者个人的人格魅力，来源于领导者与被领导者之间的相互感召和相互信赖。构成非权力性影响力的因素主要有品格、才能、知识、情感等因素。

（二）团队合作

1. 团队

团队是由两个或两个以上的人组成的，通过人们彼此之间的相互影响、相互作用，在行为上有共同规范的一种组织形态。通俗地说，团队是由一起工作以完成共同任务的个体组成的一个群体。

从管理的角度，“团队就是力量”。一个人构不成团队，两个以上的人的集合体也未必是团队。如车站、码头的乘客，戏院里的观众。通俗地说，它是由一起工作以完成共同任务的个体组成的一个群体。其主要特点是团队内成员间在心理上有一定联系，彼此之间产生相互影响。

2. 团队的特点

（1）团队成员有着共同的目标，为了完成这一目标，成员之间彼此合作，这是构成和维持团队的基本条件。团队成员之间有着和谐、成熟的人际关系，相互理解，具有一致的想法和情感，大家彼此信任、相互支持。

（2）团队成员之间分工不同，但每个人又都为了实现共同的目标而承担着一定的责任。

（3）团队成员具备实现目标所必需的技术和能力，而且相互之间有能够良好合作的个性品质，从而能够出色完成任务。

3. 船舶团队的管理

（1）船舶团队

船舶团队是指在同一艘船上工作的，由船舶驾驶员、机舱管理人员以及为团队服务的支持人员组成的为实现团队共同目标的一个群体。通过团队的合作、监督、提醒、支持，发挥每个成员的主观能动性，实现船舶、货物、人员和环境安全的共同目标。

（2）船舶团队合作

①船舶管理人员应当将船上所有人员看作一个有共同目标的团队，不断强化船员的团队意识。每个成员在工作中经常会需要其他队员所拥有的经验和技能，成员之间必须相互协作、相互支持才能更好地完成船长确定的工作目标。

②船舶团队应当能够很好地与临时加入的第三方进行合作，例如与引航员、拖船、带缆工人、装卸工人等的合作。

③应防止船上任何人员孤立地工作。即使在人员紧张的情况下，也应保证单独工作的船员能够随时与其他队员进行有效的沟通，并随时可以得到相应的支持。

④如果条件允许，船长在确定工作目标时应与自己的团队共同讨论，使相关人员能够充分地表明自己的观点，在此基础上制订详细的实施计划。

⑤团队领导者应当坚定，但又不失灵活和友好。应当尽力避免形成过于专制的领导方式，同时也应当避免放任不管的领导方式。

⑥团队中的每个队员都有自己明确的职责并恪尽职守，这样船长就有更多的时间来监控船舶的安全。团队成员都应随时留心周围发生的一切，以便及早地发现失误并避免事故链的形成。

⑦团队管理者要意识到每个成员的贡献都是有价值的，这会对团队产生强烈的激励作用。

⑧团队工作应当始终按规定的标准操作程序进行。船上任何决定的做出都要依据事实，而不是个人偏见和主观臆断。

⑨船舶团队长期工作在复杂多变的环境中，他们的工作可以说是在压力下承担责任。因此，船舶团队成员应当做到：保持不间断的警觉；加强情境意识；对重要事件预先予以考虑；做事应当分清轻重缓急，警惕对小问题纠缠不清，避免因小失大；保持良好的联络与沟通；建立质询和回应的氛围，工作中有疑虑时要及时澄清；习惯性地进行相互检查；保持身心健康。

⑩船舶团队成员要警惕以下倾向：过分依赖无线电助航设备和自动系统；不愿寻求帮助；不愿指出上级犯的错误；因小问题分心而忽视了需优先考虑的大问题。

4. 船上团队工作的特点

（1）船上人员是一个有共同目的的团队，船上人员的共同目的就是把货物或旅客从一个港口安全地运抵另一个港口，所有船员都是为了这一目的而努力工作。

（2）要能够临时与第三方进行合作。船上人员要与包括引航员、拖船、带揽工、装卸工等在内的第三方良好合作。

（3）要防止任何人孤立工作，由于船上工作环境的特殊性，要完成共同的目标必须相互协作，相互支持。

（4）每个成员都需要充分利用自己的才能和技巧来完成既定的共同目标。船长确定目标，团队成员共同讨论制订详细计划，使用沟通、质询和STS等工具。

5. 船上良好的团队协同方法

（1）团队领导力坚定，但又不失灵活和友好；良好的管理风格，掌握权威与自信的平衡，同时使用沟通和质询等工具。

（2）各司其职，船长需要随时监督航行和避让行动的有效性；培养良好的情境意识，决策时要基于事实，而不能凭个人主观臆断。

（3）团队应能正确地应对各种紧急情况和环境的任何突然变化。

（4）团队应能顺利地接纳新成员，新成员也应能立即融入团队，如引航员。

（5）团队成员间要相互支持，共同执行船长的决策。

六、船上计划和实施

（一）计划的定义

计划是事先制订的为进行某事或制作某物的一些详细的方法。合理的计划可以确保组织按照行为的需要分配资源，组织成员按照规定的程序开展自己的工作，监测工作进程是否达到组织目标，以便在未能达到上述要求时及时采取改进措施。

（二）计划的制订

计划的制订过程可分为四个阶段：确立远景目标，分析当前形势，分析影响远景目标实现的有利和不利因素以及制定实现远景目标的方案。

1. 确立远景目标

远景目标为组织的行为规定了基本方向。它们由组织的目的、任务、目标和战略四部分组成。

组织的目的是在其行为过程中由社会为其划定的基本地位，因此，它不仅是某一特定组织，而且是社会中所有同类型组织的基本目标。

组织的任务是指能使其与同类组织区分开来的主要的和特有的目标。它是组织为自己确定的最基本的目标。组织的目标是指为完成任务所必须达到的各种指标。组织的战略是达到组织目标和完成组织任务的基本原则。

以驾驶台团队为例，团队的目的是保证船舶安全和高效营运，而它的任务是按照计划航线操纵船舶。航线上的每一航段都有各自应达到的目标，包括既定的航速、最大许可偏航距离和预计到达转向点的时间等。为保证团队实现上述目标，还应该制定下列相应的战略：

（1）开航前应该搜集哪些信息；

（2）应使用哪种定位方式；

（3）怎样改善船舶的操纵性能等。

2. 分析当前形势

这部分内容包括确定个体与远景目标间的差距，为实现远景目标应准备的资源以及妨碍目标实现的自身局限性。管理者需要搜集各种数据来分析当前形势，没有这些数据，规划也就无从谈起。这也是管理者需要保持所有沟通渠道畅通的主要原因。如果有必要，他们还应该建立正式的信息系统来搜集相关数据。任何目标都不可能是一个空中楼阁，组织的远景目标也是如此。也就是说未来发展方向一旦确定，管理者就应该着眼于组织或其下级单位的角度去分析当前局势。

以一艘计划抵港的巴拿马型满载散货船为例，该轮最大操纵速度是12 kn，其位置距引航站60 n mile。它几乎没有可能在5 h内抵达引航站，因为船舶的航速通常会由于浅水效应的影响而下降。除此之外，船舶还需要主动降低主机转速使航速降低至满足引航员安全登船要求的程度（比如5 kn）。因此，在确定预计抵达引航站时间时，至少需要增加半小时，增加1 h更切合实际。

在规划过程中将前面两个阶段机械地分隔开也是很困难的，因为远景目标在确定后还可能根据环境的改变而调整。

3. 分析影响远景目标实现的有利和不利因素

管理者一旦确定了自己的远景目标，就必须确定环境中的哪些因素有助于组织实现其远景目标，哪些因素起妨碍作用。它还包括对未来可能出现的因素及当前因素在未来可能发生的变化的预测。

通常，组织的财政、设备和人力资源是管理人员的主要辅助手段，相反，这些组织资源的匮乏将成为组织实现其远景目标的障碍。有时，这些妨碍实现远景目标的障碍存在于组织内部，但多数情况是这种障碍存在于组织之外。

相对而言，确定已存在的与实现远景目标相关的有利因素和不利因素较为容易。预测未来可能出现的相关因素则是更为艰巨却又无法确定的任务。从规划的定义上看，它和未来有密切联系，如果规划不考虑未来的情况，那么制订的计划也就没有任何实际意义。从这个角度而言，预测在规划过程中起到举足轻重的作用。

众所周知，影响船舶运动的因素很多，包括风、流、水域的深度和宽度、能见度及通航密度等。在进行航行计划时，所有因素都应该充分考虑，包括其未来的可能变化。以潮汐为例，潮汐的影响随着时间、位置、船舶的航速和航向甚至风向和风力的变化而变化。在船长和引航员看来，准确预报潮汐的影响几乎是不可能的事，他们所能做到的是在安全范围内消除上述影响。

4. 制定实现远景目标的方案

计划工作的最后一步是制定若干种实现既定远景目标的方案供选择，通过对这些方案的评估和筛选，最后从中确定一个能实现目标的最佳方案。如果原有计划已经引领组织去实现其既定远景目标，那么管理者通常应仔细观察该计划的进展情况，随时准备在出现特殊情况时采取应变措施。但在绝大部分情况下，他们将重新进行，因为当前的环境和条件已经不能适应远景目标的变化情况。因此，在新的计划中通常包括下列元素：

（1）达到目标所需要的主要措施；

（2）个人和组织在上述措施中的职责；

（3）上述措施开始实施和预计完成的时间。

七、个人能力和行为特征

人的行为是复杂和动态的，它具有计划性、多样性、目的性、可塑性，并受个人安全意识水平的调节，也受到理智、情感、意志等心理活动的支配；同时，它还受到道德观、人生观和世界观的影响。人们的工作态度、意识、知识、认知往往决定了人的安全行为水平，因而人的安全行为表现出差异性。不同的船舶驾驶员，由于上述人文素质的不同，会表现出不同的安全行为水平。同一个单位或生产环境，同样是船长、驾驶员或引航员，由于责任、认识等因素的影响会表现出对安全的不同态度、认识，从而表现出不同的安全行为。为了达到抑制不安全行为的目的，有必要了解掌握影响人的行为的因素，并从安全行为科学的角度来认识和解决这一问题。

（一）影响个人的安全行为的因素

1. 个性心理因素的影响

情绪为每个人所固有的，受个人气质和性格的影响，是受客观事物影响的一种外在表现。这种表现是体验又是反应，是冲动又是行为。从安全行为的角度看，当情绪处于兴奋状态时，人的思维与动作则非常敏捷；处于抑制状态时，思维与动作显得迟缓；处于一定的紧急局面时，往往会产生反常的举动。这种情绪可能导致思维与行动不协调，动作不连贯，所以这是不安全的行为的一种反映。

2. 安全行为自觉性方面性格特征的影响

这种影响表现在从事安全行为的目的性或盲目性、自动性或依赖性、纪律性或散漫性。在安全行为的自制方面，表现为自制能力的强弱、约束或放任、主动或被动等。安全行为果断性方面的特征，表现在长期的工作过程中，安全行为是坚持不懈还是半途而废，严谨还是松散，意志坚强还是意志薄弱。

3. 社会心理因素的影响

（1）社会知觉对人的行为的影响

知觉是眼前客观刺激物的整体属性在人脑中的反映。客观刺激物既包括物也包括人。人在对别人感知时，不只停留在被感知的面部表情、身体姿态和外部行为上，而且还要根据这些外部特征来了解他的内部动机、目的、意图、观点、意见等。

（2）价值观对人的行为的影响

价值观是人的行为的重要心理基础，它决定着个人对人和事的接近或回避、喜爱或厌恶、积极或消极。因此，要使相应的人员具有合理的安全行为，首先要使他们具有正确的安全价值观念。

（3）角色对人的行为的影响

在生活与工作中，每个人都在扮演着不同的角色。每一种角色都有一套行为规范，人们只有按照自己角色的行为规范行事，社会生活才能有条不紊地进行，否则就会发生混乱。从某种程度上讲，这也是工作中是否和谐的一种体现。角色实现的过程，就是个人适应环境的过程。在角色实现过程中，常常会发生角色行为的偏差，使个人行为与外部环境发生矛盾。在安全管理中，需要利用人的这种角色作用来为安全服务。

（4）环境与物质的影响

个人的安全行为除了内因的作用和影响外，还有外因的影响。环境、物质的状况对劳动生产过程中的人也有很大的影响。环境变化会刺激人的心理，影响人的情绪，甚至打乱人的正常行动。物的运行失常及布置不当，可影响人的识别与操作，造成混乱和差错，打乱人的正常活动。

（二）个人行为与安全

除了以上所述的影响因素外，还必须考虑从事不同工作的人员在生理或心理方面的局限性，如警惕性、注意力、适应性和其他与这些局限性相关的各种因素。船长、驾驶员、引航员和其他有关人员是根据STCW公约适任评估体系而被任命的。由于船舶是在动态的环境中运行，船舶航行的时间也受到进港、装卸货物、离港时间和潮汐等因素的制约。这种由于工作环境和条件决定的，没有固定时间规律的工作与生活方式，很可能增加船舶驾驶员产生人为失误的风险。

必须强调的是，有两个非常重要的因素也可能影响船舶驾驶员的行为：第一，由于工作性质和连续的工作时间造成的精神疲劳；第二，由于生理节奏的打乱和不连续的睡眠，尤其是在夜间值班所引起警惕性的降低。

作业中的不安全行为主要指违章作业、违章指挥。而这些违章行为又分为有意违章和无意违章。究其原因有：社会因素、环境因素、生理因素和心理因素等。心理因素包括：侥幸心理；冒险心理；贪便宜、走捷径心理；逆反心理；凑兴心理；从众心理；自私心理。

八、国际公约中与人员管理相关的内容

国际海事组织（IMO）在1995年修订的《1978年海员培训、发证和值班标准公约》（STCW 78/95）的B-Ⅷ/2部分中强调了船舶驾驶员团队工作的重要性，并指出："参加驾驶台团队工作的人员必须由足够的、称职的、不同职级的航海人员组成，他们必须分工明确、任务到人，人与人之间的对话与联系应明确无误，集中精力工作，能随时对环境与局面的变化及时反应和采取有效的措施。"

2010年6月，国际海事组织在马尼拉召开STCW公约缔约国大会，通过了STCW公约马尼拉修正案，该案在2012年1月1日开始生效。在马尼拉修正案中，首次将驾驶台资源管理和机舱资源管理课程列为强制性适任标准，并在修正案的A-Ⅱ/1和A-Ⅱ/2中，分别对操作级和管理级驾驶员提出《领导和团队工作技能的运用》和《领导力和管理技能的运用》的适任要求。

对管理级和操作级驾驶员适任要求包括以下内容：

（1）船上人员管理和培训的知识。

（2）国际海事公约和建议以及相关国内立法的知识。

（3）运用任务及工作量管理的能力，包括：计划和协调；人员分配；时间和资源的限制和优先排序。

（4）运用有效资源管理的知识和能力，包括：资源的分配、分派和优先排序；船上和岸上的有效沟通；决策反映出团队的经验；决断力和领导力，包括激励；具有并保持情境意识。

（5）运用决策技能的知识和能力，包括：局面和风险评估；确定并形成选项；选择行动方案和评价结果的有效性。

与STCW 78/95公约相比，在STCW公约马尼拉修正案中，关于驾驶台资源管理要求，新增加了船上人员管理、任务和工作量管理、有效资源运用的管理以及决策技能的运用等方面的知识和能力。

第二节 有效资源管理的知识

一、船上、岸上有效交流

通信与沟通是人与人之间在日常生活和工作中主要的交流方式。尤其在工作环境里，通信与沟通是否通畅和有效，决定着工作双方能否完全理解对方的想法，并采取相应的措施，以保障工作正常、有序进行。在船舶上，与他船、岸上、船员间有效的交流是船舶航行安全的重要保障。

（一）通信

1. 在建立通信前发送方首先应明确或确定5个“W”

（1）Why：为什么要发送信息，即发送信息的原因。

（2）Who：向谁发信，即明确通信的对象。

（3）What：发送什么样的信息？应当考虑按接收者易于理解的方式来安排发送信息的内容。

（4）When：在什么时间发送信息？应当考虑选择适宜的时机，不要在充满压力的时候发送信息。

（5）Where：在哪里发送信息?应当考虑选择适宜发送信息的地点，尽量避开环境干扰。

2. 完整的通信过程

（1）需求：发送方希望向接收方发送信息。

（2）发送：选择合适的方式和手段有效传送信息。

（3）接收：接收方接收并准确理解信息，如有任何疑问，应当要求发送方做进一步澄清。

（4）反馈：接收方确认收到的信息，并根据情况及时向发送方反馈。

（5）完成：通信完成并终止。

3. 准确通信的“4C”原则

通信的“4C”原则，即完整性（Complete）、连贯性（Coherence）、简洁性（Conciseness）和准确性（Correction）。

（二）船舶通信和沟通的重要性

由于船上的许多操作具有特殊性甚至是临界操作，每项操作都需要团队成员清楚地知道各自在不同操作阶段的职责。如果驾驶台通信与沟通过程中出现任何障碍，都可能导致不可估量的后果。事实证明，在导致紧迫局面发生的事件中以及在这些事件的处理过程中，对外通信和船员直接的沟通能力始终是决定这些事件结局的关键因素。

1. 沟通的方式及特点

在团队中，沟通的形式是多样化的，按照不同的分类标准，沟通可分为不同的类别并具有相同的特征。

（1）按沟通的表现形式来分：口头沟通，书面沟通，非语言沟通。

（2）按沟通的方向来分：

①上行沟通：可以是一层层传递，也可以是越级反映。

②下行沟通：决策、计划、指挥、协调、控制等管理职能信息的传递都是通过下行沟通的方式达成的。下行沟通常用于团队领导者向团队成员分配工作目标，做出工作指示，向团队成员说明工作程序等。

③平行沟通：团队中最普遍的沟通形式，有利于节省时间和协调成员关系。

（3）按组织的结构特征来分：

①正式沟通

依据一定的组织原则所进行的信息传递与交流。其优点是：沟通效果好，比较严肃，约束力强，易于保密，可以使信息沟通保持权威性。其缺点是：由于依靠组织系统层层地传递，所以较刻板，沟通速度慢。

②非正式沟通

非正式沟通的优点是：沟通形式不拘，直接明了，速度快，能提供大量的通过正式渠道难以获得的信息，真实地反映员工的思想、态度和动机。其缺点是：非正式沟通难以控制，传递的信息有时不确切，易于失真、曲解，而且它可能导致形成小集团、小圈子，影响人心稳定和团队的凝聚力。

2. 船上重要的沟通

（1）船舶安全工作会议中的沟通；
（2）船舶驾驶台与机舱的沟通；
（3）船舶驾驶台与船首尾部的沟通（靠离码头、抛起锚、狭窄水道航行等）；
（4）船长航行（夜航）命令；
（5）船长及驾驶台团队与引航员的沟通；
（6）船舶驾驶台与引航站、VTS及港调等管理部门的沟通等。

（三）船上沟通的技巧

良好的沟通可以消除误解，增加团队的凝聚力，可以提高船舶指挥人员的情境意识和工作效率，保证船舶这样一个命令型的结构系统正常运作，减少人为事故的发生。因此，船舶指挥人员，应当掌握一定的沟通技巧。

1. 沟通途径和工具的选择

根据需要选择最佳的沟通途径和工具，以期达到最佳的沟通效果。

2. 沟通中的注意事项

（1）应当遵守标准的沟通程序，如车钟令、舵令等；
（2）保证信息交流准确、清晰、简洁并切中要点；
（3）发送者尽量减少、限制那些多余的、没必要的信息传送；
（4）接收者要学会耐心聆听，以准确理解发送者的意图，如有任何疑问，应及时要求澄清；
（5）应当使用标准的专业术语和IMO标准航海通信用语；
（6）对有些复杂的口头沟通最好先做书面准备。

（四）在船人员的沟通

1. 船长和驾驶员的沟通与交流

（1）为了和驾驶员建立有效的沟通与交流，船长应组织航前准备会。船长应向驾驶员介绍航线计划；与驾驶员进行相互交流；对驾驶员提出相关要求；向驾驶员指出航线中可能存在的控制薄弱的航区。

（2）船长应：

①告知驾驶员有责任通报各自情况以及协调其中的具体操作；
②在驾驶台建立一种开放的、互动的、闭环的交流与沟通方式；
③在航行中向驾驶员传达遇到的具有重要意义的情报；

④在鼓励所有驾驶员勇于质询和做相应的回应；

⑤在航行中或航次结束后尽快会同驾驶员总结航行中遇到的重要情况。

（3）在航次结束后召开总结会，在总结会上船长应带领驾驶员总结正、反两方面的情况。总结会上不要对个人进行指责，应通过总结会积极地学习总结经验，制订一个可及早发现并改正错误的改进计划。

2. 驾驶员与引航员的沟通与交流

（1）引航员上驾驶台后应与驾驶员进行充分的沟通和交流，引航员应尽可能多地让驾驶员清楚自己的操作（纵）计划。

（2）引航员应向驾驶员简述当地的环境和交通规则。对航向或航速所做的任何改变，除了告诉船长外还应告知驾驶员。对于任何通航、天气、能见度、流的改变或预期改变的情况，应告知驾驶员。

（3）驾驶员应将自己通过正规瞭望获得的信息及时告知引航员。对引航员的指令或行为或意图如有任何疑问，应向引航员求证或要求澄清，必要时应立即报告船长。

（4）如果引航员没有遵守做详尽情况介绍以及充分交流的原则，在不影响权威的前提下，值班驾驶员应该用恰当的方式加以指出。

3. 驾驶员之间的沟通

交接班的驾驶员之间应熟知以下有关情况：

（1）船长对船舶航行有关的常规命令和其他特别指示；

（2）船位、航行、航速和船舶吃水；

（3）当时和预报的潮汐、海流、气象、能见度等因素及其对航向和航速的影响；

（4）当主机在驾驶台控制时，操纵主机的程序；和

（5）航行局面。

4. 驾驶台与机舱之间的沟通

具体内容参见第四章相关内容。

（五）与船舶交管站和港口当局的沟通

船舶进出港口时应使用通信设备，按照规定向VTS报告。在报告与交流中，须注意以下方面：保持交流简短准确，把多余的交流降到最少，如航次计划报告，将有关船舶的主要信息（包括进港、出港、过境；船名、国籍、总长度、总吨位、吃水、最大高度；始发港、目的港、预靠泊位或锚位、预抵时间；载货种类与数量和旅客人数）给予报告，而多余的情况尽量减少。在报告前先写好信息对减少报告时间是有帮助的。

二、资源的分配、布置和优先化

（一）船舶资源管理

船舶资源管理是指通过协调和利用船上人员的技能、知识、经验和船舶内外的相关资源，以实现保障船舶安全生产和提高船舶营运效益的目标。

通过船舶资源管理这一手段，充分发挥船舶团队成员对驾驶台、机舱等船舶工作场所及工作环境内各种可供利用的资源的控制、协调和组织的管理艺术和技能，以实现船舶团队工作的预期目标，即保障船舶安全、人命安全、货物安全、财产安全、海洋环境安全、船舶保安，以及船舶营运生产的效益最大化。

（二）船舶资源的构成及特点、分配与排序

1. 船舶资源的构成及特点

船舶资源分为内部资源和外部资源，包括船舶人员、在船引航员、船舶设备、各种信息等。决定驾驶台资源的优先排序是一个很难判断的工作，船长和驾驶员应该因地制宜，根据不同的情境做出不同的排列顺序。驾驶台资源的优先排序的决定是否合适，也是考核船长和驾驶员的决策能力、判断能力的一项重要指标。

在驾驶台团队的因素之外，驾驶台资源中的设备、仪器资源，如驾驶台的导航仪器、无线电系统、机舱的所有主副机系统、操纵系统，以及保证以上这些仪器设备和机械正常运行所必需的备件和保养工具等都是为船舶提供必要的安全保证。因此，船舶设备、仪器资源也是驾驶台资源中不可缺少的重要资源。

船舶相关人员保证能及时获得对安全提供保障的航行和操作所需信息和资料，航海通告、航行警告、天气预报、制订的航次计划、制定的应急预案、AIS、VHF 提供的动态信息、所有航海仪器的说明书、操作手册、港口信息、公司提供的信息等为安全提供保障的信息，能对船舶人员正确决策和避免安全隐患提供帮助。所以，来自驾驶台内、外的信息资源也是驾驶台资源的重要组成部分。

2. 船舶资源的分配与排序

（1）船员资源

船员资源，包括船长、引航员、驾驶台和机舱值班人员，属于人力资源，是船舶资源中最为重要的资源，在船舶资源的分配与排序时应放在首位考虑。

（2）硬件资源

硬件资源，包括为保证船舶正常航行和操作所需的设备、仪器、工具、备件、物品等，属于物质资源，是确保船舶正常航行和操作的基本资源，在船舶资源的分配与排序时应予以重点考虑。

（3）软件资源

软件资源，包括来自电子海图、AIS、命令簿、手册、指导书、指南、海图、计划、

规范、航次计划、航海出版物等提供的信息，属于信息资源，是确保船舶正常航行和操作的必要资源，在船舶资源的分配与排序时应予以特别考虑。

（4）其他资源

其他资源，包括为保证船舶正常航行和操作所需的时间、空间、技能、经验，以及与有关部门合作和可获得支持等。其他资源有助于船舶资源管理的组织目标实现，在船舶资源的分配与排序时不能忽视。

（三）船舶资源的利用与协调

人—软件界面是船舶安全管理系统中最容易出现问题的界面，保证软件的完备、充足、可靠和可操作是人—软件界面关系的核心。船员应重视配备、保持更新各种航海图书资料、航行指导文件、船舶与设备操作文件，同时应重视从软件中获得的信息，避免由于软件方面存在的问题和忽视从软件中获得的信息而导致事故的发生。

（四）船舶资源管理的作用与目的

（1）分析人为失误和船舶事故的发生与预防之间的关系；
（2）注意多元文化意识对船舶安全工作的影响；
（3）强调情境意识对船舶航行安全的作用；
（4）强调船舶通信和人员交流沟通在航行安全中的重要性；
（5）明确团队以及团队工作在船舶航行中的必要性；
（6）探讨船舶航行中的决策与领导工作的改进；
（7）掌握正确处理船舶航行中的工作压力和消除疲劳的方法；
（8）规范化执行规章制度和操作规程；
（9）提高船舶应急处理的技能。

三、反映团队经验的决策制定

（一）决策的概念

决策就是为了实现某一特定目标，借助于一定的科学决策程序，在分析、评价、比较的基础上，从两个或两个以上的可行方案中选择一个最优方案的全部过程。

（二）决策的内涵

决策的内涵包括：决策的主体是人；决策有明确的目标性；决策是人心理活动的反映；决策是人思维活动的最终成果；在决策过程中，人的思维活动起着关键性作用；决策是对方案分析、比较和选择的过程。

（三）决策的类型

1. 紧急情况下的决策

当发生意外而又局面紧迫时，为了能及时处置和应对，在这种没有太多的时间做审慎考虑的情况下做出的决策，称为紧急情况下的决策。

2. 一般情况下的决策

原定的计划或安排因为生产或工作的变化而无法继续实施，或是遇到一些新的问题，必须做出一些新的决策，在这种情况并不紧急，可以有一定的时间来考虑的情况下所做的决策，称为一般情况下的决策。

3. 日常工作中的决策

在平时工作中，根据计划、任务、进度或操作规程做出常规性的决定，称为日常工作中的决策。

（四）决策的方式

决策的方式包括个体决策和群体决策。

1. 个体决策

个体决策是指管理者根据自己所掌握的知识做出决策，然后向群体解释并使其接受。其优点一是快速，二是职责清晰，谁决策谁负责。

2. 群体决策

群体决策是指对组织中的重大问题，在领导的主持下通过集体讨论做出最合理的决定的过程。其优点在于通过集思广益，能够提供更加丰富的信息和知识，增加观点的多样性，因而就会有更多的方法和选择。群体决策能增加个体决策的认可程度，因为这个决策是他自己做出的。其缺点是浪费时间，有从众压力，责任不清。

（五）决策过程

决策过程包括以下步骤：

（1）确认决策的必要性；

（2）明确决策的目的；

（3）收集决策所需资料；

（4）拟订决策的方案；

（5）选择最终的对策；

（6）实施应对方案。

（六）决策的要点

1. 决策前

（1）明确决策的目的，有的放矢；
（2）调动成员的工作积极性，集思广益；
（3）资料收集，获取信息。

2. 决策时

（1）根据问题的轻重缓急进行决策；
（2）对搜集到的信息和资料加以分析、研究和判断，确保资料和信息的真实性；
（3）做出相应决定的同时，应当认真考虑其后可能发生的情况，做好最坏情况的打算，并制定好替代性方案。

3. 决策后

（1）决策一旦付诸实施，就应当及时和连续地监督其实际进展情况，并不断核实所采取的决定和方法能否发挥预期的效果。

（2）在监督决策的实施和查核其有效性的过程中，还应当对其进行评估。如果发现新的情况与所做决策有冲突，不要急于假设决策或情况有误，而要再次认真地考虑和分析局面。

（3）通过对决策方案的查核和评估，结合所收集到的经验与教训，在必要时对决策方案加以改进和完善，以便能真正充分利用好所有的资源。

（七）驾驶台团队决策

船舶航行过程中，需要做出决策的驾驶台团队成员包括船长、驾驶员和引航员。

四、决断和领导力

（一）决断

管理者在决策或决断的时候可能面对三种条件：确定性、风险性和不确定性。

1. 确定性

对于决策来说，理想的情况是确定性条件，在这种情况下，管理者可以制定出精确的决策，因为每一种方案的结果是已知的。正如人们也许能够估计到的，这种条件不是大多数管理决策环境的特征，它更多的是一种理想化的特征。

2. 风险性

一般的情况是风险性条件，在这种条件下，决策者能够估计出每一种备择方案的可能性或者结果。在危险性条件下，管理者所具有的历史数据使他们能够给不同的决策方案分配概率。正如任何决策都包括风险一样，掌握的信息越多，就越能评估风险，从而就能做出更慎重的决策。尽管不能消除所有与承担风险有关的负面影响，但是至少能够知道这些风险是什么。

3. 不确定性

如果要制定一项决策，但不能肯定它的结果，以及不能对概率做出合理的估计，这一情况被称为不确定性。管理者都会面对不确定性情况下的决策，在这种情况下，决策方案的选择受到决策者能够获得的有限信息的影响。

在不确定性情况下，影响决策结果的另一个因素是决策者的心理定位。乐观的决策者将会遵循最大选择（最大化最大可能的收益）；悲观的决策者将遵循最大最小选择（最大化最小可能的收益）；对于期望最小化最大“遗憾”的管理者来说，将会选择最小最大选择。

一般来说，不确定性驱使人们更依赖于直觉、创造性、预感和本能的“感觉”。实际上，无论决策的条件如何，每一个管理者都有他自己的决策风格。

（二）领导者的影响力

影响力一般指人在人际交往中影响和改变他人心理与行为的能力。领导影响力就是领导者在领导过程中，有效改变和影响他人心理和行为的一种能力或力量。构成领导影响力（或者说权力）的基础有两大方面：一是权力性影响力；二是非权力性影响力。

权力性影响力又称为强制性影响力，它主要来源于法律、职位、习惯和武力等。权力性影响力对人的影响带有强迫性、不可抗拒性，它是通过外推力的方式发挥其作用。在这种方式的作用下，权力性影响力对人的心理和行为的激励是有限的。

非权力性影响力也称为非强制性影响力，它主要来源于领导者个人的人格魅力，来源于领导者与被领导者之间的相互感召和相互信赖。构成非权力性影响力的因素主要有品格、才能、知识、情感等。

五、情境意识的获取和维持

情境意识是指在特定的时间段内对影响船舶的因素和条件的准确感知，是人们对于事故发生的一种预知和警惕。情境意识不是一种特定的行为，而是工作态度的产物，属于思维和思想活动的范畴，它决定着人的行为与动作。

船舶运动充满了复杂性和偶然性，这就要求我们对船舶所处环境和条件的复杂性与偶然性有更加全面的、综合的和动态感的了解。为保证船舶的航行安全，保持对船舶运动的情境意识是十分必要的。

（一）情境意识丧失的迹象

情境意识丧失的迹象包括：不确定性；注意力分散；感知不全面或混乱；通信中断；指挥不当（对环境和局面不能做出正确的感知）；偏离计划航线；违反已建立的规则或程序；自满（过于自信）。

（二）情境意识获得和维持

为了获得和维持良好的情境意识，及时发现情境意识丧失迹象和中止事故链，以达到船舶航行安全的目的，驾驶台团队成员应当：

（1）培养和提高个人的情境意识；
（2）提前做好周密详尽的计划和准备；
（3）在平时工作中养成安全的做法和习惯；
（4）灵活地把握注意力的转移和集中；
（5）避免由于个人的错觉以及主观臆断造成的失误；
（6）充分认识和发挥其他驾驶台团队成员的作用；
（7）重视通信、交流与沟通中的反馈；
（8）相互进行有效检查和监督；
（9）对航行风险等级进行预见性评估，并制定与风险等级对应的戒备措施。

（三）情境意识与船舶安全

如果船舶团队成员丧失情境意识，表明事故链正在形成，事故正在逼近。因此，船舶团队成员的情境意识越好，发生事故的概率就越小；反之，情境意识越差，发生事故的概率就越大，如图8-4所示。为了保持船舶的航行安全，要求船舶团队成员具有和保持良好的情境意识。

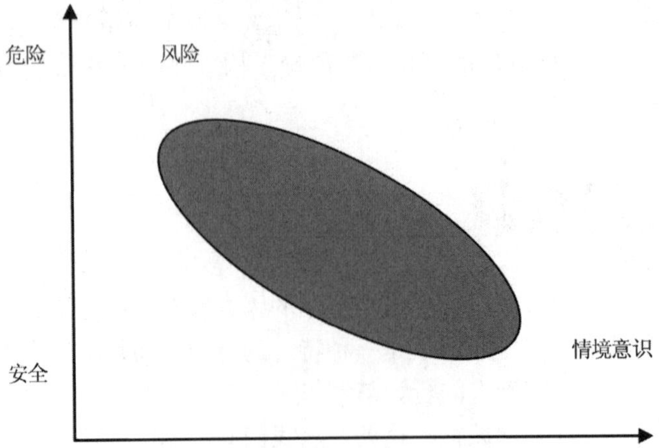

图8-4　情境意识与船舶安全的关系

六、工作表现的评估

（一）评估的含义与目的

工作表现的评估是按照一定的标准，采用科学的方法，检查和评定船舶团队成员对职位所规定的职责的履行程度，以确定其工作成绩的管理方法。

其目的主要在于通过对船员全面综合的评估，判断他们是否称职和具备适任性，并以此作为有效船舶资源管理的基本依据，切实保证船员的报酬、晋升、调动、激励、辞退等工作的科学性。同时，也可以检查船舶管理各项政策，如人员配置、船员培训等方面是否有失误。

（二）评估的内容

由于工作表现评估的对象、目的和范围复杂多样，因此工作表现评估的内容也比较复杂，但基本上主要包括德、能、勤、绩四个方面的内容。

1. 德

德是指政治思想和职业道德的表现评估。德的这部分评价是较为重要的评估部分，并且是其他评估内容的前提和基础。

2. 能

能是指人的能力素质，即职责适任的能力。当然，能力不是静态、孤立存在的。因此，对能力的评估应在素质考查的基础上，结合其在实际工作中的具体表现来判断。能力一般包括动手操作能力、认识能力、思维能力、表达能力、研究能力、组织指挥能力、协调能力、决策能力等。对不同的职位，在评估过程中应各有侧重，区别对待。评估内容主要包括：

（1）基本知识、技能：是否具有扎实的专业技术和丰富的实践经验，并在日常工作中充分发挥、运用。

（2）执行能力：能否理解工作要求，动手、实际操作能力强，处理灵活，独立承担本职工作范围内的工作任务。

（3）学习能力：勤奋好学，努力学习各项与工作相关的工作技能，更好地完成工作任务。

（4）表达沟通：能否根据对方的心理，抓住重点，巧妙地使人接受意见，交流无间。

3. 勤

勤是指一种工作态度，它主要体现在员工日常工作表现上，如工作的积极性、主动性、创造性、努力程度以及出勤率。对勤的评估不仅要有对量的衡量，如出勤率，也要有质的评估，即是否以满腔的热情，积极、主动地投入工作。评估内容主要包括：

（1）积极性：热爱本职工作，有高标准做好职务范围内业务工作的热情。

（2）纪律性：是否遵守公司各项规章制度及上级指示，忠于自己的职务，表里一致地进行工作。

（3）工作意识：有主人翁精神，工作积极认真，有责任感，具有基本的职业道德。

（4）责任感：自觉把握在组织中的角色，执行任务时，遇到困难有不屈不挠完成工作的意志，对自己的工作行为表示负责的态度。

4. 绩

绩是指员工的工作业绩，包括完成工作的数量、质量、经济效益。在企业中岗位、责任不同的人，其工作业绩的评估重点也有侧重。对绩的考评是对船员工作评估的核心。评估主要包括：

（1）工作目标完工程度：是否出色完成领导交代的工作，达到目标（精确、彻底），得到认可。

（2）工作效率：是否能及时按计划完成各项工作任务，时效性高。

（3）工作创新：分析现有工作，提出合理化建议并取得良好效果。

七、短期和长期策略

（一）短期策略

1. 短期策略（Short Term Strategy，STS）的定义

短期策略就是发挥集体力量去解决突发问题的策略。其实对于这个问题，我们并不陌生，在实际工作中经常会遇到，也在不知不觉中使用。比如：在起锚过程中，锚起不起来，绞不动。我们首先需要找到问题所在，是锚机本身问题，液压达不到功率，液压油少了，液压管路问题，电机问题，还是水深超过起锚深度，还是锚被挂住？这时我们经常把三管轮、电机员、大副、木匠，甚至资深水手长喊到一起，查找原因，最终解决问题。在我们传统的思维里，对于这种情况，对于处理突发问题好的船长，我们经常会这样评价：有组织能力、经验丰富、业务好、应变能力强。当然，一条船管理得好坏，与船长的综合素质是分不开的。能否充分调动全体船员的积极性，发挥集体力量来保证船舶安全生产，是评价一个船长工作能力的重要标准。

2. 短期策略的必要性

每一个人都有自己的知识点和不同的经验，同时又有盲点，通过STS可以优势互补，减少盲点，减少失误概率，从而降低风险，也就是集集体智慧于一身。

3. 短期策略的五个步骤

（1）找出问题所在：在前面的例子中，首先要找出锚为什么起不动。这时就要动用一切资源和时间。假如是水深原因，执行以下步骤。

（2）制订计划：每个人都根据自己的知识和经验提供一个解决方案。有人提出用起货机钩头拉锚链，有人提出刹车打死，动车向浅水区移动，各抒己见。

（3）完善计划：其中包括计划的比较，充分讨论，周密考虑，是否还有遗漏，取长补短，通过论证，统一意见，最后形成一个完美的计划。决定先用车向浅水区拖，拖一段，试着绞一点。此方案不行时，再考虑其他方案。

（4）概括总结：根据以上的讨论，执行拖锚计划，把计划进行简报，让机舱、大副、木匠及所有相关的人知道全部计划，并全力配合。

（5）监督执行：按预定方针，船长监督每一个环节进展，根据情况随时调整监督重点。

4. 过程中的技巧和工具

在使用STS过程中，注意运用好沟通技巧和质询—回应工具。

5. 总结

在遇到突发事件时，每个人都参与，都在为解决同一个问题干着不同的工作。

（二）长期策略

长期策略是指比较全面、长期的发展策略计划。其实要分长期和短期则取决于策略目标，因为长期策略是规划一段时间，而策略的实施是逐步推进的，因此就有长短期策略之分。

长期策略是个大的方向，因此要长远。但是目标不是一蹴而就的，因此船舶团队，必须一个目标一个目标地实现，直至达成最终目标，特别是应对一些应急事件和偶发事件。因此短期策略显得尤为重要。在船舶管理中，要坚持科学发展观，坚持可持续性发展的战略，从长远利益出发。在本任期内，根据人力、物力和船舶现状，首先制订长期计划。从哪里下手，最终达到一个什么样的目标。再根据具体情况，分清优先次序，即轻重缓急，逐步层层分解成短期目标，分步落实。

第三节 运用决策技能的知识

一、决策

（一）决策的概述

决策是指在两个或者更多的方案中做出的选择。每个人不论是在组织内还是在组织的哪个领域中，都在决策。也就是说，他们要在两个或者更多的方案中做出选择。制定决策并非仅仅是管理者所做的事情，所有的组织成员都在制定决策，这些决策影响着他们的工作和所在的组织。虽然决策通常被描述为“在不同的方案中做出选择”，但是这种观点过于简单化。由于决策是个复杂的过程，不仅限于从不同的方案中做出选择，而且应遵循一些决策过程的步骤。

（二）决策的过程

决策过程包括八个步骤，如图8-5所示。整个过程开始于识别决策问题和确定决策标准，以及为每个决策标准分配权重，然后进入到开发、分析和选择备择方案，这些方案能够解决问题。接下来是实施备择方案，以及最终评估决策的结果。

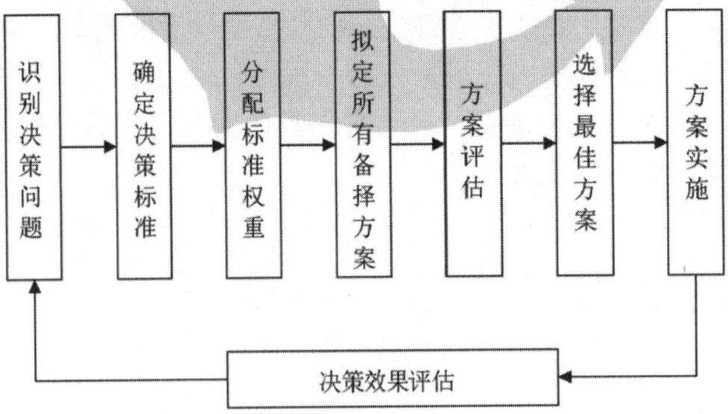

图8-5　最佳决策模型

二、情景和风险评估

情景和风险评估是指通过分析未来可能发生的各种情景，以及各种情景可能产生的影响来分析风险的一类方法。换句话说，情景分析是类似“如果—怎样”的分析方法。未来总是不确定的，而情景和风险评估分析使我们能够“预见”未来，对未来的不确定性有一个直观的认识。用情景和风险评估法来进行预测，不仅能得出具体的预测结果，而且还能分析达到未来不同发展情景的可行性以及提出需要采取的技术和安全保障措施，为管理者决策提供依据。

三、生成选项的确定和考虑

一旦管理者确定了他需要关注的问题，对于解决问题来说，确认决策标准就非常重要了。也就是说，管理者的决定与制定决策有关。无论决策标准是否被清晰地陈述，每一个决策者都会有某些标准来指导他的决策。在这个步骤上需要注意的是：什么不作为标准和什么作为标准同样重要。

确认了的决策标准并非都是同等重要的，故决策者必须为每一项标准分配权重，以便正确地规定他们的优先顺序。怎么给决策标准分配权重呢？一种简单的方法是给予最重要的标准10分的权重，然后参照这一权重为其他标准分配权重。要领是采用你个人的偏好来排列已确认指标的优先顺序。

四、功能课程选择

功能课程选择要求决策者列出可供选择的决策方案，这些方案要能够解决决策面临的问题，无须对这一步所列出的方案进行评估，只需要列出即可。

（一）分析备择方案

一旦确认了备择方案，决策者必须认真地分析每一种方案。对每一种方案的评价就是将其与决策标准进行比较。通过比较，每一种备择方案的优点和缺点就显而易见了。

（二）选择备择方案

从所有备择方案中选择最佳方案很重要。已经确定了所有相关的标准、各自的权重，以及确认和分析了各种备择方案，现在仅仅需要从备择方案（最高得分的）中做出选择即可。

（三）实施备择方案

实施包含了将决策传送给有关的人员和部门，并要求他们对实施结果做出承诺。群体或团队能够帮助管理者做出承诺。如果即将执行决策的员工参与了决策的制定过程，那么他们更可能热情地支持决策的执行，以及取得效果。相比较而言，对于那些仅仅是被告知要怎么做的员工来说，他们的热情将小得多。

（四）评估决策结果

决策过程的最后一步是评估决策结果，看看问题是不是得到了解决，上两步选择的方案和实施的结果是否达到了期望的效果等。

五、决策制定和问题解决技巧

决策产生过程：首先，收集所有信息，有些信息容易得到，有些信息需要寻找，然后对信息进行筛选，选出有价值的信息，形成完整的信息库。其次，对信息处理，和团队进行讨论分析，最后做出决定。

例如，船在海上航行，未来几天内航线附近有台风形成，我们根据各种渠道得到的气象信息进行分析，最后估计出未来移动路线，这个过程就是判断；根据判断，然后确定我船将采取什么样的行动，这就是决定。

六、权威和决断

（一）权威

权威是权力在人的头脑中的主观反映，是对权力的一种自愿的服从和支持。对权力安排的服从可能有被迫的成分，但是对权威的安排的服从则属于认同。

（二）船长的权威

船长的权威就是权力与威信的统一，是由领导者的素质及其行为所形成的，它标志着一个船长的能力是否被他人所承认。其具体体现在：能团结与其共同工作的同事和下属，充分调动他们的工作积极性，并通过自己的良好素质与魅力来树立其威信。这些良好的素质包括：

（1）高尚的品德；
（2）高深的专业知识；
（3）丰富的工作经验；
（4）敏锐的观察能力；
（5）冷静的思考判断；
（6）巧妙的沟通影响；
（7）充沛的精神活力；
（8）坚定的意志目标；
（9）公正的立场和评判。

（三）决断

船长的决断，即坚信自己是正确的，要有即使自己判断失误也要执行完毕，然后重来的魄力。很多事情，没有做完之前，是无法评判对错的，只有做完才有机会认清对错。对此，首先要有清醒的认识，在没有明确的信息表明所做的决策是错误的情况下，要坚持自己的判断，不要随便动摇，并有为自己行为承担后果的觉悟。这是建立在足够的眼界和知识储备的前提下。虽然要有足够的自信，但是绝不是盲目自信，妄下判断。必须在有足够高的素养和眼界时，才能做出更准确的判断。

七、判定

决策的判定可以是由群体，也可以是由个体做出。一般组织基本都是采用委员会、特别行动小组、评估小组或其他各类团队做出的决策。与个体决策相比，群体决策具有如下优势和劣势。

（一）群体决策的优势

1. 提供更全面、更完整的信息

在决策过程中群体带来了各个方面的经验和观点，这是单独个体做不到的。

2. 产生更多的备择方案

由于群体中信息更多也更全面，因而能够比个体产生更多的备择方案。当然群体成员来自不同的专业技术领域时，这种优势尤其明显。

3. 增加解决方案的可接受性

很多决策是做出最终选择之后失败的，因为人们根本不接受这种解决方案。但是，群体成员不愿意攻击或破坏在他们亲自帮助下做出的决策。

4. 增强合理性

群体决策的过程与民主化思想相一致，由群体做出的决策会被认为比个人单方面做出的决策更合乎逻辑。

（二）群体决策的劣势

1. 花费时间

在群体内做任何决策时，都需要花费时间把群体组织在一起。其结果导致群体在确定解决方案时，几乎总是花费更多的时间。

2.少数人控制局面

群体成员永远不可能绝对平等。他们在组织级别、过去经验、对问题的了解、对其他成员的影响力、言语表达能力、决断性等方面都有差异。这种差异制造了由一个或几个人更多控制其他人的机会。一群具有影响力且积极活跃的少数人通常对最终决策拥有更大的影响力。

3. 遵从压力

群体中存在着遵从压力，这会引发一种群体思维的现象，即群体成员为了达到表面上的统一而隐藏分歧意见或不受欢迎的观点。群体思维破坏了群体中严谨务实的思维风格，并最终会损害到决策的质量。

4. 责任不明

群体成员共享责任，但是最终结果由谁来承担呢？在个体决策中，谁来承担责任显而易见。但在群体决策中，任何群体成员的责任都被扩散了。

很明显，群体制定的决策源于有效的观点，所以是好的决策，而且，这种决策多次表明人们更愿意完成自己深思熟虑的想法。他们会比完成他人强加的想法更加努力而积极地工作来实现自己的想法。

八、应急和人群管理

（一）应急情况下的领导

任何时候都需要领导，紧急情况下的领导更起到核心作用。我们可能都有体会，平时遇到问题可能大伙都参与讨论，因为时间可能不怎么紧迫，即使错了，后果也不会多严重。一旦出现紧急情况，大伙反而鸦雀无声，这时就看船长的了，船长说什么是什么，反而没有质询。

在紧急情况下，所有人都知道一旦指挥失误，就会出现事故，自己又没有绝对把握，从船舶资源管理角度，有时处于震惊期，一时还反应不过来，所以只能保持沉默。这时就需要船长的应急反应能力。另一种情况，就是船长集中精力关注某一方面时，可能忽略其他因素，如果这时你关注到了，一定要及时给予提醒，如果有好的建议，也不能保留。

（二）紧急情况的分类

紧急情况大致可以分为以下类型：有准备的，如着火、人落水；无准备的，如爆炸和碰撞。可预见的，如冰况可以提前收到航警；不可预见的，如设备故障。允许慢速做出反应的；需要快速做出反应的。

显而易见，有准备的、可预见的、允许慢速做出反应的，要比无准备的、不可预见的、需要快速做出反应的容易处理。

（三）船舶资源管理的理念

把难以处理的转化为相对容易处理的，即把无准备的转化为有准备的；把不可预见的转化为可预见的；把需要快速做出反应的转化为允许慢速做出反应的。

任何事情只有做好充分的心理准备，才能做到遇事不惊、沉着应对。体系只是一个原则，不可能面面俱到，也不可能事无巨细。这就需要我们在体系的基础上根据自己船舶具体情况，对每一种可能发生的紧急情况都做出详细预案。比如航行安全，在开航前，应做好航行计划，包括应急方案。

（四）保持应有的警惕，时刻为可能发生的紧急情况做好准备

在做好预案的基础上，在不同的阶段，还有许多具体情况需要具体考虑，在大脑中对各种可能发生的紧急情况进行预演。如航行在狭水道，一旦出现主机故障或舵机故障，应怎么办？根据当时的环境想出具体对策，如提前选择出紧急锚地，向哪里转向，包括人力、物力准备，如备锚瞭头、如何向VTS、周围船舶发出报警等。

（五）训练反应速度

在紧急情况下，时间就是一切，有计划、有方案后，就需要练习，增加熟练度和协调度，以提高反应速度。这就是演习演练的必要性。

在紧急情况下，可能没有时间考虑短期策略，也没时间考虑领导风格。但在平时，一个好的领导应该注意训练技能、加强学习、运用好资源管理工具。

技能来自理论水平和实践，不管做哪一项工作，都包含技能水平。如航行中同处一样的局面，技能好就可能化险为夷，技能不好就可能出事故；而理论知识的获得，依赖于平时的学习和积累；要把每个人的技能发挥到极限，必须运用好船舶资源管理的工具。

有许多种领导方法，但好的领导应做到以下几点：

（1）在紧急情况下，靠第一反应来体现领导能力。也就是面对紧急情况，从你采取的第一个行动，就体现出你对情况负全责。如遇紧迫局面，喊出第一个舵令开始，表明船长行使指挥权，或及时给出建议。

（2）为下属做出良好的、可学习的榜样，要求领导注意自己的言行，否则你无法高标准要求下属。但同时注意，不要让下属感觉到你完美无缺、遥不可及，他们永远也无法达到，那样就会导致没人跟随。

（3）要充分利用简报和总结，使下属理解自己的意图，确保每一个下属都在跟随。

（4）领导要建立明确的目标，如计划达到什么样的水平和质量，并朝着这个目标努力。

（5）了解并尊重下属，并肩作战。

（6）一个好的船长，应该了解每一个下属，包括家庭情况、学历情况和以前的经历、技术状态、精神状态；掌握他们的情况，并充分尊重他们，便于更好地沟通、更好地融入

他们，达到同甘共苦的默契。

（六）使用分派和鼓励的方式合理控制紧急情况

无论是紧急情况还是日常工作，船长不可能自己独立做好一切工作，必须在了解的基础上做好分派，利用好所有资源，通过团队力量完成工作。如果你认为某人可以担当，但其却没有信心，这时就需要对其进行鼓励。

（七）应急情况下队员应该做的事情

（1）应充分理解领导者肩负的责任，无论多有涵养的领导，在特定环境下，由于责任重大，在紧急情况下，都可能出现态度、行为、言语不周之处，这时就需要下属给予充分理解，不要斤斤计较。

（2）提供支持，尽自己最大努力来支持领导，包括工作方面和心理方面。

（3）必要时，发挥领导者的功能，但不能对领导者的权威构成威胁。在领导授权监督下，做一些船长的工作。

总结：船长与驾驶员的区别，除了技术和经验之外，最大的区别就是心理素质，也可以叫抗压指数比驾驶员好。在同等紧急情况下，一个好的船长能够迅速做出反应，采取最有效的措施挽救局面，避免事故的发生或把损失降低到最小。许多驾驶员往往面对紧急情况时会感到束手无策。其原因就在于驾驶员只注意正常情况下的操作，而船长则偏重非正常情况下怎么处理，一直考虑各种可能发生的异常情况，并将应急预案在大脑里不停地进行演示。

（八）危机与人群管理

无论我们如何运用船舶资源管理，灾难事故都不可能绝对避免。航海本身是一个高风险职业，决定着事故的必然性，但通过偶然性表现出来，我们的任何努力只能减少偶然性，而不能根除必然性。绝对禁止、杜绝任何事故的发生，诸如此类的观点不符合客观规律。

1. 危机情况下的指挥

作为危机中的指挥，必须随时掌握队员们的精神反应阶段，并随时调整管理风格，危机发生时精神反应的三个阶段：

（1）震惊期：船员由于不确定而显出紧张，下属头脑往往一片空白，依赖领导的指导，每一个人都需要明确地被告诉做什么。

船长应该：做出明确方向，对情况做出初始评估、预测风险及可用时间，要体现出权威，行动要迅速，否则队员们可能会由于缺乏领导而无所适从。这个时期宜采用强硬风格（老虎型）。

（2）情绪激动期：处于危机高峰阶段，船员们急于制订计划和核查计划。在这个阶段，表现为情绪冲突、高度紧张、高度抵触，和领导或队员表现出急躁或发生口角，新队员可能成为发泄的目标。

这个阶段在争议结束后通过总结简报最终统一意见，危机没有结束，计划统一后焦虑等级降低。船长应该：当队员开始争吵时，进入情绪激动期，给他们时间争吵，领导应仔细聆听，对他们所关心的问题给予关注，支持他们，重复目标，采用关心型（海豚型）风格。但不要显示出与他们一样的焦虑，不要参与争吵，否则无法结束这个阶段。

（3）行动期：计划在监督下实施，精神上最后一个阶段，个人冲突消失，协调度会增加，团队体现出集体性，成员们变得更加易于管理。

船长应该：给他们支持和指导，中和任务型和俱乐部型达到理想型，这时队员们知道干什么，并且信心大增。

2. 领导船员危急管理中的注意事项

（1）摆脱危机，指导者要分派，但不要超负荷；

（2）监控自己和他人的紧张程度，关注极端行为；

（3）给予支持并鼓励，沟通简报之后继续按计划行动，情况变化后要以闭环形式通过核查搞清楚；

（4）进行简报，形成闭环；

（5）抓住重点，避免只关注细节；

（6）监控时间，控制进展，搜集信息，避免遗漏，根据变化快速调整计划。

3. 危急过后的善后工作

（1）公司、主管机关和保险公司会对事故进行技术调查。

（2）主要是人员方面：防止创伤后应激障碍，经过重大事件后缓解压力总结。

4. 危急人群管理

发布警告的技巧：

（1）用“我”代替“我们”，我决定，我确信，在危机时人们需要有力的领导。

（2）避免用刺激性语言，如紧急、危险、失火等。

（3）不要用否定语句，如没有危险、不要惊慌、不需撤离。

（4）疏散过程中注意的事项：

①要经常用肯定语气给出明确指令；

②在人群中树立领导权威；

③身着制服；

④“帮助人群”可能指导“惊呆人群”；

⑤那些“英雄”们大多没有经过专业培训，需在指导下帮助他人。

第四节●任务和工作量管理知识

一、计划和协调

为了合理利用船舶资源，负责船舶航行和机舱管理的人员应该掌握现代管理的基础知识与技能，通过对管理本身的计划、组织、指挥、控制和协调的运用，做到事先周密的计划、现场组织和实施有效的控制，正确操纵与指挥，并合理协调相关各方之间的关系及工作，以保证各项活动不发生矛盾、重叠和冲突，从而顺利地完成船舶资源管理的组织目标——船舶安全、货物安全、人员（包括旅客）安全和防止海洋环境污染。

二、人事安排

首先船上的人员安排是船公司按照国际、国内有关规定，根据船舶的种类、等级、航区等情况，为每艘船舶配备合格、持证并健康的船员。前提是配员首先应满足最低安全配员证书的要求，船员的资格应完全符合STCW公约中所规定的强制性最低要求或可供选择的发证标准，使其资格与其担任的职责相适应。另外，还要充分考虑正常情况下船员职责履行、防止船员疲劳值守、船舶紧急情况时的需要、救生艇筏操纵的需要，急救和医护的需要，船员间、船员与旅客间以及船员与外界的语言交流能力等。这就需要船上人员完成一些常规工作和偶发、应急事件的委派和安排。

1. 委派和安排的原则

委派工作制订好计划后，管理者就要保证按照计划有条不紊地进行委派和分配。在这个过程中，管理者需要注意以下几方面的内容：

（1）需要完成的目标；

（2）完成的期限；

（3）可以评估、衡量的标准；

（4）委派的权力、资源的大小。

2. 委派工作的沟通交流

在委派之前，管理者需要事先和员工做一些沟通，如告诉下属由他承担这项工作的原因，这时要多强调积极因素，比如对他的肯定、欣赏、关注、信任和重视等。

3. 委派沟通的原则

在委派工作的时候，管理者要遵循三个原则：简单、准确、高效。

在委派工作的时候，管理者要多花一点时间跟下属沟通，告知下属应该做的事情，帮助经验不足的下属分析工作，给他们提供技能培训，一定要简洁明了地告诉员工委派工作所需的必要条件、必要结果、必需的效果及衡量标准。

如果管理者事先不说明，只是简单地下达一个命令，下属的配合性和主动性就会相应降低。

4. 委派沟通的步骤

沟通的核心是上下级交流，委派能否成功与沟通交流的效果有关，良好的沟通效果是下属做出承诺、上级确信下属能够达成最终目标。由此可见，委派不仅仅是把工作交给下属，还是一个磋商和安排工作的过程。

委派沟通的步骤如下：

（1）尽可能地描述该工作的目标任务和全部信息，以及预期的结果；

（2）确保绩效标准和完成时间达成一致，共同制定一个进度表；

（3）确认需要哪些帮助和技能培训，明确何时将提供这些培训；

（4）界定各种参数和资源以及预算；

（5）明确告诉下属自己期望的结果，如反馈信息、反馈方式、反馈频率和反馈通路；

（6）明确告诉下属所委派职权的大小，将委派工作通报相关人员，同时告诉下属如果遇到困难，在不同情形下可以寻求哪些人的帮助。

5. 进行必要的技能训练

管理者在委派工作时，要根据计划安排多种方案，将关键环节和要点整理出来，针对下属没有把握的、感到难度较大的环节做训练。

这里需要明确一点，教育不等于训练。教育传达的是基础知识、基本理论和基本概念，不涉及技能。应知需要的是教育，而应会需要的是训练，两者是不同的概念。

6. 检查、反馈下属的工作

检查委派工作的进展需要讲究技巧，检查得太多会浪费时间，不检查也会有问题。因此，对于不同的工作，检查制度、检查计划也要有所不同。

（1）检查下属的工作进展

检查工作进展是为了帮助下属解决可能出现的问题，为了达到这个目的，一般情况下一周检查一次即可，对于特别重要的工作，也可以一天到两天检查一次。

检查工作时，管理者可以让下属做简单汇报，也可以鼓励下属在有问题的时候随时寻求管理者给予帮助，当然，管理者还要让下属懂得善于自己解决问题。

（2）评价下属的工作进展

管理者应该如何评价下属的工作进展？答案是方法要明确，主要针对以下内容：

①要求下属报告目前的工作进度，以及工作中遇见的问题；

②要向下属明确工作完成的期限，做提醒行动的方案；

③严肃对待工作问题的态度，否则会让下属以为工作问题无关紧要。

（3）反馈下属的工作进展

管理者要及时反馈下属的工作进展状况，无论是正面的还是负面的，都要提供准确而客观的信息，对其进行绩效评估。管理者的反馈要有针对性，即评估标准要客观、细化，能够及时反映问题。这个反馈很有针对性，比泛泛而谈的“这个报告做得不理想，还没有达到应有的水平，要改一下更好”要可取得多。

管理者反馈下属工作时，也要听取下属的自我评价和自我剖析，但要注意一点，就是“要为成功找理由，莫为失败找借口”，不允许员工推卸责任。

（4）评估完善委派系统

当委派的工作任务完成以后，管理者还要对委派系统做一个评估和总结。这时可以组成评估小组，用书面形式从以下几个方面做评价：

①委派工作有没有按期完成；

②工作目标有没有达到；

③有没有创新的方法；

④有没有学到新东西。

评价过程中要论功行赏，这时很多管理者容易犯一个普遍性的错误——“鞭打快牛”，就是总把任务分给能干的下属，于是下属越优秀，就会接到越多、越繁重的任务，导致下属不敢展露自己的才华，最终反而会使工作效率下降。

三、人力局限

关于资源中人的运用，受到其他因素的制约，特别是周围环境的不确定性。具体表现在人—人界面、人—硬件界面、人—环境界面、人—软件界面四个方面。

（一）人—人界面

管理者应重视人—人界面活动，团队的管理，人与人之间的有效交流、协调依赖于人—人界面活动，人—人界面活动也是提高管理绩效、降低危险的载体。

（二）人—硬件界面

船舶硬件设备的设计、安装、放置应便于人员对其进行管理、维护、使用和操作，并考虑使用者的便利、高效和安全；船员则要尽可能了解和适应船舶硬件设备，并能安全和有效地管理、使用和操作它们。

（三）人—环境界面

船员必须了解和适应自然环境和社会环境的变化，避免因自然环境发生感知上的差错和受到社会环境的负面影响而导致事故的发生。

（四）人—软件界面

船员应重视配备、保持、更新各种航海图书资料、航行指导文件、船舶与设备操作文件，同时应重视从软件中获得的信息，避免由于软件方面存在的问题和忽视从软件中获得的信息而导致事故的发生。

四、人员能力

公司和船舶的管理应当保证与其安全管理体系有关的所有人员充分理解相关法规、规定、规则和指南；应当建立和遵守有关程序，以使船上人员能够获得以一种工作语言或他们懂得的其他语言和书面方式获得有关安全管理体系的信息，并保证船上人员在履行其涉及安全管理体系职责时能够有效地交流。为达到上述目标，公司应制定涉及船员聘用、培训、考核、健康检查以及船员调配等方面的程序，以保证船舶人员能力的具备。

五、时间和资源局限

时间资源是对时机性的把握，是完成任务所需的时间跨度，是船舶的重要资源之一。同时，时间使得资源具有以下局限性。

（一）无法开源

时间的供给量是固定不变的，在任何情况下不会增加，也不会减少，不管你是谁，都是一样的，每天都是24 h，所以我们无法开源，也就是资源只有在一定的时间内才存在着价值，及时利用资源是保证资源有效性的前提。

（二）无法节流

时间不像人力、财力、物力和技术那样被积蓄储藏。不论愿不愿意，我们都必须消费时间，所以我们无法节流。在有效利用资源过程中，不会因为情况的紧急和特殊而中断，一旦存在时间，应在固定时间内有效利用资源。节约时间就是对时间合理、充分利用，就是对资源的珍惜。

（三）不可取代

任何一项资源的利用都有赖于时间的堆砌，也就是说，时间是任何操作所不可缺少的基本资源。因此，时间是不可取代的，也是不可复制的。

（四）不可再生

时间一旦丧失，则会永远丧失。消耗了某些其他资源，时间允许的话，尚可再生，但倘若错过了恰当的时间，任何资源都无法失而复得。

六、优先化

安全工作中“人”所处的特定系统界面的原理（SHEL模型）确定了事故中人为因素的基本要素（软件、硬件、环境、生命）及其各要素之间的相互关系，并且给出界面形象图形。通过分析可以发现，事故是由组织因素、不安全监督、不安全行为的前提、不安全行为的系列过程而产生，很难确定某单纯因素为事故主因。通过SHEL模型也可以得出，在人、机和环境众多因素中，决定优先排序是一个很难的工作。需要提升管理技能，以提高资源排序的决策能力。

七、工作量、休息和疲劳

疲劳又称疲乏，是主观上一种疲乏无力的不适感，是一种人的保护性生理反应。疲劳是由于工作时间过长、劳动强度过大、心理压力过重以及得不到足够的休息和睡眠而导致精疲力竭、学习或工作效率下降的一种现象。

（一）疲劳的分类

1. 生理疲劳

生理疲劳，即肌肉疲劳。人在连续从事体力活动一定时间后就会产生生理疲劳，这时在人体内发生了生理活动变化，分解代谢和合成代谢难以维持，肌肉收缩变弱，中枢神经系统产生抑制作用，全身感到精疲力竭，渴望休息或睡眠。

2. 心理疲劳

心理疲劳即精神疲劳，引起心理疲劳的主要原因有：工作单调、缺乏兴趣，困难较多，技能不熟练；劳动条件较差；心里不舒服；人际关系紧张、精神负担重；不愉快；工作压力过大等。

（二）疲劳的症状

（1）身体和头脑反应迟钝，缺少必要的警觉，易忘事，不能很好地做出判断，难于决策；

（2）变得脾气暴躁、喜怒无常；

（3）注意力分散，意志力减弱，缺少积极性，对身边的事无动于衷；

（4）处理信息缓慢，动作缺乏准确性甚至出现失误。

（三）疲劳导致的后果

（1）注意力不能集中，不能组织有效的活动；

（2）记忆力下降，遗忘某一项任务或任务的某一个部分，忽略连贯性工作程序中的一些步骤；

（3）决策能力降低，错误判断，为了节省精力常会选择一些具有高风险的工作策略；

（4）对非正常或紧急情况的反应迟钝，需要更长的时间对变化进行感知和反应；

（5）活动失去控制，不能保持清醒和自制，语言发生障碍；

（6）态度和行为改变，沉默寡言，沮丧、易发怒。

（四）减少船员疲劳的措施

（1）减少船员疲劳的最有效的方法是保证船员获得高质量、足够的和有效的睡眠。

（2）睡眠是解决疲劳的最有效的策略。一个有效的睡眠必须同时具有以下三个条件：

①适当的持续时间；

②高质量的睡眠；

③较好的连续性，睡眠不应被打断。

（3）除了睡眠以外，对于维持人体机能来说，休息或小睡是必须的。研究表明，短暂的小睡作为短时间的缓解措施可以帮助在较长时间的清醒中保持身体机能。小睡最有效的时间是20 min。但是小睡也有一些缺点，一个潜在的危险是小睡如果长于30 min，将会导致睡眠惯性，而情境意识将会受到影响，醒来之后的20 min内将会头昏眼花和迷失方向。小睡也可能会干扰后来的睡眠，在应该睡眠时可能感觉不困。

（4）根据人体生理节奏，夜间工作可能会使人更加疲劳，此外，人在白天睡觉不扎实，容易受到噪声、温度等因素的影响。显然，在管理过程中必须对这个因素予以考虑，从而缓解在特殊情况下需要夜间作业而给船员带来的疲劳。

八、（领导）管理方式

船长管理方式直接影响船舶风格，也影响船舶气氛，船长不论采取什么管理风格，总是拥有最终权力。作为领导，船长应根据团队的经验和整体环境，随时调整自己的管理风格，本课主要站在船长的角度讲述管理风格。这对其他驾驶员和引航员也很重要，了解船长的管理风格，可以通过理解和支持，使船长做得更好。其管理的方式有如下分类。

1. 老虎型——成绩型

（1）古板、不苟言笑，对人严厉、爱发脾气、一意孤行。

（2）这些人只关心成绩，很少关心下属，属于独裁型领导，只在乎自己而不在乎他人感受。通常是有能力的领导，随时可以下决定，对自己的行为勇于承担。

（3）独裁管理，单向发令，不讨论，不喜欢质询，善于处理危机，任何事都喜欢自己做，不善于利用资源和分派任务，喜欢唱独角戏。

（4）对下属的影响：沉默、谨小慎微；缺乏沟通和质询；被动工作；士气低落。

（5）面对老虎型：坚持自信和质询，幽默可能有所帮助。运用一些委婉的方式建议船长向关心下属一面转变，表现出你可以分担一部分工作，示意船长不会因分派任务而失去权威。

2. 企鹅型——俱乐部型管理

（1）老好人、人缘不错，管理无力度，工作标准不高、要求不严，成绩一般。

（2）成绩并不重要，而人的感受很重要，相处容易，但成绩不足，能为驾驶台营造一个友好气氛，适合倾诉，但谈话与工作相关的不多。

（3）双向沟通，但多为琐事，喜欢聊天，不喜欢谈工作。由于不想破坏友好的工作关系，很少质询和回应。船长容易原谅下属错误，避免发生冲突。小结时，只提成绩，很少从失败中吸取教训。

（4）认为高标准是为难下属，不利关系，所以接受低标准。

（5）对下属的影响：降低了专业水准，由于容易满足，导致下属自满；容忍错误，失去了培训机会；由于缺乏质询，领导得不到应有的敬畏。

（6）面对企鹅型：因为此类船长重视关系，所以容易接受建议，多进行工作方面的沟通，表现出你不会因受到质询，被提出高标准或高要求而不愉快。

3. 蜗牛型——应付型管理

（1）业务技能、管理水平都不高，对人冷漠不热情，工作没有目标，标准太低，不关心成绩、不关心他人，对工作不感兴趣，不注重任务所需，有冲突隐患。

（2）可能面临退休，有意隐藏自己，对自己、对下属要求不高。不善沟通；认为权力应属于警察；或许听说过短期策略，但不怎么明白。所幸这种人很少，在士气、团队标准、培训方面都有负面影响。

（3）这种是最危险的管理风格，可能感觉不到危险，在危急时刻无短期策略。人们对此类人不易识别，他们知道如何隐瞒自己的弱点，不会自我暴露。

（4）面对蜗牛型：不容易觉察到，此种类型确实有很大的改进空间，需要为其提供帮助，同时改善内部关系，不要泄气，提高到绵羊型就算很大成功。

4. 绵羊型——中庸型管理

（1）不张扬、不软弱，工作、生活都说得过去。

（2）工作和团队都感到舒适，轻松生活。

（3）沟通较好，但不是最好，靠折中和调节化解冲突。质询和回应做得还好；短期策略有时做，但不经常。每个人都觉得缺点什么，在效率和安全方面都有提升空间。

（4）面对绵羊型：风格不错，但不是最好，他会接受改进的建议。最好自己做出榜样，以此来影响整体水平，并以此作为一次学习机会。对船长表现出你不甘心处于平均水平。

5. 海豚型——理想型管理

（1）德才兼备，业务、管理能力都很强，与下属关系融洽，工作标准高，下属与之同船会受益匪浅。

（2）关心成绩，也关心下属，同时拥有两种人的优点，并能根据需要随时调整管理风格。

（3）善于运用资源管理工具，能很好地进行沟通与简报，接受质询，会很好地运用短期策略，尽管成绩不错，但永不满足，力求完美。

作为老虎型风格领导，应在管理中多一些民主；企鹅型风格领导，在管理中多些坚持原则就会变得更加完美。性格并不完全决定自己的管理风格，在性格范围内，管理风格是可以进行适当调整的。例如：在紧急的情况下，没有时间商量，这时可以采取独裁式管理。极端的管理方式大多发生在特定时期，如果节奏不快，可以适当放松。总之，要根据当时的环境选择合适的管理风格。

九、要求和答复

（一）要求与答复的氛围

（1）船长/部门长有责任创建要求与答复的良好氛围。

（2）如果他们没有创建，下属应以民主方式建议他们创建这种氛围。

充分利用一切可以利用的资源，通过团队合作，达到安全的目的。船舶上每一项工作都不是一个人独立完成的，在开始计划阶段，应做好良好的沟通，使计划完善。在执行过程还是发挥团队作用，互相监督、互相提醒、相互支持。因为个人的精力毕竟是有限的，有的时候，当一个人专注某一焦点问题时，很容易疏忽其他环节。要求与答复就是充分发挥团队中每一个人的主观能动性，集中集体智慧，共同完成一个既定的目标。

（二）要求与答复的标准程序

1. 主张

根据实际情况做出计划或想法，让每个参与者都明白这些计划和想法。注意运用沟通章节中的闭环。

2. 要求

发现背离原主张的行为提出要求或质询。如：我们经常强调的，引航员在船时，船长和驾驶员要给予有效监督，对引航员的操作有疑问时，需立即澄清。注意沟通闭环和简报要领。

3. 答复

经核对后给出积极的答复，纠正可能的失误行为。

（三）要求和答复的障碍

1. 要求方原因

（1）内向、缺乏信心、不自信、高等级观念、不懂理论、缺乏责任感；
（2）人际关系紧张、不良经历。

2. 接收方原因

（1）权威威胁感、缺乏信心、情绪性回应、不擅长沟通者；
（2）管理能力较差。

（四）要求与答复的总结

要求和答复，是一种重要且必要的沟通方式，需要领导者和下属要求者共同的努力，具体包括：

（1）领导应营造良好的氛围，鼓励下属积极提出要求或质询；
（2）下属应给予支持和积极提出要求或质询；
（3）我们应不断对我们自己的主张提出质询；
（4）良好的要求和答复（质询和回应）能不断增加领导的非权力性的影响力。

第十章 船舶修理

本章学习目标

《海船船员培训大纲（2021版）》

3.7.1 船舶修理

.1 掌握船舶修理的概念与种类

.2 掌握修理的要求与原则

.3 掌握修理的组织与准备

.4 了解修理工艺

.5 掌握修船工程的验收

3.7.2 船舶日常检查保养

.1 掌握船体结构的日常检查保养

.2 掌握甲板设备的日常检查保养

船舶修理是使船舶保持和恢复原有技术状态的有力保证。本章主要介绍船舶修理的概念和种类、修船的基本要求和原则、修船工程组织和准备、修船工艺和修船工程的验收，结合船体（货舱、舱盖、压载舱和其他）及设备（舵设备、锚设备、系泊设备、起重设备等）日常检查保养，保证船舶船级和适航性能的要求，供船上同人参考，以便更好地完成船舶修理与日常检查保养的任务。

海船未满500总吨船长，仅需掌握本章除船舶修理的概念与种类、修理工艺之外的内容；本章全部内容适用于海船3 000总吨及以上大副、500~3 000总吨大副。

第一节 船舶修理的概念和种类

船舶在运营过程中，由于受腐蚀作用、无形损耗和人为因素的影响，船体和船舶设备不断受到磨损和腐蚀，在交变应力和外界冲击力的影响下，船体和船舶设备还会产生不同程度的变形和扭曲，甚至产生裂缝直至断裂等损坏。这些都会影响船舶的技术状态，也逐渐对船舶的正常营运产生影响，给船舶安全带来威胁。此外，意外海损事故会给船体和船舶设备带来重大损坏，甚至使船舶丧失航行能力。

一、船舶修理的概念

船舶修理是指船舶的船体和结构、机器或设备、舾装或构造、系统等在船坞或船厂进行修理，以达到其原设定的状态或功能要求。

船舶修理是保证船舶正常营运的重要环节，其目的是消除船舶存在的缺陷，恢复或维持船舶的原始性能及强度，从而使船舶在营运期间能优质低耗安全运转，同时也为了满足保持船级及适航性要求。

二、船舶修理的种类

一般情况下，船舶修理（Ship Repair）分为计划修理（Scheduled Repair）和临时修理（Temporary Repair）。计划修理多结合船舶的各种检验有计划、周期地进行，包括坞修、小修和检修。临时修理是由于意外事情而进行的非计划修理，包括航修和事故修理。

（一）计划修理

1. 小修（Current Repair）

按规定周期有计划地结合船舶的期间检验或年度检验而进行的厂修和坞修工程称为小修，也称为岁修（Annual Repair）。小修主要是对船体和机舱主要设备进行检查、保养和修理，使船舶能安全营运到下次计划修理。其基本工程有：船体除锈油漆、修换部分船体构件、主辅机及管系等进行一般检查和修理。

小修间隔期客船和客货船常为 12 个月，钢质货船为 12~18 个月。

2. 检修（Overhaul Repair）

检修是船舶修理的最大修理类别，是按规定周期结合船舶的定期检验或特别检验而进行的厂修和坞修工程，目的是对船体和全船所有设备及各类系统进行全面检查、维护和修理，使船体强度、各主要设备和主要系统能安全营运到下一次检修。除小修工程外，检修的基本工程还包括船体测厚、主机解体检查修理、辅机解体检查修理，各管系的彻底检查修理等。

检修一般在2~3次小修后进行一次，即间隔期一般为4~6年。

3. 坞修（Dock Repair）

在船坞内对船体水下部分的构件和设备进行检查和修理的工作称为坞修，一般结合船舶坞检进行。

（二）临时修理

1. 航修（Voyage Repair）

航修是船舶运营过程中产生的影响正常运营，而必须由船厂或航修站进行的一般修理工程。它通常在船舶航次间停港时进行。为缩短修理时间，减小对正常营运的影响，有条件的，可随船抢修。

2. 事故修理（Damage Repair）

由于意外事故致使船体和设备遭受损坏，因此要做临时性修理以恢复船舶原有的技术状态，这种临时性修理称为事故修理。

（三）自修（Self Repair）

在船舶营运过程中或船舶进厂修理时由船员自己完成的修理项目称为自修。自修可以是计划性修理项目，也可以是临时性修理项目，可以在营运中进行，也可以在修船时进行。自修不仅可以提高船舶的营运效率，降低修理费用，减少非生产性停泊时间，还可以提高船员的业务技术水准，合理地进行维护保养，及早消除隐患，保持良好的技术状态。

第二节 修船的基本要求和原则

一、修船的基本要求

船舶修理必须以原样修复为主，一般不进行改建。修理应以恢复机械、设备的原有性能为目的，并以船舶的使用年限为重要依据。

（一）船舶种类和船龄不同，其修船方针不同

船舶的种类和船龄不同，对其修理的要求也不一样。杂货船、多用途船的使用年限为20~25年；散货船、木材船、滚装船、集装箱船和客船的使用年限为15~20年；油船的使用年限为10~15年；化学品船、液化气船和天然气船的使用年限为8~12年。上述船舶在分别达到20年、15年、10年、8年时，称为老龄船。

对于不同船龄的船修理要求分别为：对营运期不到三分之一使用年限的船舶，按设计要求进行修理，应尽可能使其保持基本性能良好；对营运期达到三分之一以上但不到三分之二使用年限的船舶，修理时应在原结构和设计的基础上，按照营运期的要求进行修理，满足入级要求，保证船舶营运安全和保持其计划使用年限；对营运期已超过三分之二使用年限的船舶，即老龄船进行维持性修理，维持船级的最低要求，同时采取适当减载和限制功率的措施，以保证船舶的强度和航行安全。

（二）远洋船舶应按入级标准进行修理

远洋船舶应按入级标准进行修理，但为达到原入级要求而修理范围过大，经技术论证又不合算时，应按改变入级航区或改为沿海使用的要求进行修理。

（三）保证修船的质量

完成修理单上预定的修理项目，保证修理质量，修理的项目必须达到质量标准，应满足验船规范、修理标准、技术说明书等有关规定，做到牢固可靠、经久耐用、性能良好。修船厂应对修理的质量负责。修船质量保证期，固定件为6个月，运动件为3个月。

（四）缩短修船时间

修船时间直接影响船舶营运率，因此，应努力缩短修船时间，以减少船舶营运

损失。

（五）降低修船成本

修理费为船舶可变成本，是航运企业重要的经济指标。修船要勤俭节约，重点把主要设备修好，努力降低各类船舶不同类别的修理费限额。

二、修船的基本原则

（1）坚持日常保养和计划修理、船员自修和厂修相结合的原则；

（2）鼓励船员自修，逐年扩大自修范围和确保自修质量；

（3）船舶重大修理、设备更新和技术改造项目应进行技术和经济论证，并报公司审批。

第三节 修船工程组织和准备

一、编制船舶修理单

（一）船舶修理单（Repair List）概述

船舶修理单上列出船舶修理工程的项目、程度、范围和要求，是船舶与公司机务部门向船厂提出修船的正式文件，是机务部门安排修船计划、分配修船费用的依据，也是船厂估工估料、编制各种作业计划及材料供应计划、确定修船时间、签订修船合同的依据。因此，修船单的编写应力求修理部位表述清楚，修船技术要求合理。一份正确的修理单对节约修船经费、缩短修期和提高修船质量均有决定性作用。

修理单分甲板部和轮机部两部分，分别由大副和轮机长负责汇总编写。

（二）甲板部负责的修船范围

根据部门分工情况，甲板部应负责的修船范围包括：

（1）船体：包括船壳、各层甲板、舱室及各骨架构件等。

（2）舱内设施：包括舱盖、舱口围板、舱内梯子、污水沟（井）、各种管系及罩壳等。

（3）系泊设备：包括系缆桩、导缆设施（孔、钳等）、绞缆机械和缆车等。

（4）锚设备：包括锚、锚链、锚链筒、锚链管、锚链舱、制链器、弃链器和锚机等。

（5）起重设备：包括吊杆、桅、起重柱、起货机、滑车、各转动轴、地令和眼板等。

（6）舵设备：包括舵杆、舵叶、操舵装置等。

（7）救生与消防设备：包括吊艇架、救生艇、救生筏等，各种救生用品的支架，各种固定消防系统的管路及消防用品的支架等。

（8）舱室内部及厨房设施。

（9）各种甲板管系及水密设施。

（10）声光信号及航海仪器设备和火警监测仪等。

（11）舷梯及其附属设施。

（三）船舶修理单编写的主要依据

（1）查阅历次修船记录，特别是上一次的；

（2）查阅日常养护记录和保养修理计划；

（3）根据船舶应接受各种检验的要求；

（4）实际使用中发现的需要修理的地方；

（5）查阅损坏记录、测量记录及缺陷清单；

（6）结合规范和法规中的技术标准。

（四）编写船舶修理单的注意事项

（1）写明修理部位名称（即应修理构件的名称与部位）。

如外板，必须注明左/右舷第×到第×块或第×到第×肋位。甲板应注明哪一层。舱室应注明舱室的名字和位于哪一层甲板。甲板设备，应注明哪层甲板，第几舱的左/右舷。

（2）写明损坏情况，如属于何种损坏及损坏的程度和范围等。

根据实际情况，写明属于何种损坏及损坏的范围、程度，如锈蚀、锈死、弯曲、变形、折断、裂缝等。

（3）写明修理要求和方法，但工艺方法和技术标准可不写。

根据实际情况提出具体意见，如局部割换、覆补、校正、换新、堆焊磨光等。凡因修理或检查需要而进行的拆装工程也都应明确写出。

（4）写明对材料的要求，如材料名称、规格、型号和数量。

对要求修复、换新的构件、备件，都应写明材料的性能、规格及数量。对某些特殊的设备备件还应注明厂家代理商，特殊的构件应画出图样，注明各尺寸和何种材质，有利厂方提前准备，缩短修船期。

（5）写明因修理工程所引起的附带（附加）工程。

（6）对平时无法拆检的隐蔽工程，应注明待进厂拆检后决定修理内容，但应估计需换零部件的材料名称、规格、型号和数量等。

（7）写明检验修船质量的标准，如试验报告、检验报告等。

（8）其他认为应写明的。

（五）船舶修理单的提交

在修理单上应注明船舶修理类别，因为“航修”“小修”“检修”的修理范围不同，并注明船舶检验机构要求的修理工程，以便船厂在修理过程中安排验船师进行监督和检验，对修理工程签证或换发船级证书。

编写的修理单应一式三份，其中两份上交公司机务部门，一份留船。船舶“检修”应在进厂前4个月将修理单送交公司机务部门审核批准。

（六）追加、扩大、变更工程项目及重要零部件报废规定

1. 追加、扩大、变更工程项目

（1）在修船工作中原则上不追加、变更和扩大工程项目、增加修船费用（隐蔽项目除外），但确因需要必须追加变更、扩大时，需由修船主管提出书面报告，经公司机务部经理审批后方可立项实施。

（2）由船方、厂方双方私下确定并扩大工程支付费用时，公司不承担义务，由当事人承担责任。

（3）凡符合新的公约、法规、条例强制性要求而追加、变更、扩大的工程项目，不履行其他手续。

2. 重要零部件报废、更换手续

（1）修船工作中报废换新零部件由船方或厂方在检测结果的基础上提出申请，由修船主办工程师办理。

（2）报废、更换零部件，必须持检测数据书面报告、厂方或检测部门出示的证明以及超极限或损坏零部件原件为依据，经鉴定后方可报废更新。

（3）大型的、价值较高的零部件还要经公司机务部主管备件负责人的核实和批复。

二、修船工程组织

（一）修船组织分工

（1）全船在船长领导下分甲板和轮机两大部门。船舶所属公司的机务部门为船舶修理的业务主管部门，负责对船舶修理进行指导和安排。

（2）甲板部由大副负责，领导和安排甲板部人员分工管理甲板部各工程项目的监工、安全和验收；轮机部由轮机长负责，领导和安排轮机部人员分工，管理轮机部各工程项目的监工、安全和验收。

（3）修船期间，各部门可对部门内船员进行组织分工，分成自修组、安全组和厂修组。

①自修组：主要负责船员及雇佣人员进行的自修工程。

②安全组：负责船厂人员、船员和船舶本身的安全。

③厂修组：主要是监督和协助厂修的各项工程，按照日程计划，掌握修理工程的进度与质量，对各项设备的检查和修复，由厂修组的分管人员现场检验，发现问题及时解决。

（二）安全工作

安全工作是安全组船员的主要职责，如负责船厂人员、船舶工作人员及船舶本身的安全等。船舶修理时，因工程繁多，且有大量的明火作业，修理的各项工程几乎同时展开，进而造成船上的作业点、人员多，人员上下频繁。为保证安全，必须认真做好安全工作，主要的安全措施应从防火、防坠落、安全用电、防滑和防冻等方面考虑。

1. 防火

防火是安全措施中首要的。装上通岸接头，熟悉消防单位的地址和联系电话。所有易燃、易爆物品均应妥善集中存放，并用醒目标志标明。明火作业现场应按规定备妥数量合适且适用的消防器材与设备，同时派专人监视。每次作业后应对作业现场及相邻处所仔细检查。在整个修船期间均应妥善管理消防器材与设备，以确保随时可用。装上通岸接头，备好消防管系，熟悉消防单位的地址和联系电话。

2. 防坠落

脚手架要系牢固，木板宽度应不小于600 mm，在高空、舷外作业时应系好安全带，船岸间的跳板要有栏杆，其下应张好安全网，梯口与开口处须设栏杆，夜间应有足够的照明。

3. 安全用电

需临时照明的场所，若使用活动行灯，则必须使用36 V以下的低电压电源，若用110 V以上电压的临时线路，应系挂在高处，并做明显标志，用后及时拆除。

4. 防滑

用木屑及时消除甲板油污，油污的扶梯把手应用草绳包扎。冬天甲板和露天过道结冰时，应及时铲除或撒沙防滑。

5. 防冻

冬季修船时各种管系内残水要放尽，灭火器要包棉套防冻裂，消防水管要用草绳包扎。

三、厂修、坞修准备工作

（一）修船的基本准备工作

（1）根据船舶状态及船检部门的要求，首先要确定本次修船的规模及项目、修理天数、经费数额及修船日期。

（2）准备好修理工程单，报几家船厂询价。

（3）重大的备件要提前半年至一年订货，进厂前必须到货。

（4）准备好船舶有关的图纸。

（5）安排好厂修和自修工程，对船员进行组织分工，做到分工明确，互相协作。

（二）厂修准备工作

进厂前甲板部的准备工作如下：

（1）向全体船员说明本次修船的范围、重点和防范事项。

（2）进行组织分工，将船员分成自修组、安全组和厂修组。

（3）根据平时的检修与测量记录，结合有关规定，在动员各主管人员及全体甲板部船员的基础上，由大副负责最后汇总填写好甲板部船舶修理单，并上报船长。

（4）将油舱、油柜、管路和污水沟（井）内的残油、残水和船上垃圾清理干净，如需进坞或上台修理，还要做好船舶本身的调水准备工作。

（5）吊杆放平，吊货索具及滑车是否需更换或维修保养，货舱打开，双层底舱，深舱，边舱，艏、艉尖舱，淡水舱等人孔盖打开，污水系统打开，以备检查。

（6）妥善处置易燃、易爆危险物品和高压容器等设备。

（7）一切暂不用且可移动的备件和物品装箱入库。

（8）凡要送厂修理的零部件，拆下后应及时标记并挂上标记牌。

（9）对进厂、进坞或舱内须动用明火作业修理的船舶在进厂施工前，除备留所需燃油外应全部调出燃油。

（三）坞修准备工作和注意事项

1. 主要坞修工程

（1）船体重载水线以下船壳板的测厚、除锈、油漆或局部换新；

（2）船名、水尺和船籍港标志的油漆；

（3）水尺的校验和船体纵向变形的测量；

（4）防腐锌板（Zinc Protector）（如图9-1所示）的更换；

（5）双层底、深舱（Deep Tank）、油水柜和污水沟（井）的清洁、测厚、除锈油漆或涂水泥、换新；

（6）各船底塞的拆装检查和封搪水泥，海底阀的拆装研磨；

（7）助航仪器船底装置的检查；

（8）舵的拆装检查与舵系间隙测量；

（9）艉轴与螺旋桨的拆装检查与间隙测量；

（10）锚链出舱除锈油水罗松，检查锚链连接卸扣（或连接链环）、锚卸扣、转环，测量锚链直径，留记录，必要时倒头使用锚链；

（11）锚链舱除锈油漆。

图9-1　防腐锌板

2. 坞修准备工作

进坞修理前除应做好厂修时的各项准备工作外，还应做好：

（1）彻底清除全船油舱、油柜、双层底、深舱、污水沟（井）内的油脚和污水；

（2）清除全船垃圾，封闭厕所、浴室和厨房；

（3）收进舷外突出物；

（4）尽量减轻船舶重量，调整船舶纵倾不超过1%L，横倾不超过1°；

（5）备妥进坞图（Docking Plan）和舵结构图（Rudder Construction Plan）及其他有关图纸，了解坞墩排列情况，坐墩位置应与上次错开，避免测深仪和计程仪的通海装置、船底塞、海底阀的出口坐落在墩上；

（6）备妥系泊设备，主机、舵机及锚机能用的应备妥，若不能用，应事先通知厂方。

3. 坞修注意事项

（1）坞内水排干后即应会同厂方检查坐墩情况。

（2）接妥电话、岸电与消防水龙，增设消防器材。

（3）油水杂物不可倒入坞内，禁用厨房、厕所和浴室。

（4）航海仪器的船底装置应用白纸贴封。

（5）拆船底塞时，大副和木匠应在场。

（6）海底阀应封锁好，做好标记，以防误拆修。

（7）进入油水舱作业，应严格按照有关作业规程操作。

（8）进行水压试验前，应检查人孔和船底塞是否封妥，水压是否符合要求。

（9）工程完成后出坞前，应检查所有坞修工程是否确实完成，并应检验合格。同时还应仔细检查船底塞、海底阀是否封好，航海仪器的船底装置纸贴封是否撕掉和完好，防腐锌板是否装妥并不得涂油漆（可事先用牛油将防腐锌板的四周涂好，再刷船壳板油漆）。

（10）为减小船舶起浮后的吃水差，出坞前可适当压载。

（11）如需做倾斜试验，可在坞内放水后进行。

4. 进浮船坞的注意事项

（1）严禁在浮坞开锚范围内抛锚；

（2）进坞前船应无横倾，纵倾幅度与浮坞负责人协商，但最大不超过1%L；

（3）在风力增大至一定程度时，应尽可能出坞以保证浮坞安全，待风过后再重新进坞；

（4）凡在浮坞内需放水、调整压载水或补充水等都必须事先征得浮坞负责人的同意。

第四节 修船工艺

一、修船工艺术语

《中华人民共和国国家标准船舶工艺术语——修船工艺》（GB/T 15094—2008）规定了船舶有关坞修、船体等方面的修理工艺术语及其定义。

（一）坞修术语

（1）进坞：将浮于水面的船舶移至干船坞或浮船坞内的作业。

（2）出坞：将坞内船舶移至坞外的作业。

（3）上排：使船舶沿倾斜的纵向或横向船排滑道牵引上升而露出水面的作业。

（4）坞内找正：船坞排水过程中，随日时调整使船舶按要求的位置坐墩的过程。

（5）船底望光：根据船底基线两端某两点的连线，用光线望通的办法，测量龙骨线各点相对于此连线的垂向差，判定船底龙骨局部变形的方法。

（6）水下维修：在水下对船体水下部分及附属装置进行的维护和修理，包括水下检查、清洗、涂装、堵漏、焊接、切割、更换与维修等。

（7）水下黏合：使用水下黏合剂封补水下破损船体的特殊工艺。

（8）轴套粘接：使用黏合剂将轴套固定在螺旋桨轴、舵杆、舵销等轴类零件上的工艺过程。

（9）螺旋桨修理：对螺旋桨因海水腐蚀、气蚀和碰撞等作用而产生的缺损、裂纹、弯曲变形或断裂等所进行的修复。

（10）高压水清洗：采用高压喷射的水流冲击作用去除船体表面的污垢、锈层、旧涂层以及水溶性的腐蚀产物等的清理方法。

（11）喷丸除锈：采用压缩空气向钢材表面喷射铁丸或钢丸，以除去氧化皮和铁锈的除锈方法。

（12）机械除锈：采用人工持电动或风动工具进行除锈的方法。

（13）喷砂除锈：利用压缩空气喷射砂粒的除锈方法。

（14）湿喷砂除锈：采用水和砂混合为喷砂介质的喷砂除锈方法。

（15）喷涂：采用喷枪等喷射工具把涂料雾化后，喷射在被涂工件表面上的涂装方法。

（16）滚涂：采用滚筒蘸上涂料，在工件表面滚动，使涂料覆盖于工件表面的涂装方法。

（17）喷浆法：将砂浆通过喷枪装置，喷射成型的抹浆方法。

（二）船体修理术语

（1）改装：为改变船舶用途和性能，在满足规范要求的前提下，对船舶的船体、设备、系统结构等的改装。

（2）洗舱：对船舱进行冲刷、清理的作业。

（3）测爆：为保证施工安全，使用专用仪器对已经清洗的空载油舱进行可燃气体含量测量的工作。

（4）船体外板测厚：测量船体外板厚度的工作。

（5）换板：割除损坏或有缺陷的船体钢板，焊上与原板材性能和几何形状相同钢板的工艺过程。

二、营运船舶船体结构与设备的腐蚀磨耗控制值

（一）营运船舶船体结构的腐蚀磨耗控制值

营运船舶船体结构的腐蚀磨耗控制值是指船体构件与设备的变形、锈蚀和磨损有一个不允许超过的规定限值。

1. 总纵强度衡准

$L \geqslant 65$ m 的船舶，船中 $0.4L$ 区域内在甲板处和船底处的船体梁剖面模数应不小于 0.9 倍的规范所要求的船体梁剖面模数。

2. 局部强度衡准

对于 1983 年 1 月 15 日及以后安放龙骨的按 CCS 规范建造的船舶，船体各板材和构件

的腐蚀磨耗厚度应不大于原建造厚度乘以表9-1所列的百分数，具体船舶可依据本船的测厚检验报告。

表9-1　船体各板材和构件的腐蚀磨耗标准

构件名称	腐蚀磨耗极限	
	$L \geq 90$ m	$L < 90$ m
①强力甲板、外板、内底板、纵舱壁、顶(底)边舱斜板等; ②纵向主要构件,如纵桁、连续舱口围板等; ③横向主要构件,如强肋骨、强横梁、双层底实肋板等; ④货舱内横舱壁板、深舱的水密舱密板、舱壁顶(底)凳	20%	25%
其他板和构件,如开口线内甲板、纵骨、肋骨、肘板等	25%	30%

对不是按上述要求设计的船舶，船体各板材和构件的腐蚀磨耗可参考上述标准执行。

（二）营运船舶甲板设备的腐蚀磨耗控制值

1. 舵杆（销）等允许蚀耗值

（1）舵杆（销）一般在下舵承处（或舵销处）的轴颈应大于非工作部分的轴颈，否则应进行修理或换新。舵杆工作轴颈表面允许存在少量分散的锈蚀斑点，但深度不应超过舵杆（销）直径的1%；舵杆非工作轴颈允许减少量为原设计直径的7%。

（2）舵销与舵钮，或舵叶与舵托平面极限间隙一般为安装间隙的50%。舵承和舵杆如超过磨耗极限时，应予以换新。

2. 锚设备的腐蚀极限

（1）锚链环、连接链环、锚卸扣、转环及其环栓磨耗后的平均直径，不得小于原规范直径乘以下列百分数：Ⅰ类航区88%；Ⅱ、Ⅲ类航区85%。

（2）锚链链环的变形：有挡链环伸长不超过原长度的7%，无挡链环或卸扣伸长不超过原长度的8%。

（3）锚的失重不应超过原锚重量的20%。

（4）锚机基座蚀耗达原厚度的25%时，应予换新或加强，底座螺栓、螺母蚀耗严重时，应予换新。

（5）链轮的轮齿磨损不超过原厚度的10%；如有个别轮齿断裂，应及时修复；蜗轮蜗杆磨损不大于原齿厚的15%。

（6）锚销允许磨损在原直径的10%以内。

（7）锚杆、锚爪和锚冠大横销磨损变形严重或锚爪、锚杆有晃动时，销轴应予更换。经验船师同意，可在锚头两端轴孔镶套做临时修理。

3. 起重设备固定及可卸零部件的腐蚀极限

（1）吊杆轴线挠度不应超过其长度的1/1 500，臂架轴线挠度不应超过其长度的1/1 000。

（2）起货设备固定及活动零部件的最大磨损超过原尺寸的10%，销轴的最大耗蚀超过原直径的6%或发生裂纹或有显著变形者均不得使用。

（3）使用吊货钩前，需做变形、磨损、锈损和裂纹检查，如有裂纹或钩尖开口部分的伸长超过原有间距的15%时，必须换新。

（4）钢丝绳在其10倍于直径的长度内，发现有5%钢丝断裂或整股断裂或钢丝绳有过度磨损、腐蚀及其他显著损坏，则必须换新。

（5）滑车的滑轮衬套或轮毂有显著磨损、轮缘折断或有裂纹、滑车轴及耳环弯曲或有显著磨损（大于10%）时，不能继续使用。

（6）钢质桅、吊杆、起重机的金属结构壁厚的蚀耗超过原厚度的20%时，应予换新或加强。

（7）对于转环或转钩，当其环栓上发现有显著变形或不能保证转动时，则不许继续使用。

（8）对起货设备的制动装置，当发现制动衬垫有显著磨损而露出铆钉时，必须换新。

4. 舱底水、压载水、甲板排水及货油等管系的腐蚀极限

上述管系应接受外观、无损检测及液压（压水）三项检查与试验。受内压钢管管壁厚度的腐蚀极限：

（1）淡水管为0.8 mm；

（2）货油管为2.0 mm；

（3）海水管为3.0 mm。

除经工作压力下的压水试验无泄漏可限期使用者外，当钢管管壁腐蚀厚度超过上述极限时，一般应予换新。

三、船体结构与设备的修理技术要求

（一）船体修理要求

1. 船体结构修理的基本原则

（1）各种船体结构的修理，应避免将焊缝布置在应力集中处。

（2）船体结构中的平行对接焊缝的间距应不小于100 mm，且应避免尖角相交；对接焊缝与角接焊缝之间的平行距离应不小于50 mm。

（3）所用材料应满足规范要求。重要部位使用的材料级别应与原材料等同，同时应提交合格证明。

（4）未经验船师同意，不得任意拆除或移动船体强力构件或在强力甲板、舷侧外板及水密舱壁上临时开口。

（5）船体水密结构修理后，均需进行密性试验，必要时应进行无损探伤。

（6）除紧急情况下允许覆板临时修理外，原则上覆板修理不应作为船体结构的永久性修理。

2. 几种典型缺陷的处理

（1）分散坑点腐蚀

如腐蚀坑点直径在15~50 mm之间，深度超过原建造厚度的50%时，一般可允许堆焊填补。堆焊前应进行表面清洁，焊后表面应磨平。

（2）局部疤状腐蚀

如疤状宽度大于50 mm、深度达到原建造厚度的40%时，原则上要求局部割换。

（3）均匀腐蚀（包括麻点腐蚀）

如均匀腐蚀超过蚀耗极限时，应予换新。

（4）裂纹的修理一般采取局部割换，或在裂纹两端打止裂孔，彻底铲除，开V形坡口重新焊补。

（5）船体构件变形，钢板皱折与凹陷的修理一般采取割换或矫正，必要时进行加强。

（6）对船壳板蚀耗后的修理

一般不准使用覆补方法。对拆换船壳板确有困难或维持使用的老旧船舶，经验船师同意，可局部采用覆补。凡采用覆补的水密构件，如内底板、深舱舱壁、水密肋板等，覆补前均应做密性试验，确定无漏后，才许覆补。覆板与被覆板之间表面应涂防腐涂料。在骨架理论线处应进行间距不大于30倍板厚的塞焊。所有覆板的焊缝完成后，应进行密性试验。起货机、锚机等基座处的钢板（平台）超耗时，一般要求割换。经验船师同意后也可采用覆补，但覆板厚度不得大于被覆板的原厚度，塞焊间距不大于300 mm。

（7）焊缝修理

当角焊缝焊脚的腐蚀超过最大允许腐蚀极限（规范规定的20%）及对接焊缝腐蚀后其边缘低于钢板表面时，应进行堆焊修理，施焊前金属表面应进行除锈和清洁。

（二）舵设备的修理要求

舵承和舵杆（销）如超过磨耗极限，应予换新或修理，舵销和舵杆表面一般不允许堆焊修理。在进行堆焊修理时应进行预热，并在整个施焊过程中保持预热温度，焊后应做消除内应力的退火处理，舵杆裂纹允许用焊补方法修复。舵系经修理安装后，应进行舵系性能试验。

（三）锚设备的修理要求

（1）对于变形的锚爪、锚杆应火工校正，锚爪、锚杆的裂纹允许电焊修理。其方法是在施焊前应先将裂纹两端钻直径为8 mm的止裂孔，再将裂纹磨去，然后才能补焊。当含碳量超过0.27%时，应预热至100 ℃，并在整个施焊过程中保持预热温度，焊后进行退火处理。修复后应做拉力试验。

（2）锚链环上如有裂纹，应将裂纹均匀磨去避免出现应力集中的凹痕，若磨去裂纹后，平均直径大于允许值，可以继续使用；若小于允许值，应堆焊修理或换新。

（3）铸钢链环上如有砂眼，应补焊修理。验船师认为必要时，需进行热处理。

（4）锚链环有弯曲变形时，应予火工校正修理，并做拉力试验。

（5）锚链横挡（撑挡）松动时，应采取烘火紧挡，如采用电焊时，只在横挡的一端与链环焊牢。

四、修船工艺简介

（一）水尺校验与船体纵向变形的测量

船舶进坞时，应对船底纵中线进行船底望光（Light measure with eye for the bottom deforming）测量。船底望光的主要目的是校验水尺与测量船体纵向变形，如图9-2所示。

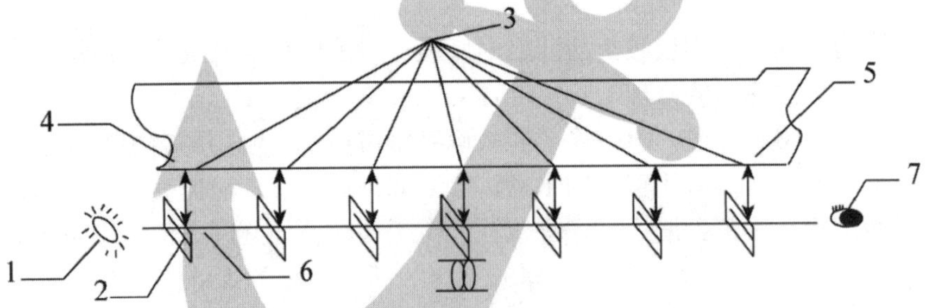

图9-2 船底望光

1—扁光源；2—遮板横缝；3—测量站；4—尾端；5—首端；6—光线；7—目测

当船舶搁于坞墩时，由于坞墩在船舶重量作用下产生变形，船体也随同变形。如果船舶重量及其分布不变，坞墩刚度相同（进同一船坞），则船底望光记录的变化能反映船体的纵向变形。

具体方法是：在船底水平部分的首、尾两端各设一有横缝的遮板，两横缝距船底的距离相等（一般为150~200 mm），在尾端（或首端）的遮板外侧与遮板横缝等高处设一扁光源，在另一端进行观测。在船中以及相隔一定距离处选取若干测量站（为避免因局部变形而影响测量的准确性，应尽可能设在隔舱壁处），依次在各站竖起有同样横缝的遮板，然后在首端（或尾端）进行观测。图中当光线从尾端、各测量站和首端等各横缝相继透过时，则说明全部遮板的横缝位于同一水平线上，此时测量各测量站遮板横缝至船底板的距离，即可得到船底的望光记录（见表9-2），从而掌握船体纵向变形的情况。

表9-2　船底望光记录

肋位	10	40	70	100	130	160	189
测量距离(mm)	150	130	115	110	120	135	150

（二）钢板厚度的测量

目前，普遍采用超声波测量仪测量钢板厚度，如图9-3所示。其具体做法是：先将被测钢板用砂轮打到露出钢板本色，在其上涂一点水玻璃以改善探头与钢板的接触，将探头紧压在该处便可直接在仪器表盘上读出钢板的厚度，然后用白漆将测得厚度记在被测点旁边，并记录在外板展开图、甲板图或舱壁图上。

图9-3　钢板测厚

（三）钢板的割换

对超过腐蚀极限或某些局部烂穿的钢板都需进行割换或挖补。新钢板应进行拉力、冷弯和冲击物理试验。

1. 整张钢板的割换

先将要拆钢板与骨架之间的焊缝割开，并将四周留存钢板与骨架的焊缝也割开一段，长300 mm左右，然后将新钢板按尺寸割好装上。用压马（角尺马）和铁楔将板的端接缝和边接缝压平，再用电焊点焊几处固定，最后按钢板与骨架的焊缝、端接缝和边接缝的次序全部烧妥电焊。图9-4为压马与铁楔校平钢板示意图。

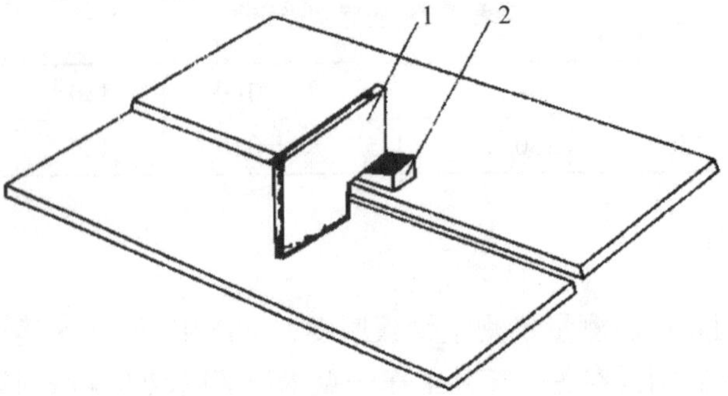

图9-4　压马与铁楔校平钢板示意图

1—压马（角尺马）；2—铁楔

当需同时拆换钢板与骨架时，则应先拆骨架，且拆换骨架的长度应超过板宽（或板长），新骨架与原骨架的连接缝应距钢板的边接缝（或端接缝）100 mm以上。

2. 挖补

若是方形（或长方形）挖补，则开口的四角必须呈圆弧形，以免应力集中而使钢板产生裂缝，如图9-5所示。焊接时，应先将横缝与竖缝的直线部分焊妥，再焊四角的圆弧部分。每焊一遍应用小锤敲打一遍，以清除内应力（同时也可清除焊渣），防止焊缝开裂。

图9-5　钢板挖补

（四）裂缝的修理

船上裂缝较容易出现的部位是各种开口的角隅处。

首先应仔细检查裂缝部位，找出裂缝的起始点与终止点，然后在该两点处钻直径8~12 mm的止裂孔，并做好记录，最后再对裂缝进行补焊或挖补。

裂缝不能用覆补的方法修复，因为覆补加强作用小，且影响继续对裂缝的观察。

（五）凹陷与弯曲的矫正

凹陷与弯曲原则上应进行割换修理。

1. 钢板凹陷的矫正

钢板凹陷的矫正方法视具体情况分下列几种：红火木榫敲打法、使用矫正卡板（俗称排）、红火与千斤顶配合法、红火锤打与油压机压平法。

当钢板较薄且凹陷面不大时，可在钢板凸出面逐次一点一点地用氧乙炔火焰加热，加热点的大小视板厚和变形程度而定，一般为直径50~100 mm的圆形范围。每加热一个点后即用木榫敲打加热点及四周，再用冷水浇在该点上，使其冷却收缩产生反变形而达到使钢板恢复平整的目的。

对较厚或凹陷面较大且较深的钢板，可用矫正卡板（俗称排）来进行，也可在钢板凸出面装置千斤顶，采用在凹陷面加热的同时用千斤顶顶出。但顶推的动作应缓慢且均匀，以防钢板产生裂缝。

当钢板凹陷面很大且连同骨架一起变形时，一般是将变形部分连同骨架一起割下，送船体车间用红火、锤打和用油压机压平矫正后再装复。

2. 骨架弯曲变形的矫正

骨架弯曲变形后，一般用水火矫正，即用氧乙炔火焰局部加热，同时用水对其急剧冷却，使骨架产生反变形以抵消原有变形而得到矫正。

（六）常用修船符号

常用修船符号及含义如表9-3所示。

表9-3　常用修船符号及含义

符号	含义	符号	含义
⊕	换新	W	焊补
×	拆掉	回 或 	覆板
□	拆装校正（校平或校直）	○	测厚点厚度为8.5 mm
△	现场校正（校平或校直）	*	已检查过
	部分割换	# 9|0	肋位（No.90肋位）
$	割换线	||	舱壁位置

第五节 修船工程的验收

为确保船舶修理质量，必须对各项修理工程进行检查、验收与试验。归纳起来一般包括以下几个主要阶段：施工中、完工后对项目的检查或检验与验收；完工后的系泊试验与航行试验；消除缺陷及扫尾工作；业务性账目核对；完工签证。其中系泊试验与航行试验是关键阶段，进行该两项试验前，应事先由厂方根据所修的工程项目拟定出试验大纲并报经船级社批准，同时厂方还应备妥必要的图纸、技术文件和试验报告单等。

一、施工期项目的检查或检验与验收

从施工开始至完工的整个修船期间，对修理项目的检查或检验与验收应根据厂方修理工程的进度交叉进行，对不符合修理要求的应及时指出纠正，以免造成返工而影响工期。凡是须经船检部门验收的项目，必须由授权的验船师现场检查或检验。

（一）修船工程竣工试验交船的有关规定

1. 基本规定

凡修理工程项目完全达到竣工标准经试验合格的可签署竣工单；对竣工工程的结算必须提交主修签署的“项目竣工”及“工程项目结算单”；工程费用必须由主修署名并经技术部经理审阅签署后方可结算。

2. 船舶试验交付规定

（1）船舶试验包括系泊试验和航行试验。

（2）船舶的系泊试验和航行试验须按试车大纲要求和规定执行，航行试验须在系泊试验完成并解决存在问题后方可进行。

（3）船舶试验时须在厂方、船方和技术部主管人员及指导轮机长的共同参与下进行，必要时还要请技术部经理参加指导。

（4）经过试验，一切合格的船舶方可投入正常运营。

（二）修船工程竣工检查或检验与验收的项目及标准

《中国修船质量标准》（GB/T 34001—2016）规定了船舶修理过程中的材料使用要求、

船舶常规修理重点对外交验项目、勘验要点、修理质量要求、修理过程质量控制及交验要求。

（1）对所选用的材料、配件及属具等是否具有合格标记及证书的检查与验收。

（2）对照修理单检查外板、甲板和构件等割换安装时是否符合要求，同时检查相邻区域的状况。

（3）锚链的换节连接应牢固可靠。

（4）舵和螺旋桨的安装应符合标准；船底塞水泥的封搪应光滑、牢固。

（5）防腐锌板的分布应符合防腐要求，船尾、舭部等重点部位应占40%，其他部位占60%。

（6）修复后的各管系应符合规范的布置要求，并应畅通无阻。对测量管和空气管还应检查其管口的盖子和封闭装置是否完好。

（7）对焊缝（包括焊补）的质量检查与缺陷修补：

①外观检查（External Examination）

在有足够亮度的前提下，外观检查主要用肉眼和焊缝卡板、量具进行，必要时可借助低倍放大镜。焊缝表面应成型均匀、致密、平滑地向母材过渡，无裂纹和过大的余高以及不应有的焊瘤、弧坑、气孔、裂纹和咬边等缺陷存在。

②内部质量检查（Internal Examination）

对一些重要的构件和部位应用X光、γ射线、超声波、磁粉探伤或其他适当的方法进行无损检测，以查明焊缝内部是否有气孔、裂纹、夹渣和未焊透等缺陷。船体焊缝无损检测的数量和位置可根据实际情况由船厂和授权的验船师商定，检查长度一般取焊缝总长度的1%。无损检测的工艺和评定标准应经验船部门同意。

③密性试验（Watertight Test）

对船体外板、双层底舱、深舱、各层甲板、舱壁、舵叶、舱口盖、舱口围板、各水密门窗及海底阀箱等水密构件和设施，在修复后都应进行密性试验。

④缺陷修补（Imperfection Mend）

若检查表明焊缝缺陷超过标准允许值时，应在船体完工试验前，对缺陷处进行修补。

i.外观检查发现的缺陷，通常应在无损检测前修补完毕，表面微小缺陷可用砂轮磨去。

ii.所有需要焊补的缺陷，应在焊补前彻底清除干净。必要时可用无损检测的方法进行检查，以证实缺陷确已清除。

iii.焊缝经修补后应对该处进行外观检查和相应的无损检测，并应符合验收标准。

二、系泊试验

（一）密性试验

中华人民共和国船舶行业标准《钢制海船船体密性试验方法》（CB/T 257—2001）规定了钢制海船船体密性试验的要求和试验方法。

1. 密性试验要求

对有水密要求的船体结构在建造或修复后均应进行密性试验。试验前船体结构的密性焊缝区域应清除焊渣及氧化物，不得涂刷油漆、水泥或敷设隔热材料等。对易受大气腐蚀的部位，经验船师同意可以涂上一层薄的不影响密性试验的底漆。对船体的水下部分以及下水后无法检查的部分，应在下水前（在船台上或船坞内）做密性试验。

2. 密性试验方法

（1）压水（灌水）试验（Water Test）：把水注入检验的舱柜内查看有无渗漏的现象。双层底舱、水舱的水位应达空气管顶，深油舱或货油舱水位高度应至舱顶以上2.4 m，应用直径不小于50 mm的水管来调节水压力，注水10~15 min后，保持在规定的水压高度（压头）下检查有关结构和焊缝，不应有变形和渗漏现象（见表9-4）。

表9-4　有关舱室压水试验压头要求

项目	压水试验压头要求	空气气密试验要求压力
深舱、燃油舱、尖舱、压载舱、顶边舱	至舱顶最高点以上2.4 m	0.02 MPa
双层底舱、底边舱、边舱	最大工作压力或至溢流管顶，取大者	
用于压载的货舱	至舱顶最高点以上2.4 m（舱口除外）	不适用
液货舱、隔离空舱、空舱		0.02 MPa（化学品船不适用）
水密门（客舱）	至舱壁甲板（安装前）	不适用
顶边舱—边舱—双层底组合舱	至舱顶最高点以上2.4 m	
舵叶、导流管	2.4 m的水压头	0.02 MPa

（2）冲水试验（Hose Test）：用具有一定压力的水枪冲射试验部位，喷水出口处的压力至少为0.2 MPa（或试验时水柱高度不小于10 m），喷嘴直径不小于12 mm，喷嘴距焊缝的距离不大于1.5 m，应采用正向冲射的方式且对垂直焊缝应自下而上冲射。

（3）淋水试验：用水淋洒在被试的接缝上，检查其渗漏情况。

（4）空气气密（充气）试验（Gastight Test）：用压缩空气对试验舱充气，检查是否泄漏，空气气密试验压力在0.02 MPa以上，但应不大于0.03 MPa，保持上述压力60 min后，压力再降至0.015 MPa，用肥皂水做渗漏检验。

压水试验可用空气气密试验代替，但制造技术和焊接程序规定必须进行压水试验者除外。对全部液舱均采用空气气密试验时，则至少应对每种类型的液舱提供一个做压水试验。

充气试验应考虑结构强度是否允许，常要求钢板厚度大于6 mm。

（5）煤油试验：在被试焊缝的一面涂上一层白粉，宽度应有50 mm以上，在焊缝另一面涂上足够的煤油，经过30 min后，检查涂白粉的一面是否有油渍渗出。本试验方法目前已较少采用。

各国船级社对船体各部位结构密性要求不同。详细的规定和试验方法参阅《海船入级与建造规范》。

（二）锚、舵、起重及系泊设备

试验内容详见本系列教材《船舶结构与货运》中的有关章节。

（三）消防设备

检查各种消防设备的布置、数量、种类是否符合规范要求及有关船用产品证书。

（四）救生设备

1. 救生艇和救助艇释放试验

每艘吊架降落式救生艇和救助艇，装载规定负荷的1.1倍，通过释放装置将其释放入水，要求将艇放到接近水面时，进行艇的推进装置的启动试验；自由降落式救生艇和救助艇应加载至规定负荷的1.1倍，在船舶正浮及最轻航海吃水的状态下，将其降落入水。

2. 救生艇和救助艇释放装置试验

（1）艇绞车空载运转试验：启动艇绞车，空载运转时间不少于30 min。

（2）艇架强度试验：将吊臂倒出舷外，利用吊车挂上2.2倍安全工作负荷的重荷，持续10 min，卸去重荷。

（3）吊艇架转出舷外试验：对每副吊艇架，在船舶正浮状态下，载有放艇员相当的质量，一般按4人数，每人按82.5 kg（客船按75 kg）计算，按照放艇操作程序，操纵艇绞车，使之转出船舷外，逐渐放到登艇甲板。

（4）满载试验：救生艇或救助艇载上正常的属具或等效质量，以及相当于每人82.5 kg（客船按75 kg）的核定成员的分布质量，操纵甲板上的降放控制器将其释放。

（5）加载降落试验（仅指制动器）：在正常满载基础上，再加该负荷的10%，操纵甲板上的释放控制器将其释放，当下降到最大速度时，进行紧急制动。如果艇绞车是暴露于大气中的，则应弄湿该制动器表面，重复进行降落试验。

（6）回收试验：对吊架降落式救生艇或救助艇及自由降落式救生艇装置和艇绞车进行回收试验，并按照操作程序将救生艇、救助艇回收至存放位置。

（五）各种管系

对污水、压载、通风、甲板排水及消防管系等进行系统检查，并对管路进行试压和效用试验，以确认是否符合规范要求。

（六）舷梯装置、引航员专用舷梯

1. 舷梯强度试验

舷梯修理后，将舷梯装置放平并下降至最低位置，此时梯架与水平线应成55°夹角，每一踏步放置735 N负荷，下平台放置1 470 N负荷，上平台放置4 000 N负荷，放置15 min后卸去负荷，舷梯应无永久变形、裂纹及卡住现象，舷梯各旋转部分仍应灵活。在征得船方和验船师同意后也可以在平台上进行，以梯架两端为支点，每块踏板上放置735 N负荷，此时梯架向下的挠度，钢制梯应不大于$L/100$，铝制梯应不大于$L/75$（L为公称长度），持续15 min后卸去负荷，舷梯应无永久变形、裂纹及卡住现象，舷梯各旋转部分仍应灵活。

2. 舷梯翻转、升降和固定试验

进行空梯的翻转、放下、吊起试验3次，同时检查舷梯翻转装置收放的灵活性及限位开关和制动器工作的可靠性。

（1）翻转试验：当松开舷梯紧固钩，启动绞车时舷梯应自动翻转至水平下降位置，收回时应转至紧固位置。

（2）升降试验：在无负荷的情况下，由水平位置下降至最大使用角度，再升回到水平位置，升降应稳定、协调，刹车应有效、可靠。

（3）固定试验：在收回固定时，旋紧固定紧钩后检查侧面和底部垫木是否靠实，舷梯收紧后不应有任何部件突出舷外。

3. 扶手栏杆侧向负荷试验

必要时，将舷梯放置在平台上，将扶手杆立起，梯架侧转90°，栏杆平面每平方米放置500 N负荷，持续15 min后卸去负荷，栏杆扶手没有损坏或永久变形。

（七）航行与信号设备

检查其布置、数量、规格和能见距离是否均符合法规和规范要求，并对各种助航仪器设备及信号设备进行效用试验，同时尽可能测定其误差。

（八）通信设备

检查通信设备配备的种类、数量，并对无线电通信设备和船内通信设备进行效用试验。

（九）倾斜试验

1. 定义

倾斜试验（Inclining Test）是指船舶在建造或改装完成或接近完成时，处于或接近设计规定的空船状态下进行的试验，其目的是确定空船状态实际排水量及其重心的实际位置，由船方和船厂共同来进行，试验报告由船厂负责编制。

空船系指处于可正常航行的船舶，但没有装载船用消耗备品、物料、货物、船员和行李，且除机械和管系液体（如处于工作状态的润滑油和液体油）外，没有任何其他液体。

2. 规定

新建船舶完工时，应进行倾斜试验。以后建造的船舶，如属同一船厂同批建造的同型船舶，第一艘应进行倾斜试验，以后建造的船舶如空船排水量的偏差值超过2%或重心纵向位置的偏差值超过0.01L（L为船舶垂线间长）时，应重新进行倾斜试验。

改装或修理中使稳性变动较大的船舶，在完工时应进行倾斜试验。对稳性发生怀疑的营运中船舶也应进行倾斜试验。

对各类客船，在不超过5年的间隔期内，应进行一次空船排水量和重心纵向位置的核查，然后将检验结果与已批准的稳性资料相比较，如空船排水量的偏差值超过2%或重心纵向位置的偏差值超过0.01L（L为船舶垂线间长）时，应重新进行倾斜试验。

3. 要求

（1）试验环境与系泊条件：

①应在现场风力不大于2级（最大不超过3级）的好天气条件下进行。

②应尽量安排在平静无流（浪级不超过2级）、不受外来干扰的围蔽水域（最好在船坞内）进行。特殊情况可在有潮流的水域内进行，但应尽量选择平潮时，且船首应正对流向。

③船舶四周及船底应有充分的水域空间，缆绳应系于中纵剖面内且保持松弛，拆除接岸物件，以保证船舶能自由浮动与自由横倾。

（2）每舷最大试验横倾角应达2°~4°，受条件限制的应不少于1°。

（3）凡属正常航行时应备有的各种设备、仪器及备件等应按规定位置安放妥当，多余的清除。对一切可产生摇摆或移动的装置、设备等均应系固。

（4）所有液体舱柜应彻底抽空或灌满，否则应进行自由液面修正。

（5）对条件限制难以达到空船状态的，可允许有少量多余或不足物件，但总重量应不超过空船排水量的1%。

（6）应尽可能减少初始纵倾，若纵倾超过船长的1%，则应按实际纵倾状态进行静水力参数计算。试验时的初始横倾角不应超过0.5°。

4. 倾斜角的测量

可使用倾斜仪（Clinometer）测量倾斜角，或使用悬锤测量法。

三、航行试验

为全面检查船舶各项设备的适航情况与操纵性能，在系泊试验合格后，还应进行航行试验（Navigation Test），其试验内容主要有：

（一）主机试验

测定主机功率，在各挡速度时正车与倒车的转速、转速表的正确性，主机启动与停车所需时间及可靠性，主机换向所需时间、灵活性及可靠性等。

（二）惯性试验（冲程试验）

1. 试验目的

测试船舶主机的应急停车性能，并掌握从发布全速倒车至船舶停止的时间和距离。

2. 试验方法

（1）记录试验时间、初始航向、初始航速、水深、海况。

（2）舵机保持在正舵位置，由驾驶台控制，操纵车钟从“前进三”（Full Ahead）降为“停车”（Stop）或“后退三”（Full Astern）。记录下令时间与船位。

（3）当航速降为零时，试验结束。记录航速降为零时的时间与船位。

（4）计算从下令“停车”或“后退三”到航速降为零的时间和距离。

（三）旋回试验

1. 试验目的

测试舵机性能，测定船舶操纵性能。

2. 试验方法

（1）以稳定的试验航速直线航行时操左满舵35°并保持，直至艏向变化达360°。

（2）恢复船舶稳定航向航速状态。

（3）操右满舵35°并保持，直至艏向变化达360°。

（4）再次恢复船舶稳定航向航速状态。

（四）操舵系统航行试验

（1）转舵周期：主操舵在最深航海吃水、以最大营运航速前进时，自一舷的35°转至另一舷的30°时间应不超过28 s；辅助操舵装置在最大前进营运航速的一半或7 kn（取其大者）前进时，从其一舷的15°转至另一舷的15°的时间应不超过60 s。

（2）记录在满载全速前进和后退时，向两舷转舵的速度和工作的可靠性。

（3）主、辅操舵装置之间的转换是否符合要求。
（4）检查保持舵位不动的制动装置是否有效。
（5）试验自动舵的性能。
（6）记录自动操舵装置灵敏度和航向超出允许偏差时自动报警的可靠性。
（7）记录“Z”字形试验中舵角、旋回角速度、航向变化等曲线。
（8）主驾驶室和应急驾驶室间通信联系的可靠性。

（五）抛锚试验

1. 试验目的

测试锚的性能，以及锚机制动刹车功能是否可靠。

2. 试验方法

（1）松开制动刹车，使锚落下，下落过程中每半节锚链刹车一次，下落5节锚链停止（下放长度根据水深调整）。
（2）抛锚完毕以后，用制动器刹住锚链，船舶倒车将锚拉紧，检查制动刹车的可靠性。
（3）起锚，检验破土情况。在锚链自由悬挂状态下提升2节锚链，记录提升时间。
（4）左右锚分别做抛起锚试验。
（5）检查记录冲水装置水流情况。

（六）通信设备与各种助航仪器设备的试验

进行实际的船岸通信和应急通信的效用试验，检查其工作情况、可靠性、稳定性和频率的正确性等。对各种助航仪器设备的试验是测试其性能是否达到规定的技术标准和误差是否在允许的范围内。

第六节 船舶日常检查保养

船舶的船体、结构与设备不仅要满足SOLAS公约的相关要求，还需要符合主管机关国内标准及其认可的船级社的要求。

一、船体结构的日常检查与保养

船体和甲板基本保养状况的优劣程度是PSCO对船体结构好坏认定的第一印象，尤其是船壳板、舱盖及舱口、梯道、栏杆和管路盖板的锈蚀程度和损坏情况将直接影响检查官员是否需要进行“更详细检查”的重要依据，因此，优秀的保养状态、良好的船容船貌是顺利通过船体结构检查的首要因素。

（一）货舱、舱盖的日常检查与保养

1. 货舱

货舱污水井液位无异常变化，具备条件时进入货舱对货舱内部构件进行目视检查，无明显锈蚀、洞穿、裂纹及严重变形（每挡肋距范围内不超过8 mm），无明显渗水痕迹。

2. 货舱舱口

每次打开舱盖时进行检查，航行中每周至少一次常规检查，恶劣天气前后要加强检查，重点检查内容包括：

（1）舱口盖面板，包括侧板，以及敞开舱口盖的加强件附属设备，检查其外观腐蚀、裂纹或变形情况，特别是围板的顶部和四角，以及邻近的甲板板材和肘板舱口盖、舱口围板及附连的肘板结构良好，无明显锈蚀、裂纹、破损洞穿及变形；

（2）周边和交叉接头处的密封装置（垫片、兼用船上的弹性密封垫、垫圈凸缘、压紧条、排水沟和止回阀），检查其状态和永久变形的情况；

（3）压紧装置、挡水条和楔耳，检查其磨耗、调节和橡胶部件的状态；

（4）关闭着的舱口盖的定位装置，检查其变形和贴合的情况；

（5）链滑轮或缆绳滑轮；

（6）导向装置；

（7）导轨和轨道滑轮；

（8）限位器；

（9）钢缆、铁链、张紧器和绞缆（链）筒；

（10）液压系统、电器安全装置和联锁装置。

3. 干舷甲板上除货舱舱口外的各种开口

盖板、围板及附连的加强结构良好，无明显锈迹、破损洞穿及变形；盖板关闭正常，橡皮胶条完整且有弹性，表面无油漆，无明显漏水痕迹；各种人孔、小导门、测量管结构良好，无明显锈迹、破损洞穿及变形；各种标识清楚。

（二）压载舱的日常检查与保养

（1）压载舱液位无异常变化，其周围处所无进水发生，压载舱导门状况良好，无严重

锈蚀、螺栓丢失。

（2）压载舱内构件无严重腐蚀、裂纹或洞穿。

（3）散货船货舱、压载舱、干隔舱进水报警系统试验正常。

（三）其他船体结构的日常检查与保养

1. 通风筒

通风筒的围壁、支撑结构状况良好，无明显锈迹及破损洞穿或其他临时性修理措施（如粘贴胶布等）；通风挡板完整、活络、无破损洞穿；风雨密关闭装置结构完好，开关活络，能有效开启和关闭，“开”“关”方向及舱名标识清晰。

2. 空气管

空气管及管头结构（特别是管子根部及背部不易保养的部位）良好，无明显锈迹及破损洞穿。浮球活络水密，工作正常，防火网无破损。

3. 载重线标志

甲板线、所有载重线标识清晰、准确且与背景颜色反差明显。

4. 船壳板

水线上船壳板无开裂、洞穿、严重变形（每挡肋距范围内不超过 8 mm），无漏水现象。

5. 水密门

水密门结构状况良好，能有效关闭，就地及遥控开关正常，声光报警正常，液压系统无渗漏痕迹。

6. 甲板

主甲板结构良好，无明显破损、洞穿、裂纹及严重变形（每挡肋距范围内不超过 8 mm），无明显渗水痕迹。

二、船舶甲板设备的日常检查与保养

（一）锚设备的检查和保养

1. 日常检查保养

（1）对锚的检查保养：对锚卸扣及其横栓的磨损以及变形松动进行检查保养；对锚头横销是否松动进行检查保养；对锚爪是否弯曲变形进行检查保养，每次起锚后应检查锚爪是否钩挂杂物。

（2）对锚链的检查保养：白天起锚时应检查锚链及标志，标志应保持清晰；检查连接卸扣是否有裂纹、变形，磨损程度；检查转环是否转动灵活。

（3）对锚机的检查保养：每次使用前应先空转片刻，并先试车。检查刹车、离合器的可靠性，检查其运转情况并使其润滑。减速箱内的机油应定期检查更换，保证清洁。

（4）制链器、导链轮等部分加油润滑。

（5）平时应轮流使用左右锚，使锚和锚链平均磨损。每次起锚时应冲洗锚和锚链。

（6）起锚时不要硬绞，必要时用车舵配合。

（7）深水抛锚时应用锚机松出锚链，以免撞坏锚或崩断锚链。

（8）抛完锚和收妥锚应上妥制链器。实践中，许多船舶的锚收紧后，制链器打不上去；某些船错误地松出链环以便制链器能合上，但是锚未收紧，导致大风浪的情况下，锚频繁碰擦船壳板并使其开裂，从而导致艏尖舱进水。

2. 定期检查保养

定期检查保养是发现锚设备有无损坏的关键，应至少半年进行一次，并做好记录。检查的主要内容包括裂纹、结构松动、变形、磨损等。

（1）锚的检查：锚最容易受损的部位是锚爪、锚冠、横销和锚卸扣等。锚爪可能发生弯曲和裂纹，助抓突角易磨损，横销易松动，锚卸扣易受磨损和产生裂纹。按要求锚销允许磨损在原直径的10%以内，锚的失重应在原重的20%以内。当发生严重损坏或不符合要求时，应换备锚，并将损坏的锚送厂修理。

（2）锚链的检查：链环和卸扣长期使用后会产生磨损、裂纹、变形和结构松动等现象，因此必须进行磨损检查、变形检查、结构松动检查、裂纹检查等。

①磨损检查：检查环与环接触处和锚链与锚链筒的摩擦处，可用卡尺量其同一截面的最大、最小直径，取其平均值。锚链磨损的极限为：远洋航区（Ⅰ类航区）船舶的锚链，磨损后平均直径不得小于原直径的88%；近海（Ⅱ类航区）和沿海航区（Ⅲ类航区）船舶的锚链，磨损后的平均直径不得小于原直径的85%。

②变形检查：用目视检查或测量检查链环是否弯扭变形，检查链环和卸扣的长度，对不符合规范要求的就要换新。有挡链环的长度超过原长度的7%不能再使用；无挡链环或卸扣超过原长度的8%，则不能再使用。

③结构松动检查：连接链环（拆开检查后应先在内吻合处涂上黄油再装复）和卸扣的销子会因铅封脱落而松动，应逐个仔细检查。

④裂纹检查：用手锤敲击每个链环以及卸扣，听其声音是否清脆。

锚和锚链应定期除锈油漆。在每次修理检查后，应涂煤焦沥青漆两度，然后再做锚链标记。

（3）锚机的检查保养：应经常检查刹车是否良好，离合器是否轻便灵活，经常加油以保证在良好的润滑环境条件下运转。应特别注意零件各摩擦面的润滑；减速箱内的机油应定期检查更换，以保证其清洁。链轮的轮齿容易磨损，其限度规定为不超过原厚度的10%。若发现有滑链、跳链现象，应及时焊补；固定锚机的紧固螺栓与底座应检查其是否有松动、锈蚀，如有缺陷，应及时修复。锚机底座的蚀耗一般应小于原厚度的25%。除底座外，其他一般应3个月检查一次。

（4）附属装置的检查：制链器平时要注意保持活络，经常除锈油漆。锚链筒上下口的口唇易磨损，应经常检查其磨损情况，修船时进行堆焊并磨光。锚链舱在定期检查时，应将锚链全部倒出，进行清洁工作，检查锚链舱排水设备是否正常；对已损坏的木衬垫应进行调换；并对锚链舱进行除锈油漆；检查弃链器是否正常。

（5）厂修时，将全部的连接链环（连接卸扣）拆开，更换销钉和铅封，将第一节锚链与最后一节锚链对调；下一次修船时再将现有的第一节锚链与倒数第二节锚链对调，以免集中磨损部分锚链，并做好记录。

（二）舵设备的检查和保养

舵设备在开航前要仔细检查，平时要注意检查保养，使其随时处于良好的工作状态。每当安装或修理后，也应按规定要求进行试验。

1. 日常检查保养

（1）试舵

①船舶开航前12 h之内，应由船员对操舵装置进行核查和试验。试验程序（如适用时）应包括下列操作：主操舵装置；辅助操舵装置；操舵装置遥控系统；驾驶室内的操舵位置；应急动力供应；相对于舵的实际位置的舵角指示器；操舵装置遥控系统动力故障报警器；操舵装置动力设备故障报警器；自动隔断装置及其他自动设备。

②核查和试验应包括：按照所要求的操舵装置能力进行操满舵；试验操舵装置及其联结部件的外观检查；驾驶室及舵机室通信手段的工作试验。

对于定期从事短期航行的船舶，主管机关可免除上述规定的核查和试验要求，但这些船舶每周至少应进行一次这样的核查和试验。

通常，每次开航前驾驶员应会同轮机员试验舵机，查看转舵装置是否运转正常。此外，试舵前应派人察看船尾舵叶周围是否有障碍物；核对各种舵角与舵角指示器和主罗经与分罗经的误差情况；舵机间不准放置杂物，应保持清洁、干燥。舵机间内的备件等应绑扎好，防止船舶摇摆时移动。

（2）对舵

每次开航前1 h，值班驾驶员应会同轮机员进行对舵。

对舵的步骤为：

①操舵人员在驾驶室转动舵轮或扳动手柄，使舵角指示器的指针指向“0”刻度，观察舵机室的实际舵角是否在正舵位置。

②慢速将舵轮向左（右）转至满舵，检查舵轮座上的舵角指示器与船尾杆上的指示刻度是否一致。

③用同样方法向右（左）操满舵快速活舵一次，回至正舵。

④分别连续操左（右）5°、15°、25°满舵和回舵，其间观察遥控机构、追随机构、舵

角指示器和其他工作系统的运作情况是否正常。其中电动舵角指示器在正舵位置应无误差，在其他舵角位置不应超过±1°。

对装有两台主操舵装置或手柄操舵装置船舶，应分别进行试舵。航行中，值班驾驶员应经常检查油压、电源和操舵情况是否正常。特别是当遇大风浪时，应检查舵机间可移动物体是否绑扎好。船舶停靠后，应切断电源或打开油压操舵器的旁通阀，有舵轮掣的上好舵轮掣，关闭驾驶台和舵机间。

2. 定期检查保养

（1）每3个月应对舵设备进行一次全面的检查和保养，主要内容有：

①查看舵杆、舵叶各部分磨损及损坏情况，做好记录。舵杆（销）一般在下舵承处或舵销处的轴颈应大于非工作部分的轴颈，否则应进行修理或换新。工作轴颈表面允许存在少量分散的锈蚀斑点，但深度不应超过舵件（销）直径的1%，舵杆非工作轴颈允许减少量为原设计直径的7%，舵钮与舵钮，或舵叶与舵托平面极限间隙一般为安装间隙的50%。

②检查电操舵装置的绝缘和触点情况，用不带毛头的细布揩拭清洁。自动部分检查其灵敏度；液压舵机要查管路是否有泄漏及液油质量。

③检查转舵装置电动机的运转及损耗情况，加以清洁，并做好记录；液压式舵机要检查泄漏情况及油的质量，以及时修复并充液。

除上述的常规核查和试验外，至少每3个月应进行一次应急操舵演习，以练习应急舵操作程序和应急舵设备情况。操演应包括在舵机室内的直接控制，与驾驶室的通信程序，以及（如适用时）转换动力供应的操作。

（2）每6个月检查备用操舵装置的活络部分，加以润滑，除锈涂油，并做转换操作试验，保证其性能良好。液压操舵系统每年或检修后应将整个系统彻底清洗一次，清除锈垢等，以免影响效用。

（3）结合坞内检验时，将舵轴或舵销原地顶高或将舵杆拆下，检查舵轴、舵销及舵承的磨损及腐蚀情况；测量舵承间隙及舵的下沉量；检查舵杆、舵轴法兰盘及其连接螺栓与螺母；检查舵销螺母的止动装置。

对舵叶进行外部检验，检查舵叶腐蚀程度和有无裂缝，必要时对舵叶做测厚检查，当对舵叶的水密性有任何怀疑时或修理后，应进行密性试验。

（三）系泊设备的检查与保养

系泊设备的检查与保养要点如表9-5所示。

表9-5 系泊设备的检查与保养要点

序号	名称	养护周期	检查要点	养护要点
1	钢丝缆	3个月	锈蚀和断丝情况，绳内油麻芯含油量	除锈上油，断丝超过规定的换新或插接
2	植物纤维缆	3个月	外表磨损情况，股内是否有霉点	洗净晾干后收藏，股内发黑者不能用
3	化纤缆	3个月	外表磨损情况(测量粗细)	洗净晾干后收藏
4	绞缆机	3个月	刹车是否可靠，离合器是否灵活，自动带缆绞车是否有效，卷筒损坏、磨耗、腐蚀情况，操纵器的水密情况	失灵的换新或修理，活络处加油，自动装置失效应及时修复。对修理后的绞缆机要进行试验，运转试验应进行1~2 h，并测定转速、拉力负荷。绞缆速度应能达到15 m/min，绞缆拉力应能达到所配置的系船缆破断力的75%左右，试验过程中还应进行制动和过载保护装置的试验
5	系缆卷车	6个月	外壳、底脚螺栓锈蚀情况，卷筒轴是否活络	除锈油漆，加油润滑
6	导缆钳 导向滚轮	6个月	本体锈蚀、磨损情况，滚筒是否活络，不活络的可能销轴弯曲	除锈油漆，做好磨损记录，加油润滑，销轴弯曲应修理
7	系缆桩 导缆孔	6个月	锈蚀、磨损情况	除锈油漆，做好磨损记录
8	制缆索	每航次	甲板眼环是否锈蚀、磨损，链(索)是否变形、腐蚀和磨损	除锈油漆，磨损变形严重的应换新
9	撇缆、靠把、挡鼠板	每航次	是否齐全和损坏	丢失补充，损坏换新

(四) 装卸设备的检查与保养

装卸设备的检查与保养内容详见本系列教材《船舶结构与货运》中的有关章节。

第十一章

海上运输相关知识

本章学习目标

《海船船员培训大纲（2021版）》

3.8 海上运输业务

.1 掌握国际贸易术语、远洋货运单证、大副收据

.2 掌握货损、货差的处理

.3 掌握港口使费的构成、船舶代理与船舶进出港口手续

海上运输是实现对外贸易的重要环节，是个多环节的生产过程，除了船公司或船舶经营人营运调度船舶之外，还涉及装卸、理货、船舶代理等航运辅助业务，这些都是海上运输不可或缺的业务环节，对承运人、托运人、收货人等与国际海上货物运输有关联的企业顺利、高效地实现合同目的起着非常重要的作用。船长、大副作为承运人的雇佣人员肩负着履行妥善地、谨慎地管理货物的法定义务，确保货物交接过程中发生的灭失或损害责任归属清晰、港口费用明确，能正确签署货运单证，以保护承运人的利益。

海船3 000总吨及以上船长、500~3 000总吨船长，需要掌握本章除货损、货差处理之外的全部内容；海船3 000总吨及以上大副、500~3 000总吨大副仅需掌握远洋货运单证、大副收据和货损、货差处理方面的知识。

第一节 国际贸易术语

一、国际贸易术语的含义与作用

（一）国际贸易术语的含义

国际贸易术语又称价格条件、价格术语或交货条件，是在长期贸易实践中形成的，以英文缩写表示货物价格构成，说明交货地点、确定风险、责任、费用划分等问题的专门术语。

（二）国际贸易术语的作用

国际贸易术语明确了实际交货地点和交货方式、负责办理货物的运输和（或）投保货物运输保险的一方、货物风险转移的时间和地点、买卖双方的费用负担、负责办理并提交各种装运单据以及领取货物进出口所需的其他单据的一方等问题。

在国际贸易中，使用国际贸易术语对明确买卖双方各自承担的责任、费用与风险划分的界限，简化买卖双方洽商的内容，缩短交易洽商的进程与促进成交，节省业务费用和时间都有着重要的作用。

二、仅适用于海运或内河运输的国际贸易术语

《国际贸易术语解释通则》（International Rules for the Interpretation of Trade Terms）是全球范围内影响力最大的有关贸易术语的国际惯例，是由国际商会为统一解释贸易术语而邀请各方面专家和学者制定的一套国际规则。该规则习惯上被称为Incoterms，最早产生于1936年，后经1953、1967、1976、1980、1990、2000、2010、2020年多次修订，最新文本为《Incoterms® 2020》，国际贸易惯例在适用的时间效力上并不存在“新法取代旧法”的说法，因此《Incoterms® 2020》实施之后，其他版本的《Incoterms》均有效，当事人在订立贸易合同时仍然可以选择适用的版本。

国际贸易中经常使用并且与远洋运输密切联系的术语有FAS、FOB、CIF和CFR，根据《Incoterms® 2020》 的规定，分别说明如下：

（一）FAS（... Named Port of Shipment）装运港船边交货（……指定装运港）

1. FAS（Free Alongside Ship）的含义

卖方在指定的装运港将货物交到买方指定的船边，即完成交货。买方承担自此时起货物灭失或损坏的一切风险、费用。

2. 卖方的基本义务

（1）必须提供符合国际贸易合同规定的货物、商业发票和通常的运输单证或有同等效力的电子记录或程序；

（2）办理出口许可证或其他官方许可文件并承担风险和费用，办理货物出口所需的一切海关手续；

（3）应买方要求并由其承担风险和费用，卖方必须提供给买方订立保险时所需要的信息；

（4）必须在买卖合同约定的日期或期限内，在规定的装货港内买方指定的装货地点，按照该港习惯方式，将货物交至买方指定的船边，并给予买方充分的通知；

（5）承担货物运至规定的装货港船边之前的灭失、损坏的一切风险；

（6）负担货物在运至规定的装货港船边之前的一切费用；

（7）必须支付为交货所需进行的检查费（如核对货物品质、丈量、过磅、点数的费用）以及出口国有关当局强制进行的检验费用。

3. 买方的基本义务

（1）办理进口许可证或其他官方许可文件并承担风险和费用，办理货物进口所需的一切海关手续；

（2）订立从指定装运港到目的港的运输合同、支付运费，并及时给予卖方有关船名、装船地点和要求交货时间的充分通知；

（3）承担货物运至规定的装货港船边之后的灭失、损坏的一切风险；

（4）负担货物在运至规定的装货港船边之后的一切费用；

（5）受领卖方提供的各项单证，按合同规定支付货款。

（二）FOB（...Named Port of Shipment）装运港船上交货（……指定装运港）

1. FOB（Free on Board）的含义

卖方在指定的装运港将货物装上买方指定的船舱后，即完成交货，买方承担从此时起货物灭失或损坏的一切风险。其在我国通常称之为“离岸价格”。

2. 卖方的基本义务

（1）必须提供符合国际贸易合同规定的货物、商业发票和通常的运输单证或有同等效力的电子记录或程序；

（2）办理出口许可证或其他官方许可文件并承担风险和费用，办理货物出口所需的一切海关手续；

（3）应买方要求并由其承担风险和费用，卖方必须提供给买方订立保险时所需要的信息；

（4）在约定的日期或期限内，在指定的装运港，按照该港习惯方式，将货物装上买方指定的船舶，并及时通知买方；

（5）承担货物在指定的装运港装上船之前灭失或损坏的一切风险；

（6）负担货物在指定的装运港装上船之前的一切费用；

（7）支付为交货所需进行的货物检查费用。

3. 买方的基本义务

（1）办理进口许可证或其他官方许可文件并承担风险和费用，办理货物进口所需的一切海关手续；

（2）订立货物运输合同并支付运费，将船期、船名、装船地点及要求交货的时间及时通知卖方；

（3）承担货物在指定的装运港装上船之后灭失或损坏的一切风险；

（4）负担货物在指定的装运港装上船之后的一切费用；

（5）受领卖方提供的各项单证，按合同规定支付货款。

4. 装船费用的负担

在FOB条件下，卖方负责支付货物在指定的装运港装上船之前的一切费用。但各国对于“装上船”的概念没有统一的解释，有关装船的各项费用由谁负担，各国的惯例或习惯做法也不完全一致。如果采用班轮运输，船方管装、管卸，装卸费计入班轮运费之中，由负责订舱并支付运费的买方承担；如果采用航次租船运输，船方一般不负担装卸费用。为了进一步明确装船费用的划分，买卖双方在订立合同时，往往在FOB之后加列各种附加条件，主要包括以下几种形式：

（1）FOB班轮条款（FOB Liner Terms）

FOB班轮条款指有关装船费用如同以班轮装运那样由支付运费的一方（买方）负担，即卖方不负担装船的有关费用。

（2）FOB吊钩下交货（FOB under Tackle）

FOB吊钩下交货指卖方将货物置于买方指定船舶的吊钩可及之处，即从货物起吊开始，吊装入舱及其他各项费用概由买方负担。

（3）FOB船上交货并积载（FOB Stowed，FOBS）

FOB船上交货并积载指卖方负责将货物装入船舱并承担包括积载费在内的装船费用。

（4）FOB船上交货并平舱（FOB Trimmed，FOBT）

FOB船上交货并平舱指卖方负责将货物装入船舱并承担包括平舱费在内的装船费用。

（5）FOB船上交货并积载和平舱（FOB Stowed and Trimmed，FOBST）

FOB船上交货并积载和平舱指卖方负责将货物装入舱内，并承担舱内积载费和平舱费。

另外，对需要绑扎的大件货，可在贸易合同中订入FOB Lashed价格条件，即FOB加“绑扎条件”，以明确由卖方负责货物的绑扎费。

FOB的上述附加条件只是为了表明装船费用由谁负担，并不改变FOB的交货地点以及风险划分的界限。如果贸易合同中没有就货物装船费用由谁负担加以明确，则应根据货物装船港的惯例确定。

5. FOB与海上货物运输合同中装卸费用条款的关系

在FOB条件下，买方除在贸易合同中与卖方约定装船费用的承担方外，还需要依据贸易合同的规定与船方签订海上货物运输合同并约定装船费的承担方。假如买方在上述两个合同中均约定本方承担装货费用而卖方和船方均不承担装船费用，则会出现无人承担装船费用而不能装货的情况；反之，则会出现卖方和船方为一次装货而重复支付装船费用的情况，造成费用上的损失。为保证在装货港始终有一方支付装卸费用，买方在签订运输合同时，应使运输合同中的装卸费用条款与贸易合同中的FOB附加条件相衔接。例如：

（1）如果贸易合同中采用FOBS或FOBST等卖方承担装船费用的条款，买方在签订航次租船合同时，应选择船方不负担装货费用的条款，即F.I、F.I.O、F.I.O.S.T或F.I.L.O，不应选择船方负担装货费用的Liner Terms。

（2）如果贸易合同中采用FOB under Tackle等卖方不承担装船费用的条款，买方在签订航次租船合同时，应选择船方负担装货费用的Liner Terms等。

我国远洋船舶在国外港口装货，如果按照贸易合同的规定装货费用应由国外货方负担，当港口有关部门向船方提出要求签认货物装船费用时，船方应尽量与货方取得联系，协调处理好货物装船费用的支付问题。

（三）CIF（...Named Port of Destination）成本、保险费加运费（……指定目的港）

1. CIF（Cost Insurance and Freight）的含义

在装运港当货物装上船时卖方即完成交货。卖方负责签订运输合同，支付将货物运至指定目的港所需的运费和费用，并办理货物保险，支付保险费。但货物灭失或损坏的风险在货物交到船上时由卖方转移到买方。其在我国通常称之为“到岸价格”。

2. 卖方的基本义务

（1）必须提供符合国际贸易合同规定的货物、商业发票和通常的运输单证或有同等效力的电子记录或程序；

（2）办理出口许可证或其他官方许可文件并承担风险和费用，办理货物出口所需的一切海关手续；

（3）订立货物运输合同并支付运费，在约定的日期或期限内，在装运港将货物交付至船上后通知买方，并将货物按习惯航线用船舶运至指定的目的港；

（4）办理货物运输保险并支付保险费；

（5）承担货物在指定的装运港装上船之前灭失或损坏的一切风险；
（6）负担货物在指定的装运港装上船之前的一切费用；
（7）支付为交货所需进行的货物检查费用。

3. 买方的基本义务

（1）办理进口许可证或其他官方许可文件并承担风险和费用，办理货物进口所需的一切海关手续；
（2）承担货物在指定的装运港装上船之后灭失或损坏的一切风险；
（3）负担货物在指定的装运港装上船之后的一切费用；
（4）受领卖方提供的各项单证，按合同规定支付货款。

4. 费用与风险划分界线

按CIF条件成交，风险转移的界限是以装运港货物装上船时为依据，属于装运港交货的贸易术语，卖方只保证按时装上船，并不保证货物按时抵达目的港，也不承担将货物运送到目的港的义务。在费用划分上，卖方只向承运人支付从装运港至目的港的正常运费，途中发生意外事故而产生的额外费用由买方负担。

5. 保险性质及保险险别

按CIF条件成交，卖方负责订立保险合同，按约定的险别和金额投保货物运输险，支付保险费，提交保险单。但卖方是为买方的利益办理保险，属代办性质。货物在运输途中灭失或损坏的风险由买方负担。如发生保险事故，买方凭保险单直接向保险公司索赔，能否得到赔偿，卖方概不负责。按照《Incoterms® 2020》对CIF的解释，卖方只需投保最低的险别，除非在合同中另有约定，即在买方要求并由其承担费用的情况下，可加保战争险、罢工险。

6. 卸货费用的负担

按CIF条件成交，关于卸货费用的负担问题，各港口有不同的惯例。由于世界上各港解释“装上船”交货的分界线很不一致，容易在目的港卸货费由谁负担上发生争执。为了分清买卖双方的责任，明确卸货费由谁负担的方法是在CIF贸易术语后加列附加条件，其主要有以下几种形式：

（1）CIF班轮条件（CIF Liner Terms）

CIF班轮条件指有关卸货费用如同以班轮装运那样由支付运费的一方（卖方）负担，即买方不负担卸货费。

（2）CIF卸至岸上（CIF Landed）

CIF卸至岸上指由卖方负担货物卸到码头上的各项有关费用，包括驳船费和码头费。

（3）CIF吊钩下交货（CIF ex Tackle）

CIF吊钩下交货指卖方负责将货物从船舱卸到船舶吊钩可及之处（码头上或驳船上）的费用。在船舶不能靠岸的情况下，驳船费及货物从驳船卸到岸上的费用，概由买方负担。

（4）CIF舱底交货（CIF ex Ship' s Hold）

CIF舱底交货指货物运达目的港后，自船舱底起一切卸货费用由买方承担。

以上形式只是为了说明卸货费用的负担，并不改变CIF的交货地点和风险划分的界限。

7. CIF与海上货物运输合同中装卸费用条款的关系

在CIF条件下，卖方除在贸易合同中与买方约定卸货费用的承担方外，还需要依据贸易合同的规定与船方签订海上货物运输合同并约定卸货费的承担方。假如卖方在上述两个合同中均约定本方承担卸货费用而买方和船方均不承担卸货费用，则会出现无人承担卸货费用而不能卸货的情况；反之，则会出现买方和船方为一次卸货而重复支付卸货费用的情况，造成费用上的损失。为保证在卸货港始终有一方支付装卸费用，卖方在签订运输合同时，应使运输合同中的装卸费用条款与贸易合同中的CIF附加条件相衔接。例如：

（1）如果贸易合同中采用CIF ex Ship' s Hold等买方承担卸货费用的条款，卖方在签订航次租船合同时，应选择船方不负担卸货费用的条款，即F.O、F.I.O、F.I.O.S.T或F.O.L.I，不应选择船方负担卸货费用的Liner Terms。

（2）如果贸易合同中采用CIF Landed等买方不承担卸货费用的条款，卖方在签订航次租船合同时，应选择船方负担卸货费用的Liner Terms等。

我国远洋船舶在国外港口卸货，如果按照贸易合同的规定，卸货费用应由国外货方负担，当港口有关部门向船方提出要求签认货物卸船费用时，船方应尽量与货方取得联系，协调处理好货物卸船费用的支付问题。

（四）CFR（...Named Port of Destination）成本加运费（……指定目的港）

1. CFR（Cost and Freight）的含义

CFR是指货物在装运港装上船后，卖方即完成交货，卖方支付将货物运至指定目的港所需的运费和其他费用。但交货后货物灭失或损坏的风险，以及由于各种事件造成的任何额外费用，由卖方转移到买方。

2. 风险、责任、费用划分

CFR与CIF的不同之处仅在货物的保险一项。在CFR条件下，货物的投保和支付保险费由买方负担。除此之外，买卖双方责任、费用与风险划分完全相同，CIF关于卸货费承担的附加条件完全适用于CFR条件。

按CFR条件成交，卖方安排运输，但由买方办理货运保险，所以卖方在货物装上船后应及时通知买方，以便买方办理保险。否则，因此造成买方漏保货运险而引起的损失应由卖方负担。

（五）FAS、FOB、CIF、CFR四个贸易术语的比较

FAS、FOB、CIF、CFR四个贸易术语在签订运输合同、办理货物保险、风险转移界限等方面存在着差异与共性，比如：FAS与FOB均由买方负责签订海上货物运输合同，而CIF与CFR均由卖方负责签订海上货物运输合同；FOB、CIF、CFR三个术语下，买卖双方对货物发生灭失、损坏的风险划分界限均在装运港船上；FAS、FOB、CFR三个术语均由买方为货物投保。有关上述四个术语的比较如表11-1所示。

表11-1 FAS、FOB、CIF和CFR的比较

装货港交货术语	买卖双方风险划分	装船费用				租船订舱支付运费	办理保险支付保费	办理进出口手续	
		装船前	装船	卸船	卸船后			出口	进口
FAS	装运港船边	卖方	买方	买方	买方	买方	买方	卖方	买方
FOB	装运港船上	卖方	按合同	买方	买方	买方	买方	卖方	买方
CIF	装运港船上	卖方	卖方	按合同	买方	卖方	卖方	卖方	买方
CFR	装运港船上	卖方	卖方	按合同	买方	卖方	买方	卖方	买方

第二节 远洋货运单证及货损、货差处理

在国际海上货物运输中，货物从托运、装船，直到卸货、交付的每一环节中都需要编制各种单证，这些单证种类繁多，且因国家、地区的规定和习惯的差异而有所不同，但主要单证的基本内容、形式和作用大致相同。虽然远洋货运单证的“电子化”已成为必然趋势，但其作用与传统的单证并无两样，这些单证既是货方与船方之间办理货物交接的证明，也是货方、船方、港方等有关单位之间从事业务工作及划分责任的依据。现将国际上通用的以及我国航行于国际航线船舶使用的主要单证介绍如下。

一、装船单证

（一）托运单（Booking Note，B/N）

（1）托运单是托运人或其代理人根据贸易合同和信用证的有关内容填制的，向承运人或其代理人办理货物托运的单证。

（2）承运人或其代理人根据托运单的要求，结合航线、挂靠港、船期和舱位等因素的考虑，接受托运并指定船名后，留下托运单，并将装货单交给托运人填写。托运单一经承运人签认，即表示承运人与托运人之间的货物运输合同关系成立。

（3）托运单的主要内容包括：托运人、收货人与通知方的名称；船名；目的港；货物的名称、标志与号数、件数、重量与尺码；运费与支付方式；托运人与承运人的特约事项，如货物可否转船、可否分批、装船期限等；托运人及承运人或其代理人的签字。

（二）装货单（Shipping Order，S/O）

（1）装货单，是由托运人按照托运单的内容填制，交船公司或其代理人审核并签章后，据以要求船长将货物装船承运的凭证。

（2）托运人凭承运人签发的装货单，连同与货物有关的其他单证，向海关办理出口货物报关手续。如经海关查验，准予出口，则在装货单上加盖海关放行图章，表示该票货物允许装船出口。此时的装货单习惯上称为“关单”。船长或大副依据“关单”接收货物装船承运。

（3）装货单通常一式三联。第一联是留底联，用作编制装货清单；第二联是装货单正本，是货主向海关办理货物出口申报手续的凭证，是船公司下达给船长接收货物装船承运的命令；第三联是收货单，习惯上称为“大副收据”，是船方接收货物并已装船后，由大副签发给托运人的收据。除上述三联外，根据业务需要，还可增加若干份副本，如外代留底联、运费计算联、理货公司留底联、货运代理留底联等。在我国增加了运费计算联和运费收取联。

（4）装货单上除应记载与托运单内容相同的托运人名称、船名、目的港及货物的名称、标志、件数和重量等内容外，还有在货物装船后由理货人员填写的货物装船时间、装船位置、实装货物数量以及理货人员的签名等内容。

（三）收货单（Mate’s Receipt，M/R）

（1）收货单，是指货物装船后，由承运船舶的大副签署给托运人，作为船方已收到该票货物并已装上船舶的凭证。

（2）收货单是装货单的第三联，除了增加大副签署一栏外，其所记载的内容和格式与装货单完全一样。

（3）收货单的主要作用：

①划分船、货双方责任的重要依据

承运人对货物承担的责任通常是从装船开始的，对于装船前发生的货损，承运人不承担责任。所以，货物装船时，承运船舶的大副必须仔细核对货物的实际情况与装货单的记载是否相符。如发现包装不当或不牢固，或有损坏现象，或有明显的迹象表明可能损坏，大副有权在收货单上加以批注，从而在一定程度上使船方减轻或免除赔偿责任。这种在收货单上记载有关货物外表状况不良或缺陷的情况称为“批注”，习惯上称为大副批注。一旦收货单上有了此类批注，此时的收货单便称作不清洁收货单（Foul Receipt），反之称为清洁收货单（Clean Receipt）。

②据以换取已装船提单的单证

货物装船后，经大副签字的收货单由理货公司转交，退还给托运人或其代理人后，托运人或其代理人持收货单到承运人或其代理人处付清预付运费，换取已装船提单。如果收货单上附有大副批注，除非经承运人同意凭托运人提交的保函换取清洁提单外，承运人应如实地将大副批注转批到提单上。

（4）大副批注收货单时应注意的问题：

①认真检查货物的外表状况并核对收货单上记载的货名、标志、件数、目的港、收货人、装船时间、装船位置与实装货物是否相符。

②为了正确处理好批注问题，大副应避免在收货单上做过多的批注。装货时应密切注意货物情况，批注内容与事实相比，既不应扩大，也不要缩小，批注用词切忌含糊不清。批注的内容要具体、明确、肯定，不能使用“许多”“少量”“部分”等不定量词。

③当发现货物外表状况不良，有残损、污渍，势必影响货运质量而必须在收货单上给予批注的，应在货物装上船之前要求托运人调换或修理好。如来不及调换或修理，必须批注的，应根据有关航运惯例，如实地、公平合理地予以处理。

④装货时，大副发现发货人以次充好，以旧货顶新货和货物在装船时已存在某种残损而带来严重后果等问题，应在收货单上加以严格的批注。

⑤根据货物本身价值的不同，批注要求也不一样。对贵重货物，除在装货时加强监督、检查外，凡有缺陷都应严格批注。例如：成套进口设备原则上不加批注，应要求退货。

⑥批注不要重复提单背面条款中已有的免责内容，更不能与提单条款有矛盾。例如提单中通常规定：“本提单关于木材装船时外表状况良好的任何记载，并不表示承运人承认木材没有沾污、裂缝、洞孔或碎块。承运人对木材的沾污、裂缝、洞孔或碎块不负责任。”因此，在装运木材时，发现上述情况就无须在收货单上再做批注。

⑦当船方对托运人申报的货物的数量或重量等情况有合理的怀疑，或无合理的方法进行核对时，可以引用“不知条款”在收货单上注明“托运人提供的重量”等。

（四）装货清单（Loading List，L/L）

（1）装货清单，是指承运人或其代理人根据装货单留底，将全船待装货物按目的港和货物性质归类，依航次靠港顺序排列编制的装运货物汇总清单。

（2）装货清单主要内容包括装货单编号、货名、件数、包装形式、毛重、估计尺码及对装运特种货物的要求或注意事项的说明等。

（3）如有增加或取消货载情况发生，则承运人或其代理人须及时填制加载清单（Additional Cargo List），或取消载货清单（Cancelled Cargo List），并及时通知船上。

（4）装货清单的作用：

①装货清单是承运船舶的大副编制配载计划的重要依据。这份单证内容是否正确，对能否正确、合理地编制配载计划具有十分重要的影响。

②装货清单是现场理货人员进行理货，港方安排驳运、进出库场及承运人据以掌握托运人备货情况等的业务单据。

（5）大副在使用装货清单时应注意的事项：

①对装货清单做全面核对与估算。当装货清单送上船后，大副必须检查装货清单的内容、项目是否齐全，特别是尺码、毛重、货物的性质等项。注意装货清单中提供的资料是否已将货物装舱的亏舱率（Broken Space）考虑在内，然后再估算船舶净载重量和容积与所提供的货物总重量和容积是否接近，前者是否大于后者。

②必须特别注意备注栏内对特种货物运输的专门要求，对某些重大件或不常见的包装货物，应在查看货件后再配舱。

（五）载货清单（Manifest，M/F）

（1）载货清单又称舱单，是由船公司或其在装货港的代理人根据收货单或提单按卸货港分票编制的全船实际载运货物的汇总清单。

（2）载货清单的记载事项主要包括：船名、装货港、卸货港、提单号、货物标志、货名、件数及包装、重量与尺码、航次、船长姓名、开航日期等。

（3）根据船舶办理出口和进口报关的不同，载货清单可分为“出口载货清单”“进口载货清单”“过境货物载货清单”。若船舶在港口未进行装货，办理船舶出口报关手续时，也应向海关提交一份经船长签字并注明“无货出口”字样的出口载货清单；反之，船舶未载货进口，应向海关提交一份经船长签字并注明“无货进口”字样的进口载货清单。

（4）载货清单的主要作用：

①船舶办理进（出）口报关手续的单证

货物全部装船后开航前，应将由船公司或其在装货港的代理编制的经船长签字的载货清单送海关，据以办理船舶出口报关手续。海关凭此验货放行。船舶装货完毕离港时，还需随带若干份载货清单，以备船舶中途挂港或驶抵卸货港时，办理进口报关手续之用。

②船舶载运所列货物的证明

载货清单是船舶的随船单证之一，船上实际载运货物应与载货清单上所列一致。如果船舶货舱内所载运货物没有在载货清单上列明，海关可按走私论处，有权依据海关法进行处理。

③业务联系的单证

载货清单的留底，常作为承运人在装货港的代理人拍发开航货载电报的依据，也是向船长及船公司或其在卸货港的代理人发出更正通知的依据。当承运人在卸货港的代理人尚未收到本航次货运资料时，也可将随船携带的载货清单复制，用作安排泊位、货物进出库场和卸货准备的依据。

④计费的依据

载货清单准确无误地记载了计算运费和代理费所需要的资料。因此，它是计收运费和代理费理想的依据。只是由于载货清单须在船舶开航前编制，而计算运费需时较多，在实际业务中，才以载货运费清单代替载货清单作为结算运费和代理费之依据。

（六）提单（Bill of Lading，B/L）

提单是承运人签发给托运人，用以证明海上货物运输合同和货物已经由承运人接收或装船，并保证据以交付货物的单证。有关提单及其业务的相关知识，详见第十二章第五节“提单及其业务”。

（七）载货运费清单（Freight Manifest，F/M）

（1）载货运费清单又称运费清单或运费舱单，是由船公司或其在装货港的代理人按卸货港及提单序号逐票列明的所载货物应收运费的明细表。

（2）载货运费清单是船舶代理人向船公司结算代收费明细情况的单证，也是船公司营运业务中主要资料之一。其内容除载货清单的记载事项外，还增加了运费率、计费吨、预付或到付的运费额等。因为载货运费清单包括载货清单的内容，所以也可代替载货清单作为船舶进出口报关及安排卸货应急之用。

（3）在实际业务中，通常在编制载货清单时，同时编制载货运费清单与载货清单记载事项相同的部分，等船舶开航后，再按照实装货物计算运费，将有关运费的事项记载于载货运费清单中，然后寄给承运人在卸货港的代理人。目前，有些国家为了简化制单工作，将载货清单和载货运费清单合并，这样，作为载货清单时，不填写与运费计收有关的栏目；作为载货运费清单时，则填写该栏目。

（八）危险货物清单（Dangerous Cargo List）

（1）危险货物清单是专门列出船舶实际载运全部危险货物的明细表。其记载的内容除装货清单、载货清单所应记载的内容外，特别增加了危险货物的性能和装船位置两项。

（2）为了确保船舶、货物、港口及装卸、运输的安全，包括我国港口在内的世界上很多国家的港口都专门做出规定，凡船舶载运危险货物都必须另行单独编制危险货物清单。而且通常各港口的海事管理机构都规定，装运危险货物的船舶必须向当地的海事管理机构申请办理船舶载运危险货物进出港口审批手续。装船完毕后由负责监装的海事管理机构签发一份危险货物安全装载证书，该证书是船舶载运危险货物时必备单证之一。

（3）危险货物清单不仅是船舶、货物进出口报关和船舶配载的必需单证，而且是装卸货港口的有关当局对危险货物予以监管的必要凭证，也是船员了解船上所载危险货物的情况，保证货物的装卸和运输安全的单证。

（九）货物配载图（Cargo Plan）和货物积载图（Stowage Plan）

1. 货物配载图

货物配载图是承运船舶的大副在开始装货前，按船公司或其代理人提供的装货清单，根据船舶结构、货舱容积、货物性质、重量、尺码以及货物到港顺序，绘制的以标明货物在舱内的计划装舱位置的单证。其作用包括：

（1）向现场理货和港方指明所装货物的计划装舱位置。

（2）指导各有关方按配载计划的要求接收货物和安排船舶装货作业。

2. 货物积载图

货物积载图是货物装船完毕后，理货组长按实际装载情况重新绘制的表示货物实际装舱位置的实载图。其作用包括：

（1）船方进行货物运输、保管、照料和卸货工作的必备资料。

（2）卸货港安排卸货作业和现场理货的重要依据。

二、卸船单证

在卸货港，承运人的代理人收到舱单、货物积载图、分舱单等必要装船单证后向海关办理船舶进口报关手续并做好卸货准备，同时向收货人发出到货通知。在卸货和交付货物过程中，为明确交接责任，通常要签发一些能够证明船方与装卸公司或收货人之间交接货物实际情况的单证。在不同国家和港口所使用的卸货单证名称可能不同，但都包括了能如实反映卸货过程及所卸货物实际状况的内容。

卸货时，国外港口多使用过驳清单和卸货报告，而我国使用货物残损单和货物溢短单，它们都是用来证明到港船舶卸货时所交接货物实际情况和区分交接责任的单证。

（一）过驳清单（Boat Note，B/N）

（1）过驳清单是在卸货港采用驳船作业时采用的，作为证明货物交接和表明所交接货物实际情况并据以划分责任的单证。

（2）过驳清单是根据卸货时的理货单证编制的，其内容包括驳船名、货物品名、标志、号码、件数、舱口号、过驳清单编号、卸货港、卸货日期、货物的残损情况和程度等。

（3）在使用过驳清单时，应注意以下事项：

①过驳清单上的批注与大副收据上的批注应一致；

②过驳清单必须由理货组长和大副双方共同签字确认；

③过驳清单多在日本及欧洲港口使用，在一些不使用过驳清单的港口，则使用卸货报告。

（二）卸货报告（Outturn Report）

（1）卸货报告是按照在装货港编制的出口舱单和在卸货港卸下的全部货物重新按票汇总的一份详细的进口载货清单，它比装货港的出口舱单增加了如下项目：卸货方式（是将货物卸岸入库，还是装车或过驳）、实交数量、溢短数量、残损情况和备注等。

（2）卸货报告是船方和理货人员共同签署的，用以证明货物已卸船交付及表明货物实际情况的单证。实践中，对所卸货物的外表状况、溢短等情况均可在卸货报告备注栏内批注，并经理货组长、装卸公司或货方代表与大副共同签认。

（三）货物残损单（Broken & Damaged Cargo List）

货物残损单是指货物卸完后，现场理货人员根据卸货过程中发现的货物破损、水湿、汗渍、油渍、污渍等情况汇总编制的表明货物残损状况的单证。货物残损单可作为事后处理货物残损及划分承运人与货方责任的原始资料和依据之一。

（四）货物溢短单（Overlanded & Shortlanded Cargo List）

货物溢短单是当所卸下的货物与提单（或舱单）所记载的数字有差异，发生溢卸或短卸，理货公司待该船卸货完毕，理清件数后汇总编制的单证。其是记载进口货物件数溢出和短少的证明。船方签认后，其可作为船、货双方货物交接凭证，是向有关港口发出货物查询单的依据。

收货单、货物残损单或货物溢短单是证明船方责任起止的重要证据。如果收货单和货物残损单或货物溢短单上的批注一致，则可以证明船方在运输过程中没有给货物造成损害。假如在此以后发现了未经批注的货物损坏情况，除非属于特殊原因，否则所有这些卸货后发现的损坏或灭失都不应归于船公司的责任，另有约定的除外。

（五）提货单（Delivery Order，D/O）

（1）提货单是收货人凭正本提单向承运人或其代理人换取的，凭以在码头、仓库或船边提取货物的凭证。提货单不具备流通性，其上通常标有“禁止流通”（Non-negotiable）字样。

（2）凭提单换取提货单是收货人在目的港向承运人要求提取货物的必要程序。实践中，收货人将提单交给承运人在卸货港的代理人，并付清必要费用（如到付运费、共同海损分摊等），经代理人审核无误后，签发提货单交给收货人，然后收货人再凭提货单前往码头、仓库提取货物。

（3）签发提货单时的注意事项：

①只有凭合法提单持有人的正本提单才能签发提货单，凭收货人提交的副本提单和有效担保函（一般由银行出具）签发提货单时，应当慎重；

②承运人或其代理人应仔细核对提单和舱单，将船名、货物名称、件数、重量、包装、标志、提单号、收货人姓名等记载在提货单上并签字确认；

③应将提单上的非清洁批注转批至提货单上；

④对注明到付运费的提单，船方应在收货人付清运费及有关费用后，才能签发提货单。

三、货损、货差的处理

在海上货物运输中，货损、货差以及货物的溢短卸时有发生，船方在处理时应当仔细、谨慎，充分运用有关的法律及国际公约，保护自己应有的合法权益。

（一）货损的责任归属

货损可能是由货方、船方、港方或第三方所致，在确定残损货物责任时一般应遵循下列原则：对于出口货物原残，由港方或货方负责；对于进口货物原残，由船方负责；至于工残，则由港方负责。

1. 原残

商品付运前已经存在的残损，称为原残。在实践中，还有船残、港残之分。船残是指货物在装船后至卸货前在船上所发生的残损；港残是指在装卸港仓库或货场等处因堆放或保管不善等而产生的残损。

在班轮杂货运输的情况下，为了集中装船和集中卸货，一般采用仓库收货和仓库交货，并由港方进行货物装卸和在仓库接收、交付货物。显然，对于出口货物，原残既可能是商品在付运前已存在的残损，也可能是港残；对于进口货物，原残既可能是装船前原已存在的残损，也可能是船残。

2. 工残

工残是指装卸工人在装卸货物时，由于操作不当或者违反操作规章，或由于装卸机械不良，或工人粗暴搬运所造成的残损。

在实践中，无论是原残还是工残，均有可能是因意外事故或自然灾害所致。

（二）货差的主要原因

海上货物运输中产生货差的原因主要有发货人发货数字不准确或发货标志不清、港口漏装或错装、装舱混乱或隔票不清、误卸、理货不清等。

（三）货损、货差的处理

1. 运输期间对货损、货差的处理

船长或大副在运输途中发现货损、货差时，应及时采取有效措施防止损失扩大，并将货损情况、原因及处理经过记入航海日志。货损严重的应电告公司。

2. 卸货时对货损、货差的处理

（1）卸货时，船方应密切关注已损坏货物的变化情况，并随时记录有关情况，将受损货物与完好货物分开堆放。如在卸货中又造成新的损坏，应分清残损货物哪些是原残，哪

些是工残，以便日后分清残损责任。

（2）船方的处理原则：货物起卸前在船上发现的残损，船方在签认理货现场记录时，应使用与收货单相同的批注说明残损责任在托运人；卸货时未经理货人员验看确认而卸下船的残损货物按工残处理；进口货物发现原残，船方应与理货人员随时查验或集中验看，船方应在理货人员编制的现场记录上签字。

3. 对船长或大副签认货物残损单和货物溢短单的要求

（1）在我国，理货公司为船方办理完货物交接手续后，船长或大副在进口货物溢短单、残损单上签认，以表明船方对理货结果的确认。签认必须持慎重态度，坚持实事求是的原则；签认是对托运人履行义务和承担责任；签认是船方对理货工作的确认和信任；签认是划分承运人与托运人双方责任的依据与证明。

（2）货物残损单和货物溢短单都是收货人向船公司索赔和船公司理赔的依据之一，必须经船方（船长或大副）和理货人员共同签署才有效。所以船方在签字时必须认真核对，确属船方责任时，才予以签认。若对残损情况、溢短数字持有不同意见，应与装卸公司及理货人员协商并尽可能取得一致意见，否则可以在残损单和溢短单上加适当的保留批注。当然，对在装货港即已发现并在大副收据中加以批注了的原残，大副可以照签不误。

第三节 港口使费的构成

港口使费是航运公司三大营运成本（船期费、燃油费和港口使费）之一，是船公司计算营运成本的重要指数，是核算航次利润的主要依据，也可称之为航次费用或可变费用。

一、港口使费的概念

港口使费，又称港口费用，是指作为供船舶停靠装卸货物或上下旅客的港口，凭自己拥有的设备、设施和人力，为船舶运输和货物装卸提供劳务，根据有关规定标准，向各个服务对象收取的费用。不同国家征收港口使费的项目、费率和计收办法各有不同。

二、港口使费的分类

（一）按收费类型分

1. 港口劳务费

港口劳务费通常由港口企业收取，主要包括装卸费、货物保管费、移泊费、拖船费、系解缆费、开关舱费等项目。

2. 港口规费

港口规费是指港口管理当局按有关规定向船方或货方征收的港口非劳务费，包括船舶港务费、货物港务费、港口建设费等项目。

2015年8月25日，我国财政部、国家发展和改革委员会发布《关于取消有关水运涉企行政事业性收费项目的通知》，明确自2015年10月1日起取消船舶港务费，对降低企业成本、规范市场竞争发挥了积极作用。目前我国是世界上第一个取消船舶港务费的国家。

（二）按付费对象分

1. 船舶费用

船舶费用是由有关部门向船舶征收的港口费用，通常以船舶的总吨位或净吨位为计费的依据，主要包括船舶吨税、船舶港务费、引航费、拖船费、系解缆费、开关舱费、停泊费以及与船方有关的杂项作业费等。

2015年7月22日，我国交通运输部会同国家发改委出台了《关于调整港口船舶使费和港口设施保安费有关问题的通知》，规范港口船舶使费收费项目，港口经营人和引航机构提供船舶进出港服务，可收取引航（移泊）费、拖船费、停泊费、围油栏费、驳船取送费、特殊平舱费以及垃圾处理、供水、供油、供电服务收费等费用，除此之外不得收取其他任何费用。取消现行收取的靠垫费，以及引航费中的引航员滞留费和引航计划变更费，将系解缆费、开关舱费并入停泊费收取。

2. 货物费用

货物费用，即向货物征收的港口使费，主要有货物港务费、装卸费、搬运费、堆存费、平舱费、理货费、港口建设费、货物保管费等，一般按货物的重量、尺码、件数计费。

3. 使用服务费

使用服务费是根据船方或货方提出申请，要求港口提供设备或服务，而按港口规定支付的费用的统称。

（三）按港口收费定价不同分

根据我国《港口收费计费办法》（以下简称《办法》）的规定，港口收费包括实行政府定价的港口使费、政府指导价的港口使费和市场调节价的经营服务性收费。

（1）实行政府定价的港口使费

实行政府定价的港口使费包括货物港务费、港口设施保安费，必须按照规定的收费标准计收。实行政府定价的港口收费标准按本《办法》规定的费率确定。

（2）实行政府指导价的港口使费

实行政府指导价的港口收费包括引航（移泊）费、拖船费、停泊费和围油栏使用费，其应以我国《港口收费计费办法》规定的收费标准为上限，港口经营人和引航机构可在不超过上限收费标准的范围内自主制定具体收费标准。实行政府指导价的港口收费标准按本《办法》规定的基准费率、附加收费、优惠收费合计确定。

（3）实行市场调节价的经营服务性收费

实行市场调节价的港口收费包括港口作业包干费、库场使用费、船舶供应服务费、船舶污染物接收处理服务费、理货服务费，其应由港口经营人根据市场供求和竞争状况、生产经营成本和服务内容自主制定收费标准。

三、国际航行船舶港口使费的主要项目

根据我国现行《港口收费计费办法》并结合国际惯例，介绍国际航行船舶港口使费的主要项目。

（一）船舶费用

1. 船舶吨税（Tonnage Dues）

船舶吨税是海关在设关口岸对自境外港口进入境内港口的船舶按其吨位征收的一种税，主要用于航道航标设施建设与管理。船舶吨税通常按船舶净吨位分为若干级别制定税率，以30天、90天或1年为计征期。在一个计征期内，同一船舶不论进港几次，只收一次吨税。凡与港口所在国家签订的贸易、通航协定中有“优惠国条款”规定者，可享有最惠国待遇，按优惠税率计征；反之按普通税率征收。

《中华人民共和国船舶吨税法》对征收船舶吨税做了如下规定：

（1）自中华人民共和国境外港口进入境内港口的船舶，应当缴纳船舶吨税。船舶吨税设置优惠税率和普通税率。税率分为1年期、90天期与30天期，由应税船舶按其船舶净吨乘以适用税率计算交纳。

（2）中华人民共和国籍的应税船舶、船籍国（地区）与中华人民共和国签订含有相互给予船舶税费最惠国待遇条款的条约或者协定的应税船舶，适用优惠税率。其他应税船舶，适用普通税率。

（3）下列船舶免征吨税：应纳税额在人民币50元以下的船舶；自境外以购买、受

赠、继承等方式取得船舶所有权的初次进口到港的空载船舶；吨税执照期满后24 h内不上下客货的船舶；非机动船舶（不包括非机动驳船）；捕捞、养殖渔船；避难、防疫隔离、修理、终止运营或者拆解，并不上下客货的船舶；军队、武装警察部队专用或者征用的船舶；警用船舶；依照法律规定应当予以免税的外国驻华使领馆、国际组织驻华代表机构及其有关人员的船舶；国务院规定的其他船舶。

2. 引航（移泊）费

不少国家规定，凡外籍船舶进出本国港口和在港内移泊原则上都实行强制引航，为此船方必须支付按港口引航规定的引航费。各港的引航费计征办法也不一致，有的按船舶净吨计收；有的按船舶吃水和净吨双重因素计收；少数按照船舶长度和吃水计收；也有的按照里程计收，并对进港、出港和港内移泊规定不同费率，夜间、星期日和节假日需计收附加费。

我国《港口收费计费办法》对引航（移泊）费做了如下规定：

（1）引领航行国际航线船舶进、出港以及在港内移泊，按"航行国际航线船舶港口收费基准费率表"规定的费率，以船舶"计费吨"或"计费吨·海里"向船方或其代理人计收引航费，起码计费吨为2 000计费吨。航行国内航线船舶黑龙江水系的港口引航（移泊）起码计费吨为300计费吨，其他航行国内航线船舶的港口引航（移泊）起码计费吨为500计费吨。

（2）引航距离在10 n mile及以内，且引领船舶在120 000净吨及以内的引航费，按规定费率计收。引航距离在10 n mile及以内，且引领船舶超过120 000净吨的引航费按49 000元计收。

（3）引航费按第一次进港和最后一次出港各一次分别计收。引领航行国际航线船舶过闸，引航费加收过闸引领费。引领国际航线船舶在港内移泊，按规定费率按次计收移泊费。

（4）航行国际航线船舶节假日或夜班的引航（移泊）作业应根据实际作业情况分别加收引航（移泊）费附加费。节假日、夜班的引航（移泊）作业时间占全部作业时间一半及以上，或节假日、夜班的作业时间大于等于半小时的，节假日或夜班的引航（移泊）费附加费应按规定费率的45%分别加收，既为节假日又为夜班的引航（移泊）费附加费按规定费率的90%一并加收。

3. 拖船费

拖船费是使用港方拖船协助船舶进出港或在港内移泊、调头，向船舶所收的费用。各国通常以拖船马力、使用拖船的艘数和使用时间，向委托方计收费用。夜间、星期日、节假日计收附加费。我国《港口收费计费办法》对拖船费的计收做了如下规定：

（1）航行国际、国内航线船舶每拖船艘次费率按拖船艘次、被拖船类型、船长及被拖船航行水域收费。

（2）沿海港口的船舶靠离泊和引航或移泊使用拖船艘数的配备标准由所在地港口行政管理部门会同海事管理机构提出，各省级交通运输主管部门对其合规性、合理性进行审核后公布。长江干线拖船艘数的配备标准由交通运输部长江航务管理局会同沿江相关省级交通运输主管部门制定，并对外公布。

（3）被拖船舶靠离的泊位与最近的拖船基地距离超过30 n mile但小于等于50 n mile的，其拖船费可按基准费率的110%收取；距离超过50 n mile的，可按120%收取。

（4）拖船费与燃油价格实行联动，燃油价格大幅上涨或下跌致使拖船运营成本发生较大变化时，适当调整拖船费基准费率标准。具体联动机制和办法另行规定。

4. 停泊费

停泊费，是向停泊在港口码头、浮筒的船舶所征收的费用。在国外，停泊费又称为码头费和浮筒费，有的港口按照船舶长度或船舶吨位和等泊时间计收。我国《港口收费计费办法》对停泊费的计收、免征等做了如下规定：

（1）停泊在港口码头、浮筒的船舶，由提供停泊服务的港口经营人向船方或其代理人计收停泊费。

（2）航行国际航线的船舶，停泊费按规定的费率计算，计费单位为“吨·日”。船舶在港口码头、浮筒、锚地停泊以24 h为1日，不满24 h的按1日计。

（3）下列航行国际航线的船舶，按照规定的费率，计费单位以“吨·小时”计收停泊费：货物及集装箱装卸或上下旅客完毕4 h后，由于船方原因继续留泊的船舶；非港口原因造成的等修、检修的船舶（等装、等卸和装卸货物及集装箱过程中的等修、检修除外）；加油、加水完毕继续留泊的船舶；非港口工人装卸的船舶；国际客运和旅游船舶。

（4）停泊在港口锚地的航行国际航线船舶，由负责维护港口锚地的单位向船方或其代理人按规定费率计收停泊费。系靠停泊在港口码头、浮筒的船舶，视同停泊码头、浮筒的船舶计收停泊费。

（5）由于港口原因或特殊气象原因造成船舶在港内留泊，以及港口建设工程船舶、军事船舶和执行公务的公务船舶留泊，免收停泊费。

（6）我国已将解系缆费和开关舱费纳入停泊费计收。在国外港口，系解缆费的计收规定，通常与船舶的吨位或船舶的长度、操作人数、操作次数以及系缆小艇数有关。开关舱费一般不分船舶大小和开、关次数，分别在卸货或装货时计收，按舱口计收开、关舱各一次。

5. 围油栏使用费

我国《港口收费计费办法》对收取围油栏使用费做了如下规定：

（1）船舶按规定使用围油栏，由提供围油栏服务的单位向相关规定明确的布设围油栏义务人收取围油栏使用费。

（2）航行国际航线船舶的围油栏使用费，按规定费率计收。

（二）货物费用

1. 货物港务费

（1）经由港口吞吐的货物及集装箱，由具体负责维护和管理防波堤、航道、锚地等港口基础设施的单位向货方或其代理人收取货物港务费。

（2）《港口收费计费办法》规定，外贸货物港务费进、出港各收一次。

（3）下列货物及集装箱免收外贸货物港务费：凭客票托运的行李；船舶自用的燃物料；本船装货垫缚材料；随包装货物同行的包装备品；随鱼鲜同行的防腐用的冰和盐；随活畜、活禽同行的必要饲料；使馆物品、联合国物品、赠送礼品、展品、样品；国际过境货物；集装箱空箱（商品箱除外）。

2. 港口设施保安费

由于SOLAS公约海上保安修正案与ISPS规则的全面实施，各国均对进、出港货物征收港口设施保安费。我国《港口收费计费办法》对征收港口设施保安费做了如下规定：

（1）经由港口吞吐的外贸进出口货物及集装箱，由取得港口设施保安符合证书的港口经营人，按规定费率向货方或其代理人分别计收进、出港港口设施保安费。

（2）外贸进口货物及集装箱因故停留中途港不再经水运前往到达港或其他港口的，港口设施保安费由中途港计收；因故停留中途港未办理清关手续并继续经水运前往原到达港或其他港口的，港口设施保安费由到达港计收。

（3）下列货物及集装箱免收港口设施保安费：凭客票托运的行李；船舶自用的燃物料；本船装货垫缚材料；随包装货物同行的包装备品；随鱼鲜同行的防腐用的冰和盐；随活畜、活禽同行的必要饲料；使馆物品、联合国物品、赠送礼品、展品、样品；进口化肥、国际转关和国际过境货物及集装箱；集装箱空箱（含商品集装箱）。

（4）外贸进、出口内支线运输集装箱，由承担国际运输段的船方或其代理人向其挂靠港口的港口经营人代交港口设施保安费。

3. 库场使用费

《港口收费计费办法》规定，货物及集装箱在港口仓库、堆场堆存，或经港口经营人同意，在港口库场进行加工整理、抽样等，由港口经营人向货方或其代理人收取库场使用费。库场使用费的收费标准由港口经营人自主制定。

（三）使用服务费用

1. 国际上常见的使用服务费

国际上常见的使用服务费主要包括：供应燃料、物料、淡水的劳务费；租用港口驳船、机械或设备的费用；其他劳务费，如扫舱、洗舱费；装、拆隔舱板费；搭、拆雨篷费；邮政通信费；交通艇费；其他零星服务费等。船员服务费用包括：船方借支（有时是船东需支付船员工资），船员遣返用的机票、住宿、伙食、交通（有时包括船东代表来港口出差所发生的食宿、交通、机票和借支）等开支，船员更换、就医、登陆所产生的各项费用等。

2. 船舶供应服务费和船舶污染物接收处理服务费

我国《港口收费计费办法》规定，为船舶提供供水（物料）、供油（气）、供岸电等供应服务，由提供服务的单位向船方或其代理人收取船舶供应服务费。

为船舶提供垃圾接收处理、污油水接收处理等船舶污染物接收处理服务，由提供服务的单位向船方或其代理人收取船舶污染物接收处理服务费。

船舶供应服务费和船舶污染物接收处理服务费的收费标准由提供服务的单位自主制定。水、油、气、电价格按照国家规定价格政策执行。

3. 港口作业包干费

我国《港口收费计费办法》对港口作业包干费做了如下规定：

（1）港口经营人为船舶运输的货物及集装箱提供港口装卸等劳务性作业，向船方、货方或其代理人等综合计收港口作业包干费；港口经营人为客运和旅游船舶提供港站使用等服务，向客运和旅游船舶运营企业或其代理人综合计收港口作业包干费。

（2）港口作业包干费的包干范围包括港口作业的全过程，港口经营人应分别将下列货物及集装箱港口作业、客运港口服务纳入港口作业包干费，不得单独设立收费项目另行收费。

（3）港口经营人可根据港口作业情况增加或减少上述规定的作业内容，但均应纳入港口作业包干费统一计收，收费标准由港口经营人自主制定。

（4）港口作业包干费不得包含实行政府定价、政府指导价的收费项目和其他实行市场调节价的收费项目。

四、港口收费计费依据

我国《港口收费计费办法》对港口收费计算单位和进整办法做了如下规定：

（1）费用计算以人民币为计费单位。每一提货单或装货单每项费用的尾数按四舍五入进整，每一计费单的最低收费额为1元。

（2）船舶以计费吨为计费单位，按净吨计算，1净吨为1计费吨，无净吨的按总吨计，既无净吨也无总吨的按载重吨计，既无净吨也无总吨和载重吨的按排水量计，并均按计费吨的收费标准计费。拖船按马力计算，1马力为1计费吨。木竹排、水上浮物等按体积计算，1 m^3为1计费吨。不满1计费吨的按1计费吨计。

（3）时间以日或小时为计费单位。以日为计费单位的，按日历日计，不满1日按1日计；以小时为计费单位的，不满1 h的按1 h计，超过1 h的尾数，不满半小时的按0.5 h计，超过半小时的按1 h计。另有规定的除外。

（4）距离以海里或千米为计费单位，不满1 n mile或1 km的按1 n mile或1 km计。

（5）面积以平方米为计费单位，不满1 m^2的按1 m^2计。

（6）货物以重量吨或体积吨为计费单位，既有重量吨又有体积吨的，择大计费。重量吨为货物的毛重，以1 000 kg为1重量吨；体积吨为货物“满尺丈量”的体积，以1 m^3为1体积吨。特殊货物重量按特殊货物重量换算表进行换算，实重大于换算重量时，按换算重量计算。

（7）每一提货单或装货单每项货物的重量或体积，最低以1重量吨或1体积吨计算；超过1重量吨或1体积吨的，尾数按0.01进整。每一计费单同一等级的货物相加进整。

（8）集装箱以箱（20 ft或40 ft）为计费单位。可折叠的空箱，4箱及4箱以下摞放在一起的，按1箱相应标准的重箱计费。另有规定的除外。

（9）货物的重量或体积，以提货单、装货单或港口货物作业合同上所列为准。港口经营人、管理人可对货物的重量或体积进行核查，提货单、装货单或港口货物作业合同上所列重量或体积与核查不符的，以实际核查结果作为计费依据。

第四节 船舶代理

船舶代理行业作为国际海上运输辅助业，往往比船公司能更有效地安排、处理国际航行船舶在港的各项业务，更经济地为船舶提供各项服务，加速船舶周转、降低运输成本，为船舶在各国之间的往来提供便利，同时促进航运发展和贸易发展。故各国船公司在绝大多数港口都采用委托代理的办法来照顾本公司的到港船舶。

一、《中华人民共和国民法典》有关代理的规定

（一）一般规定

（1）代理人在代理权限内，以被代理人名义实施的民事法律行为，对被代理人发生效力。民事主体可以通过代理人实施民事法律行为。依照法律规定、当事人约定或者民事法律行为的性质，应当由本人亲自实施的民事法律行为，不得代理。

（2）代理包括委托代理和法定代理。委托代理人按照被代理人的委托行使代理权。法定代理人依照法律的规定行使代理权。

（3）代理人不履行或者不完全履行职责，造成被代理人损害的，应当承担民事责任。代理人和相对人恶意串通，损害被代理人合法权益的，代理人和相对人应当承担连带责任。

（二）委托代理

（1）委托代理授权采用书面形式的，授权委托书应当载明代理人的姓名或者名称、代理事项、权限和期间，并由被代理人签名或者盖章。数人为同一代理事项的代理人的，应当共同行使代理权，但是当事人另有约定的除外。

（2）代理人知道或者应当知道代理事项违法仍然实施代理行为，或者被代理人知道或者应当知道代理人的代理行为违法未做反对表示的，被代理人和代理人应当承担连带责任。

（3）代理人不得以被代理人的名义与自己实施民事法律行为，但是被代理人同意或者追认的除外。

（4）代理人不得以被代理人的名义与自己同时代理的其他人实施民事法律行为，但是被代理的双方同意或者追认的除外。

（5）代理人需要转委托第三人代理的，应当取得被代理人的同意或者追认。转委托代理经被代理人同意或者追认的，被代理人可以就代理事务直接指示转委托的第三人，代理人仅就第三人的选任以及对第三人的指示承担责任。转委托代理未经被代理人同意或者追认的，代理人应当对转委托的第三人的行为承担责任，但是在紧急情况下代理人为了维护被代理人的利益需要转委托第三人代理的除外。

（6）行为人没有代理权、超越代理权或者代理权终止后，仍然实施代理行为，未经被代理人追认的，对被代理人不发生效力。相对人可以催告被代理人自收到通知之日起30日内予以追认。被代理人未做表示的，视为拒绝追认。行为人实施的行为被追认前，善意相对人有撤销的权利。撤销应当以通知的方式做出。行为人实施的行为未被追认的，善意相对人有权请求行为人履行债务或者就其受到的损害请求行为人赔偿，但是赔偿的范围不得超过被代理人追认时相对人所能获得的利益。相对人知道或者应当知道行为人无权代理的，相对人和行为人按照各自的过错承担责任。

（7）行为人没有代理权、超越代理权或者代理权终止后，仍然实施代理行为，相对人有理由相信行为人有代理权的，代理行为有效。

（8）委托代理终止

有下列情形之一的，委托代理终止：

①代理期间届满或者代理事务完成；

②被代理人取消委托或者代理人辞去委托；

③代理人丧失民事行为能力；

④代理人或者被代理人死亡；

⑤作为代理人或者被代理人的法人、非法人组织终止。

二、船舶代理

（一）船舶代理的概念

船舶代理是指船舶代理机构或代理人接受船舶所有人、船舶经营人或承租人的委托，在授权范围内代表委托人（被代理人）办理与在港船舶有关的业务、提供有关的服务或与第三人进行与在港船舶有关的其他经济活动，而由委托人承担这种行为的后果并支付代理费。船舶代理人是指接受承运人的委托，代办与船舶有关的一切业务的企业或个人。

（二）船舶代理的分类

船舶代理属于委托代理，即船舶代理是根据船公司或其他有关方将代理权授予船舶代理机构而成立的。在船舶到达某一港口之前，委托人首先要在该港，选定为船舶代办在港期间各项业务的代理人，并根据船舶到港的频繁程度，确定代理关系的形式。根据代理关系持续时间的长短、委托人主次地位的不同，国际船舶代理关系可分为以下形式：

1. 长期代理（Agency on Long Term Basis）

长期代理是指船公司根据其船舶营运的需要，在经常有船前往挂靠的港口选择适当的代理人，与其签订长期委托代理协议，负责照管到港的所有属于本公司的船舶的代理关系。长期代理关系建立后，船舶来港不需逐船逐航次委托，只需在规定的时间内将预计到港的船舶安排、装卸计划等提前通知代理人，并预先支付一笔备用金，每月或按季度结算一次。

建立长期代理关系可以简化委托和财务往来结算手续。就班轮运输而言，船舶经常往返于固定航线的固定挂靠港之间，以建立长期代理关系更为合理。长期代理关系，既可以通过签订正式的专门委托代理合同而建立，也可以采用由委托人以书面形式向代理机构提出委托，经代理机构确认接受的方式来建立。实践中后者较为常用。在不定期船运输中，船舶挂靠港口的时间间隔不固定，采用长期代理的不是很多。

2. 航次代理（Agency on Trip Basis）

航次代理是指对不经常来港的船舶，在每次来港前，由船公司逐船逐航次临时委托船舶代理机构，办理该航次船舶在港业务的一种代理关系。船舶在港的费用和代理费均由代理人以航次结算单与船公司一次结算。在航次代理的情况下，一般需预先索汇备用金，船舶在港作业或所办事务结束离港，代理关系即告终止。

船公司按航次向代理人委托航次代理时，须在船舶抵港前，以书面形式向到达港代理人提出委托，并在船舶抵港前一定时间内将船舶规范、有关运输合同和货运单证寄交所委托的代理人。代理人收到书面委托，查明船舶国籍、来港目的，审核船舶规范等资料，明确费用负担与结算对象，经索汇备用金，航次代理关系即告成立。通常，需要按航次委托代理的情况包括：

（1）承运FOB出口货和CIF或CFR进口货的国外派船；

（2）承运FOB进口货和CIF或CFR出口货的本国承租人租用外籍船舶的航次租船；

（3）来港办理交接手续的买船或卖船；

（4）办理交船和还船手续的定期租船；

（5）专程来港修理，避难，船员就医，添加燃料、淡水、伙食等项事宜的船舶。

（三）船舶代理的作用及其业务范围

1. 船舶代理的作用

从事国际航行的船舶在外国港口，尤其是在船舶不经常挂靠、船公司没有设立分支或办事机构的港口，船公司不熟悉港口情况，因此难以对船舶直接予以照管。相反，设在港口的船舶代理公司或代理行，熟悉当地港口情况和所在国的法规与习惯，具有船舶代理业务的经验。船公司委托代理人代办船舶在港业务，能更有效、更经济地安排和处理船舶在港业务，从而降低运输成本，加速船舶周转。

2. 船舶代理的业务范围

《中华人民共和国国际海运条例》第23条规定：国际船舶代理经营者接受船舶所有人或者船舶承租人、船舶经营人的委托，可以经营下列业务：办理船舶进出港口手续，联系安排引航、靠泊和装卸；代签提单、运输合同，代办接受订舱业务；办理船舶、集装箱以及货物的报关手续；承揽货物、组织货载，办理货物、集装箱的托运和中转；代收运费，代办结算；组织客源，办理有关海上旅客运输业务；其他相关业务。

可见，船舶代理业务是一项综合性的服务业务，范围广泛。几乎所有原来属于船公司的船舶在港业务，船舶代理公司或代理行都能代办。尽管各代理公司或代理行都有自己的代理章程，但业务范围大致相同，主要有以下几方面：

（1）船舶进出港手续与客货运输业务

办理船舶进出港口和水域的申报手续，联系安排领航、泊位；办理进出口货物的申报手续，联系安排装卸、理货、公估、衡量、熏蒸、监装、监卸、货物与货舱检验；组织货载，洽订舱位；代办货物查询、理赔、溢卸货物处理；代签提单及运输合同，代签船舶速遣滞期协议，编制装卸时间事实记录；代售客票，办理旅客上下船手续等。

（2）船舶、船员及其他服务工作

洽办船舶检验，修理，熏舱，洗舱，扫舱以及燃料、淡水、伙食、物料等的供应；代办船员护照、领事签证，传递船员邮件，安排船员就医、调换、遣送、参观游览等。

（3）其他工作

联系海上救助，洽办海事处理；经办船舶租赁、买卖的交接工作，代签租船和买卖船合同；代购和转递船用备件、物料、海图等；提供业务咨询和信息服务等；结算港口费用。

3. 备用金的索汇、使用和结算

委托人预付备用金是代理人履行代理协议的必要前提。备用金是指委托方根据代理人的要求，在代理关系建立之后，预付给代理人用作支付船舶在港期间所发生的一切费用和船员借支或其他费用支出的预付款项。汇寄备用金是建立船舶代理关系的必要条件之一。代理人支付的费用只要是在代理权限内，根据代理协议或委托人的委托，且是为了保障委托人的利益，则支付前并不需要征得委托人的同意。费用的结算一般以每航次结束后按航次账单的形式双方结算。

（三）对船舶代理的正确使用

1. 使用船舶代理的一些基本原则

（1）船方与船舶代理之间的关系是委托与被委托的关系。船舶代理应根据船方的委托，在代理权限范围内，努力代办好船舶在港的各项业务。

（2）作为船方，应熟悉船舶代理业务，对船舶代理的工作应经常提出要求；对委办的事情应经常进行检查；对代理工作的失误应随时记录在案，并要求其设法弥补；对代理在代理活动中损害船方利益的行为，应及时制止并令其迅速改正；船舶在港停泊期间，船方应要求船舶代理每天汇报情况、接受任务；船舶在国外港口，可以充分利用国外船舶代理公司或代理行之间的业务竞争，交替委托不同的代理人代办船舶在港业务；如认为某船舶代理人没能圆满地完成船方交办的事情，可向其指出，必要时，可考虑更换代理人。

（3）船方委托代理代办各项业务时，原则上应有船长或各部门负责人的委托书（有些正常必须进行的工作或港口习惯必须执行的工作以及一些不须承担代办责任的工作可不写委托书）。委托书应简单、明确，并尽可能把委办事项和要求完成的时间写明。事情办完或供应品送船后，应由船上各部门负责验收并由负责人签认。

2. 可委托船舶代理办理的一些经常性船舶在港业务

在国外港口，船方和当地的船舶代理接触最多，因而应学会在需要时正确地使用代理。

（1）进港前，船长应按规定提前向代理发出船期、水尺的预报电，以便代理及时安排引航员，安排进口联检，安排停靠泊位；船方应要求代理事先备妥办理各种进出口手续时所用的表格，以节省办理进出口手续的时间；凡具备免检条件的船舶，在到港前，均可通过代理向卫生检疫部门申请免检；如遇船舶需较长时间地候潮、等引航员、等驳、等货、等工人，船长可通过代理向承租人发出装卸准备就绪通知书，以便及时开始计算装卸时间。

（2）开始装货前，应要求代理及时提供装货清单以便大副编制配载计划；装货前如需进行扫舱、洗舱、熏舱、验舱，船方可以委托代理洽办；如果港口装卸效率较低，船方可通过代理人办理重点舱的加班，但事先应向代理人了解加班费的情况、每一工班的加班效率，以便估算加班是否有利；在偷窃情况较为严重的港口，可与代理商量，安排专人看船、看舱。

（3）当船舶有剩余载货能力时，船方可委托代理人代揽回程货或沿途挂港的货物。

（4）如发生事故，造成本船损坏，船方可通过代理协助，取得对方对损坏责任的签认；如果船舶损坏后需立即修复，也可委托代理洽办；对某些须经港口有关当局同意才能进行的修理（如对主、辅机的修理），可通过代理向港口有关当局提出申请。

（5）如船方需添加燃料、淡水，订购物料、备件、伙食等，可通过代理与外供、燃供等单位联系（也可直接和外供、燃供联系）。代理有责任安排，争取在船舶靠泊时将上述物品送船。

（6）船长在船舶到港前，可电告代理所需现金的数额以及币种，船舶到港后应要求代理立即将所需现金送船。开航前，船长应将剩余现金交还代理，并办理退款手续。

第五节 船舶进出港手续

航行于国际航线的船舶在进出国外港口时，通常需要接受该国的海事管理机构、海关、检验检疫机构以及移民局（我国为边防检查机关）的监管和检查，并办理相应的进出港手续。

一、便利国际海上运输的相关规定

为了简化从事国际航行船舶抵达、停留和离开港口的手续，统一和协调船舶进出港申报表的形式、内容以及申报程序，预防由于各国主管当局对到港船舶的申报、结关要求不一致而造成船舶、船上人员及货物的不必要延误，国际海事组织制定了《1965年便利国际海上运输公约》。该公约已于1967年3月5日生效，截至2018年2月，现有缔约国118个，合计商船总吨位占世界商船总吨位的93.79%。我国于1995年1月16日加入该公约，1995年3月17日公约对我国生效。

该公约由16条法律条款和1个附则组成，附则分为5节，每一节都有若干“标准”和“推荐做法”。“标准”系指各缔约国政府为便利国际海上运输，根据该公约所采取的必须统一实行的切实措施；而“推荐做法”系指缔约国政府为便利国际海上运输而实行的合乎需要的措施。各缔约国在采用不同于该公约中的“标准”和“推荐做法”时，有义务尽快通知国际海事组织秘书处。公约针对船舶的抵达、停留和离开，在“标准”中制订了下列统一的“便利运输表格”：总申报单、货物申报单、船用物料申报单、船员物品申报单、船员名单、旅客名单及危险品舱单。

2018年1月1日，《1965年便利国际海上运输公约》2016年修正案已默认生效，按照新要求，各缔约国主管当局须采取一切必要措施，于2019年4月8日之前建立电子信息交换系统。系统投入使用前主管当局需要向行政相对人提供关于系统要求的必要信息，且在该系统强制使用之日起，须提供不少于12个月的过渡期。过渡期间到港纸制表申报和电子申报均可使用。

二、国际航行船舶进出我国口岸的手续

按照传统的口岸执法模式，国际航行船舶在办理进出港手续时需往返于海事、海关、检验检疫、边检等各执法部门间，分别办理各种手续，客观上造成了企业的负担。2016年10月14日，国务院口岸工作部联席会议办公室印发《关于国际贸易“单一窗口”建设的框架意见》，标志着国家层面“单一窗口”建设的顶层设计正式出台。

目前，国际航行船舶进出我国口岸采用人工递单申报和电子申报共存模式，但国内各港口口岸电子申报推进进展情况不一。海关、检验检疫、边检、海事共同将准予船舶进/离港电子放行信息发送至“单一窗口”平台，海事凭电子信息签发船舶进/出口岸许可证，实现船舶进/出口岸手续签注一体化，进一步提升口岸执法效能。

（一）船舶进港手续

1. 检疫手续

（1）船方或者其代理人应当在船舶预计抵达口岸24 h前（航程不足24 h的，在驶离上一口岸时）向检验检疫机构申报，填报入境检疫申报书。如船舶动态或者申报内容有变化，船方或者其代理人应当及时向检验检疫机构更正。检验检疫机构对申报内容进行审核，确定检疫方式和地点，并及时通知船方或者其代理人。检疫方式通常有锚地检疫、靠泊检疫、电讯检疫和随船检疫。

（2）办理入境检验检疫手续时，船方或者其代理人应当向检验检疫机构提交下列单证：总申报单、货物申报单、船用物品申报单、船员名单、旅客名单、载货清单、压舱水报告单、除鼠/免予除鼠证书、航海健康申报书、交通工具卫生证书、健康证书、航海日志等有关资料。

（3）接受入境检疫的船舶，必须按照规定悬挂检疫信号，在检验检疫机构签发入境检疫证书或者通知检疫完毕以前，不得解除检疫信号。除引航号和经检验检疫机构许可的人员外，其他人员不准上船；不准装卸货物、行李、邮包等物品；其他船舶不准靠近；船上人员，除因船舶遇险外，未经检验检疫机构许可，不得离船；检疫完毕之前，未经检验检疫机构许可，引航员不得擅自将船舶引离检疫锚地。

（4）船舶在收到检验检疫机构同意电讯检疫的批复后，即视为已实施电讯检疫。船方或者其代理人必须在船舶抵达口岸24 h内办理入境检验检疫手续。

（5）如果未发现特殊情况，检疫人员向船方签发检疫证书或临时检疫证书。

2. 海关手续

（1）国际航行的船舶入境时必须向海关申报，办理有关船舶、船员及所载货物的申报手续，以便海关对所载货物实施监管。国外有些国家的海关在为船舶办理进港手续时代为办理海事监管手续。

（2）船长或船舶代理人应当在规定时限将船舶预计抵达境内目的港和预计抵达时间以电子数据形式通知海关。船长或船舶代理人在船舶进境前或进境船舶抵达设立海关的地点时，应当向海关办理申报手续，提交中华人民共和国海关船舶进境（港）申报单以及申报单中列明应当交验的其他单证，通常包括总申报单、货物申报单、船用物品申报单、船员物品申报单、船员名单、旅客名单等。

（3）海关接受进境船舶申报时，应当审核电子数据和纸质申报单证。进境船舶在向海关申报以前，未经海关同意，不得装卸货物、物品，除引航员、口岸检查机关工作人员外，不得上下人员。

（4）如果船舶进港后不进行货物装卸，并在24 h以内出港，一般不需要办理上述入港手续，只需在进港时向海关提出入港申报书即可。

（5）缴纳船舶吨税。根据各国有关法律规定，除因避难或检疫而临时入港时不缴纳船舶吨税外，凡对外贸易船舶进入对外开放港口，必须按船舶吨位按次或按期缴纳吨税。

（6）国际航行船舶进港后，需向海关提交进口载货清单办理船舶进口手续，才能开始装卸货物。如果船长或船舶代理人不能及时提供“进口载货清单”，须向海关出具保证函，并经海关同意后可以先行装卸货，但应当在装卸货后24 h以内将齐全的“进口载货清单”补交海关。

3. 边防检查或移民手续

（1）从事国际航行的船舶入境时，船方或船舶代理人应向该国移民局（我国及部分国家为边防检查机构）申请办理船舶入境预检手续，提供总申报单、船员名单、旅客名单、船员物品清单，并接受检查。

（2）边防检查机关或移民局查验海员证和旅客护照证件，根据船长填写的申请书签发登陆证。

4. 海事监管手续

（1）办理国际航行船舶进口岸申请审批需要提交以下材料：国际航行船舶进口岸申请书，国际防止油污证书（IOPP证书）及其附件（格式B）的复印件，CAS检验报告的复印件，所载运油品名称以及15 ℃时密度、50 ℃时流动黏度（燃油）的说明文书（载运油品进港卸货的船舶），经批准的危险货物进港申报单复印件（载运危险货物进港的船舶）。

（2）办理国际航行船舶进口岸手续需要提交以下材料：船舶概况表、总申报单、货物申报单、船员名单、旅客名单（无旅客者免）、危险货物舱单（无危险货物者免）、船舶适航及检验相关证书、船员证书（适用于外国籍船舶）、上一港出口许可证或其他证明材料等。

（二）船舶出港手续

1. 检疫手续

国际航行的船舶出港通常不进行检疫，如果从疫区港口开出，检疫部门采取措施后重新发给健康证明书。

2. 海关手续

（1）船舶离开设立海关的地点驶往境外的2 h以前，船长或船舶代理人应当将驶离时间以电子数据形式通知海关。

（2）船舶出境时，船长或船舶代理人应当向海关申报，提交中华人民共和国海关船舶出境（港）申报单以及申报单中列明应当交验的其他单证，通常包括：货物申报单、船用物品申报单、出口载货清单（无出口货物的递交无货清单）、船员名单和旅客名单（无变更时免交）以及海关监管需要的其他单证。

（3）船长或船舶代理人在货物、物品装载完毕或者旅客全部登船以后，应当向海关提交结关申请。海关审核无误的，制发结关通知书。海关制发结关通知书以后，非经海关同意，出境运输工具不得装卸货物、上下旅客。

（4）进出境船舶在办结海关出境或者续驶手续后的24 h未能驶离的，船长或船舶代理人应当重新办理有关手续。

3. 边防检查或移民手续

船舶出港前，边防检查机关或移民局需了解船员人数有无变动并收回登陆证。

4. 海事监管手续

（1）国际航行船舶申请办理出口岸手续，应提交下列材料：总申报单、船舶概况表（与进口岸无变更者免）、货物申报单（本港无装货者免）、船员名单（与进口岸无变更者免）、旅客名单（与进口岸无变更者免）、危险货物舱单（无危险货者免）、经其他查验单位签署的船舶出口岸手续联系单等材料。

（2）在一切手续办完后，港口海事管理机构认为船舶技术状态、装载情况等均符合安全航行条件，签发出口岸许可证，船舶可驶离口岸。

由于各国具体情况和主管机关的要求不同，船舶进出各港口所需办理的手续和使用的单证也有所不同。因此，当船舶进出某港口时，应充分了解该国家或港口的相关规定，并要求本港的船舶代理人及时报送最新的手续资料，并尽早向船舶提供所需单证，以免因手续办理不及时而造成船舶在港待时或其他经济损失。

第十二章

班轮运输、集装箱运输与多式联运

本章学习目标

《海船船员培训大纲（2021版）》

3.8 海上运输业务

.1 了解提单及提单背书

.2 了解班轮运输、集装箱运输、多式联运的概念

实践中，约90%的国际贸易货物运输量是通过海运方式完成的，其中班轮运输货运量约占海运量的20%，但货运价值却是海运量总价值的80%，而且是随着世界制成品贸易的迅速发展而不断扩大。集装箱班轮运输的优越性在很大程度上克服了传统杂货班轮运输所存在的各种缺陷，其最大的成功在于它的标准化改变了传统杂货运输的货运单位，促进了全球物流系统的有效整合。随着全球经济一体化的推进，集疏运条件的进一步改善，航道和港口硬件设施的能力的提高，集装箱多式联运与无船承运业务已获得迅速的发展。

船长应了解班轮运输、集装箱运输与多式联运中有关承运人权利、义务，提单签发与转让，集装箱交接方式与国际多式联运的基本知识等内容。大副应了解提单及提单的背书。本章全部内容适用于海船3 000总吨及以上船长、500~3 000总吨船长；海船3 000总吨及以上大副、500~3 000总吨大副仅需了解提单及提单背书部分的知识。

第一节 班轮运输概述

一、班轮运输的概念

班轮运输（Liner Shipping）又称定期船运输，是指船舶按事先公布的船期表在特定的航线上，以既定的挂靠港口顺序，经常地从事航线上各港间的船舶运输。

二、班轮运输的形式

1. 定线定期班轮

定线定期班轮又称正规班轮运输，是指以固定的船舶，严格按照预先公布的船期表（Service Schedule）组织运行，船舶抵、离港口的时间固定不变。这是班轮运输的主要形式。

2. 定线不定期班轮

定线不定期班轮又称不正规班轮运输，是指船舶虽有船期表，也有固定的始发港与目的港，但船舶抵、离港的时间可有一定的伸缩性，且其余港口是否停靠可视货源情况临时增减。

三、班轮运输的特点

（一）"四固定"

班轮运输是船舶按照固定的船期表，沿着固定的航线和港口来往运输，并按相对固定的运费率收取运费的船舶营运方式。可见，航线固定、港口固定、船期固定和费率的相对固定，是班轮运输最基本的特点。

（二）按照提单条款组织运输

班轮运输中，货物装船前承运人和货主之间并不以书面签订海上货物运输合同，而是根据订舱时的口头约定将货物装船，货物装船后，再由船公司或其代理人签发事先印制好的提单，其上详细记载了有关承运人、托运人或收货人的权利、义务、赔偿责任和免责条款，是解决运输中所产生争议的依据。所以班轮运输也被称为提单运输。

（三）按照事先公布的运价本计收运费

班轮运输通常按照事先公布的运价本（Tariff）规定的运价计收运费。运价本一经公布，在相当长的期间将保持不变，如果由于某些特殊原因导致短期内运输收入减少或运输成本增加，则可以采取加收附加费（Surcharge or Additional）的办法减少损失。

（四）承运人负责货物的装卸工作

班轮运输中，除另有约定外，货物的装卸工作应由承运人负责，并负担其全部费用。

（五）通常在码头仓库交接货物

班轮运输中一般都要求托运人将货物送至承运人指定的码头仓库，由仓库经营人代表承运人接收货物和将货物卸至码头仓库后，收货人在码头仓库提取货物。即承运人是在装货港指定的码头仓库接收货物，并在卸货港的码头仓库向收货人交付货物。

（六）不规定货物的装卸时间

因为班轮运输中货物由承运人负责配载、装卸，承运人与托运人双方不存在计算滞期费和速遣费的问题，就没有必要约定货物的装卸时间。但可以约定托运人或收货人须按照船舶的装卸速度交货或提取货物，否则，应赔偿船方因降低装卸速度或中断装卸作业所造成的损失。

第二节 海上货物运输合同概述

一、海上货物运输合同的概念

《中华人民共和国海商法》（以下简称《海商法》）规定，海上货物运输合同（Contract of Carriage of Goods by Sea），是指承运人收取运费，负责将托运人托运的货物经海路由一港运至另一港的合同。该定义明确了承运人（Carrier）和托运人（Shipper）是海上货物运输合同的双方当事人。

（一）承运人

1. 承运人

承运人，是指本人或者委托他人以本人名义与托运人订立海上货物运输合同的人。相对于《海商法》中“实际承运人”的概念，此处的“承运人”常被称为“订约承运人”（Contracting Carrier）。

2. 实际承运人

实际承运人（Actual Carrier）又称履约承运人，是指接受承运人委托，从事货物运输或者部分运输的人，包括接受转委托从事此项运输的其他人。

（二）托运人

与承运人的分类相似，通常也将我国《海商法》中规定的“托运人”分为“订约托运人”和“实际托运人”两类。

1. 订约托运人

订约托运人，是指本人或者委托他人以本人名义或者委托他人为本人与承运人订立海上货物运输合同的人。

2. 实际托运人

实际托运人又称发货人，是指本人或者委托他人以本人名义或者委托他人为本人将货物交给与海上货物运输合同有关的承运人的人。

二、海上货物运输合同的种类

（一）按海上货物运输区域划分

1. 国际海上货物运输合同（Contract of International Carriage of Goods by Sea）

国际海上货物运输合同是指承运人收取运费，负责将托运人托运的货物经海路由一国港口运至另一国港口的合同。其适用我国《海商法》第四章的规定。我国所有地区的海上货物运输，在性质上属于国内海上货物运输，但在现阶段，基本上比照国际海上货物运输处理。

2. 国内海上货物运输合同（Contract of Inland Carriage of Goods by Sea）

国内海上货物运输合同又称沿海货物运输合同，是指由承运人收取运费，负责将托运人托运的货物经水路由国内一港运至国内另一港的合同。在我国，其适用《民法典》的规定，而不适用《海商法》。

（二）按运输合同的表现形式划分

1. 件杂货运输合同（Contract of Carriage of General Cargo）

件杂货运输合同又称班轮运输合同或零担运输合同，是指承运人负责将件杂货由一港运至另一港，而由托运人或收货人支付运费的合同。此种合同多以提单形式表现。目前，海运单、电子提单或电子运输记录作为国际件杂货运输合同的证明，已在集装箱货物运输中开始应用。

2. 航次租船合同（Voyage Charter Party）

航次租船合同又称程租合同，是船舶出租人向承租人提供船舶或者船舶的部分舱位，装运约定的货物，从一港运至另一港，由承租人支付约定运费的合同。航次租船合同具体又可以分为单航次租船合同、往返航次租船合同、连续单航次租船合同、连续往返航次租船合同等多种形式。

（三）按运输方式划分

1. 海上联运合同（Ocean Through Contract）

海上联运合同是指承运人收取全程运费，负责将托运人托运的货物经两段或两段以上的海路，从起运港运至目的港的合同。在这种合同下，货物由不属于同一船舶所有人的两艘或多艘船舶运送，完成全程运输。参加海上货物联运的除作为合同当事人一方的承运人外，还有与承运人建立另外合同关系的其他海上承运人。海上联运合同，通常以海上联运提单为表现形式。

2. 多式联运合同（Multimodal Transport Contract）

多式联运合同属于海商法调整的货物多式联运合同，是指承运人（多式联运经营人）收取全程运费，负责将托运人托运的货物以包括海运在内的两种或多种运输方式，从接管地点运至交付地点的合同。这种合同一般以多式联运提单为表现形式。多式联运合同多用于集装箱运输。

三、国际海上货物运输合同的订立

订立国际海上货物运输合同是处于平等法律地位的船、货双方的民事法律行为，只有当双方的意思表示一致时，合同关系才能成立。合同的订立过程经过要约和承诺两个阶段，但就具体的订立方式和程序而言，件杂货运输合同与航次租船合同有很大的差别。

班轮件杂货运输合同一般以订舱方式成立。托运人或其代理人在向班轮公司的代理人申请托运时，通常先填制托运单进行订舱，班轮公司的代理人根据托运单载明的有关货运内容及航线等情况，决定是否接受托运。如果接受托运，则在托运单上指定船名并签字，海上货物运输合同即成立。当事人之间的权利、义务和风险责任，通过签发的提单及其条款形式加以明确。订舱的具体形式可以是填写托运单，或传真、电传和网上订舱等。

航次租船合同是船舶出租人与承租人之间，或通过中间人，即租船经纪人（Chartering Broker），就船舶、货物、航线及其装卸港口、受载期、装卸时间等与之相关事宜，通过洽谈，在意思表示一致的基础上签署而成。在实践中，为了简化签订租船合同的手续，一般使用一些租船合同范本作为合同框架与条款的洽谈基础，出租人和承租人可以根据各自的货运要求，对所选用范本中的格式化条款进行修改、删减和订立附加条款（Rider Clause），以达成一致并形成双方接受的合同。如果附加条款与租船合同范本中印刷的格式化条款相抵触，一般解释为附加条款的效力高于印刷条款。

无论是班轮运输合同还是航次租船合同，实践中一般都以书面形式订立，以便事后一旦双方产生争议时，举证方便，容易分清责任。我国《海商法》规定："承运人或者托运人可以要求书面确认海上货物运输合同的成立。但是，航次租船合同应当书面订立。电报、电传和传真具有书面效力。"由此可见，除航次租船合同以外的其他海上货物运输合同可以采用口头形式。

第三节 海上货物运输合同当事人的权利与义务

海上货物运输关系的核心是海上货物运输合同各当事人之间的权利与义务关系。我国《海商法》有关国际海上货物运输合同当事人权利与义务的规定，参照了当前国际通行的《维斯比规则》，从我国航运实际出发，考虑到国际海运法规的发展趋势，吸收了《汉堡规则》中的部分内容，适当保护托运人、收货人的利益，使海上货物运输风险的分担达到了一个新的平衡。可以说，《海商法》确立了一种比较现代的与国际接轨的承运人、托运人责任制度。

一、承运人的主要义务

（一）谨慎处理使船舶适航的义务

《海商法》第四十七条规定："承运人在船舶开航前和开航当时，应当谨慎处理，使船舶处于适航状态，妥善配备船员、装备船舶和配备供应品，并使货舱、冷藏舱、冷气舱和其他载货处所适于并能安全收受、载运和保管货物。"本条规定与《海牙规则》《海牙-维斯比规则》有关承运人的适航义务完全相同。

1. 船舶适航（Seaworthy）的含义

船舶适航不仅表现为船舶是否能够抵御海上风险，而且与货物是否能安全抵达目的港有密切的联系。船舶适航有广义、狭义之分。

（1）狭义的船舶适航

狭义的船舶适航是指船舶的船体、船机，在设计、结构、性能和状态等方面能够抵御预定航次中通常出现的或能合理预见的风险。它不要求船舶必须能够抵御海上出现的任何风险，而是相对某一具体航次而言。它不仅要求船体坚固、水密、船舶主要航行设备和机械无故障，而且要求船舶设计合理，适于预定航区的航行。构成船舶狭义上不适航的情况通常有：船体强度不足，不能经受航行中的风浪；船舶吨位过小，不适于远航区航行；船舶设计有缺陷等。

（2）广义的船舶适航

广义的船舶适航除了狭义的船舶适航外，还包括船舶的航海能力和适货能力。

①船舶的航海能力

船舶的航海能力是指船舶为完成预定航次所必须具备的技术能力和条件。船舶的这种能力要求通过妥善地配备船员、装备船舶和配备供应品来获得。

承运人应当妥善地配备船员。配备船员妥善与否，应从船员数量和质量两方面要求。在数量上应做到充分，以满足航行值班或作业的要求，根据不同种类的船舶，配备足额船员；在质量上，船员应具有健康的体魄，具备相应职能和级别要求的知识与技能，能够胜任工作，并持有STCW 78/10公约所要求的相应证书。国际上衡量船员配备是否妥当的主要依据是船舶上的实际配员是否符合该船舶最低安全配员证书的要求。

妥善地装备船舶，是指船舶在各个方面必须得到完善的装备，使其能妥善、安全地运送货物。它要求雷达、罗经、测深仪、VHF等助航设备，锚、缆等系泊设备以及海图、航路指南、灯塔表、航行通告等航海资料，都配备齐全并具有可靠性，符合规范以及SOLAS公约的要求。

妥善地配备供应品，包括船舶必须带有充足的燃料、物料、淡水和粮食，供在下一停靠港添加之前使用。在配备燃料时，除应正确计算航程与燃油日消耗量外，还需要考虑船速、燃油质量、航行中可能遇到的异常天气等情况，确定一个安全储备系数。

②船舶的适货能力

适货能力是指货舱、冷藏舱、冷气舱和其他载货处所应处于能适宜和安全地收受、运送和保管货物的状态。它要求货舱清洁、干燥、无味、无虫害；污水沟和通风筒畅通；舱盖水密；在装运特种货物时，船舱、装卸设备等应通过检验或检查，并取得相应的合格证书。

综上所述，船舶适航是一个整体概念，是船舶、船员、货物一体化的适航，有关因素必须综合衡量。它是以海上一般风险作为衡量标准，而不要求船舶必须抵御预定航次中出现的任何风险。海上一般风险是一个极富弹性的标准，通常解释为：谨慎的承运人在船舶开航前，考虑到所有通常可能发生的情况而预见的海上风险。不同的船舶、季节、航线、纬度、货物对适航有不同的要求。

2. 船舶适航的标准

衡量船舶适航的标准有绝对与相对之分，我国《海商法》采用的是相对适航标准，它以“谨慎处理”或“恪尽职责”（Due Diligence）作为衡量标准。它要求承运人应当具有通常的技能并谨慎行事，在考虑已知的或能合理预见到的特定航次中包括货物性质在内的所有情况后所采取的合理措施。如果船舶存在通过采取这种措施仍不能发现的潜在缺陷（Latent Defect），而且这种缺陷使得船舶不适航并造成了货损，通常不视为承运人违反谨慎处理使船舶适航的义务，承运人对货损也不予负责。因此，依据我国《海商法》，承运人使船舶适航的义务是相对的，不负有使船舶绝对适航的义务。只要承运人谨慎处理使船舶适航，就不发生违反适航义务的责任。其初步证据就是船舶所有的技术证书都在有效期内。

3. 船舶适航的时间要求

我国《海商法》规定，承运人谨慎处理使船舶适航的时间为“船舶开航前和开航当时”，即航次开始之前和开始当时。所谓航次，是指合同航次或提单航次，即从装货港至卸货港的整个航程。因此，承运人谨慎处理使船舶适航的义务仅限于装货港。换言之，只要在船舶从装货港开航之前和开航当时，承运人已谨慎处理使船舶适航，即使船舶在航行期间或中途港停靠期间丧失适航性，也不能视为承运人违反谨慎处理使船舶适航的义务。

关于航次开始之前和开始当时，一般认为，船舶在开始装货时，船舶必须适航，货舱必须适货，船舶能够抵御装货期间通常出现的或能合理预见的风险，包括必要时船舶能驶离泊位到锚地抗台风。船舶开航之时，通常理解为船舶起锚或者解缆离泊之时，应满足船舶适航的各项要求。在此期间，凡在维持已有适航状态上的过失，以及为使船舶在开航之时全面适航所做的各项工作中的过失，均视为承运人违反谨慎处理使船舶适航的义务。因此，从船舶开始装货至船舶开航之时，承运人谨慎处理使船舶适航是一项连续的义务，在此期间，承运人不能援引船长、船员等管理船舶过失的免责。

4. 承运人对独立合同人的过失负责

“谨慎处理”或“恪尽职责”的主体范围国际上并无统一的解释，一般认为，其主体不仅包括承运人本人及其受雇人，而且包括独立合同人（Independent Contractor）。独立合同人是指与承运人在海上货物运输合同以外另有合同关系的，为承运人完成使船舶适航工作的人员，通常指船舶修理人员、检验人员、罗经校正师等。承运人不能因为雇佣独立合同人履行使船舶适航的义务，就解脱自己的责任，承运人应对独立合同人的行为负责。

5. 船舶适航的举证责任

谨慎处理使船舶适航是承运人的义务，因此船舶适航的举证责任，应由承运人承担。当货方因船舶不适航造成货物灭失、损坏，而向承运人索赔时，承运人欲行免责，应提供充分、确实的证据，证明其在船舶开航之前和开航当时已尽谨慎处理之责。

（二）妥善和谨慎地管理货物的义务

在我国《海商法》中，承运人应当妥善地、谨慎地装载、搬移、积载、运输、保管、照料和卸载所运货物。

1.“妥善”与“谨慎”的含义

（1）“妥善”（Properly）

“妥善”，通常指技术上的要求，即从装货到卸货的各个作业环节中，承运人应对每一个环节建立一套良好的工作系统。要求承运人在整个航次适应特定货物安全管理、运输的需要。但是，“妥善”并不是要求承运人对货物的处理能够避免特定货物的所有弱点，而只是要求采取在承运人知道或应当知道的所有情况下合理的措施。例如，针对“纸筒”的运输，承运人应在考虑航线、货种等情况下，建立一整套的通风程序，严格控制舱内温度与湿度的急剧变化，以保证“纸筒”内的纸张保持平整，不发生变形。

（2）“谨慎”（Carefully）

“谨慎”，通常指责任心上的要求，即承运人、船员或者其他受雇人员在管理货物的各个环节中，应发挥通常要求的或者为所运货物特殊要求的知识与技能，采取合理措施防止和减少货损的发生。

2. 管货责任的具体内容

承运人的管货责任从货物装船至卸船的整个期间，包括装载（Load）、搬移（Handle）、积载（Stow）、运输（Carry）、保管（Keep）、照料（Care for）和卸载（Discharge）七个作业环节，承运人应在每个环节上都必须尽到妥善和谨慎地管理货物的义务，并对因未履行义务而发生在任何一个环节上的货物灭失或损坏负责，且承运人的雇佣人员和代理人也应严格履行这一义务。在管货方面不存在承运人、船长、船员及其他受雇人员过失免责的问题。

在实践中，承运人未妥善和谨慎地管理货物，大多数属于船长、船员或承运人雇佣的码头装卸工人的过失行为。需要特别说明的是，在很多情况下，虽然船方不承担装卸费用，但应对船舶的稳性、安全、货物的积载以及对在装卸过程中对其他货物造成的损害承担责任，即使在托运人自行装卸的情况下，承运人仍负有向装卸工人进行合理的指导和监督，以及按提单的记载对收货人负责的义务。

（1）装载和卸载

承运人在履行这两项义务时，应做到根据货物的性质安排好装卸作业，保证装卸设备能安全使用，杜绝超负荷作业。

在装货港，承运人应按照运输合同的要求收受托运人交运的货物，承运人应及时地将货物组织装船。对交运时已发现的外表状况不良的货物，应分不同情况采取拒装、更换包装、更换货物或批注装船等方法处理。在货物装载过程中，应做好货物监装工作，经常检查装卸公司的装舱质量以及理货公司的理货情况。对特种货物的装舱应给予特别的注意和重视，加强现场指导和监督，在装载过程中要注意防止船舶超载。

在正常情况下，承运人应将货物运至约定的目的港，按照货物装船时的同样外表状况，交付给合法的提单持有人。承运人需认真监督卸货工作，对卸货中发现和发生的问题应给予及时、正确、妥善的处理。在确知收货人不能提取货物，或收货人拒绝提货的情况下，承运人应将货物及时地卸存，并向收货人发出货物已卸存的通知。

（2）搬移和积载

承运人应根据装运的货物的特性进行正确的搬运和积载。货舱要求清洁、干燥、无味、适货。当运输对运送条件要求较高的货物时，事先应进行验舱，并取得验舱证明。货物的积载位置应适当，应防止由于积载不当而造成的货损。在货物装船过程中，承运人有责任对装载方法、堆垛、衬垫、隔票等进行指导、管理。货物在舱内应堆码整齐、稳固，隔票应清楚。对于大件货应绑扎牢固，防止移动。雨、雪天装货时，应采取措施，防止货物湿损。

实践中，货物的装载和卸载、搬移和积载工作，在多数情况下由承运人或货方委托的装卸公司完成。如果码头装卸工人是承运人雇佣的，承运人应对因装卸工人的过错导致的货物损坏负责；若码头装卸工人是托运人或收货人雇佣的，承运人仅对装卸工人的工作进行合理的监督指导，对其过错导致的货损不承担赔偿责任。但就货物的积载而言，如因积载不当影响船舶稳性或其他航行性能，从而构成船舶不适航，承运人应承担未谨慎处理使船舶适航的法律后果。

（3）运输

承运人应按预先公布的挂靠港的顺序，将货物尽快地、安全地运至目的港交付，不得进行不合理的绕航。

（4）保管和照料

保管和照料是指承运人看管、照顾货物的行为。承运人应针对不同货物的特点，采取相应的措施，加强管理，防止货物失窃和错装、漏装，对特种货物应采取特殊的防护措施。同时对货物进行适当的通风、冷藏，防止货物变质、受损。

3. 承运人应履行的谨慎管货的时间

承运人的适航责任中的保证货舱适货义务与承运人的谨慎管货义务的目的是一致的，都是为了把货物安全地从装货港装运至目的港。其不同之处在于，承运人使货舱适货的时间是在航次开航之前和开航当时，而妥善和谨慎地管理货物是承运人的义务，贯穿整个合同航次。适货对象是指货舱，而管货对象是指货物。适货义务是管货义务的前提，承运人只有提供了适合于特定货物的安全收受、运送和保管的货舱之后，才能有效地履行管货的义务。

（三）保证船舶不进行不合理绕航的义务

绕航（Deviation）是指船舶在航行途中，改变或偏离约定的或者习惯上的或者地理上的航线的行为。

我国《海商法》第四十九条规定，承运人应当按照约定的或者习惯的或者地理上的航线将货物运往卸货港。船舶在海上为救助或者企图救助人命或财产而发生的绕航或者其他合理绕航，不属于违反前款规定的行为。这一规定是对承运人应当妥善和谨慎地装运所运货物的补充，要求承运人在运输时不得无故绕航。一旦构成不合理绕航，承运人要对因此导致的货物灭失、损坏承担赔偿责任且丧失享受赔偿责任限制的权利。

船舶绕航可能延长航行时间和增加海上风险，因此法律规定禁止不合理绕航。合理绕航的标准，是基于善意和考虑到利益的平衡，即考虑了同一航次所有各方利益而进行的绕航，而不应当是为了单方的利益进行的绕航。合理的绕航，并不要求必须产生成功的后果。通常下列情况属于合理绕航：躲避海上风险；为救助或企图救助海上人命或者财产；到中途港紧急补给（即使因不适航引起也不例外）；原定的卸货港发生了罢工、港口拥挤；躲避海上风险或战争危险；送病危船员上岸治疗；当局限制等。不合理绕航包括：将偷渡者遣回原地；为承运人单方利益而绕航；装卸货物或上下旅客等。

我国《海商法》采用“其他合理绕航”这种弹性表述来概括可以免责的绕航，表明我国认定合理绕航的范围较宽，对承运人较为有利。

（四）使船舶合理速遣的义务

货物装船后，船舶应及时开航并尽快完成航次，将货物运至卸货港交给收货人，而不应有任何不合理的迟延。

我国《海商法》规定，货物未能在明确约定的时间内，在约定的卸货港交付的，为迟延交付（Delay in Delivery of Goods）。此规定明确了迟延交付成立的条件。但是，如果运输合同中承运人与托运人没有明确约定货物交付的时间，即使承运人未能在合理时间内，在约定的卸货港交付货物，这种情况也不构成《海商法》所指的迟延交付。

根据我国《海商法》，由于承运人不能免责的过失，致使货物因迟延交付而灭失或者损坏的，或者即使货物没有灭失或者损坏而遭受经济损失的，承运人应当负赔偿责任。遭受的经济损失包括货物市场价格下跌损失、利息损失、工厂因停工待料遭受损失以及其他损失等。如果迟延交付时间届满60日，有权提赔的人可以认为货物已经灭失而要求承运人赔偿。

（五）损害赔偿的义务

承运人因其本人、受雇人员或代理人违反法律或合同的规定，造成货物的灭失或损坏，或使托运人（收货人）遭受其他经济损失，除非承运人依据法律或合同的规定可以免责，否则，应承担损害赔偿责任。

我国《海商法》规定，除按规定承运人不负赔偿责任的情形外，由于承运人的过失，致使货物因迟延交付而灭失或者损坏的，承运人应当负赔偿责任。

二、承运人的基本权利

（一）承运人的免责权利

按照法律或合同的规定，在一定情况下，承运人对货物的灭失或损坏享有免除赔偿责任的权利。《海商法》第五十一条是关于承运人责任豁免的规定，确立了承运人可免除赔偿责任的12项法定事由。即在承运人的责任期间内，货物发生的灭失或者损坏是由于下列原因之一造成的，承运人不负赔偿责任。

1. 船长、船员、引航员或者承运人的其他受雇人在驾驶船舶或者管理船舶中的过失

此即通常所说的驾驶船舶过失免责和管理船舶过失免责，也称为航海过失免责。

（1）驾驶船舶过失（Fault in the Navigation of the Ship）

驾驶船舶的过失，是指船舶开航后，船长、船员以及引航员等在船舶航行或停泊操纵上的过失行为。例如，违反国际或地方性避碰规则的操纵，没有保持正规瞭望，未以安全航速航行，对碰撞危险没有加以正确的判断，没有采取必要的避让措施等。停泊操纵上的过错，通常指船舶在锚泊或系泊中的过失行为，如锚泊位置、方式不当，系泊时缆绳数量不够或系泊方法有误等。一旦发生驾驶船舶过失，往往伴随着重大海上事故，如船舶碰撞、触礁、搁浅、沉没等，因此而造成货物灭失或损坏。

（2）管理船舶过失（Fault in the Management of the Ship）

管理船舶过失是指船长、船员等，在维持船舶的性能和有效状态上的过失。例如轮机员操纵机器不当，致使机器损坏，船舶失去控制；主机或锅炉使用不当，以致引起火灾；错开压载舱阀门，以致海水进入货舱，造成货物湿损等。

实践中，管船过失与管货过失相互联系，两者很难区分。因管船过失造成的货损，承运人可以免责，而管货过失下的货损不能免责。因此，管船过失与管货过失的区分对承运人能否免责起着很重要的作用。因此，判定某项行为属于管船行为还是管货行为，有时就变得十分重要。为此，国际上有不少海商法学者们在探讨这两种行为之间的区别。按照传统的理论，区分管船过失与管货过失的根本原则是以行为人的目的和动机为标准。如果船长、船员在为了维持船舶性能时发生了过失，就应该属于管船过失；如果其过失行为是在对货物实施照料的过程中发生的，则属于管货过失。

近几年来，在区分管船过失与管货过失的理论方面又有了新的发展，即不仅要看实施某项行为的动机，而且要看在实施该项行为时是否对货主的利益给予了应有的关照。例如，在英国Gosse Millerd Ltd.诉Can. Government Merchant Marl一案中，修船人在修船过程中，为了进到舱内修理艉轴，揭去了用于遮盖货物的帆布，并且未采取任何防范措施，致使雨水淋湿了毫无遮盖的货物。法官Greer勋爵说："如果损害纯粹或主要是因照料货物的疏忽所引起的，船方就应该负责；但如果损害是由于对船舶或某个部分进行照料时的疏忽造成，船方便无须负责，如果此疏忽不是针对船舶的疏忽，却是未曾使用船舶设备来保护货物的疏忽，则船方就不能逃避责任。"上议院确认了Greer法官的意见，认为修船人员虽然精力专注于船舶，但对船舶未产生任何不良影响，唯独影响了货物，因而，这种疏忽应该属于管货方面的疏忽。

2. 火灾，但是由于承运人本人的过失所造成的除外

火灾造成的货物灭失或者损坏，除直接被烧坏或烟熏造成者外，还包括救火过程中造成的损坏，如用水灭火造成的货物湿损，或因践踏而造成的损坏。

承运人对船上火灾所造成的货物灭失或损坏不负赔偿责任，除非火灾是由于承运人本人的实际过失或私谋所造成。承运人实际过失，是指承运人在船上灭火器材的配备、灭火程序的制定及船舶消防安全教育、灭火训练和船舶火灾安全管理等方面的过失。承运人的私谋，是指承运人为了达到某种目的，特别是为了获得保险上的利益，故意指使船长、船员纵火烧船的行为。

3. 天灾，海上或者其他可航水域的危险或者意外事故

天灾（Act of God），是指承运人通过采取合理预期的各种预防措施后，仍不能抵御或者防止的自然现象，如地震、海啸、雷击和冰冻等。对于因天灾造成的货物灭失或损坏，承运人可以免责。通常，承运人应做无过失举证。

海上或者其他可航水域的危险或者意外事故，一般指与海有关的危险，通常指海难或海上意外事故，如遭遇海上暴风雪、狂浪、冰山、暗礁或承运人没有主观过错的碰撞、触礁等危险或事故。

4. 战争或者武装冲突

国际上通常把公开宣战、明确表明战争意图、采取恶意行动企图发动战争看作是战争。战争并不以宣战为要件。武装冲突，是指两国之间或同一国内不同派别之间采用武力解决双方的矛盾争端。战争或武装冲突，包括其本身以及其后的影响，如遗留的水雷、炸弹等导致的货物灭失或损坏，承运人均可免责。

5. 政府或者主管部门的行为、检疫限制或者司法扣押

政府或者主管部门的行为，是指一国政府或国家行政主管机关所采取的禁止装货或卸货、封港、禁运、扣押、没收船舶或货物等行为。

司法扣押，是指因两国关系恶化，一国政府下令扣押其境内的另一国商船的行为。但并不包括因承运人的各种商务纠纷导致的为诉讼保全或为执行判决而采取的扣押，也不包括因违法行为的禁止离港，例如发生海损事故未办清手续，有权禁止船舶离港或停止作业。

检疫限制，是指一国根据检疫法规，对发生疫情或来自疫情港口的船舶，有权采取禁止船舶进港或对船、货进行熏蒸等消毒处理。对因此限制造成的货物灭失或损坏，承运人可以免责。

6. 罢工、停工或者劳动受到限制

当由于劳资纠纷或工潮等原因引起罢工、停工或者劳动受到限制时，承运人对因此无法及时装卸货物等损失不负赔偿责任。在罢工、停工期间，承运人仍应履行管货义务，如货损系管货过失导致，承运人仍应承担赔偿责任。必要时，可以采取合理行动，如改驶他港等。

船员罢工，承运人亦可援引此免责，但如果罢工是由于承运人的不法行为，或其他应负责的原因，例如承运人违反与船员之间的雇佣合同、拒不按时支付或非法克扣船员工资、明知港口发生罢工仍命令驶入等原因造成时除外。

7. 在海上救助或者企图救助人命或者财产

因在海上救助或者企图救助人命或者财产引发的船舶绕航，属于合理绕航。而因此造成的货物灭失或损坏，承运人可以免责。

8. 托运人、货物所有人或者他们的代理人的行为

托运人应按法律或合同的要求履行其职责，如正确申报货物的品名、数量、性质等。如果托运人或其代理人未按要求提供正确的货运资料并及时办妥各种运输所需的手续等，致使承运人积载货物不当造成货物损坏，或由于对货物性质不了解，而未采取相应措施，造成货物在运输途中发生的损坏，承运人就可以援引此项要求免责。

9. 货物的自然特性或者固有缺陷

货物的自然特性或固有缺陷是指货物本身所具有的自然属性及缺点以及货物非表面的固有缺陷。如谷物在运输过程中的水分蒸发；矿粉、矿砂等在装卸过程中的飞扬散失；散装油类黏附舱壁或结块沉淀等造成散装油类的数量或体积的正常耗损；活动物在运送过程中因病或胆怯而死亡；易腐货物在长途运送过程中发生腐烂或变质；谷物、煤炭在运送过程中的发热、自燃等。对因货物固有的缺点、特性或缺陷所引起的，为习惯所允许的货物自然减量，或造成的任何其他灭失或损坏，承运人可以免责。

10. 货物包装不良或者标志欠缺、不清

货物的包装不良，标志欠缺、不清，是可以从货物的外表观察到的，如果承运人或其代理人却因此签发了清洁提单，则不能援引该项免责对抗善意的第三人。

如果货物的主要标志不当或不清，使承运人无法对货物加以辨认，而造成货物混票或错交；或由于货物警告标志、危险标志不当或不清，造成货物在运输途中因搬运、堆放、保管、操作不当而损坏，承运人可以援引此项免责。但如提单上无货物标志不清、不当的批注，则承运人对于提单受让人不得援引这一免责条款推卸责任。

11. 经谨慎处理仍未发现的船舶潜在缺陷

潜在缺陷（Latent Defect）仅指船舶结构上存在的基本缺点，一般不包括正常磨损和

腐蚀，是一个谨慎称职的人员，通过通常合理的方法检验仍不能发现的缺陷。例如，某船在定期检验时，船舶检验人员用习惯的方式测量船壳板的厚度，某一钢板严重腐蚀，但测量时未能发现。船舶在航行中由于风浪的影响，导致该处钢板裂缝，海水进入货舱使货物湿损，这一缺陷即为潜在缺陷，承运人对于货物的湿损可以免责。

虽然，从字面上理解，承运人欲援引此项免责，应证明他事实上已谨慎处理却仍未发现船舶的潜在缺陷。但国际上对“谨慎处理所不能发现的潜在缺陷”的普遍解释是，即使承运人事实上没有做到谨慎处理，但如承运人事后能证明，即使他做到了谨慎处理，也不能发现船舶的潜在缺陷，则仍可援引此项免责。

12. 非由于承运人或者承运人的受雇人、代理人的过失造成的其他原因

此项概括性免责事项通常解释为，是与前述第1~11项免责事项属于相同性质或类似的事由。

应注意的是，虽然承运人可以援引免责条款来免除他对货损的责任，但是他应采取合理措施防止货损的扩大。例如码头工人罢工引起货损，承运人可以免责。但在此期间，船方仍应适当和谨慎地照管货物；又如船舶因驾驶过失而搁浅，对此承运人是可以免责的，但如果船方没有采取合理措施把舱内积水排出，则承运人仍需对货损负责。

实践中，承运人欲援引上述12项免责事项，免除赔偿责任，应当负举证责任。即承运人必须证明货物灭失、损坏或迟延交付所造成的经济损失是某一项或几项免责原因所致。但是，火灾是由承运人本人过失造成的，举证责任由索赔人承担，即采用举证责任倒置原则，由索赔方举证证明火灾是由于承运人本人过失所造成的，否则承运人免责。

此外，《海商法》还对活动物和舱面货的运输做了特殊规定。因运输活动物的固有的特殊风险造成活动物灭失或者损害的，承运人不负赔偿责任。但是，承运人应当证明业已履行托运人关于运输活动物的特别要求，并证明根据实际情况，灭失或者损害是由于此种固有的特殊风险造成的。承运人在舱面上装载货物，应当同托运人达成协议，或者符合航运惯例，或者符合有关法律、行政法规的规定。承运人依照规定将货物装载在舱面上，对由于此种装载的特殊风险造成的货物灭失或者损坏，不负赔偿责任。承运人违反规定将货物装载在舱面上，致使货物遭受灭失或者损坏的，应当负赔偿责任。

（二）承运人赔偿责任限制

1. 承运人赔偿责任限制（Package Limitation of Liability）的概念

承运人赔偿责任限制又称承运人单位责任限制，是指对承运人不能免责的原因造成的货物灭失或损坏，货物迟延交付所造成的经济损失，将其赔偿责任限制在一定的范围之内，即对每件或每单位货物灭失或损坏规定的最高赔偿额。

2. 货物灭失或损坏的赔偿限额

《海商法》第五十六条规定，承运人对货物的灭失或者损坏的赔偿限额，按照货物件数或者其他货运单位数计算，每件或者每个其他货运单位为666.67SDR（Special Drawing

Right；特别提款权），或者按照货物毛重计算，每千克为2SDR，以两者中赔偿限额较高的为准。货物用集装箱、货盘或者类似装运器具集装的，提单中载明装在此类装运器具中的货物件数或者其他货运单位数，以提单上的记载为准；未载明的，每一装运器具视为一件或者一个单位。装运器具不属于承运人所有或者非由承运人提供的，装运器具本身应当视为一件或者一个单位。

3. 迟延交付所致经济损失的赔偿限额

《海商法》第五十七条规定，承运人对货物因迟延交付造成经济损失的赔偿限额，为所迟延交付的货物的运费数额。货物的灭失或者损坏和迟延交付同时发生的，承运人的赔偿责任限额适用于货物灭失或损坏赔偿限额的规定。

4. 不适用赔偿责任限制的情况

根据《海商法》第五十七条的规定，承运人的赔偿责任限制因下列情况而不适用：

（1）托运人在货物装运前已经申报其性质和价值，并在提单中载明的；

（2）承运人与托运人已经另行约定高于法定赔偿限额的赔偿时。

5. 承运人赔偿责任限制权利的丧失

与承运人的免责权一样，承运人赔偿责任限制的权利也是保护承运人的一项特权。但是，承运人并不是在任何情况下都享有这项权利。《海商法》第五十九条规定：经证明，货物的灭失、损坏或者迟延交付是由于承运人的故意或者明知可能造成损失而轻率地作为或者不作为造成的，承运人不得援用赔偿责任限制的规定。如果货物的灭失、损坏或者迟延交付是由于船长、船员或承运人的其他受雇人的故意或者明知可能造成损失而轻率地作为或者不作为造成的，承运人的赔偿责任限制权利并不因此而丧失。如果承运人的受雇人存在这些过错就会导致承运人丧失责任限制的权利，则很难设想承运人还可以真正享受到责任限制的权利。

（三）运费、亏舱费、滞期费的请求权

1. 运费（Freight）

根据运输合同承运人享有请求运费的权利。运费的支付方式可分为预付和到付两种，其主要区别在于，运费是在海上运输完成之前支付还是在完成之后支付。实践中，预付运费通常在签发提单或装货结束后若干银行日之内支付。到付运费支付的时间可分为卸货前支付和交付时支付。

英美法系国家有预付运费不退还原则。如货物在运输过程中灭失，不论由于何种原因造成的货物灭失，承运人均不退还预付运费。但如货物灭失是承运人应负责的原因所致，托运人可将预付的运费作为其遭受的损失的一部分，向承运人索赔。

即使提单中订有承运人有权收取全额运费的规定，如果在运输过程中发生货物灭失等情况，承运人仍可能无法收到全部运费。为了防止收不到运费而蒙受损失，承运人可以将

应收的到付运费作为可保利益向保险公司投保，还可以在提单或航次租船合同条款中附加诸如“收货人拒付运费或其他费用时，应由托运人支付”的条款。此外，根据提单和航次租船合同条款中关于留置权的规定，承运人也可保护自己的利益。

2. 亏舱费（Dead Freight）

亏舱费又称空舱费，是指托运人未按合同约定的数量提供货物，使承运人预留的舱位未能充分利用而支付的费用。但是，在亏舱费中应扣除因船舶亏舱使承运人节省的费用及另装货物所赚取的运费。

3. 滞期费（Demurrage）

滞期费通常是在航次租船情况下，承租人由于其不能免责的原因，未能在合同规定的装卸时间内完成货物的装卸而出现滞期，因而向出租人支付的费用。

（四）货物留置权

应当向承运人支付的运费、共同海损分摊、滞期费和承运人为货物垫付的必要费用以及应当向承运人支付的其他费用没有付清，又没有提供适当担保的，承运人可以在合理的限度内，对处于其占有之下的属于债务人（托运人或收货人）的货物进行留置，以保证其请求权的实现。

三、承运人的责任期间与责任原则

（一）承运人的责任期间

责任期间，是指承运人承担海上货物运输法规定的强制性最低责任的地域和时间范围。在承运人的责任期间，货物发生灭失或者损坏，除可免责的情况外，承运人应当负赔偿责任。根据《海商法》第四十六条的规定，承运人的责任期间，分为以下两种情况：

1. 集装箱货物

承运人对集装箱装运的货物的责任期间，是指从装货港接收货物时起至卸货港交付货物时止，货物处于承运人掌管之下的全部期间。此项规定与《汉堡规则》类同。

2. 非集装箱货物

承运人对非集装箱装运的货物的责任期间，是指从货物装上船时起至卸下船时止，货物处于承运人掌管之下的全部期间。并且承运人就该类货物，在装船前和卸船后所承担的责任，可以与托运人达成任何协议。此规定与《海牙规则》相同。

实践中，货物装上船和卸下船都是一个过程，因此有人对这一责任期间做了更为精确的表述，即“钩到钩”（Tackle to Tackle）或“船舷到船舷”（Rail to Rail）的责任期间。

（二）承运人的责任原则

自从1924年的《海牙规则》制定以来，国际上普遍实行的海上货物运输承运人的责任制度是不完全过错责任原则。1978年的《汉堡规则》确立了完全过错责任原则。《海商法》以《维斯比规则》的规定为基础，吸收了《汉堡规则》的一些先进成果，形成了独特的国际海上运输承运人的责任制度，主要采用了不完全过错责任原则。

不完全过错责任原则，即如果货物的灭失、损坏或迟延交付，是由承运人或其代理人及其他受雇人在其责任期间内的过错造成的，承运人应承担赔偿责任，但如果是因船长、船员、引航员等在驾驶船舶或者管理船舶中的过失所致，则承运人可以免除赔偿责任。也就是说，驾驶和管理船舶过失免责是承运人过错责任原则的例外。因此，不完全的过错责任原则又称为过错责任原则加列明的过失免责。

四、托运人的义务和权利

（一）托运人的主要义务

1. 提供约定货物的义务

除非合同另有约定或事先征得承运人同意，托运人不得擅自更换约定的货物。因未提供约定的货物致使承运人或出租人遭受损失的，托运人应负赔偿责任。

2. 妥善包装和如实申报托运货物的义务

《海商法》第六十六条规定，托运人托运货物，应当妥善包装，并向承运人保证，货物装船时所提供的货物的品名、标志、包数或者件数、重量或者体积的正确性；由于包装不良或者上述资料不正确，对承运人造成损失的，托运人应当负赔偿责任。承运人依规定享有的受偿权利，不影响其根据货物运输合同对托运人以外的人所承担的责任。

3. 及时办理货物运输手续并备齐单证的义务

《海商法》第六十七条规定，托运人应当及时向港口、海关、检疫、检验和其他主管机关办理货物运输所需要的各项手续，并将已办理各项手续的单证送交承运人；因办理各项手续的有关单证送交不及时、不完备或者不正确，使承运人的利益受到损害的，托运人应当负赔偿责任。

4. 妥善托运危险货物的义务

《海商法》第六十八条规定，托运人托运危险货物，应当依照有关海上危险货物运输的规定，妥善包装，做出危险品标志和标签，并将其正式名称和性质以及应当采取的预防危害措施书面通知承运人；托运人未通知或者通知有误的，承运人可以在任何时间、任何地点根据情况需要将货物卸下、销毁或者使之不能为害，而不负赔偿责任。托运人对承运人因运输此类货物所受到的损害，应当负赔偿责任。承运人知道危险货物的性质并已同意装运的，仍然可以在该项货物对于船舶、人员或者其他货物构成实际危险时，将货物卸下、销毁或者使之不能为害，而不负赔偿责任。但是，不影响共同海损的分摊。

5. 支付运费和其他费用的义务

《海商法》第六十九条规定，托运人应当按照约定向承运人支付运费、亏舱费、滞期费、共同海损分摊费用、承运人为货物垫付的必要费用和其他应由其支付的费用。托运人与承运人可以约定运费由收货人支付；但是，此项约定应当在运输单证中载明。

（二）托运人的主要权利

（1）要求承运人按照海上货物运输合同的约定，将货物安全运送至卸货港并交给收货人的权利。

（2）要求承运人签发提单或者其他运输单证的权利。

（3）要求承运人中止运输、返还货物、变更卸货港或收货人的权利。

（4）要求承运人或实际承运人对货物运输过程发生损害或延迟交付赔偿的权利。

第四节 调整海上货物运输合同的国际公约

目前已生效的用于调整海上货物运输合同的国际公约主要有《海牙规则》《维斯比规则》《汉堡规则》，三项公约并行有效。

各国根据各自的需要对上述三个公约采取了不同的态度。例如，美国、俄罗斯及许多原英国殖民地国家，不论是否批准或加入《海牙规则》，已将该规则纳入本国法；英、法、德等欧洲航运大国，已批准或加入《维斯比规则》，并且大多数已加入1979年议定书；20多个发展中国家已批准或加入《汉堡规则》；中国虽然没有加入任何公约，但是采纳了《维斯比规则》的基本原则，并将《汉堡规则》的有关内容订入《海商法》。

一、《海牙规则》

《海牙规则》（Hague Rules）的全称是《1924年统一提单的若干法律规定的国际公约》（International Convention for the Unification of Certain Rules of Law Relating to Bill of Lading，1924），1924年8月25日在布鲁塞尔签署，于1931年6月2日生效。

根据国际海事委员会（CMI）官方网站数据，截止到2016年12月，批准和加入《海牙规则》的国家和地区共有95个，包括中国香港特别行政区、中国澳门特别行政区。80

多年来许多航运公司都在其所制定的提单中规定采用《海牙规则》，据以确定承运人在货物装船、收受、配载、承运、保管、照料及卸载过程中所承担的责任与义务，以及其应享受的权利与豁免。

《海牙规则》规定了承运人最低限度的义务和最大限度的权利，制止了承运人在提单上滥列免责条款的不负责任的做法，在一定程度上调整了船、货双方之间的货运风险。由于近年来国际经济、政治的变化和海运技术的发展，以及《海牙规则》本身存在的和在实施过程中的各项问题，其某些内容已经过时。

《海牙规则》关于承运人义务的规定，均属强制性规定，承运人不得通过合同约定的方式减轻和免除。《海牙规则》全文共有16条。其中第1至第10条是实质性条款，第11至第16条是程序性条款。实质性条款主要包括以下内容：

（一）承运人的义务

1. 谨慎处理使船舶适航

《海牙规则》第3条第1款规定："承运人必须在开航前和开航当时恪尽职责，使船舶适于航行；妥善地配备船员、装备船舶和供应船舶；使货舱、冷藏舱和该船其他载货处所能适宜和安全地收受、运送和保管货物。"

2. 妥善和谨慎地管理货物

《海牙规则》第3条第2款规定："承运人应当妥善和谨慎地装卸、搬运、配载、运送、保管、照料和卸载所运货物。"

上述《海牙规则》中关于承运人最低限度的义务，《海商法》第四十七、四十八条做了类似规定。

（二）承运人的责任期间

《海牙规则》第1条"货物运输"是指自货物装上船时起，至卸下船时止的一段期间。国内许多海商法专家将这一段时间解释为承运人责任期间，并将其分为两种情况：

（1）当使用船吊装卸货物时，承运人对货物灭失或损害赔偿责任的期间为从货物在装货港挂上船舶吊杆或吊车的吊钩时起，至货物在卸货港脱离吊钩时止，即"钩至钩"期间。

（2）当使用岸上吊货索具时，承运人对货物灭失或损害赔偿责任的期间则为"舷至舷"期间，即以货物越过船舷为界。

至于货物装船以前，即承运人在码头仓库接管货物至装上船这一段期间，以及货物卸船后到向收货人交付货物这一段期间，《海牙规则》第7条规定："本公约中的任何规定，都不妨碍承运人或托运人就承运人或船舶对海运船舶所载货物于装船以前或卸船以后所受灭失或损害，或与货物的保管、照料和搬运有关的灭失或损害所应承担的责任与义务，订立任何协议、规定、条件、保留或免责条款。"即《海牙规则》允许承运人与托运人对货物在装船前和卸货后的责任问题，自由达成协议。

根据上述规定，《海牙规则》强制适用的期间为自货物在装货港装上船开始，至在卸货港卸离船舶之时为止，承运人的责任期间应根据承运人接收货物和交付货物的地点，承运人和托运人就承运人对货物在装船前和卸船后的责任有无协议和如何协议，以及装货港和卸货港所适用的法律予以确定。如果承运人在船边接收和交付货物，则其责任期间自货物装上船开始，至卸离船为止。如果承运人收货和交货的地点在码头仓库或者其他地点，且双方协议承运人对装前卸后的灭失或者损坏不负责时，则承运人的责任期间为自货物装上船开始，至卸离船为止；若协议承运人对装前卸后的灭失或者损坏负责，则承运人的责任期间为自收货到交货，并且双方既可协议适用《海牙规则》，也可协议适用国内法律。如果承运人与托运人没有达成上述协议，则承运人对装船前和卸船后货物灭失或损坏的责任，按照装货港或卸货港所适用的法律确定。

实践中，对货物装上船至卸离船的时间，应理解为自货物妥善而谨慎地装上船之时起，至妥善而谨慎地卸离船之时止，而不能把"钩到钩"视为一条绝对的界限。

（三）承运人的免责

《海牙规则》第4条第2款规定了承运人的17项免责条款，实行的是不完全过错责任原则。不论是承运人还是船舶，对由于下列原因引起或造成的灭失或损坏，都不负责：

（1）船长、船员、引航员或承运人的受雇人在驾驶船舶或管理船舶中的行为、疏忽或不履行职责；

（2）火灾，但由于承运人实际过失或私谋所造成的除外；

（3）海上或其他可航水域的风险、危险或意外事故；

（4）天灾；

（5）战争行为；

（6）公敌行为；

（7）君主、统治者或人民的扣押、拘禁或依法扣押；

（8）检疫限制；

（9）货物托运人或货主、其代理人或代表的行为或不行为；

（10）无论由于何种原因引起的局部或全面的罢工、关闭、停工或劳动力受限制；

（11）暴乱和民变；

（12）救助或企图救助海上人命或财产；

（13）由于货物的固有缺点、性质或缺陷所造成的容积或重量的损失或任何其他灭失或者损坏；

（14）包装不当；

（15）标志不当或不清；

（16）谨慎处理仍不能发现的潜在缺陷；

（17）不是由于承运人的实际过失或私谋，或是承运人的代理人或受雇人的过失或疏忽所引起的任何其他原因。

另外，《海牙规则》第4条进一步规定，为救助或企图救助海上人命或财产而发生的绕航，或任何合理绕航，都不能作为破坏或违反本公约或运输合同的行为；承运人对由此而引起的任何灭失或损害，都不负责。

（四）承运人的赔偿责任限制

《海牙规则》第4条第5款规定：“承运人或是船舶，在任何情况下对货物或与货物有关的灭失或损害，每件或每计费单位超过100英镑或与其等值的其他货币的部分，都不负责；但托运人在货物装运前已将其性质和价值加以申报并在提单上注明的，不在此限。”经承运人、船长或承运人的代理人与托运人双方协议，可规定不同于本规定的另一更高限额，但该更高限额不得低于上述数额。

如托运人在提单中故意谎报货物性质或价值，则在任何情况下，承运人或是船舶，对货物或与货物有关的灭失或损害，都不负责。

（五）运输合同无效条款

《海牙规则》第3条第8款规定：“运输合同中的任何条款、约定或协议，凡是解除承运人或船舶对由于疏忽、过失或未履行本条规定的责任和义务，因而引起货物或关于货物的灭失或损害的责任的，或以本规则规定以外的方式减轻这种责任的，均应作废并无效。”该款还规定，有利于承运人保险利益的条款或类似条款，应视为属于免除承运人责任的条款，亦属无效。《海商法》第44条做出了类似的规定。

（六）托运人的义务

1. 保证正确提供货物情况

《海牙规则》第3条第5款规定，托运人应保证其在货物装船前，向承运人书面提供的货物标志、件数、数量和重量的正确性，并在对由于这种资料不正确所引起或造成的一切灭失、损害和费用，给予承运人赔偿。

2. 不得擅自装运危险品

《海牙规则》第4条第6款规定，承运人、船长或承运人的代理人对于事先不知性质而装载的具有易燃、爆炸或危险性的货物，可在卸货前的任何时候将其卸在任何地点，或将其销毁，或使之无害，而不予赔偿；该项货物的托运人，应对由于装载该项货物而直接或间接引起的一切损害或费用负责。如果承运人知道该项货物的性质，并已同意装载，则在该项货物对船舶或载货发生危险时，亦得同样将该项货物卸在任何地点，或将其销毁，或使之无害，而不负赔偿责任，但如发生共同海损不在此限。

3. 损害赔偿责任

《海牙规则》对托运人实行完全的过错责任制，其第4条第3款规定，托运人对他本人或其代理人或受雇人因过错给承运人或船舶造成的损害，承担赔偿责任。

(七)索赔通知与诉讼时效

1. 索赔通知

《海牙规则》第3条第6款规定，如果收货人在卸货港发现货物灭失或损坏，应在货物交付之前或当时，将货物灭失或损坏情况用书面形式通知承运人或其代理人；如果损坏不明显，则应在交付货物之日起3天以内提交索赔通知。否则，这种交付应视为承运人已按提单规定交付货物的初步证据。如果货物状况在交付时已经船货双方联合检验或检查，则收货人无须再提交书面通知。

2. 诉讼时效

《海牙规则》第3条第6款规定，货方对承运人或船舶提起货物灭失或者损坏索赔的诉讼时效期间为1年，自货物交付之日或应交付之日起算。上述1年的诉讼时效，不适用于承运人对托运人或收货人提起的损害赔偿的诉讼，这种诉讼时效，通常按法院地法予以确定。

(八)《海牙规则》的适用范围

《海牙规则》第5条和第10条分别对该规则的适用范围做了具体规定："本公约的规定，不适用于租船合同，但如果提单是根据租船合同签发的，则上述提单应符合本公约的规定。""本公约和各项规定，适用于在任何缔约国所签发的一切提单。"即根据租船合同或者在船舶出租情况下签发的提单，当提单用于调整承运人与非承租人的第三者发货人或者收货人的关系时，《海牙规则》仍然适用。

二、《维斯比规则》

20世纪60年代以后，随着国际政治、经济力量对比关系的变化和海运技术的发展，《海牙规则》已不能适应整个国际海运事业发展的需要。其内容存在着很多需要重新研究和解决的问题。例如：未考虑集装箱运输形式的需要；赔偿责任限额过低；诉讼时效太短；过多地维护承运人的利益；对有些条款的解释至今仍未统一等。因此，修改《海牙规则》势在必行。

1959年国际海事委员会草拟了修改《海牙规则》的议定书草案，交斯德哥尔摩会议讨论，最终于1968年2月23日布鲁塞尔外交会议上获得通过，通过后的议定书命名为《关于修订统一提单若干法律规定的国际公约的议定书》(Protocol to Amend the International Convention for the Unification of Certain Rules of Law Relating to Bills of Lading)，由于该议定书没有对《海牙规则》进行根本性的修改，只是对《海牙规则》中明显不合理或不明确的条款做了修订与补充，仍保持原有《海牙规则》的责任制度，因此又被称为《海牙-维斯比规则》，简称《维斯比规则》(Visby Rules)。根据CMI官方网站数据，截止于2016年12月，参加该规则的国家和地区共有31个，包括英国、法国、德国、荷兰、西班牙、挪威、瑞典、瑞士、意大利和日本等主要航运国家。

《维斯比规则》旨在修改《海牙规则》的不足之处，所以它保留了《海牙规则》的大部分规定。只是在承运人责任限制、提单的证据效力、侵权行为之诉讼、承运人的受雇人员的法律地位、诉讼时效、规则适用范围等几方面对《海牙规则》做了修改。

《维斯比规则》共17条，其中第1条至第6条是实质性条款，第7条至第17条是程序性条款。《维斯比规则》对《海牙规则》的修改主要表现在以下几个方面：

（一）明确了提单对善意第三人的最终证据效力

《海牙规则》规定，提单上载明的货物主要标志、件数、重量、表面状况等情况，应作为承运人按其上所载内容收到货物的初步证据。但对提单转让至善意第三人时的证据效力，《海牙规则》未做规定。

《维斯比规则》第1条第1款对此做了补充："但是，当提单转让至善意第三人时，与此相反的证据将不能接受。"即对善意受让提单的人来说，承运人不得提出与提单所载不同的反证，即提单载明的内容具有最终证据效力。

（二）延长了诉讼时效

《维斯比规则》仍保留了《海牙规则》中规定1年的诉讼时效，增加了"但在诉讼事由发生之后，得经当事方同意，将这一期限加以延长"，明确了诉讼时效可经双方当事人协议延长的规定。同时，《维斯比规则》还增加了关于追偿期限的规定，即使在规定的时效届满后，如果在受理该案的法院的法律准许的时间内，仍可以对第三者提出赔偿诉讼。但是，准许的时间不得少于3个月，自提出这种赔偿诉讼的人已经解决索赔案件，或向其本人送达起诉状之日起算。

（三）在承运人赔偿责任限制方面的修改

1. 提高了承运人的赔偿责任限额

将每件或每单位的赔偿限额提高到10 000金法郎，或按货物灭失或损坏的毛重计算，每千克为30金法郎，以两者中较高者为准。一个金法郎是指一个含有纯度为千分之九百的黄金65.5 mg的单位。裁决的赔偿数额兑换成国家货币的日期，应由受理该案法院的法律规定。这一修改不但提高了《海牙规则》的赔偿限额（在《维斯比规则》通过时，10 000金法郎大约等于431英镑），而且解决了裸装货和轻货的限额问题，有利于保护货主的合法利益。

2. 增加了"集装箱条款"

为适应国际集装箱运输发展的需要，《维斯比规则》增加了"集装箱条款"，在第2条第3款规定，如果货物是以集装箱、货盘或类似的运输工具集装，则提单中所载明的装在这种运输工具中的包数或件数，便应作为本款中所述包数或单位数；如果不在提单上注明件数，则以整个集装箱或货盘为一件计算。

3. 规定了丧失赔偿责任限制权利的条件

《维斯比规则》规定，如经证明损害是由于承运人故意造成，或者明知很可能会造成这一损害而毫不在意的行为或不行为所引起，则承运人无权享受责任限制。

（四）承运人的受雇人或代理人的法律地位

《海牙规则》实施后，有些索赔人为了规避《海牙规则》有关承运人免责或责任限制规定的适用，向承运人的受雇人或代理人而不是向承运人本人提起诉讼，1953年英国法院审理的Alder诉Dickson一案即是典型案例，由此产生了“喜马拉雅条款”。

该案中，英国半岛及东方公司（P&O）的“喜马拉雅”（Himalaya）轮在某港口停泊期间，舷梯由于其上的绳子没有绑扎紧而突然倾斜，加之船边未系安全网，致使女乘客Rose Alder在上船时摔下舷梯造成重伤。根据英国法合同排斥侵权的原理，受伤旅客无法以侵权起诉承运人。受伤旅客为排除客票上免责条款的适用，便以侵权行为直接起诉水手长Dickson。法院判决水手长作为承运人的受雇人，无权援引上述承运人的有关免责规定。此案一出，航运界一片哗然，承运人纷纷在提单上订有“喜马拉雅条款”，使承运人的受雇人或代理人有权援引《海牙规则》中承运人的各项抗辩或责任限制的规定。《维斯比规则》将上述内容以公约条文的方式法律化，这就进一步保护了承运人的利益。

（五）侵权行为之诉讼的法律适用

《维斯比规则》第3条规定：《海牙规则》规定的抗辩和责任限制，应适用于就运输合同所涉及的有关货物的灭失或损害对承运人所提起的任何诉讼，不论该诉讼是以合同为根据还是以侵权行为为根据。这就阻止了货方企图排除《海牙规则》有关承运人免责和责任限制规定的适用。

（六）扩大了规则的适用范围

《维斯比规则》将《海牙规则》的适用范围扩大至：提单是从一个缔约国签发的或货物是从一个缔约国起运的，或提单中订有接受公约约束的首要条款的，都可以适用该公约。只要提单或为提单所证明的运输合同上有规定适用《维斯比规则》的，该提单或运输合同就要受《维斯比规则》的约束。

（七）1979年修订《海牙-维斯比规则》的议定书

《维斯比规则》规定的承运人责任限制金额计算单位为金法郎，金法郎以黄金作为定值标准，由于黄金价格随市场供求经常变动，所以金法郎不能保持稳定。

有鉴于此，1979年12月21日在布鲁塞尔召开的由37国代表参加的外交会议上，通过了修改《维斯比规则》的议定书。该议定书将承运人责任限制的计算单位由金法郎改为相对稳定的特别提款权（Special Drawing Rights，SDR），按15金法郎等于1SDR计算。议定书规定，承运人责任限制金额为每件或每单位666.67SDR，或按货物毛重每千克2SDR，两者中以较高者为准。该议定书已于1984年4月生效。

三、《汉堡规则》

《维斯比规则》虽然适应形势的需要，对《海牙规则》做了一些有益的修改，但未触及《海牙规则》的核心，仍然保留了承运人驾驶和管船过失免责的规定。很多发展中国家和代表货主利益的发达国家强烈要求对《海牙规则》做全面的、实质性的修改。在这种形势下，联合国贸易和发展会议于1969年4月设立国际航运立法工作组研究有关问题，提出了取消现存的不平等法律条款，在承运人和货主之间建立公平分担风险的方针。经过近十年的酝酿讨论，于1976年5月草拟了《联合国海上货物运输公约》草案，并提交1978年3月6日至31日在汉堡召开的联合国海上货物运输公约外交会议上审议，会议通过了《1978年联合国海上货物运输公约》（United Nations Convention on the Carriage of Goods by Sea，1978），简称《汉堡规则》（Hamburg Rules），已于1992年11月1日生效。根据联合国官方网站，截止到2021年9月，参加该规则的国家和地区共有35个，绝大多数为发展中国家。

《汉堡规则》对《海牙规则》进行了全面彻底的修改，共7章34条，是一个较为完备的国际海上货物运输公约。其主要内容有：

（一）承运人的责任期间

《汉堡规则》第4条规定："承运人对货物的责任期间，包括货物在装货港、运输途中和卸货港处于承运人掌管之下的期间。"与《海牙规则》的"钩至钩"或"船舷至船舷"相比，其责任期间扩展到"港到港"，解决了货物从交货到装船和从卸船到收货人提货这两段没有人负责的空间，明显地延长了承运人的责任期间。

（二）承运人的责任原则

《汉堡规则》取消了《海牙规则》的17项免责条款，尤其是废除了驾驶和管理船舶过失免责条款，确定了推定过错与举证责任相结合的完全过错责任原则，摒弃了《海牙-维斯比规则》的不完全过错责任原则。

《汉堡规则》规定，凡是在承运人掌管货物期间发生货损，除非承运人能证明承运人已为避免事故的发生及其后果采取了一切可能的措施，否则便推定为损失系由承运人的过失所造成，承运人应承担赔偿责任。《汉堡规则》明显地扩大了承运人的责任。

《汉堡规则》删除了火灾免责的规定，但是对火灾的举证责任做了妥协，即如果索赔人能证明火灾引起的货物灭失、损坏或延迟交付，是由于承运人及其受雇人或代理人的过失或疏忽所造成，则承运人应负赔偿责任。

虽然《汉堡规则》删除了《海牙规则》列明的所有免责事项，但并不是说承运人对任何事项都必须负责。对非承运人的过失造成的货损，如天灾、战争等不可抗力或托运人的过失等造成的货损，承运人仍然可以免责。

（三）承运人对迟延交付货物的责任

《汉堡规则》首次对承运人迟延交付货物的责任做出了明确而独立的规定。该规则第5条第2款规定："如果货物未能在明确约定的时间内，或虽无此种约定，但未能在考虑实际情况对一个勤勉的承运人所能合理要求的时间内，在海上运输合同所规定的卸货港交货，即为迟延交付。"另外，如果迟延交付达到60天，收货人可以视为货物已经灭失而向承运人索赔。

（四）承运人与实际承运人的赔偿责任

《汉堡规则》中增加了实际承运人的概念。当承运人将全部或部分货物委托给实际承运人办理时，承运人仍需按公约规定对全部运输负责。如果实际承运人及其雇佣人或代理人的疏忽或过失造成的货物损害，承运人和实际承运人均需负责的话，则在其应负责的范围内承担连带责任。也就是说托运人既可向实际承运人索赔，也可向承运人索赔，并且不因此妨碍承运人和实际承运人之间的追偿权利。《海商法》做了类似规定。

（五）承运人的赔偿责任限额

《汉堡规则》规定，承运人对货物灭失或损坏所负的赔偿责任，以灭失或损坏的货物每件或每其他货运单位相当于835SDR，或按货物毛重计算，每千克2.5SDR，两者中以较高者为准。这一限额与《海牙规则》比较，是它的4倍多，与《维斯比规则》相比，提高了25%。

《汉堡规则》同时规定，承运人迟延交付货物的赔偿责任，以所迟延交付的货物应付运费的2.5倍为限，但不超过海上货物运输合同中规定的应付运费总额。如果货物的灭失或损坏或迟延交付同时发生，承运人的总赔偿责任，在任何情况下都不得超过货物全部灭失引起的赔偿责任所规定的限额。

另外，《汉堡规则》中有关承运人责任限制权利丧失的条件、对集装箱货物的每件或每单位的理解以及不适用责任限额的例外情况的规定，均与《海商法》的规定相同。

（六）舱面货与活动物

与《海牙规则》和《维斯比规则》不同的是，《汉堡规则》将这两种货物纳入公约的适用范围。

关于舱面货，该规则明确规定，承运人只有按照同托运人达成的协议，或符合特定的贸易惯例，或依据法规或规章的要求，才有权在舱面上装货，如擅自将货物载于舱面，承运人应对货物装在舱面上而造成的损失负赔偿责任，并且不得享受责任限制的权利。此外，承运人按照约定将货物装于舱面时，应在提单或其他作为海上运输合同证明上注明，否则，承运人不得援引此种约定对抗善意取得提单的包括收货人在内的第三人。

关于活动物，如果承运人能够证明已经按照托运人指示行事，货物损失的发生是由于货物本身特有的风险引起的，承运人不负赔偿责任。

（七）保函的法律效力

《汉堡规则》第17条规定，托运人为了换取清洁提单，可以向承运人出具承担赔偿责任的保函，该保函在承运人与托运人之间有效，对包括受让提单的收货人在内的第三方一概无效。如有欺诈，该保函对托运人也属无效。

《汉堡规则》首次将保函分为善意保函和恶意保函，并明确了保函的法律效力，也加重了承运人的责任，以抑制保函的过度使用。

（八）索赔通知及诉讼时效

1. 索赔通知

《汉堡规则》规定，收货人对发生货物灭失或损坏明显的，应在货物交付后的下一个工作日前向承运人提交索赔通知；对不明显的灭失或损坏，收货人应在货物交付之日后连续15日内送交此种通知。另外，除非收货人在货物交付之日后连续60日内书面通知承运人，否则对迟延交付造成的损失，承运人不予赔偿。

2. 诉讼时效

《汉堡规则》规定，有关货物运输的任何诉讼，不论提起诉讼的是托运人、收货人、承运人还是实际承运人，其时效期间均为2年，自承运人交付货物或部分货物之日或者自应交付货物的最后一日起算。被要求赔偿的人，可以在时效期限内的任何时间向索赔人提出书面声明延长时效期限，并可再次声明延长。

（九）公约适用范围

《汉堡规则》适用于两个不同国家之间的所有海上货物运输合同。同《海牙规则》一样，《汉堡规则》不适用于租船合同，但如提单根据租船合同签发，并调整出租人与承租人以外的提单持有人之间的关系，则适用该规则的规定。

四、《鹿特丹规则》

由于《海牙规则》《维斯比规则》《汉堡规则》三项公约的不统一及在航海过失免责、舱面货和活动物、保函的效力、承运人的责任期间等方面存在的冲突，已影响到了国际航运的有序进行。因此，世界各国都希望制定一部统一的调整海上货物运输关系的国际公约。

早在20世纪90年代初，CMI就着手研究国际海运公约的统一问题，但由于各国立场不同，难以出台。直到2001年11月，CMI在第六次专家小组会后，形成《运输法最终框架文件草案》，提交联合国贸易法律委员会（UNCITRAL），作为UNCITRAL大会的讨论稿展开讨论。后来，又几易其稿，在2008年7月3日UNCITRAL的第41届会议上通过了《联合国全程或部分海上国际货物运输合同公约（草案）》。该公约草案被提交到2008年的联合国第63届大会上讨论，并已于2008年12月11日获得通过，同时大会授权2009年9月23日在荷兰鹿特丹举行开放供签署的仪式，并建议将公约所体现的规则称为《鹿特丹规则》。该公约将于第20份批准书、接受书、核准书或加入书交存之日起1年期满后的下一个月第一日生效。根据联合国官方网站，截止到2021年9月，批准和加入该规则的国家包括喀麦隆、刚果、多哥和贝宁等。

《鹿特丹规则》共18章96条，与现行国际上占主导地位的《海牙-维斯比规则》相比，做出三大方面的变化：

第一，为适应国际集装箱货物“门到门”运输方式的变革和批量合同的广泛使用而做出的重大变化；

第二，为适应电子商务在国际海上贸易运输中的广泛应用前景而做出的重大变化；

第三，为适应海上货物运输抗风险能力的提高和国际海上货物运输法律实践中存在的带有普遍性的问题做出的重大变化。

另外，该公约将港口经营人纳入海运履约方，并赋予其享有承运人对货物灭失、损坏的赔偿责任限制等权利；取消了“航海过失”免责；规定了承运人对货物迟延交付的责任；提高了承运人的赔偿责任限额；明确了承运人对货物灭失、损坏免责的举证责任等。该公约在通过和实施后，将使国际海上货物运输法律进入一个新的时代，并为各国海商法、国际航运和国际贸易实践带来重大的影响甚至变革。以下简要介绍其内容：

（一）适用范围

该公约适用于收货地和交货地位于不同国家且海上运输装货港和同一海上运输卸货港位于不同国家的运输合同，条件是运输合同约定的收货地、装货港、交货地或卸货港之一位于一缔约国。该公约的适用不考虑船舶、承运人、履约方、托运人、收货人或其他任何有关方的国籍。

与其他海运公约相比，《鹿特丹规则》适用范围的扩大涉及三个方面，即运输方式扩大为海上运输和其他运输方式；涵盖的地域范围扩大为海上区段和非海上的区段；责任主体扩大为承运人、履约方、海运履约方，从而将海运、港口、内陆各种运输方式的经营人都涵盖在内。由此，该规则已经相当于一个特定范围内的国际货物多式联运公约。

（二）承运人的责任期间

该公约第12条规定：“承运人根据本公约对货物的责任期间，自承运人或履约方为运输而接收货物时开始，至货物交付时终止。”该公约并没有对接收和交付货物的地点加以限定，因此该公约所规定的承运人的责任期间，已经不再局限于海上和港内。其对承运人责任期间的扩大既有利于国际多式联运业务的开展，又在一定程度上增加了承运人的责任。

（三）承运人的适航义务

该公约第14条规定，承运人必须在开航前、开航当时和海上航程中恪尽职守：使船舶处于且保持适航状态；妥善配备船员、装备船舶和补给供应品，且在整个航程中保持此种配备、装备和补给；并且使货舱、船舶所有其他载货处所和由承运人提供的载货集装箱适于且能安全接收、运输和保管货物，且保持此种状态。由此可见，该公约较《海牙规则》而言，将船舶适航的时间延长至海上航程中，增大了承运人使船舶适航的义务。

（四）承运人的赔偿责任基础

该公约第17条规定了承运人的赔偿责任基础，是以举证责任来贯穿的。该条第1款和第2款规定："承运人对货物灭失、损坏有证明其无过失的责任；如举证不能，则推定承运人有过失"。该条第3款和第4款规定了承运人的15项免责事由，"在该15项免责事由范围内，由索赔方举证；举证不能，则推定承运人无过失"。该条第5款是关于适航义务的特殊规定，"索赔方初步举证，证明货损是由于不适航引起的；然后再由承运人证明其已尽谨慎义务，做到了船舶适航，若举证不成，承运人承担赔偿责任"。该公约废除了驾驶和管理船舶过失免责条款，确定了推定过错与举证责任相结合的完全过错责任原则，摒弃了《海牙规则》的不完全过错责任原则，与《汉堡规则》采用的承运人责任原则相同。

（五）承运人的赔偿责任限额

该公约第59条规定，承运人对货物灭失或损坏所负的赔偿责任，以灭失或损坏的货物每件或每其他货运单位相当于875SDR，或按货物毛重计算，每千克3SDR，两者中以较高者为准。

《鹿特丹规则》第21条规定，未在约定时间内在运输合同规定的目的地交付货物为迟延交付。这与我国《海商法》的相关规定相同，与《汉堡规则》采用的"约定时间"或"合理时间"标准有所不同。承运人对货物迟延交付造成经济损失的赔偿责任限额，是相当于迟交货物应付运费的2.5倍，但是不得超过所涉货物全损时确定的限额。

该公约中有关承运人责任限制权利丧失的条件，对集装箱货物的每件或每单位的理解以及不适用责任限额的例外情况的规定，均与《汉堡规则》的规定相同。

（六）批量合同的特别规则

该公约第80条规定了"批量合同"（Volume Contract）可以适用公约，但并不规定强制适用，这具有首创性。公约第1条第2款规定："批量合同，是指在约定期间内分批装运特定数量货物的运输合同。货物数量可以是最低数量、最高数量或一定范围的数量。"

（七）托运人的义务

该公约第27条至第34条，专门规定了托运人对承运人的义务。其主要内容包括托运人与承运人在提供信息和指示方面的合作，托运人提供信息、指示和文件的义务，托运人对承运人的赔偿责任基础，拟定合同事项所需的信息，危险货物特别规则等。

（八）电子运输记录

《鹿特丹规则》第7条至第9条分别对“电子运输记录的使用和效力”“可转让电子运输记录的使用程序”“可转让运输单证或可转让电子运输记录的替换”等做出规定。据此，该规则确立了可以使用电子运输记录的原则及其所具有的法律效力和地位。

（九）承运人凭单交货义务松动

《鹿特丹规则》不再将凭单交付货物作为一项承运人必须履行的强制义务，而是根据不同种类的运输单证或电子运输记录分别做了灵活处理，在很大程度上填补了货物交付问题在国际层面上的立法空白。该规则第45条至第47条规定，对货物交付按可流通转让的运输单证或电子运输记录和不可流通转让的运输单证可分为两种情况。对于前者，规则要求承运人必须凭单放货，但考虑到实践中压船压港问题，允许在满足严格条件的情况下无单放货；对于后者，规则规定可以不凭单放货，但有严格条件，即必须查明收货人的身份，如果单证中载明必须凭单的，则承运人必须凭单放货。

进入21世纪，船货各方力量对比的变化和国际货物运输方式的发展，都要求产生新的国际货物运输公约，以适应新形势的需求，而《鹿特丹规则》所体现出来的先进性特点，即平衡利益、寻求统一、顺应时代、促进发展，决定了这部公约将具有更强的生命力。因此，如果《鹿特丹规则》获得主要航运国家的认可并使之生效，将预示着调整国际货物运输的国际立法，结束“海牙时代”，开启一个新的“鹿特丹时代”。

第五节 提单及其业务

提单是证明海上货物运输合同的主要凭证，又是国际贸易跟单信用证支付方式下要求的单证，其具有非常重要的法律地位。

一、提单的概念

《海商法》第七十一条规定：提单，是指用以证明海上货物运输合同和货物已经由承运人接收或者装船，以及承运人保证据以交付货物的单证。

提单在海上运输，特别是在班轮运输中被广泛使用。

二、提单的作用

（一）提单是海上货物运输合同的证明（Evidence of Contract）

提单不论是在托运人手中，还是转移至收货人或提单受让人手中，它都只是海上货物运输合同的证明，而不是合同本身。实际上，在提单签发之前，托运人向承运人订舱，承运人同意承运，双方达成海上货物运输的意思表示一致时，海上货物运输合同即告成立。货物由承运人接管或装船后签发提单，这只是承运人履行合同的一个环节。

提单不仅证明在承运人与托运人之间存在海上货物运输合同，同时，它也是合同内容的证明，即提单上的条款，除承运人与托运人事先另有协议外，是海上货物运输合同的组成部分。托运人在订舱时，对船公司事先印制并公开的提单上的条款，如没有提出异议，推定托运人同意接受。除非托运人能证明，他与承运人另有协议，或在订舱时，不能事先知道提单条款的内容。

提单是运输合同的证明只是就承运人与托运人之间的关系而言，当提单从托运人转移至收货人或其他提单受让人时，提单所证明的海上货物运输合同也随之转移。《海商法》第七十八条规定："承运人与收货人、提单持有人之间的权利、义务关系，依据提单规定确定。"但是，承运人与托运人之间在签发提单之前另行达成的协议，不因提单的转让而转移。提单发生转让后，托运人根据提单或与承运人另行达成的协议而承担的义务，并不因此被解除。收货人或提单受让人承担货物装船之后或提单被背书之后所产生的义务。

（二）提单是证明货物已由承运人接收或装船的货物收据（Receipt of Goods）

提单是在承运人或其代理人收到所交运的货物或将货物装船后向托运人签发的，提单的正面记载了货物的标志、包装、数量或重量及货物的表面状况等。即提单一经承运人签发，就表明他已按提单记载状况收到了货物，并保证在目的港交付与提单上有关货物记载事项相一致的货物。

提单作为货物收据，其上有关货物记载事项及其证据效力，历来存在分歧。我国《海商法》第七十五、七十七条对此做了明确规定。

（三）提单是承运人保证据以交付货物的凭证（Document of Title）

提单是收货人在目的港据以向承运人或其代理人提取货物的有效凭证，提单的法律性质决定着承运人必须凭正本提单交付货物。《海商法》第七十一条规定，提单中载明的向记名人交付货物，或者按照指示人的指示交付货物，或者向提单持有人交付货物的条款，构成承运人据以交付货物的保证。

三、提单的证据效力

我国《海商法》第七十七条规定："除依照本法第七十五条的规定做出保留外，承运人或者代其签发提单的人签发的提单，是承运人已经按照提单所载状况收到货物或者货物已经装船的初步证据；承运人向善意受让提单的包括收货人在内的第三人提出的与提单所载状况不同的证据，不予承认。"也就是说，提单相对于托运人具有初步证据效力，对善意第三人具有最终证据效力。

（一）初步证据

初步证据又称表面证据或推定证据，是指在无相反证据存在的情况下才可成立的证据，是可以被推翻的证据。

对托运人来说，清洁提单是承运人已按提单所记载的内容收到货物的初步证明，如果承运人有确实的证据证明其事实上收到的货物与提单上的记载不符，他可以向托运人提出异议。即允许承运人向托运人提出反证，证明实际收到的货物和提单上记载的内容不符。但是在没有遇到反证的情况下，货物装船的情况就应当根据提单上的记载来加以认定。

（二）最终证据

最终证据又称绝对证据，是指在即使有相反证据存在的情况下也不可以被推翻的证据。

对善意第三人来说，提单是承运人按其上记载收到货物的最终证据。即承运人对善意第三人不得否认提单上有关货物记载内容的正确性。第三人是指除了托运人以外的受让提单的包括收货人在内的提单持有人；善意（In Good Faith）是指不知情，即收货人或提单受让人不知道提单记载的货物状况与事实不符。如果提单上的记载不实是由于托运人申报不实所造成的，承运人可以向托运人要求赔偿，但承运人不得以此为抗辩理由而拒绝赔偿提单受让的人损失。在法律上这是为了保护善意第三人的合法权益，保证提单的流通性。

（三）禁止翻供的例外

我国《海商法》第七十七条"……承运人向善意受让提单的包括收货人在内的第三人提出的与提单所载状况不同的证据，不予承认"的规定，表明在承运人和收货人之间，提单已构成承运人在良好状态下收到货物的绝对证据，从而确立了承运人在收货人面前禁止翻供的原则，除非提单上订有一个有效的"不知条款"，即当提单转让给善意第三人时，仅是承运人按其上记载收到货物的初步证据。以下详述"不知条款"的目的、定义、表现形式及法律效力。

1. 我国《海商法》对不知条款的规定

我国《海商法》第七十五条规定："承运人或者代其签发提单的人，知道或者有合理的根据怀疑提单记载的货物的品名、标志、包数或者件数、重量或者体积与实际接收的货物不符，在签发已装船提单的情况下怀疑与已装船的货物不符，或者没有适当的方法核对提单记载的，可以在提单上批注，说明不符之处，怀疑的根据或者说明无法核对。"可见，《海商法》对批注提单做出了严格的限制。"不知条款"也只有在承运人对托运人申报的货物情况有合理的怀疑根据或无合理的方法进行核对，并在提单上做相关批注时才有效。

2. 不知条款的含义

"不知条款"，是指承运人加注于提单正面或列明于提单背面，表明承运人对所收到的货物的数量或重量等不知的条款。

实践中，特别是在承运大宗散货的情况下，由于计量等方面的困难和出于减轻责任的意图，提单上往往载有事先印就的或由船方临时批注的"不知条款"。

集装箱运输中也用"不知条款"，表明承运人接收的是整箱货物，并且对箱内货物的状况、数量一概不知，承运人只要在集装箱外表状况良好、铅封完整的情况下交货，则对于箱内货物的隐藏损害不承担责任的条款。

3. 不知条款的表现形式

提单项下的"不知条款"通常由提单的正面批注和事先印制的"不知条款"构成。

正面批注在提单上的表现形式通常有：如 Said to Be（据报称）；Weight Unknown（重量不知）；Shipper' s Load and Count（发货人装箱、计数）；Shipper' s Load, Count and Seal（发货人装箱、计数并加封）；Said to Contain（据称内装）；Said by Shipper（据货主称）；FCL——Full Container Load（整箱货托运）。

事先印制的"不知条款"，通常以格式化条款的形式列于提单的正面或背面，常见的措辞是："如货物件数是由发货人或其代理人装箱并加封，该种集装箱又为本公司接收运输的，则本提单正面所列的内容（有关货物的重量、尺码、件数、标志、数量等），本公司均不知悉。"虽然该条款已被印制在提单上，但根据实践，在制单过程中再打印上类似的不知条款将更有效地保护船东、无船承运人、多式联运经营人及其代理人等的利益。

4. "不知条款"的法律效力

在提单中订有不知条款，从表面上看能保护承运人的利益，但其保护范围有一定的限度，如货主能举证说明承运人明知货物详细情况，且又订上不知条款，承运人仍不能免责，即"不知条款"不适用于计件的货物。在承运大宗散货时，通常通过水尺检量的方式来确定实际装货量，在读取船舶吃水时存在 2~3 cm 的吃水读数误差是正常的。因此，通过水尺检量方法得出的装卸货数量与实际装卸货数量存在 2~3 倍 TPC（每厘米吃水吨数）的误差应该算是正常的。但是，如果提单上记载的通过水尺检量计算得出的装卸货数量，与实际装卸货数量的误差很大（如相差 2 000~3 000 t 以上），已明显超出了由于水尺检量中对船舶吃水观察误差带来计算重量的误差，即使在提单上记载“不知条款”，该条款也是无效的，因为只要船长、船员持有谨慎的态度，就不可能不知。

实践中，在集装箱运输中出现了对“不知条款”的滥用，集装箱承运人在签发提单时，不论货物是由发货人装箱还是承运人装箱，也不论是整箱货还是拼箱货，均在提单上加注“不知条款”，其法律效力应视情况而定。整箱货情况下，“不知条款”具有法律效力。拼箱货情况下的“不知条款”的效力，应视集装箱货运站是代表承运人还是托运人装箱而定。如果货运站是由托运人委托，代表托运人装箱，则视同托运人装箱，加注的“不知条款”是有效的。如果货运站是由承运人委托，代表承运人装箱，加注“不知条款”显然与实际装箱情况矛盾，“不知条款”在此种情况下无效。

在实际业务中，善意的提单持有人往往不知道货运站是受承运人委托还是受托运人委托装箱的，此时只要提单注明交接方式为CFS to CFS（CY）的，即可推定为拼箱货，并进一步推定是由承运人或受其委托的人装箱，在承运人和善意第三人之间，提单上的“不知条款”无效。除非承运人举证证明货运站是受托运人委托的，否则承运人对于货损货差应赔偿善意的提单持有人。许多承运人为了扩大业务、争揽货源，竞相采用“免费装箱”的服务方式。但是，承运人或其代理人在提供免费装箱的同时，却不愿承担相应的责任，于是就在提单上加注“不知条款”，以对抗收货人在发生货损货差时的索赔。这种情况下，因为装箱、计数为承运人所负责，不产生无法核对的情况，“不知条款”也就失去法律依据，当然不产生法律效力。

四、提单的分类

（一）按货物是否已装船划分

1. 已装船提单（On Board B/L；Shipped B/L）

已装船提单是指整票货物全部装船后，应托运人的要求，由装运船舶的船长、承运人或其授权代理人根据大副收据签发的，注明了装载货物的船舶名称和装船日期的提单。如果承运人签发了已装船提单，就是确认他已将货物装在船上。

已装船提单对于收货人及时收到货物有保障，在以跟单信用证为付款方式的国际贸易中，更是要求卖方必须提供已装船提单，以确认卖方已按买卖合同的要求如期装运货物。

2. 收货待运提单（Received for Shipment B/L）

收货待运提单又称待运提单或备运提单，是指承运人在收到托运人交来的货物但还没有装船时，根据托运人的要求而签发的提单。提单上未载明所装船名和装船时间。

在货物尚未装船的情况下签发这种提单，只说明承运人接管了货物而无法说明货物将何时装上船。买方对货物能否按期装上船无法肯定，很可能因到货不及时遭受损失，实践中，买方一般不愿意接受这种提单。在跟单信用证支付方式下，银行通常也不肯接受待运提单作为议付的担保来为托运人提供资金的融通。

（二）按提单上有无批注划分

1. 清洁提单（Clean B/L）

清洁提单是指在装船时货物的外表状况良好，承运人对提单上的货物说明无疑义，对所记载的“外表状况良好”（In apparent good order and condition）未做相反批注的提单。表明承运人在接收货物时，货物的外表状态良好。

银行结汇、提单转让一般都要求是清洁提单。但是，清洁提单只说明承运人确认货物在装船时外表状况良好，无破损，并不能保证货物内在品质完好，更不能排除货物具有无法直接观察到的内在瑕疵。

我国《海商法》第七十六条规定：“承运人或者代其签发提单的人未在提单上批注货物表面状况的，视为货物的表面状况良好。”由此可见，承运人一旦签发了清洁提单，货物在卸货港卸下后，如发现有残损，除非是由于承运人可以免责的原因所致，否则承运人必须负责赔偿。

2. 不清洁提单（Unclean B/L；Foul B/L）

不清洁提单是指承运人明确地对有关货物包装状况不良或存在缺陷等情况加以批注的提单，如“5件短少”“货物表面污渍”等。承运人签发了不清洁提单即表明其收到的货物具有“原残”，以此可以对抗收货人提出的索赔。但是，并不是所有经批注的提单即为不清洁提单。国际航运公会于1951年规定下列三种内容的批注不能视为不清洁：

（1）不明显地指出货物或其包装有缺陷的批注。例如：旧箱、旧桶、旧包装袋、包装材料脆弱、没有包装等字样。

（2）强调由于货物性质或包装而引起的风险，承运人不承担责任的批注。例如：对装入纸袋中的货物因包装质量引起的损失或损坏不负责任。

（3）宣布对货物内容、重量、容量、质量或技术规格等情况不知情的批注。例如：承运人对货物质量和箱内数量不负责任，或装货人装船和计数，内容据装货人报称，承运人在装船时未核对。

（三）按提单上收货人栏的记载方式划分

1. 记名提单（Straight B/L）

记名提单是指在提单的收货人一栏内具体填写某一特定人或公司名称的提单。我国《海商法》第七十九条规定：“……，记名提单，不得转让……”，即承运人必须向提单载明的收货人交付货物。

记名提单不能转让，失去了代表货物可转让、流通的便利，但避免了在转让过程中可能给货方带来的风险。记名提单的收货人可以是买主、开证行或代收行，但银行一般不愿接受以买主为收货人的记名提单。因为某些国家的惯例是记名提单的收货人可以不凭正本提单而仅凭“到货通知”（Notice of Arrival）上的背书和收货人的身份证明即可提货，这样银行如垫款却不能掌握货权，风险大。因此，记名提单在国际海运贸易中使用并不广泛，一般只在运送个人物品、展品、贵重物品、赠品及援外物资等运输途中不会发生所有权转移的货物时采用。

在现代航运实践中，记名提单的使用逐渐增多。例如，国际集装箱货物运输中，船公司签发给无船承运人的提单多为记名提单。

2. 指示提单（Order B/L）

指示提单是指在提单收货人一栏内记载“凭指示”（To Order...）或“凭某人指示”（Order of...）字样的提单。这种提单按照表示指示人的方法不同，又可分为以下三种：

（1）托运人指示提单

托运人指示提单是指承运人或其授权代理人签发的在收货人一栏内记载“凭指示”字样的提单。

（2）记名指示人提单

记名指示人提单是指承运人或其授权代理人签发的在收货人一栏内记载“某某指示”字样的提单。

（3）选择指示人提单

选择指示人提单是指在提单的收货人一栏内记载“某某或指示”的提单。

在指示提单情况下，指示人通常以背书的方式确定收货人，将凭提单提取货物的权利或指定收货人的权利授予被背书人。无须经过承运人同意，流通性强，是国际贸易中使用最为广泛的一种提单。

指示提单经指示人背书后发生转让，实现提单的流通，在当今国际货物买卖中得到普遍采用。如指示人不做背书，则意味着指示人保留对货物的所有权，有权提货的仍是指示人本人。

3. 不记名提单（Bearer B/L；Open B/L；Blank B/L）

不记名提单又称空白提单，是指提单上收货人一栏内没有写明具体收货人，只注明“提单持有人”（Bearer or Holder）或“交与持有人”字样的提单。

不记名提单仅凭交付转让，无须任何背书手续，谁持有提单，谁就可以提货或转让，即承运人在交付货物时认单不认人，将货物交付给提单持有人即履行交付义务，其流通性极强。这种提单如果丢失或被窃，由于很难区分非法获得提单者和提单的善意受让人，容易造成货物丢失或引起纠纷，因此对买卖双方风险很大，目前在国际贸易中很少使用。

（四）按货物运输方式不同划分

1. 直达提单（Direct B/L）

直达提单是指货物从装货港装船后，中途不经换船直接运至目的港而签发的提单。只要提单上没有规定货物在中途换船，或改换其他运输方式运至目的港，这种提单即为直达提单。直达提单不排除船舶中途挂靠港口。

2. 海上联运提单（Ocean Through B/L）

海上联运提单也称转船提单，是指货物在装货港装船后不直接运往目的港，而需在中途港卸船，转交给其他承运人用其他船舶接运至目的港，在这种情形下，由首程承运人签发的提单。签发海上联运提单的承运人，称为联运承运人；接运货物的承运人，称为接运承运人或实际承运人。

3. 多式联运提单（Multimodal Transport B/L）

多式联运提单是指承运人将货物以包括海上运输在内的两种或两种以上的运输方式，从一地运至另一地而签发的提单。这种提单多用于集装箱运输。

（五）按签发人自己是否有船

1. 无船承运人提单（Non-vessel Operation Carrier B/L；House B/L）

无船承运人提单又称货运代理提单，是指由无船承运人或其代理人签发给托运人的提单。

托运人向无船承运人托运货物，由无船承运人签发给托运人一份无船承运人提单，收货人拿到该提单后向无船承运人在目的港的代理提取货物，或换取提货单直接向实际承运人提取货物。无船承运人提单可以流通转让，具有物权性。

2. 船公司提单（Ocean B/L；Master B/L）

船公司提单是指由载货船舶的所有人、经营人或其代理人签发给无船承运人的提单。这种提单主要用于凭以交付货物，不具有流通性、物权性。

在通常情况下，货物运抵目的港之前或之后，无船承运人凭船公司提单到船舶所有人或经营人在目的港的代理人那里换取以货物买方或其货运代理人为收货人的提货单，然后，货物买方或其货运代理人凭无船承运人提单到无船承运人的交货代理人那里换取提货单，并凭提货单提取货物。

（六）特殊提单

1. 倒签提单（Anti-dated B/L）

倒签提单是指货物装船完毕后，应托运人的请求，承运人签发的以早于货物实际装船日期为签发日期的提单。

签发提单的日期是货物装船日期的证明。信用证一般规定货物的装船期限，当货物的实际装船日期晚于信用证规定的装船日期时，为了顺利结汇，托运人有可能要求承运人将提单的日期倒签，以掩盖逾期付运的事实。

虽然托运人要求签发倒签提单时常常出具保函，但承运人签发此种提单仍需承担一定的风险，特别是市场上货价下跌时，收货人可以以“伪造提单”为借口拒绝收货，并提出损失赔偿请求。承运人接受保函签发倒签提单，有违民事活动诚实信用的基本原则，甚至构成与托运人串通，对善意的第三者收货人或提单持有人进行欺诈。如果因此造成第三者收货人的损失，承运人则应承担赔偿责任。

2. 预借提单（Advanced B/L）

预借提单是指货物尚未装船或尚未装船完毕的情况下，托运人要求承运人或其代理人提前签发的已装船提单。这种提单通常是在信用证规定的装船日期和交单结汇日期行将届满时，应托运人要求签发的。

签发预借提单，对承运人的风险很大，由此引起的责任承运人必须承担。尽管托运人往往向承运人出具保函，但是这种保函不能约束收货人，可能构成承运人与托运人合谋对善意的第三者收货人或提单受让人进行欺诈。签发这种提单的后果：

（1）因为货物尚未装船而签发提单，即货物未经大副检查而签发清洁提单，有可能增加承运人的赔偿责任。

（2）因签发提单后，可能由于种种原因改变原定的装运船舶，或发生货物灭失、损坏或退关，很容易地使收货人掌握预借提单的事实，以欺诈为由向承运人索赔损失。

（3）不少国家的法律规定和判例表明，在签发预借提单的情况下，承运人不但要承担货损赔偿责任，而且会丧失享受责任限制和援引免责条款的权利，即使该票货物是由于免责事项原因受损，承运人也必须赔偿货物的全部损失。

比较而言，签发预借提单比签发倒签提单对承运人的风险更大，因为预借提单是承运人在货物尚未装船，或者装船还未完毕时签发。我国法院对承运人签发预借提单的判例表明，不但由承运人承担由此而引起的一切后果，赔偿货款损失和利息损失，还赔偿收货人向第三人赔付的其他各项损失。

3. 租约提单（B/L under C/P）

租约提单又称租船合同下的提单，是承租人所载货物装船后要求出租人或船长签发的提单。租约提单通常在背面订有“并入条款”，表明将租船合同并入该提单。

4. 舱面货提单（On Deck B/L）

舱面货提单又称甲板货提单，是指对合法装于舱面的货物签发的，并注明“装于舱面”（On Deck）字样的提单。

5. 合并提单（Omnibus B/L）

合并提单是指应托运人的要求，承运人将装货港、卸货港和收货人均相同的两票或多票货物合并签发的提单。

实践中，托运人为了节省运费，常要求承运人将本应属于最低运费提单的货物与其他另行签发提单的货物合并在一张提单上签发。

6. 并装提单（Combined B/L）

并装提单是指对品质、装货港和卸货港相同，并且装在同一舱内的两票或多票液体货物中的每一票货物签发的提单。

7. 分提单（Separate B/L）

分提单是指根据托运人的要求，对同一票货物分签两套或两套以上的提单。

8. 交换提单（Switch B/L）

交换提单是指在装货港签发的，承运人将在中途港收回，并重新签发以该中途港为装货港的提单。此种提单通常是托运人因不能在国际货物买卖合同和信用证中规定的装货港提供货物装船而要求签发的。

9. 包裹提单（Parcel Receipt B/L）

包裹提单是指对承运的礼品、样品、行李等货物签发的提单。这种提单一般为直达提单并载明不可转让，并有相应的测量和计费规定。

10. 简式提单（Simple B/L）

简式提单是指提单背面没有承运人与托运人权利、义务条款，或只注明有关承运人与托运人的权利、义务以通常使用的全式提单为准的提单。

五、提单正面记载事项及背面条款

不同国家、不同的航运公司，在提单的格式和文字上都各不相同，但大多数包括正面记载事项和背面条款两部分内容。有关提单的国际公约、各国海商法或其他国内法往往对提单正面应记载的事项加以规定。而各种提单的背面条款多少不一，内容不尽相同。

（一）提单正面法定记载事项

提单的法定记载事项，是指根据有关提单的国际公约或国内法律的规定，必须在提单正面记载的关于货物和货物运输事项的内容，使提单具有证据效力。

1. 《海牙规则》的规定

《海牙规则》规定提单上的记载事项包括：货物的主要标志；货物的包数或者件数或重量或者数量；货物的表面状况。

2. 《海商法》的规定

我国《海商法》第七十三条第1款规定，提单内容，包括货物的品名、标志、包数或者件数、重量或者体积，以及运输危险货物时对危险性质的说明；承运人的名称和主营业场所；船舶名称；托运人的名称；收货人的名称；装货港和在装货港接收货物的日期；卸货港；多式联运提单增列接收货物地点和交付货物地点；提单的签发日期、地点和份数；运费的支付；承运人或者其代表的签字。提单缺少前款规定的一项或者几项的，不影响提单的性质；但是，提单应当符合本法第七十一条提单定义的规定。

我国《海商法》与《汉堡规则》的规定类似，目前各船公司制定的提单其内容也与此相仿。如果逐项与第七十一条规定比较，除第3项船舶名称（在内陆签发多式联运提单）、第8项接收货物地点和交付货物的地点（签发海运提单）以及第10项运费的支付外，其他八项是必不可少的。

（二）提单正面记载事项的意义

1. 承运人（Carrier）

承运人是指本人或以本人的名义与托运人订立海上货物运输合同的人，是提单所证明的海上货物运输合同的一方当事人。

2. 托运人（Shipper）

托运人是指本人或以本人的名义与承运人订立海上货物运输合同，或将货物交给承运人运输的人，是提单所证明的海上货物运输合同的另一方当事人。

3. 收货人（Consignee）

收货人是指根据提单有权在目的港提货的人。收货人与受货人属于不同概念，后者是指在目的港从船边或码头仓库实际提取货物的人。受货人可以是收货人本人，也可以是收货人委托的代理人。严格地讲，收货人不是海上货物运输合同的当事人，但当收货人成为提单受让人时，提单所证明的债权债务关系也随之发生转移，此时，收货人既享有提单赋予的权利，同时也须承担提单赋予的义务。

4. 通知方（Notify Party）

通知方是指货物运抵卸货港前通知其船舶到港日期的人。

提单中注明通知方，以便承运人或其代理人及时与其联系，通知他在卸货港尽快提取货物。除可书面单独通知外，承运人也可以采用在当地报纸或者其他媒体上刊登船期公告的方式，通知船舶到港情况。需明确的是，尽管此栏写明了通知方的姓名和地址，但承运人并没有义务将船舶到港日期逐个分别通知，除非提单中另有约定。

通知方不是海上货物运输合同的当事人，不享有合同规定的权利和义务。

5. 船名（Name of Vessel）

船名是指承运货物船舶的名称。除承运人与托运人事先约定可用其他船舶替代外，承运人应使用提单上约定的船舶运送提单上所列货物。

6. 装货港（Port of Loading）

装货港是指承运人接管货物并将货物装船起运的港口。

7. 卸货港（Port of Discharging）

卸货港是指承运人将货物卸船并交于收货人的港口。对于直达运送的货物，此栏填写的卸货港为目的港，对于选港货，此处需并列填写各选卸港名称。

8. 货方提供的详细情况（Particulars Furnished by Merchants）

货物的名称、标志、包件的数量与种类、毛重或体积等内容，这些内容通常由托运人填写或提供。托运人应保证其上述填写或提供的内容，与其所提供的货物相符，如有不符，由此造成的损失或引起的责任，由托运人承担。

9. 运费及其他费用（Freight and Charges）

提单中除应注明运费的数额外，还需注明运费支付地点及支付方式。支付方式是指运费是预付还是到付。其他费用是指在装货港发生的，应由托运人承担的滞期费、亏舱费、过驳费等。如果提单上注明上述费用由收货人、提单持有人承担，当收货人、提单持有人拒付费用，又不提供适当担保时，承运人对货物享有留置权。

10. 正本提单份数（Number of B/L）

正本提单份数按托运人要求而定，通常为一套正本提单，一式三份，每一份具有同等的法律效力。

签发多份正本提单的目的是便于托运人通过各种方式向收货人传递正本提单，防止在采用单一方式向收货人传递提单过程中，提单遭盗窃或遗失而无法补救，致使收货人不能在卸货港凭提单提货的情况发生。

在卸货港，承运人回收一份正本提单，向提单上注明的收货人或提单受让人交付货物后，其交付货物的责任即告终，其余的提单自动失效。如两个或两个以上提单持有人同时凭提单要求提取同一货物，承运人应将货物交给有权提货的人。倘若不能确定谁有权提货，应暂时不交付货物，待通过司法途径确定有权提货的人后再行交货。在中途港，如收货人要求提取货物，则必须交出全套正本提单，否则不得提货。

11. 提单的签发（Issue of B/L）

提单的签发包括提单的签发人、签发的时间、地点等内容。

（三）提单的正面条款

提单正面通常还列记了一些以印刷的形式，由具有确认、已装船、不知、承诺、签署等具有声明性质的印刷条款组成，常见的有以下四项：

1. 确认及已装运条款

上述外表状况良好的货物或包装（除另有说明者外）已装在上述指定船上，并应在上述卸货港或该船所能安全到达并保持浮泊的附近地点卸货。[Shipped on board the vessel named above in apparent good order and condition (unless otherwise indicated) the goods or packages specified herein and to be discharged at the above mentioned port of discharge or as near thereto as the vessel may safely get and be always afloat.]

2. 内容不知条款

货物的重量、数量、尺码、标志、号数、品质、内容和价值是托运人所提供的，承运人在装船时并未核对。（The weight, measure, marks, numbers, quality, contents and value, being particulars furnished by the Shipper, are not checked by the Carrier on loading.）

3. 承诺条款

托运人、收货人和本提单持有人明确表示接受并同意本提单和它背面所载一切印刷、书写或打印的规定、免责事项和条件。（The Shipper, Consignee and the Holder of this Bill of Lading hereby expressly accept and agree to all printed, written or stamped provisions, exceptions and conditions of this Bill of Lading, including those on the back hereof.）

4. 签署条款

为证明以上各项，承运人或其代理人已签署各份内容和日期一样的正本提单，其中一份如果已完成提货手续，其余各份均告失效。要求发货人特别注意本提单中关于其货物保险效力的免责事项和条件。（In witness whereof, the Carrier or his Agents has signed Bills of Lading all of this tenor and date, one of which being accomplished, the others to stand void. Shippers are requested to note particularly the exceptions and conditions of this Bill of Lading with reference to the validity of the insurance upon their goods.）

（四）提单背面的条款

提单背面的条款，主要是关于运输合同项下承运人和托运人双方权利、义务以及具体业务处理、费用负担等的说明。在不违反所适用的国际公约或国内法的前提下，提单背面的条款就是货物运输合同内容的证明。虽然各船公司提单的背面条款多少不一，内容不尽相同，但通常都订有下列条款：

1. 定义条款（Definition Clause）

定义条款是对提单有关用语的含义和范围做出明确规定的条款。该条款通常将托运人（Shipper）、受货人（Receiver）、发货人（Consignor）、收货人（Consignee）、提单持有人（Holder of B/L），以及货物所有人（Owner of the Goods）统称为“货方”（Merchant），其目的是试图使提单所证明的海上货物运输合同约束上述所有人。

2. 法律选择条款（Choice of Law Clause）

法律选择条款是指印刷在提单背面，明确一旦发生提单争议，应按照某国法律处理的条款。

3. 管辖权条款（Law and Jurisdiction Clause）

管辖权条款是指印刷在提单背面，明确某国法院对提单争议具有排他管辖权的条款。提单的管辖权条款一般规定在承运人所在地法院就提单争议进行诉讼。

例如中远海运集运提单规定，本提单项下或与本提单有关的一切争议，均应根据中华人民共和国的法律加以裁定；凡是针对承运人的任何诉讼，均应提交上海海事法院或中华人民共和国其他海事法院审理。

在世界各国的司法实践中，提单管辖权条款的效力不尽相同。有的国家将其作为协议管辖处理，承认其有效；有的国家以诉讼不方便，或该条款减轻承运人责任等为由，否认其效力，并根据本国诉讼法，主张本国法院对提单产生的争议案件的管辖权；还有的国家采取（如我国）对等原则，确定其是否有效。

4. 首要条款（Paramount Clause）

首要条款是指用以明确约定选择提单适用某一国际公约或某一国法律的条款。例如《海商法》实施前的中远提单规定："有关承运人的义务、赔偿责任、权利及豁免应适用《海牙规则》。"从严格意义上讲，首要条款不属于法律选择条款，因为首要条款所援引的只不过是国际公约或国内个别法律，而法律选择条款所指的却是某国的完整法律体系。

在提单中订入首要条款主要是为了避免不必要的文字叙述烦琐，而直接用指定的国际公约或国内法的规定来明确合同当事人之间的权利、义务关系。这时，以条款形式并入提单中的公约或法律的性质已发生变化，它不再作为法律，而成为合同当事人协议的合同条款。

5. 承运人责任条款（Carrier' s Responsibility）

该条款规定承运人在货物运送过程中所应承担的责任和免责事项。如果提单已订有首要条款，就无须另订承运人责任条款。本条款的具体内容一般根据提单适用的国际公约或国内法制定。

6. 承运人的责任期间条款（Period of Responsibility）

承运人的责任期间条款是指承运人按照法律或合同规定，对货物负责的一段时间。在承运人责任期间，货物发生灭失或者损坏，除承运人可以免责的原因外，承运人应当负赔偿责任。如果造成货物灭失或者损害的原因发生在规定的承运人责任期间，并且承运人对此不能免责，但货物的灭失或者损坏发生在承运人责任期间届满之后，那么承运人亦应对货物的灭失或者损坏负责。

根据适用于提单的不同国际公约和国内法的规定，承运人的责任期间是不同的。

7. 装货、卸货和交货条款（Loading，Discharging and Delivery）

该条款通常规定：货方应以船舶所能装卸的速度，尽快地昼夜及时提供和提取货物。承运人可以不预先通知受货人即开始卸货。若受货人不能及时将货物迅速从船边提取或拒绝提货，或发现无人认领货物，承运人可以将货物卸在仓库或者其他适当场所，由此产生的费用和风险由收货人承担，承运人应被视为已经履行其交付货物的义务。如果在一合理时期内无人认领货物或者货物将变质、腐烂或失去价值，承运人可对其自行予以变卖、抛弃或处置而不负担任何责任。

提单中通常还规定，按照港口习惯或受港口条件限制，船舶到达港口时，不能或者不准进港靠泊装卸货物，其责任又不在承运人时，在港内或港外货物过驳费用，由托运人或收货人承担。

8. 运费和其他费用条款（Freight and Other Charges）

该条款通常规定，预付运费应在装船时连同其他费用一并支付。装运的货物如系易腐货物、低值货物、活动物、舱面货以及该货目的港无承运人的代理人时，其运费和其他费用必须在装船时全部付清。到付运费连同其他费用应在船舶抵达目的港时一并支付。

该条款通常还规定货方负有支付运费的绝对义务，即使船舶或货物在航行过程中灭失或损害，货方仍应向承运人支付全额运费。如货物灭失或损害的责任在于承运人，则货方可将其作为损害的一部分，向承运人索赔。

9. 货物灭失或损坏的通知、时效（Notice of Loss or Damage, Time Bar）

该条款是关于货物灭失或损坏向承运人提出索赔的通知时间，及向法院起诉的期限的规定。条款中关于提出索赔通知的时间与诉讼时效的具体规定，一般根据提单所适用的国际公约或国内法的规定而制定。如适用《海商法》的提单，关于索赔通知的递交、诉讼时效分别适用于该法第八十一、八十二及二百五十七条的规定。

《海商法》第八十一条规定，承运人向收货人交付货物时，收货人未将货物灭失或者损坏的情况书面通知承运人的，此项交付视为承运人已经按照运输单证的记载交付以及货物状况良好的初步证据。货物灭失或者损坏的情况非显而易见的，在货物交付的次日起连续7日内，集装箱货物交付的次日起连续15日内，收货人未提交书面通知的，适用前款规定。货物交付时，收货人已经会同承运人对货物进行联合检查或者检验的，无须就所查明的灭失或者损坏的情况提交书面通知。

《海商法》第八十二条规定，承运人自向收货人交付货物的次日起连续60日内，未收到收货人就货物因迟延交付造成经济损失而提交的书面通知的，不负赔偿责任。

《海商法》第二百五十七条规定，就海上货物运输向承运人要求赔偿的请求权，时效期间为1年，自承运人交付或者应当交付货物之日起计算；在时效期间内或者时效期间届满后，被认定为负有责任的人向第三人提起追偿请求的，时效期间为90日，自追偿请求人解决原赔偿请求之日起或者收到受理对其本人提起诉讼的法院的起诉状副本之日起计算。

10. 危险货物（Dangerous Goods）

如提单上订明适用《海牙规则》或《维斯比规则》或相应的国内法，便无须订立此条款。

11. 舱面货（Deck Cargo）

《海牙规则》将舱面货排除在“货物”的定义范畴之外。因此，根据《海牙规则》精神订立的提单中的舱面货条款通常规定：承运人对于提单中注明装于舱面，而实际上也装于舱面的货物，由此产生的特殊风险造成的货物灭失或损坏，不负赔偿责任。但对于既没有与托运人达成协议，又不符合航运惯例或有关法律和法规的规定，而将货物装于舱面，致使其遭受灭失或损坏的，承运人应当负赔偿责任。

承运人对装于舱面的货物不承担运输风险，但这不等于说承运人就可以对运输舱面货物掉以轻心。承运人谨慎处理货物的责任，并不因运送标的的不同而发生变化。

12. 活动物（Live Animals）

和舱面货一样，由于活动物在海上运输中的特殊风险，《海牙规则》也将其排除在“货物”的定义范畴之外，因此，承运人同样有必要就其运输在提单中订立专门条款。

提单中的活动物条款通常规定：因运输活动物的固有的特殊风险造成活动物灭失或损坏的，承运人不负赔偿责任。但是，承运人应当证明业已履行托运人关于运输活动物的特别要求，并证明根据实际情况，灭失或者损坏是由于运送此类活动物固有的特殊风险所造成。

13. 集装箱货物（Cargo in Containers）

为了明确承、托双方在运输集装箱货物时的权利与义务，提单中一般都订有集装箱货物运输条款。

集装箱货物条款通常规定：承运人可以将货物装入集装箱进行运输，并且，不论是承运人装箱，还是托运人自行装箱，承运人均可将集装箱装于甲板。如货物由托运人自行装箱，则对由于装箱方式不当；或货物不适合集装箱运输；或者由于其装箱之前或装箱当时，通过合理检查可以发现的集装箱本身的缺陷所造成的货物灭失或损坏，承运人不予负责。承运人因此遭受损害，或承担对第三者的赔偿责任时，可向货方索赔或追偿。

对于使用专用集装箱船运输的集装箱货物，通常签发集装箱提单。该提单中有关承、托双方在集装箱运输中的权利、义务的专门规定，和普通提单中集装箱货物条款并无大的不同，详见本章第六节“集装箱运输与多式联运”。

14. 冷藏货物（Refrigerated Goods）

承运冷藏货物，对船舶货舱适货和运输过程中的管理要求，都比一般货物严格，因此，需要在提单中为其订立专门条款。

提单中的冷藏货物条款通常规定：承运人在冷藏货物装船前，应获得验船师或其他合格人员签发的，表明冷藏舱室和冷藏设备适合货物运输的证书。在冷藏货物的运输过程中，承运人应保持证书中提出的要求和条件，以及按照托运人的要求谨慎保管货物。当船舶在卸货港准备好交付货物时，收货人应立即提取货物，否则，承运人可以将货物卸在岸上，而不承担风险和费用。

15. 特定货物（Special Cargo）

在海上运输中，除了运输一般的货物外，也常常运输一些具有特殊性质或对运输和保管有特殊要求的货物，如木材、钢材、散装货和重大件货物等。在不违反有关法律的前提下，允许承运人对于任何特定货物应负的责任和义务，自由订立任何协议，而且这种协议具有完全的法律效力。

16. 选港货物（Optional Cargo）

选港货物是指承运人与托运人在货物装船前约定并在提单中注明，对该货物的卸货港，收货人在一定的条件下可以加以选择的货物。

提单中选港货物条款通常规定：收货人应在船舶驶抵提单中注明的可供选择的卸货港口中的第一个港口之前若干小时（一般规定为48 h），对该选港货物的卸货港加以确定，并以书面通知承运人在上述第一个港口的代理人，否则承运人有权将货物卸于该港或其他任一选卸港，运输合同视为已履行。

17. 共同海损（General Average）

该条款通常规定船舶发生共同海损后的理算地点，以及理算依据的规则。多数船公司的提单规定，共同海损按《约克-安特卫普规则》理算。

18. 新杰森条款（New Jason Clause）

新杰森条款是关于货主参加共同海损分摊的条款，有的提单把新杰森条款与共同海损条款合为一条。

19. 互有过失碰撞条款（Both to Blame Collision Clause）

由于美国处理互有过失的船舶碰撞与其他多数航运国家有不同的法律规定，各国船公司在其提单中列入本条款，以维护承运人、船方根据提单应当享受的权利。

除上述的提单条款外，提单中还会订有其他一些常见的条款。例如：错误申报条款；转运、换船、联运条款；留置权条款；战争、检疫、冰冻、罢工条款；地区条款等。这些条款在各提单中可能有些差异，在使用提单时，应对这些条款加以注意，并给予正确理解。

六、提单的签发与转让

（一）提单的签发

我国《海商法》第七十二条规定：“货物由承运人接收或者装船后，应托运人的要求，承运人应当签发提单。提单可以由承运人授权的人签发。提单由载货船舶的船长签发的，视为代表承运人签发。”

1. 提单的签发人

（1）承运人

承运人接收货物或者装船后，在托运人的要求下应当签发提单，承运人不得无故拖延提单的签发。这是我国《海商法》对承运人签发提单义务的规定，表明了承运人签发提单的义务是法定的，具有法律强制性，与有关海上货物运输的国际公约和各国相关立法基本一致。至于承运人应当为托运人签发何种类型的提单，我国《海商法》并未规定，通常取决于托运人的意思表示。由此看来，承运人签发提单也是履行运输合同义务的行为。

（2）承运人授权的人

承运人授权的人通常是他的委托代理人，其签发提单的权利完全基于承运人的授权。未经授权，代理人无权签发提单。

（3）船长

除承运人本人外，提单可以由载货船舶的船长签发。除非承运人事先明确做出相反说明，否则载货船舶的船长签发提单的，视为代表承运人签发。

几乎所有国家的法律都认为船长是承运人的法定代理人，其签发提单无须经过承运人的授权，即船长所签提单与承运人签发的提单具有同等的法律效力。甚至在承运人明确指示对船长签发提单的权利予以否定的特殊情况下，如果船长仍然签发了提单，并且提单持有人不了解这种指示，此时提单对承运人仍具有约束力。

2. 提单的签发地点和签发日期

提单签发的地点通常是货物的装船港。提单的签发日期通常是货物实际装船完毕的日期，与大副签署的收货单日期一致。提单是根据大副签署的收货单，在与提单记载的各项内容核对无误后签发的。若收货单上有批注，提单签发人应如实将其转批在提单上。

货物由承运人接收或装船后，并且托运人已付清相关费用，应托运人的要求，承运人、船长或承运人的代理人有义务立即签发提单。如托运人托运多票货物，则应托运人的要求，承运人、船长或承运人的代理人有义务在每一票货物装船后，立即为该票货物签发已装船提单，而不得推迟至全部货物均装船后签发。

3. 提单的份数

提单有正本提单和副本提单之分。如果没有专门的说明，提单即指正本提单。副本提单只用于日常业务，不具有法律效力。

正本提单通常一式几份，以防提单的遗失、被窃或迟延到达。业务实践中通常允许签发数份正本提单，并且各份正本提单具有同等法律效力，但以其中一份提货后，其他各份自动失效。为了使提单的合法受让人了解全套正本提单的份数，防止流失在外引起纠纷，保护提单持有人的利益，签发正本提单的份数，应分别载于所签发的各份正本提单上。

副本提单的份数视需要确定。虽然它没有法律效力，不能据以提货，但却是装运港、中转港及目的港的代理人和载货船舶不可缺少的补充货运文件，可以补充舱单上不足的内容和项目。

（二）提单的转让

提单所代表的物权可随提单的转让而转移。提单的转让有一定的条件，比如我国《海商法》第七十九条规定，"……，指示提单通过记名背书或空白背书转让，不记名提单无须背书即可转让。"据此，提单转让分为两种情况，即背书加交付转让和交付转让。

提单的转让受时间上的限制，提单持有人只有在办理提货手续前转让提单才有效。指示提单通过背书并交付转让，不记名提单通过交付转让，否则不发生法律效力。交付转让即提单占有权的转移。背书转让是指转让人在提单的背面写明受让人名称，并签名的转让手续。按照背书的方式不同，可分为三种形式：

1. 记名背书

记名背书是指背书人（转让人）在提单背面写明被背书人（受让人）的姓名，并由背书人签名或盖章的背书形式。

2. 指示式背书

指示式背书是指背书人在提单背面写明"Deliver to Order of ×××"字样，并不写明特定受让人，由背书人签名或盖章的背书形式。指示式背书中，提单的背书人重新指定了一个指示人，将指示人的权利交给他人的做法。

3. 空白背书

空白背书是指仅由背书人在提单背面签署自己的名字或盖章，而不注明任何被背书人名称的背书形式。

七、无单放货及保函业务

（一）无单放货

1. 无单放货的含义

无单放货又称无正本提单交付货物，是指承运人或其代理人在收货人未提交正本提单情况下，交付所承运货物的行为。

2. 无单放货的法律责任及其后果

承运人在未收回正本提单情况下交货于人，具有违约和侵权的双重性，所造成的损失完全由承运人承担，属于保险公司和船东互保协会的责任除外。

在无单放货的情况下，承运人应对持有正本提单并据此有权提货的人承担损失赔偿责任，除非承运人能证明：提单持有人同意或认可无提单放货；或者提单载明的卸货港所在地法律强制性规定货物必须交付给当地海关、港口当局或其他有关当局；或者正本提单持有人已经与托运人根据货物买卖合同解决了损失赔偿；或者提单持有人索赔的诉讼时效已经届满。

3. 无单放货的应对措施

鉴于无单放货法律后果的严重性，实践中承运人在处理无正本提单交付货物时，可相对地采取以下必要措施，以保护自身利益。

（1）应托运人要求“电放”

托运人将承运人或其代理人所签发的全套正本提单交回承运人或其代理人，同时指定收货人（非记名提单的情况下），承运人授权（通常是以电传、电报等通信方式通知）其在卸货港的代理人，将货物交给托运人指定的收货人。

（2）凭银行出具的担保函交付货物

收货人在未收到正本提单的情况下，可要求其开户行或者开证行出具银行担保函，以便要求承运人交付货物。其内容通常包括：“因本行×××号信用证项下提单尚未收到，请承运人准许收货人凭此担保函先行提取货物。因承运人未凭正本提单交付货物遭受的损失，由收货人负赔偿责任，且本行保证上述承诺之履行。”

（二）保函业务

保函（Letter of Indemnity）是承运人与保函出具人之间所订立的一种特殊的担保协议，其广泛地运用于航运实践中，对航运和国际贸易的发展起到了一定的积极作用，解决了航运和贸易之间的矛盾。

1. 保函的形式

保函通常有装货港使用的保函和卸货港使用的保函两种。

（1）装货港使用的保函

在装货港，托运人需要提供保函一般有三种情况：

①大副已将收受的货物外表不良状况批注于收货单上，托运人为了不影响银行结汇，而向承运人提交保函，要求承运人签发清洁提单。

②托运人与承运人之间就货物的数量、重量或包装问题上存在分歧，如承运人怀疑托运人关于货物的描述，但又没有合适的方法予以检查，承运人要求托运人出具保函，以保

证承运人的利益。

③托运人为了某种目的，要求承运人在提单上填写与实际货物情况不一致的内容（包括要求承运人签发倒签提单和预借提单），承运人为了保护自己的利益而要求托运人出具保函。

（2）卸货港使用的保函

卸货港使用的保函又称提货保证书，是指船舶抵达卸货港做好交货准备时，收货人不能凭正本提单向承运人或其代理人换取提货单时，向承运人或其代理人提供的书面保证，凭以换取提货单。

通常，收货人出具保函后，凭副本提单换取提货单提取货物。

2. 保函的法律效力

（1）在装货港出具的保函的法律效力

关于保函的法律效力，1978年《汉堡规则》对此做了明确规定，即：

①保函在托运人与承运人之间有效，即承运人在赔偿第三者收货人或提单受让人的损失后可以凭保函向托运人追偿。

②保函在善意的第三者收货人或提单受让人与承运人之间无效，即对善意的第三者收货人或提单持有人依据提单提出的索赔，承运人不能根据保函拒绝，而应负赔偿责任。

③如果承运人、船长或承运人的代理人凭保函签发清洁提单，构成对善意的第三者收货人或提单受让人欺诈，则保函在托运人与承运人之间亦无效，且承运人在赔付善意的第三者收货人或提单受让人的损害时，丧失责任限制的权利。

可见，保函效力问题的关键切入点在分清保函与欺诈的关系和界限，即保函是否存在效力，取决于该保函是否存在欺诈。

（2）在卸货港出具的保函的法律效力

①保函在承运人与凭正本提单请求提货的人之间无效，承运人不能用保函对抗合法持有提单的第三者。

②保函在承运人与出具保函的人之间有效，即承运人在赔偿合法持有提单的第三者的损害后，可依据保函向出具保函的人追偿。

3. 承运人应如何正确对待保函

承运人及其代理人在接受保函时，应注意以下事项：

（1）当所接受的货物与提单所要求记载的情况不一致时，应要求托运人提供与提单所要求记载相一致的货物，尽可能不接受凭保函而签发清洁提单；

（2）考虑装货港和卸货港的法律，如该地法律规定保函一概无效，应拒绝接受保函；

（3）考虑出具保函的人的资信情况，不应接受资信不良的当事人出具的保函；

（4）考虑货物外表状态不良的程度，货物外表状态严重不良时，不应接受保函；

（5）承运人及其代理人接受保函时，不能具有故意损害善意第三者收货人或提单受让人利益的意图；

（6）考虑货物的价值，价值低廉的货物，可以接受保函；价值较高的货物，则不应接受保函；

（7）审查保函的内容，保证保函内容清楚、明确；

（8）考虑航运市场的情况，如航运市场好，则可拒绝接受；如航运市场不好，则为提高揽货能力，在考虑前述因素的前提下，予以接受保函；

（9）应尽可能不接受卸港货物保函，要求收货人凭正本提单提货；

（10）审查凭保函请求提货的人是否是有权提取货物的人。

第六节 集装箱运输与国际多式联运

集装箱运输的优越性在很大程度上克服了传统杂货班轮运输所存在的各种缺陷，其最大的成功在于它的标准化改变了传统杂货运输的货运单位，促进了全球物流系统的有效整合。

一、集装箱的定义

集装箱（Container），又称货箱或货柜。有关集装箱的定义，国际上不同国家、地区和组织的表述有所不同。许多国家目前采用国际标准化组织（ISO）对集装箱的定义，即集装箱是一种运输设备，应满足以下基本条件：具有耐久性，其坚固强度足以反复使用；适用一种或多种运输方式，在途中转运时箱内货物不需换装；设有便于装卸和搬运的装置，特别是便于从一种运输方式转移到另一种运输方式；便于货物装满或卸空；内容积为1 m^3或以上。

二、集装箱运输的优点

（一）提高装卸效率，加速车船周转

单件货物集中成组装卸，减少了原有单件货物装卸运输的多次重复作业。通过使用专门的大型装卸机械和自动化作业提高了船舶的装卸效率，节省了装卸时间，减轻了劳动强度，也提高了船舶的周转率。

（二）提高货运质量，减少货损货差

集装箱运输是保证货运质量、简化货物包装的安全节省的运输方式。集装箱具有坚固密封的箱体，不易发生盗窃事故，且足以防止恶劣天气对箱内货物的侵袭，因而货物破损

事故大为减少。由于货物交接按整箱办理，便于理货，也减少了货差。

（三）节省包装费用，降低运输成本

因集装箱的高强度使得货物本身的包装除了按规格要求的标准外，从强度上可以降低要求，从而节省包装材料和费用。在开展集装箱“门到门”运输中，也可以减少承、托运人之间的交接手续。

（四）便于货物多式联运

集装箱运输是最适于组织多式联运的运输方式，集装箱作为运输单元，由一种运输方式转换到另一种运输方式进行联合运输时，无须搬移箱内货物，简化和加快了换装作业。

针对集装箱坚固、密封的特点，口岸监管单位可以加封和验封转关放行。因此，集装箱能把海运和内陆的铁路、公路、水路等多种运输方式以及与进出口业务有关的口岸监管工作联合起来进行一体化的多式联运，从而可以大大提高运输服务质量。

为了方便货主及保证货物运输安全，集装箱运输经营者强调一体化的运输服务，托运人只需一次托运、一次交费，即可获得全程负责的“门到门”运输服务。

三、集装箱货物的装箱方式与交接方式

（一）集装箱货物的装箱方式

在集装箱货物的流通过程中，根据集装箱货物的装箱数量和集散方式的不同，可分为整箱货和拼箱货两种，两者的流转程序是不同的。

1. 整箱货（Full Container Load，FCL）

整箱货指货方自行将货物装满整箱以后，以一个集装箱为单位交运的集装箱货物。整箱货通常只有一个托运人和一个收货人。整箱货的拆箱，通常由收货人办理。

在货主有足够货源装载一个或数个整箱时，通常采用整箱装箱方式，除了某些大货主自己备有集装箱外，一般都是托运人向承运人或集装箱租赁公司租用集装箱。

空箱运到托运人自己的工厂或仓库后，由托运人自行装箱，海关人员在装箱现场进行监督，货物装妥并办理货物出口报关手续且经海关检验后，对集装箱加锁、施加铅封后，交承运人并取得站场收据，最后凭收据换取提单或海运单。

2. 拼箱货（Less than Container Load，LCL）

拼箱货指由承运人或其代理人将分属不同货主的同一目的地的单件货物分类整理后，集中适当批量装入集装箱内，经海关检验并对集装箱施加铅封后予以运输的货物。拼箱货的分类、整理、集中、装箱、拆箱和交付等工作均在码头集装箱货运站或内陆站进行，承运人和货方对拼箱货的交接以集装箱货运站或内陆站为界。在拼箱货交接形态下，每个集

装箱的货物一般都有多个发货人和多个收货人。

（二）集装箱货物的交接地点

1. 发货人或收货人的工厂或仓库（Door）

发货人或收货人自行负责在其工厂或仓库装箱或拆箱，工厂或仓库交接的货物都是整箱货。

2. 集装箱堆场（Container Yard，CY）

堆场是指集装箱码头内，所有堆存集装箱的场地。根据所处位置和用途的不同，可将堆场分为集装箱前方堆场（Marshalling Yard）和集装箱后方堆场（Container Yard）。

集装箱前方堆场，又称“出口箱区”“临时堆场”“过渡堆场”“编排场”“调度场”等。它位于集装箱码头的前方，是为加速船舶装卸作业临时堆放集装箱的场地。准备装船出口的集装箱在此按装船次序进行编排，卸船的进口集装箱在此临时堆存。

集装箱后方堆场是集装箱装卸区的组成部分，是储存、保管和交接空、重箱的场所。它是船公司或其代理人调集、贮存集装箱，船公司接收重箱，货主提取空箱及收货人提取重箱和拆箱后退回空箱的场所。

在集装箱堆场交接的货物都是整箱货。

3. 集装箱货运站（Container Freight Station，CFS）

集装箱货运站是为拼箱货装箱和拆箱的船、货双方办理交接的场所。它办理拼箱货的交接、配箱积载后，将集装箱送往集装箱堆场，并接收集装箱堆场交来的进口重箱，对其进行拆箱、理货、保管，最后拨给各收货人。

在集装箱货运站交接的货物都是拼箱货。

在集装箱运输中，整箱货与拼箱货的流通途径大致相同，所不同的只是集装箱货物实际交接地点的不同。由于承运人对集装箱货物的责任期间是从接收到交付，因此交接地点决定了承运人与货方划分责任、风险和费用的方式。

（三）集装箱货物的交接方式

整箱货和拼箱货在承运人与货主的交接方式上有所不同，当前国际上主要有以下四类集装箱货物交接方式：

1. 整箱接收、整箱交付（FCL/FCL）

货主在工厂或仓库把装货后的整箱交给承运人，收货人在目的地以同样整箱接货，换言之，承运人以整箱为单位负责交接。货物的装箱和拆箱均由货方负责。

（1）门到门（Door to Door）

托运人在工厂或仓库，将由它负责装箱并经海关铅封的集装箱交承运人验收，承运人接收整箱货后把重箱送到集装箱堆场等待装船；在目的港，承运人负责将货物运至收货人的工厂或仓库。

(2) 门到场 (Door to CY)

承运人在发货人的工厂、仓库接收由发货人装箱并经海关铅封的集装箱，负责将货物运抵目的港集装箱码头的集装箱堆场，在集装箱堆场将整箱货交给收货人。这种交接方式表示承运人不负责由目的港堆场运至收货人的工厂或仓库的内陆运输。

(3) 场到门 (CY to Door)

承运人在装货港的集装箱堆场接收由发货人装箱并经海关铅封的整箱货，负责将货物运抵目的港收货人的工厂或仓库整箱交货。

(4) 场到场 (CY to CY)

承运人在装货港的集装箱堆场接收由发货人装箱并经海关铅封的整箱货，负责将货物运抵目的港的集装箱堆场。

2. 拼箱接收、拆箱交付 (LCL/LCL)

货主将不足整箱的小票托运货物在集装箱货运站或内陆转运站交给承运人，由承运人负责拼箱、装箱并运到目的地货运站或内陆转运站，由承运人负责拆箱后，收货人凭单接货。承运人以拼箱形态交接货物，负责货物的装箱和拆箱。

实践中，拼箱货的最典型交接方式是站到站 (CFS to CFS) 方式。它是指发货人将货物运至承运人指定的集装箱货运站按件交货，集装箱货运站负责将分属不同托运人和收货人，但目的港或目的地相同的货物进行拼装后，经海关铅封，送交起运港集装箱堆场装船，由承运人将货物运抵目的港的集装箱货运站拆箱，各收货人分别提取货物的货物交接方式。

3. 整箱接收、拆箱交付 (FCL/LCL)

货主在工厂或仓库把装货后的整箱交给承运人，在目的地的集装箱货运站或内陆转运站由承运人负责拆箱后，各收货人凭单接货。承运人是以整箱形态接收货物，以拼箱形态交付货物。由于承运人接收的是已经装入箱内并加铅封的货物，这种交接方式可能会加重承运人按件对货物完好交付的责任，在实践中应谨慎使用。

(1) 门到站 (Door to CFS)

承运人在发货人的工厂、仓库接收由发货人装箱并经海关铅封的整箱货，负责将货物运至目的港的集装箱货运站拆箱后，按件向不同的收货人交付货物的方式。

(2) 场到站 (CY to CFS)

承运人在装货港的集装箱堆场接收由发货人装箱并经海关铅封的整箱货，负责将货物运至目的港的集装箱货运站拆箱后，按件向不同的收货人交付货物的方式。

4. 拼箱接收、整箱交付 (LCL/FCL)

货主将不足整箱的小票货物在集装箱货运站或内陆转运站交给承运人。由承运人分类调整，把同一收货人的货集中拼装成整箱，运到目的地后，承运人以整箱交付，收货人以整箱接收。承运人是以拼箱形态接收货物，以整箱形态交付货物。

（1）站到场（CFS to CY）

发货人将货物运至承运人指定的集装箱货运站按件交货，在集装箱货运站拼箱后，由承运人将货物运抵目的港集装箱堆场的货物交接方式。

（2）站到门（CFS to Door）

发货人将货物运至承运人指定的集装箱货运站按件交货，在集装箱货运站拼箱后，由承运人将货物运抵目的港收货人的工厂或仓库以整箱交货的交接方式。

上述各种交接方式中，以整箱接收、整箱交付效果最好，也最能发挥集装箱的优越性。我国应用最多的交接方式是CY to CY。

四、集装箱运输主要货运单证

（一）集装箱出口货运业务中的主要单证

1. 集装箱发放通知单（Container Release Order）

集装箱发放通知单又称空箱提交单，俗称提箱单，是船公司指示集装箱堆场将空箱及其他设备提交给本单持有人的书面凭证。

2. 集装箱设备交接单（Equipment Interchange Receipt）

集装箱设备交接单简称设备交接单（Equipment Receipt，E/R），是集装箱进出港区、场站时，用箱人与箱管单位或其代理人之间交接集装箱及其机械设备的凭证。其上主要记载集装箱箱体、状态、封志、危品类别等状况，以便作为发生箱损责任及费用划分的依据。

设备交接单是箱管单位发放、收回集装箱以及用箱人提取、还回集装箱的凭证；是记载箱体及其附属设备交接时状态的凭证；是箱管单位、用箱人/运箱人及码头（场、站）经营人相互之间集装箱设备交接的凭证和划分双方责任、义务和权利的依据。

各类箱管单位一般都印有自己的设备交接单，其内容大同小异。其背面印有划分箱管单位和用箱人关于使用或租用集装箱的责任的条款，主要包括使用集装箱期间的费用、集装箱损坏或丢失时的责任划分、对第三者造成损害时的赔偿责任等内容。

3. 集装箱装箱单（Container Load Plan）

集装箱装箱单简称装箱单，是详细记载每一个集装箱内所装货物名称、数量、尺码、重量、标志和箱内货物积载情况的单证。它列明了信用证（或合同）中买卖双方约定的有关包装事宜的细节，便于国外买方在货物到达目的港时供海关检查和核对货物，通常可以将其有关内容加列在商业发票上。

装箱单以箱为单位，由装箱人编制并经其签署后生效。它是集装箱运输的辅助货物舱单，其用途很广，主要用途有以下几方面：

（1）发货人向承运人、收货人提供集装箱内所装货物的明细清单；

(2) 在装箱地向海关申报货物出口的单据，也是集装箱船舶进出口报关时向海关提交的载货清单的补充资料；

(3) 发货人、集装箱货运站与集装箱码头之间的货物交接证明；

(4) 船方编制船舶配载计划的依据；

(5) 在卸箱地作为办理集装箱保税运输手续和拆箱作业的重要单证；

(6) 发生货损时，是处理索赔事故的原始依据之一。

无论是由货主自行装箱的整箱货，还是由集装箱货运站负责装箱的拼箱货，负责装箱的人都要制作装箱单。

装箱单的主要内容包括：船名、航次、装卸港、收交货地点、集装箱号、规格、铅封号、场站收据或提单号、发货人、收货人、通知人及货名、件数、包装种类、标志、号码、重量、尺码等。对特殊货物还需说明闪点（危险品）、箱内温度要求（保温或冷藏货）、是否检疫（需检疫货物及器材）等内容。

集装箱装箱单是详细记载每一个集装箱内所装货物详细情况的唯一单据，其内容记载的准确性，与保证集装箱货物的安全运输有着密切的关系。

4. 场站收据（Dock Receipt，D/R）

场站收据又称港站收据或码头收据，是指船公司委托集装箱堆场、集装箱货运站或内陆站在收到整箱货或拼箱货后，签发给托运人证明已收到货物，托运人可凭此换取提单或其他多式联运单证的收据。

场站收据是一份综合性单证，相当于传统的托运单、装货单、收货单等一整套单据。通常由托运人或其代理人编制，然后交承运人或其代理人确认订舱。在承运人委托码头堆场、集装箱货运站收到整箱货或拼箱货后签发生效，托运人或其代理人可凭场站收据向承运人或其代理人换取已装船提单或收货待运提单。

场站收据的主要作用有：

(1) 承运人或其代理人确认订舱并在场站收据上加盖有报关资格的证章后，将场站收据交给托运人或其代理人，表明运输合同成立；

(2) 出口货物报关的凭证之一；

(3) 承运人已收到托运货物并开始对货物负责的证明；

(4) 换取海运提单或联运提单的凭证；

(5) 船公司、港口组织装卸、理货、配载的资料；

(6) 运费结算的依据。

5. 特殊货物清单

在集装箱内装运危险货物、活动物、植物以及冷冻（藏）货物等特殊货物时，托运人在托运这些货物时，必须根据有关规定，事先向船公司或其代理人提交相应的危险货物清单、动物货清单、植物货清单和冷冻（藏）货集装箱清单。

（二）集装箱进口货运的主要单证

1. 提货通知书（Delivery Notice）

提货通知书是船公司在卸货港的代理人向收货人或通知人（往往是收货人的货运代理人）发出的船舶预计到港时间的通知。它是船公司在卸货港的代理人根据掌握的船舶动态和装箱港的代理人寄来的提单副本或其他货运单证、资料编制的。

提货通知书只是船公司或其代理人为使货运程序能顺利进行而发出的单证，对于这个通知发出得是否及时，以及收货人或其代理人是否能收到，作为承运人的船公司并不承担责任。

2. 到货通知书（Arrival Notice）

到货通知书是在卸货港的船公司或其代理人在集装箱卸入集装箱堆场，或移至集装箱货运站，并办好交接准备后，用书面向收货人发出的要求收货人及时提取货物的书面通知。

3. 提货单（Delivery Order）

提货单是收货人凭正本提单向承运人或其代理人换取的，可向负责保管货物的集装箱货运站或集装箱堆场的经营人提取货物的非流通性单据，也是承运人或其代理人指示场站放箱交货的通知。

4. 交货记录（Delivery Record）

交货记录是集装箱运输经营人把货物交付给收货人或其代理人时，双方共同签署的，据以证明货物已经交付及货物交接状态的单证。交货记录的签署，证明了运输经营人对货物的责任已告终止。

5. 卸货报告（Outturn Report）

卸货报告是集装箱堆场或货运站在交付货物后，将交货记录中记载的批注，按不同装载的船名，分船编制的交货状态的批注汇总清单。

（三）特殊货物清单

在集装箱内装运危险货、动物、植物，以及冷冻货等特殊货物时，托运人应事先向船公司或其代理人提交相应的危险货物清单、动物货清单、植物货清单和冷冻（藏）货集装箱清单。

1. 危险品清单（Dangerous Cargo List）

危险货物的托运人在装运危险货物时，必须根据有关危险货物运输和保管的规章，如《国际危规》，事先向船公司或其代理人提交危险品清单。

危险品清单一般须记载以下主要内容：船名、航次、船籍、装货港、卸货港、提单号、货名、国际危规类别、标志、页号、联合国编号、件数及包装、货重、集装箱号、铅封号、运输方式和装船位置等。

为了安排危险货物在集装箱堆场的堆存位置和装船的需要，托运人在将危险货物移入集装箱堆场和货运站时，都须提交危险品清单，由堆场经营人汇总交船方。

此外，所有危险货物都必须粘贴规定的危险品标志，内装危险货物的集装箱也必须有规定的危险品标志。

2. 冷藏集装箱清单（List of Reefer Container）

冷藏集装箱清单是装载冷冻货物或冷藏货物的冷藏集装箱的汇总清单。冷藏集装箱清单由货运代理人或装箱人缮制。它记载的内容主要包括：船名、航次、船籍、装货港、开航日期、卸货港、集装箱号码、铅封号、规格、提单号、货物名称、货物重量、箱重、总重、要求温度等。

托运人在托运冷冻货物或冷藏货物时，都要求承运人和集装箱堆场在运输和保管过程中，将冷藏箱的箱内温度保持在一定范围内。为了要尽到这种义务，承运人或集装箱堆场要求托运人或其代理人提供冷藏集装箱清单，而承运人或其代理人对于这些货物要按箱明确货物名称和指定的温度范围，以引起船舶和卸货港的充分注意。

3. 动物货清单（Zoological Cargo List）**和植物货清单**（Botanical Cargo List）

关于动物及其尸体、骨、肉、皮、毛和装载这些货物的容器和包装等；关于植物、种子、新鲜水果和装载这些货物的容器和包装等货物的进口，根据进出境动植物检疫法，需要由动植物检疫机构检查和批准方可进出口。

这些检查和进出口是由收、发货人或其代理人来申请办理的，但船公司或其代理人必须在船舶卸货以前，按接受检疫的货物和集装箱，分别编制动物货清单、植物货清单提交给检疫机构。若不单独编制这种清单，也可用单独的舱单来代替。

五、集装箱提单

集装箱提单是集装箱货物运输下主要的货运单据，其种类很多，内容、格式繁多，通常由集装箱堆场或货运站在收到集装箱货物后签发场站收据，托运人以此换取集装箱提单。它与普通货物提单的作用和法律效力基本相同。

集装箱提单中既包含了普通提单中某些常见的条款，也包含了一些专门为适应海上集装箱货物运输而订立的条款。特别是当集装箱运输进入国际多式联运环节后，有关国际多式联运的法则也就必然要在集装箱提单条款中反映出来，因此，适用于海上集装箱货物运输的集装箱提单在很多地方有别于普通提单。

（一）集装箱提单的正面记载事项与条款

集装箱提单的正面记载事项通常包括以下内容：承运人或联运经营人的姓名、地址；发货人、收货人及通知人的姓名、地址；集装箱前程运输方式、装货港、卸货港以及接收、交付集装箱货物的地点及方式；集装箱号、铅封号以及表明集装箱内装载货物性质的识别标志；托运人提供的有关集装箱内装货物的详细情况；集装箱外表状况；可否转船/可否分批；提单签发的日期、地点及份数。

集装箱提单除正面记载事项外，与普通提单一样，也订有正面条款，通常包含已装运条款、确认条款、承诺条款、签署条款。

（二）集装箱提单的背面条款

此处介绍集装箱提单背面区别于普通提单的条款，主要包括：承运人、承运人责任期间、舱面货选择、赔偿责任限制条款、时效条款、铅封条款、检查条款等。

1. 承运人

在普通提单中，承运人是指与托运人订立海上货物运输合同的人。在集装箱提单中则需列明，承运人还包括集装箱运输的经营人，即“无船承运人”。

根据我国《国际海运条例》的规定，依法获准经营集装箱运输业务或经营内陆运输的无船承运人，办理提单登记、缴纳保证金后也可签发自己的提单。因此，应同样承认无船承运人的承运人身份。

2. 承运人的责任期间

集装箱运输下，负责集装箱运输的承运人接货、交货地点往往是距离港口较远的内陆货运站或货主仓库，这样，普通船提单中对承运人规定的责任期限不再适用。

集装箱提单通常将承运人责任期间扩大，我国《海商法》将集装箱承运人的责任期间规定为“从收到货物开始，至交付货物为止，货物处于承运人掌管之下的全部期间”。至于什么时候才算收到和交付货物，则需根据具体的集装箱货物交接方式确定。

3. 舱面货选择权条款

根据现行的海上运输法规定，如承运人将货物装载甲板运输，此种运输仅限于该种货根据航海习惯可装载甲板运输，或事先已征得货主的同意，并在提单上记载“装载甲板运输”（On Deck）字样。反之，如承运人擅自将货物装载甲板运输而导致货物损害，则构成根本违反运输合同的行为，随之运输合同中给予承运人的一切抗辩理由、免责事项等均无效，由此而产生的一切损失承运人必须负责赔偿。

实践中，由于集装箱船构造的特殊性和经济性，一艘集装箱船在满载时有30%左右的货箱装载甲板运输，要决定将哪些货箱装载甲板运输是不可能的，故承运人为了保护自己，在集装箱提单中明确订立“承运人有权将集装箱装在舱内或舱面，而无须事先通知货方”的舱面货选择权条款。明确装载舱面运输的集装箱与舱内集装箱享有同样权益。

现行集装箱提单不显示“装载甲板”的字样。对由于承运人责任引起的装于舱面上的集装箱货物发生货损或货差，承运人应负赔偿责任。当然，也可根据有关法规享受赔偿责任限制。对于共同海损，装于舱面的集装箱既有参加分摊义务，也有要求补偿的权利。

4. 承运人的赔偿责任限制

承运人的赔偿责任限制是指承运人对每一件或每一货运单位负责赔偿的最高限额，各国的法律和船公司的提单对承运人的赔偿责任限制都有明确规定。

多年来的司法实践认为，为了确保承运人确实得到提单或有关法律、公约规定的责任限制的保护，提单就必须给予发货人足够的申报货物价值的机会，当然发货人必须支付额外的费用。为此提单不但在背面条款做了责任限制的规定，而且通常又在提单正面印制了要求注意责任限制条款和可以申明货物价值的栏目。一旦填写了有关栏目，承运人的赔偿责任将以该声明的货物价值作为赔偿的基础，而不是提单所规定的责任限制。如果这些栏目是空着的，则表示发货人放弃声称货物价值的权利，并接受提单所规定的责任限制。

5. 铅封完整交货条款

集装箱提单中这一条款的规定仅适用于整箱货交接，即承运人在铅封完整下接货、交货，业已认为承运人完成货物运输，并解除所有责任。

6. 货物检查权条款

货物检查权条款是指承运人在任何时候都有权，但没有义务将集装箱开箱检验，核对其所装载的货物。经过查核，如发现所装载的货物全部或一部分不适合运输，承运人有权对该部分货物放弃运输，或是在由托运人支付合理的附加费后完成这部分的货物运输，或存放在岸上或水上具有遮蔽的或露天的场所，这种存放业已认为按提单交货，即承运人的责任已告终止。

集装箱提单上订有货物检查权条款，是为了承运人对箱内货物的实际状况怀疑或积载不正常时启封检查。承运人在行使这一权利时，无须得到托运人的预先同意，一般来说，对由货主自己装载的集装箱启封检查时，原则上应征得货主同意，其费用由货主负担。

7. 海关启封检查条款

根据《国际集装箱海关公约》的规定，海关有权检查集装箱，因此，集装箱提单中都规定：“如果集装箱的启封是由海关当局因为检查箱内货物内容打开而重新封印，由此而造成任何货物灭失、损害以及其他后果，本公司概不负责。”在实际业务中，尽管提单条款做了这样的规定，承运人对这种情况还应做好记录，并保留证据，以使其免除责任。

8. 索赔通知与诉讼时效

现行的集装箱提单对于拼箱货的货损、货差的通知要求和诉讼时效基本上和普通提单的规定相同。但对于货主装箱的整箱货，集装箱提单则有不同的规定。因为整箱货物在目的地交货时一般并不拆箱，所以提单规定，只按表面状况交货，如表面无明显损坏，集装箱铅封完好，承运人责任即告终止。如果货物存在表面不能发现的损坏，考虑到集装箱的特殊情况，提单上有的规定为3天内，有的规定为7天以内以书面通知承运人。至于就损坏赔偿提出诉讼的期限，有的提单规定为1年，有的则规定为9个月。如属全损，有的提单规定为2个月。超过规定期限，承运人将解除一切赔偿责任。

除上述有别于普通提单的集装箱提单条款外，还有其他一些有别于普通提单的集装箱提单条款。例如：承运人不知条款、发货人对货物内容准确性负责条款、货主自行装箱责任条款等。在使用集装箱提单时，应对这些条款加以注意，并给予正确理解。

六、国际多式联运

国际多式联运是一种以实现货物整体运输的最优化效益为目标的联运组织形式。它通常是以集装箱为运输单元，把海上运输、铁路运输、公路运输、航空运输等单一的运输方式有机地结合起来，构成连续的、综合性的一体化货物运输。通过一次托运，一次计费，一份单证，一次保险，各运输区段的承运人共同完成货物的全程运输，即将货物的全程运输作为一个完整的单一运输过程来安排，从而打破了过去海、铁、公、空等单一运输方式互不连贯的传统做法。

（一）国际多式联运的定义

《1980年联合国国际货物多式联运公约》规定，国际多式联运（International Multimodal Transport），是指按照多式联运合同，以至少两种不同的运输方式，由多式联运经营人负责将货物从一国境内接管货物的地点运至另一国境内指定交付货物地点的运输方式。

我国《海商法》将多式联运合同纳入调整范围，规定："多式联运合同，是指多式联运经营人以两种以上的不同运输方式，其中一种是海上运输方式，负责将货物从接收地运至目的地交付收货人，并收取全程运费的合同。"可见，我国《海商法》将不涉及海运的国际多式联运形式排除在调整范围之外。

多式联运经营人是货物多式联运的承运人，指本人或者委托他人以本人名义与托运人订立多式联运合同的人。多式联运经营人可以是船公司，也可以是无船承运人，后者往往就是货运代理人。

（二）国际多式联运的基本条件

（1）货物在全程运输过程中无论使用多少种运输方式，作为负责全程运输的多式联运经营人必须与发货人订立一份多式联运合同。该运输合同是多式联运经营人与托运人之间对权利、义务、责任与豁免的合同关系和运输性质的确定，也是区别多式联运与一般货物运输方式的主要依据。

（2）必须使用一份全程多式联运单证。它是证明多式联运合同，证明多式联运经营人已接收货物，并负责按照合同条款交付货物所签发的单据。该单据应满足不同运输方式的需要，并按单一运费率计收全程运费。

（3）多式联运不仅仅是使用两种不同的运输方式，且必须是该不同运输方式下的连续运输。为履行单一方式运输合同而进行的该合同所规定的货物接送业务，不应视为多式联运。

（4）多式联运经营人接管的货物必须是国际货物运输，这不仅有别于国内货物运输，主要还涉及国际运输法规的适用问题。即在国际多式联运方式下，货物运输必须是跨越国境的一种国际运输。

（5）多式联运经营人必须对货物运输的全程负责。多式联运经营人既是与发货人订立多式联运合同的人，也是签发多式联运单据的人，它在联运业务中作为总承运人对货主负有履行合同的责任，并承担自接管货物起至交付货物时止的全程运输责任。在多式联运经营人履行多式联运合同规定的运输责任的同时，可将全部或部分运输，以自己的名义委托给有关区段运输承运人（又称分立承运人）完成，并订立分立合同，但发货人与分立合同的承运人之间不存在任何合同关系。

（三）国际多式联运经营人的责任类型

在多式联运情况下，至少涉及两种运输方式，运输分几个区段完成，每一种运输所在区段适用的法律对承运人的责任规定往往不同。在很多情况下，承运人又委托他人（即实际承运人或分段承运人）完成部分或全部运输。因此，当货物在运输过程中发生货损货差时，由谁对此承担责任，承运人依据何种标准对损害承担责任，即确定损害实际发生的区段所适用的法律十分重要。目前，多式联运经营人对货物的责任有以下类型：

1. 责任分担制

责任分担制又称分段责任制，是指多式联运经营人仅对自己履行运输区段中发生的货物灭失或损坏承担责任，而对由区段承运人履行的运输不负责任。各区段承运人亦只对本区段中发生的货物的灭失或损坏承担责任，各区段适用的责任原则，按适用于该区段的法律予以确定。对于不能判定发生在哪一区段的货物灭失或损坏，通常视为发生在海上区段，由海上区段承运人按适用于海上区段的法规承担责任。在这种类型下，多式联运只是多种单一运输方式的简单叠加，没有人对全程运输负责，不利于保护货方的利益，不便于多式联运的发展，实践中很少采用。

2. 单一责任制

在单一责任制下，多式联运经营人对全程运输负责，而不论货物损坏发生在哪一区段，货方均可向多式联运经营人索赔。其又分为：

（1）统一责任制（Uniform Liability System）

统一责任制又称同一责任制，是指多式联运经营人对全程运输负责，不论损害发生在哪一区段，都按统一规定的限额对货主进行赔偿，而各区段的实际承运人仅对自己完成的运输区段负责并按适用于该区段的法规进行赔偿。也就是说，多式联运经营人对全程运输中货物的灭失、损坏或延迟交付负全部责任，无论事故是隐蔽的还是明显的，是发生在海运区段，还是发生在内陆区段，均按一个统一原则由多式联运经营人按约定的限额赔偿。

（2）网状责任制（Network Liability System）

网状责任制又称混合责任制，是指多式联运经营人对全程运输负责，各区段的实际承运人仅对自己完成的运输区段负责。各区段适用的责任原则按适用于该区段的法律予以确定；对于不能判定发生在哪一区段的货物灭失或损坏，一般视为发生在海上运输区段，并按适用于该区段的法规确定多式联运经营人的责任。因此，不论货损发生在哪一区段，托运人或收货人既可向承运人索赔，也可向事故发生区段的区段承运人索赔。但不论向谁索赔，适用的法律均以损害发生区段适用的法律为准。

第十三章

不定期船运输业务

本章学习目标

《海船船员培训大纲（2021版）》

3.8海上运输业务

.2了解不定期船运输概述、航次租船、定期租船

不定期船运输（又称租船运输）作为远洋船舶营运方式的一种，适用于大宗货物运输，有关航线和港口、运输货物的种类、航行区域以及营运费用的负担等，都按照出租人与承租人在合同中约定的具体内容确定，即承租人与出租人之间的权利、义务以双方签订的租船合同确定。航次租船、定期租船是不定期船运输业务最基本的形式。

船长应了解航次租船合同与定期租船合同的主要条款，按照出租人的指示和承租人有关营运的指令安全运输。本章内容仅适用于3 000总吨及以上船长和500~3 000总吨船长。

第一节 不定期船运输概述

一、不定期船运输（Tramp Shipping）的概念

不定期船运输是指没有既定的船期表，也没有固定的航线及挂靠港，而是根据货源情况，安排船舶航线，组织货物运输的船舶营运方式。

二、不定期船运输的特点

（1）没有既定的船期表，也没有固定的航线、装卸港口和船期，按出租人与承租人双方签订的租船合同组织船舶营运。

（2）出租人与承租人通过签订运输合同或船舶租用合同明确双方的权利和义务。承租人可以租用整船，也可以租用船舶的部分舱位。双方通常通过各自或共同的租船经纪人洽谈成交，并可使用相应的标准合同。

（3）特别适合于大宗散货的整船或包船运输，如粮食、石油、煤炭、钢材等干散货、液散货等。

（4）租船运输中的有关船舶营运费用及其风险由谁承担，根据租船合同的类别及合同条款确定。

（5）出租人和承租人在参考市场行情的基础上，在合同中明确约定运价或租金率。

三、不定期船运输的种类

（一）航次租船（Voyage Charter，Trip Charter）

1. 航次租船的概念

航次租船又称程租船，是指由船舶出租人提供整艘船舶或部分舱位，在约定的港口之间，进行一个航次或几个航次运输约定货物，由承租人支付运费的租船方式。航次租船的“租期”，取决于完成航次运输任务的时间，航次结束，“租期”即终止。

2. 航次租船的特点

（1）出租人负责配备船长、船员并负担其工资及伙食费等；

（2）出租人负责船舶安全航行和内部管理事务；

（3）出租人负责营运调度船舶，承担燃料费、维修费、港口使费、淡水费、物料费等船舶营运费用；

（4）按照装载货物的数量及合同约定的运价计收运费；

（5）租船合同中需明确货物的装卸费由出租人还是承租人负担；

（6）规定货物的装卸时间，并计算滞期费和速遣费。

3. 航次租船的形式

（1）单航次租船（Single Trip Charter）

单航次租船是指出租人和承租人只洽租一个单程航次，出租人负责将约定的货物由一个港口运往另一个港口，货物运到目的港卸货完毕后，航次租船合同终止。

（2）往返航次租船（Return Trip Charter）

往返航次租船是指根据出租人和承租人之间的约定，同一艘船舶在完成一个单航次之后，紧接着再上一个航次的卸货港（或其邻近港口）装运约定的货物，运回原装货港（或其附近港口）卸货后，航次才告终止的租船方式。

（3）连续单航次或连续往返航次租船（Consecutive Single or Continuous Return Voyage Charter）

连续单航次或连续往返航次租船是指同一艘船舶在同方向同航线上连续完成规定的两个或两个以上的单航次或往返航次的一种租船方式。

（二）包运租船

1. 包运租船（Contract of Affreightment，COA）的概念

包运租船是指船舶所有人以一定的运力，在确定的港口之间，按事先约定的时间、航次周期，每航次以较均等的运量，完成全部货物运输的租船方式。

2. 包运租船的特点

（1）包运租船合同中不确定履行合同的具体船舶的船名及国籍，仅规定船舶的船级、船龄和船舶的技术规范等，对船舶所有人在调度和安排船舶方面是十分灵活、方便的；

（2）租期的长短取决于货物的总量及船舶航次周期所需的时间；

（3）船舶所承运的货物主要是运量特别大的干散货或液体散装货物，承租人往往是业务量大和实力强的综合性工矿企业、贸易机构、生产加工集团、大型钢厂或大石油公司；

（4）船舶航行中所产生的时间延误损失由出租人承担，而对于船舶在港内装、卸货物期间所产生的延误，则通过合同中订有的“延滞条款”的办法来处理，通常是由承租人承担船舶在港的时间损失；

（5）运费按船舶实际装运货物的数量及商定的费率计收，通常按航次结算；

（6）只确定承运货物的数量及完成期限，不具体规定航次数和船舶艘数。

包运租船在很大程度上具有“连续单航次租船”的基本特点，但是如果包运租船的履行是通过两艘或两艘以上的船舶完成，则两者仍然存在区别。

（三）定期租船

1. 定期租船（Time Charter）的概念

定期租船又称期租，是出租人负责提供一艘配备船员的船舶，并出租给承租人使用一段时间，由承租人支付租金的租船方式。

在租期内，承租人可以将租进的船舶用于班轮运输，还可以将船舶再次以航次租船或定期租船方式转租出去。

2. 定期租船的特点

（1）由船舶出租人负责提供一艘船舶，并负责配备船长、船员，同时负担他们的工资、伙食费等。船长在船舶营运方面应听从承租人的指示，如果船长、船员因听从承租人指示，承担了超出与船舶出租人之间订立的雇佣合同或劳务合同规定范围以外的营运工作，则应由承租人负担其劳务费或加班费用。

（2）出租人负责船舶安全航行和内部管理事务。

（3）承租人负责营运调度船舶，并承担燃料费、港口使费、货物装卸费及运河通过费等与营运有关的费用；由出租人负担船舶的折旧费、维修保养费、船用物料费、润滑油费及船舶保险费等船舶维持费；租船合同中需订明淡水费由谁承担。

（4）租金率按船舶的载重吨、租期长短以及航运市场行情等多方面因素，由出租人和承租人在合同中明确约定。

（5）租船合同中订有交船和还船，停租条款。

（四）光船租船

1. 光船租船（Bare Boat Charter，Demise Charter）的概念

光船租船又称船壳租船、光租、光船租赁，是指出租人将一艘不配备船员的空船出租给承租人使用一定时期，并由承租人支付租金的船舶营运方式。在光船租赁期间，由承租人占有、使用和营运船舶。

光船租船不具有运输承揽的性质，只相当于一种财产租赁。船舶出租人在租期内除了收取租金外，不再承担任何责任和费用。实践中，光船租购作为船舶融资的一种手段，融光船租赁和船舶买卖为一体，当承租人在某段时期内缺少船舶或希望扩充船队，而不愿花钱买船或者贷款困难买不起船舶时，可以通过光船租购的方式，最终达到船舶买卖的目的。

2. 光船租船的特点

（1）出租人仅提供一艘空船；

（2）承租人负责配备船长、船员并负担其工资、奖金、伙食费等；

（3）承租人负责船舶安全航行和内部管理事务，船长应听从承租人的指挥；

（4）承租人负责船舶的营运调度，并承担船舶在租期内的时间损失；

（5）除船舶保险费依合同约定外，出租人承担船舶折旧费，而由承租人承担船舶营运的固定成本及可变动成本，如船员工资、船舶代理费、港口使费、船舶保险费、维修费等；

（6）按租期长短及合同约定的租金率计算租金；

（7）对船舶转租进行了严格限制，未经出租人同意，承租人不能转租；

（8）在光船租船期间发生的救助报酬由承租人享有。

第二节 航次租船合同

一、航次租船合同概述

（一）航次租船合同（Voyage Charter Party，Voy. C/P）的概念

航次租船合同，是指船舶出租人向承租人提供船舶或者船舶的部分舱位，装运约定的货物，从一港运至另一港，由承租人支付约定运费的合同。

（二）航次租船合同的性质

关于航次租船合同的性质问题，历来存在着争议。一种观点认为，航次租船合同属于租赁合同的范畴，另一种观点认为，航次租船合同属于海上货物运输合同，理由是租赁合同重在使用，而运输合同重在服务。

我国《海商法》将航次租船合同视为海上货物运输合同，以“航次租船合同的特别规定”为一节，将其置于第四章“海上货物运输合同”一章中。

（三）我国《海商法》关于航次租船合同的特别规定

目前，没有专门调整航次租船合同的国际公约，各国国内法对航次租船合同也通常不

做规定或不做强制性规定。例如：西方国家特别是英、美等国都无制约租船合同的成文法；而大陆法系国家海商法中的有关条款也都属于非强制性条款或弹性条款，即当事人双方可以对条款协议排除适用或修改后适用。

我国《海商法》关于航次租船合同的特别规定，是参照“金康”（GENCON）标准合同格式制定的。《海商法》第九十四条规定：“本法第四十七条和第四十九条的规定，适用于航次租船合同的出租人。本章其他有关合同当事人之间的权利、义务的规定，仅在航次租船合同没有约定或者没有不同约定时，适用于航次租船合同的出租人和承租人。”由此可见，航次租船合同的出租人必须如同承运人一样，强制适用于第四十七条关于承运人的适航义务和第四十九条关于不得进行不合理绕航的规定，合同中出现与此相抵触的条款均无效。另外，在尊重国际上普遍采用的租船合同双方当事人“意思自治原则”的基础上，允许出租人与承租人通过协议排除或变更我国《海商法》其他有关合同当事人之间权利、义务的规定。

（四）标准航次租船合同范本

航次租船合同格式种类繁多，不同的货物就有不同的范本，即使同一种货物，航线不同，也可能存在许多不同范本。其中仅英国航运公会批准的并得到世人公认的，包括用于煤炭运输的有16种，用于木材运输的有7种，用于谷物运输的有11种。但是，在航运实务中，影响最大、最重要的标准航次租船合同范本是“统一杂货租船合同”租约代号“金康”（GENCON）。它是由国际著名船东组织——波罗的海国际航运公会1922年制定的，并几经修改，实践中使用比较广泛的是1976年合同格式。最新的合同版本是金康1994（GENCON 94）。这是一个适用于各种货物、各种航线的应用较广泛的标准合同格式。

二、航次租船合同的主要条款

我国《海商法》规定，航次租船合同的内容，主要包括出租人和承租人的名称、船名、船籍、载货重量、容积、货名、装货港和目的港、受载期限、运费、滞期费、速遣费以及其他有关事项。

显然，《海商法》的规定并没有列明所有航次租船合同的内容，根据实践中常用的标准航次租船合同，一般订有船舶说明条款、预备航次条款、出租人责任及免责条款、运费支付条款、装卸条款、滞期费和速遣费条款、租船合同下提单条款、合同解除条款、承租人责任终止条款、双方互有过失碰撞条款、共同海损条款、新杰森条款、战争条款、罢工条款、冰冻条款、仲裁条款、佣金条款等。

（一）船舶说明

船舶说明是指出租人对船舶的事实情况在合同中所做的陈述。它使船舶特定化，是承租人决定是否租用船舶的重要依据。所以出租人必须保证陈述内容的正确性，如果陈述与事实不符，即为错误陈述，简称误述（Misrepresentation or Misstatement）。误述因其法律性质不同而产生不同的法律后果。实践中，当出租人所提供的船舶与合同中所陈述的船舶情况不符时，承租人可以视误述的程度，决定是否租用船舶。如果因船舶的误述而促使承租人订立合同，且这种误述破坏或严重妨碍了承租人租用船舶所要达到的商业目的，则承租人可以解除合同，并要求损失赔偿。

我国《海商法》规定，出租人应当提供约定的船舶；经承租人同意，可以更换船舶。但是，提供的船舶或者更换的船舶不符合合同约定的，承租人有权拒绝或者解除合同。因出租人过失未提供约定的船舶致使承租人遭受损失的，出租人应当负赔偿责任。

航次船合同下陈述的内容不尽相同，主要包括以下事项：

1. 船名（Name of Vessel）

船名是指合同双方约定履行航次租船合同的船舶名称，能使船舶特定化。关于船舶的指定通常有如下几种方式：

（1）指定特定的船舶（Special Vessel）

指定特定的船舶是指在航次租船合同中明确地记述某一特定船舶名称，例如写明“内燃机船×××轮（M/V×××）”。在此情况下，出租人只能派遣合同中被指定船舶，非经承租人同意，出租人无权以其他船舶代替指定的船舶。如果指定的船舶发生事故灭失或由于某种原因不能履行合同，则出租人有权解除合同。除非双方在合同中另有约定，出租人没有义务为承租人提供指定船舶以外的船舶。

（2）×××船或替代船，由出租人选择（M/V××× or Substituted Vessel at owner’s option）

所谓的“替代船条款”，是在船舶的指定方面赋予出租人一种“选择权”的指定方法。由于在签订合同时，船舶出租人无法预计船舶调配可能发生的变化，所以出租人往往采用这种条款，一旦合同中原定的船舶不能履行合同时，船舶出租人可以根据替代船条款，另行指定一艘替代船履行合同，但是替代船必须在船旗、船型、位置和船级等方面与原定船舶相符。替代船一经选定，出租人应及时通知承租人，并不得再做改变。

有时，为了使出租人在指派船舶上更灵活，也可以在合同中订明超过两艘船的多艘船中选择，如“×××船，或×××船，或……中选择一艘”。

（3）船舶待指定（Vessel to be Named）

由于某些原因，出租人与承租人在签订航次租船合同时，无法在合同中确定船名，经双方同意采用“船舶待指定”的做法。双方当事人必须事先在合同中明确规定“待指定船舶”的具体条件、性质和技术规范等。出租人应在履行航次租船合同前的适当时间内，将已确定的具体船名通知承租人。待指定船舶一旦被指定，就成为指定船舶，根据指定船舶的要求实施对出租人和承租人的约束。

2. 船籍（Nationality of Vessel）

船籍也是合同的重要项目，在战争时期尤其重要，关系到船舶是交战国还是中立国的问题。如果是交战国，可能会面临被扣押、征用、没收、充公等风险。在和平时期，船籍也非常重要，因为船舶国籍的不同，可能会影响到法律适用、货物保险及港口收费、贸易制裁等事宜。因此，合同中通常约定船籍或约定船舶不得悬挂某国国旗。如果出租人在合同履行期间，擅自变更船舶国籍或变换船旗，即构成违约，承租人有权解约并提出损害赔偿。

3. 船级（Classification of Vessel）

船级表明双方在订立合同时，船舶应实际达到的技术状况。船东没有义务在整个合同期内保持这一船级，除非合同中另有明文规定。

4. 船舶吨位（Tonnage of Vessel）

（1）登记吨（Registered Tonnage）

登记吨又称容积吨，是按船舶容积折算的吨位，通常以100 ft^3（2.83 m^3）为1登记吨。登记吨有总登记吨（GRT）和净登记吨（NRT）之分，其与港口费用征收等有密切的关系。

（2）载重吨（Deadweight Tonnage）

载重吨又称载货能力（Deadweight Capacity），表明船舶实际装载货物的能力。合同中载明的数字是指船舶实际可装载货物的数量，不包括船舶燃料、淡水、备用品等以及船舶常数。

实践中，一般在船舶吨位具体数值前加上“大约”一词，这个范围通常解释为3%~5%，若实际装载数量不超出这个范围，则不视为出租人违约。为了避免双方当事人对该范围大小解释上存在误解，有时合同中还具体规定一个装载货物数量的百分比，如约定装载10 000 t小麦±5%，即实际装载货量在9 500~10 500 t之间都属于符合合同规定。

5. 船舶动态（Vessel' s Position）

船舶动态是指订立合同时船舶所处的位置或状态。它便于承租人合理判断船舶能否如期抵达装货港以及明确本航次、本合同开始履行的时间。实践中并不具体订明船舶准确的经纬度，往往以“now trading”“now under repair”等来说明。

出租人必须保证以上陈述的正确性。如陈述与事实不符，即为误述。一般来说，如果误述系出租人故意或过失所致，出租人应对承租人因误述而遭受的损失负责赔偿。如果误述严重到合同不能履行，或致使承租人承租船舶的目的不能实现，则承租人有权解除合同。

（二）受载期和解约日

1. 受载期（Laydays）

受载期是指船舶预计抵达指定装货港口或地点并已做好装货准备的期限。受载期习惯上规定为一段期限，以“从×月×日至×月×日到达装货港”的形式表示。

2. 解约日（Cancelling Date）

解约日是指船舶未能在合同中所规定的时间内抵达指定装货港口并做好装货准备，承租人可以选择解除合同的日期。合同中一般都订有解约日条款，解约日与受载期有密切的联系。关于解约日的规定有两种基本形式，不同的形式导致的后果是不同的。

（1）解约日是受载期的最后一日

如果受载期规定的是一段期限且合同中没有规定解约日，通常受载期的最后一天为解约日。在实务中通常将此种期限称为Laycan（由Laydays与Cancelling Date的词头合成），例如Laycan Aug.6-Aug.12表示8月6日至8月12日为受载期，8月12日为解约日。

（2）解约日在受载期届满之后

如果规定解约日是在受载期届满后的某一天，此种条款下，若船舶在合同所规定解约日这一天还未到达，承租人便有权解除合同。如果船舶仅仅超过了受载期，但并未超过解约日，虽然出租人违约，承租人仍然无权解除合同。

此外，如果合同中未明确规定解约日的具体日期，仅规定了受载期，则实践中通常将受载期的最后一天解释为解约日。

综上所述，不论是否规定解约日，承租人的解约权是绝对的，除非合同中另有其他约定，合同中规定的免除出租人赔偿责任的条款也不能影响承租人解除合同的权利。即使船舶迟延到达不是出租人的过错引起的，而是由不可抗力等原因引起的，承租人仍然有权解除合同。另外，解约日条款所针对的主要是装货工作未按时准备好这一事实，而不仅仅是未抵达装货港。

3. 质询条款（Interpellation Clause）

即使出租人或船长明知船舶不能在解约日之前到达装货港并做好准备，只要承租人未解除合同，船舶仍应驶往装货港。为避免船舶抵达装货港后，承租人提出解除合同而给出租人造成不必要的损失，很多合同中都规定，当承租人接到出租人或船长关于船舶延误情况和预期抵达装货港日期的通知后，在一定时间内做出是否解除合同的答复，否则视为放弃解除合同的权利。这种条款称为质询条款。

《海商法》第九十七条规定："出租人在约定的受载期限内未能提供船舶的，承租人有权解除合同。但是，出租人将船舶延误情况和船舶预期抵达装货港的日期通知承租人的，承租人应当自收到通知时起48 h内，将是否解除合同的决定通知出租人。"

金康1994规定：如船舶未能在规定的解约日做好装货准备（不论靠泊与否），承租人有权解除本合同。如出租人预计虽谨慎处理仍无法在解约日前准备装货，则应立即通知承租人其预计准备好的日期，并询问是否解约或同意新的解约日。承租人应在收到该通知后48 h内宣布，如承租人未行使其解约权，则本租约视为出租人在通知中宣布的准备完毕日期后的第7天为新的解约日。

（三）预备航次

1. 预备航次（Preliminary Voyage）的概念

如果签订租船合同时履约船不在装货港，则履约船从合同规定的装货港前某一地方（有时是前一合同规定的卸货港）驶往装货港的航次即为预备航次。预备航次是船舶出租航次的组成部分。合同中关于出租人权利、义务的规定，同样适用于预备航次，合同另有规定的除外。

2. 预备航次的开始

有的合同规定了船舶开始预备航次的时间，例如，金康1994规定：The said vessel shall, as soon as her prior commitments have been completed, proceed to the loading port(s) or place(s) stated in "_" or so near thereto as she may safely get and lie always afloat...画线部分明确出租人在前一个合同完成后，才有履行本航次的义务。即使延误到港是履行前一合同延误导致的，只要在履行本次预备航次过程中没有延误，仍不能视出租人违约。金康1976规定，船舶要以合理的速度尽快驶往装货港，而不应有不合理的延误。

3. 预备航次受阻

预备航次受阻是指在预备航次中，任何一方当事人都没有违反合同，但是船舶延误到港并且使得合同无法履行。此时，任何一方都有权无偿地解除合同。

导致预备航次受阻的情况通常包括：约定的货物或船舶全损；合同的商业目的无法实现；法律变更；延迟。另外，预备航次受阻同样适用于定期租船合同及其他有关合同。

（四）货物

1. 货物的种类

当合同中列明某一种特定货物或某几种特定货物时，承租人必须按照合同的规定提供货物。当合同中约定的特定货物因为某种原因，如不可抗力、法律禁止出口等不能提供的，则承租人没有义务再提供其他的货物，合同予以解除。但承租人应赔偿因无法提供货物而给出租人造成的损失，合同规定免责的除外。

为了承租人贸易上的便利，也可在合同中规定几种货物或某类货物，供承租人选择，如果承租人选定的货物，由于其可免责的原因不能装船，只要在规定的几种货物或某类货物中有其他货物可以装船，承租人仍有提供货物并装船的义务，但允许其在合理的时间内做出安排。

如果承租人希望自己有装货的最大选择权，可在合同中用“合法商品”（Lawful Merchandise）一词来限定货物的种类。但这种规定也限制了承租人，使他难以从合同中脱身，当承租人选定的货物由于某种原因（法律禁止或合同规定的原因除外）不能装船，他仍负有提供其他“合法的商品”装船的义务，否则，他就要负违约责任。

《海商法》第一百条规定：“承租人应当提供约定的货物；经出租人同意，可以更换货物。但是，更换的货物对出租人不利的，出租人有权拒绝或者解除合同。因未提供约定的货物致使出租人遭受损失的，承租人应当负赔偿责任。”

2. 货物的数量

航次租船合同中一般规定承租人应提供满舱满载货物（Full and Complete Cargo）。满舱，是指承租人提供的货物应装满舱容。满载，是指承租人提供的货物数量应达到船舶的货物载重能力。关于货物数量的规定方法，一般有下列两种：

（1）满舱满载货物×××吨，百分之几上下由出租人选择

此方式下，由于合同仅仅规定了允许装载货物数量的范围，因此在船舶实际装运货物之前，由船长以书面形式将本船可以装载货物的数量通知承租人或其代理人，即通过宣载（Declaration）确定实际装货的数量。船长宣载的货物数量不能超出合同规定的浮动范围。

船长宣载的装货数量具有合同效力。承租人有按照船长宣载的数量，提供满载货物的义务。如果承租人提供的货物数量不足，则应向出租人支付亏舱费，作为对出租人因此受到的运费损失的赔偿；反之，如果船舶实际装载能力达不到船长宣载的数量，出租人应向承租人赔偿短装损失，包括承租人根据贸易合同所遭受的损失、货物的退关费用、仓储费用和回运费用等。如承租人根据船长的宣载，把准备好的货物全部装船后，船舶并未达到满载，对于多余的舱容，出租人可以要求承租人“加载”，但这必须取得承租人的同意。

（2）满舱满载货物不超过×××吨，不少于×××吨

这种方式直接规定了船舶允许装载货物的最高、最低范围，此时出租人应保证船舶能实际装载的货物数量不少于规定的下限；如果船长进行宣载，承租人有义务提供的货物数量为规定的上限与宣载的船舶满舱满载货物数量两者之中的较低者。

如果船舶实际装载的货物数量达不到出租人保证的数量，出租人应向承租人赔偿短装损失（Damage for Short Lift），包括货物的退关费、仓储费和回运费等。如果承租人提供的货物数量少于其有义务提供的数量，应向出租人支付亏舱费（Dead Freight），其金额相当于出租人因此受到的净运费损失。

（五）装卸港口

1. 港口（或泊位）的指定

在航次租船合同中，可以明确规定装卸港口，也可以明确一个地理区域或数个港口作为装卸港口。对于后者，承租人有选择的权利，但这一权利必须按合同的规定及时行使。通常采取“宣港”的形式向出租人通知最后确定的装卸港港名。如果承租人没有按合同约定的地点或期限向出租人宣港，由此而造成的船舶滞期或绕航损失应由承租人负责，包括出租人为保持“适航平衡”状态下驶往第二卸货港而发生的倒舱、卸载和重装货物的费用。

我国《海商法》规定，合同订有承租人选择卸货港条款的，在承租人未按照合同约定及时通知确定的卸货港时，船长可以从约定的选卸港中自行选定一港卸货。承租人未按照合同约定通知确定的卸货港，致使出租人遭受损失时，应当负赔偿责任。

2. 安全港口的概念

为了保证船舶的运输安全，通常要求承租人指定的装卸港口必须是“安全港口”。

安全港口是指在没有突发事件的情况下，某一特定船舶能够安全驶入、停留和驶出，不会遭受任何用良好船艺也无法避免危险的港口。

一个安全的港口，首先，必须在地理上是安全的，包括港口航道水深、助航设备、系泊设备以及气象条件应能满足安全上的要求；其次，在政治上必须是安全的，包括船舶不会遭遇战争、敌对行为、恐怖活动、由于政治上的原因而被没收等风险。

如果所指定的装卸港口或泊位，船舶只有在大潮时才能到达；或者在港内只能装载一部分货物，其余部分须在船舶出港后，在港外装载；或者船舶进入卸货港前，必须在港外驳卸一部分货物后才能进港卸货，那么此类港口或泊位应视为是安全的。

3. 承租人指定装卸港口的权利和义务

指定装卸港口是承租人的一项权利，根据权利和义务对等的原则，承租人在享受指定装卸港口这一权利时，也必须承担确保所指定的装卸港口应是安全的这一义务。如果承租人指定的装卸港口不安全，承租人要对由于不安全引起的后果负责。但是，如果船长知道或应当知道此港是不安全港口还继续前往，因此而遭受损害的，可以相应地减轻或免除承租人的责任。

需要特别指出的是，根据航运惯例和我国的司法实践，如果装卸港口或泊位已在合同中订明，承租人就无须保证港口的安全性；如果装卸港口或泊位由承租人选择或待指定，在这种情况下承租人有保证港口安全的义务。即列名港口的安全责任由出租人负责，非列名港口的安全责任由承租人负责，而泊位的安全一般由承租人负责，除非泊位事先也在租约中指定好了。

如果发生异常情况，使原来合同订立时安全的港口变为不安全，则对于因此产生的船舶损失，承租人不负赔偿责任。遇到这种情况，只要船舶能够安全离开，则承租人有义务另行指定一个安全港口。为此，租船合同中常订有“邻近条款”，大意是：承租人指定的港口发生障碍，而这些障碍又是出租人采取合理措施也不能克服的，船长可以将船舶驶往附近可以安全靠泊的港口装卸货物。

航次租船合同中通常都不规定港内的具体装卸地点。如果指定的装卸港口有几个通常用以进行装卸的地点，则承租人可以选择其中一个地点进行装卸。除非这个通常用以装卸的地点对船舶来说是不安全的，否则，船长应执行承租人的指示。

（六）装卸费用

1. 装卸费用条款

航次租船合同中的装卸费用，通常由出租人与承租人协商确定。实践中，常用的装卸费用分担方式主要有以下几种：

（1）Liner Terms

班轮条款，又称泊位条款（Berth Terms）、总承兑条款（Gross Terms），是指由出租人负担货物的装卸费用。根据该术语，货物在装货港的装船费用和在卸货港的卸船费用均由出租人负担。

（2）Free In（F.I）

其意为明确出租人不负担装货费。根据该术语，货物在装货港的装船费用由承租人负担，在卸货港的卸船费用由出租人负担。

（3）Free Out（F.O）

其意为明确出租人不负担卸货费。根据该术语，货物在装货港的装船费用由出租人负担，在卸货港的卸船费用由承租人负担。

（4）Free In and Out（F.I.O）

其意为明确出租人不负担装卸费用。根据该术语，货物在装货港的装船费用和在卸货港的卸船费用均由承租人负担。

（5）Free In and Out，Stowed and Trimmed（F.I.O.S.T）

其意为明确出租人不负担装卸费用以及堆装费和平舱费。根据该术语，货物在装货港的装船费用和在卸货港的卸船费用，以及货物在装船港的堆装和平舱费用均由承租人负担。

在运送大件货物的情况下，在F.I.O.S.T的后面加上Lashed and Dunnages，表示出租人对捆扎及垫舱费用也不承担，缩写为F.I.O.S.T.L.D。

（6）Liner In，Free Out（L.I.F.O）

其意为明确出租人负担装货费用，不负担卸货费用。根据该术语，货物在装货港的装船费用按班轮条款处理，由出租人负担，卸货费用由承租人负担。

（7）Free In，Liner Out（F.I.L.O）

其意为明确出租人不负担装货费用，负担卸货费用。根据该术语，货物在装货港的装船费用由承租人负担，货物在卸货港的卸船费用按班轮条款处理，由出租人负担。

承租人在与出租人商定装卸费用由谁承担时，应注意与贸易合同价格条件相衔接。

上述条款中的装卸费用是指合同指定的装货港产生的装货费和指定的卸货港产生的卸货费，不包括合同原定装卸港以外因为其他因素而发生装载、卸载等费用。例如，如果是在避难港产生的或者是因为通行运河需要过驳减载产生的装卸费及其他非原定装卸港产生的装卸费，则仍由出租人负担，除非合同另有约定。

2. 责任与风险

装卸费用条款的内容，除约定装卸费用由谁负担外，通常还包括由谁雇佣装卸工人，并承担装卸作业中的责任与风险。例如，班轮条款除表明货物装卸费用由出租人负担外，其还应雇佣装卸工人并承担装卸作业中的风险和责任。

3. 金康1994的相关规定

（1）承租人负责把货物送至舱内，装船、积载和/或平舱，绑扎和/或加固，并从舱内提取和卸货，船舶所有人不承担任何风险、责任和费用。如要求并为保护所装货物，承租人应提供并放置所有垫舱物料。

（2）除非船舶无船吊或双方同意并在合同中记载不使用船舶装卸设备，船舶应在整个装/卸货物的过程中提供该装卸设备，并提供足够的动力。经请求，出租人应提供船员充当船吊/绞车司机，如当地法律禁止，则承租人应负责岸上的工人费用。船吊/绞车司机由承租人负责风险和责任，装卸工人视为其雇佣人员，但由船长监督工作。

（3）承租人负责装卸工人造成的对船舶的损害（正常的损耗除外）。该损害应由船长尽早通知承租人或其代理人和装卸工人，否则承租人不负责任。船长应尽力取得装卸工人的书面责任证据。

（七）装卸时间

1. 装卸时间（Laytime）的概念

波罗的海国际航运公会（BIMCO）、国际海事委员会（CMI）、英国全国船舶经纪人和代理人协会联合会（FONASBA）、英国航运总会（GCBS）于1980年12月联合颁发了《租船合同装卸时间定义》（Laytime Definitions of Charterparty，1980）（以下简称《80定义》）。BIMCO、CMI、FONASBA及国际干货船船东协会（INTERCARGO）又联合制定了该定义的新版本，即《1993年航次租船合同装卸时间解释规则》（Voyage Charter Party Laytime Interpretation Rules,1993）（以下简称《93规则》）。为了满足当代贸易安排的要求和商业实践活动的变化，2013年在原有制定规则的几家国际组织的基础上，又增加了波罗的海交易所（Baltic Exchange），研究出台了《2013年租船合同装卸时间定义》（Laytime Definitions for Charter party，2013）（以下简称《2013定义》）。

上述规则都明确规定，装卸时间是指合同双方当事人协议的，出租人应保证船舶适于装卸，承租人在运费之外不支付任何费用的一段时间。也就是说，在合同规定的装卸时间内，出租人具有使船舶等待装卸的义务。

2. 装卸时间的规定方法

（1）规定装卸日数或船舶装卸定额

合同中直接规定装卸日数×××天，或者通过规定装卸效率的方式间接规定装卸时间，这样都可以确定用于装卸的具体时间及固定装卸时间。有关装卸效率的规定，实践中有以下3种方式，即“每日×××吨”（Per Day×××t）、“每日每舱口×××吨”（Per Hatch Per Day ××× t）、“每日每工作舱口×××吨”（Per Working Hatch Per Day ××× t）。在规定船舶装卸率情况下，装卸具体日数根据拟装卸货物的数量、装卸率和船舶的具体情况计算而得。

（2）按港口习惯尽快装卸（Customary Quick Despatch，CQD）

根据《80定义》，按港口习惯尽快装卸是指出租人和承租人双方约定，按照装卸港口习惯的装卸方法和装卸能力，以尽可能快的速度进行装卸作业。除非出租人对该港的装卸效率非常了解，否则不要轻易接受此条款。

（3）以船舶能够尽快收货或交货的速度（As fast as the vessel can receive/deliver）

根据《80定义》，它是指船舶处于完全工作状态下，能够最大限度地进行装卸货的情况下所计算出的装卸时间。它只从船舶本身考虑，不管港口的装卸能力和仓储设施以及承租人提供或提取货物的能力及限度等因素。

由于“按港口习惯尽快装卸”“以船舶能够尽快收货或交货的速度”这两种方法没有规定一个确切的标准，按照这种术语计算装卸时间，极易产生纠纷，实践中难以操作，因此，在航次租船合同中应尽量避免使用。《93规则》与《2013定义》中已无这些规定。

3. “日”的含义

尽管可以用《80定义》《93规则》《2013定义》规范有关装卸时间术语的定义，但其均非法律规定，必须通过合同当事人选择适用，才对合同产生法律约束力。因此，当装卸时间以“日”计算时，对“日”的含义及其适用上述哪个版本的解释规则，应在合同中加以明确。以下按照《80定义》对“日”的表述方法进行解释。

（1）日（Day）

日是指从午夜至午夜，连续24 h的时间，即日历日（Calendar Day）。以此种“日”表示装卸时间时，从装/卸货开始至装/卸货完毕时止所经过的日历日数就是总的装货或卸货时间。在此期间，不论是实际不可能进行装卸作业的时间（如雨雪天、罢工或其他情况），也不论是否是星期日或节假日等非工作时间，都应全部计为装卸时间。

这一术语，把不能进行装卸作业的风险全部转移给承租人，使其支付滞期费的可能性大大增加，对承租人不利。

（2）连续日（Running Days or Consecutive Days）

连续日是指一天紧接着一天的日数（follow one immediately after the other）。

《80定义》中“日”和“连续日”的含义区别在于：如果某一天只进行了部分时间的装卸作业，“日”的解释为仍按一天计算装卸时间，不存在比例计算的问题，而“连续日”则按比例计算。如果港口正常工作时间是24 h，实际作业8 h，则计算为1/3个连续日。

根据《93规则》和《2013定义》，“日”和“连续日”已经不存在区别，含义是一样的，即在不足一日的情况下，都按比例扣减。

（3）工作日（Working Day，WD）

工作日是指未被租船合同明确排除于装卸时间之外，并且也不属于节假日的日数或部分时间。即不包括星期日（或双休日）和法定节假日等非工作时间，港口可以进行装卸工作的日数。

工作日的正常工作时间按港口习惯而定。我国和世界上大多数国家的港口都以8 h为一个工作日，并且通常规定，法定节假日和星期日（或双休日）的前一日下午6时以后至法定节假日和星期日（或双休日）的次日上午8时以前，均不计为工作日。

“工作日”和“日”相比，对法定节假日或星期日（或双休日）给予了充分考虑，但它与“日”同样都没有考虑不良天气影响装卸作业的时间，对承租人不利。

因此，如果装卸时间规定是“工作日”，意味着仅仅计算在工作时间内进行装卸作业所花费的时间，即使在非正常工作时间内进行了装卸作业，例如在星期日进行部分装卸工作，所用的时间也不计为装卸时间，除非合同另有约定。

《93规则》有关“工作日”的解释与《80定义》完全一样。《2013定义》对“工作日”的表述调整为：根据当地法律或习惯通常进行工作的时间。

（4）良好天气工作日（Weather Working Day，WWD）

良好天气工作日又称晴天工作日，是指工作日或部分工作日中，不受天气影响，可以进行装货或卸货作业的时间。也就是说，除星期日（或双休日）和法定节假日外，因天气不良而不能进行装卸作业的工作日也不能计入装卸时间。所谓天气不良，通常是指因雨、雪、雾、风等不能进行装卸作业的天气。但这并不是绝对的，能否最终影响装卸作业仍然针对特定航次下的特定货物而言。

在以晴天工作日表示装卸时间的情况下，除包船租船合同以外，一般租船合同都是间接地以规定每天的装卸货数量的方式来规定装卸时间。此种情况下，在装卸作业的最后一天不足一天的装卸量时，是按实际使用的时间计算，还是按整天计算，容易产生争议。因此，最好在租船合同中做出具体约定。

在以晴天工作日表示装卸时间的情况下，经出租人同意，可以进行夜间作业，但因加班而发生的装卸工人的加班费或其他费用，一般应由承租人负担。船员的加班费，根据租船合同的约定确定，通常由承租人负担。

（5）24 h良好天气工作日（Weather Working Day of 24 Hours）

《80定义》没有对该术语进行解释。根据英国判例法，它是指不管港口规定的正常工作时间是多少个小时，也不论工作小时数是跨及几个日历日时间，已累计24 h为一个良好天气工作日的时间。如果港口的工作时间规定为每天8 h，则3个正常的工作日才等于一个24 h良好天气工作日。显然，用这种术语表示装卸时间，对出租人不利。

（6）连续24 h良好天气工作日（Weather Working Day of 24 Consecutive Hours）

连续24 h良好天气工作日是指除去星期日、节假日、天气不良影响装卸作业的工作日或工作小时后，其余所有时间从午夜至午夜连续计算，以真正的连续24 h为一日的表示装卸时间的办法。

采用这种表示方法可以避免前述“24 h晴天工作日”可能跨及几个正常工作日的情况。在使用连续24 h晴天工作日时，不论港口规定的正常工作日是几个小时，均按24 h计算。这是目前采用较多的表示装卸时间的方法。

根据《93规则》，上述“良好天气工作日”“24 h良好天气工作日”“连续24 h良好天气工作日”这三个术语的含义已经统一起来，全部与《80定义》中“连续24 h良好天气工作日”的含义相同，即除去星期日、节假日和天气影响船舶装货或卸货的时间外，真正的连续24 h为一日的表示装卸时间的方法。

《2013定义》中分别对“良好天气工作日”“24 h良好天气工作日”“连续24 h良好天气工作日”进行了修订，对各个术语的界定保持与英国判例法一致的解释，这些术语解释区别于《93规则》的相关界定，从本质上讲，更接近《80定义》对上述术语的理解。

另外，为了使装卸时间的计算更加明确，实践中往往对上述术语再做进一步的说明，如“良好天气工作日，星期日和节假日除外”（Weather Working Day，Sunday and Holiday Excepted，W.W.D.SHEX）；有的再加上“除非提前开始”（Unless Sooner Commenced）、

“除非已使用”（Unless Used，U.U）、“除非已使用，但只计算实际使用的时间”（Unless Used，but Only Time Actually Used to Count），做这样的说明之后，实际用于装卸的星期天和节假日即可计入装卸时间。或者加上“即使已使用”（Even If Used，EIU），以此来进一步强调，即使利用星期天或节假日进行装卸作业，也不计入装卸时间。

4. 装卸时间的起算

关于装卸时间的起算，各国法律规定和港口习惯各不相同，通常是按租船合同的规定进行起算。一般来说，是在船长向承租人或其代理人递交了装卸准备就绪通知书（Notice of Readiness，NOR）之后的一段时间起算。

（1）装卸准备就绪通知书的含义及递交的意义

装卸准备就绪通知书，是指船舶到达装货港或卸货港后，由船长向承租人或其代理人发出的，关于本船已到达装货港或卸货港，在必要的船舱、船机、起货机械和吊货工具等的使用方面，已为装卸工作做好准备的书面通知。

递交装卸准备就绪通知书的意义有二：其一是出租人宣布船舶已经对装卸工作准备就绪，可以进行装货或卸货作业；其二是装卸时间可以按合同规定开始起算。

（2）装卸准备就绪通知书被有效接受的条件

装卸准备就绪通知书递交以后，只有被承租人有效接受的，装卸时间才能按照合同约定正常起算。因此装卸准备就绪通知书，必须具备如下条件才可以递交并被接受。

①船舶必须到达合同中指定的港口或泊位

船舶必须到达合同中指定的港口或泊位，即船舶必须是一艘到达船（Arrived Vessel）。如果航次租船合同是一个“港口合同”，即租船合同规定船舶必须到达指定的港口时，船舶一经到达该指定港口，不论是否已经靠泊，都应视为船舶已经到达合同要求的地点。一般认为船舶到达港口通常等泊的锚地，即视为到达船，与港口的行政区域关系不是很密切。实践中，针对港口合同也有采用“不论靠港与否”（Whether in Port or Not，WIPON）术语的，这主要是针对等泊锚地在港口区域范围之外的港口，如休斯敦、安特卫普、鹿特丹等港口。即当船舶抵达这些港口的等泊锚地，因存在WIPON条款，也可递交装卸准备就绪通知书。

如果航次租船合同是一个“泊位合同”，则船舶必须到达合同指定的泊位或者租船合同规定船舶抵港后由承租人指定的某个泊位时，才算作到达船舶。因此对于泊位合同而言，即使船舶已经实际抵达该泊位所在港口的行政区域范围以内，只要未能实际靠泊，仍然不算到达船。因此，就会涉及等泊期间的时间损失如何负担、由谁负担等相关问题。在这种合同中，出租人为了在港口拥挤，船舶不能立即靠泊时，避免等泊引起的时间损失，常常要求列入“到达即可靠泊”（Reachable on Arrival），“不论靠泊与否”（Whether in Berth or Not，WIBON），或者“等泊时间亦应计入装卸时间”（Time Waiting for Berth to Count）等规定。这些规定对出租人及早起算装卸时间是有利的。

②船舶已在各方面做好装/卸货准备

此项要求主要是指船舶已经做好与装卸货物有关的各项工作。例如：船舶的吊杆或吊车、起货机及其他装卸工具已处于随时供装卸货物使用的状态；货舱已做到清洁、干燥、无虫、无味，适于装载货物；按货方要求，对装运特种货物做好了特殊准备工作，取得了相应的验舱合格证书等。

至于船舶是否已办妥检疫、报关等手续，许多国家已不将他们视为递交装卸准备就绪通知书的必备条件，而仅仅属于"例行手续"，特别是合同中订有"不论清关与否、不论是否通过检疫"（Whether Customs Cleared or Not, Whether In Free Pratique or Not）的术语时，船舶是否清关及通过检疫并不影响船长递交装卸准备就绪通知书，除非合同明确规定办妥上述这些例行手续是递交装卸准备就绪通知书的先决条件。

③装卸准备就绪通知书已经递交

除法律、合同另有规定外，装卸准备就绪通知书不能提前递交，只有船舶在各方面做好装/卸货准备的情况下才能递交。

综上所述，只要满足上述三个基本条件，承租人就可以接受装卸准备就绪通知书，从而使得该通知书发生效力，装卸时间也可以按规定起算。

（3）递交装卸准备就绪通知书和起算装卸时间的时间

通常航次租船合同都规定，装卸准备就绪通知书应在承租人的办公时间内递交，如合同中对此没规定，则应按港口习惯的时间递交。金康1994规定：如果NOR是在1200时及以前递交的，装卸时间从1300开始起算；如果NOR是在1200时以后递交的，装卸时间从下一个工作日0600时开始起算。

实务中，如果在装卸准备就绪通知书递交之前，承租人实际上已经开始了装卸工作，在这种情况下，装卸时间应从什么时间开始计算？如果不将这段提前装卸的时间计入装卸时间，就可能因装卸工作在原定应完成装卸工作的时间之前结束，而使出租人必须支付本来不需支付的速遣费，很显然，这对出租人来说是不利的。为了防止这种情况发生，出租人可以在航次租船合同关于装卸时间起算时间的规定中，附加"除非提前开始"（Unless Sooner Commenced）；或"所有已使用时间均计入装卸时间"（All Time Used Shall Count as Laytime）等用语，以约定在合同中所规定的装卸时间起算以前，装卸工作已开始，如果装卸时间应从实际装卸工作开始时起算。

5. 装卸时间的止算时间

航次租船合同中一般不规定装卸时间的止算时间，各国习惯上都以货物实际装/卸完毕的时间作为装卸时间的止算时间。这里所指的"货物实际装/卸完毕"应理解为装卸作业已完全结束，船舶处于可随时开航状态。即使货物已装卸完毕，只要货物的加固、绑扎、移走铲车等工作尚未结束，仍不能算是装完或卸完货物，这些结尾工作所耗用的时间，仍应计入装卸时间。只有这些扫尾工作结束后，装卸时间才算结束。

装卸时间止算后，有关船舶的时间损失都由出租人承担。

（八）滞期费和速遣费

1. 滞期费（Demurrage）

《93规则》规定："滞期费，是指因非出租人的责任造成的，超过装卸时间产生的船舶迟延，应当支付给出租人的约定金额。滞期期间不适用装卸时间的除外规定。”可以看出，滞期费仅针对非出租人原因而造成船舶迟延的一种损失赔偿，既可能是承租人的原因，也可能是出租人、承租人以外的第三方或其他原因。总之，如果是出租人或其代理人、受雇人员自身原因导致船舶迟延的，该时间的损失只能由出租人负责。

我国《海商法》规定，航次租船合同的装货、卸货期限及其计算方法，超过装货、卸货期限后的滞期费和提前完成装货、卸货的速遣费，由双方约定。

滞期时间等于实用装卸时间与合同规定的可用装卸时间之差，滞期时间的计算方法有以下两种：

（1）滞期时间连续计算（Demurrage Runs Continuously）

滞期时间连续计算又称“一旦滞期，永远滞期”（Once on demurrage，always on demurrage），是指船舶进入滞期后，即使遇到节假日、星期日、天气不良等停止工作的时间，也计入滞期时间直至装/卸完毕。《93规则》中“滞期费”含义本身已表明滞期时间是连续计算的。

（2）滞期时间非连续计算（Demurrage Runs Uncontinuously）

滞期时间非连续计算又称“按相同的日”（Per like day），是指计算滞期的“日”的含义与计算装卸时间的“日”的含义相同。如果计算装卸时间使用W.W.D.SHEX，则计算滞期时间的“日”中就不包括上述除外的星期日、节假日和天气不良等原因停止装卸工作的时间，即在进入滞期后，仅将按约定可以计为装卸时间的断续时段计入滞期时间。

在滞期内，承租人必须向出租人支付滞期费。滞期费率通常是考虑本船的燃料费、港口费和其他营运费用后，按照每天每载重吨或每天每艘船若干元规定的，并且是按照船舶滞期的天数计收。

《2013定义》对“滞期费”术语进行了部分修改，即如果租船合同未对滞期时间计算做出特别明确约定的，则采用滞期时间连续计算的方式，如果有特别约定的，则从其约定。

2. 超滞期与滞留损失赔偿金延滞损失

如果船舶滞期的时间过长，可能会使出租人遭受更大的损失。因此，在租船合同中，一般都规定一个滞期期限（比如10天），超过规定的滞期期限后，就进入“超滞期”（Over Demurrage Period）。在超滞期内，承租人如要求船舶继续滞留，以完成货物的装卸，则需另向出租人支付滞留损失赔偿金（Indemnity of Detention Damages）。滞留损失赔偿金通常需要考虑因延长停泊时间而增加的燃料费、港口费和其他营运费用、营运损失以及期得利益损失，还要考虑因超滞而使船舶所有人不能按时履行与其他承租人签订的下一个租船合同而可能发生的违约赔偿金。因此，滞留损失赔偿金费率要高于滞期费费率。

当进入超滞期后，船长可以根据出租人的指示，不经承租人的同意而开航。

3. 速遣费（Despatch）

《80定义》与《93规则》均规定：“速遣费，是指船舶在装卸时间届满前完成了装货或卸货，船舶出租人支付的约定金额。”

实践中，速遣费率通常是滞期费率的一半。速遣费可被认为是出租人对承租人的一种类似运费回扣的奖励，但并非承租人节省了装卸时间就一定有权向出租人索取该项费用，除非合同中已订立“支付速遣费条款”。

速遣时间等于合同规定的可用装卸时间与实用装卸时间之差。速遣时间的计算方法有以下两种：

（1）节省全部时间（All Time Saved，ATS）

该术语是指从装货或卸货完毕时起，至可用装/卸时间终止时止，包括所有除外时间在内的时间。即包括节假日、星期日、天气不良等停止工作时间在内的全部节省时间，也就是说速遣时间连续计算。

（2）节省全部工作时间（All Working Time Saved，WTS）

该术语是指从装货或卸货完毕时起，至可用装/卸时间终止时止的期间中，不包括任何通知时间和装/卸时间的除外时间在内的速遣时间。也就是说，在节省的时间内，节假日、星期日及天气不良等停止装卸工作的时间，不计入速遣时间，即速遣时间非连续计算。

4. 装卸时间的统算

如果合同中没有特别约定，装卸时间应以装、卸两港分别计算为原则。如果合同中有明确规定，也可将装/卸两港的时间统算。在航次租船合同中，常用一些专门的术语来明确装货时间和卸货时间是否可以统算以及如何统算。这些术语有：

（1）装卸时间平均计算（To Average Laytime）

装卸时间平均计算是指分别计算装/卸两港的装货时间和卸货时间，用一个港口作业中节省的时间抵消另一个港口作业中超出的时间，即可用装货港的节省时间或滞期时间抵补卸货港产生的滞期时间或节省时间，从而达到节省或减少通常以速遣费的加倍费率支付滞期费的目的。

（2）可调剂使用的装卸时间（Reversible Laytime）

可调剂使用的装卸时间是指承租人有权选择将约定的装货时间和卸货时间加在一起计算。如果行使了选择权，结果如同约定一个装卸作业的总时间一样。在装货港节省的装货时间可以加在卸货港的卸货时间，从而使卸货港的可用时间延长；在装货港滞期的时间也允许从卸货港可用时间中扣除，从而使卸货港可用时间缩短。

“装卸时间平均计算”与“可调剂使用的装卸时间”的区别主要在于两者进入滞期的时间不同，因而所计算出来的滞期长短以及滞期费常常不同。

5. 装卸时间事实记录

计算滞期费或者速遣费，关键是要计算出装/卸港实际使用的时间和合同允许使用的装卸时间，然后通过两者的比较，从而得出滞期时间和节省时间。因此需要弄清楚船舶何时入港、何时递交装卸准备就绪通知书、装卸货时间何时开始以及了解装/卸货期间天气状况如何、是否存在其他影响装卸货的情形等方面的内容。实践中，装卸时间事实记录是计算实际使用装/卸时间和滞期时间、速遣时间的依据。

装卸时间事实记录（Laytime Statement of Fact），是用以记载船舶从到达引航锚地直至装卸货完毕时止的这段时间内，进行各项工作的起止日、时和各种待时的起止日、时的书面记录。其内容包括：船舶到港日、时；递交和接受装卸准备就绪通知书的日、时；装卸工作开始的日、时；装卸过程中因故中断工作后，重新进行装卸工作的起止日、时；星期日、节假日、天气不良、装卸设备故障、等待货物等停止工作或待时的起止日、时；装卸工作完毕的日、时及装卸货物的数量、船名、船舶舱口数和本港开工舱口数及船长、代理人的签名等。

装卸时间事实记录通常是由出租人委托的代理人，按照船舶在港期间的作业过程，随时地、不间断地记录的。当货物装卸完毕后，船长应对这一记录进行核对，如没有异议，可对其签认，以便代理据以编制"装卸时间表"（Time Sheet），和计算实用装卸时间以及滞期、速遣时间。当船长对装卸时间事实记录有异议时（以船上详细记载的航海日志为依据），可以在签字时加以批注，如"在抗议下签字"（Under Protest）；"在争议中"（In Dispute）等，以保护出租人利益。

6. 滞期通知

在编制装卸时间事实记录的过程中，船方也应在航海日志上做出相应的记载。为了防止租船合同双方在装卸时间，尤其是滞期时间的起算时间上发生纠纷，通常在船舶将要进入滞期时间以前，船长应将船舶将要进入滞期的具体时间，以及将按照租船合同上规定的滞期费率计收滞期费的事项书面通知承租人。这种书面通知就是滞期通知。承租人收到滞期通知后，应在副本上签字，并将签字后的副本退还给船长或船舶出租人的代理人，以作为日后计收滞期费的证明之一。

船长未能及时发出上述滞期通知的，并不影响出租人向承租人索赔滞期费，除非合同规定将是否按时发出滞期通知作为索赔滞期费的前提条件。

（九）租船合同下的提单

由于提单所具有的三大作用，因此当货物在装货港由出租人接管或装船后，承租人可以要求出租人、船长或出租人的代理人签发提单，这种提单常被称为根据租船合同签发的提单。出租人有义务签发这样的提单。

根据租船合同签发的提单与普通提单（班轮提单）比较，既有其共性，又有其特性。根据租船合同签发的提单，当其在承租人手中时，一般不具有海上货物运输合同证明的作用，出租人与承租人之间的权利与义务以租船合同为准，除非租船合同另有相反的规定。如出租人签发自己的提单给承租人，承租人又将提单转让给第三者时，如发生纠纷，提单受让人可以根据提单条款直接与出租人交涉。如出租人根据提单承担的责任超过根据租船合同应承担的责任，则出租人有权就额外承担的部分向承租人追偿。如果出租人签发的是承租人的提单，而提单已转让给第三者时，解决纠纷应以提单为依据。如提单持有人对出租人起诉，出租人应及时通知承租人，由承租人出面应诉。

根据租船合同签发的提单，出租人通常是承运人。由于提单要受《海牙规则》等国际公约或国内法的约束，出租人根据提单所承担的义务可能超出依据租船合同所承担的责任。出租人为了使其根据提单承担的义务和享有的权利，尽可能与租船合同的规定一致，常常在提单中订入援引租船合同某些规定的条款，例如在提单中订入“租船合同中所有条款、条件和免责事项均适用于本提单，并视为并入本提单”条款，这样的条款被称作“并入条款”（Incorporation Clause），其目的是使非租船合同当事人的收货人，实际上间接受租船合同的约束。各国普遍承认“并入条款”的效力，我国也是如此。但对于租船合同中哪些条款可以并入提单，各国法律和实践的解释宽严不同。

（十）战争条款

航次租船合同中都订有战争条款，以明确规定发生战争时，如何处理合同当事人之间的关系。

金康1994的规定：

（1）如在船舶开始装货前的任何时候，根据船长和/或船东的合理判断，发现履行合同或任何部分合同将使船舶或船长和船员及货物在航次任何阶段遭受战争风险，则船东有权告知承租人解除本租船合同，或拒绝履行部分合同。如果该租约规定了装卸货物港的范围，且承租人指定的港口将使船舶、货物、船员或其他船上人员遭受战争风险，船东应首先要求承租人指定在范围内的其他港口，仅在承租人收到该要求48 h后仍未指定安全港时有权解除租船合同。

（2）无论是在开始装货后还是在卸货结束前的航行的任何阶段，根据船长和/或船东的合理判断，发现船舶、货物（或部分货物）、船员或船上其他人员将遭受战争风险，则不能要求船长继续装货或继续航程或部分航程或签发提单，或通过任何运河或水道，或前往或滞留在任何港口。如发生此种情况，船东应通知承租人指定卸货的安全港口。如在收到该通知48 h后，承租人未指定所述港口，船东有权选择在任何安全港口（包括装货港）卸下货物，并视为合同的全部履行。船东有权从承租人那里得到因该卸货的额外支出，如在非装货港卸货，则就像货物运达至目的港一样，船东有权收取全部运费，如超过原卸港100 n mile，则按距离收取额外运费，且船东有权因该支出和运费留置货物。

（3）如在装货开始后，根据船长和/或船东的合理判断，发现船舶、货物（或部分货物）、船员或船上其他人员将在正常和习惯航线（包括运河和水道）中遭受战争风险，且有一条至卸货港的较长航线，则船东应通知承租人他将采用该航线，在此情况下，如总的航行距离超过原航线100 n mile，则船东有权按距离收取额外运费。

（十一）罢工条款

罢工条款是船舶所有人为了在港口发生罢工或停工时，免于对罢工或停工所造成的后果承担责任，而在租船合同中签订的条款。航次租船合同中一般都列有比较详细的罢工条款。

金康1994规定：

（1）当船舶从上一港口准备起航时，或在驶往装货港的途中，或在抵港后，如因罢工或停工而影响全部或部分货物装船，船长或船舶所有人可以要求承租人声明同意按没有发生罢工或停工的情况计算装卸时间。如承租人未在24 h内以书面（必要时以电报）做出声明，船舶所有人有解除合同的选择权。如果部分货物已经装船，则船舶所有人必须运送该货物（运费仅按装船的数量支付），但有权按自己的利益在途中揽运其他货物。

（2）当船舶抵达卸货港或港外之时或之后，如由于罢工或停工而影响货物的卸载，并且在48 h内未能解决时，收货人可选择使船舶等待到罢工或停工结束，并在规定的装卸时间届满后，支付半数滞期费，或者指示船舶驶往一个没有因罢工或停工而延误和危险的安全港口卸货。这种指令应在船长或船舶所有人将影响卸货的罢工或停工情况通知承租人后48 h内发出。在这种港口交付货物时，本租船合同和提单中的所有条款都将适用，并且，船舶应和原目的港卸货一样，收取相同的运费，但当到替代港口的距离超过100 n mile时，在替代港口所交付的货物运费应按比例增加。

（3）除了上述规定，承租人和船舶所有人对任何罢工或停工而无法或影响货物装卸所引起的后果均不负责任。

（十二）冰冻条款

运输合同通常都规定，船舶进入的港口必须是安全港口。如果遇有港口冰冻的情况，则港口就不是安全港口。为了保证船舶的安全运输，在签订航次租船合同时，一般在合同中都签订有冰冻条款。如果在具体的航次中不会发生冰冻情况，则合同中可以不订入这种条款。

金康1994规定：

1. 装货港

（1）当船舶准备从上一港口开航时，或在航程中的任何时候，或在船舶抵达时，因冰冻而不能进入装货港，或者，在船舶抵港后发生冰冻，船长可以因担心船舶被冻结而决定不装运货物离港，本租船合同因此失效。

（2）如在装货过程中，船长因担心船舶被冻结而认为离港更有利时，他可以决定载运已装船的货物离港，并可为船东的利益将船舶驶往任何其他港口揽载货物运至包括卸货港在内的任何其他港口。根据本租船合同已装船的任何部分货物，在不因此增加收货人额外费用的条件下，由船东转运至目的港并承担费用，但运费仍应支付，此运费按交付的货物数量计付（若为整笔运费，则按比例支付），所有其他条件按租船合同。

（3）如装货港不止一个，并且其中一个或数个因冰冻而关闭，船长或船东可选择在不冻港装载部分货物，并按（1）款规定，为其自身利益而在其他地点揽载货物，或者，当承租人不同意在不冻港装载货物时，宣布本租船合同失效。

（4）本冰冻条款不适用春季。

2. 卸货港

（1）如船舶因冰冻（春季除外）而不能抵达卸货港，收货人可选择使船舶等候至恢复通航，并支付滞期费，或指示船舶驶往一安全并能立即驶入并安全卸货而没有因冰冻而滞留风险的港口。这种指示应在船长或船东向承租人发出船舶不能抵达目的港通知后48 h做出。

（2）如在卸货期间，船长担心船舶被冻结而认为离港更为有利时，他可以决定载运船上货物离港，并驶往能驶入并能安全卸货的最近港口。

（3）在此种港口交货时，提单上的所有条件应适用，船舶应按其在原目的港卸货一样，收取相同运费，但如到达替代港口的距离超过100 n mile，则在替代港口交付货物的运费应按比例增加。

（十三）其他条款

除了上述主要条款外，航次租船合同中还有出租人责任条款、运费支付条款、合同解除条款、承租人责任终止条款、双方互有过失碰撞条款、共同海损条款、新杰森条款、代理条款、佣金条款等。

第三节 定期租船合同

一、定期租船合同概述

（一）定期租船合同（Time Charter Party）的概念

定期租船合同又称期租合同，是指船舶出租人向承租人提供约定的由出租人配备船员的船舶，由承租人在约定的期间内按照约定的用途使用，并支付租金的合同。

（二）定期租船合同的性质

对于定期租船合同的性质，学术界有争议，很多海商法学者们认为，定期租船合同具有财产租赁合同和运输合同的双重性质。

（三）我国《海商法》关于船舶租用合同的规定

《海商法》第127条和第128条规定：“船舶租用合同包括定期租船合同与光船租赁合同，均应当书面订立。关于出租人和承租人之间权利、义务的规定，仅在船舶租用合同没有约定或者没有不同约定时适用。”这表明，关于船舶租用合同的所有规定均为任意性条款。

（四）常用标准定期租船合同范本

1. 统一定期租船合同（Uniform Time Charter）

该租约代号为“波尔的姆”（BALTIME），是由波罗的海国际航运公会1909年制定的，经过多次修改，目前使用较多的版本是1974年或2001年的格式。由于该格式合同是船东组织制定的，所以在很多条款上比较维护船舶所有人的利益。

2. 定期租船合同（Time Charter Party）

该租船合同格式由美国纽约土产交易所（New York Produce Exchange）于1913年制定，简称“土产格式”（Produce Form），租约代号“NYPE”。NYPE是经美国政府批准使用的，因此又称“政府格式”（Government Form）。经过多次修改，NYPE93格式在我国的定期租船实务中广泛使用。由于纽约土产交易所的成员都是谷物、粮食等方面的大交易商，所以该合同格式比较维护承租人的利益。

3. 1980年中租格式（Time Charter Party，1980）

该租约代号为“中租1980”（SINOTIME，1980），由中国租船公司制定。此格式较多地维护承租人的利益。

二、定期租船合同的主要条款

我国《海商法》规定，定期租船合同的内容，主要包括出租人和承租人的名称、船名、船籍、船级、吨位、容积、船速、燃料消耗、航区、用途、租船期间、交船和还船的时间和地点以及条件、租金及其支付，以及其他有关事项。

定期租船合同一般订有船舶说明条款、交船条款、租期条款、合法货物条款、航行区域条款、出租人提供的事项条款、承租人提供的事项条款、租金支付条款、还船条款、停租条款、出租人责任与免责条款、使用与赔偿条款、转租条款、双方互有过失碰撞条款、共同海损条款、新杰森条款、战争条款、罢工条款、冰冻条款、仲裁条款、佣金条款等。

（一）船舶说明

在定期租船合同中，有关船名、船籍、船舶吨位、船舶所处位置等与船舶说明有关的事项，均与航次租船合同的相关内容相同或相似。只有船速与燃油消耗量的规定，是不同于航次租船合同的一项重要说明。

虽然不同的定期租船合同格式，对于船舶说明的表述各有不同，但包含的主要内容基本一致。如“波尔的姆”中关于船舶说明包括船名、总吨、净吨、船级、指示马力、载重量、载货容积、满载航速及燃料消耗等。在“土产格式”中，除包括上述内容外，还增加了有关船舶吃水的记载。

（二）船速与燃油消耗量

在定期租船合同项下，承租人承担船舶的时间损失，负责提供船用燃油并支付费用。因此，船速及燃油消耗量直接关系到承租人在船舶运营期间的成本和经济效益。出租人有义务提供符合合同规定的船速与燃油消耗量的船舶。如果船舶的实际船速低于租船合同中约定的船速数值，对因此造成的时间损失，承租人可向出租人提出船速索赔（Speed Claim）或扣租金；如果船舶的实际燃油消耗量大于合同规定的数值，承租人也可因多消耗的燃油而造成的经济损失向出租人提出燃油消耗量索赔（Fuel Consumption Claim）。

NYPE93船速与燃油消耗量条款规定："在满载、良好天气状况下，最大风力不超过蒲福____级时，船速大约____节，燃油消耗量大约为____公吨（Speed about ____ knots, fully laden, in good weather condition up to and including maximum force on the Beaufort wind scale____, on a consumption of about metric tons of _____）"。除合同另有约定外，船舶应在出租人交给承租人之时，符合此条款的约定。即使在租期内，船速下降或燃油消耗量增加，也不视为出租人违约。

上述船速与燃油消耗量的规定，适用于船舶满载（Fully Laden）状态。但是，在租期内，船舶可能处于轻载或压载状态，此时，通常根据船舶满载状态下的船速与燃油消耗量，推算出船舶在非满载时，出租人应保证的船速与燃油消耗量。有的合同为了明确起见，分别对满载、半载、空载状态下的船速与燃油消耗量做出规定。

"良好天气"，没有固定标准，随着季节、海域、船型大小等的不同而有所变化，一般理解为风力不超过蒲福4级（最大风速16 kn），浪不超过道格拉斯浪级3级（浪高3~5 ft）。实践中，双方当事人应明确约定风力等级，以免日后产生不必要的争议。

应注意的是，在合同中约定的是船速而不是航速。船速是船舶相对于水的速度，航速是船舶相对于海底或岸上固定物的速度。在确定船速索赔时，应考虑到船舶具体航次影响船速的各种外界因素，以及因船舶污底造成船速自然降低的因素等。

船速与燃油消耗量往往用"大约"字样来确定，司法实践中认为，允许有个浮动范围，但是这个浮动范围无统一标准。就船速而言，一种观点认为允许±0.5 kn；另一种观点认为±5%之内。耗油量是非常专业的问题，其大小与船速、油的质量密切相关。如果租船人所加的燃油质量低劣，不仅会使耗油量上升，而且有时会使船舶主机发生故障。因此，为了保障船东的利益，NYPE93对燃油质量做了专门的规定，而NYPE46无此规定。

（三）租期

租期（Period of Hire）是指定期租船合同中规定的承租人租用船舶的期限。租期的长短由当事人双方协商确定。租赁期限的规定通常有以下三种：

1. 合同订有明确的租赁期限，法律"默示"给予宽限期

例如合同规定租赁期限为"3个月"或"6个月"，则3个月或6个月的确切期限到期后仍可延长一段合理时间。司法判例中，一般4~6个月租期的，宽限期为5日；30个月租期的，宽限期为10日。若承租人在宽限期内还船，不视为违约。这一默示的原因是基于

海上运输的特点，租期届满之日与承租人完成最后航次之日很难吻合。

2. 合同既订有确切的租赁期限，又有明示的宽限期

例如“6个月租期，承租人可减少或延长10天”。这样，承租人可在宽限期内还船，法律也不再另给宽限期，即订明的宽限期被视为严格的租约期限。

3. 订明租期的最长最短期限

例如“最少3个月，最多6个月”（Min/Max 3/6 months）。此期限即为严格期限，不能增减。否则，就以承租人违约论处。

“波尔的姆”合同规定：“如果对船舶指定的航次将超过租期，承租人可使用船舶至航次结束，但以合理的估算该航次约能在租期届满时还船为限。”“土产格式”合同规定：“上述承租人同意租用上述船舶，从交船时起算，租期为_____，并在下述航行区域内使用船舶。”

（四）交船与还船

1. 交船（Delivery）与还船（Redelivery）的含义

交船，是指出租人按合同规定，将船舶交给承租人使用。这是履行定期租船合同的开端，而租期的起算通常以船舶交付为前提。

还船，是指承租人在合同规定的租期届满时，将船舶还给船舶出租人的行为。

定期租船合同都订有交船和还船条款，以明确双方在交、还船时的责任。该条款的主要内容包括：交船和还船的时间、地点、通知、条件及船上所存燃油、淡水的作价转让办法。

2. 交船与还船地点

关于交船的地点，有的租船合同规定由船舶出租人指定，但一般是由承租人指定的。如“波尔的姆”和“土产格式”合同都规定由承租人选择。交船的地点一般规定为某一具体港口，有的进一步明确港内具体地点，如到达引航站、引航员登轮的地点或在可抵达的泊位。

关于还船地点，大多数定期租船合同都没有明确加以限制，只约定由承租人选择。如“波尔的姆”合同范本规定还船港口由“承租人选择”，而“土产格式”合同范本对此未做规定。

3. 交船与还船时间

（1）交船时间

关于交船时间，在租船合同中可以规定一个具体的日期，或者规定一个最迟的交船日期，一般做法是规定一个交船期限，即规定不得早于×年×月×日和不得迟于×年×月×日。如果出租人未能按约定时间交船，承租人可以解除合同。

我国《海商法》规定，出租人应当按照合同约定的时间交付船舶。出租人违反前款规定的，承租人有权解除合同。出租人将船舶延误情况和船舶预期抵达交船港的日期通知承租人的，承租人应当自接到通知时起48 h内，将解除合同或者继续租用船舶的决定通知出租人。因出租人过失延误提供船舶致使承租人遭受损失的，出租人应当负赔偿责任。

如果出租人确定，尽管其尽到谨慎处理，船舶仍不能在解约日之前做好交船准备，只要出租人能明确一个船舶将做好交船准备的合理的确定的日期，则最早在船舶预计驶往交船港口或地点的前7天，出租人可以要求承租人宣布是否解除本租船合同。如果承租人选择不解除合同，或在2天内或解约日之前（以两者中较早者为准）未做出答复，则以出租人通知的预计做好交船准备之日后的第7天代替原来的解约日。如果船舶进一步延期，出租人根据本条规定有权要求承租人再次做出声明是否解约。

（2）还船时间

关于还船时间，原则上承租人应在租期届满时还船。但是，很多情况下，船舶最后航次结束之日不能与租期届满之日相吻合，因而出现延迟还船和提前还船的情况。因此，合同中通常都在租期前加上一个“约”字，这样，承租人可以在合同约定的租期届满之前或之后还船。

如果承租人在租期届满之前提前还船，如果提前还船的时间远早于合同中规定的租期届满的日期，承租人应赔偿出租人因此而遭受的损失。但是，出租人也应采取措施尽量减轻损失，例如，尽快将船舶再行出租，或以其他方式从事营运。如果承租人在租期届满之后一段时间才还船，也就是超期还船，承租人应当按照合同约定的租金率支付租金；市场的租金率高于合同约定的租金率的，承租人应当按照市场租金率支付租金。

超期还船包括合法的最后航次和非法的最后航次。合法航次是指在最后航次开始之时，承租人合理预期船舶在完成最后航次之后，在租期内或者合理的宽限幅度内将船舶归还出租人。如果承租人在发出最后航次指令时不能合理预期船舶不会超期，则为非法航次。

我国《海商法》规定，经合理计算，完成最后航次的日期约为合同约定的还船日期，但可能超过合同约定的还船日期的，承租人有权超期用船以完成该航次。超期期间，承租人应当按照合同约定的租金率支付租金；市场的租金率高于合同约定的租金率的，承租人应当按照市场租金率支付租金。

最后航次只要合法，即使延迟还船，承租人也没有违约，但是承租人应承担超期使用船的租金市场风险，出租人不能解除合同；在出现非法航次的情况下，出租人可以拒绝履行非法航次。

4. 交船和还船的通知

为了方便承租人安排船舶和货物，并做好接船准备，租船合同中一般还规定，在交船之前，船舶所有人有事先向承租人发出交船通知的义务，并在合同中写明发出交船通知的时间。但是，也有的合同没有对此做出明确规定。

NYPE93合同增加了交船通知的规定，要求“出租人应在_____天之前向承租人递交预计交付船舶的日期的通知”。

和交船时一样，在租船合同中，一般都规定还船时承租人向出租人发出还船通知的义务。如“波尔的姆”合同范本规定：“承租人至少在10天前将预定还船港及还船日期通知出租人。”NYPE93合同规定：“承租人应在____天之前向出租人发出预计还船的时间和可能的地点的通知。”

5. 交船和还船的条件

交船与还船的条件，是交、还船条款的重要内容之一，在合同中通常都有规定。

（1）交船条件

关于交船条件，我国《海商法》规定，出租人交付船舶时，应当做到谨慎处理，使船舶适航。交付的船舶应当适于约定的用途。出租人违反前款规定的，承租人有权解除合同，并有权要求赔偿因此遭受的损失。

“土产格式”合同范本对交船条件做了比较详细的规定，要求在交船时，船舶应做好接收货物的准备，货舱须打扫干净，船体紧密、坚实、牢固，并在各个方面适合于普通货物的运输。船舶应装备有压载水舱，同时具有启动所有装货设备的足够的动力。

通常认为在交船时，出租人应保证船舶处于适航状态，但也仅要求出租人在交船时使船舶适航即可，并不要求在每次开航时适航。船舶在租期内如果不符合约定的适航状态，出租人并未违约，也不负赔偿义务，但要求出租人在合理时间内采取合理的措施，保证船舶尽快恢复适航状态，而且承租人对由此造成的损失有权停租。

（2）还船条件

关于还船条件，我国《海商法》规定，承租人向出租人交还船舶时，该船舶应当具有与出租人交船时相同的良好状态，但是船舶本身的自然磨损除外。如果船舶未能保持与交船时相同的良好状态，承租人应当负责修复或者给予赔偿。

“波尔的姆”和“土产格式”合同范本都规定，除船舶本身的自然损耗外，还船时船舶应处于与交船时相同的良好状态。

6. 交船和还船时的检验

对于交、还船时的船舶状态，通常都是通过出租人和承租人会同船舶检验人员对船舶进行检验而加以确定，因此，编制详细的检验记录非常重要。交、还船时，经过船舶检验所做的检验报告，是交接船后编制交船证书和还船证书的重要依据。

7. 交还船时船上的燃油、淡水的处理

在交、还船时，都要面临船上所剩燃油和淡水的处理问题，一般情况下，合同中都约定，承租人和出租人对交船和还船时船上所剩的燃油和淡水按当时当地的市场价格购买。但是，如果燃油和淡水的剩余量过多，一方面，可能因交、还船港口的燃油价格过高而使接受船舶的一方增加支出；另一方面，也影响船舶的装货能力。反之，如果过少，可能会因一时难以补充而给接船的一方带来不便。因此，租船合同中通常都对燃油和淡水的剩余量和储备品的数量做出规定。

“波尔的姆”合同范本将燃油、淡水和储备品的数量包括在船舶载重吨中，对于交船时船上剩余的燃油数量未做规定，但对还船时剩余的燃料却要求约定最大限量和最小限量。

“土产格式”合同范本也将燃油、淡水和储备品的数量包括在船舶的载重吨中，并要求约定交、还船时船上剩余燃油的数量和价格。

（五）货物

定期租船合同中，通常并不限定装载货物的种类，而是规定在租期内，承租人使用船舶，只能从事合法贸易、装运“合法货物”，并以除外的方式列明不可装运货物的种类、名称。凡属列明除外的货物，船东或船长均有权拒装。

所谓合法，是指符合装货港、卸货港、中途挂靠港所在地法律、船旗国法律或合同所适用的其他法律。如果承租人指示船舶装运的货物不符合合同规定，船长有权予以拒绝。除合同另有规定外，承租人不得擅自装运危险货物。

我国《海商法》规定，“承租人应当保证船舶用于运输约定的合法的货物。承租人将船舶用于运输活动物或危险货物的，应当事先征得出租人的同意”。否则，“致使出租人遭受损失的，应当负赔偿责任”。

“波尔的姆”合同规定“船舶只能为合法贸易装运合法货物”，并且，还规定“不得装运牲畜、危害品、易燃品及危险品（如酸类、爆炸物、碳化钙、矽铁、挥发油、汽油、沥青及其制品）等”。

NYPE93规定，船舶应被用于运输合法货物，不包括任何危险性、伤害性、易燃性或者腐蚀性的货物，但是根据船舶登记国、装货港、卸货港或船舶必经水域的港口或国家的主管当局的要求或者指示运输的除外。在不影响上述一般原则的情况下，任何品名的牲畜、武器、弹药、爆炸物、核材料和放射性材料等应明确除外。另外，根据《1986年美国毒品法案》的规定，承租人保证尽最大谨慎防止无舱单的麻醉药和大麻被装上船舶或隐藏在船上。

（六）航行区域与安全港口

我国《海商法》第134条规定：“承租人应当保证船舶在约定航区内的安全港口或者地点之间从事约定的海上运输。承租人违反前款规定的，出租人有权解除合同，并有权要求赔偿因此遭受的损失。”

1. 航行区域（Trading Limits）

航行区域即航区，是指定期租船合同中列明的承租人可以指示船舶前往的区域。通常，航行区域是在船舶保险合同约定的航区范围之内。实践中，有的合同还特别订明承租人不能指示船舶驶往的区域，例如战区、冰区、船东互保协会保证条款范围以外的地区、ITF地区（ITF，International Transport Works Federation，国际运输工人联盟）、与船旗国处于敌对状态的国家或地区、传染病流行的地区、冬季北半球高纬度地区等。如果承租人指示船舶前往上述地区，除非事先征得出租人同意并负担相关的费用，否则船长有权拒绝前往。

2. 安全港口（Safe Port）

承租人应保证在整个租期内所挂靠的港口或泊位是安全的。港口的安全性与航次租船合同中对安全港口的要求一致。承租人不能命令所租船舶驶往一个不安全港口。如果在承租人给船长下达命令后，由于不可预料的异常事情发生，使原本安全的港口变为不安全，承租人有义务取消原来的命令，并向船长指定一新的安全港口。

（七）租金的支付与撤船

1. 租金的支付（Payment of Hire）

（1）租金的支付的时间、地点和方式

承租人应按照合同约定的租金率、币种、时间、地点和方式支付租金。按约定的方式准时、足额支付租金是承租人的主要义务。在整个租期内，承租人均需向出租人支付租金，除非发生合同中订明的可以停付租金的情况，或承租人能证明时间损失是由于出租人的违约行为而造成的。

租金通常按每天（或每月）若干金额计收。例如NYPE46中，租金是按日历月结算；NYPE93中，租金按日或按30天为一月计算，并且规定每15天预付一次。

承租人应准时、足额、预付每一期租金，即出租人或其指定的银行应在每一期租金应付之日之前或当天收到该期租金。如果租金应付日是银行休息日，则承租人应在前一银行工作日支付。除非合同另有明确约定，否则租金不得随意做任何扣减。为了保证租金的支付，以及避免出租人撤船对承租人所造成的不良后果，有的租船合同还对租金支付的时间规定了一个宽限期。

（2）垫付款

在定期租船合同中，都有关于承租人垫付款项的规定。为了支付船舶的通常开支，出租人通常要求在船长提出需要时，承租人应给予必要的正常垫款。在结算租金时，从租金内扣除已垫付款项。如“波尔的姆”合同规定，“如船长在任何港口要求借款时，承租人或其代理人应给予必要的正常垫款，计入船方账内，年息不超过6%，此项垫款应在租金内扣除”。NYPE93规定，“经出租人要求，承租人应现金垫付船舶在任何港口的日常费用，并收取2.5%的佣金，该垫款从租金中扣除。但是，承租人对该垫款的使用不负责任”。

2. 撤船（Withdrawal of Vessel）

如果承租人不按时支付租金，出租人有权依据撤船条款将船舶撤回，从而终止合同。NYPE46规定“未能按时、定期地支付租金即可撤船”；NYPE93规定“如果承租人未能按时支付租金，或存在其他根本违约的行为，出租人可以撤回船舶，并索赔损失”。可见，不管承租人是否有过失，只要没有按合同规定准时、足额支付租金，出租人均可据此撤船。

撤船系出租人单方的法律行为，无须征得承租人同意或履行其他手续，但是行使撤船权应在合同规定的或合理的时间内行使，否则便构成弃权。有的合同规定，出租人行使撤船权利，必须向承租人发出撤船通知，否则，亦构成撤船权利的放弃。我国《海商法》规定，承租人未按照合同约定支付租金的，出租人有权解除合同，并要求赔偿因此遭受的损失。

实践中，承租人为了避免出租人以未准时付租金为由随便撤船，可在合同中订入“反技巧性条款”（Anti-technicality Clause），又称“抵御市场波动条款”，其含义是：“当承租人没有准时、定期地支付租金时，出租人在撤船前应书面通知承租人在若干个银行工作日内予以弥补，只有在该期间内承租人仍未及时支付租金时，出租人才可撤船”。NYPE93规定，由于承租人或其银行的过失或疏忽未能准时支付租金时，出租人应给承租人一宽限期间。

（八）停租

1. 停租（Off-hire）的概念

停租是指在租期内，由于合同约定的原因或事项致使承租人不能按合同规定使用船舶时，承租人可以在停止使用船舶期间，中断继续支付租金的行为。

2. 常见的停租事项或原因

停租不以船东或其雇员的过失或疏忽为前提条件，即只要出现了合同中约定的停租事件，则无论出租人及其雇员有无过错，船舶均应停租。除非约定原因的出现应归责于承租人。

关于可以停租的事项，一定要在合同中订明。通常认为，只要不是承租人的责任所造成的妨碍对船舶的使用，都可以构成停租条件。但是，如果因为气象恶劣，为避免事故的发生而需要在避难港避难、停航或绕航等情况，应由承租人承担，不能作为停租的条件。

常见的停租事项或原因包括：船员或物料不足；船体、机器或设备的故障或损坏；海损事故或船舶缺少有效证书等引起的延误；船舶定期修理及入干坞检查、清理、油漆船底；清洗锅炉超过48 h；船员罢工；非由于承租人的原因造成的船舶被扣押；合同中规定的其他原因。

《海商法》没有规定具体的停租原因，第一百三十三条第2款规定，船舶不符合约定的适航状态或者其他状态而不能正常营运连续满24 h的，对因此而损失的营运时间，承租人不付租金，但是上述状态是由承租人造成的除外。

3. 何时恢复支付租金

当停租事由发生后，承租人根据合同约定可以停止支付租金，对于应该从何时开始恢复支付租金，目前存在两种不同观点，即“净时间损失原则”和“整段时间损失原则”。

（1）净时间损失原则

净时间损失原则是指仅对因此造成的净时间损失期间停租，如果船舶设备等已恢复正常工作状态，已经没有时间损失的话，则不能继续停止支付租金，租金应立即恢复支付。

（2）整段时间损失原则

整段时间损失原则是指从停租事由发生后起，到船舶恢复充分有效的营运状态为止的整段时间，承租人都可停付租金。

例如，某船第三货舱的吊杆在卸货港发生损坏而且不能很快修复，该舱只能靠雇佣浮吊卸货，卸货共使用3天，正常用船吊卸货只需要2天，因此延迟1天，即承租人的净时间损失只有1天，则承租人可停租1天。整段时间损失原则，是指从停租事由发生后起，到船舶恢复充分有效的营运状态为止的整段时间，承租人都可停付租金。因此前述的情况下，承租人从开始卸货时起至卸货完毕时止的整段3天时间，均可停租。可见，净时间损失条款对出租人有利。

如果在租期中船舶灭失，则表明租船合同自船舶灭失之日起已被解除，则从此时起也应停付租金。船舶在停租期间使用的燃油应当由出租人负担，通常从下期租金中扣除。

（九）费用分担

出租人承担船舶的固定成本，如支付船长和船员的工资、提供伙食和给养、备品及物料的费用、船舶保险费、折旧费、修理费和船舶日常开支等。

承租人承担船舶的营运成本，如提供船舶燃料、垫舱物料和防移板（船上已有的除外）并支付费用，安排货物装卸，支付货物装卸费及其他港口使费、代理费、税金等费用。但应注意的是，在定期租船的情况下，船舶的燃料费用由承租人负担，但船舶润滑油的费用是由出租人承担的，船舶淡水的费用应根据双方所签订的合同确定由谁承担。

（十）出租人的责任与免责

在定期租船条件下，货物的装载、积载、卸货均由承租人负责。但合同中通常又规定，上述工作须“在船长监督之下”进行，甚至有的合同还在“监督”一词后附加“及负责”的字样，意味着出租人对于货物的装载、积载及卸货需要负责。

除以上责任外，保证船舶适航是船舶出租人的另一主要义务。定期租船合同中的适航概念和前面在提单中以及航次租船合同中介绍的适航概念相同，但出租人保证船舶适航的时间与班轮乃至航次租船的适航时间不同，它并不要求船舶在整个租期内都保持适航，也不要求在租期内每一航次开航前保证船舶适航，而只要出租人保证在交船时船舶处于适航状态即可。但是，当发生海事而影响船舶的适航性能时，出租人应采取合理措施，在合理的时间内恢复船舶的适航状态。

关于出租人的免责事项，尽管各种不同的定期租船合同范本中都有规定，但大多都是维护出租人利益的。在实践中，承租人往往要求将上述规定删除，并另订首要条款，规定船舶出租人的一切责任、权利和豁免，适用于《海牙规则》或相应的国内立法中有关承运人责任、权利和豁免规定。

（十一）承租人指示

在定期租船条件下，船舶在营运方面应接受承租人的指示，例如指定货载、装卸港、航线等。对承租人发出的符合合同规定的有关船舶营运方面的指示，船长及船员应予以执行，并在各种习惯上应进行的工作方面给予承租人协助。对于承租人违反合同规定发出的指示，或带有欺诈或其他违法性质的指示，船长有权拒绝执行。在任何情况下，承租人都应对船长服从其有关船舶营运方面的指示的后果负责。由于船长服从其指示，造成船舶损害，或者使出租人因此遭受的任何损失，包括对第三者承担的赔偿责任，应由承租人负责赔偿。

承租人根据正当理由，可以向出租人提出关于对船长或船员的意见，甚至要求更换。

（十二）装卸造成船舶的损失

1. 装卸损失条款

在定期租船期间，很多船体损坏是由装卸工人造成的，为保护承租人的利益，承租人希望在合同中包括一条“装卸损失条款”。该条款的主要内容如下：

（1）船方必须提供装卸公司承认对船舶受损负责的证明；

（2）损坏事件发生后的24 h或12 h之内必须通知承租人；

（3）必须立即与船级社联合对船舶损坏部分进行检验以求得实际损失程度。

2. NYPE93关于装卸损坏条款的规定

（1）尽管有与此相反的规定，只要船长在发现任何损坏后但不超过48 h书面通知承租人和/或其代理人，则承租人应赔偿装卸工人对船舶造成的任何和全部损坏。该通知应详细说明船舶损坏情况，并要求承租人指派一名验船师以确定该损坏的程度。

（2）如果任何和全部损坏影响到船舶的适航和/或船员的安全和/或影响船舶的营运能力，承租人应自负费用对该损坏立即安排修理，并且，到该修理结束时和如经要求，通过船级检验时为止，应照付船舶租金。

（3）对上述第（2）款未提及的任何和全部损坏，根据承租人的选择，在还船之前或还船之后同出租人要做的修理一起进行。在此情况下，不应向出租人支付租金和/或费用。除非承租人负责修理所需的时间和/或费用超过半数完成出租人修理所需的必要时间和/或费用，并仅以此超过时间为限。

（十三）其他条款

定期租船合同一般还订有转租条款、双方互有过失碰撞条款、共同海损条款、新杰森条款、战争条款、罢工条款、冰冻条款、仲裁条款、佣金条款等。

第十四章

海上旅客运输与海上拖航

本章学习目标

《海船船员培训大纲（2021版）》

3.8 海上运输业务

.3 掌握海上旅客运输、海上拖航

海上旅客运输通过客船或客货船得以实现，是海上运输的一个重要组成部分。近年来，作为一种新的旅游方式，世界各国邮轮旅游经济发展迅猛，传统的海上旅客运输业出现了向海上旅游业转变的趋势。作为海上旅客运输合同中的承运人和旅客均应承担相应的义务，并享受法律和合同赋予的权利。随着海运业的发展，海上石油钻井平台与无动力驳船对海上拖航的需求越来越大。

船长应熟悉并掌握海上旅客运输中承运人的责任、拖航合同中承拖方和被拖方的权利、义务及责任归属等。本章内容仅适用于海船3 000总吨及以上船长和500~3 000总吨船长。

第一节 海上旅客运输

一、海上旅客运输合同概述

（一）海上旅客运输合同的概念

海上旅客运输合同是指承运人以适合运送旅客的船舶经海路将旅客及其行李从一港运送至另一港，由旅客支付票款的合同。

（二）海上旅客运输合同的分类

1. 国内沿海旅客运输合同

国内沿海旅客运输合同是指起运港和目的港均在一国国内的海上旅客运输合同。

2. 国际海上旅客运输合同

国际海上旅客运输合同是指起运港和目的港处在不同国家，或起运港和目的港处在同一个国家，但是中途港位于另一国家的海上旅客运输合同。我国《海商法》第五章海上旅客运输合同适用于上述两种旅客运输。

我国《海商法》在内容上主要参照了《1974年雅典公约》及其1976年议定书的规定。但是，我国《海商法》规定，中华人民共和国港口之间的海上旅客运输，承运人的赔偿责任限额由国务院交通主管部门制定，报国务院批准后施行。

（三）海上旅客运输合同的当事人及其运送标的

承运人和旅客是合同的当事人，旅客及其行李的海上运输是合同的标的。我国《海商法》第一百零八条做了相关规定：承运人，是指本人或者委托他人以本人名义与旅客订立海上旅客运输合同的人；实际承运人，是指接受承运人委托，从事旅客运送或者部分运送的人，包括接受转委托从事此项运送的其他人；旅客，是指根据海上旅客运输合同运送的人。经承运人同意，根据海上货物运输合同，随船护送货物的人，视为旅客；行李，是指根据海上旅客运输合同由承运人载运的任何物品和车辆，但是活动物除外；自带行李，是指旅客自行携带、保管或者放置在客舱中的行李。

(四) 海上旅客运输合同的订立

我国《海商法》第一百一十条规定，旅客客票是海上旅客运输合同成立的凭证。承运人向旅客出售客票后，合同即告成立。客票上一般载明船名、航次、日期、起运港、目的港、客舱等级、票价等。国际海上旅客运输的客票通常还载明承运人的名称和地址、旅客的姓名与住址、船舶抵达目的港的日期、海上客运条件或旅客须知，以及合同适用的法律等事项。

二、海上旅客运输合同的特点

(一) 客票仅仅作为海上旅客运输合同的证明

海上旅客运输合同是一种非要式合同，它的订立不一定要以书面形式完成。客票是海上旅客运输合同成立的证明，合同当事人均可提出反证，证明当事人双方另有约定，这种不同于或补充客票条款的约定是有效的。

(二) 实行承运人完全过错责任原则和一定范围内的法律推定过错

各国法律和国际公约对承运人在海上旅客运输合同中赔偿责任的归责原则，普遍采取的是过错责任原则，并在一定范围内实行法律推定过错原则。不存在过失免责事项，如果承运人有过失并造成旅客的伤害或损失，应承担赔偿责任。

(三) 承运人的适航义务贯穿整个航程

海上旅客运输的承运人保证船舶适航的义务不仅限于开航之前和开航当时，而且贯穿开航之后的整个航次期间。在船舶不适航的情况下，承运人应对由此而造成的后果承担责任，不管其在开航前和开航当时是否已尽到谨慎处理的义务。此外，在旅客人身伤亡、行李丢失或损坏等情况下，法律还规定了“举证责任倒置”的原则，即推定承运人有过失，承运人要想免责，必须证明自己没有过失。

(四) 法律对海上旅客运输有更多的约束

各国海商法对海上旅客运输合同的某些规定属于强制性规范，不允许当事人以合同形式加以变更，改变其法定义务。《1974年雅典公约》及《海商法》均规定，海上旅客运输合同中含有下列内容之一的条款无效：限制旅客提出赔偿请求的权利；免除承运人对旅客应当承担的法定责任；降低规定的承运人责任限额；对规定的举证责任做出相反的约定。

三、海上旅客运输合同当事人的主要义务和权利

（一）承运人的主要义务

海上旅客运输承运人的义务，不仅根据合同约定的内容，而且还应根据有关法律的强制性规范进行履行。承运人不得以合同条款的方式排除法律的强制性规范。

《海商法》第一百二十二条规定，承运人还可以在合同中增加自己的义务或减少自己的权利。如果承运人承担了法律所未规定的义务或放弃法律所赋予的权利，须经实际承运人书面同意，才能对实际承运人发生效力。当然，实际承运人是否同意，并不影响此种协议对承运人的效力。

1. 提供适航船舶并保持适航状态

承运人应在船舶开航之前和开航当时提供适航船舶，并在整个运送期间保持船舶的适航状态，包括适当地配备船员、装备船舶和配备供应品。这与货运承运人的谨慎处理使船舶适航的义务相比，法律对客运承运人的要求更高。这种适航保证是一种严格的责任，承运人必须保证船舶在事实上适合航行，并具备法律要求的各类证书。在海上旅客运输情况下，承运人对船长、船员等驾驶船舶和管理船舶的过失造成旅客及其行李的损害，不能免责。

2. 提供相应舱位

承运人在旅客登船后，必须提供与其持有的客票等级相符合的舱室与铺位，以便乘客搭乘。舱室内的设备，应符合与客票等级相应的规定。

3. 供应膳食

如果在票款中已经包括膳食费，则承运人在船舶航行过程中应向旅客提供相应的伙食。如果航程较长，但在票款中又未包含膳食费用，承运人也应提供饮食方面的服务。

4. 运送旅客行李

承运人应免费为旅客运送一定数量的行李，并对旅客的非自带行李负有妥善保管的义务。

5. 使船舶合理速遣并安全运送旅客至目的港

承运人应当在约定期间或者合理期间内，按照约定航线或者通常航线将旅客安全运送到目的港。船舶在航行过程中，不应有不合理的延误。并且，除为救助或企图救助海上人命或财产，或者其他合理情况外，承运人或船长不得变更航线或无故在中途停留；否则，承运人应对旅客因此遭受的伤害或损失负赔偿责任。所谓其他合理情况，包括：为保证船舶和旅客安全而避台风或其他海上风险；政府或有关当局命令船舶变更航线；旅客在船上

患重病必须立即上岸治疗等情况。

6. 对旅客的人身伤亡或行李的灭失或损坏负赔偿责任

关于承运人对发生在运输期间的旅客人身伤亡，或行李的灭失或损坏的赔偿责任，各国法律及国际公约普遍实行完全过错责任原则，并在一定范围内实行推定过错。

我国《海商法》与《1974年雅典公约》有关“承运人对旅客的人身伤亡，或行李的灭失或损坏的赔偿责任”的规定相同，即在法定的旅客及其行李的运送期间，因承运人或者承运人的受雇人、代理人在受雇或者受委托的范围内的过失引起事故，造成旅客人身伤亡或者行李灭失、损坏的，承运人应当负赔偿责任。可见，承运人基本上承担的是过错责任。在过错责任原则的适用过程中，“请求人对承运人或者承运人的受雇人、代理人的过失，应当负举证责任”。

《海商法》与《1974年雅典公约》仍规定了一定情况下的法律推定过错原则，实行“举证责任倒置”原则，即请求人不负举证责任，而由承运人或者其受雇人、代理人举证证明自己无过失，以达到免除责任的目的。包括以下两种情况：

（1）旅客的人身伤亡或者自带行李的灭失、损坏，是由于船舶的沉没、碰撞、搁浅、爆炸、火灾所引起或者是由于船舶的缺陷所引起的，应当视承运人或者承运人的受雇人、代理人有过错，除非承运人或者承运人的受雇人、代理人提出反证证明其无过失。

（2）旅客自带行李以外的其他行李灭失或者损坏，不论由于何种事故所引起，均应当视承运人或者承运人的受雇人、代理人有过错，除非承运人或者承运人的受雇人、代理人提出反证证明其无过失。

《海商法》与《1974年雅典公约》均规定，经承运人证明，旅客的人身伤亡或者行李的灭失、损坏，是由于旅客本人的过失或者旅客和承运人的共同过失造成的，可以免除或者相应减轻承运人的赔偿责任。旅客的人身伤亡或者行李的灭失、损坏是由于旅客本人的故意造成的，或者旅客的人身伤亡是由于旅客本人的健康状况造成的，承运人不负赔偿责任。

（二）承运人的主要权利

1. 运费请求权

作为运送旅客及其行李的对价，承运人有权按合同约定的票款收取运费。我国《海商法》规定，当旅客无票乘船、越级乘船或者超程乘船时，承运人有权要求旅客补足票款，并可按规定加收票款；如旅客拒不交付的，船长有权在适当地点令其离船，承运人有权向其追偿。

2. 行李留置权

如旅客未支付或未付足票款、行李费、承运人为旅客垫付的款项或其他应付的费用，承运人有权对旅客交运的行李行使留置权。

3. 船舶开航权

旅客在起运港或船舶中途挂靠港，不在约定的时间内登船时，船长有权将船舶按时开航或续航，并且承运人不退还票款。

4. 赔偿责任限制的权利

承运人对旅客的人身伤亡或行李的灭失或损坏所负的赔偿责任，可依法援引承运人责任限制的有关规定。当旅客的人身伤亡或者行李的灭失、损坏是由于承运人的故意或者明知可能造成损害而轻率地作为或者不作为造成时，承运人丧失享受责任限制的权利。

根据《海商法》第117条的规定，承运人在每次海上旅客运输中的赔偿责任限额如下：

（1）旅客人身伤亡的，每位旅客不超过46 666SDR；

（2）旅客自带行李灭失或者损坏的，每位旅客不超过833SDR；

（3）旅客车辆包括该车辆所载行李灭失或者损坏的，每一车辆不超过3 333SDR；

（4）上述第（2）和（3）项以外的旅客其他行李灭失或者损坏的，每位旅客不超过1 200SDR。

承运人和旅客可以约定，承运人对旅客车辆和旅客车辆以外的其他行李损失的免赔额。但是，对每一车辆损失的免赔额不得超过117SDR，对每位旅客的车辆以外的其他行李损失的免赔额不得超过13SDR。在计算每一车辆或者每位旅客的车辆以外的其他行李的损失赔偿数额时，应当扣除约定的承运人免赔额。

经证明，旅客的人身伤亡或者行李灭失、损坏，是由于承运人的故意或者明知可能造成损害而轻率地作为或者不作为造成的，承运人不得援用赔偿责任限额的规定。

另外，《海商法》第一百一十六条对一些特殊物品的损坏做出了特别规定：

（1）承运人对旅客的货币、金银、珠宝、有价证券或者其他贵重物品所发生的灭失、损坏，不负赔偿责任。

（2）旅客与承运人约定将前款规定的物品交由承运人保管的，承运人应当依照《海商法》第一百一十七条的规定负赔偿责任；双方以书面约定的赔偿限额高于该规定的，承运人应当按照约定的数额负赔偿责任。

我国《海商法》海上旅客运输合同中承运人赔偿责任限制权利的规定与《1976年雅典公约议定书》的内容完全相同。

5. 对违禁品、危险品的处置权

承运人可以在任何时间、任何地点将旅客违反前款规定随身携带或者在行李中夹带的违禁品、危险品卸下、销毁或者使之不能为害，或者送交有关部门，而不负赔偿责任。

（三）旅客的主要权利和义务

1. 旅客的主要权利

旅客的主要权利就是承运人的主要义务。即旅客在支付票款后，有权要求承运人将其安全运送到目的港；免费携带一定数量的行李；对遭受的伤害或其行李的灭失或损坏，向承运人索赔等。

2. 旅客的主要义务

在船期间，旅客应遵守客运规章，服从船长的指挥与管理；旅客不得随身携带或者在行李中夹带违禁品或者易燃、易爆、有毒、有腐蚀性、有放射性以及有可能危及船上人身和财产安全的其他危险品。

四、雅典公约

《1974年雅典公约》的全称是《1974年海上旅客及其行李运输雅典公约》（Athen' s Convention Relating to the Carriage Passenger and Their Luggages by Sea,1974），是原政府间海事协商组织（IMO的前身）于1974年12月在雅典召开的海上旅客及其行李运输国际法律会议上通过的。该公约已于1987年4月28日生效，后经《1976年议定书》修改。我国于1994年3月5日批准加入了《1974年雅典公约》及其《1976年议定书》。

2002年10月21日至11月1日IMO举行第13次外交大会，会议的任务是讨论、通过并签署对《1974年海上旅客及其行李运输雅典公约》进行重大修改的新的议定书，该议定书的名称为《1974年海上旅客及其行李运输雅典公约的2002年议定书》，经该议定书修正的公约文本被定名为《2002年海上旅客及其行李运输雅典公约》（以下简称《2002年雅典公约》），该议定书已于2014年4月23日正式生效。截止到2021年9月29日，共有31个缔约国。

（一）《1974年雅典公约》及其《1976年议定书》

1. 公约的适用范围

该公约适用于国际海上旅客运输，即合同约定的起运港或目的港位于不同的国家，或者，中途港位于不同的国家。其条件是：船舶悬挂某一缔约国国旗或在该国登记，或运输合同在某一缔约国订立，或按照运输合同，起运地或到达地位于本公约某一缔约国内。

2. 承运人的责任期间

对旅客及其自带行李而言，承运人的责任期间是指旅客及/或其自带行李在船舶上的期间，或从登船开始至离船为止的整个期间。如果客票票价含接送费用的，运送期间并包括承运人经水路将旅客从岸上接到船上和从船上送到岸上的时间，但是不包括旅客在港站内、码头上或者在港口其他设施内的时间。

对旅客自带行李以外的其他行李，运送期间自旅客将行李交付承运人或者承运人的受雇人、代理人时起至承运人或者承运人的受雇人、代理人交还旅客时止。

3. 承运人的责任原则

在运输期间因承运人或其受雇人、代理人的过错行为或不行为引起的事故，造成旅客人身伤亡和行李灭失损坏的，承运人应承担赔偿责任。公约对承运人的赔偿责任，实行了一定范围内的法律推定过错责任原则。

公约采用了推定过错责任制，即如果旅客的伤亡或自带行李的灭失或损坏是由于船舶失事、碰撞、搁浅、爆炸或火灾或由于船舶缺陷引起的，则应推定承运人或其雇佣人或代理人有过失或疏忽。《海商法》第117条正是借鉴了其做法。

4. 承运人的赔偿责任限额

承运人对每次运输中每位旅客的伤亡所承担的赔偿责任不超过70万金法郎；承运人对每次运输中旅客自带行李的灭失、损坏的赔偿责任，每位旅客不超过12 500金法郎；承运人对每次运输中车辆的灭失、损坏的赔偿责任，每辆车不超过50 000金法郎；承运人对每次运输中其他行李的灭失、损坏的赔偿责任，每位旅客不超过18 000金法郎；承运人可与旅客商定免赔款，但该商定的免赔款对每辆车不超过1 750金法郎，对其他行李，每位旅客不超过200金法郎。

各缔约国可以在其国内法中规定更高的责任限额。《1976年议定书》的基本内容是将《1974年雅典公约》使用的货币单位“金法郎”改为“特别提款权”。根据1SDR相当于15金法郎的兑换率，以上限额依次改为：46 667SDR；833SDR；3 333SDR；1 200SDR；117SDR和13SDR。

5. 承运人的免责

经承运人证明旅客人身伤亡或其行李的灭失、损坏是因旅客的过失或疏忽造成的，接受诉讼的法院可依据法院地的法律规定免除承运人的全部或部分责任。此外，承运人对于货币、可流通证券、黄金、银器、珠宝、装饰品、艺术品或其他贵重物品的灭失、损坏不负责任。但是，双方同意将该贵重物品交由承运人保管的除外。

6. 索赔通知与诉讼时效

旅客对其自带行李发生的明显损坏，应在离船前或离船时向承运人或其代理人提交书面通知；对所有其他行李，应在行李交还前或交还时，提交此种通知。

在行李损坏不明显或行李灭失的情况下，此种通知应在旅客离船之日或交还之日或应当交还之日起15天之内提交。如果旅客未按上述要求提交通知，除非提出反证，否则应推定他已收到完整无损的行李。如果在旅客提取行李时，双方已对行李状况进行联合检验或检查，则无须提交书面通知。

旅客的死亡或人身伤害或行李灭失或损坏赔偿的诉讼时效期间为2年。就旅客对人身伤害而言，自旅客离船之日起算；对运输中发生的旅客死亡，自该旅客应离船之日起算；对运输中发生的导致旅客在离船后死亡的人身伤害，自死亡之日起算，但此期间不得超过自离船之日起3年；就旅客行李灭失或损坏而言，上述时效期间自行李离船或本应离船之日起算，以迟者为准。

有关时效期间的中止和中断的事由应受理案件的法院地法律的制约。在诉因产生后，经承运人声明或经当事各方协议，时效期间可以延长。该声明或协议应以书面形式做出。

7. 管辖权

对于旅客人身伤亡或者行李灭失或损坏赔偿的诉讼，公约规定，原告有权选择下列位于缔约国的法院之一提起诉讼：被告永久居住地或主营业所所在国法院；运输合同规定的起运地或到达地所在国法院；原告住所地或永久居住地所在国法院，但被告须在该国有营业所并受其管辖。

此外，在造成损失的事故发生后，当事各方可商定该损害赔偿案件诉讼的法院，或将案件提交仲裁。

（二）《2002年雅典公约》的主要内容

《2002年雅典公约》改变了《1974年雅典公约》所采取的过错责任制度，借鉴了航空公约中使用的双重责任制度；引入承运人赔偿责任强制保险制度；针对航运事故和非航运事故采取了不同的责任原则；提高赔偿限额等。

1. 承运人的责任基础及责任限额

《2002年雅典公约》将海上事故分为航运事故和非航运事故，实行双层责任制。航运事故是指船舶触礁、沉没、碰撞、搁浅、爆炸或火灾等事件。非航运事故是指除了航运事故之外的一般事故，如从楼梯上摔下、碰伤等。

（1）严格责任

因航运事故造成的旅客人身伤亡引起的损失，承运人就该旅客在每一次事故中的赔偿责任在25万SDR的限额内，实行严格责任，即除非承运人证明该事故是由于战争、暴动或不可抗拒的自然现象引起的，或完全由第三方故意作为或不作为造成的，承运人应承担赔偿责任。

（2）过错责任

①承运人对因航运事故造成的旅客人身伤亡引起的损失超过25万SDR的责任，实行过错责任制，即承运人对旅客人身伤亡承担了25万SDR的赔偿后，对旅客未获赔偿的部分，承运人在有过错时才承担责任，并且对每位旅客的最高赔偿不超过40万SDR。如果承运人证明其本人或其在受雇或者受委托范围内行事的受雇人或代理人，对于事故的发生没有过错，则不承担赔偿责任。

②非航运事故所导致的旅客人身伤亡引起的损失，承运人承担过错责任，索赔方负责举证证明承运人有过错。

③就自带行李灭失或损害引起的损失，同样实行过错责任制。如果造成该损失的事故是由于承运人的过失或疏忽所致，承运人应当承担赔偿责任。如果该损失由航运事故所造成，则推定承运人有过失或疏忽。

④对自带行李以外的行李灭失或损害引起的损失，适用于过错责任制，承运人应承担赔偿责任，除非承运人证明对于造成该损失的事故的发生承运人没有过失或疏忽。

2. 举证责任

（1）由于航运事故造成旅客伤亡、旅客自带行李灭失或者损坏引起的损失的免责，由承运人负举证责任；

（2）由于非航运事故造成旅客伤亡、旅客自带行李灭失或者损坏引起的损失，由旅客负举证责任；

（3）由于旅客自带行李以外的行李的灭失或者损坏引起的损失的免责，由承运人负举证责任。

3. 强制保险制度

公约要求在某一缔约国登记的并且载客12人以上的船舶，承运人必须以每位旅客每一事故为25万SDR为最低限额，投保责任保险或取得其他财务保证。

在强制保险和提供了其他财务保证下，公约规定旅客就人身伤害或行李损失，对属于保险或者其他财务保证责任的任何赔偿请求，旅客均可以直接向保险人、财务保证人提起。在直接诉讼的情况下，承运人的责任限额也适用于保险人或其他财务保证人。保险人或财务保证人不承担承运人故意违法行为引起的损失。

第二节 海上拖航

一、海上拖航合同概述

（一）海上拖航合同（Contract of Towage）的概念

海上拖航合同又称海上拖带合同，是指承拖方用拖船将被拖物经海路从一地拖至另一地，而由被拖方支付拖航费的合同。

承拖方是合同的一方当事人，用其自己拥有的或租用的船舶，为他人提供海上拖航船服务而收取拖航费。承拖方有的是专业性海上拖航企业，也有的是打捞、救助企业，兼营海上拖航服务。

被拖方是合同的另一方当事人，是被拖物的所有人或其他利害关系人。被拖物体包括驳船或其他无动力的船舶、钻井平台、浮码头、浮船坞等海上漂浮装置，以及失去动力的船舶等。

（二）海上拖航合同的种类

1. 按拖航水域划分

（1）沿海拖航合同

沿海拖航合同指起拖地和目的地均位于一国境内的海上拖航合同。很多国家法律规定，沿海拖航只能由其本国的拖船经营。根据我国《海商法》，我国港口之间的海上拖航，由悬挂我国国旗的船舶经营，但是，法律、行政法规另有规定的除外。非经国务院交通主管部门批准，外国籍船舶不得经营我国港口之间的拖航。

（2）国际海上拖航合同

国际海上拖航合同指起拖地与目的地位于不同国家的海上拖航合同。

我国《海商法》第七章关于海上拖航合同的规定，不适用于在港区内对船舶提供的拖带服务。

2. 按拖航费的计收方式划分

（1）日租型海上拖航合同

日租型海上拖航合同是指在拖船租期内，拖航费按约定的拖船日租金率计收的海上拖航合同。

（2）承包型海上拖航合同

承包型海上拖航合同是指拖航费不按拖船每天的租金率计收，而按双方约定的一笔金额计收的海上拖航合同，有的承包型海上拖航合同中也规定拖船日租金率，作为当被拖方在起拖地延误起拖和在目的地延误解拖，以及因拖航过程中的延误而向承拖方支付损失赔偿金的计算标准。

二、海上拖航合同当事人主要义务和权利

（一）承拖方的主要义务

1. 提供拖船并使之适航、适拖

承拖方应当提供合同约定的拖船，除非合同中规定承拖方具有替换拖船的权利。承拖方在起拖之前和起拖当时，应当谨慎处理，使拖船处于适航、适拖状态，妥善配备船员，配备拖航索具和供应品以及必备的其他装置、设备。所谓的适航、适拖，要求：

（1）拖船本身必须处于适航状态，包括船体结构强度和船舶附属拖带设备两方面的要求。

（2）拖船必须配备足额船员，船员必须持有与其职称相符的有效证书，并具有海上拖航的经验和资历。

（3）拖船的拖曳设备必须适航。要求拖船必须根据被拖物的特征，装备能够安全拖带被拖物的拖曳设备，如拖缆机、拖钩、拖桩、主拖缆、副拖缆等。

承拖方如果不能在约定的时间和地点使拖船做好适航、适拖准备，被拖方有权根据合同约定解除合同。

2. 负责拖航作业的指挥

除拖船协助大船靠离码头或其他操纵外，拖航作业一般由承拖方指挥。承拖方应负责拖船与被拖物之间的接拖与解拖，以及拖带航行的安全。如果在拖航过程中，拖船与被拖物相脱离，拖船应守护被拖物，并尽力重新接拖，救援被拖物，并且不得请求救助报酬，除非拖船的服务超出了合同规定的范围。

3. 合理速遣，不进行不合理绕航

承拖方应尽快完成拖航作业，不应当产生不合理的延误。除为救助或企图救助海上人命或财产，以及为了拖航的安全而避台风等合理情况外，应按约定的或通常习惯的或地理上的航线，将被拖物安全地从起拖地拖至目的地。

（二）承拖方的主要权利

1. 拖航费请求权

海上拖航合同是有偿合同。承拖方按约定拖航服务后，有权按合同收取拖航费作为报酬。

2. 留置权

我国《海商法》规定，被拖方未按照约定支付拖航费和其他合理费用的，承拖方对被拖物有留置权。即当被拖方不按约定向承拖方支付其应付的拖航费、滞期费、承拖方为被拖方垫付的款项时，承拖方可对处于其占有之下的被拖物实行留置。

（三）被拖方的主要义务

1. 提交被拖物并使之适拖

被拖方应在约定的时间和地点，使被拖物做好拖航准备。在起拖前和起拖当时，被拖方应谨慎处理，使被拖物处于适拖状态，符合法定机构、保险人的验船师和拖船船长要求的适拖条件，包括保证有关的拖航设备处于正常状态；向承拖方如实说明被拖物的情况；向承拖方提交由有关检验机构签发的被拖物适合拖航的证书和有关文件。在被拖物上应配备船员或传缆手时，被拖方应保证配备适当的人员，并配备充分的供应品。

2. 服从拖船船长的指挥

当合同规定拖带作业由承拖方指挥时，在拖航过程中，被拖物上如有被拖方的押运人员，或其他人员，则应采取积极合理的措施配合拖船的航行，并服从拖船船长的指挥。违反此项义务造成的任何损失，被拖方应自行承担。

3. 保证港口的安全

被拖方应保证起拖港（或其他地点）、目的港（或其他地点）和合同约定挂靠的中途港为安全港口。有的合同进一步规定，被拖方应保证在上述港口或地点，拖船和被拖物在任何潮汐情况下，均能安全浮泊。当合同约定的目的港为不安全港口时，承拖方可以在附近安全地点交付被拖物，即视为已履行合同。

4. 及时接受被拖物

被拖方在目的地接到承拖方发出的准备交付被拖物的通知后，应及时接受被拖物，否则被拖方应按合同规定的费率向承托方支付滞期费或其他额外赔偿费用，除非被拖方未能及时接受被拖物系天气原因或其他被拖方依合同可以免责的原因所致。

5. 支付拖航费及其他费用

被拖方应按合同规定的费率或金额，支付的时间、地点和方式，支付拖航费。被拖物的一切港口费用、引航费、代理费、税款、运河通行费、保险费以及与被拖物有关的其他费用，包括必要时的辅助拖船服务费等，均按合同规定由被拖方支付。

三、海上拖航损害赔偿的责任归属

（一）海上拖航合同责任期间

海上拖航合同的责任期间是指从起拖时开始，至拖航结束时的这一段时间。只有在责任期间内发生的责任事故及损害赔偿，有关当事人才需依据拖航合同承担责任。

起拖时间一般是指拖缆已由拖船传递给被拖船之时，或者拖船已到达应被拖船要求即可开始提供拖航服务的位置之时，以先发生者为准。拖航结束的时间一般是被拖船要求解下拖缆的命令已被执行时，或者拖船已最终脱离被拖船时为止，以后发生者为准。

（二）承拖方与被拖方之间的损害赔偿责任

在海上拖航过程中，对于承拖方和被拖方所遭受的损害，以及对第三者遭受的损害，应当依照合同的规定和制约合同的法律，确定承拖方与被拖方相互间的赔偿责任。如果海上拖航合同未对合同责任制度做出不同约定，拖航合同责任一般适用指挥原则和过错原则。在拖带双方之间，指挥原则和过错原则体现在：如果发生拖航事故，指挥拖航一方负推定过失责任，被指挥方负过失责任。具体表现为：

（1）在海上拖航过程中，负责拖航指挥的一方，除非证明其无过失，否则对另一方（被指挥方）的损失应当承担赔偿责任；

（2）对于被指挥方的过失造成损失的，负责指挥拖航的一方可以向被指挥方提出索赔，但是应当负举证责任，证明指挥方的损失为被指挥方的过失所致；

（3）双方互有过失时，按照过失程度比例承担赔偿责任，但负责航行指挥的一方仍应证明被指挥方存在过失。

这种法律规定往往不具有强制性，允许合同双方自由约定。因而，海上拖航合同中通常订有承拖方免责规定，例如对拖船船长、船员、引航员或其他受雇人员在驾驶拖船和管理拖船中的过失行为，造成被拖方的损失，承拖方可以免责。由于各国法律中有关承拖方责任的规定通常是任意性的，因而上述免责规定通常有效。

根据我国《海商法》规定，承拖方与被拖方之间的损害赔偿责任，原则上实行过失原则，即损失由一方过失造成时，有过失的一方应负赔偿责任；损失由双方过失造成时，双方按各自过失程度比例负赔偿责任。但是，如果承拖方证明，被拖方的损失由下列原因之一造成，承拖方可以免责：拖船船长、船员、引航员或者承拖方的其他受雇人、代理人在驾驶拖船或者管理拖船中的过失；拖船在海上救助或者企图救助人命或者财产时的过失。但是，上述规定不是强制性的，仅在海上拖航合同没有约定或者没有不同约定时适用。

（三）拖航双方对第三方的责任

如果在海上拖航过程中造成第三方的损害，不论拖航采取何种方式，即不论是吊拖、傍拖还是顶推，拖船与被拖物或连成一体，或相互牵连，第三方很难确定损害的发生是属于拖船的责任还是被拖物的责任。

我国《海商法》规定，在海上拖航过程中，由于承拖方或者被拖方的过失，造成第三方人身伤亡或者财产损失的，承拖方和被拖方对第三方负连带赔偿责任。除合同另有约定外，一方连带支付的赔偿超过其应当承担的比例的，对另一方有追偿权。

在确定与第三方间损害赔偿责任时，将承拖方和被拖方作为当事一方，第三方作为另一方，按各自的过失程度比例承担责任。

四、海上拖航合同的性质

海上拖航合同是一种特殊的海上服务合同，它不同于海上货物运输合同及海上救助合同。

（一）海上拖航合同与海上货物运输合同的区别

海上拖航合同与海上货物运输合同的区别在于：后者的标的是运送装于船上的货物，而前者的标的是拖带与拖船的船用索具或其他特定装置连接的被拖物；在海上货物运输情况下，承运人除提供运力外，还负责货物的装载、搬移、积载、运输、照料、保管与卸载，而在海上拖航情况下，承拖方通常只负责提供运力，不负有管理被拖物及其上所载财产的义务。但是，海上拖航合同与海上货物运输合同又有一定的联系。如果拖船所有人拖带其自己拥有或经营的驳船，并在驳船上载运他人货物，则拖船所有人与驳船上所载货物的所有人之间，是一种运输合同关系，此种合同称为拖驳运输合同。当拖船与被拖的驳船属不同的人所有，或由不同的人所经营时，拖船所有人或经营人与驳船所有人或经营人之间属于拖航合同关系，而驳船所有人或经营人与驳船所载货物的所有人之间属于运输合同关系。

（二）海上拖航合同与海上雇佣救助合同的异同

海上拖航合同和海上雇佣救助合同既有相同之处，又有不同之处。

1. 拖航和救助的相同之处

两者都具有海上服务性质，海上雇佣救助表现的形式常常也是海上拖航，并且两者通常都按使用拖船的时间计算报酬。

2. 拖航和救助的不同之处

（1）在海上拖航合同下，拖航的对象不是处于危险之中的船舶或其他物体，而在海上雇佣救助合同下，拖航的对象是处于危险之中的船舶或其他物体；

（2）海上拖航合同的标的是拖航，承拖方的义务主要是提供拖船的动力，而海上雇佣救助合同则是承拖方提供的服务，将处于危险之中的船舶或其他海上财产摆脱危险。

3. 拖航转变为救助的条件

实践中，海上拖航合同在一定的条件下可以转化为海上救助。

拖航转变为救助，需要同时满足以下三个条件：

（1）海上拖航过程中遭遇了意外的海上风险，而且这种风险已使被拖物处于危险状态；

（2）承拖方提供的服务超出其在海上拖航合同下应尽的义务范围；

（3）被拖物所遭遇的海上危险，不是由于承拖方过失或缺乏技术的原因造成的。

第十五章

船舶碰撞

本章学习目标

《海船船员培训大纲（2021版）》
3.9 P&I 业务
.1 掌握船舶碰撞

船舶碰撞是一种比较常见而又典型的海上交通事故，是海事侵权纠纷中最普遍、专业性最强的一类案件。它受可航水域、天气情况、海洋环境及人为因素等的综合影响，船舶碰撞事故时有发生。各海运国家及有关的国际组织制定了相关法律和国际公约，以解决船舶碰撞责任认定及碰撞管辖权等问题。

我国《海商法》第八章“船舶碰撞”的规定，是根据《1910年碰撞公约》制定的，但是对于船舶碰撞损害赔偿的原则、范围和计算方法等具体问题，本章未做规定。

船长应熟悉并掌握船舶碰撞责任基础、确定碰撞过失的原则、船舶碰撞损害赔偿的范围以及处理船舶碰撞事故应注意的事项等内容。本章内容仅适用于海船3 000总吨及以上船长、500~3 000总吨船长。

第一节 ● 船舶碰撞概述

一、船舶碰撞的概念

(一) 广义的船舶碰撞

广义的船舶碰撞是指两艘或两艘以上船舶的某一部位同时占据同一空间，致使一方或几方发生损害的物理状态。

(二) 狭义的船舶碰撞

狭义的船舶碰撞，即海商法意义上的船舶碰撞，是指对碰撞的船舶予以限定的碰撞。对此，国际公约及各国海商法的规定不尽相同。

1. 有关国际公约的规定

《1910年统一船舶碰撞若干法律规定的国际公约》(International Convention for the Unification of Certain Rules of Law with Respect to Collision between Vessels, 1910)（简称《1910年碰撞公约》）第1条规定："海船与海船或海船与内河航行船舶之间发生碰撞时，对船舶或船上财物或人员遭受的损害应有的赔偿，不论碰撞发生在任何水域，都应按下列规定办理。"该规定暗含了《1910年碰撞公约》的适用范围以及对船舶碰撞的界定。

2. 我国《海商法》对船舶碰撞的定义

《海商法》第165条规定，船舶碰撞，是指船舶在海上或者与海相通的可航水域发生接触造成损害的事故。前款所称船舶，包括与本法第三条所指船舶碰撞的任何其他非用于军事的或者政府公务的船艇。

二、船舶碰撞成立的条件

根据《1910年碰撞公约》和我国《海商法》对船舶碰撞的规定，狭义的船舶碰撞应满足以下几个要件：

（一）碰撞必须发生在船舶之间

1. 排除了船舶与非船舶之间的碰撞

船舶碰撞仅限于发生在船舶之间的碰撞，包括在航船之间的互碰，以及在航船舶与停泊的船舶、海上作业的船舶、准备打捞的沉船、抛锚船的锚链等发生的碰撞。除了与正在航行的船舶发生碰撞事故之外，与系泊的海船、锚泊的海船、捕鱼船发生碰撞，或航行中的钻井平台与其他海船或内河船发生碰撞，亦属于船舶碰撞的范畴。

船舶与非船舶之间的碰撞，例如，船舶碰撞码头、栈桥、防波堤、灯标、灯船及其他水上、水下固定建筑的碰撞，通常不属于海商法意义上的船舶碰撞，此类碰撞所造成的民事损害赔偿责任适用于各国民法及相关法律。

各国海商法中的“船舶”概念均包括船舶属具，因此船体与船舶属具、船舶属具与船舶属具间的碰撞也属于船舶碰撞。锚链是船舶必不可少的属具，碰撞锚链应视为船舶碰撞。

2. 我国《海商法》的规定

我国《海商法》规定，碰撞的船舶一方必须是《海商法》第三条定义的海船和海上移动装置，但用于军事和政府公务的船舶和20总吨以下的小型船艇除外。其他方是除用于军事的或政府公务的船舶以外的任何船艇，包括海船、内河船、20总吨以下的船艇。因此，用于军事的或政府公务的船舶、20总吨以下的小型船艇、内河船相互之间，或其中同一种船舶之间发生的碰撞，均不属于我国《海商法》意义上的船舶碰撞。

（二）船舶之间必须要有接触

船舶之间必须发生接触，即两艘或两艘以上船舶的某一部位同时占据同一位置空间的物理状态。船舶碰撞必须是直接接触碰撞，如果船舶间没有接触，即使发生了损害也不构成船舶碰撞，但国际公约及各国海商法普遍做出特别规定，准予适用船舶碰撞的有关规定。

《海商法》第一百七十条规定：“船舶因操纵不当或者不遵守航行规章，虽然实际上没有同其他船舶发生碰撞，但是使其他船舶以及船上的人员、货物或者其他财产遭受损失的，适用本章的规定。”因此，间接碰撞或浪损不属于船舶碰撞的范畴。但是，可以类推适用《海商法》有关船舶碰撞的法律规定。《1910年碰撞公约》也做出了类似规定。

（三）碰撞必须发生在海上或者与海相通的可航水域

这是由《海商法》的调整范围所决定的。可航水域是指事实上可供船舶航行的任何水域。在我国，与海相通的可航水域有长江、珠江、鸭绿江等。发生在与海不相通的或者不能用于船舶航行的内河、湖泊上的碰撞，不构成我国《海商法》意义上的船舶碰撞。

(四) 碰撞必须造成损害

船舶碰撞必须造成损害，即碰撞造成了船舶及船上人员、货物或其他财产损失的事实。碰撞是一种侵权行为，因碰撞造成损害，则碰撞双方产生债的关系，需要用解决碰撞损害赔偿的碰撞法律去调整。如果任何一方均未发生损害，也就不存在诉因的问题。可见，只发生碰撞，而未发生损害，船舶碰撞法律关系仍然不能成立

三、《1910年碰撞公约》简介

该公约于1910年9月23日在比利时布鲁塞尔举行的第三次海洋法外交会议上通过，自1913年3月1日起生效，截至2016年12月，缔约国已达88个。我国于1994年10月18日批准该公约，同年11月18日对我国生效。该公约是有关船舶碰撞的最重要的国际公约，其主要有以下三大贡献：

(1) 实行实际过失原则和事实推定过失原则，废除了法律推定过失原则。

(2) 首次确立按过失的比例确定碰撞责任，废除了平分责任原则，实现了船舶碰撞民事赔偿责任划分标准的统一。

(3) 规定对人身伤亡所造成的损害，各过失船舶对受害方承担连带责任。

此外，公约并没有对碰撞的原因和责任划分做出具体规定，也没有解决碰撞损害赔偿的原则以及碰撞损害赔偿的计算问题。

《1910年碰撞公约》先后于1960年、1972年、1981年和1987年进行了4次修订，但其基本精神、基本原则未改变。

第二节 船舶碰撞责任基础及碰撞责任划分

一、船舶碰撞责任基础及其判断标准

(一) 船舶碰撞的责任基础

船舶碰撞的责任基础，是指船舶碰撞的责任方承担碰撞损害赔偿责任的前提。根据《1910年碰撞公约》和各国海商法的规定，责任方承担碰撞损害赔偿责任的前提是过错，包括过失和故意。只有责任方在碰撞事故中有过错，并因此造成了碰撞对方人员伤亡或财产损失，才需承担赔偿责任。实践中，因故意引起的船舶碰撞很少见，因此，在海商法中，船舶碰撞的责任基础是过失责任制。

（二）判断船舶碰撞过失的标准

从长期海事审判实践来看，判断船舶碰撞的过失标准采用的是客观标准，即在驾驶和管理船舶的过程中，具有通常技术和谨慎从事的航海人员，应该预见碰撞损害的发生而没有预见，或者应该防止碰撞损害的发生或扩大而没有防止，在此种情况下所做出的行为或不为，即构成船舶碰撞中的过失。缺乏通常的技术和谨慎是构成船舶碰撞过失的客观标准。这一标准不仅适用于通常情况下，而且也适用于特殊情况下，即要求航海人员在特殊情况下，要履行适应特殊情况的通常技术和谨慎，这种做法与《1972年国际海上避碰规则》的规定是一致的。

二、确定船舶碰撞过失的原则

确定船舶碰撞的过失遵循一般原则和特殊原则。一般原则适用于通常情况，大多是成文法，适用较为普遍，但是不能完全满足司法实践的需要，在船舶碰撞的特殊场合还需要有特殊原则加以补充。特殊原则是海运国家在长期司法实践中形成的习惯，为人们所遵循，该原则因国而异，适用范围有一定的局限性。

（一）确定船舶碰撞过失的一般原则

确定船舶碰撞过失的一般原则，就是确定碰撞双方在驾驶船舶或管理船舶方面是否存在过失。

1. 确定驾驶船舶过失的一般原则

在一起船舶碰撞案件中，要确定是否存在驾驶船舶的过失，其判定的一般原则是把碰撞的全过程分为几个不同的航行阶段，即会遇—构成碰撞危险—形成紧迫局面—出现紧迫危险—碰撞，在每一阶段中均以合格船员的良好船艺和国际或地方的航行避碰规则为尺度分析、判定是否构成碰撞过失。所有碰撞过失连接起来，便形成了碰撞的原因链，支持原因链的证据便形成了碰撞的证据链，法院或仲裁庭依据每条船舶在碰撞原因链中所处的地位，认定其应承担的碰撞责任。可见驾驶船舶的过失，往往是一个连续的过程。实践中，驾驶船舶的过失包括：遵守海上避碰规则的疏忽；遵守各国政府和有关主管机关根据特殊情况制定的特殊规定的疏忽；遵守海员通常做法上的疏忽；根据当时特殊情况可能要求的任何戒备上的疏忽等。

2. 确定管理船舶过失的一般原则

确定因管船过失造成的碰撞，应包括船员管船过失造成的碰撞和船舶所有人管船过失造成的碰撞。衡量船员管船是否存在过失，其标准是：作为一名合格船员在管理船舶中是否已尽到了合理的谨慎并运用了通常的技术，来维持机器的正常运转和船舶的有效性。船舶所有人管船过失范围较广，判断船舶所有人管船是否存在过失，其主要依据是国际公约或国内法。比如，有关船员资格、船舶设备，船员和船舶管理、船舶适航性等国际公约或国内法的规定。违反其中的任何一种，都有可能构成管船过失。如果这种过失恰是导致碰撞的原因，那么过失方就要承担碰撞责任。

（二）确定碰撞过失的特殊原则

1. 法律推定过失原则

推定是一项法律原则，存在于成文法或司法实践之中，它是从已经确立的基本事实推断出假定事实的存在，直至这一推定遭到相反证据的反驳和否认。船舶碰撞法中的法律推定过失原则，是指当一船违反法定航行规则（包括国际性的或地方性的规则），除非该船能证明在当时情况下，背离航行规则是必要的，或者违反航行规则在当时条件下不可能导致船舶碰撞损害的发生，否则，法律便推定违反航行规则的船舶犯有造成船舶碰撞损害的过失。

法律推定过失原则，曾在一些国家尤其是英国和美国广泛适用，美国至今也没有从法律上加以废除。美国在司法实践中适用的《宾夕法尼亚规则》，其实质就是法律推定过失，《1910年碰撞公约》缔约国均不承认该原则。

2. 最后机会原则

最后机会原则是指两船碰撞，如果双方都有疏忽，都要对碰撞负责，除非后来有疏忽的船舶知道或者应该知道前者有疏忽，并有充裕的时间避免碰撞而没有避免，则该方应单独承担碰撞责任。

适用最后机会原则必须符合两个条件：第一，一方的过失为碰撞的发生形成了条件，而这种条件是可以被对方觉察到的；第二，对方必须有充裕的时间采取措施以避免碰撞的发生。

最后机会原则，在某些场合存在着明显的不合理性，主要表现在：第一，给犯有严重疏忽的过失方提供了推卸责任的理论依据；第二，削弱了国际避碰规则的作用，导致避碰行为的混乱；第三，用最后机会代替因果关系，不符合民事赔偿责任的构成要件。因此，我国的法律和司法实践不承认这一原则。

3. 双方疏忽等效原则

双方疏忽等效原则是指碰撞双方均有疏忽，且此种疏忽一直持续到碰撞时刻，此时应各自承担50%的碰撞责任。因为在这种情况下，很难区分哪方的过失是主要的。我国承认这一原则。

4. 事实推定过失原则

事实推定过失原则是指从已经证实的基本事实中，人为地推断出假定事实的存在。在船舶碰撞损害赔偿中，如果受损方证明其遭受船舶碰撞损害的事实以及其他基本事实，法院根据特定情况推定加害方犯有过失，除非加害方证明他无过失，或者他的过失与损害之间无因果关系，否则，便应负赔偿责任。事实推定过失一般适用于在航船与锚泊船之间的碰撞。我国承认这一原则。

三、船舶碰撞的分类

船舶碰撞有不同的分类。一种分类方法是根据责任方的不同，可分为单方过失责任碰撞、双方过失责任碰撞和双方无过失责任碰撞；另一种分类方法是按碰撞的起因不同，可分为过失碰撞、不可抗力或意外事故的碰撞以及故意碰撞。实践中，单方过失碰撞和双方过失碰撞统称过失碰撞；故意碰撞极为罕见，可能构成刑事责任，故意碰撞一般发生在诈骗犯罪、敌对状况等极个别的情况下，其不属于《海商法》的调整范围。以下根据责任方的不同，介绍船舶碰撞的分类。

（一）单方过失责任碰撞

单方过失责任碰撞是指完全是由一方过失所造成的船舶碰撞。此类碰撞多发生于船舶在港内航行或锚泊、移泊过程中，如船舶在靠泊过程中因操作不当与停靠在码头的船舶发生碰撞。

单方过失造成船舶碰撞，损害赔偿责任完全由过失方负责。这一原则在国际上是统一的。我国《海商法》第一百六十八条规定，船舶发生碰撞，是由于一船的过失造成的，由有过失的船舶负赔偿责任。《1910年碰撞公约》做了同样的规定。

（二）双方过失责任碰撞

双方过失责任碰撞是指由双方或多方过失所致的船舶碰撞。此时，互有过失船舶按各自的过失比例承担损害赔偿责任，这即是《1910年碰撞公约》确立的“过失比例原则”。

《海商法》在对互有过失碰撞责任的划分上，遵循了过失比例碰撞原则，并在第一百六十九条明确规定，船舶发生碰撞，碰撞的船舶互有过失的，各船按照过失程度的比例负赔偿责任；过失程度相当或者过失程度的比例无法判定的，平均负赔偿责任。互有过失的船舶，对碰撞造成的船舶以及船上货物和其他财产的损失，依照前款规定的比例负赔偿责任。碰撞造成第三人财产损失的，各船的赔偿责任均不超过其应当承担的比例。互有过失的船舶，对造成的第三人的人身伤亡，负连带赔偿责任。一船连带支付的赔偿超过本条第一款规定的比例的，有权向其他有过失的船舶追偿。

有时船舶碰撞是由一方或双方引航员的过失造成的。对于引航员过失造成的船舶碰撞应视同是船长、船员的过失造成的船舶碰撞一样，即使是依法强制引航。

（三）双方无过失责任碰撞

双方无过失责任碰撞是指碰撞不存在人为因素（Human Factors），完全是因为客观原因或者原因不明造成的。客观原因可能来自不可抗力，也可能出于意外事故。无过失碰撞的损害应由遭受者自行负担。我国《海商法》一百六十七条规定，船舶发生碰撞，是由于不可抗力或者其他不能归责于任何一方的原因或者无法查明的原因造成的，碰撞各方互相不负赔偿责任。这一条款包含了以下三种情况：

1. 不可抗力造成的碰撞

不可抗力（Force Majeure），主要是指恶劣天气、自然灾害等不能预防、不能避免和不能克服的事由。比如地震引发的海啸，致使锚泊的船舶发生碰撞，就属于不可抗力造成的船舶碰撞。又如，某船在航行中突遇超级暴风而难以操控，致使与附近的船舶发生碰撞，也属于不可抗力造成的船舶碰撞。

欲援引不可抗力免责的当事方应负举证责任，并证明以下事实：本船无驾驶船舶和管理船舶的过失；造成碰撞的原因不可预见且无法避免；本船已经尽到了合理的谨慎并运用了通常的技术。

2. 意外事故造成的碰撞

意外事故（Inevitable Accident），是指船方已经尽到了合理的谨慎并运用了通常的技术，仍不能避免的事故。"合理的谨慎和通常的技术"是指船方已做到了谨慎处理，根据具体情况已采取了应采取的防范措施，既未违章，又未违反良好船艺。

主张依据意外事故免责的当事方应负有举证责任，证明以下事实：碰撞由于不可预见和不可避免的意外原因所造成；已运用了通常的技术和尽到了合理的谨慎；本船无过失。

实践中，符合意外事故条件的船舶碰撞并不多见。同时，对于举证方来说，仅证明碰撞当时或者紧迫危险形成之后的短暂时刻，碰撞是不可避免的是不够的，只有从危险局面形成之前开始，直至碰撞发生或即将发生为止的整个期间，都没有疏忽，方可构成意外事故的碰撞。

3. 原因不明的碰撞

原因不明（Cause Unknown），即造成碰撞的原因无法查明。原因不明的碰撞，有专家称之为不明过失（Inscrutable Fault）碰撞。

实践中，属于此类情况的碰撞极为罕见。假如两船在视线良好、海面风平浪静的白天发生碰撞，结果两船全部沉没，船员也全部遇难，也找不到任何其他碰撞的证据。这种只知道碰撞结果，根本无法查明原因的碰撞便可认定为原因不明的碰撞。原因不明的碰撞责任的承担，同意外事故和不可抗力造成的碰撞相同，即碰撞各方自行承担各自的损失。

第三节 船舶碰撞损害赔偿

我国最高人民法院于1995年8月出台了《关于审理船舶碰撞和触碰案件财产损害赔偿的规定》（以下简称《赔偿规定》）。该规定分别从赔偿的范围、赔偿原则、船舶价值损失、船上财产损失、船期损失、租金或运费损失、设施损害、利息损失的计算等方面做了明确规定，使得解决船舶碰撞损害赔偿问题有了法律依据。

一、船舶碰撞损害赔偿成立的条件

船舶碰撞损害赔偿的要件，与民法中民事侵权责任损害赔偿的要件基本是一致的。这些要件有：过失；碰撞事实；损害的事实；过失与损害的因果关系。船舶碰撞并不要求违法行为要件，因为不可抗力造成的船舶碰撞并不存在违法行为。

二、船舶碰撞损害赔偿的举证要求

举证是指提出证据，证明某一种或某些事实。根据法律，当事人对自己提出的主张，有责任提出确实和充分的证据。即在诉讼中，原告（受害方）应当证明他提出的诉讼情况所根据的事实；被告（加害人）应当证明其反驳所根据的事实。

在船舶碰撞损害赔偿中，举证责任具体可分为以下三种情况：

1. 一般情况下的举证责任

一般情况下，船舶碰撞中的受害方应提出证据，证明下列事实：因船舶碰撞造成损害的事实，即受害方在船舶碰撞中遭受了损害，包括财产损害和人身伤亡；加害方有过错的事实；船舶碰撞造成损害的事实与加害方有过错的事实两者之间的因果关系，即证明船舶碰撞及因此造成的损害，系加害方的过错所致。

2. 在实行法律推定过失时的举证责任

在实行法律推定过失时，受害方要证明：因船舶碰撞造成损害的事实；加害方违反航行规章的事实。

3. 实行事实推定时的举证责任

在实行事实推定过失时，受害方只要证明：因船舶碰撞造成损害的事实；其他基本事实，如他在事故中没有过失的事实。如在航船与锚泊船发生的碰撞事故中，锚泊船只要证明在航船所造成的碰撞事实和本船在本起事故中无过失即可。

三、船舶碰撞损害赔偿的基本原则

（一）恢复原状原则

恢复原状，是指碰撞损害赔偿应使索赔方尽量接近索赔事故发生之前的状况。在船舶碰撞案件中，这是受害方追偿损害的尺度与标准。这一赔偿原则，各国法律基本相同。

运用恢复原状原则处理船舶碰撞案件时，不仅表现在民法中物质形态上的恢复原状，更多表现在责任方的货币补偿上；该原则仅适用于船舶碰撞造成的财产损害，而不适用于人身伤亡。

（二）直接损失赔偿原则

直接损失赔偿原则是指责任方仅对因船舶碰撞造成的直接损失进行赔偿。判断某一项损失是否属于碰撞直接损失，应把握以下几点：

（1）损失必须是碰撞的直接后果，如碰撞直接造成的船货损失、其他财产损失和人身伤亡等。间接碰撞或浪损准用船舶碰撞法，因此，由其造成的船货损失或人身伤亡，也属于船舶碰撞的直接损失。

（2）损失必须是相继碰撞事故之后立即发生的后果。例如，船舶碰撞后受损，需要救助、拖航或打捞而产生的费用、损失，修理期间的营运损失等，均可作为直接损失向责任方追偿。但受损方不能追偿因营利损失而失去的投资、投标、贷款等机会的损失，这不能视为是相继碰撞事故之后立即发生的后果，从而作为直接损失索赔。

（3）损失必须是伴随碰撞事故的发生可合理预见的后果。损失虽不是碰撞事故的直接损失，也不是相继碰撞事故后立即发生的损失，但是可合理预见的损失，此种损失也视为直接损失，予以赔偿。比如，因船舶碰撞而使航次租船合同解除，对于本应赚得而没有赚得的运费等营运损失，以及渔船丧失捕捞季节的生产损失，受损方有权向责任方进行索赔。

（三）受损方尽力减少损失原则

在船舶碰撞中，加害方有责任赔偿受害方的损失；而受害方也应尽一切可能减少加害方对其造成的损害，这是受害方应尽的义务。海事司法实践一直把“受害方减少损害的相应责任”作为船舶碰撞损害赔偿的基本原则之一。

当船舶发生碰撞后，受害船舶应尽力采取合理措施，将损失控制在最小范围内。如何衡量受害方是否尽力减少了损失，其标准应该是：作为一个谨慎的船舶管理人，当船舶发生碰撞后，是否会采取同样的措施。

受损方尽力减少损失之责的标准是：作为一个谨慎的船舶所有人，当船舶发生碰撞后，是否会采取同样的措施。换句话说就是，索赔方尽到了合理的谨慎就会避免或减少的损害，不得追偿，这一原则的适用，能够有效地防止受害方有意扩大损失的情况。

四、船舶碰撞损害赔偿范围和计算方法

（一）船舶碰撞损害赔偿范围

船舶碰撞损害赔偿的范围为：因碰撞而造成的船舶损害，船上所载货物的损害，船上旅客、船员的人身伤亡及其财产的损害，环境污染损害，因碰撞而产生的救助、拖带、打捞等费用和运费损失等。

（二）计算方法

当事方有过失是船舶碰撞损害赔偿成立的要件之一，因此，在进行赔偿计算之前，首先要确定各方过失的大小。若碰撞为单方过失所致，则由过失方在上述确定的赔偿范围内按实际损失赔偿。若碰撞各方互有过失，则由各过失方按自己的过失比例承担赔偿责任。如：甲、乙两船发生碰撞，经确定，甲船负30%的过失责任，乙船负70%的过失责任。甲船损失500万元，乙船损失800万元。假设甲、乙两船都不涉及海事赔偿责任限制，那么，对此次碰撞造成的损害，甲船将对乙船承担30%的赔偿责任，即甲船赔给乙船240万元；乙船对甲船承担70%的赔偿责任，即乙船赔给甲船350万元；双方冲抵后，即乙船赔给甲船110万元。在船舶碰撞损害赔偿计算中，需要注意以下两个问题：

1. 过失船舶对货物损害进行的赔偿，一般不包括对本船所载货物的赔偿

按照通常的国际海上货物运输合同（如租船合同和提单）中免责条款的规定，对于因船长、船员或引航员在驾驶和管理船舶中的过失造成的本船所载货物的损失，本船可以免责。但是，对于对方船舶所载运的货物损失，则应按过失比例负赔偿责任。

2. 关于人身伤亡的损害赔偿

《1910年碰撞公约》和我国《海商法》均明确规定，各过失船舶对船舶碰撞造成的第三方的人身伤亡负连带责任。因此，对发生的人身伤亡损害的赔偿，受害者有权向碰撞当事船舶的任何一方提起诉讼，并有权要求其赔付100%的损害。一船连带支付的赔偿超过其应当承担的比例的，对于超过部分，有权向其他有过失的船舶追偿。法律如此规定，旨在确保人身伤亡者的正当权益。

第四节 船舶碰撞的司法管辖权及法律适用

发生在一国领海内的船舶碰撞，一般应适用该国的法律并由该国法院管辖。但是，大量的船舶碰撞发生于公海，且当事船属于不同国家，如何确定适用于船舶碰撞的准据法及司法管辖权，则关系到案件审理的结果。由于各国的法律规定不尽相同，同一案件在不同的国家审理，结果可能会不同。因此，关于船舶碰撞的司法管辖权与法律适用就显得非常重要。

一、有关船舶碰撞案件的管辖权的规定

（一）《1952年船舶碰撞民事管辖权公约》

1952年5月10日，在布鲁塞尔召开的第九届海洋法外交大会上通过了《1952年船舶碰撞中民事管辖权方面若干规定的国际公约》（International Convention on Certain Rules Concerning Civil Jurisdiction in Matters of Collision, 1952）（简称《1952年船舶碰撞民事管辖权公约》）。该公约于1955年9月14日生效，截至2016年12月，共有73个国家和地区加入该公约，我国未加入该公约。其就船舶碰撞案件的民事管辖权问题做了如下规定：

1. 明确了对碰撞事故有管辖权的法院

对于船舶碰撞案件具有民事管辖权的法院，公约第1条规定，关于海船与海船或海船与内河船舶发生的碰撞，原告只能向下列法院提起诉讼：

（1）被告经常居住地或主要营业所在地的法院；或

（2）被告船或可依法扣押的属于被告的任何其他船舶被扣押的地点的法院；或

（3）本可进行扣押并已提供保证金或其他保全的地点的法院；或

（4）碰撞发生于港口界限或内河水域时，碰撞发生地的法院。

2. 明确了原告有对法院的选择权

公约允许原告根据情况自行决定在上述所列举的任一法院起诉。但是，请求人不得在未撤销原有诉讼之前，就同一事实对同一被告在另一管辖区域内提起诉讼。

3. 公约承认协议管辖和仲裁的效力

在任何情况下都不得妨碍当事双方向其已一致选定的法院就碰撞事件提起诉讼，或将

该案提交仲裁的权利。

4. 对反诉和其他诉讼管辖权做了规定

公约规定，就同一碰撞事件提起的反诉，得向根据第1条规定对本诉具有管辖权的法院提出。公约不改变各国关于军用船舶、国有船舶或为国家使用的船舶的法律规定。

（二）我国法院对船舶碰撞案件的民事管辖权

我国最高人民法院于1986年1月31日通过了《关于涉外海事诉讼管辖范围的具体规定》。根据规定，以下情况我国法院对船舶碰撞案件具有民事管辖权：

（1）在我国港口、内水、领海以及我国管辖的其他海域发生的船舶碰撞案件；

（2）船舶碰撞的受害船或加害船的船籍港为我国港口；

（3）船舶碰撞的受害船最初到达港为我国港口；

（4）船舶碰撞的加害船或属于加害船舶所有人的其他船舶或财产在我国被扣押，或为避免扣押而提供了担保；

（5）船舶碰撞造成中国公民或财产损害，无论碰撞发生于何水域；

（6）船舶碰撞案件的双方协议在我国法院诉讼。

二、船舶碰撞损害赔偿的法律适用

船舶碰撞事故的发生具有随意性，其损害赔偿的法律适用问题在当事人之间不可能有事先的约定。法院在解决这类海事争议时，首先必须解决其法律适用问题。关于船舶碰撞损害赔偿的准据法主要有以下几种：

（一）侵权行为地法

侵权行为地法是解决侵权行为法律适用最基本的准据法，并且被各国法律普遍接受。我国《民法典》及《海商法》都有明确规定，侵权行为适用侵权行为地法。

在一国领海及内水内发生的碰撞，不论是单方面过失还是双方互有过失所致，都是一种侵权行为。只要侵权行为产生了损害，就应以侵权行为地的法律作为准据法，来处理损害赔偿问题。

（二）船旗国法

当船舶在公海上发生碰撞时，由于公海不受任何国家管辖，因而无侵权行为地法可言。然而，任何船舶都受其船旗国法保护和制约，因此，当在公海发生同一国籍的船舶相互碰撞时，用船旗国法来处理船舶碰撞损害赔偿，则是一件理所当然的事，并为各国海商法普遍接受。但如果同一国籍的船相撞，涉及第三国当事人的权利，作为同一碰撞事实提起诉讼时，仍应当适用侵权行为地法。

《海商法》第二百七十三条第3款规定，同一国籍的船舶，不论碰撞发生于何地，碰撞船舶之间损害赔偿均适用船旗国法律。

（三）法院地法

船舶碰撞事故是海事侵权行为中最普遍发生的，特别是在单船公司比较盛行的情况下，一旦发生船舶碰撞，受害方往往就地扣船及索要担保，以避免加害船舶的流动随意性而得不到对方赔偿造成损失无法弥补、判决无法执行的情况，这就使法院地法在解决船舶碰撞中得到最普遍的适用。

《海商法》第二百七十三条第2款规定，船舶在公海上发生碰撞的损害赔偿，适用受理案件的法院所在地法律。而该法院地法是哪一个法院是不确定的，基本取决于原告的择地诉讼。这样原告可以因公海上发生的船舶碰撞事故在广泛的选择中通过诉前保全的扣船程序获得法院地法的适用。此外，在侵权行为地法不能被有效确立或者查证时法院地法也常常被适用。

三、船舶碰撞管辖权与法律适用的内在关系

船舶碰撞管辖权的选择与船舶碰撞损害赔偿的法律适用，两者属于不同的法律范畴，前者属程序法范畴，后者属于实体法范畴，但它们之间又有着紧密联系。管辖权的选择往往决定了法律的适用。

大量的案例告诉我们，当允许对碰撞案件行使管辖权的选择时，必须十分注意管辖权的选择给法律适用带来的影响。一般情况下，管辖权的确定直接关系到船舶碰撞案件的审理结果。确定了由哪国法院审理碰撞案件，也就大体上确定了碰撞各方的权利与义务。因此，选择船舶碰撞案件的管辖权，是当事人各方势在必争的。

第五节 船舶碰撞事故处理

船舶在海上发生碰撞事故后，为了减轻损失和便于日后查明原因、判明责任、维护自己的合法权益，除应向公司报告事故情况并按公司指导采取行动外，还应注意依据相关法律和法规做好下列各项工作：

一、自救

船舶发生碰撞后，应马上根据船员职务规则和船舶应急部署中的有关规定，积极组织应急抢险，以保证人命和财产的安全，并尽量减轻因碰撞而造成的损失，防止损失的进一步扩大。当碰撞程度比较严重，需要外界救助的情况下，应立即发送求救信号。

二、及时与船公司联系

碰撞事故发生后，船长应尽快将事故发生情况，电告或以其他手段报告船公司，以便船公司和船舶保险公司或船东保赔协会共同研究，从而确定最佳处理方案。如果碰撞事故发生地附近有船公司的代理、保险公司或船东保赔协会的代理，船长应尽快和他们取得联系，以便获得其指导和帮助。

三、施救义务

我国《海商法》第一百六十六条第1款规定，船舶发生碰撞后，在不严重危及本船和船上人员安全的情况下，对于相碰撞的对方船舶和船上人员必须尽力施救。有些国家或地区的海商法还规定，如果船长违反该义务，应负刑事责任。

四、通知义务

我国《海商法》第一百六十六条第2款规定，碰撞船舶的船长应当尽可能将其船舶名称、船籍港、出发港和目的港通知对方。这是船长的一项法定义务。当然，船长不履行上述义务，船舶所有人并不因此当然地承担责任。若对方船舶逃逸，应尽可能记下该船舶的船名、特征、逃离方向，并通知附近港口代理，跟踪了解肇事船的具体情况和动向。

五、察看碰撞事故并做现场记录

各方除察看本船被碰位置、角度，以及船货受损情况并做好书面记录外，在条件允许的情况下，碰撞双方的船长应登上对方船舶，现场察看，了解他船碰撞情况以及因碰撞而造成的船舶、货物和人员的损害情况，包括他船使用过的海图、车钟记录、航海日志以及雷达等情况，做好书面记录，并据此编写碰撞事故现场记录。两船被碰情况的书面现场记录，应争取要求对方船长签认。另外，除了书面现场记录，对现场情况尽量进行拍照和摄像，这种书面现场记录和影像资料，可作为事后处理案件的证据。

六、提交船舶碰撞事故通知书

碰撞事故发生后，无论何方责任，船长应尽可能主动、及时地向对方船长提交碰撞事故通知书（Notice of Collision）。通知书上应简要说明两船碰撞情况，包括碰撞事故发生的时间和地点、因碰撞而造成的损害等。同时，还应声明，要求对方对因碰撞而产生的一切后果负责，并争取对方船长在通知书上签认。对于对方船长提交并要求本船船长签认的碰撞事故通知书，本船船长可在通知书上签署收到的日期和时间，并注明保留申诉权，而不应草率承认本船对事故的责任。

七、谨慎应对访船人员

船舶发生碰撞后，会有很多人到船上来调查取证。作为船长应谨慎对待，应积极有效地和船东保持联系，弄清来访者的身份；在没有征得船东同意的情况下，切不可擅自发表有关船舶碰撞的言论；要在船东委托的律师帮助下，接受相关方面的调查取证以及船舶损坏程度的检验等工作。

八、与他船约定检验地点

若船舶碰撞发生在港内或条件许可时，两船船长应约定同去一个修船港，聘请验船师对两船的受损情况进行检验，并要求验船师对检验结果出具检验报告，以便作为修船和将来处理船舶碰撞损害赔偿的主要依据。对船壳、车、舵等水下部分的检验，如需留待下次坞修时再进行，应在检验报告里注明。在对船舶碰撞损坏进行检验时，应要求各方派代表参加。

九、提交海事声明和海事报告

在船舶抵达碰撞事故发生后第一挂靠港时，船长应立即向当地港口当局或我国驻外使、领馆或公证机构提交海事报告，取得签注后，抄送对方。如果船舶碰撞发生后，估计货物有可能遭受损害，但损害情况又不明确，则船长还应同时向港口当局或我国驻外使、领馆提交海事声明，取得签注后，抄送货方及其他有关方。在提交上述文件时，船长可以采取当地港口的习惯格式，在内容上应注意采用严谨准确的文字叙述事实。海事报告的内容应认真、完整和翔实地记录事故发生的时间、地点、碰撞过程、损害情况、救助情况（如果有）等，并尽量强调对方的责任。

十、提供相应的担保

如果在碰撞事故中本船受到损失，应要求对方船舶提供可靠的担保，从而保证本船的损失能得到充分的赔偿。担保形式可以是现金担保、银行担保、保险公司或保赔协会担保。若对方拒绝提供担保，可根据情况，考虑是否申请海事主管部门或海事法院扣留对方船舶。如果对方要求我方提供担保，应及时请示公司，由船公司负责办理必要担保手续。

十一、充分准备好在事故处理中将采用的材料

船舶碰撞事故发生后，船长和船员应立即尽量详细地收集、记录和保存有关碰撞情况的资料，以备接受主管机关的调查处理。作为事故发生现场的直接证人，船长、船员所提供的证据对损害索赔或抗辩起着非常重要的作用。这些材料通常包括但不限于：海事报告；航海日志、轮机日志和车钟记录簿摘要；标有原航线和船位的原始海图；船舶相对运动图；船舶损坏检验报告；船损证明材料；引航员和拖船的报告；船舶碰撞发生后现场验看书面记录和影视资料；船舶碰撞事故通知书；其他有关材料。

第十六章

海难救助

本章学习目标

《海船船员培训大纲（2021版）》

3.9 P&I业务

.1掌握海难救助

调整海难救助法律关系的海难救助制度是海商法中一项古老的特殊的法律制度，它以公平原则、公共利益原则和鼓励救助作业原则为立法基础，以救助报酬关系为核心内容。我国《海商法》第九章“海难救助”，一方面吸收了传统的海难救助法律的理论和原则，另一方面引用了《1989年国际救助公约》的主要内容，反映了当今国际海难救助法律的最新发展。

船长应熟悉并掌握海难救助的形式、确定救助报酬应考虑的因素、LOF各版本救助合同的主要内容及区别、SCOPIC条款的主要内容及船长在救助作业中应注意的事项等。本章内容仅适用于海船3 000总吨及以上船长、500~3 000总吨船长。

第一节 海难救助概述

一、海难救助的概念

海难救助（Salvage at Sea），又称海上救助，是指对遭遇海难的船舶、货物和客货运费等海上财产，由外来力量实施救助，使之全部或部分地脱离危险，并由此产生救助报酬的行为。

海难救助有广义和狭义之分。广义上的海难救助是指对海上遭遇危险的人命和财产的救助。狭义上的海难救助，即海商法意义上的海难救助，仅限于对遭遇海上危险的财产的救助，因为唯有对海上财产的救助才产生救助报酬请求权。

二、海难救助的构成要件

有效的海难救助行为的成立，或称救助报酬请求权的成立，须符合以下四个条件：

（一）被救助物必须是法律承认的

（1）救助标的是物，不包括对人的救助。救助人命是船舶的法定义务，在单独并成功救助了人命的情况下，救助人无权获得救助酬金，除非救助人命的同时又成功救助了财产。

（2）救助标的是法律所承认的。不是法律承认的救助标的，救助人无权请求救助报酬。这里所说的法律既包括国际救助公约，也包括国内有关法律。

（3）《海商法》与《1910年救助公约》《1989年国际救助公约》关于救助标的的比较如下：

目前《1910年救助公约》和《1989年国际救助公约》同时有效，两个公约的救助标的差别甚大，我国《海商法》是参照《1989年国际救助公约》制定的，已将救助标的扩大到船舶以外的海上或与海相通水域的其他财产。

《1910年救助公约》，救助标的仅限于海船及船上其他财产和客货运费。《1989年国际救助公约》以及我国《海商法》则将救助标的范围做了扩大，包括：船舶、非永久性地和非有意地依附于岸线的任何海上财产（已就位的固定式、浮动式平台和移动式近海钻井装置除外）、有风险的运费等，都是海难救助的标的。两个救助公约都把军用船舶和政府公务船舶排除在公约适用范围之外，因而也就将其排除在海难救助标的之外。对于军舰和政府公务船舶的救助或被救助的救助报酬，应按各国国内法的规定处理。

需要特别说明的是，根据我国《海商法》：

（1）如果救助方使用船舶进行救助，则救助船和被救助船两者之一必须是我国《海商法》中所称的船舶，而救助船和被救助船的另一方只要不是军用船舶或政府公务的船舶即可。

（2）永久地和有意地依附于岸线的财产，如与岸线相连但伸入海中的输油装置、海上货物装卸设施、浮码头等，不能作为海难救助的标的。除此之外的其他海上财产，包括船上的货物、从船上或岸上落入海中的货物，脱位漂移的灯船、灯标、浮筒、渔具、浮船坞，甚至落入海中的飞机和卫星等，都是海难救助的标的。

（3）在海上已经就位的从事海底矿物资源勘探、开发或者生产的固定式、浮动式平台和移动式近海钻井装置不属于海难救助的标的。但如果此种平台和钻井装置尚未就位，而是处于在航、转移或运送状态，当其处于危险状态时，仍属于海难救助的标的。

（二）被救助物必须处于危险之中

1. 何谓海难救助的危险

何种危险构成海难救助的危险，国际公约没有统一规定，各国海商法一般也未明列。一般认为，对船舶及其上所载的货物而言，台风、海啸、火山爆发、火灾、爆炸、碰撞、触礁、搁浅、因机器故障而造成船舶失控、因配载不当而造成船舶严重倾斜、因船体破洞而进水等，均可视为海难救助所指的危险。海上危险可以是自然灾害、意外事故或潜在缺陷造成的，也可以是被救助人的过失或故意造成的。即使是后者，同样认为是海难救助的危险。

2. 对“处于危险之中”的理解

（1）危险必须发生在海上或与海相通的可航水域

《海商法》第一百七十一条规定，海难救助“适用于在海上或者与海相通的可航水域，对遇险的船舶和其他财产进行的救助”。上述规定明确了危险必须发生在海上或者与海相通的可航水域。《1989年救助公约》做了类似规定。如果在船厂进行修理或建造的船舶发生火灾，则不属于海难救助所指的危险，对此类船舶进行的救助，也就不构成海商法意义上的海难救助。

（2）危险必须是真实存在或不可避免的

船舶或其他财产只有存在真实危险，方有救助的必要，主观臆断或虚拟的危险不能构成海难救助，危险是否真实存在，是针对危险的性质而言的，不考虑危险大小。如果在采取措施时危险尚未真实存在，但是不采取措施危险不可避免，此种情况仍视为危险，可构成救助的要件。例如：在风平浪静的海面上，某船因受潮汐的影响而搁浅，只要等几小时涨潮后，船舶就会自动脱浅，此时的船舶并不能视为处于危险之中，除非靠自身的动力仍无法脱浅。又比如，某船在大洋中航行，主机发生故障，使船舶失去动力，虽然当时风平浪静，但若不及时修复，一旦天气发生变化，船舶便有倾覆或沉没的危险，因此应视其处于危险中。

（3）危险要件不考虑起因，不要求对船货双方必须是共同面临的危险

不论危险是由于自然灾害、意外事故造成的，还是由于潜在缺陷造成的，甚至是被救助方的过失或故意造成的，均不影响海难救助的成立。

海难救助的危险与共同海损所要求的危险不同，它不要求必须是船货共同面对的。因此，只要船舶或货物有一方面临危险，便可构成海难救助的危险。

（三）救助行为是自愿的行为

海难救助遵循自愿救助原则。自愿救助（Voluntary Salvage），是指救助方提供救助服务的自愿和被救助方接受救助的自愿。对救助方来说，自愿是指其在法律上和职责上对遇险的海上财产无强制性的救助义务；对被救助方来说，自愿体现在其有请求救助的权利，也有拒绝救助的权利。

与自愿救助相对的是义务救助。义务救助通常包括法律约束的救助及合同约束的救助两类。

1. 法律约束的救助

（1）对人命的救助

国际救助公约和各国海商法均规定，对于海上发现的遭遇生命危险的每一个人，即使是敌人，只要对其船舶、船员和旅客不致造成严重威胁，每位船长都必须施救。有的国家或地区的海商法还规定，如果船长违反这一救助义务，将承担刑事责任。另外，在同一海难中，如果在救助人命的同时，亦有船货等财产获救，人命救助者有权从财产救助者的救助款项中分享合理份额。

（2）船舶碰撞后的两船互救

《1910年碰撞公约》和大多数国家的海商法均规定，船舶发生碰撞后，当事船舶的船长在不严重危及本船和船上人员安全的前提下，必须对另一船舶、船员和旅客尽力施救。

2. 合同约束的救助

合同约束的救助是指海难发生之前，救助方根据合同有救助的义务，而自愿救助则是指海难发生之后，救助方和被救助方出于自愿对被救助标的进行的救助作业。合同约束的救助，包括以下几种情况：

（1）遇难船船员救助本船

由于船员雇佣合同赋予船员对本船及船上财产实施救助的义务，因而不发生救助报酬请求权。

（2）引航员、拖船在履行其职责范围内对本船的救助

《海商法》第一百八十六条第1款也有明确规定，正常履行拖航合同或者其他服务合同的义务进行救助的，无权获得救助款项。安全引领、拖带船舶是引航员、拖船的义务。在其正常履行的职责范围内对本船实施的救助，除正常的引航费和拖带费外，无权请求救

助报酬。但如果引航员、拖船超过其职责范围提供救助服务，并且引航员、拖船无过失，则有权请求救助报酬。

（3）遇难船上的旅客救本船

旅客在乘船期间，和船方之间存在旅客运输合同。根据此类合同，旅客对船舶的航行安全同样负有义务，这也符合同舟共济的精神。因此，一般认为，旅客对本船实施的救助无权请求救助报酬。

（四）救助行为必须要有效果

"无效果，无报酬"（No Cure, No Pay）是目前国际公约和各国海商法所普遍接受的基本原则。"无效果，无报酬"，即如果救助方对遇险船舶和其他财产的救助行为不成功（无效果），则无权请求救助报酬；如果救助行为成功或部分成功（有效果），则有权请求救助报酬。对于救助的"效果"，应从以下两个方面来理解。

1. 直接效果和间接效果

计算救助报酬时应综合考虑直接效果和间接效果。例如船舶搁浅，如果救助方第一次脱浅未成功，第二次脱浅成功了，则第一次脱浅视为间接效果，第二次脱浅视为直接效果。但是，如果第一次脱浅未成功便不再施救，则属于没有效果，无权请求救助报酬。

2. 有形效果和无形效果

将船上火灾扑灭，把搁浅船拖下浅滩，向遇险船舶提供燃料、物料等属于有形效果。虽无力救助，但守候在遇险船旁，或尾随护航，或进行通信联系等，这些属于无形效果。通常认为，无形效果也有效果，给被救助方精神上的援助，也有权请求救助报酬。

随着原油运输和化学品运输的发展，以及海难救助法律制度的不断完善，虽然"救助要有效果"仍是请求救助报酬的必备条件之一，但已不再是海难救助成立的必备条件。也就是说，如果救助没有效果，仅仅是没有救助报酬请求权，但救助的法律关系已经发生，救助的事实仍客观存在。特别是《1989年国际救助公约》关于"特别补偿条款"（Special Compensation）的规定，更是确认了这一发展趋势。

三、海难救助的形式

（一）纯救助（Pure Salvage）

1. 纯救助的概念

纯救助是指救助方在与被救助方无救助合同的情况下，未经被救助方的请求，自行对遇险船舶、货物或其他海上财产实施救助的行为。若救助获得成功，救助方有权获得救助报酬。这是海难救助的最初形式。

2. 纯救助的特点

（1）救助方与被救助方之间无任何救助协议；
（2）救助报酬依据“无效果，无报酬”的原则确定。

3. 对“禁止救助权”的理解

在纯救助中，由于救助方是不请自到，为了防止救助方为谋求救助报酬而强行施救，法律赋予了被救助方“禁止救助权”，即当被救助方不同意救助方的救助时，有权拒绝。作为对等的义务，法律同时要求被救助方必须明确、合理地做出拒绝。

《海商法》第一百八十六条第2款也明确规定，救助方“不顾遇险船舶的船长、船舶所有人或其他财产所有人明确的和合理的拒绝，仍然进行救助的”，无权请求救助报酬。但是，如果拒绝不明确、不合理，救助方仍有权请求救助报酬。

由于纯救助中无任何救助协议，实践中常常为救助报酬等引发争议，因此，该救助形式目前已很少采用。

（二）合同救助（Contract Salvage）

合同救助是指救助方根据与被救助方签订的以“无效果，无报酬”为原则的救助合同进行的救助。这是目前海难救助普遍采用的形式。

合同救助与合同约束的救助不同。合同救助是在海难发生之后，在进行救助前或在救助过程中，双方根据自愿原则签订救助合同而进行的救助；合同约束的救助是在海难发生之前，救助方与被救助方之间就已经存在某种合同，如拖航合同，救助方根据该合同对被救助方有救助的义务，并据此进行的救助。

（三）雇佣救助（Employed Salvage Service）

雇佣救助，又称实际费用救助，是指无论救助有无效果，被救助方都要按照救助方所使用的人力和设备情况，按时计付报酬的一种特殊的合同救助形式。雇佣救助合同可以在救助前或救助过程中签订，也可以只凭被救助方的书面申请而成立。这种申请应被视为被救助方同意按有关规定支付费用的证据。

雇佣救助的特点在于，被救助方拥有救助指挥权，并且无论救助是否成功，被救助方都要向救助方支付救助费用。为了鼓励救助方尽力施救，通常还约定，如果救助成功或在约定期限内完成，则按比例增加若干救助报酬。这种救助形式一般适用于拖带救助，如遇险船距港口不远，只需一般的拖带作业，或对救助成功比较有把握时采用。因为雇佣救助的救助方所承担的风险较小，所以救助费相对较低。

雇佣救助更多地体现了海上雇佣劳务的性质，因此，现代海商法已把它划归为海上服务项目，不再将其列为海难救助的范畴。

第二节 ● 海难救助行为与救助款项

一、海难救助行为

原则上讲，任何有效的、使船舶和货物及其他财产脱离危险的行为，都是海难救助行为。常见的海难救助行为有：

（1）对遇险的船舶或其他海上财产进行拖带、引领，将其送至安全地点。

（2）等候在遇险的船舶附近，一旦需要，立刻施救；代为遇险船舶进行指挥，或对其提出施救建议；在遇险船缺乏船员时，暂借船员过船，代为操作；当遇险船舶缺少工具、设备和燃料时，向其提供；为遇险船舶传递消息、联系救援；抢救正在失去控制或沉没的船舶等。

（3）使用各种手段，帮助搁浅船起浮脱浅，或转运搁浅船上的货物、旅客。

（4）帮助扑灭船上火灾；当火势过大而无法扑灭时，将其拖至港外，以免火灾蔓延到其他船舶和码头仓库。

（5）为防止或减轻遇险船舶或其他海上财产造成或可能造成的海洋环境污染而采取的行为。

（6）其他海难救助行为。

二、救助款项

我国《海商法》第一百七十二条规定，救助款项，是指依照法律规定或合同约定，被救助方应当向救助方支付的任何救助报酬、酬金或者补偿。

（一）救助报酬

1. 救助报酬请求权的当事人

（1）债权人

救助报酬请求权的债权人是实施海难救助的人。当参加同一救助作业的海难救助方为多人时，各救助人之间救助报酬的分配，由各方协商确定；协商不成的，可以提请受理争议的法院判决或者经各方协议提请仲裁机构裁决。船舶所有人、船长、船员等之间的救助报酬再分配，通常根据船旗国的法律或合同办理。

对于属于同一船舶所有人的姊妹船之间的救助，有关国际公约和各国海商法都承认，实施救助的一方同样有权请求救助报酬。这是因为：

①两船都是独立的船舶，可能涉及不同的船舶保险人，如果船上有货物，还可能涉及不同的货物保险人，救助报酬最终可能由各保险人承担，并非一定由获救财产的所有人承担；

②参加救助的船长、船员有权分得报酬的一部分，这种权利不因被救助船属于同一船舶所有人而被剥夺。

（2）债务人

救助报酬请求权的债务人为被救助船舶和其他财产的所有人。救助报酬应当由获救财产的所有人按照各自获救财产价值占全部获救价值的比例承担。人命获救者无须承担救助报酬。

2. 确定救助报酬应遵循的原则

根据现行国际公约和各国海商法的规定，确定救助报酬时通常遵循以下两个原则：

（1）救助报酬的金额不应超过获救财产的价值

如果救助报酬超过了获救财产的价值，救助便失去了意义。实践中，救助报酬的确定既不能过低也不能过高，救助报酬过低会打消救助人的积极性，不利于海难救助的实施；救助报酬过高有可能导致遇险人为了选择救助人而拒绝及时救助，从而错过最佳救助时机。这一原则不适用于对构成环境污染损害危险的船舶或者船上货物进行的救助以及雇佣救助。

获救财产包括船舶和其他财产，其价值是指船舶和其他财产获救后的估计价值或者实际出卖的收入，扣除有关税款和海关、检疫、检验费用以及进行卸载、保管、估价、出卖而产生的费用后的价值。但是，船长、船员的获救的私人物品和旅客的获救的自带行李的价值不属于上述获救财产的价值。

（2）救助人有过失，救助报酬予以扣减、限制，甚至取消

这一原则适用于由于救助人本身的过失，以致必须救助，或者救助人有盗窃、隐藏被救助财产或有其他欺骗行为。我国《海商法》规定，由于救助方的过失致使救助作业成为必需或更加困难的，或者救助方有欺诈或其他不诚实行为的，应当取消或减少向救助方支付的救助款项。该原则是对救助人以“应有的谨慎进行救助作业”和“以应有的谨慎防止或减轻环境损害”义务为要求的具体体现。

3. 确定救助报酬应考虑的因素

救助报酬通常都以金钱支付，其数额应由救助方和被救助方协议确定，协议不成的，提请法院或仲裁机构解决。我国《海商法》第一百八十条和《1989年国际救助公约》第13条均规定，双方在确定报酬金额时，应当体现对救助作业的鼓励，并综合考虑下列各项因素：

（1）船舶和其他财产的获救的价值；

（2）救助方在防止或者减少环境污染损害方面的技能和努力；

（3）救助方的救助成效；

（4）危险的性质和程度；

（5）救助方在救助船舶、其他财产和人命方面的技能和努力；

（6）救助方所用的时间、支出的费用和遭受的损失；

（7）救助方或者救助设备所冒的责任风险和其他风险；

（8）救助方提供救助服务的及时性；

（9）用于救助作业的船舶和其他设备的可用性和使用情况；

（10）救助设备的备用状况、效能和设备的价值。

有时，在实施救助作业之前，当事人就已约定了报酬金额，因为该数额是在紧急情况下约定的，难免出现不公平或对客观形势估计不足的情况。为保护被救助方的利益，有时也为保护救助方的利益，各国海商法和国际公约都有规定，最后通常由相关的法院或仲裁机构重新确定救助报酬。

我国《海商法》和《1989年国际救助公约》均规定：有下列情形之一，经一方当事人起诉或者双方当事人协议仲裁的，受理争议的法院或者仲裁机构可以判决或者裁决变更救助合同：在不正当的或者危险情况的影响下订立合同条款显失公平的；根据合同支付的救助款项明显过高或者过低于实际提供的救助服务的。

（二）特别补偿

特别补偿制度是海难救助制度的一个新发展，是对传统的救助报酬原则的补充。《1989年国际救助公约》第14条及《海商法》第一百八十二条规定，对构成环境污染损害危险的船舶或者船上货物进行的救助，救助方依法获得的救助报酬，少于可以得到的特别补偿的，救助方有权从船舶所有人处获得相当于救助费用的特别补偿。如果救助人在实施救助作业的同时，取得防止或减少环境污染损害效果的，船舶所有人应当向救助方支付的特别补偿可以另行增加，增加数额可以达到救助费用的30%。受理争议的法院或者仲裁机构认为适当，可以判决或裁决进一步增加特别补偿数额，但是，在任何情况下，增加部分不得超过救助费用的100%。由于救助方的过失未能防止或减轻环境污损，可全部或部分地剥夺其获得特别补偿的权利。

在任何情况下，全部特别补偿，只有在超过救助方依法能够获得的救助报酬时，方可支付，支付金额为特别补偿超过救助报酬的差额部分。

1. 救助费用

救助费用，是指救助方在救助作业中直接支付的合理费用以及实际使用救助设备、投入救助人员的合理费用。确定救助费用应当考虑：救助方提供服务的及时性；用于救助作业的船舶和其他设备的可用性和使用情况；救助设备的备用状况、效能和设备的价值。

2. 救助报酬与特别补偿的关系

救助报酬条款与特别补偿条款既存在着本质的区别，又有着密切的联系，这种联系体现在以下几种情况：

（1）当救助船舶或财产不成功，防止或减少污染也无效果时

此时，救助人无救助报酬，但是，可以获得相当于救助费用的特别补偿。

（2）当救助船舶或财产成功，防止或减少污染无效果时

此时，救助人有权获得救助报酬，并视情况可能获得一定数额的特别补偿。如果救助报酬数额大于或等于救助费用，救助人只能得到救助报酬；如果救助报酬数额小于救助费用，救助人可得到全部救助报酬以及救助报酬数额与救助费用的差额部分。

（3）当救助船舶或财产不成功，防止或减少污染有效果时

此时，救助人无救助报酬，一般情况下救助方可以获得相当于100%~130%救助费用的特别补偿。但是，在特殊情况下，受理争议的法院或仲裁机构认为适当时，可以将特别补偿数额增加到救助费用的130%~200%。

（4）当救助船舶或财产成功，防止或减少污染有效果时

如果救助报酬大于或者相当于100%~200%的救助费用，救助方可获得全部救助报酬，而不另得特别补偿。如果救助报酬小于100%~200%的救助费用，救助方获得的特别补偿是救助报酬与100%~200%的救助费用的差额部分。

（三）酬金

《1989年国际救助公约》和我国《海商法》规定，在救助作业中救助人命的救助方，对获救人员不得请求酬金，但是有权从救助船舶或者其他财产、防止或者减少环境污染损害的救助方获得的救助款项中，获得合理的份额。

第三节 有关海难救助的国际公约

一、《1910年救助公约》

《1910年救助公约》全称是《1910年统一海难援助和救助某些法律规定的公约》（Convention for the Unification of Certain Rules of Law Relating to Assistance and Salvage at Sea, 1910）。该公约于1910年9月23日在布鲁塞尔召开的第三届海洋法外交大会上通过，1913年3月1日生效。该公约对统一海难救助的法律制度起到了重要的作用，得到了国际上的广泛承认。它明确规定了海上救助人和被救助人的权利、义务和海上救助应遵循的基本原则，其中“无效果，无报酬”以及“无偿救助人命”两条重要原则为各国所接受，并在其国内救助法中加以确认。

截止到2016年12月31日，加入该公约的国家和地区有88个。世界上主要的航运国家和地区都加入了该公约，我国虽然没有参加该公约，但是承认其主要原则和精神。公约的

主要内容如下：

（一）公约的适用范围

公约适用于对遇险的海船及船上其他财产和客货运费的救助，以及海船和内河船相互间的救助，而不论救助发生在何种水域。但不适于军用船舶或专门用于公务的政府船舶。同时规定若所有利害关系人和受理案件的法院都属于同一个国家，则应适用该国国内法，而不适用公约。

（二）“无效果，无报酬”原则

公约第2条规定，救助行为有效果，可以获得公平的报酬。救助没有效果，则无权要求任何报酬。在任何情况下，所支付报酬的金额，都不得超过被救助财物的价值。

（三）救助报酬的请求权

公约第3条规定，经被救助船舶明白合理地拒绝，仍参与救助工作的人，无权要求任何救助报酬，拖船对于被拖船或其货物的救助，无权要求救助报酬，但施救行为已超出拖带合同的，不在此限。

（四）救助报酬的确定

救助报酬的金额由当事人协议决定，协议不成的，由法院决定。救助人之间分配报酬的比例，也同样处理。救助船舶的船舶所有人、船长和船员之间报酬的分配，依船旗国的法律办理。属于同一船舶所有人的船舶之间的救助，也应给予报酬。

（五）对协议的修改

为了保证救助协议的公平性，公约第7条规定，在危险威胁情况下订立的任何救助协议，经当事人一方请求，如法院认为协议的条件不公平，可以宣告该协议无效，或加以变更。

（六）确定救助报酬金额的因素

公约第8条规定，在确定救助报酬时，应考虑下列因素，并由法院依具体情况决定：救助获得效果的程度；救助人的努力与成绩；被救助方面临危险的程度；救助工作所用时间、所耗费用及所受损失；救助人所冒责任上的风险和其他风险；被救助财产的价值。

（七）救助人命的义务

对于在海上发现的遭遇生命危险的每一个人，只要对其船舶、船员和旅客不致造成严重危险，船长都必须施救。船舶所有人对违反前款规定的事项，不承担责任。救助人不得向获救人员索取报酬，但可从船舶、货物及其附属品等的救助者所获的报酬中取得公平的分配份额。

（八）诉讼时效

公约规定救助报酬请求权的时效为2年，自救助行为终止之日起计算。该时效可依受诉法院地法中止或中断。

二、《1989年国际救助公约》

（一）《1989年国际救助公约》产生的背景

《1910年救助公约》生效以来，在国际海难救助实践中起到了非常重要的作用。但是随着航运业的发展，特别是海上油污问题的日趋严重，《1910年救助公约》的规定已不能更好地适应新的要求，主要体现在：

（1）救助标的等因素的变化使海难救助成立的条件发生了变化；

（2）公约未明确船长签订救助合同的权力；

（3）以油船为代表的高污染、高危险性船舶的出现对“无效果，无报酬”原则提出了挑战。

因此，需要制定新的公约来解决上述问题。经过酝酿，《1989年国际救助公约》（International Convention on Salvage, 1989）便于1989年4月在伦敦召开的外交大会上产生了。该公约已于1996年7月14日生效。我国是该公约的缔约国，加入公约时做出了3项保留。截止到2019年9月29日，加入该公约的国家和地区有75个。

（二）《1989年国际救助公约》的主要变化

《1989年国际救助公约》共分5章35条，与《1910年救助公约》相比，其主要变化有：

1. 扩大了公约的适用范围

《1910年救助公约》仅适用于当事一方为缔约国的救助，而《1989年国际救助公约》规定只要是在缔约国提起的有关救助的诉讼或仲裁均可适用该公约。因此，即使救助双方的船旗国均不是缔约国，只要其中的一方到缔约国提起诉讼或仲裁，即可适用该公约。另外，对从事政府机构监督下救助作业的救助人，有权适用本公约的规定。

该公约适用范围的扩大还表现在地理范围上。根据公约第1条规定，救助作业“系指可航水域或其他任何水域中援救处于危险中的船舶或任何其他财产的行为或活动”。可见这里的救助不限于海难救助，在不与海相通的内陆水域发生的救助也包括在内。我国在加入该公约时对此做了保留。

2. 扩大了救助标的范围

为了顺应海上财产多样化的形势，《1989年国际救助公约》规定的救助标的从《1910年救助公约》的“海船、船上财产和客货运费”扩大为“船舶以及非永久性和非有意地依附于岸线的任何海上财产（但不包括已就位的固定式、浮动式平台或移动式近海钻井装置）”。

3. 修改了“无效果，无报酬”原则，增加了“特别补偿条款”

该条款的增加是保赔协会妥协的结果，因为特别补偿最终由保赔协会承担，而救助报酬最终是由船、货的保险人承担。有关特别补偿条款的具体内容参见本章第二节。

4. 增加了“环境损害”的定义

环境损害，是指由污染、火灾、爆炸或类似的重大事故，对人身健康，对沿海、内水或其毗连区域中的海洋生物、海洋资源所造成的重大的有形损害。将救助人在防止或减轻环境损害及救助人命方面发挥的技能和做出的努力，作为确定救助报酬的因素之一。

5. 首次以公约形式，明确船长有权代表船、货双方签订救助合同

公约第6条第2款规定，“船长有权代表船舶所有人签订救助合同。船长或船舶所有人有权代表船上财产所有人签订此种合同”。这是首次以公约的形式明确船长的这一法定代理权，对于及时救助处于急迫危险中的船舶非常有利。值得注意的是，船长的这一权利并没有剥夺船舶所有人签订救助合同的权利，同时，在时间允许的情况下，船长仍应征求船舶所有人的意见。

6. 确定救助报酬的标准体现了鼓励救助方的宗旨

在确定救助报酬需要考虑的因素中，重点增加了救助人防止或减轻环境损害的技能和努力以及人命救助两个因素，体现了鼓励救助的宗旨。

7. 公约增加了一些新条款

新增加了一些有关被救助人接受救助财产的义务、被救助财产所有人提供担保以及获救财产所有人先行给付的义务等方面的规定。

此外，《1989年国际救助公约》还增加了“救助作业实施”一章。在这一章里规定了有关救助各方当事人（包括救助人、船长、船舶所有人及其他财产所有人）在救助作业中的义务；救助人救助海上人命的义务；以及公约成员方之间合作的问题。

第四节 海难救助合同

一、海难救助合同的概念

海难救助合同（Contract of Salvage），是指救助人与被救助人之间在海难救助开始之前或者在海难救助过程中达成的，以双方的权利和义务、各自的职责以及救助报酬或特别补偿的给付为主要内容的协议。

《海商法》第175条规定，救助方与被救助方就海难救助达成协议，救助合同成立。实践中，救助合同尽管以书面形式为主，但是也可以采用口头形式订立。

二、海难救助合同的种类

（一）雇佣救助合同

为雇佣方式救助而签订的救助合同叫作雇佣救助合同。这种救助合同可以在救助前签订，也可以在救助过程中签订。合同中通常明确雇佣救助的救助指挥权在遇险船一方；不论救助是否成功，被救助方都要向救助方按照救助方所使用的人力和设备情况，按时间计付救助报酬。雇佣救助合同有时还约定，如果救助成功或在约定的期限内成功，则追加若干报酬。

（二）“无效果，无报酬”救助合同

根据“无效果，无报酬”原则签订的救助合同叫作“无效果，无报酬”救助合同。“无效果，无报酬”救助合同具有以下特点：

（1）这种救助合同可以在实施救助以前，也可在实施救助过程中签订。

（2）对合同中填写的救助报酬数额，法律上规定双方均不受约束。这就避免了船舶在遭遇紧急危险时，救助双方把宝贵的时间浪费在斟酌报酬的数字上，以致增加遇难船的危险性。

（3）“无效果，无报酬”救助合同的内容及双方的权利和义务应是公平合理、照顾双方利益的。如救助方乘人之危，提出不公平的条件、索取过高的报酬，在此情况下签订的合同，各国法律都会以显失公平为理由，使之归于无效或部分无效。

三、海难救助合同的标准格式

（一）英国劳氏救助合同标准格式

自1891年英国一个名叫威廉姆·瓦埃敦的律师兼仲裁员提出“劳氏救助标准合同格式”（Lloyd' s Open Form，LOF）以来，英国劳氏仲裁委员会对该合同格式几乎每十年修订一次，但是，“无效果，无报酬”的核心原则，即救助报酬主要取决于获救船舶和货物价值的原则从未改变。现在，LOF有13个不同年代的版本，最新版本为2020的版本。而最具有影响力和变化最大的修改是1972年、1980年、1990年和2000年的版本。救助双方可选择上述不同版本的其中一种进行签约，但鼓励使用最新版本签约。

实践中，各种不同的LOF合同被广泛地使用在救助作业中，取得了“准公约”的法律地位，对各国海事立法产生了重要的影响。国际救助联盟（简称ISU）是作为全球救助企业的联合会，其旗下的会员企业担负着全球90%的救助活动。从1978年起，国际救助联盟就每年定期出版全球年度救助统计资料。据统计，1978年到2005年期间，其会员企业共执行了5 135个救助，其中2 701个救助是使用了LOF救助合同。

1. 1972年劳氏救助合同格式（LOF 1972）的主要内容

（1）签约双方是以遇险船舶的船长作为船舶所有人的代表，同时又作为货主的代表为一方，以救助船的船长为他的机构的代表为另一方。

（2）经约定将船舶和货物拖带进入某一港口为止。

（3）如果救助无效，救助人不收取任何费用；如果救助有效，则将收取若干报酬。被救助人如嫌报酬过高，可以要求更改；反之，救助人如嫌报酬过低，亦可要求增加。双方达不成协议，因而发生纠纷，应在伦敦劳合社仲裁解决。

（4）救助人可以合理地免费使用遇险船舶的设备，但不应使遇险船的财产遭受不必要的损失。

（5）救助完毕后，救助人应在48 h内通知劳合社委员会收取担保，担保方式由劳合社委员会决定。收取担保以前，救助人对获救财产享有留置权。

2. 1980年劳氏救助合同格式（LOF 1980）的主要内容

与LOF 1972相比，LOF 1980主要增加了以下内容：

（1）在救助油船时，救助人应尽最大的努力防止船舶漏油。只要救助人在救助满载油船或部分载货油船时没有过失，即使救助不成功，或者只是部分成功，或者救助人受阻未能完成救助工作，油船船舶所有人都应单独向救助人支付为此而产生的合理费用和不超过该项费用的15%的附加费。此即著名的“安全网条款”。

（2）遇险方在救助过程中应与救助人充分合作。如果双方关于获救财产应送达的地点不能达成协议，救助人只要把获救财产送到一个安全地点即可，财产所有人应尽快接受获救财产。

（3）救助人因救助作业中的过失，而对被救财产所有人产生赔偿责任时，可以按英国法律规定享受责任限制。《1976年海事赔偿责任限制公约》被视为英国法律的组成部分。

（4）救助合同适用英国法律，合同规定的仲裁应根据英国法律进行。仲裁员可以根据情况做出临时裁决，命令按照公平合理的条件预付公平合理的报酬。

3. 1990年劳氏救助合同格式（LOF 1990）的主要内容

LOF 1990对LOF 1980做了以下主要修改：

（1）以《1989年国际救助公约》第14条“特别补偿条款”代替了LOF 1980中的“安全网条款”。特别补偿不仅适用于载货油船，也适用于对环境构成威胁的任何其他船舶或货物。

（2）被救助船船长除了代表船舶、货物，燃料、物料的所有人外，还代表船上任何其他财产的所有人，同救助方签订救助合同。

（3）救助方在救助作业中，应尽力防止或减轻对环境的损害。

（4）被救助船舶的所有人、其受雇人和代理人，应尽力保证货物所有人在提取货物之前提供相应的担保。

（5）仲裁按劳氏委员会专门制定的程序规则进行。

4. 2000年劳氏救助合同格式（LOF 2000）的主要内容

LOF 2000较之以前各个版本的劳氏救助合同，在内容和格式上都做了很大的修改，用简明的文字替换了原先占有很大篇幅的担保条款、仲裁条款、上诉条款、付款规定等内容。经修改后的LOF 2000仅两页纸，救助人与被救助方的主要权利、义务在合同中一目了然。

按LOF 2000签订救助合同时，需要在合同第一页表格中填写：救助人的名称；被救助方的名称；双方商定的获救财产的送达地点；仲裁裁决及担保所使用的货币名称；合同签订日；合同签订地；是否将“特别补偿条款”并入救助合同中；救助人代表签字；被救助船船长或其他财产的代表人签字。LOF 2000合同条款的主要内容有：

（1）救助人同意尽最大的努力救助遇险船舶，以及船上的货物、运费、燃料、物料和其他财产，并将它们送到合同中注明的，或其后双方同意的交付地点。如果合同中没有规定这样的地点，其后双方也未商定交付地点，救助人应将获救财产送至一个安全的地点。

（2）在实施救助过程中，救助人应尽最大的努力防止或减轻对环境的损害。

（3）是否将“特别补偿条款”并入救助合同中，取决于对首页第七栏中“是”和“否”的选择。

（4）根据“特别补偿条款”救助人有权收取的救助报酬和特别补偿，不因按“无效果，无报酬”的原则实施救助而予以扣减。

（5）救助人在签署救助合同之前已提供的救助应视为本合同规定的救助的一部分。

（6）救助人可以合理地免费使用遇险船舶的机械、装置和设备，但不应使遇险船的财产遭受不必要的损坏、抛弃和牺牲；救助人有权获得他们认为应该合理获得的有关船舶和财产的信息，特别是与实施救助有关的信息；财产所有人应与救助人充分合作，以便获准进入合同中规定的获救财产的送达地点或安全地点。

（7）当对可以产生救助报酬的有效结果不再有任何合理希望时，被救船舶所有人或救助人均有权以书面的形式提前通知对方，终止救助服务。

（8）当获救财产被送至合同中注明的或双方同意的安全地点，并处于安全状态时，救助人的救助服务即视为已完成。

（9）有关救助人的救助报酬和（或）特别补偿，应在伦敦按照“劳合社标准救助和仲裁条款”以及“劳合社程序规则”仲裁确定。

（10）本合同或根据本合同产生的仲裁适用英国法。

（11）签署本救助合同的船长或其他人代表被救助的财产各方签订本合同，并约束被救助的财产各方履行本合同。

（12）在业已签署了救助合同后，船舶所有人应及时通知其他财产所有人。一旦救助获得成功，获救财产所有人应立即按合同中的“劳合社标准救助和仲裁条款”的规定提供担保。

（13）有关“特别补偿条款”“劳合社标准救助和仲裁条款”“劳合社程序规则”的复印件，可以从救助人处或劳合社委员会获得。

LOF 2011格式与LOF 2000基本一致，仅在重要通知部分增加了两条注意事项。

（二）SCOPIC条款

1. SCOPIC条款产生的背景

《1989年国际救助公约》为了鼓励救助人积极从事环境救助而建立特别补偿制度，其宗旨是鼓励救助人即使在最不利的情况下，也能为防止或是减少污染做出贡献。但是，从根本上，特别补偿条款在操作层面上产生了许多问题，使得特别补偿的计算特别复杂，因此特别补偿制度就呈现出很大的不确定性。船东互保协会担心特别补偿条款的设立，可能会引发救助方故意拖延工作时间或财产保险人推迟认定船舶推定全损，使救助费用加大，特别补偿提高，支付特别补偿的机会增加，船东及其互保协会处于无法控制局面的境地。救助方则担心特别补偿条款，仅在有损害环境威胁并需证明时才使用，从而对其很不利，而且该条款不适用于沿海、内水及毗连区之外的地方，其适用范围存在地理上的限制。

为此，国际救助联盟、国际船东互保协会集团、财产保险人与国际航运公会四方代表经过反复磋商，形成了“船东互保协会特别补偿条款”（Special Compensation of P&I Clause，SCOPIC），该条款于1999年8月1日正式使用。SCOPIC迄今为止已经有4个版本，最早的版本为SCOPIC 2000条款，经过多次修改，最新版本为SCOPIC 2011。SCOPIC 2011共有16个条款和3个附件，形成一个基本框架，明确了救助人和船舶所有人在合同中的定位，规定了双方在特别补偿问题上的权利与义务关系。

2. SCOPIC条款的主要内容

以SCOPIC 2000为例，介绍该条款的主要内容：

（1）救助方可在其选择的任何时间书面通知船舶所有人使用SCOPIC条款，无须考虑当时情况，尤其无须考虑船货是否有“损害环境的威胁”，SCOPIC酬金自书面通知到达船舶所有人处时起算。

（2）船舶所有人（实务中，是船东互保协会）应在收到SCOPIC条款书面通知后2个工作日内，向救助方提供银行或互保协会的满意担保，担保数额为300万美元，包括利息和费用（称“最初担保”）。

（3）“最初担保”提供后，经合理计算，认为担保数额不足或超出SCOPIC酬金，当事方可重新协议，增加或减少担保数额，如就担保人、担保形式、增加或减少担保额不能达成协议，就此有关的任何争议应提交仲裁解决。

（4）如果船舶所有人未在2个工作日内提供担保，救助方可在通知船舶所有人后，撤销使用SCOPIC条款，此时，《1989年国际救助公约》第14条的特别补偿条款恢复其效力。

（5）SCOPIC酬金取决于使用的时间和材料，按给出的费率表计算所得费用的总和：人工、拖船和其他船艇、可携式救助设备、实际支付的费用加上25%的奖励。

（6）即使救助的当事方就SCOPIC条款已达成协议，也不影响救助报酬按1989年公约第13条计算，且SCOPIC酬金仅在高出救助报酬时，支付其高出部分；如果救助报酬高于SCOPIC酬金，高出部分的25%将从救助报酬中减掉，这是救助方轻率启用SCOPIC条款将可能面临的风险。

（7）救助方和船东均有权终止SCOPIC条款，如果终止使用SCOPIC条款，则救助协议自动适用《1989年国际救助公约》的第14条。启用SCOPIC条款，船东及其保赔协会每天均可通过船东互保协会指定的“特别事故代表”（Special Casualty Representative, SCR）得到有关救助作业的信息。

（8）SCOPIC酬金高出《1989年国际救助公约》第13条救助报酬的部分不应列为共同海损费用，应由船舶所有人单独承担。

（9）任何因使用SCOPIC条款或因适用此规定的救助作业而产生的争议，应依协议的规定提交仲裁解决。

3. SCOPIC条款的并入

SCOPIC条款不是独立存在并独立实施的条款，它是作为救助主协议（LOF 2000或LOF 2011）的补充条款来实施的，但前提条件是主协议必须合并了《1989年国际救助公约》的第14条，如果主协议没有并入《1989年国际救助公约》的第14条，SCOPIC条款也就不能作为主协议的补充条款来实施。

SCOPIC条款是确定根据固定的拖船、设备和人力使用的情况计算向救助人员支付特别补偿的机制。SCOPIC条款规定向救助人员支付的补偿不考虑救助相关财产的努力是否获得成功，因此它是关于海上救助“无效果，无报酬”基本原则的例外。SCOPIC稍做修改就可作为补充条款并入LOF 2000，一旦并入，救助人员可在其所选择的任何时间通过向被救助船舶的船东提交书面通知而适用该条款。要求支付SCOPIC救助报酬时，不考虑救助是否成功，不考虑是否对环境造成威胁，也不考虑救助作业的地理位置。

(三) 中国海事仲裁委员会救助合同格式

此格式最初由中国国际贸易促进委员会海事仲裁委员会制定，适用于在我国海域进行的海难救助。中国海事仲裁委员会于1994年修改了原来的合同格式，增加了“特别补偿条款”，除要求对所产生的争议到中国仲裁并适用中国海事仲裁委员会仲裁规则外，其他条款内容未做大的修改。其主要内容如下：

（1）被救助船船长代表所有利益方，同救助人的代表签订救助合同。

（2）救助方应救助遇难的船舶、货物和其他财产，将其送至合同约定或事后协议的地点。

（3）救助方可合理免费使用被救助船舶上的设备进行救助工作。

（4）救助工作只获得部分效果，救助方亦应得到适当的报酬。

（5）如果双方对救助报酬达不成协议，由中国海事仲裁委员会确定。

（6）合同当事人对约定的报酬数额有异议，或合同产生的其他争议，应提交海事仲裁委员会解决。

（7）救助结束后，被救助船所有人应向海事仲裁委员会提交约定的保证金，否则，经救助人请求，海事仲裁委员会有权做出保全措施的决定。在保全措施实现之前，未经救助人或海事仲裁委员会主席书面同意，被救财产不得移走。

（8）海事仲裁委员会根据救助人的请求，可在对整个争议做出裁决之前，做出被救助人先行偿付救助人因救助而发生的合理费用的决定。

（9）仲裁程序按《中国海事仲裁委员会仲裁规则》进行。

第五节 船长在救助作业中应注意的事项

一、遇险船船长在救助作业中应注意的事项

发生海难后，作为遇险船的船长，为保障船舶和人员安全，保护船舶所有人的利益，应注意以下事项：

(一) 海难救助的请求

当船舶在海上遇险需要救助时，船长应将船舶面临的危险程度、需要何种方式的救助等报告船公司，在取得船公司的指示后再请求海难救助。

如船舶已处于十分危急状态，船长可先行求救，再报船公司。船在港内或港口附近或近岸水域，船长可用高频无线电话或电报，联系当地船舶代理或船舶保险人代理或有关港

口当局，安排救助。

如船舶在公海上遇险，船长应电告船公司或附近港口公司航运代表或我驻外使、领馆。如船舶在公海上所处情况十分紧迫，船长也可发出求救信号，以便得到来自任何方的援助。

当救助船来到时，不论是专业的还是非专业的，船长必须问清是为代理委托的救助公司所派，还是主动前来的，问明情况后再决定是否同意救助。如果有几个救助人同时要求参加救助，船长应根据自己的需要，注意选择救助人。选择救助人时必须考虑对方的技术水平、报酬高低、信誉情况以及友好关系等因素。在情况不是十分紧急时，船长应就救助人选择问题先请示船公司，并根据船公司的指示办理。

（二）船长对遇险船舶、货物以及其他财产的施救义务

船舶遇险后，作为船长，首先想到的应该是组织船员积极自救，这是船长应尽的义务。许多国家的海商法规定，船长违反这一义务将承担法律责任。若自救无法摆脱危险，便积极寻求外部援助。

如果船长认为船舶沉没、毁灭不可避免，可以做出弃船决定；但是，除紧急情况外，应当将弃船决定报经船舶所有人同意。弃船时，船长应采取一切措施，首先组织旅客离船，然后安排船员离船，船长最后离船。离船时，船长应指挥船员尽力将航海日志、轮机日志、无线电日志、油类记录簿、本航次使用过的海图和文件，以及贵重物品、邮件和现金等带离船舶。

（三）船长有权代表遇险船舶、货物以及其他财产所有人签订救助合同

有关国际公约和各国海商法，都明确规定了船长的这一项法定代理权。作为被救船的船长应该非常清楚自己的这项权利，并应视情况及时签订救助合同，以免贻误最佳救助时机。为了保护船舶所有人的利益，船长也不应轻率地签订救助合同。如果情况允许，船长在签订救助合同前应征得船舶所有人的同意。

（四）船长有权选择救助人

实践中，若情况不是十分紧急，多数时候是由船舶所有人对救助方进行选择并签订救助合同。若情况紧急，需要船长签订救助合同时，作为遇险船的船长，应该注意对救助方进行选择。选择救助方时应综合考虑技术水平、报酬高低、信誉情况以及友善关系等。尽量选择船舶保险公司或保赔协会推荐的救助人；当船舶所处危险较大，救助可能性较小时，应选择“无效果，无报酬”合同救助；当船舶所处危险较小，救助可能性较大，尤其是船舶出事地点离岸较近，需要的只是良好气候下的拖带时，也选择雇佣救助。我国船舶应尽量选择中国海事仲裁委员会制定的救助合同格式，以便一旦发生争议，在我国仲裁解决。

（五）特别注意与确定救助报酬有关的因素

在整个救助过程中，被救船船长应特别注意与确定救助报酬有关的因素。最好是指定专人对各种情况做详细记录。记录的内容通常包括：双方协议的详细内容、救助方到达的时间、救助开始时间、当时的天气及海况、采取的救助措施、使用的工具器材、救助的成效等。这些记录的信息，日后都将成为解决救助报酬的重要证据材料。

（六）明确救助双方的义务

签订救助合同后，在救助作业过程中，应明确救助双方所负的义务：

《海商法》第一百七十七条规定，在救助作业过程中，救助方对被救助方负有下列义务：

（1）以应有的谨慎进行救助；

（2）以应有的谨慎防止或者减少环境污染损害；

（3）在合理需要的情况下，寻求其他救助方援助；

（4）当被救助方合理地要求其他救助方参与救助作业时，接受此种要求，但是要求不合理的，原救助方的救助报酬金额不受影响。

《海商法》第一百七十八条规定，在救助作业过程中，被救助方对救助方负有下列义务：

（1）与救助方通力合作；

（2）以应有的谨慎防止或者减少环境污染损害；

（3）当获救的船舶或者其他财产已经被送至安全地点时，及时接受救助方提出的合理的移交要求。

（七）做好事实记录

事实记录是日后双方仲裁或诉讼解决救助报酬等争议的重要证据材料。因此，被救助船应尽量对各种情况详细记录。在此方面，船长应遵循下列各项程序：确保将有关救助协议的任何会谈内容准确记录在案；准确记录救助开始的时间及救助船到达的时间；专门指定一位船员，要求其以书面文字、照相或任何其他可用的方式，全面、准确地记录救助过程的各种情况，该事实记录除记录人签字外，还应有被救助船长和救助方的代表签字；确保航海日志、轮机日志和无线电日志的记载及时、准确，特别是航海日志要有船位的定时记录。

（八）其他工作

在被救助船舶抵达第一个安全港口时，应注意办理好担保手续。被救助船船长应及时提交海事报告，并安排船舶检验，做好各项善后工作。

二、救助船船长在救助作业中应注意的事项

（一）接到求救信号的行动

船舶在海上，如收到呼救信号，在不影响本船安全的情况下，应立即前往呼救地点进行救助。在通常情况下，前往救助途中应电告船公司。除非需立即进行的海上人命救助，否则对船舶或其他海上财产的救助，经常是在船公司同意后才能实施。

（二）应尽可能与被救人签订救助合同

施救前，应尽可能与被救人签订救助合同，并视救助风险的大小，向对方提出合理的救助报酬。如果情况紧迫，也可要求遇险船长出具自己进行了救助的字据。

（三）救助结束后的工作

救助工作结束，遇险船抵达安全港后，救助人可向其要求提供担保，否则可对获救财产行使留置权。除非有若不紧急治疗即可能死亡的获救人员在船，否则在救助完毕后，救助船可按原计划驶往预定下一挂靠港，获救人员应在该港离船。

（四）其他注意事项

（1）装有大量危险品的船舶，在收到求救信号后，一般不应前往救助。必须前往救助时，应征得船公司的同意。

（2）在对姊妹船施救时，亦应办妥有关手续，以便将来向被救船保险公司索赔。

（3）救助船在救助过程中应做好事实记录，在救助工作结束后抵达第一挂靠港时，应向有关方递交救助报告并获得签证。

第十七章

共同海损

本章学习目标

《海船船员培训大纲（2021版）》

3.9 P&I 业务

.1 掌握共同海损法律与实务

共同海损事故是船舶在海上运输中发生的一种特殊的海损事故，处理这类事故的法律规定是海商法中特有的、历史悠久的法律制度。各国建立了在共同海损事故中由受益的利害关系人分摊共同海损损失的补偿制度。我国《海商法》“共同海损”一章，是根据我国共同海损理算的实践经验，参照《1974年约克·安特卫普规则》制定的。

船长应熟悉并掌握共同海损与单独海损的区别、共同海损牺牲、共同海损费用及处理共同海损事故时应注意的问题。本章内容适用于海船3 000总吨及以上船长、500~3 000总吨船长。

第一节 共同海损概述

海损（Average），是指在海上运输中，因自然灾害、意外事故或其他特殊情况引起的船舶、货物或其他海上财产的损失和支出的费用。按损失的性质划分，海损可分为单独海损和共同海损。单独海损（Particular Average，PA）是指自然灾害、意外事故或其他特殊情况所直接造成的船舶、货物或其他海上财产的损失和支出的费用。共同海损（General Average，GA）与单独海损在损失的起因、损失承担方面有很大的区别。

一、共同海损的概念

（一）共同海损的概念

共同海损在概念上有狭义和广义之分。

狭义的共同海损，是指在同一海上航程中，船舶、货物和其他财产遭遇共同危险，为了共同安全，有意地、合理地采取措施所直接造成的特殊牺牲、支付的特殊费用。

广义的共同海损是对上述特殊牺牲和特殊费用由各受益方按比例分摊补偿的法律制度，由共同海损行为、共同海损损失、共同海损分摊等组成。

（二）共同海损与单独海损的区别

实践中，单独海损和共同海损往往交织在一起发生，而且，共同海损在很大程度上是为了防止或减轻单独海损而发生的。两者区别明显，具体表现在以下方面：

1. 造成损失的原因不同

单独海损完全是由自然灾害、意外事故或其他特殊情况所直接造成的；而共同海损则是当同一海上航程中的船舶、货物和其他财产遭遇了共同危险后，为了共同安全，有意地、合理地采取某种措施所造成的。

2. 承担损失的方式不同

对于属于单独海损的损失，由受损方自行承担；对于共同海损牺牲和费用，则由该共同海损行为的各受益方共同承担。

二、共同海损成立的要件

根据共同海损的定义，共同海损的成立必须符合下列条件：

（一）同一海上航程中的财产遭遇了共同的危险

1. 海上财产处于同一海上航程中

海上财产中有很多不同的利益方，通常包括船舶、货物、运费等的权利人。共同海损成立的前提首先是存在两个或两个以上的利益方。如果只存在一个利益方，发生任何危险均谈不上是共同危险，也就不可能构成共同海损。例如，船舶空载状态下发生的任何危险，都不可能构成共同海损。因此，要构成共同海损，不同利益方的海上财产要处在同一海上航程（Common Maritime Adventure）中。

2. 遭遇了共同危险

（1）危险必须是同一海上航程中的财产所共同面对的

此即该危险危及船舶、货物等共同的安全，若不及时采取措施，船舶、货物等均有灭失或损坏的风险。因此，若只有一方面临危险，便不能构成共同海损。例如，船上载运一批牛羊，途中因遭遇恶劣天气延长了航行时间，导致船上的饲料被消耗殆尽，牛羊面临饿死的危险，于是挂靠附近某一港口添加饲料并因此产生额外费用。该危险便不是共同的，因为，船上缺少饲料对船舶和其他货物并无危险。由此产生的额外费用也就不能作为共同海损。另外，空载航行的船舶或是卸货完毕后的船舶遭遇海上危险，因不存在共同利害关系方，也就谈不上共同海损。又如，船上的冷冻机坏了，冷藏舱中的几百吨鲜肉有腐烂变质的危险，船长决定绕航附近的港口去修冷冻机。因为冷冻机坏了并不构成对船舶以及其他非冷藏货安全的威胁，船舶和其他货物并没有危险，因此绕航费用以及港口使费不能算作是共同海损。

（2）危险必须是真实存在的或不可避免的

同"海难救助"一章中介绍的"危险"一样，此处的"危险"也必须是真实存在的，即非主观臆断或虚拟的危险，但并不要求必须是已经发生的危险或马上要发生的危险。主观推断出的危险不是真正的危险，基于错误判断而采取的措施，也不属于共同海损行为，例如某船搁浅后，由于船长对当地水文、气象不甚了解，错误地以为遭遇了危险，因而雇请拖船前来救助，事后经调查发现船舶搁浅是由潮汐变化所致，待高潮来临时完全可以自行起浮，这就不是真实的危险。因此，由于雇佣拖船所支付的救助费就不能当作共同海损。又如，某船某货舱装有棉花，船长发现该舱甲板发热，即认为该舱内棉花失火，立刻命令封舱，注入水和蒸汽。但后来发现，甲板发热是该舱上层甲板旁的蒸汽管道破损，蒸汽冒出所致。因此，水和蒸汽所造成的棉花湿损，不算共同海损损失，而只能由船方负责赔偿。

真实危险并不一定说一定要处于紧迫危险当中，换言之，即使这种危险不会即刻发生，但只要危险是不可避免的，并且所采取的措施是合理的，亦属于共同海损行为。例如船舶在大洋中航行由于主机发生故障，使船舶失去动力，虽然当时风和日丽，但若不及时修复船舶，一旦天气有变，船舶便有倾覆或沉没的危险。这样的危险也属于真实危险。

（二）采取的措施必须是有意而合理

1. 所采取的措施必须是人为有意的

人为有意的措施，是指船长在主观上明知采取某种措施会造成船舶或货物的进一步损害，但为避免船货的共同危险而不得不主动采取的措施。例如，为了避免船货沉没而故意搁浅；为了脱浅而抛弃部分货物。又如，一艘小型船舶为了紧急避碰，在船舶尚有余速的情况下抛下了双锚，结果失去或严重损坏了锚和锚链。作为船长，他清楚地知道，在当时条件下抛出双锚意味着什么，但是，不这样做就无法有效地减速，就会造成更大的损失，所以仍然做了这个决定，这就是有意的，锚和锚链的损失可以作为共同海损；反之，如果船舶在航行中由于锚掣不牢，双锚落水，由于船舶的巨大惯性而将锚链拖断，则失去的双锚就不能算是共同海损，因为这不是有意的行为，而是由于意外事故所造成的，属单独海损。

2. 所采取的措施必须是合理的

合理的措施，是指本着以最小损失换取船货安全的原则而采取的措施。一项措施是否合理，没有绝对的标准，通常是根据当时的客观条件、措施的可行性以及所做的牺牲与所保全的财产是否成比例等来决定。例如不该抛货时抛货，该抛重货时抛弃轻货，该抛廉价货时抛弃贵重货；主机发生轻微故障，很好修理，船长却雇拖船拖带；没有明显理由，舍近求远选择避难港；对十几万吨级的船舶，企图依靠抛锚减速来避免碰撞等，都是不合理的措施。因不合理措施造成的损失，其不合理部分得不到共同海损补偿。

当然，有时采取的共同海损措施不一定都行之有效，但只要是经过慎重考虑而采取的，也应被认为是合理的。例如船舶搁浅，为了解除共同危险，采用先进快车后倒快车进行起浮，未获成功。但主机因过度使用受损，后经雇佣拖船脱浅。此项进、倒车措施，虽然未取得预期效果，也应视为是合理的措施，所导致的主机损失也应列入共同海损。

（三）做出的牺牲和支付的费用必须是特殊的

在非正常情况下，船长在其应尽义务之外所采取的措施而造成的损失和支付的费用称为特殊牺牲和特殊费用，这种牺牲和费用可以认作共同海损。例如，为了避台风而驶入附近避风港的港口使费，求救信号的消耗，消防设施在救火过程中的损坏，已毁损了的船上物品的抛弃，丧失使用价值的船舶设备的抛弃，驶入原来就是中途港的避难港的正常港口使费的支出等，尽管它们可能符合“人为有意的”特征，但因为不是特殊的、额外的牺牲和费用，所以不能作为共同海损。

（四）采取的措施必须有效果

共同海损措施有效果，是指采取的措施，使得船货所面临的共同危险得到了解除或缓和，船舶、货物得以全部或部分获救或保全。

共同海损制度的精髓在于受益人分摊共同海损，如果采取的措施没有效果，即没有财产获救，也就无受益人可言，从而失去了分摊共同海损的基础。共同海损措施有效果，并不是要求船舶和货物必须全部获救，部分财产获救仍然被认为有效果。

第二节 共同海损的表现形式

共同海损从性质上可以分为共同海损牺牲（Sacrifices of GA）和共同海损费用（Expenditure of GA）。共同海损牺牲是指因共同海损措施所直接造成的船舶或者货物或者其他财产在形态上的灭失或损坏。共同海损费用是指由于采取共同海损措施而支付的额外费用。目前，不同的理算规则和各国法律在确定共同海损牺牲和共同海损费用的范围上不尽相同。

《约克·安特卫普规则》（York-Antwerp Rules，YAR）是国际上使用最广泛的共同海损理算规则。这一民间规则虽然不具有强制约束力，但由于当事人普遍采用，因此成为海商法领域典型的国际航运惯例。该规则自1877年正式定名以来，总共有8个版本，目前使用最多的是1994年版本。最新版本是2016年版本。此外，新规则不排斥和取代旧规则，当事人可以随意选择所适用的理算规则。以下按《1994年约克·安特卫普规则》的内容介绍共同海损的表现形式。

一、共同海损牺牲

（一）抛弃货物

抛弃货物（Jettison of Cargo）是最早的一种共同海损形式，通常是在不能等待他船救助，其他措施也不合理的情况下采取的。在现代航海技术条件下，这种形式已不多见。但鉴于海上情况的复杂性，仍有保留的必要。关于抛弃货物问题，包括以下两个方面的内容。

1. 被抛弃货物（包括船用物料等）本身的损失

（1）当船舶发生触礁、搁浅事故的，为了使船舶和货物等免遭沉没危险，或为了使船舶重新起浮，采取抛弃货物、船舶燃料和物料，或抛弃船上的邮件、旅客携带上船的自用汽车、旅客托运的行李（旅客随身携带的行李除外）等，来增加船舶储备浮力。只要是为了解除船舶和货物等所面临的共同危险而被有意和合理地抛弃，都属共同海损牺牲。

（2）如果被抛弃的货物载于甲板上，只有那些符合法律或航运习惯或双方协议载于甲板上的货物才能作为共同海损；若是船方擅自将货物置于甲板上，则不能作为共同海损，而要由船方承担此损失。

（3）关于抛弃有缺陷的货物。由于某些货物的固有缺陷而造成危险，将其抛弃时不能作为共同海损。例如，某船装运一批鱼粉，在航程中产生高热并自燃，船长下令将其抛弃，此种损失不属于共同海损，因为鱼粉自燃系属于货物的固有缺陷。另外，货物在被抛弃时，若已经被风浪或其他原因毁损，也不能作为共同海损，因为这样的货物在被抛弃时已经没有任何经济价值。

2. 因抛弃货物（包括船用物料等）而引起的财产的进一步损失

抛弃货物和为共同安全所做牺牲所引起的灭失或损害，也应被列为共同海损。例如，为抛弃货物而开舱，致使海水进入舱内损坏了其他货物，被海水损坏的货物同样可以列入共同海损。因抛弃行为的直接后果所造成的船舶或其他货物的损害，亦应作为共同海损牺牲。因抛弃货物打坏了螺旋桨、车叶等的损害也属于共同海损。

（二）扑灭船上火灾所造成的牺牲

扑灭船上火灾（Extinguishing Fire on Shipboard）所造成的牺牲，是指在船上发生火灾并危及船货共同安全的情况下，为灭火而采取措施，如喷射灭火剂、灌水、注入水蒸气等造成的船舶或货物的进一步损失。该灭火行为符合共同海损的构成要件，上述损失可以作为共同海损。

船上发生火灾，火灾被扑灭后，对于损失的财产一般可分为三部分：部分财产被火烧坏；部分财产因灭火行为损坏；还有部分财产被烟熏或火烤损坏。通常认为，因灭火行为损坏的财产属于共同海损，而被火烧坏的财产和被烟熏或火烤损坏的财产不能作为共同海损。例如：采用封舱灌水、向舱内注入CO_2灭火剂等造成的货物湿损，为灭火将船舶凿洞或自动搁浅或其他行为造成的船体的损害等。

（三）切除残损物造成的损失

残损物，是指因自然灾害或意外事故而被损坏或已被拆除或实际上已被毁灭的残留物，例如因海难事故而损坏的船桅、栏杆、锚链等。如果这些残损物继续留在原处，可能威胁航行安全。为了船货共同安全，有必要切除这些残损部分。被切除的残损物在被切除前可能尚有一定价值，但确定其是否具有价值以及价值的大小是非常困难的，因此，根据《2004年约克-安特卫普规则》，被切除的残损物不得列为共同海损。但是，因切除残损物所引起的费用以及对船货的进一步损害，如因切除被折断的桅杆致使螺旋桨遭受的损失，则可以作为共同海损而得到补偿。

（四）有意搁浅造成的损害

有意搁浅（Voluntary Stranding），又称主动搁浅，是指为了避免船舶碰撞后沉没的危险，或者为了便于扑灭船上的火灾等原因，船长有意地将船舶驶往比较安全的浅滩或将其凿沉于浅水地带。这种为了船舶和货物等共同安全而采取的自动搁浅行为，造成的船底损坏，以及以后为起浮脱浅而造成的船、货损失和支付的费用，均可作为共同海损。

（五）起浮脱浅造成机器和锅炉的损害

对于搁浅并处于危险境地的船舶，为了使其重新浮起而超负荷使用机器或锅炉，只要这种措施是为了共同安全而采取的，由此而导致的损失应列入共同海损。但船舶在浮动状态下因使用推进机器和锅炉所造成的损失，在任何情况下均不得作为共同海损。

（六）当作燃料而使用的货物、船用材料和物料损失

若船舶配备的燃料被耗尽，船货处于共同危险中，以货物、船用材料或物料作为燃料，是为了共同安全，因此，被烧掉的财产损失应列为共同海损。但船用材料和物料费用受到补偿时，为完成原定航程本应消耗的燃料的估计费用，应从共同海损中扣除。但是，若上述情况是由于开航前船上配备燃料不足所致，则船方不仅要自行承担被当作燃料的财产损失，还要承担船舶不适航的责任。

当今航海技术发达，共同海损很少以货物、船用材料和物料代替燃料的形式出现，取而代之的多是开往避难港的费用。

（七）在避难港卸载、重装或搬移货物、燃物料等造成的损失

船舶遭遇海难事故后，为了船货共同的安全，或是为了检修船舶以安全完成本航程，有时需要在避难港搬移、卸载船上部分货物或船舶燃物料。该行为属于共同海损行为，由此造成的船货损失，属于共同海损。例如船舶在起浮脱浅时船底破裂，海水进入船舱，船舶驶入避难港后，船货等继续处于共同危险之中，为了共同安全，必须卸载部分货物才能进行检验、修理，因卸货而造成的船舶或货物损失即属于共同海损。但货物卸岸后，由于火灾、洪水等原因造成的损失，因与共同海损之间中断了因果关系，故不得作为共同海损。

上述只是比较典型的共同海损牺牲，实践中共同海损牺牲的表现形式不仅限于这些，具体情况需依据有关理算规则和各国海商法的规定进行判断。同时，提出共同海损分摊请求的一方应负举证责任，以证明其损失应当列入共同海损。

二、共同海损费用

（一）救助报酬

船舶遭遇海上危险后，为了船舶和货物等的共同安全，请求第三者前来救助，不论此种救助是否根据合同进行，只要救助获得成功，由同一航程的各有关方合理支付的救助报酬均应列为共同海损费用。

《2004年约克·安特卫普规则》将大部分救助报酬排除在共同海损之外，规定只有当一方代另一方支付了本应由另一方支付的部分或全部的救助报酬时，救助报酬才能列入共同海损。即救助人进行救助作业，如果被救助方只是船舶一方或其他财产一方，则救助报酬应由被救助方独自承担，而与共同海损无关。如果被救助的对象涉及船舶的货物和其他

财产等多个利益方，此时，若救助报酬已由各利益方分别承担，则救助报酬不再被列为共同海损费用；但若在此种情况下，一方代其他方部分或全部垫付了救助报酬，则该救助报酬应当列为共同海损费用。

另外，为了鼓励对装运危害环境物质的船舶进行救助，《1989年国际救助公约》规定，在确定救助报酬时应考虑救助方为“防止或减轻环境污损所做的技能和努力”；同时还引入了“特别补偿”条款。而《2004年约克·安特卫普规则》仅将考虑了防止或减轻环境污损所做的技能和努力这一因素而确立的救助报酬列入了共同海损；却未将“特别补偿”列入共同海损，根据SCOPIC条款支付给救助方的“特别补偿”也不得列入共同海损。

《2016年约克·安特卫普规则》不再将大部分救助报酬排除在共同海损之外，而是根据不同情况做不同的处理。

（二）搁浅船舶减载费用

对处在危险中的搁浅船舶，如经证明确是为了船舶和货物等共同安全而采取的起浮脱浅措施，所发生的相关费用应列入共同海损。例如租用拖船卸载货物以减少船舶吃水，帮助船舶起浮脱浅，因此而产生的拖船租用费、货物卸载和重装费等，均可列为共同海损费用。

（三）避难港费用

如果船舶因意外事故、牺牲或其他特殊情况，需要进入避难港口或驶回原来的装货港，只要这种措施是为了维护共同安全而必须采取的，由此所发生的避难港费用应该列入共同海损。避难港费用包括：

（1）驶往避难港或原装货地点与驶离避难港或原装货地点的费用（如果该避难港或地点不是原定进入的港口或地点），如船员工资、给养和燃料物料的消耗及港口使费。

（2）如果避难港是船舶预计挂靠或正常情况下停靠的中途港或卸货港，则驶往和驶离该港口而合理支付的一切额外费用（扣除正常营运费用），也应作为共同海损费用处理。

（3）《2004年约克·安特卫普规则》不再将船舶在避难港等地停留期间的船员工资认为是共同海损。而《1994年约克·安特卫普规则》和《2016年约克·安特卫普规则》仍然将其列入共同海损。

（4）为共同安全的需要或为安全完成航程而对船舶进行修理时所发生的货物、燃料或物料的倒载、卸载费用。此外，被卸下货物、燃料或物料的贮存费（包括贮存期间的保险费）、重装费和积载费，也可以列入共同海损，但前提条件是货物、燃料或物料的倒载及卸载行为已经被认定为是共同海损行为。

（5）如果船舶进入避难港口后，发现该港没有修理能力，不得不驶往第二港修理，则第二港亦视为避难港，进出该港的费用以及从第一避难港去该港的费用也应列为共同海损，除非第二避难港是原定的中途港或卸货港，需扣除正常营运费用。如果船舶选择避难港不当，支付了不必要的费用，则应将不合理支付的费用从共同海损中扣除。

（6）作为进港和在港内停留的一个条件，而向避难港支付的防止或减轻环境损害的费用，也可列为共同海损费用。

（四）修理费用

船舶因发生共同海损而进行修理时，所支付的修理费用可以列为共同海损。船舶修理有两种形式：

1. 永久性修理（Permanent Repairs）

永久性修理是指对受损船舶按照技术规范的要求进行的恢复船舶永久性适航能力的修理。如果船舶受损是由共同海损措施所致，则此项修理费用应当列为共同海损。在永久性修理的情况下，船舶所有人从中获取了额外利益，因此要根据情况进行“以新换旧”（New for Old）（用新材料、新构件或新设备更换了船舶因共同海损措施而牺牲或受损的旧材料、旧构件或旧设备）的扣减。

对于船龄达15年或15年以上的船舶进行的永久性修理，应在修理费用中扣减三分之一（但绝缘材料、救生艇及类似船艇，通信和航海仪器、设备、机器和锅炉的扣减，应按各自的使用年限确定）；船龄在15年以下的船舶，不做“以新换旧”的扣减。

对船底进行刷洗、油漆或涂层产生的费用不应列入共同海损，但如果在共同海损行为发生之日前12个月内油漆或涂刷过，则可将油漆或涂层费用的一半列为共同海损。因考虑到现在的涂层可以用4~5年，故《2016年约克·安特卫普规则》将12个月改为24个月。

2. 临时性修理（Temporary Repairs）

临时性修理是指对受损船舶进行最低限度的修理，以使其在一定期限内保持适航性。同样，如果船舶受损是由共同海损措施所致，由此产生的临时修理费也应当列为共同海损。

《1994年约克·安特卫普规则》规定，如果船舶为了共同安全或对共同海损牺牲所造成的损坏在装货、停靠或避难港进行临时修理，则此项修理费用应认作共同海损。如果为了完成航程而对意外损坏进行临时修理，无须考虑对于其他有关方有无节省，则此项修理费用应认作共同海损，但其数额应以因此所节省的如不在该港进行临时修理本应支付并认入共同海损的费用为限。可作为共同海损的临时修理费用，不应做“以新换旧”的扣减。

《2004年约克·安特卫普规则》在《1994年约克·安特卫普规则》的基础上，进一步规定，临时修理费用不做“以新换旧”的扣减，但要扣除船方由此节省的费用。《2016年约克·安特卫普规则》，对临时修理费的规定与《1994年约克·安特卫普规则》完全一致。

（五）代替费用（Substituted Expenses）

代替费用，是一种为了取代或节省本应列入共同海损的费用而支付的费用。代替费用本身不直接具备共同海损费用的条件，不属于共同海损的范畴，但由于支付了该项费用，可以避免或节省一项或几项本应列入共同海损的费用。支付这样的费用实际上是维护了各受益方的共同利益，因此，该项代替费用应当列入共同海损。例如，由于船舶需在避难港进行较长时间的修理，船方将货物安排转运并发生转运费，此项转运费本身不直接具备共同海损费用的条件，但它的支付却节省了货物在码头的仓储费和管理费，因此可以被列为共同海损参加分摊。需要注意的是，代替费用的数额应以被节省的本应列入共同海损的那部分费用为限，超过部分不得列为共同海损。

共同海损代替费用应具备两个条件：第一，代替行为必须是谨慎、合理地采取的，代替费用必须较被代替费用更为节省；第二，采取这种代替行为而支付的费用不是正常的费用，其行为也是在特殊情况下的一种临时行为。

（六）杂项费用

杂项费用是指与处理共同海损案件有关的费用。由于这些费用的支付，对船、货各方有共同的利益关系或与共同海损案件处理有直接关系，因而被各有关方认可，将其列入共同海损费用中。如：共同海损保险费，船货共同海损损失检验费，船货避难港代理费、电报费，垫付共同海损的利息和手续费，共同海损理算费等。

第三节 共同海损事故处理

处理共同海损案件涉及海运、贸易、船舶、保险等多领域问题，是一项法律性和专业性较强的工作。共同海损发生后，船方应及时宣布共同海损，以便各有关方能及时处理事故，不致贻误时机，做好各个环节的工作。以下简明扼要地介绍发生共同海损事故后，船长应采取的行动和注意事项。

一、立即采取抢救措施并做好记录

经常发生足以导致船舶或货物严重损失、构成共同海损案件的重大海损事故主要有火灾、搁浅、碰撞、机损事故。船舶发生海损事故，船长应立即率领全船人员，针对不同类型的危险对其进行抢救，以保证船舶和人命安全，将损失降至最低。若仅靠自救无法摆脱危险，则应果断寻求援助，合理选择救助方并积极配合。

在这些海损事故发生后，采取的行为，如抛货、封舱灌水、自动搁浅、凿洞沉船、签订救助合同、请求他船救助、强行动机起浮脱浅、卸载、倒移货物、驶往避难港等，一般来说都符合共同海损的特征。因此，船长应亲自或要求有关船员认真做好现场记录，掌握足够的共同海损证据，这对确认并迅速地处理共同海损案件十分有利。

二、及时向公司汇报并认真听取公司的指示

在海损事故发生时，船长应及时与船公司进行联系，向船公司汇报事故的经过和处理

情况，在危险尚未解除时还应将准备采取的行为和建议一并报告船公司，听取船公司的指示。若情况危急，船长应根据面临的实际情况，依据一名谨慎合格船长的通常做法和自己的经验，果断采取最有利于安全的合理措施。

三、递交海事声明和海事报告

在船舶到达避难港或目的港开舱卸货以前，船长应向当地海事管理机构递交“海事声明”，海事管理机构对符合要求的海事声明予以签注。一些地区和港口只能凭船舶抵达后提交的海事声明作为可收取共同海损分摊费用的先决条件之一。

船舶在事故发生后的第一到达港或目的港开始卸货之前，船长还应及时向港口当局或公证处、我国驻外使领馆等提交海事报告，取得签注后，其副本应尽快通过代理送交货方及其保险人、租船人等有关方。海事报告是关于海损事故产生的原因及造成的损失情况的重要法律文件，船长在起草该文件时，应严谨准确地陈述事实经过。

四、初步估算造成的损失和费用以确定是否宣布共同海损

由于共同海损理算费用高且用时长，针对一些小额纠纷，船长需事先和船公司及船舶保险公司联系，以便决定是否宣布共同海损。因为船舶应分摊的共同海损通常由船舶保险人承担，若共同海损损失较小，保险公司同意赔偿船舶的全部共同海损损失，船方可不宣布共同海损，以避免产生过高的理算费用。

五、宣布共同海损和办理共同海损担保

宣布共同海损的目的主要是将事故通知全体货方，要求货方提供共同海损担保，保证支付共同海损分摊金额。船方有权决定是否宣布共同海损。如果船方决定宣布共同海损，船长应在当地规定的时效内宣布。

在宣布了共同海损以后，船方可以立即委托理算师代为向货主收取共同海损担保，担保的形式有提供共同海损担保金或担保函等。船长只有在理算师已收到共同海损担保金或担保文件，以及必要时的海损协议书，并通知了船方以后才可放货，否则船方可行使货物留置权，或慢卸或停止卸货，以此来迫使货方提供担保。

海损协议书是由船货双方签署的，保证分摊共同海损的书面文件。收货人除了要向船方出具经货物保险人签署的担保函外，还必须提供由其签署的海损协议书。如果收货人提供由货物保险人出具的共同海损分摊保证书，货物保险人据此保证直接承担共同海损的分摊，则收货人可不另行签署海损协议书。

六、货物转运时的处理

船舶在避难港需要较长时间的修理时，一些货主为了及时地把货物运往目的港，或为了节省货物的仓储、保管等共同海损费用或其他原因，可能要求转船或采取其他运输方式把货物先行运走。在这种情况下，船、货已分离，为了防止货主借此拒绝分摊船、货分离以后的共同海损费用，船长或理算师可以代表船方要求货方签订“不分离协议”，明确转运不影响货方分摊共同海损，即货方仍应如同货物由原船修复后运至目的港一样，分摊共同海损。

七、安排检验

共同海损事故发生后，在船舶第一到达港，船方应和货方联合聘请检验人员，对船货等损坏情况进行检验，如果需要，还应申请潜水员对船底进行检查并出具报告，以便确定损害的性质、范围与程度。检验报告应按损失的性质（共同海损、单独海损及应由船方负责的检修项目）分别注明各类损失的部位和损失程度、建议修理项目、估计修理费用和需要修理的时间等。船长应妥善保管好有关检验报告。

八、妥善处理货物

妥善处置因共同海损行为而受损的货物。主要是分清货物的受损原因，并采取适当的方式（如整理或出售等）对受损的货物加以处理，以尽量减少损失。

对货物处理的方式需要事先征得有关货主的同意，并按每票货物做好出售清单。

九、准备好理算所需的相关资料、文件和单证

为事后处理共同海损，船长需准备有关材料，以便海损理算师对案件的处理提供正确、及时和有效的处理意见。

需要准备的资料包括：船舶名称、船籍、船级、租用状态；船东名称及公司的相关资料；案件发生时间、地点、事故情况、应急处理方法及结果等；航次资料（装/卸港、货物、舱单、提单及提单背面条款）；保险状况（保险条款、附加险、保险人、保险价值、小金额共同海损条款）；船东对修理方法的意见等。

需要准备的文件和单证包括：海事报告、航海日志和轮机日志摘要、船损检验报告、货损检验报告、船舶修理费用清单及其他共同海损费用清单、货物积载图、提单副本、海损协议书或共同海损分摊保证书、救助合同等。

第十八章

海事赔偿责任限制和船舶油污损害赔偿

本章学习目标

《海船船员培训大纲（2021版）》
3.9 P&I业务
.2 掌握海事赔偿责任限制、船舶油污损害赔偿

海事赔偿责任限制区别于普通民事赔偿责任，是海商法特有的法律制度。我国《海商法》对海事赔偿责任限制做了专章规定，它是法律赋予海事责任人对某些海事赔偿请求可以限制赔偿责任的一种权利，体现了法律对海事责任人的保护，具有促进航运发展的积极作用。《海商法》虽未对船舶油污损害赔偿制度做出规定，但我国是《1992年油污损害民事责任公约》的缔约国，在处理相关船舶油污损害赔偿时应适用该公约。

船长应熟悉并掌握海事赔偿责任限制及船舶油污损害赔偿中责任主体的责任原则、赔偿限额、免责事项等方面的法律规定，尽最大努力避免责任事故的发生。本章内容适用于海船3 000总吨及以上船长、500~3 000总吨船长。

第一节 海事赔偿责任限制

一、海事赔偿责任限制的概念

海事赔偿责任限制（Limitation of Liability for Maritime Claims），是指在发生重大海损事故时，作为责任人的船舶所有人、经营人和承租人等，可以根据法律的规定，将自己的赔偿责任限制在一定范围内的法律制度。

海事赔偿责任限制是针对一次事故所引起的各类债权的综合性限制，包括侵权之债和合同之债，因而常常被称作“综合（责任）限制”。它不同于一般民事损害赔偿制度，是海商法中所特有的，有利于促进海上运输业、救助业和保险业的稳步发展。

海事赔偿责任限制的法律最初只是为了保护船舶所有人的利益而设立的，即只有船舶所有人才可以限制其赔偿责任，因此，一直被称为“船东责任限制”或“船舶所有人责任限制”。随着航运事业的发展，除船舶所有人外，承租人、经营人、救助人、责任保险人以及船舶所有人和救助人的受雇人、代理人被纳入受保护的范围，原来的船舶所有人责任限制就演变成了今天的海事赔偿责任限制。

二、海事赔偿责任限制制度

海事赔偿责任限制制度在其发展过程中，经历了执行制度、委付制度、船价制度、金额制度、选择制度及并用制度等多种形式。

（一）执行制度（Performance System）

执行制度是指责任人对因海损事故产生的债务的赔偿，债权人只能要求对责任人的海上财产（包括船舶和运费）强制执行，不得对责任人拥有的其他财产主张权利。即责任人对因海损事故造成的债务的赔偿，以其海上财产为限，并有赖于债权人对其海上财产主动采取措施。但当海上财产超过责任人应承担的债务时，债权人应将超过部分退还责任人。

（二）委付制度（Abandonment System）

委付制度是指责任人对因海损事故产生的债务负无限赔偿责任，但若将其所拥有的海上财产委付给债权人之后，则可免除其所有责任。即责任人对因海损事故造成的债务的赔偿以其海上财产为限，并有赖于其主动履行，否则可能承担无限赔偿责任。但委付后，如果海上财产超过其应承担的债务时，超过部分债权人可不退还。

在上述执行制度和委付制度下，责任人的赔偿责任仅限于委付给债权人的海上财产，债权人直接得到的赔偿主要是船舶而非金钱。如果肇事船灭失或损坏，债权人将得不到赔偿或得不到充分赔偿，因此将这两种制度称为“物的有限责任制度”。

（三）船价制度（Ship’s Cost System）

船价制度是指责任人对因海损事故产生的债务的赔偿，以发生海损事故的航次终了时的船舶价值（包括运费）为限的人的有限责任制度。实践中，如果船舶所有人将船舶（包括运费）委付给债权人，则可免除赔偿责任。

船价制度下，如果船舶灭失或损坏，债权人便得不到赔偿或得不到足额赔偿。船价制度与委付制度的区别在于：在委付制度下，如果船舶所有人不将船舶委付给债权人，就承担无限责任；在船价制度下，船舶所有人只要将与船舶（和运费）等值的金钱支付给债权人，即可免除责任。

（四）金额制度（Amount System）

金额制度是指责任人对因海损事故产生的债务的赔偿，以发生海损事故的船舶吨位乘以每一吨位的赔偿限额计算出来的金额为限的人的有限责任制度。在这种制度下，责任人对船舶每一次海损事故引起的债务，其赔偿责任都以确定的金额为限，而不论船舶价值的大小，即使发生海损事故的船舶在事故航次中灭失，债权人仍能得到稳定的赔偿。

金额制度既减轻了责任人的责任，又使债权人无论在任何情况下均可得到赔偿，避免了船价制度中复杂的船舶估价问题及债权人所获赔偿处于不稳定的状态。因此，采用金额制度是船舶所有人责任限制制度发展的趋势。目前，这一制度在国际上被广泛采用。

（五）选择制度（Selection System）

选择制度是指有关责任人可以在金额制度、船价制度和委付制度等几种不同的责任限制方式中，选择对自己最有利的制度以限制自己的赔偿责任。由于它过多地偏袒船方的利益，目前采用这一做法的国家很少。

（六）并用制度（Combination System）

并用制度是指责任人可以同时采用两种不同的责任限制方式的制度。实践中，通常将船价制度与金额制度并用。对某些债务，船东按船价制度限制责任；而对另一些债务，船东按金额制度限制责任。美国采用并用制。

上述执行制度、委付制度、船价制度三种责任限制方式均以海上财产为限，并且采用的是“航次制度”，即船舶在一个航次中不论发生多少个独立的事故，责任人对这些事故造成的总的赔偿责任限制均在一个责任限额内；若在事故航次中船舶灭失，则债权人基本得不到赔偿。而金额制度采用的是“事故制度”，即以发生事故的次数作为赔偿的基本标准，在同一航次中，如发生多次事故，则按事故次数分别计算赔偿限额。事故制度克服了航次制度中单方面保护责任人利益的做法，确保债权人即使在船舶全损的情况下也可获得赔偿。

三、海事赔偿责任限制制度的主要内容

（一）适用船舶

适用的船舶，是指有关海事赔偿责任限制的法律适用的船舶。即因哪些船舶引起的海事赔偿，船舶所有人、经营人等可根据海事赔偿责任限制的法律限制自己的赔偿责任。对此各国的法律规定不尽相同。

我国《海商法》第11章所规定的海事赔偿责任限制的限额是以300总吨及以上的船舶为起点，对于300总吨以下的船舶、从事沿海运输和沿海作业的船舶，以及从事中华人民共和国港口之间的海上旅客运输的船舶的责任限制的限额，《海商法》授权国务院交通主管部门另行规定。

（二）责任主体

责任主体（或称责任人），是指可根据海事赔偿责任限制的法律限制赔偿责任的人。对此，尽管各国法律规定并不相同，但一般包括船舶所有人、经营人、承租人、救助人、船长、船员及其他受雇人员等。

我国《海商法》第二百零四到二百零六条规定的责任主体有船舶所有人、船舶承租人、船舶经营人、救助人以及他们对其行为、过失负有责任的人，此外，还有责任保险人。

（三）限制责任的条件

限制责任的条件，是指责任人限制其赔偿责任所必须具备的条件。

海事赔偿责任人并非在任何条件下都可以适用责任限制，而是必须具备法定的条件，若不具备该条件，则导致责任限制权利的丧失。《海商法》第二百零九条规定，经证明，引起赔偿请求的损失是由于责任人的故意或者明知可能造成损失而轻率地作为或者不作为造成的，责任人无权依照规定限制赔偿责任。

（四）限制性债权

限制性债权，是指责任主体可根据海事赔偿责任限制的法律限制其赔偿责任的海事请求。这意味着并不是所有的海事请求，责任主体都可限制其赔偿责任，哪些海事请求属于限制性债权，则取决于海商法或国际公约的明确规定，一般主要包括船舶在营运中某一事

故所造成的人身伤亡及财产损害。

《海商法》第二百零七条规定的限制性债权有以下四类：

（1）在船上发生的或者与船舶营运、救助作业直接相关的人身伤亡或者财产的灭失、损坏，包括对港口工程、港池、航道和助航设施造成的损坏，以及由此引起的相应损失的赔偿请求；

（2）海上货物运输因迟延交付或者旅客及其行李运输因延迟到达造成损失的赔偿请求；

（3）与船舶营运或者救助作业直接相关的，侵犯非合同权利的行为造成其他损失的赔偿请求；

（4）责任人以外的其他人，为避免或者减少责任人依照本章规定可以限制赔偿责任的损失而采取措施的赔偿请求，以及因此项措施造成进一步损失的赔偿请求。

上述所列赔偿请求，无论提出的方式有何不同，均可以限制赔偿责任。但是，第4项涉及责任人以合同约定支付的报酬，责任人的支付责任不得援用本条赔偿责任限制的规定。

（五）非限制性债权

本章所指非限制性债权，是指责任主体根据海事赔偿责任限制的法律不能限制其赔偿责任的海事请求。对此，国际公约和各国海商法一般都规定，救助报酬、船方共同海损分摊、船员工资等属于非限制性债权。

《海商法》第二百零八条规定，下列各项海事请求不适用我国《海商法》第11章限制赔偿责任的规定：

（1）对救助款项或者共同海损分摊的请求；

（2）中华人民共和国参加的国际油污损害民事责任公约规定的油污损害的赔偿请求；

（3）中华人民共和国参加的国际核能损害责任限制公约规定的核能损害的赔偿请求；

（4）核动力船舶造成的核能损害的赔偿请求；

（5）船舶所有人或者救助人的受雇人提出的赔偿请求，根据调整劳务合同的法律，船舶所有人或者救助人对该类赔偿请求无权限制赔偿责任，或者该项法律做了高于《海商法》第11章规定的赔偿限额的规定。

对于上述因油污或核能损害引起的索赔，因为有专门的国际公约或各国法律调整，因此一般排除对《海商法》第11章的适用。

（六）责任限额及基金分配

责任限额，即责任主体依法对所有限制性债权的最高赔偿额，越来越多的国家采用了金额制度。我国《海商法》采用“超额递减金额制度”计算责任限额，并且采用“事故制度”，一次事故，一个限额。《海商法》第二百一十条规定责任限额按照船舶吨位分级计算，人身伤亡的赔偿请求分五个等级，财产损害的赔偿请求分四个等级，如表17-1所示。

表 17-1　我国《海商法》关于人身伤亡和财产损害赔偿责任限额的规定

船舶总吨位	责任限额（SDR）		数额性质
	人身伤亡	财产损害	
300~500	333 000	167 000	限额基数
501~3 000	500	167	每吨增加数
3 001~30 000	333		
30 001~70 000	250	125	
70 000以上	167	83	

（1）分级表与对应的责任限额。

（2）依照上述方法计算所得的限额，不足以支付全部人身伤亡的赔偿请求的，其差额应当与财产损害的赔偿请求并列，从财产损害赔偿数额中按照比例受偿。

（3）在不影响上述（2）项关于人身伤亡赔偿请求的情况下，就港口工程、港池、航道和助航设施的损害提出的赔偿请求，应当较（2）项中的其他赔偿请求优先受偿。

（4）不以船舶进行救助作业或者在被救船舶上进行救助作业的救助人，其责任限额按照总吨位为1 500 t的船舶计算。总吨位不满300 t的船舶，从事中华人民共和国港口之间的运输的船舶，以及从事沿海作业的船舶，其赔偿限额由国务院交通主管部门制定，报国务院批准后施行。

（5）海上旅客运输的旅客人身伤亡赔偿责任限制，按照46 666SDR乘以船舶证书规定的载客定额计算赔偿限额，但是最高不超过25 000 000SDR。中华人民共和国港口之间海上旅客运输的旅客人身伤亡，赔偿限额由国务院交通主管部门制定，报国务院批准后施行。

1994年1月1日施行的《中华人民共和国海上旅客运输赔偿责任限额规定》，适用于中华人民共和国港口之间海上旅客运输，对承运人在每次海上旅客运输中的赔偿限额做了如下规定：

①旅客人身伤亡的，每位旅客不超过4万元人民币；

②旅客自带行李灭失或者损坏的，每位旅客不超过800元人民币；

③旅客车辆包括该车辆所载行李灭失或者损坏的，每一车辆不超过3 200元人民币；

④旅客其他行李灭失或损坏的，每千克不超过20元人民币。

此外，该规定一方面允许承运人与旅客以书面约定高于4万元人民币的赔偿限额，另一方面又规定海上旅客运输的旅客人身伤亡赔偿责任限额，按照4万元人民币乘以船舶证书规定的载客定额计算赔偿限额，但是最高不超过2 100万元人民币。

第二节 船舶油污损害赔偿

一、船舶油污损害的概念

船舶油污损害（Oil Pollution Damage from Ships），是指船舶在正常营运中或发生事故时，逸出或排放油类货物、燃料油或其他油类物质，如废油、油类混合物，在运油船舶以外，因污染而产生的财产损害或人身伤亡，包括事故发生后，为防止或减轻此种损害而采取合理措施的费用，以及由于采取此种措施而造成的进一步损害。

二、船舶油污损害赔偿的特点

（一）严格责任原则

装运散装持久性油类货物的船舶所有人，对船舶逸出或排放的油类所造成油污损害，除少数可以免责的情况外，不论其本人、船长、船员或其他受雇人或代理人是否有过错，均须承担赔偿责任。

（二）高额赔偿责任限制

根据有关国际公约和各国立法，船舶所有人在一定条件下，有享受油污损害赔偿责任限制的权利，并且其责任限额通常比一般海事赔偿责任限制的限额高得多。

（三）货主分摊油污损害

进口或接受海运石油超过一定数量的人须交付摊款，设立特别基金，参加油污损害的分摊，以减轻船舶所有人的压力，使油污受害方尽可能多地获得赔偿或补偿。

（四）赔偿责任的强制保险

有关的国际公约和各国立法，对于一些船舶所有人应承担的油污损害赔偿责任进行强制保险。同时规定油污受害方可直接起诉责任保险人。

三、国际油污损害民事责任公约

1969年11月29日，原政府间海事协商组织在布鲁塞尔召开的海上污染损害法律会议上通过了《国际油污损害民事责任公约》(International Convention on Civil Liability for Oil Pollution Damage,1969)（以下简称《1969年责任公约》或CLC69）。该公约于1975年6月19日生效，截止到2021年9月29日，共有缔约国33个，合计商船总吨位占世界商船总吨位的2.58%。我国于1980年1月30日加入该公约，1980年4月29日起对我国生效。

（一）CLC69

1. 适用范围

（1）适用的船舶

公约适用于实际载运散装油类货物的任何类型的远洋船舶和海上船艇，不适用于军舰和政府公务船。

（2）适用的油类

公约适用的“油类”，是指任何持久性油类，例如原油、燃料油、重柴油、润滑油以及鲸油，不论是作为货物装运于船上，或是作为这类船舶的燃料。

（3）适用的地理范围

公约仅适用于在缔约国领土和领海上发生的污染损害和为防止或减轻这种损害而采取的预防措施。

2. 船舶所有人的赔偿责任与免责

（1）责任主体

公约规定对油污损害负有赔偿责任的人，仅限于船舶所有人，即指登记为船舶所有人的人，如果没有这种登记，则是指拥有该船的人。但如船舶为国家所有而由在该国登记为船舶经营人的公司所经营，船舶所有人就是指这种公司。

（2）免责事项

公约就船舶所有人对油污损害的赔偿责任实行严格责任原则。除下列情况外，船舶所有人对其船舶逸出或排放的油类造成的油污损害负赔偿责任，而不论其本人、船长、船员或其代理人对此有无过错：

①由于战争行为、敌对行为、内战或武装暴动，或特殊的、不可避免的和不可抗拒性质的自然现象所引起的损害；

②完全是由于第三者有意造成损害的行为或不行为引起的损害；

③完全是由于负责灯塔或其他助航设备的政府或其他主管当局在执行其职责时，疏忽或其他过失行为所造成的损害；

④如船舶所有人证明，污染损害完全或部分地由于遭受损害人有意造成损害的行为或不行为而引起，或是由于该人的疏忽所造成，则该船舶所有人即可全部或部分地免除对该

人所负的责任。

3. 船舶油污损害赔偿的范围

船舶油污损害赔偿的范围包括三个方面：

（1）船舶逸出或排放的油类直接造成的财产损失或人身伤害；

（2）油污事件发生后，为防止或减轻污染损害，而由任何人所采取的任何合理措施所产生的费用；

（3）采取预防措施造成的进一步灭失或损害。

4. 赔偿责任限额

船舶所有人有权按每一船舶吨位2 000金法郎计算赔偿限额，但赔偿总额不超过2.1亿金法郎。"船舶吨位"是指船舶净吨加上为计算净吨而从总吨位中扣除的机舱所占的容积。对于不能按照标准的吨位丈量规则测定的船舶，该船舶的吨位应为该船所能装运油类的重量吨（每吨2 240磅）的40%。

5. 赔偿责任限制权利的丧失

如果污染事件是由于船舶所有人的实际过失或私谋造成的，便无权援引公约规定的责任限制。

6. 强制保险与直接诉讼

油污损害赔偿远远高于其他海事责任赔偿限额，可能导致船舶所有人经营困难或破产，受害方的索赔请求处于不确定的状态。为了避免出现这种情况，CLC69设计了强制保险制度，要求凡在缔约国登记的载运2 000 t以上散装油类货物的船舶所有人必须投保油污责任保险，或取得其他财务保证，如银行保证或国际赔偿基金出具的证书等。为了保证强制保险制度的实施，上述船舶必须持有油污损害赔偿责任保险或其他财务保证证书；否则，缔约国将不允许该船舶从事营运活动，并且，非缔约国船舶进入缔约国领海也必须具备此类证书。

船舶造成油污损害，受害方可以直接向承保船舶所有人赔偿责任险的保险人或其他财务保证人提起赔偿诉讼，以保障受害方在船舶所有人于油污事故发生后出现破产或丧失偿付能力的情况下，得以充分的赔偿。但是，油污损害赔偿责任的保险人或其他财务保证人在参加诉讼时，有权援引该公约赋予船舶所有人的免责和责任限制，且责任限制的权利不因船舶所有人存在实际过失或私谋而丧失。如证明损害是由船舶所有人有意的不当行为所致，保险人或财务保证人便不负赔偿责任，他们有权要求船舶所有人参加诉讼。

7. 船舶油污损害赔偿的管辖权与诉讼时效

油污损害发生地，包括采取预防措施及因此造成进一步损害发生地的缔约国法院，具有对油污案件的管辖权。可见，公约采用地域管辖原则。

油污损害赔偿的诉讼时效为3年，自油污损害发生之日起算，但最长不超过引起损害的事件发生之日起6年。

（二）1976年议定书

该议定书于1981年生效。该议定书将《1969年责任公约》规定的金法郎改为特别提款权（SDR），按1SDR等于15金法郎计算。相应地，议定书将赔偿责任限额改为每一船舶吨位113SDR，但总额不超过1 400万SDR。

（三）《1992年国际油污损害民事责任公约》

1992年11月27日，IMO在伦敦召开的会议上通过了《1969年责任公约》1992年议定书，也称《1992年国际油污损害民事责任公约》（简称CLC92）。该公约的实质内容与1984年议定书相同，但规定了较宽的生效条件，即10个国家（其中4个国家各拥有100万总吨的油船）批准或加入后12个月。该公约于1996年5月30日生效，我国于1999年1月5日加入该公约，2000年1月5日对我国生效，《1969年责任公约》同时对我国失效。截至2021年9月29日，共有144个缔约国。该公约对《1969年责任公约》的修改主要表现在以下三个方面：

1. 扩大了公约的适用范围

公约对船舶的适用范围扩大至为载运散装油类货物而建造或改造的任何船舶，不论其是否实际载运散装油类货物；公约适用的地理界限扩大到缔约国根据国际法设立的专属经济区；公约适用的油类中排除了鲸油。

2. 提高油污损害赔偿责任限额

公约规定，总吨位不超过5 000的船舶，责任限额为300万SDR；总吨位超过5 000的船舶，超过部分每吨增加420SDR，但最多不超过5 970万SDR。船舶吨位是按照《1969年国际船舶吨位丈量公约》附则Ⅰ中的吨位丈量规则计算的总吨。

3. 改变了责任限制权利的丧失条件

CLC92规定，当油污损害是由于船舶所有人本人故意造成或明知可能造成损害而轻率地作为或不作为所引起时，船舶所有人丧失赔偿责任限制权利。

（四）CLC 2000年修正案

IMO于2000年10月通过了对《1992年国际油污损害民事责任公约》的修正案，该修正案已于2003年11月1日生效，并于该日对我国生效。

CLC 2000规定，不超过5 000总吨的船舶，其所有人的赔偿责任限额为451万SDR；超过5 000总吨的船舶，每吨位增加631SDR，但总额不超过8 977万SDR。CLC 2000比CLC92规定的限额提高了50.37%。

四、国际海上运输有毒有害物质损害责任及赔偿公约

虽然有毒有害物质海上运输活动逐渐增加，但国际上有关有毒有害物质损害赔偿的规定却并不健全，无法满足对受害人进行充分补偿的要求，海洋环境利益得不到有效维护。近年来，国际社会高度重视有毒有害物质污染损害问题，为填补有关船舶造成的污染损害赔偿类法律的最后一个缺口，IMO先后于1996年和2010年通过了《1996年国际海上运输有毒有害物质损害责任及赔偿公约》（简称HNS 1996）和《1996年HNS公约的2010年议定书》（简称HNS PROT 2010）。截至2021年9月29日，两个公约均未达到生效条件。HNS 1996有14个缔约国，合计商船总吨位占世界商船总吨位的13.83%；HNS PROT 2010有5个缔约国。

HNS公约与CLC公约适用不同物质造成的污染损害，从船舶污染赔偿的角度而言，由于CLC公约原则上只适用于油船，HNS公约仅适用于载运有毒有害物质的船舶，但其基本制度是相同的。以下简要介绍HNS公约的主要内容与特点：

（一）船舶所有人的赔偿责任

有毒有害物质在海运过程中所造成的损害由船舶所有人承担严格的赔偿责任，只有在发生战争行为、自然灾害、第三方发动的国际行动以及政府的错误行动时，方可免责。公约规定仅由船舶所有人承担责任，禁止对其受雇人、代理人、船员、引航员、承租人、救助人提起诉讼。

（二）船舶所有人的赔偿责任有较高限额

该限额高于现在普通限制体系下的责任限额，具体为：总吨位不超过2 000的船舶，赔偿限额为1 000万SDR；总吨位为2 001~50 000的船舶，每总吨增加1 500SDR，当总吨位为50 000时，最高限额为8 200万SDR；总吨位为50 001~10 000的船舶，每总吨增加360SDR，总吨位为10万时，最高限额为1亿SDR；总吨位超过10万的船舶，其限额为1亿SDR。

船舶所有人为了享受责任限制的权利，须在损害发生国的法院设立责任限制基金。该船舶所有人的责任保险人也享有设立责任限制基金，享受责任限制的权利。限制基金设立后，设立人（责任人）的财产在所有公约成员方内免于扣押。

（三）船舶所有人的免责

此相关内容与CLC公约类似。

（四）强制保险

为了保证从事有毒有害物质运输的船舶所有人能够履行赔偿责任，公约强制规定其进行投保。船上须载有保险证书，在对该船做登记记录的主管机关处须保存该证书的副本。

（五）公约参加国的选择权利

对于公约参加国来说，有权决定在其国内港口间仅以包装形式从事有毒有害物质运输，200总吨及以下的船舶不适用于本公约。公约同时允许两个相邻国家进一步协商对于两国港口间从事上述运输200总吨以下的船舶享有相同的权利。

（六）公约独立于1976年海事赔偿责任限制等公约

公约与现存有效的责任限制公约并不挂钩。

五、国际燃油污染损害民事责任公约

燃油污染具有多发性，燃油污染事故数量大，占全部污染事故的1/2以上，在货油和有毒有害物质污染的国际赔偿机制业已建立的情况下，燃油污染的损害赔偿机制的建立是国际海运界不可回避的挑战。2001年3月23日，IMO通过了《2001年国际燃油污染损害民事责任公约》（International Convention on Civil Liability for Oil Pollution Damage，2001）（以下简称《2001年燃油污染民事责任公约》），终于填补了这一法律空白。该公约已于2008年11月21日生效。我国于2008年12月9日加入该公约，同时声明第7条强制保险或经济担保的规定不适用于中华人民共和国内河航行船舶。该公约已于2009年3月9日对我国生效。截至2021年9月29日，共有102个缔约国。

下面简要介绍该公约的主要内容。

（一）适用范围

公约适用于：

（1）在下列区域内由于船用燃油溢漏或排出造成的污染损害：

①缔约国的领土，包括领海。

②按照国际法设立的专属经济区；如果缔约国未设立此种区域，则为该国按照国际法确立的，在其领海之外并与其领海毗连的，从测量其领海宽度的基线向外延伸不超过200 n mile的区域。

（2）为预防或减轻这种损害而在无论何地所采取的预防措施。

本公约提到的“燃油”，是指用于或打算用于操作或推进船舶的碳氢矿物油（包括润滑油）和此类油的任何残余物。

（二）船舶所有人责任

（1）在事故发生时，船舶所有人应对事故引起的任何由于船上装载的或者来源于船上的船用燃油所造成的污染损害负责，如果该事件包括一系列事故，则船舶所有人的赔偿责任自第一次事故发生时起算。

（2）在多艘船舶造成燃油污染损害的情况下，对于无法区分开来的损害，由这些船舶的所有人负连带责任。

（3）船舶所有人如能证实损害系属于以下情况，即对之不负责任：

①由于战争行为、敌对行为、内战或武装暴动，或特殊的、不可避免的和不可抗拒性质的自然现象所引起的损害；

②完全是由于第三者有意造成损害的行为或不作为所引起的损害；

③完全是由于负责灯塔或其他助航设备的维修、保养的政府或其他主管当局在履行其职责时的疏忽或其他过失行为所造成的损害；

④如船舶所有人证明，污染损害完全或部分地是由于受害人有意造成损害的行为或不为，或是其疏忽而引起的，则该船舶所有人即可全部或部分地免除对该人所负的责任。

（三）索赔

（1）公约的责任人不但包括登记的船舶所有人，还包括光船租船人、船舶经营人和船舶管理人。同时，受害者还可直接向责任保险的保险人提出索赔。

（2）燃油公约的索赔范围仅限于因溢油引致的直接损失、为恢复环境实际采取或将要采取的合理恢复措施的费用、预防措施的费用以及因采取预防措施而造成的新的灭失或损害。

（四）责任限制

本公约的规定，不得影响船舶所有人和提供保险或其他财务担保者根据可适用的国内或国际制度，如按经修正的《1976年海事索赔责任限制公约》，限制其赔偿责任的权利。即公约没有设立独立的责任限额，而将这一问题交由各缔约国自己来决定。

（五）强制保险和证书

公约要求所有1 000总吨以上船舶必须强制投保燃油责任险或持有其他财务保证。保险或保证数额应符合各缔约国适用的国内或国际责任限制制度的规定，但最高不应超出《1976年海事赔偿责任限制公约》及其修正案规定限额。

公约还要求在缔约国登记的船舶必须持有由缔约国主管当局签发的证书，以证明该船已根据公约规定投保或已取得其他有效的财务担保。对不在缔约国登记的船舶，则应持有由任一缔约国主管当局签发的上述证书。

（六）时效

有关燃油污染损害赔偿的诉讼时效为3年，从损害发生之日起计算。但不管在何种情况下不得在引起损害的事故发生之日起6年之后提起诉讼。

六、国内船舶油污责任与损害赔偿的相关规定

（一）我国船舶油污损害赔偿的法律适用

目前，适用于我国的船舶油污损害民事责任限额的有关的公约、法律法规主要有：《1969年国际油污损害民事责任公约1992年议定书》《2001年国际燃油污染损害民事责任公约》《中华人民共和国海商法》《关于不满300总吨船舶及沿海运输、沿海作业船舶海事赔偿限额的决定》《中华人民共和国船舶油污损害民事责任保险实施办法》等，分别规定了各自的适用船舶及其责任限额。

（二）我国《海商法》的有关规定

我国《海商法》中没有单独的船舶油污损害民事责任限额，只规定了人身伤亡和非人身伤亡的海事赔偿责任限制，其中船舶油污染损害适用于非人身伤亡请求的赔偿限额。但《海商法》第208条第2款指出，中华人民共和国参加的国际油污损害民事责任公约规定的油污损害的赔偿请求，不适用本法第11章（海事赔偿责任限制）的规定。即对于具有涉外因素的油污损害事故，应依据《1969年国际油污损害民事责任公约1992年议定书》进行处理，而不适用我国《海商法》的有关规定。

（三）中华人民共和国船舶油污损害民事责任保险实施办法

为完善船舶污染事故损害赔偿机制，建立船舶油污损害民事责任保险制度，交通运输部制定了《中华人民共和国船舶油污损害民事责任保险实施办法》，该办法已于2010年10月1日起施行。2013年8月22日交通运输部通过了对该办法部分条款的修改。其主要内容如下：

1. 适用范围

（1）在中华人民共和国管辖海域内航行的载运油类物质的船舶和1 000总吨以上载运非油类物质的船舶，其所有人应当按照本办法的规定投保船舶油污损害民事责任保险或者取得相应的财务担保。

（2）承担船舶油污损害民事责任保险的商业性保险机构和互助性保险机构，应当遵守本办法。

2. 定义

（1）油类，是指任何类型的油及其炼制品。

（2）持久性油类，是指任何持久性烃类矿物油，例如原油、燃油、重柴油和润滑油等。

（3）非持久性油类，是指持久性油类以外的任何油类。

3. 船舶油污损害民事责任保险及额度

（1）在中华人民共和国管辖海域内航行的船舶，应当按照以下规定投保油污损害民事责任保险或者取得其他财务保证：

①载运散装持久性油类物质的船舶，投保油污损害民事责任保险，其保险标的应当包括持久性油类物质造成的污染损害；

②1 000总吨以上载运非持久性油类物质的船舶，投保油污损害民事责任保险，其保险标的应当包括非持久性油类物质造成的污染损害和燃油造成的污染损害；

③1 000总吨以上载运非油类物质的船舶，投保油污损害民事责任保险，其保险标的应当包括燃油造成的污染损害；

④1 000总吨以下载运非持久性油类物质的船舶，投保油污损害民事责任保险，其保险标的应当包括非持久性油类物质造成的污染损害。

（2）在中华人民共和国管辖海域内航行的载运散装持久性油类物质的船舶，投保油污损害民事责任保险或者取得其他财务保证，应当不低于以下额度：

①5 000总吨以下的船舶为451万SDR；

②5 000总吨以上的船舶，除前项所规定的数额外，每增加一吨，增加631SDR，但是，此总额度在任何情况下不得超过8 977万SDR。

（3）在中华人民共和国管辖海域内航行的载运非持久性油类物质的船舶，以及1 000总吨以上载运非油类物质的船舶，投保油污损害民事责任保险或者取得其他财务保证，应当不低于以下额度，如表17-2所示。

表17-2　相关船舶投保油污损害民事责任保险的责任限额

船舶总吨位	责任限额(SDR)	数额性质
20~21	27 500	限额基数
21~300	500	每吨增加数
300~500	167 000	限额基数
501~30 000	167	每吨增加数
30 001~70 000	125	
70 000以上	83	

从事中华人民共和国港口之间货物运输或者沿海作业的船舶，投保油污损害民事责任保险或者取得其他财务保证，其额度按照上述所规定额度的50%计算。

4. 船舶油污损害民事责任保险证书

（1）中国籍船舶的所有人应当向在我国境内依法成立的商业性保险机构，在我国境内依法成立或者在我国境内设有代表机构或者代理机构的互助性保险机构投保船舶油污损害民事责任保险，或者取得上述保险机构以及境内银行所出具的保函、信用证等其他财务保证。

中国籍船舶的所有人应当向具有赔付能力的保险机构投保船舶油污损害民事责任保险或者取得财务保证，保险机构应当向中国籍船舶的所有人出示能够证明其具有赔付能力的相关文件。

（2）中国籍船舶投保船舶油污损害民事责任保险或者取得其他财务保证之后，应当按以下规定向船籍港所在地的直属海事管理机构申请办理相应船舶油污损害民事责任保险证书：

①载运持久性油类物质的船舶，应当办理油污损害民事责任保险或其他财务保证证书；

②1 000总吨以上的载运非持久性油类物质的船舶，应当办理燃油污染损害民事责任保险或其他财务保证证书和非持久性油类污染损害民事责任保险或其他财务保证证书；

③1 000总吨以下的载运非持久性油类物质的船舶，应当办理非持久性油类污染损害民事责任保险或其他财务保证证书；

④1 000总吨以上的载运非油类物质的船舶，应当办理燃油污染损害民事责任保险或其他财务保证证书。

（3）中国籍船舶申请办理船舶油污损害民事责任保险证书，应向海事管理机构提交以下材料：

①申请书；

②有效的船舶油污损害民事责任保险单证或者其他财务保证证明；

③船舶国籍证书。

（4）海事管理机构应当对申请材料进行审核，对符合本办法规定的，在受理之日起7个工作日内，向船舶签发相应的船舶油污损害民事责任保险证书。

船舶油污损害民事责任保险证书的有效期不得超过船舶油污损害民事责任保险合同或者其他财务保证证明的期限。

（5）船舶油污损害民事责任保险证书不得伪造、涂改，并应当随船携带，以备海事管理机构查验。

船舶油污损害民事责任保险证书遗失的，应当书面说明理由，附具有关证明文件，向原发证机关申请补发。

（6）海事管理机构应当加强对船舶油污损害民事责任保险证书、保险单证或其他财务保证证明的查验。

第十九章

海上船舶保险与船东互助保险

本章学习目标

《海船船员培训大纲（2021版）》

3.9 P&I业务

.3掌握海上船舶保险、船东互助保险

海上船舶保险是现代保险制度的起源。其以特有的经济补偿功能，成为海上船舶运输活动中普遍采用的风险转移工具，对降低海上运输风险、防损减灾、促进贸易和航运发展发挥着重要作用。实践中，船舶保险人的承保范围限于船舶、货物及财产损失等，其赔偿责任以保险金额为限；船东互助保险承保了保险人不保的对第三者人身伤亡责任、油污责任、清除残骸责任、船舶险除外的碰撞责任和触碰责任、罚款、偷渡、拖带责任等。

船长应熟悉并掌握船舶一切险、全损险和船东互助保险规定的承保风险、除外责任等重要条款，做好船舶防损防灾等预防工作。本章内容适用于海船3 000总吨及以上船长和500~3 000总吨船长。

第一节 海上船舶保险

一、海上保险基本知识

（一）海上保险的概念与意义

海上保险，是以与海上运输有关的财产、利益或责任作为保险标的的一种保险。它是指保险人按照约定，对被保险人遭受保险事故造成保险标的的损失和产生的责任负责赔偿，而由被保险人支付保险费的一种制度。这里的保险事故是指保险人与被保险人约定的任何海上事故，包括与海上航行有关的发生于内河或者陆上的事故。

海上保险属于财产保险的范畴，它以其特有的经济补偿功能，成为海上运输活动中普遍采用的风险转移工具，对降低海上运输风险、防损减灾、促进贸易和航运发展发挥着重要作用。

（二）海上保险种类

海上保险有多种不同的分类方式，如按照保险标的，按是否确定保险标的价值、按保险期限的分类、按承保方式等。根据可保利益的不同，主要有以下几种类型：

1. 船舶保险

船舶保险指对船壳、船机和船舶属具等进行的保险。船舶保险按保险期限可分为定期保险和航程保险。除营运船舶保险外，还有在修、在造船舶的保险。

2. 运费保险

运费保险指对有风险的运费进行的保险，一般仅对到付运费投保。

3. 货物保险

货物保险指对海上运输货物可能面临的风险进行的保险。

4. 期得利益保险

期得利益保险是指对在航程结束时预期可以获得的利润或利益进行的保险。

5. 责任保险

责任保险指为被保险人可能面临的对第三方责任所进行的保险。

(三) 海上保险的当事人

1. 保险人（Insurer or Underwriter）

保险人是指与投保人订立保险合同，并按照合同约定承担赔偿或者给付保险金责任的保险公司。保险人是保险合同的一方当事人，依法享有收取保险费的权利和承担赔偿或给付保险金的义务。

2. 投保人（Applicant）

投保人是指与保险人订立保险合同，并按照保险合同负有支付保险费义务的人。投保人可能是被保险人本人，也可能不是被保险人。

3. 被保险人（Insured or Assured）

被保险人是指其财产或者人身受保险合同保障，享有保险金请求权的人。

实践中，投保人为他人利益而订立保险合同时，其是投保人，不是被保险人；投保人为自己利益而签订保险合同时是投保人，在保险合同订立后，其是被保险人。在海上保险实务中，被保险人通常就是投保人，是保险合同的另一方当事人。

(四) 海上保险合同基本知识

1. 海上保险合同概念（Marine Insurance Contracts）

海上保险合同，是指保险人按照约定，对被保险人遭受保险事故造成保险标的的损失和产生的责任负责赔偿，而由被保险人支付保险费的合同。

2. 海上保险合同的主要内容

海上保险合同应列名保险人和被保险人的名称，合同的内容通常因险种的不同而不同，但通常包括以下主要内容：

（1）保险标的（Subject Matter Insured）

保险标的是指保险合同双方当事人要求或提供保险保障的目标或对象。《海商法》第二百一十八条规定，海上保险合同的保险标的包括船舶、货物、船舶营运收入（包括运费、租金、旅客票款）、货物预期利润、船员工资和其他报酬、对第三人的责任，以及由于发生保险事故可能受到损失的其他财产和产生的责任、费用等。

（2）保险价值（Insurable Value）

保险价值是指保险人与被保险人约定的保险标的的价值。事先约定保险价值的保险称为定值保险。保险人与被保险人未约定保险价值的，《海商法》第二百一十九条规定，保险价值为保险责任开始时保险标的的实际价值和保险费的总和，不包括预期利润。

（3）保险金额（Insured Amount, Sum Insured）

保险金额是指被保险人对保险标的的实际投保金额。保险金额须在保险单中载明。保险金额与保险价值相等时，称为足额保险（Full Insurance）；保险金额小于保险价值时，称为不足额保险（Under Insurance）；保险金额大于保险价值时，称为超额保险（Over Insurance）。我国《保险法》第四十条和《海商法》第二百二十条均规定，保险金额不得超过保险价值；超过保险价值的，超过部分无效。

（4）保险责任（Insurance Liability）

保险责任是指保险人按照海上保险合同的约定，所应承担的保险标的的损害赔偿的责任范围。保险人的赔偿责任范围取决于保险合同的约定，不同的保险合同和保险险别都有不同的保险责任规定。

（5）除外责任（Exclusion）

除外责任是指根据法律或海上保险合同的规定，保险人不负赔偿责任的保险标的的损失、责任或费用的范围。保险人的除外责任取决于法律的规定和合同的具体约定。

例如，我国《海商法》第二百四十二条和第二百四十四条规定，对于被保险人故意造成的损失，保险人不负赔偿责任。除合同另有约定外，因下列原因之一造成保险船舶损失的，保险人不负赔偿责任：船舶开航时不适航，但是在船舶定期保险中被保险人不知道的除外；船舶自然磨损或者锈蚀。

（6）保险期间（Duration of Insurance）

保险期间是指保险合同中约定的保险人对保险标的承担保险责任的期间。如果不在保险期间，即便是承保风险造成的保险标的损害，保险人也不承担赔偿责任。海上保险分为定期保险和航次保险两种，前者大多适用于船舶保险，后者适用于货物保险或船舶航次保险。

（7）保险费（Insurance Premium）

保险费是指被保险人应按约定支付给保险人的金额，作为换取保险人承担赔偿责任的对价。保险费的数额，通常用约定的保险费率乘以被保险人向保险人投保的保险金额来确定。

3. 保险标的的损失和委付

（1）实际全损（Actual Total Loss）

根据我国《海商法》的规定，保险标的发生保险事故后灭失，或者受到严重损坏完全失去原有形体、效用，或者不能再归被保险人所拥有的，为实际全损。船舶在合理时间内未从被获知最后消息的地点抵达目的地，除合同另有约定外，满两个月后仍没有获知其消息的，为船舶失踪。船舶失踪视为实际全损。例如船舶沉入深海、因爆炸而成为碎片、战时被敌舰捕获等。

（2）推定全损（Constructive Total Loss）

推定全损是指保险标的发生保险事故后，认为实际全损已经不可避免，或者为避免发生实际全损所需支付的费用超过保险价值的情形。推定全损给予被保险人向保险人索赔全部保险金额的权利。

(3) 保险委付（Insurance Abandonment）

保险委付是指在发生保险事故造成保险标的推定全损时，被保险人明确表示将该保险标的的一切权益转移给保险人，而请求保险人按全部保险金额赔偿的法律行为。它是海上保险中一项独特的法律制度。

我国《海商法》规定，保险标的发生推定全损，被保险人要求保险人按照全部损失赔偿的，应当向保险人委付保险标的。保险人可以接受委付，也可以不接受委付，但是应当在合理的时间内将接受委付或者不接受委付的决定通知被保险人。委付不得附带任何条件。委付一经保险人接受，不得撤回。保险人接受委付的，被保险人对委付财产的全部权利和义务转移给保险人。

二、海上船舶保险被保险人的义务

（一）被保险人在海上保险合同成立之前的义务

1. 被保险人的告知义务

我国《海商法》第二百二十二条规定，合同订立前，被保险人应当将其知道的或者在通常业务中应当知道的有关影响保险人据以确定保险费率或者确定是否同意承保的重要情况，如实告知保险人。保险人知道或者在通常业务中应当知道的情况，保险人没有询问的，被保险人无须告知。这一条款表明，除了保险人知道或者在通常业务中应当知道的情况外，无论保险人询问与否，被保险人都负有告知义务。

2. 违反告知义务的法律后果

我国《海商法》第二百二十三条规定，由于被保险人的故意，未将有关影响保险人据以确定保险费率或者确定是否同意承保的重要情况如实告知保险人的，保险人有权解除合同，并不退还保险费。合同解除前发生保险事故造成损失的，保险人不负赔偿责任。

不是由于被保险人的故意，未将有关影响保险人据以确定保险费率或者确定是否同意承保的重要情况如实告知保险人的，保险人有权解除合同或者要求相应增加保险费。保险人解除合同的，对于合同解除前发生保险事故造成的损失，保险人应当负赔偿责任；但是，未告知或者错误告知的重要情况对保险事故的发生有影响的除外。

（二）被保险人在海上保险合同履行过程中的义务

根据我国《海商法》和《保险法》的规定，在海上保险合同的履行过程中，被保险人对保险人负有下述8项法定义务：

1. 及时交纳保险费的义务

在海上保险业务中，交付保险费是被保险人最主要、最基本的义务。被保险人必须按照约定的时间、地点、方法交付保险费。

2. 严格遵守保证的义务

保证是指被保险人按照海上保险合同的约定对保险人做出的承诺，即担保某一事项作为或不作为，或担保某一事项的真实性。我国《海商法》规定，被保险人违反合同约定的保证条款时，应当立即书面通知保险人。保险人收到通知后，可以解除合同，也可以要求修改承保条件、增加保险费。可见，严格遵守保证义务是被保险人对保险人的一项承诺。

3. 防灾防损义务

防灾防损是保险的重要职能之一。我国《保险法》第五十一条明确规定了被保险人负有遵守有关消防、安全、生产操作、劳动保护等方面的规定，维护保险标的安全。被保险人未按约定履行其对保险标的安全应尽责任的，保险人有权要求增加保险费或解除合同。保险人为维护保险标的的安全，经被保险人同意，可以采取安全预防措施。实践中，保险人通过向被保险人提供防损、防灾技术和经验指导，建立专项防损、防灾基金改善保险标的的安全状况，调整保险费率等手段达到鼓励和预防的目的。

4. 危险增加时的通知义务

危险增加时的通知义务是指危险发生变更，如航程变更、中途绕航使保险人原来承担的风险责任增加，作为被保险人负有通知保险人的义务。

我国《保险法》规定，在合同有效期内，保险标的的危险程度显著增加的，被保险人应当按照合同约定及时通知保险人，保险人可以按照合同约定增加保险费或者解除合同。保险人解除合同的，应当将已收取的保险费，按照合同约定扣除自保险责任开始之日起至合同解除之日止应收的部分后，退还投保人。被保险人未履行前款规定的通知义务的，因保险标的的危险程度显著增加而发生的保险事故，保险人不承担赔偿保险金的责任。

5. 出险时的通知义务

按照《海商法》的规定，一旦发生保险事故，被保险人应当立即通知保险人；否则保险人有权拒绝赔偿。被保险人的通知义务对于保险人来说是非常重要的，因为它关系到保险人的切身利益。

6. 出险时的施救义务

一旦保险事故发生，被保险人除应立即通知保险人外，还应采取必要的合理措施，防止或者减少损失。被保险人收到保险人发出的有关采取防止或者减少损失的合理措施的特别通知的，应当按照保险人通知的要求处理。

7. 保护代位求偿权并协助追偿的义务

在海上保险中，由于第三人的责任而导致保险标的受损，保险人按照保险合同的约定履行赔偿责任后，依法取得代替被保险人向第三人请求赔偿的权利。我国《海商法》对此做出了以下规定：

（1）保险标的发生保险责任范围内的损失是由第三人造成的，被保险人向第三人要求赔偿的权利，自保险人支付赔偿之日起，相应转移给保险人。

（2）被保险人应当向保险人提供必要的文件和其所需要知道的情况，并尽力协助保险人向第三人追偿。

（3）被保险人未经保险人同意放弃向第三人要求赔偿的权利，或者由于过失致使保险人不能行使追偿权利的，保险人可以相应扣减保险赔偿。

（4）保险人支付保险赔偿时，可以从应支付的赔偿额中相应扣减被保险人已经从第三人取得的赔偿。保险人从第三人取得的赔偿，超过其支付的保险赔偿的，超过部分应当退还给被保险人。

8. 提供索赔单证并证明其请求权的义务

保险事故发生后，保险人向被保险人支付保险赔偿前，可以要求被保险人提供与确认保险事故性质和损失程度有关的证明和资料。

三、远洋船舶保险条款

狭义的船舶保险是指船舶营运险，其中又可以分为基本险和附加险。基本险，是指可以单独投保和承保的险别。附加险，是指不能单独投保和承保的险别，投保人只能在投保基本险的基础上，根据自己的需要选择加以投保的险别。如果附加险的条款和基本险条款发生抵触，对抵触之处的解释以附加险条款为准。如果附加险条款未做规定，则以基本险条款为准。船舶基本险又分为全损险、一切险；船舶附加险包括战争险、罢工险、运费保险等。

我国远洋船舶目前正在使用的船舶保险合同是中国人民财产保险股份有限公司的“船舶保险条款（2009版）”，其由11个条款组成，其保险标的是船舶，包括其船壳、救生艇、机器、设备、仪器、索具、燃料和物料。下面围绕该合同，介绍其主要的条款。

（一）全损险的承保范围

全损险，是指保险船舶因保险合同中列明的承保风险而遭受全损时，保险人才予以赔偿的险别。它对船舶部分损失不负责。

根据船舶保险条款（2009版），保险人承保由于下列原因所造成的保险船舶的全损：

（1）地震、火山爆发、闪电或其他自然灾害；

（2）搁浅、碰撞、触碰任何固定或浮动物体或其他物体，或其他海上灾害；

（3）火灾或爆炸；

（4）来自船外的暴力盗窃或海盗行为；

（5）抛弃货物；

（6）核装置或核反应堆发生的故障或意外事故；

（7）本保险还承保由于下列原因所造成的保险船舶的全损：

①装卸或移动货物或燃料时发生的意外事故；

②船舶机件或船壳的潜在缺陷；

③船长、船员有意损害被保险人利益的行为；

④船长、船员和引航员、修船人员及租船人的疏忽行为；

⑤任何政府当局，为防止或减轻因承保风险造成保险船舶损坏引起的污染所采取的行动。

但此种损失原因应不是由于被保险人、船东或管理人未恪尽职守所致。

（二）一切险的承保范围

一切险的责任范围是在全损险的责任范围基础上，加上相同的列明承保危险造成的保险船舶的部分损失，以及4/4碰撞责任、共同海损和救助费用、施救费用。换言之，在船舶投保一切险的情况下，保险人除负责承保船舶的全损或部分损失外，还负责承保被保险船舶的责任和费用。

根据船舶保险条款（2009版），保险人承保上述原因所造成保险船舶的全损和部分损失以及下列责任和费用：

1. 碰撞责任

（1）本保险负责因保险船舶与其他船舶碰撞或触碰任何固定的、浮动的物体或其他物体而引起被保险人应负的法律赔偿责任。

但本条对下列责任概不负责：

①人身伤亡或疾病；

②保险船舶所载的货物或财物或其所承诺的责任；

③清除障碍物、残骸、货物或任何其他物品；

④任何财产或物体的污染或沾污（包括预防措施或清除的费用），但与保险船舶发生碰撞的他船或其所载财产的污染或沾污不在此限；

⑤任何固定的、浮动的物体以及其他物体的延迟或丧失使用的间接费用。

（2）当保险船舶与其他船舶碰撞双方均有过失时，除一方或双方船东责任受法律限制外，本条项下的赔偿应按交叉责任的原则计算。当保险船舶碰撞物体时，亦适用此原则。

所谓交叉责任原则，是指碰撞双方的保险人分别按各自承保的被保险人的过失比例负担对方的碰撞损失。

（3）本条项下保险人的责任（包括法律费用）是本保险其他条款项下责任的增加部分，但对每次碰撞所负的责任不得超过船舶的保险金额。

关于船舶保险条款（2009版）中一切险承保的碰撞责任，有以下几点说明：

①保险人承担的碰撞，责任是以船舶保险金额的数额为限，不能超过船舶的保险金额。对于超过的部分，保险人不赔偿。

②保险人对碰撞责任的赔偿与对被保险船舶本身损失的赔偿分别计算的，各自单独一

个保险金额。

③保险人对被保险船舶的碰撞责任承担4/4的保险赔偿责任。而在国外的保险条款上，不少保险人仅承保3/4的碰撞责任，剩下的1/4由被保险人自行承担，目的是使被保险人谨慎管理船舶。

2. 共同海损和救助

（1）本保险负责赔偿保险船舶的共同海损、救助、救助费用的分摊部分。保险船舶若发生共同海损牺牲，被保险人可获得对这种损失的全部赔偿，而无须先行使向其他各方索取分摊额的权利。

（2）共同海损理算应按有关合同规定或适用的法律或惯例理算，如运输合同无此规定，应按《北京理算规则》或其他类似规则规定办理。

（3）当所有分摊方均为被保险人或当保险船舶空载航行并无其他分摊利益方时，共损理算应按《北京理算规则》（第5条除外）或明文同意的类似规则办理，如同各分摊方不属同一人一样。该航程应自起运港或起运地至保险船舶抵达除避难港或加油港外的第一个港口为止，若在上述中途港放弃原定航次，则该航次即行终止。

3. 施救

（1）承保范围

由于承保风险造成船舶损失或船舶处于危险之中，被保险人为防止或减少根据本保险可以得到赔偿的损失而付出的合理费用，保险人应予以赔付。本条不适用于共同海损、救助或救助费用，也不适用于本保险中另有规定的开支。

（2）赔偿限额

本条项下保险人的赔偿责任是在本保险其他条款规定的赔偿责任以外，但不得超过船舶的保险金额。

如果保险人承保一切险，当被保险船舶遭受损失并出现上述碰撞责任和施救费用时，保险人对于施救费用的赔偿责任，不得超过船舶的保险金额。保险人对施救费用的赔偿不受碰撞责任的赔偿、共同海损与船舶损失的赔偿限制，应分别计算，单独按一个独立的保险金额计算。理论上，保险人的赔偿总额最高可能达到三个保险金额，即船舶本身损失和费用、碰撞责任和施救费用。

（三）除外责任

本保险不负责下列原因所致的损失、责任或费用：

（1）不适航，包括人员配备不当、装备或装载不妥，但被保险人在船舶开航时，知道或应该知道此种不适航为限；

（2）被保险人及其代表的疏忽或故意行为；

（3）被保险人恪尽职责应予发现的正常磨损、锈蚀、腐烂保养不周，或材料缺陷包括不良状态部件的更换或修理；

（4）战争、内战、革命、叛乱或由此引起的内乱或敌对行为；

（5）捕获、扣押、扣留、羁押、没收或封锁；

（6）各种战争武器，包括水雷、鱼雷、炸弹、原子弹、氢弹或核武器；

（7）罢工、被迫停工或其他类似事件；

（8）民变、暴动或其他类似事件；

（9）任何人怀有政治动机的恶意行为。

（10）保险船舶被征用或被征购。

上述第（4）~（10）项，属于战争和罢工险条款承保和除外的责任范围，在此列出，强调船舶保险人不予承保上述原因所致船舶灭失或损坏。

（四）免赔额

（1）承保风险所致的部分损失赔偿，每次事故要扣除保险单规定的免赔额（不包括碰撞责任、救助、共损、施救的索赔）。

（2）恶劣气候造成两个连续港口之间单独航程的损失索赔应视为一次意外事故。

本条不适用于船舶的全损索赔以及船舶搁浅后专为检验船底引起的合理费用。

免赔额的规定存在于几乎每一份船舶保险单中，其作用是节省小额保险事故的理赔费用，从而可以降低船舶保险费率。本条规定的免赔额是绝对免赔额。

近些年来，西方保险市场船舶保险的免赔额数万美元很常见，但国内船舶保险市场上免赔额仍维持在数千美元这个标准，反映了国内外对船舶风险管理的认识不同，国内理赔费用较低和修船费较便宜等。

（五）海运

这是对保险船舶的航行活动进行限制，避免加大保险人的承保风险责任，但不是保证，也不发生保险合同的终止。除非事先征得保险人的同意并接受修改后的承保条件和所需加付的保费；否则本保险对下列情况所造成的损失和责任均不负责：

（1）保险船舶从事拖带或救助服务；

（2）保险船舶与他船（非港口或沿海使用的小船）在海上直接装卸货物，包括驶近、靠拢和离开；

（3）保险船舶为拆船或为拆船出售的目的的航行。

（六）保险期间

1. 定期保险

定期保险期限最长1年。起止时间以保险单上注明的日期为准。保险到期时，如保险船舶尚在航行中或处于危险中或在避难港或中途港停靠，经被保险人事先通知保险人并按日比例加付保险费后，本保险继续负责到船舶抵达目的港为止。保险船舶在延长时间内发生全损，需加交6个月保险费。

2. 航次保险

航次保险按保单订明的航次为准。起止时间按下列规定办理：

（1）不载货船舶：自起运港解缆或起锚时开始至目的港抛锚或系缆完毕时终止。

（2）载货船舶：自起运港装货时开始至目的港卸货完毕时终止。但自船舶抵达目的港当日午夜零点起最多不得超过30天。

（七）保险合同的解除

（1）一旦保险船舶按全损赔付后，本保险自动解除。

（2）当船舶的船级社变更，或船舶等级变动、注销或撤回，或船舶所有权或船期改变，或转让给新的管理部门，或光船出租或被征购或被征用，除非事先书面征得保险人的同意，否则本保险自动解除。但船舶有货载或正在海上时，经要求，可延迟到船舶抵达下一个港口或最后卸货港或目的港。

（3）当货物、航程、航行区域、拖带、救助工作或开航日期方面有违背保险单特款规定时，被保险人在接到消息后，应立即通知保险人并同意接受修改后的承保条件及所需加付的保险费，本保险仍继续有效；否则，本保险自动解除。

（八）保费和退费

（1）定期险：全部保费应在承保时付清。如保险人同意，保费也可分期交付，但保险船舶在承保期限内发生全损时，未交付的保费要立即付清。本保险在下列情况下可以办理退费：

①被保险船舶退保或保险终止时，保险费应自保险终止日起，按净保费的日比例计算退还给被保险人。

②无论是否在船厂修理或装卸货物，在保险人同意的港口或区域内停泊超过30天时，停泊期间的保费按净保费的日比例的50%计算，但本款不适用船舶发生全损。如果本款超过30天的停泊期分属两张同一保险人的连续保单，停泊退费应按两张保单所承保的天数分别计算。

（2）航次保险：自保险责任开始一律不办理退保和退费。

（九）被保险人义务

（1）被保险人一经获悉保险船舶发生事故或遭受损失，应在48 h内通知保险人，如船在国外，还应立即通知距离最近的保险代理人，并采取一切合理措施避免或减少本保险承保的损失。

（2）被保险人向保险人请求赔偿时，应及时提交保险单正本、港监签证、航海（行）日志、轮机日志、海事报告、船舶法定检验证书、船舶入籍证书、船舶营运证书、船员证书（副本）、运输合同载货记录、事故责任调解书、裁决书、损失清单以及其他被保险人所能提供的与确认保险事故的性质、原因、损失程度等有关的证明和资料。

被保险人向本公司请求赔偿并提供理赔所需资料后，本公司在60天内进行核定。对属于保险责任的，本公司在与被保险人达成赔偿或给付保险金的协议后10天内，履行赔偿义务。

被保险人未履行前款约定的单证提供义务，导致保险人无法核实损失情况的，保险人对无法核实的部分不承担赔偿责任。

（3）被保险人或保险人为避免或减少本保险承保的损失而采取措施，不应视为对委付的放弃或接受，或对双方任何其他权利的损害。

（4）被保险人与有关方面确定保险船舶应负的责任和费用时，应事先征得本公司的同意。

（5）保险船舶发生保险责任范围内的损失应由第三者负责赔偿的，被保险人应向第三者索赔。如果第三者不予支付，被保险人应采取必要措施保护诉讼时效；保险人根据被保险人提出的书面赔偿请求，按照保险合同予以赔偿，同时被保险人必须依法将向第三者追偿的权利转让给保险人，并协助保险人向第三者追偿。未经保险人同意放弃向第三人要求赔偿的权利，或者由于被保险人的过失造成保险人代位求偿权益受到损害，保险人可相应扣减赔款。

（十）索赔和赔偿

（1）保险事故发生时，被保险人对保险标的不具有保险利益的，不得向保险人请求赔偿保险金。

（2）全损

①保险船舶发生完全毁损或者严重损坏不能恢复原状，或者被保险人不可避免地丧失该船舶，作为实际全损，按保险金额赔偿。

②保险船舶在预计到达目的港日期，超过两个月尚未得到它的行踪消息，可视为实际全损，按保险金额赔偿。

③当保险船舶实际全损似已不能避免，或者恢复、修理、救助的费用或者这些费用的总和超过保险价值时，在向保险人发出委付通知后，可视为推定全损，不论保险人是否接受委付，按保险金额赔偿。如保险人接受了委付，本保险标的属保险人所有。

（3）部分损失

①对本保险项下海损的索赔，以新换旧均不扣减。

②保险人对船底的除锈或喷漆的索赔不予负责，除非与海损修理直接有关。

③船东为使船舶适航做必要的修理或通常进入干船坞时，保险船舶也需就所承保的损坏进坞修理，进出船坞和船坞的使用时间费用应平均分摊。

如船舶仅为本保险所承保的损坏必须进坞修理时，被保险人于船舶在坞期间进行检验或其他修理工作，只要被保险人的修理工作不曾延长保险船舶在坞时间或增加任何其他船坞的使用费用，保险人不得扣减其应支付的船坞使用费用。

（4）被保险人为获取和提供资料和文件所花费的时间和劳务，以及被保险人委派或以其名义行事的任何经理、代理人、管理或代理公司等的佣金或费用，本保险均不给予补偿，除非经保险人同意。

（5）凡保险金额低于约定价值或低于共同海损或救助费用的分摊金额时，保险人对本保险承保损失和费用的赔偿，按保险金额在约定价值或分摊金额所占的比例计算。

（6）保险船舶与同一船东所有，或由同一管理机构经营的船舶之间发生碰撞或接受救助，应视为第三方船舶一样，本保险予以负责。

第二节 船东互助保险

一、船东保赔协会概述

（一）船东保赔协会的概念

船东保赔协会（Ship-owner' s Protection & Indemnity Club：P&I Club），又称为船东互保协会，是船东自愿结成的，主要承保船东在经营管理中所产生的货物责任、污染责任、罚款责任及合同责任等责任风险的非营利的互助保险组织。

（二）船东保赔协会产生的原因

随着航海贸易的迅速发展，船舶所有人要负担的损害赔偿责任越来越大，如船舶碰撞、人身伤亡、油污责任、货损货差和罚款等，已使船舶所有人到了难以承受的地步。而保险人仅承担被保险船舶本身的损坏和相关费用，对超额碰撞责任和1/4碰撞责任不予赔偿，更不愿意承保船舶所有人因油污等引起的无限赔偿责任。于是，船舶所有人为了摆脱困境，成立了船东保赔组织，共同分担属于会员的责任。

（三）船东保赔协会的发展

第一家船东保赔协会成立于1855年5月1日，是现在英国布列塔尼亚汽船保赔协会的前身。目前国际上有20多个船东互保协会，绝大部分集中在英国和北欧。亚洲有中国、日本和韩国三家互保协会。船东互保协会承保的风险中除油污责任外，承担无限额赔偿机制，为了协调各保赔协会的利益和关系并达到分保目的，国际上的船东互保协会又联合成立了国际保赔集团（International Group of P&I Club，IG）。目前，IG成员共有13家，其中英国有8家，分别是联合王国船东互保协会（UK）、西英保赔协会（WOE）、汽船保赔协会、布列塔尼亚保赔协会、标准保赔协会、北英保赔协会、伦敦保赔协会、船东保赔协会；挪威有2家，嘉德保赔协会（Gard P&I CLUB）、SKULD保赔协会；美国、瑞典和日本各1家，分别是美国保赔协会、瑞典保赔协会和日本保赔协会。其承保船舶总吨位合计占世界商船总吨位的90%以上。

中国船东互保协会成立于1984年1月1日，不受IG再保险的制约，但也向其中一些互保协会办理分保。截至2018年2月20日，其承保船总吨位超过5 400万总吨。其现行保险条款是《中国船东互保协会保险条款（2017）》，共29条。

（四）船东保赔协会的性质与作用

1. 船东保赔协会的性质

参加船东保赔协会的会员船东既是保险人，又是被保险人。协会以会员船东缴纳的会费作为保险赔偿基金，不以营利为目的。

2. 船东保赔协会的作用

船东保赔协会有保障和赔偿两方面作用。为保障船东利益，协会可向会员提供多种服务，主要有：提供担保以避免扣船或使被扣船舶获释；协助海事处理；为会员船东培训业务和技术人员；提供港口资料、装卸和配载技术指导及其他信息；为会员船东草拟、修改各种合同及文件等。协会通常在世界主要港口雇请通信代理人、保护代理人、律师、检验人员、航海技术专家等，随时为会员船东提供各种服务与指导。

3. 船东保赔协会与保险公司的区别

（1）承保风险不同

船东保赔协会主要承保的是船东对第三人的赔偿责任；保险公司承保的是保险标的的损坏或灭失。

（2）与船东利益不同

船东保赔协会中船东既是保险人，又是被保险人，协会与船东利益一致；而保险公司中船东仅是被保险人，两者利益是对立的。

（3）性质不同

保赔协会是非营业利性保险组织，不以营利为目的；保险公司为营利性保险组织。

（4）责任限制不同

保赔协会向会员提供的是无限额赔偿责任（除油污责任外）；保险公司的赔偿额以船东投保的保险金额为限。

4. 船东保赔协会保费收缴方式

船东保赔协会的会员，按其加入协会的船舶的情况，向协会缴纳会费。通常，会费分为预付保费（Advance Call）和追加保费（Supplementary Call）。预付保费在保险年度开始时支付，费率根据船舶的登记吨位、船龄、技术状况、营运特点、保险范围，以及历年保险赔付情况等因素予以确定。因此，船东的预付保费的费率常常是不同的。追加保费一般在保险年度结束时，根据协会的赔付情况，向会员船东征收，其费率对所有船东均一致。

二、船东互保协会保赔险的承保风险、除外责任及免赔额

（一）保赔险承保风险

以现行中国船东互保协会保险条款为例，其承保范围及承保限额与国际保赔协会集团一致，主要包括：

1. 人员伤、病或死亡

（1）对任何入会船船员的伤、病或死亡支付赔偿金或补偿费的责任，以及因此项伤、病或死亡所产生的必要的医药费、住院费、丧葬费（包括尸体运送费用）及其他费用，包括该船员的遣返费用和派遣替换船员的费用。

（2）对任何人员（除入会船船员外的其他人员及对旅客的责任）的伤、病或死亡支付赔偿金或补偿费的责任，以及因此项伤、病或死亡所产生的必要的医药费、住院费及丧葬费（包括尸体运送费用）。

（3）对从事入会船货物作业的任何人员的伤、病或死亡支付赔偿金或补偿费的责任。

（4）对任何旅客的伤、病或死亡支付赔偿金或补偿费的责任，及因此项伤、病或死亡而产生的医药、住院及丧葬费（包括尸体运送费用）；由于入会船发生海难事故而应支付该船上旅客的赔偿金或补偿费，包括支付旅客前往目的港或返回登船港的费用及旅客在岸基本生活费用；对旅客行李物品的灭失或损坏支付赔偿金或补偿费的责任。

2. 船员遣返及替换费用

（1）会员为留岸的入会船船员而派遣替换船员所产生的或根据法定义务遣返入会船船员所产生的，且根据上述人员伤、病或死亡“1.（1）对任何入会船船员”规定不能获得赔偿的船员遣返及替换费用。但是，不包括由于下列原因所产生的费用：

①船员在入会船上的服务期满，不论该项期满是根据船员协议或其他服务合同或劳务合同，还是根据合同双方的一致同意；

②会员违反任何协议或其他服务合同或劳务合同；

③入会船被出售；

④会员采取的与入会船有关的任何其他行动。

（2）按照经修订的《2006年海事劳工公约》规则2.5下导则B2，或者实施经修订的《2006年海事劳工公约》的当事国所制定的国内法的规定所产生的遣返及替换费用，但不包括依据上述“1.”和“2.（1）”条能够获得补偿的费用。

3. 个人物品的灭失或损坏

（1）对任何入会船船员个人物品的灭失或损坏支付赔偿金或补偿费的责任。

（2）对入会船上的任何其他人员的个人物品的灭失或损坏支付赔偿金或补偿费的责任。但是，除非会员与经理机构达成书面协议，对任何有关现金、流通证券、贵重或稀有

金属或宝石、贵重物品或稀有或珍贵物品的索赔取得了相应特别保险，并以此为限；否则协会不负赔偿责任。

4. 船舶全损船员失业赔偿

船舶全损船员失业赔偿是指由于入会船发生实际全损或推定全损导致任何船员失业，会员根据其法定义务或其他法律责任或任何船员协议或其他服务合同或劳务合同规定，对船员工资或补偿所承担的支付责任。但是，相关协议或合同需经经理机构事先书面认可，并以经理机构书面认可的为限。

5. 碰撞责任

碰撞责任是指由于入会船与他船碰撞而产生的下述的向任何他人支付费用和赔偿金的责任。但是，协会对该项责任的赔偿仅以不能根据入会船船舶险保单或船舶险入会证书的碰撞责任条款得到赔偿的为限。

（1）由于碰撞所产生的1/4责任；

（2）由于碰撞所产生的对下列事项或与下列事项有关的4/4责任：

①油类或任何其他物质的泄漏或排放（非入会船泄漏或排放），或此种威胁，但不包括对与入会船碰撞的他船及在该他船上的财产的损害；

②任何不动产或动产或其他财产，但不包括他船或在该他船上的财产；

③对障碍物、残骸、货物或任何其他物体的移除或处置；

④入会船上的货物或其他财产，或这些货物或财产的所有人所支付的共同海损分摊、特别费用或救助费；

⑤人员伤、病、亡、遣返费或替换费；

⑥对与入会船碰撞的他船的救助，根据“保赔协会特别补偿条款”或其任何修订文所支付的补偿。

（3）仅因入会船碰撞所产生的责任金额超过入会船在船舶险保单或船舶险入会证书下的价值，会员所承担的超出可从船舶险保单或船舶险入会证书获得赔偿的金额的那部分责任，但不包括上述第（1）和（2）项规定的责任。

6. 财产的灭失或损坏

对不论是在陆上的或在水上的，也不论是固定的或活动的任何财产的任何灭失或损坏（包括对权利的侵害）均应负有支付赔偿金或补偿费的责任。

7. 改变航线

入会船仅为了救助海上人命，或使船上伤病人员取得治疗，或等候该伤病人员的替换人员，或为了将偷渡或避难人员送上岸，而改变原定航线所产生的额外港口使费、伙食费、物料费、燃油费、保险费以及船员工资和津贴（系指超过入会船如不改变原定航线而本将产生的上述费用的部分），但以不能从任何第三者取得补偿的为限。

8. 安置偷渡人员和避难人员

会员因履行其对偷渡或避难人员或海上获救人员的义务，或对这些人员做出必要的安排而产生的费用，但仅以会员依法承担的且不能从任何第三者取得补偿的为限。协会对由于营救避难人员而产生的利润损失或贬值不负赔偿责任。

9. 人命救助

由于第三者救助或试图救助入会船上的或来自入会船的任何人员的生命，会员依法支付该第三者的款项，但仅以该会员不能根据入会船船舶险保单或船舶险入会证书获得赔偿的，或不能从货主或货物保险人获得赔偿的为限。

10. 污染风险

由于入会船排放或泄漏油类或任何其他物质，或存在这种威胁，所产生的下述责任、损失、损害、开支和费用：

（1）对损失、损害或污染的责任；

（2）会员作为董事会认可的任何协议的成员所产生的或应予承担的任何损失、损害或费用，包括会员履行该协议义务而产生的开支和费用；

（3）为避免或减轻污染或由污染导致的任何损失或损害而采取任何合理措施所产生的费用，以及由于采取了该措施而引起的对财产灭失或损坏的任何责任；

（4）为防止入会船排放或泄漏油类或可能造成污染的任何物质的紧迫危险，而合理地采取任何措施所产生的费用；

（5）由于遵从任何政府或主管当局为防止或减轻污染或污染危险而发出的任何命令或指示所产生的责任或费用，但是应符合以下情况：

①这种遵从不是出于入会船正常营运、救助或修理的需要；且

②此项责任或费用不能根据入会船船舶险保单或船舶险入会证书得到赔偿。

11. 船舶拖带责任

（1）对入会船进行常规性拖带根据对入会船进行下述常规性拖带的合同所产生的责任，不包括拖带费用：

①在船舶正常营运中，为进出港口或在港内移动而进行的拖带；或

②在船舶正常营运中，对惯常被拖带的入会船进行港口间或两地间的拖带，但以会员在该船船舶险保单或船舶险入会证书下未得以保险的为限。

（2）对入会船进行非常规性拖带

根据对入会船进行上述第（1）项规定外的非常规性拖带的合同所产生的责任。

（3）由入会船进行拖带

由入会船对他船或物体进行拖带所产生的责任，但除下列情况外，会员无权就由入会船拖带的船舶、其他物体或在该被拖物上的货物、其他财产的灭失、损坏、残骸清除以及相关费用获得补偿：

①拖带或试图拖带是为了救助或试图救助海上人命或财产；或

②入会船根据经理机构书面批准的合同或者按经理机构要求的条款进行拖带的。

12. 检疫费用

由于入会船上暴发传染病的直接后果而使会员产生的额外费用，包括检疫和消毒费用以及会员因此而遭受的有关燃油费、保险费、船员工资、物料伙食费及港口使费的净损失（即超过如未暴发传染病而本将产生的这些费用的部分）。

13. 货物责任

对货物的责任和费用，仅限于与拟载于、正载于或曾载于入会船的货物有关的责任和费用：

（1）货物灭失、短少、损坏或其他赔偿责任；

（2）对损坏货物的处置；

（3）收货人未提走货物；

（4）联运提单或转船提单下的责任。

14. 入会船上的财产

会员对在入会船上的任何集装箱、设备、燃油或其他财产的灭失或损坏所承担的责任。

15. 未能取得的共同海损分摊款

会员仅因违反运输合同而未能依法从货方或海上航程的其他方取得其本可有权索取的共同海损、特殊费用或救助费的分摊款。

16. 船方共同海损分摊款

由于为确定共同海损、特殊费用或救助费的分摊而估定的入会船的完好价值，高于该船在船舶险保单或船舶险入会证书下的保险价值，而根据船舶险保单或船舶险入会证书未能取得补偿的船方共同海损、特殊费用或救助费的分摊款。

17. 各种罚款

任何法院、法庭或主管当局就入会船因下述（1）至（4）项原因，向会员，或会员可依法对之承担赔偿责任的任何人员，或会员可依法根据合同或赔偿协议对之承担赔偿责任的任何人员课以的罚款或处罚：

（1）货物短卸或溢卸或溢装，或未遵守有关物品申报规定或有关入会船货物文件的规定；

（2）走私或违反任何有关入会船建造、改装、改造或装备的海关法或海关规定；

（3）违反任何有关移民的法律或规定；

（4）意外排放或泄漏油类或其他物质，或这种威胁；

但是，协会对下列原因引起的此项罚款不负赔偿责任：

（1）入会船超载；或

（2）违反或不执行MARPOL公约及其议定书或有关船舶建造、改装及设备的规定。

18. 对救助人的特别补偿

会员对入会船的救助人支付下述费用的责任，但以非可由被救财产利益方支付的为限：

（1）“特别补偿”，即根据对《1989年国际救助公约》第14条规定的“无效果无报酬”原则的例外条款，或在2000或2011劳氏标准救助合同或本协会认可的其他标准救助合同内并入的“保赔协会特别补偿条款”所应支付的特别补偿；

（2）“合理产生的费用”，即根据对1980年劳氏标准救助合同第1（a）条规定的“无效果无报酬”原则的例外条款所应支付的“合理产生的费用”（及据此所获得的任何增额）。

19. 海事调查费用

在对入会船所遭受的损失或涉及入会船的海难事故的正式调查中，会员为己抗辩或为保护自身利益而产生的开支及费用。

20. 损害防止及法律费用

（1）在发生可导致向本协会索赔的任何海难、事故、事件或事情时或之后，会员仅为了避免或减少其在本协会保险的全部或部分（因免赔额）责任或费用而合理产生的额外开支及费用；

（2）与会员在本协会保险的全部或部分（因免赔额）责任或费用有关的法律费用及开支。

21. 执行本协会指示所产生的费用

（1）会员按照经理机构为了本协会利益而提出的特殊要求行事所产生的开支、费用和损失；或

（2）如无经理机构的特殊要求，会员自己采取行动或不采取行动所产生的开支、费用和损失。

（二）中国船东互保协会除外责任

1. 船舶险承保风险

本协会对在入会船发生的损害而本应由船舶险保险人承保的责任、开支或费用不负赔偿责任。

2. 战争风险

当引起会员任何责任、开支或费用的损失或损坏，人员伤亡病，或其他事故是由于以下原因造成时，本协会对会员的此项责任、开支或费用不负赔偿责任（不论会员或其雇佣人员或代理人员的任何疏忽是否是产生这些责任、开支或费用的原因之一）：

（1）战争、内战、革命、叛乱、暴动或由此而引起的内乱，或由或对交战武装力量做出的任何敌对行为，或任何恐怖行为（但是，对某个行为是否构成恐怖行为存在争议时，董事会的决定应是终局性结论）；

（2）捕获、扣押、扣留、禁运或羁押（船长或船员的不法行为和海盗行为除外）及其后果，或进行这些行为的任何尝试；

（3）水雷、鱼雷、炸弹、火箭、炮弹、爆炸物或其他类似战争武器（仅因运输任何这些武器而产生的责任、开支和费用除外，不论这些武器是否在入会船上），但是本项除外不适用于由于政府的命令而使用这些武器，或是根据董事会或经理机构为避免或减轻本协会承保范围内的责任、开支或费用所做出的书面批准而使用这些武器。

3. 核风险

本协会对由于下列原因直接或间接造成的或引起的任何责任、开支或费用，或归因于下列原因所产生的任何责任、开支或费用不负赔偿责任：

（1）由于下列物质或设施产生的核辐射，或下列物质或设施的放射性、有毒性、爆炸性或其他危险性或污染性：

①任何核燃料、核废料或核燃料的燃烧；或

②任何核设施、核反应堆或其他核装置或其核部件。

不适用于入会船将“例外物质”作为货物运输所产生的责任、损失、开支或费用。“例外物质”是指含有用于或拟用于以工业、农业、商业、医学或科学为目的的放射性同位素，或董事会认可的其他例外物质。

（2）任何应用原子或核裂变和/或核聚变的战争武器，或其他类似的核反应或核放射武器或物质。

4. 双重保险

除非董事会另做决定，否则本协会对会员可从任何其他保险下获得赔偿的责任、开支或费用不负赔偿责任；本协会对除了在其他保险中订有对双重保险不负责任或限定责任的条款外，还假定船舶并未在本协会投保本保险条款规定风险的情况下，会员本可从该其他保险中获得赔偿的责任、开支或费用，也不负赔偿责任。

5. 轻率贸易（承运违禁品、偷越封锁、非法贸易，或轻率或冒险经营）

本协会对入会船承运违禁品、偷越封锁，或从事非法贸易，或者董事会考虑所有因素后认为入会船所进行的运输、贸易或航程不谨慎、不安全、过于危险或不恰当所产生的索赔不负赔偿责任。

6. 无纸贸易

协会不承担使用除协会经理机构书面确认的电子贸易系统外的任何电子贸易系统所产生特有的那些责任、费用和损失，即如使用纸制贸易系统便不会产生的责任、费用和损失（协会对此具有唯一的裁量权）。

电子贸易系统是指用于货物买卖和/或海上货物运输或部分海上货物运输或其他运输方式，以替代或意欲替代纸制文件的系统，且这些文件为：

（1）物权凭证；或

（2）使持有人有权接受或占有此文件中所指的货物；或

（3）运输合同的证明，运输合同当事人凭此合同可将其权利和义务转让给第三方。

"文件"是指记录了任何名目信息的任何载体，包括但不限于计算机或其他电子方式生成的信息。

（三）中国船东互保协会损害赔偿最高赔偿限额

仅对油污损害责任规定了每次事故不超过10亿美元的最高赔偿限额。

（四）中国船东互保协会免赔额

（1）船员伤、病、亡：应扣除每人每次靠港500美元免赔额；同一船员因为同一病因或伤情挂靠两个或两个以上港口就医的，对相关病情的索赔总额仅扣除一个免赔额。

（2）旅客伤、亡、病：每位旅客500美元。

（3）货物索赔及货方共同海损分摊：每航次1 000美元。

（4）罚款：对污染罚款索赔的免赔额为每事件500美元；其他罚款索赔的免赔额为每次靠港500美元。

三、船长应如何使用船东互保协会提供的服务

作为在生产一线的船长可以通过下列方式使用船东互保协会所能提供的服务：

（一）使用船东互保协会咨询服务和防损通函

船长可以通过公司或直接向船东互保协会咨询有关信息，也可经常浏览船东互保协会官方网站和微资讯平台。通常，船东互保协会不定期地编发防损通函，用来提醒船长在技术和法律层面存在的相关风险，涉及地区、货物、国际公约和法律法规。

1. 防损通函的种类

（1）某些航行风险或变化或者提出某些技术性建议的通函。关于易流态化货物、船舶限硫方面的风险提示。

（2）防损通函是针对某种特定货物可能引起的特殊风险需加以注意的通函。例如：中国船东互保协会对南美大豆易发货损的防损建议。

（3）在特定地区或者特定情况下防控相应的法律风险，或者相关地区法律规定或程序变化的通函。例如对有关联合国、欧盟和美国对朝鲜制裁的通函。

2. 船长应使用防损通函解决问题

（1）在开始一个航次之前或者过程中，如果对涉及的任何问题存有疑问，都可以通过查询有关防损通函，或者直接联系保赔协会的方式寻求相关的信息和建议。

（2）在运输过程中，船长可能面临一些比较棘手的法律问题，比如面临一些有瑕疵的货物，是否可以拒绝装载相关货物，是否应当签发清洁提单，如何在提单上进行批注，记名提单在当地是否也需要凭单放货等，船长都可以直接或者通过公司向船东互保协会寻求建议。

（3）登录保赔协会官方网站，获取会员专属信息和资料。

（4）学习船东互保协会出版的船长指南，提高业务水平。

（二）联系船东互保协会的通信代理

船东互保协会在全球拥有比较完善的通信代理体系，互保协会每年对本协会的通信代理名录进行更新，确保通信方式的准确性。比如中国船东互保协会的通信代理网络显示，协会的法律和商业通信代理遍布全球143个国家和地区的358个港口，可为会员提供7×24 h及时、高效的服务。船长最好能够在船舶上配备有关协会的通信代理名录，以便不时之需。当出现比较紧急的情况时，船长可以直接与互保协会在当地的通信代理联系。

1. 通信代理的作用

通信代理是船东互保协会在世界各主要港口聘用的保赔联络代理，目的是代替互保协会经理部工作人员及时就近处理海事案件，以提高效率和节省人力、物力，其主要具有在会员船长与互保协会之间传递信息和联络的作用。但其并非保赔协会的代理人，他们与保赔协会之间没有代理关系，甚至也没有永久的合同关系，而是“一案一委”的临时委托关系。除经互保协会逐案特别授权以外，通信代理没有决定任何事项的权限。

2. 通信代理的具体职责

（1）协助船舶装货前的检验，代为委托检验人，向协会提供有关信息和提出建议；

（2）调查了解海损、货损事故的原因、损失范围和程度，分析有关承运人的责任；

（3）联系有关方（主要是港口当局/政府机构和索赔方），代表保赔协会出具担保；

（4）接待保赔协会派出的代表，协助其在当地处理有关案件；

（5）对已提出的索赔，代为审核索赔资料，处理索赔案件；

（6）受委托聘请当地律师参与诉讼程序和出庭抗辩；

（7）协助船东/船长及船代理在当地处理有关事宜；

（8）向协会提供有用的信息资料。

3. 通信代理的分类

（1）一般通信代理：可以协助船长处理当地的相关业务或处理一些突发事件。
（2）法律通信代理：更多地涉及法律事务。

4. 互保协会通信代理相对船舶代理所具有的特点

（1）可以提供更多的服务。通信代理往往与当地的检验人律师、专门机构有着良好的合作关系，可以提供更加多元化的服务。

（2）专业性更高。由于通信代理常年处理各种不同类型的航运与海事事故或者突发事件，并且熟悉当地的法律，可以为船东和船长提供更加专业和可行的服务和建议。

（3）一个通信代理往往只是一个互保协会的专属通信代理，或者只为几个互保协会提供服务，通信代理与协会的关系更加密切，可靠和可信度会更高一些。

（三）参加船东互保协会举办的学术研讨会议

船东互保协会每年都会定期举办学术研讨会议，邀请专家就当下一些热点问题答疑解惑。研讨会上提供的信息比来自互保协会所提供的咨询服务信息,会从更加多元的角度和不同的利益主体角度去关注、分析某一个问题。比如海上保安以及防海盗问题，运输易流态化货物问题等。即使船长本人不能亲自参加会议，也最好通过公司尽可能获取相应的会议文件进行学习。

（四）浏览不同的船东互保协会的网站

船东互保协会每年都会发行一些刊物，其中多数都会提供免费的链接，供会员以及有兴趣的人士浏览。船东互保协会也会随时更新有关航运和海事方面的信息和发布一些最新的咨询信息，这些资源也大多可以在其网站上免费获得。由于各个互保协会的关注点并不完全一致，这就为浏览不同的船东互保协会的网站来获得不同的信息提供了可能。

第二十章

海事争议处理

本章学习目标

《海船船员培训大纲（2021版）》

3.9 P&I业务

.3掌握海事争议处理

海事争议的产生以海事的发生为前提，海事的发生与海事所造成的损失和当事人的责任密切相关，当海损事故造成的损失与海事责任的承担在当事人之间不协调、受损方的权益得不到应有的补偿时，在海事当事人之间就会产生程度不同的海事争议。

海事争议的解决方式包括和解、调解、诉讼、仲裁。这些解决方式的性质、特点及其效力各不相同，但是在解决海事争议中的作用都是不可忽视的，各种途径可并行不悖。除诉讼和仲裁不可以同时并行外，有的海事争议是经过多种途径才得以解决的。

船长应熟悉并掌握和解、调解、诉讼与仲裁的基本知识。本章内容适用于海船3 000总吨及以上船长、500~3 000总吨船长。

第一节 和解与调解

一、和解

和解（Reconciliation），又称自行和解，双方当事人本着互谅、互让的精神，协商解决纠纷的方式。没有第三方参与而自行和解是其调解的特点，其表现形式是双方达成的和解协议书。实践中，许多海事争议由双方当事人通过和解方式解决。

和解，主要用于双方分歧不严重、责任比较清楚的海事案件。其优点是，双方不伤和气，有利于今后的进一步合作。不足的是，双方达成的和解协议不具有法院强制执行的约束力，双方任何一方反悔，都会使协议无法履行，所以对不具备和解条件的争议，应及时采取其他途径解决，以避免拖延时间。

二、调解

调解（Mediation），是在第三方的主持或参与下解决双方海事争议的方式。是否有第三方参加，是调解与和解的主要区别。双方达成的调解协议，除当事人双方在协议书上盖章外，调解人也要签字盖章。

对海事争议进行调解的主要机构有：行政机关、海事法院、仲裁机构、其他单位。无论谁进行调解，都必须遵循自愿、公平、不得强迫的原则，在事实清楚的基础上，分清是非，进行调解。需要注意的是，不同的调解人进行的调解所产生的法律效力不同。

1. 行政机构的调解

行政机构的调解主要表现为由海事行政机关对海事争议的调解。调解协议达成后，一方反悔的，另一方不能据此调解协议请求海事法院强制执行，只能通过诉讼或其他方式解决海事争议。即在行政机关主持下达成的调解协议不具有法院强制执行的效力。

2. 海事法院的调解

海事法院的调解书经双方当事人签收后，即具有法律效力，当事人不得上诉。除非当事人对已经发生法律效力的调解书，提出证据证明调解违反自愿原则或者调解协议的内容违反法律的，可以申请再审。经人民法院审查属实的，应当再审。调解未达成协议或者调解书送达前一方反悔的，人民法院应当及时判决。

3. 海事仲裁机构的调解

海事仲裁机构对海事争议调解成立后，调解书经双方当事人签收后，即发生法律效力。调解书与裁决书具有同等法律效力。在调解书签收前当事人反悔的，仲裁庭应当及时做出裁决。

4. 其他单位的调解

其他单位（包括人民调解委员会）对海事争议的调解协议，一旦达成并经当事人签署，即具有民事合同的性质，对于签署调解协议书的当事人具有约束力，当事人应当按照约定履行自己的义务，不得擅自变更或者解除调解协议，但调解协议不具有法律强制力，即如果一方不履行该调解协议，另一方有权向人民法院起诉，而不能申请法院强制执行。

综上所述，只有在法院和仲裁机构主持下达成的调解书，在双方签收后，才具有强制执行力。

第二节 海事诉讼基本知识

一、海事诉讼的概念

海事诉讼（Maritime Litigation），是指海事法院在海事争议当事人和其他诉讼参与人的参加下，依法审理或判决海事争议案件的全部活动过程。

在海事诉讼中，海事法院、海事诉讼参加人和其他海事诉讼参与人构成海事诉讼法律关系的主体。其中，海事诉讼参加人包括当事人（即原告、被告）、第三人、共同诉讼人、诉讼代表人以及诉讼代理人。我国诉讼法律关系的主体只能是自然人、法人或其他组织，物不能成为诉讼主体。

二、海事诉讼适用的程序法

海事法院审理海事诉讼案件所依据的程序法，依照各国法院的普遍做法，均适用本国程序法。尤其是对涉外案件，程序问题适用法院地法是国际私法的一项基本原则。目前，我国海事法院审理海事案件所适用的程序法主要包括《中华人民共和国海事诉讼特别程序法》《中华人民共和国民事诉讼法》《最高人民法院关于海事法院受理案件范围的规定》以及最高人民法院有关海事诉讼方面的规定等。

三、海事诉讼管辖

（一）海事诉讼管辖的概念

海事诉讼管辖是指法院主管的海事案件在各海事法院之间，海事法院与上级人民法院之间，海事法院与地方各级法院之间的分工，确定哪些案件由海事法院行使管辖权，以及哪个海事法院或其上级人民法院具有审理第一审海事案件的权限。

海事诉讼管辖是说明某一海事、海商案件具体应由哪一海事法院审理，是各级法院或同级法院之间受理第一审海事、海商案件的分工和权限；而海事法院的受案范围是说明哪些案件属于海事法院的审理范围，是海事法院和其他组织之间解决海事争议的分工和权限。

（二）管辖的分类

1. 法定管辖和裁定管辖

（1）法定管辖

法定管辖是指由法律明确规定第一审海事案件的管辖法院，包括级别管辖和地域管辖。

①级别管辖

级别管辖是指不同级法院之间关于审理第一审案件的分工和权限。划分级别管辖权限主要依据案件的性质及案件的影响力大小。对于海事案件，我国实行海事法院、其所在地的高级人民法院和最高人民法院三级管辖制。

②地域管辖

地域管辖是指同级法院之间审理第一审案件的分工和权限。在我国，民事纠纷案件的地域管辖依据行政区域划分，而海事法院对海事案件的地域管辖是按水域划分。

（2）裁定管辖

裁定管辖是指以海事法院的上级法院裁定的形式来确定案件的管辖法院，如指定管辖、移送管辖。裁定管辖，非由法律直接规定。

①指定管辖

指定管辖是指法院之间对案件的管辖发生争议或者有管辖权的法院因特殊情况不能行使管辖权，由上一级法院指定某一下级法院管辖。

②移送管辖

移送管辖是指当法院发现已经受理的案件不属于本院管辖的范围，而将案件移送给有管辖权的法院。

2. 专属管辖和协议管辖

（1）专属管辖

专属管辖是指法律规定某类案件只能由特定的法院管辖，其他法院无管辖权。专属管辖的规定属于强制性规定，当事人不能以协议的形式排除其适用，当事人不具有对案件的管辖进行选择的权利。

我国《海事诉讼特别程序法》第7条规定，下列海事诉讼，由本条规定的海事法院专属管辖：

①因沿海港口作业纠纷提起的诉讼，由港口所在地海事法院管辖；

②因船舶排放、泄漏、倾倒油类或者其他有害物质，海上生产、作业或者拆船、修船作业造成海域污染损害提起的诉讼，由污染发生地、损害结果地或者采取预防污染措施地海事法院管辖；

③因在中华人民共和国领域和有管辖权的海域履行的海洋勘探开发合同纠纷提起的诉讼，由合同履行地海事法院管辖。

（2）协议管辖

协议管辖不因法律的强制性规定而取得，海事法院行使管辖权依赖于当事人的合意或自愿。即法律允许当事人以书面协议方式选择诉讼管辖的法院。

3. 共同管辖和合并管辖

（1）共同管辖

共同管辖是指根据法律规定，两个以上法院对同一案件都具有管辖权。

（2）合并管辖

合并管辖是法院将两个以上的诉讼请求合并由一个法院审理和判决。合并管辖的发生是法院对某一个海事案件已经行使了诉讼管辖权，基于诉讼中发生了另外一个请求，且该请求与本案存在着某种牵连关系，有必要将另外的诉讼请求合并审理而产生的合并管辖。

四、海事请求保全

（一）海事请求保全的概念

海事请求保全（Security of Maritime Claims），是指海事法院根据海事请求人的申请，为保障其海事请求的实现，对被请求人的财产所采取的强制措施。海事请求保全是海事诉讼中一项重要的制度。

海事请求保全多发生在诉讼之前，故又称为“诉前保全”（Security Pre-litigation）。海事请求保全可申请扣押的财产一般包括船舶、货物及其他有关海上财产，但大多数是船舶。海事请求人申请海事请求保全的直接目的是通过扣船或其他财产，迫使被申请人提供担保，以保全其请求权的实现，并非一定要进行诉讼。此外，海事请求保全措施只能由海事法院以裁定的形式做出并执行。因此，在海事仲裁案件中，如果当事人申请海事请求保全，应由仲裁委员会将当事人的申请提交海事法院裁定，而不能自行做出保全决定。

（二）船舶的扣押和拍卖

海事请求保全大多表现为扣押船舶。但海事请求权人向法院申请扣船时，并非一切船舶都可以扣押。根据有关扣船公约和一些国家法律的规定，可以被扣押的船舶主要有两类：发生海事请求的当事船舶和与海事请求相关的其他船舶。

1. 扣押当事船舶

根据我国《海事诉讼特别程序法》第23条第1款规定，有下列情形之一的，海事法院可以扣押当事船舶：

（1）船舶所有人对海事请求负有责任，并且在实施扣押时是该船的所有人；

（2）船舶的光船承租人对海事请求负有责任，并且在实施扣押时是该船的光船承租人或者所有人；

（3）具有船舶抵押权或者同样性质的权利的海事请求；

（4）有关船舶所有权或者占有的海事请求；

（5）具有船舶优先权的海事请求。

2. 扣押其他船舶

我国《海事诉讼特别程序法》第23条第2、3款规定，海事法院可以扣押对海事请求负有责任的船舶所有人、光船承租人、定期租船人或者航次租船人在实施扣押时所有的其他船舶，但与船舶所有权或者占有有关的请求除外。从事军事、政府公务的船舶不得被扣押。

3. 船舶的拍卖

我国《海事诉讼特别程序法》第29条规定，船舶扣押期间届满，被请求人不提供担保，而且船舶不宜继续扣押的，海事请求人可以在提起诉讼或者申请仲裁后，向扣押船舶的海事法院申请拍卖船舶。

拍卖船舶必须由扣船申请人依法向扣押船舶的海事法院提出，由扣押船舶的海事法院依照法定程序对扣押的船舶进行拍卖。

五、海事强制令

（一）海事强制令的概念

海事强制令是指海事法院根据海事请求人的申请，为使其合法权益免受侵害，责令被请求人作为或者不作为的强制措施。

（二）海事强制令的申请与受理

海事强制令不受当事人之间关于该海事请求的诉讼管辖协议或者仲裁协议的约束。当事人在起诉前申请海事强制令，应当向海事纠纷发生地海事法院提出，并提交书面申请。海事法院接受申请后，应当在48 h内做出裁定。裁定做出海事强制令的，应当立即执行；对不符合海事强制令条件的，裁定驳回其申请。

海事强制令也可以在已经进入实体诉讼后，向受诉的海事法院提出。此时，海事强制令可以作为诉讼的一个中间程序，法院仅以裁定的形式做出，它并不影响法院对实体争议的审理和判决。

（三）做出海事强制令的条件

海事强制令措施，是在未经判决确定被请求人有履行该行为的义务的情况下，直接处分被请求人的行为，一旦执行，具有法律后果严重且难以逆转的特点。因此，我国《海事诉讼特别程序法》第56条明确规定了海事强制令的构成条件，即做出海事强制令，应当具备下列条件：请求人有具体的海事请求；需要纠正被请求人违反法律规定或者合同约定的行为；情况紧急，不立即做出海事强制令将造成损害或者使损害扩大。

六、海事诉讼时效

（一）海事诉讼时效的概念

海事诉讼时效是指海事请求权人通过海事诉讼程序，请求海事法院保护其海事实体权利的法定有效期间。海事诉讼时效从本质上讲是消灭时效，是民事诉讼时效的特别时效。如果海事请求权人未在诉讼时效届满前行使自己的权利，则丧失请求海事法院依法强制义务人履行义务的权利。

我国《海商法》在第13章中对海事诉讼时效问题做了专门规定。海商法作为民法的特别法，其诉讼时效的规定优先于民法总则规定的适用，海商法没有规定的，适用民法关于诉讼时效的一般规定。

（二）海事诉讼时效期间

（1）就海上货物运输向承运人索赔的诉讼时效期间为1年，自承运人交付或者应当交付货物之日起计算；在时效期间内或者时效期间届满后，被认定为负有责任的人向第三人提起追偿请求的，时效期间为90日，自追偿请求人解决原赔偿请求之日起或者收到受理对其本人提起诉讼的法院的起诉状副本之日起计算。

（2）有关航次租船合同、船舶租用合同的诉讼时效期间为2年，自知道或者应当知道权利被侵害之日起计算。

（3）就海上旅客运输向承运人索赔的诉讼时效期间为2年。有关旅客人身伤害的请求权，自旅客离船或者应当离船之日起计算；有关旅客死亡的请求权，发生在运送期间的，自旅客应当离船之日起计算；因运送期间内的伤害而导致旅客离船后死亡的，自旅客死亡之日起计算，但是此期限自离船之日起不得超过3年；有关行李灭失或者损坏的请求权，自旅客离船或者应当离船之日起计算。

（4）有关海上拖航合同的请求权，诉讼时效期间为1年，自知道或者应当知道权利被侵害之日起计算。

（5）有关船舶碰撞的请求权，诉讼时效期间为2年，自碰撞事故发生之日起计算；对第三人的人身伤亡承担连带责任的赔偿额超过自己应当承担的责任比例的，其追偿请求的诉讼时效期间为1年，自当事人连带支付损害赔偿之日起计算。

（6）有关海难救助的请求权，诉讼时效期间为2年，自救助作业终止之日起计算。

（7）有关共同海损分摊的请求权，诉讼时效期间为1年，自理算结束之日起计算。

（8）根据海上保险合同向保险人要求保险赔偿的请求权，诉讼时效期间为2年，自保险事故发生之日起计算。

（9）有关船舶发生油污损害的请求权，诉讼时效期间为3年，自损害发生之日起计算；但是，在任何情况下时效期间不得超过从造成损害的事故发生之日起6年。

（三）海事诉讼时效的中止、中断

海事诉讼时效的中止，是指在时效期间的最后6个月内，因不可抗力或者其他障碍不能行使请求权的，《海商法》规定暂时停止诉讼时效的进行，待阻碍事由消灭后，诉讼时效又继续计算。因此，诉讼时效期间中止必须具备两个条件：一是中止的原因发生在时效期间的最后6个月；二是中止原因须是不可抗力或其他足以妨碍权利人行使请求权的客观事实。诉讼时效中止的特点是，中止原因消除后，时效期间继续计算。

海事诉讼时效中断，是指在诉讼时效期间内，因法定事由的出现使得已经进行的时效期间全部归于无效，待法定事由消除后，时效期间重新开始计算。根据《海商法》第二百六十七条的规定，时效期间因请求人提起诉讼、提交仲裁或者被请求人同意履行义务而中断。但是，请求人撤回起诉、撤回仲裁或者起诉被裁定驳回的，时效不中断。另外，若请求人申请扣船，则诉讼时效自申请扣船之日起中断。

第三节 海事仲裁基本知识

一、海事仲裁的概念

海事仲裁（Maritime Arbitration），是指海事仲裁机构或仲裁员，根据当事人在争议发生之前或之后达成的仲裁协议及书面申请，按照一定的程序规则，对其海事争议进行审理，并做出终局裁决的一种解决争议的方式。

二、海事仲裁的特点

海事仲裁是解决海事争议的重要途径之一。与海事诉讼相比，海事仲裁有以下不同点：

（一）组织性质不同

海事法院作为审判机关，是国家权力机关，法官的任职有着严格的条件（特别是国籍）；而海事仲裁机构多是民间机构，仲裁员多由仲裁机构聘任，且多为兼职人员，其国籍一般不受限制。

（二）程序性质不同

海事诉讼中，当事人只能在法律允许的范围内选择有管辖权的法院提起诉讼，且不能违反专属管辖的规定，在诉讼时也只能使用法院地的程序法；海事仲裁中，当事人可以协议选择仲裁机构、指定仲裁员、选择仲裁适用的程序法及实体法等，仲裁不实行级别管辖和地域管辖。仲裁依法独立进行，不受行政机关、社会团体和个人的干涉。有效的仲裁协议有时可以排除法院的管辖权。

（三）裁判制度不同

法院诉讼普遍采用两审终审制或三审终审制；而海事仲裁实行一裁终局的制度，裁决做出后，当事人就同一纠纷再申请仲裁或者向人民法院起诉的，仲裁委员会或者人民法院不予受理。

（四）判决与裁决的效力不同

海事法院的一审判决，如当事人不服，可以上诉。对于已经生效的判决，如一方不执行，法院应另一方的申请有权强制有关当事人执行；对于仲裁裁决，如当事人不服，不得向法院起诉；如一方当事人不执行裁决，另一方可向法院申请执行。

（五）裁判的执行范围不同

对于法院的判决，通常只能在法院地国与其他存在有关司法协助条约国之间，才能得以承认和执行；而对于仲裁裁决，由于世界多数国家都参加了1958年《承认与执行外国仲裁裁决公约》（又称《纽约公约》），使得某一缔约国仲裁裁决在其他缔约国普遍得以承认与执行。

三、海事仲裁机构

海事仲裁机构（Maritime Arbitration Institution），是为解决海事方面的争议而设立的专门性组织。各主要航运国家都设有常设仲裁机构，如伦敦海事仲裁员协会、美国海事仲裁员协会、瑞典斯德哥尔摩海事仲裁协会、东京海事仲裁委员会、摩纳哥海事仲裁院、国际海事仲裁委员会等。中国海事仲裁委员会于1959年1月经国务院批准成立，原附设于中国贸促会，2017年5月正式独立运营，是一家以海事海商、交通物流争议以及其他契约性和非契约性争议解决为特色的专业仲裁机构。

仲裁规则是当事人和仲裁庭在整个仲裁过程中所应遵循的程序规则，包括仲裁申请的提出、仲裁员的选定、仲裁庭的组成、仲裁的审理、仲裁的裁决以及裁决的效力等内容。目前，中国海事仲裁委员会适用的最新的仲裁规则是2015年1月1日起实施的《中国海事仲裁委员仲裁规则》。

四、海事仲裁协议

（一）仲裁协议的概念及其表现形式

仲裁协议（Arbitration Agreement），是指当事人在争议之前或者在争议发生之后达成的将争议提交仲裁机构或仲裁员，依照法律和仲裁规则解决争议的一种书面协议。

根据我国《仲裁法》的规定，仲裁协议包括合同中订立的仲裁条款和以其他书面方式在纠纷发生前或者纠纷发生后达成的请求仲裁的协议。实践中，仲裁协议的具体表现形式有：

1. 合同中订明的仲裁条款（Arbitration Clause）

合同中订明的仲裁条款是指在争议发生之前，当事人在合同中以合同条款的形式表现出来的一种约定形式。在海商法领域中，存在着大量的标准合同格式，如各种租船合同、船舶买卖合同、救助合同等，这些合同中大多订有比较完善的仲裁条款。

2. 仲裁协议书（Submission to Arbitration）

仲裁协议书是指双方当事人在争议发生前后为将其争议交付仲裁而专门订立的一种单独协议。仲裁协议书多在争议发生之后签订，它不仅适用于合同方面的争议，也适用于侵权及其他方面的纠纷。另外，双方当事人在业务往来的书信、电传、电报或其他电讯手段中有关仲裁事项的特别规定，也构成书面仲裁协议的证明。

（二）仲裁协议的内容

从各国仲裁法及联合国国际商事仲裁示范法的规定来看，仲裁协议应当具有的内容不尽相同，但一般都要求仲裁协议应当具备：提交仲裁的事项、仲裁地点、仲裁机构、仲裁所适用的法律以及仲裁员的指定、裁决的效力等。实践中，当事人可根据具体情况，参照相关示范条款签订仲裁协议。

我国《仲裁法》规定，仲裁协议应当具有下列内容：请求仲裁的意思表示；仲裁事项；选定的仲裁委员会。

（三）仲裁协议的效力

仲裁协议的效力是指它的法律约束力。一份有效的仲裁协议对当事人、法院和仲裁机构均有一定约束力。对当事人来讲，仲裁协议一旦签订，任何一方不得随意变更或撤销，也不得将争议再向法院起诉；对于法院来讲，不得受理双方存在有效仲裁协议的海事争议案件，一旦受理，另一方当事人有权请求法院停止诉讼而将案件移交仲裁解决。对于仲裁机构来讲，有效的仲裁协议是其受理和审理案件的前提和基础。

1. 仲裁协议的无效

（1）我国《仲裁法》规定，有下列情形之一的，仲裁协议无效：约定的仲裁事项超出法律规定的仲裁范围的；无民事行为能力人或者限制民事行为能力人订立的仲裁协议；一方采取胁迫手段，迫使对方订立仲裁协议的。

（2）我国《仲裁法》规定，仲裁协议对仲裁事项或者仲裁委员会没有约定或者约定不明确的，当事人可以补充协议；达不成补充协议的，仲裁协议无效。

2. 仲裁协议的独立性

我国《仲裁法》规定，仲裁协议独立存在，合同的变更、解除、终止或者无效，不影响仲裁协议的效力。仲裁庭有权确认合同的效力。

3. 仲裁协议的效力有异议

我国《仲裁法》规定，当事人对仲裁协议的效力有异议的，可以请求仲裁委员会做出决定或者请求人民法院做出裁定。一方请求仲裁委员会做出决定，另一方请求人民法院做出裁定的，由人民法院裁定。当事人对仲裁协议的效力有异议，应当在仲裁庭首次开庭前提出。

4. 有效的仲裁协议排除诉讼管辖

我国《民事诉讼法》规定，在涉外经济贸易、运输和海事中发生的纠纷，当事人在合同中订有仲裁条款或者事后达成书面仲裁协议，提交中华人民共和国涉外仲裁机构或者其他仲裁机构仲裁的，当事人不得向人民法院起诉。

五、仲裁裁决的执行

仲裁裁决属于终局裁决。当事人应当履行裁决。一方当事人不履行的，另一方当事人可以依照《民事诉讼法》的有关规定向人民法院申请执行。受申请的人民法院应当执行。

我国《民事诉讼法》规定，涉外仲裁委员会做出的发生法律效力的仲裁裁决，当事人请求执行的，如果被执行人或者其财产不在中华人民共和国领域内，应当由当事人直接向有管辖权的外国法院申请承认和执行。

国外仲裁机构的裁决，需要中华人民共和国人民法院承认和执行的，应当由当事人直接向被执行人住所地或者其财产所在地的中级人民法院申请，人民法院应当依照中华人民共和国缔结或者参加的国际条约，或者按照互惠原则办理。

参考文献

[1] 联合国. 联合国海洋法公约. 北京: 海洋出版社, 1983.
[2] 郭仲伟. 风险分析与决策. 北京: 机械工业出版社, 1987.
[3] 谢鸣一. 安全系统工程. 北京: 科学文献出版社, 1988.
[4] 陈伟炯. 船舶安全与管理. 大连: 大连海事大学出版社, 1998.
[5] 洪碧光. 船舶安全管理. 大连: 大连海事大学出版社, 1999.
[6] 张静河. 跨文化管理.合肥: 安徽科学技术出版社, 2002.
[7] 胡美芬, 王义源. 远洋运输业务. 4版. 北京: 人民交通出版社, 2006.
[8] 方泉根. 船舶驾驶台资源管理. 北京: 人民交通出版社, 2006.
[9] 司玉琢. 海商法. 北京: 中国人民大学出版社, 2008.
[10] 梁军. 船舶风险管理培训教程. 大连: 大连海事大学出版社, 2011.
[11] 张晓，龚雪根. 船舶管理: 船长. 北京: 人民交通出版社, 2012.
[12] 张晓，龚雪根. 船舶管理: 驾驶员. 北京: 人民交通出版社, 2012.
[13] IMO. 防污公约MARPOL: 2011年综合文本. 北京: 人民交通出版社, 2012.
[14]王凤武, 张卓. 驾驶台资源管理. 3版. 大连: 大连海事大学出版社, 2012.
[15] 张铎. 航海安全概论. 大连: 大连海事大学出版社, 2012.
[16] 胡甚平. 船舶驾驶台资源管理. 上海: 上海浦江教育出版社, 2013.
[17] 罗云. 安全科学导论. 北京: 中国质检出版社, 2013.
[18] 胡甚平. 海上交通风险评估技术与方法. 北京: 人民交通出版社, 2014.
[19] 陈秋妹, 贾在明. 远洋运输业务. 2版. 大连: 大连海事大学出版社, 2014.
[20] 中国船级社. 国际海上人命安全公约（2014综合文本）. 北京: 人民交通出版社, 2014.
[21] 郭萍. 租船实务与法律. 3版. 大连: 大连海事大学出版社, 2014.
[22] 张文博. 驾驶台资源管理. 大连: 大连海事大学出版社, 2015.
[23] 刘正江. 船舶安全管理. 大连: 大连海事大学出版社, 2015.
[24] 陈秋妹, 郭庆永. 海商法教程. 2版. 大连: 大连海事大学出版社, 2015.
[25] 刘正江. 船舶安全管理. 北京: 人民交通出版社, 2016.
[26] 胡正良, 韩立新. 海事法. 3版. 北京: 北京大学出版社, 2016.
[27] 汪鹏南. 海上保险合同法详论. 4版. 大连: 大连海事大学出版社, 2017.
[28] 中华人民共和国海事局. 水上交通事故调查处理指南. 北京: 人民交通出版社, 2001.
[29] IMO. 海上事故或海上事件安全调查国际标准和建议做法规则. 北京: 人民交通出版社, 2008.

[30] 中华人民共和国海事局. 海事行政执法证据管理规定. 北京: 人民交通出版社, 201
[31] 国家技术监督局. 船舶工艺术语修船工艺: GB/T 15094—2008. 北京: 标准出版社,
[32] 中国船级社. 船舶综合安全评估应用指南. 北京: 人民交通出版社, 2015.
[33] 中国船级社. 钢质海船入级规范. 北京: 人民交通出版社, 2015.
[34] 中国海事局. 船舶与海上设施法定检验规则（国内航行海船法定检验技术规则
年修改通报. 北京: 人民交通出版社, 2016.
[35] 中国交通运输部. 船舶检验管理规定. 北京: 人民交通出版社, 2016.